怖いほど
運が向いてくる！

四柱推命

【決定版】

水晶玉子

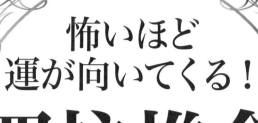

青春出版社

はじめに

本書のもとになっている『四柱推命　運を呼ぶ年・逃げる年』（1998年・青春出版社刊）を出したのは、20年以上前、20世紀の終わりのころでした。

私にとって、はじめて書いた占い関連の書籍で、占いの仕事をするようになってからまだ日も浅い私が、本当に書籍を書いてよいのか、ドキドキしながら執筆したことを覚えています。

私は、子どもの時から占いが好きで、西洋、東洋を問わず、いろいろな占術の書籍を読んできました。その中でも、「四柱推命」は、抜群に面白く、当たる気がしましたが、抜きん出て難解で、何冊読んでもわからない、謎が深まるばかりの占いでした。

それでも〝千本ノック〟のように、わからないなりに、新旧の「四柱推命」の書物を読み続けたのは、私の諦めの悪い、しつこい性格ゆえ。そして占いによって垣間見える悠久の時間の流れと、その中にいる、人や物事の運気の消長への興味が勝ったからでしょう。

年齢を重ねて（といっても、今から振り返れば、当時はまったく若輩者ですが）少しは人生の経験を積み、たまたま出会った先達の先生方の言葉にヒントをもらいながら、少しずつ理解を深めてきたころに書かせていただいたのが、『四柱推命　運を呼ぶ年・逃げる年』でした。

この時、とにかく難しくてわからないと、途中で投げ出されない本にしようと考えました。〝千本ノック〟を受けなくても、本を手にした人が、とりあえず知りたいこと、性格、運気の変わり目、相性などをわかる本にして、四柱推命そのものに興味を持つ、第一歩にしてもらえるような本にしたかったのです。

そのため性格や運気を知るために出す基本となる「命式」の出し方などオーソドックスな四柱推命本のセオリーは大幅に省略し、入門書の入門書のような1冊になりましたが、その狙いがよかったのか、2014年からは『怖いほど運が向いてくる！　四柱推命』とタイトルを変えて、本当に長い間、版を重ねることができました。

そして今回、判型を変え、大幅にリニューアルすることになり、改めて少し「命式」の出し方、「蔵干」や「身旺（強）・身弱」など、四柱推命のベースにあるものについても触れ、加えさせていただいています。「十干・十二支」「通変星」などの解釈についても、時代に合わせる形で少々改訂・加筆しています。また『四柱推命　運を呼ぶ年・逃げる年』の翌年に書いた『四柱推命「天戦地冲」入門』に書いた内容も、一部あわせてご紹介させていただきました。

私が最初の本を出した20世紀末と現在とで何が一番違うかと言えば、パソコンやインターネットなどの存在でしょう。20年ほど前、パソコン用の四柱推命ソフトは販売されていましたが、相当なパソコンのスキルがなければ扱えないものでした。でも、占いとネットは思いのほか親和性が高かったようで、現在では、無料で自分の「命式」が出せるサイトがたくさんあります。私が初心者のころ、大変な時間と労力をかけて「命式」を出していたことを考えると、夢のようです。

そんな中、時代に逆行するように、今回、あえて「命式」の出し方などを加筆したのは、そうした根本的なことから、占いの解釈、読み解き方が深まることがとても多いからです。四柱推命の根本にある「陰陽（いんよう）五行（ごぎょう）」の思想なども、それをもっとしっかり理解、イメージすることができたら、きっと占いの結果にも新たな発見があると思います。

また「四柱推命」には本当にさまざまな占い方があり、ご自分が学んだ方法や資料などの違いで、本書と結果や解釈が食い違うこともあるかもしれません。それも含めて、あなた自身で考え、判断しながら「四柱推命」という占いへの興味と理解を深めていただければ幸いです。

最近はよく、「開運法」について取材を受けます。私が占いから学んだ最大の開運法は「長期的な視点を持つ」ということです。

運気は巡り、よいことも続かないけれど、悪いことも続かない。果てしなく永遠に続きそうな苦労の日々もいつかは必ず終わる。だから大事なのは、その時の運気に合った生き方をすること、今しかできないことを探して生きることです。今度、運気が変わるのはいつか、今、何をするべきか、それを知りたくて、私はずっと占いを勉強している気がします。未来に目標や展望を持てば、きっと今が変わります。

この『怖いほど運が向いてくる！　四柱推命【決定版】』が、あなたが、そんなふうに未来と今を見つめようとする時に少しでもお役に立てますように。それを願ってやみません。

２０２０年12月吉日

水晶玉子

『怖いほど運が向いてくる！　四柱推命【決定版】』目次

序章　四柱推命の基本

第1章　性格を知る

第2章　運命を知る

第３章　相性を知る

編集協力　バブーン（矢作美和）
本文デザイン　田中彩里

序章
四柱推命の基本

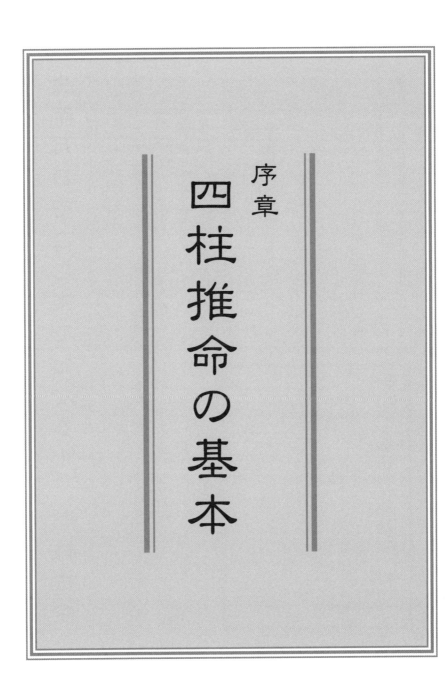

生年月日でここまでわかる！ 四柱推命

四柱推命は、その人間の生まれた年、生まれた月、生まれた日、生まれた時間の星巡りを10個の「干」と12個の「支」に置き換えて、その人の性格や運命を表す占いです。

「干」は空間を、「支」は時間を表し、その誕生日の年・月・日・時を「干」と「支」で表したものを、それぞれ「年柱」「月柱」「日柱」「時柱」と呼びます。四柱推命とはその4つの「柱」によって、その人の「命」の流れを推し量る占いなのです。

四柱ですから、生まれた時を表す「時柱」も出して占うのが本式ですが、生まれた正確な時間がわからない方も多いでしょう。その場合、「年柱」「月柱」「日柱」の三柱で見ても的中率はとても高いものです。

また、本書では巻末の年表で自分の年・月・日の三柱を簡単に割り出せるようになっており、難しい計算は必要ありません。

年柱
生まれた年から導き出す
祖先と幼年運＆仕事運

月柱
生まれた月から導き出す
両親と青年運＆プライベート運

日柱
生まれた日から導き出す
自分＆配偶者＆壮年運

時柱
生まれた時から導き出す
子どもと晩年運

LESSON 1

時間を表す十二支

十二支は年だけでなく月も日も時も表せる

干支のうち、十二支（じゅうにし）のほうは広く知られています。おなじみの

「子（ね）・丑（うし）・寅（とら）・卯（う）・辰（たつ）・巳（み）・午（うま）・未（ひつじ）・申（さる）・酉（とり）・戌（いぬ）・亥（い）」

です。２０２１年は丑年、２０２２年は寅年というように、年賀状を書くたびに実感する方も多いかと思います。十二支は中国において生まれた時間を表す文字です。

年を子年、丑年、寅年と表すように、月や日、時間も表されます。月を十二支で表すと、**1月＝丑月、2月＝寅月、3月＝卯月、4月＝辰月、5月＝巳月、6月＝午月、7月＝未月、8月＝申月、9月＝酉月、10月＝戌月、11月＝亥月、12月＝子月**となります。ただし、十二支での月の変わり目は旧暦で見るので、太陽暦とはずれています。

年によって変化はありますが、丑月（1月）の期間はおおよそ1月5日～2月3日。また毎年の「年支」の切り替わりは2月の「月干」が切り替わるところ（立春）であり、それより前は、四柱推命では前年の生まれです。

同じように日も「子の日」から「亥の日」まで12日周期で巡ります。また、時間も1日を十二分割し、「丑の刻」（午前1時～3時）、「寅の刻」（午前3時～5時）などと十二支に置き換えられます。

LESSON 2

空間を表す十干

陰陽五行からくる木火土金水の陽干と陰干

「十二支」に比べて「十干（じっかん）」は少しなじみが薄いかもしれません。「干」は東洋の思想の中核である「陰陽五行（いんようごぎょう）」の「気」を示す文字で、空間を表します。

五行は「木（もく）」「火（か）」「土（ど）」「金（こん）」「水（すい）」の5つで、それぞれ陰陽があり（ゆえに陰陽五行なのです）、以下の10個です。

甲（コウ・きのえ）	**木の陽干＋**	**木の兄**
乙（オツ・きのと）	**木の陰干－**	**木の弟**
丙（ヘイ・ひのえ）	**火の陽干＋**	**火の兄**
丁（テイ・ひのと）	**火の陰干－**	**火の弟**
戊（ボ・つちのえ）	**土の陽干＋**	**土の兄**
己（キ・つちのと）	**土の陰干－**	**土の弟**
庚（コウ・かのえ）	**金の陽干＋**	**金の兄**
辛（シン・かのと）	**金の陰干－**	**金の弟**
壬（ジン・みずのえ）	**水の陽干＋**	**水の兄**
癸（キ・みずのと）	**水の陰干－**	**水の弟**

一般に、陽干（ようかん）は動・剛・軽・熱・明・天・虚などの属性を、陰干（いんかん）は静・柔・重・寒・暗・地・実などの属性を持つと言われています。対照的ですが、陰陽は対立するのではなく、互いに補完することで成立するものと考えます。

五行も、万物は「木・火・土・金・水」の5つの気から構成されているという、古代中国で生まれた自然哲学の思想です。

また、五行は、ただこの世界に遍在するだけでなく、循環しています。

五行表

五行	陰・陽	十干	十二支	季節	期　間
木	陽	甲	寅	春	2月4日～4月17日
	陰	乙	卯		
火	陽	丙	午	夏	5月5日～7月20日
	陰	丁	巳		
土	陽	戊	辰・戌	土用	4月18日～5月4日/10月21日～11月7日
	陰	己	丑・未		1月17日～2月3日/7月21日～8月7日
金	陽	庚	申	秋	8月8日～10月20日
	陰	辛	酉		
水	陽	壬	子	冬	11月8日～1月16日
	陰	癸	亥		

※「土用」は季節の終わりの前の約18日間です。
※期間の日にちは、年によってずれることがあります。

左図の→を「相生（そうしょう）」と言い、「木は火の材料となり、火は灰を作って土を豊かにし、土からは鉱物など金が生まれ、金は滴って水を生み、水は木をはぐくみ育てる」というように、順送りに相手を生かしていく関係です。

一方、図の⇢は「相剋（そうこく）」と言い、「木は土の養分を奪い、土は水を濁してせき止め、水は火を消し、火は金を溶かし、金（鋸（のこぎり）など）は木を傷つけ、切り倒す」というように、それぞれを剋（こく）する（痛めつける）関係です。

五行の関係

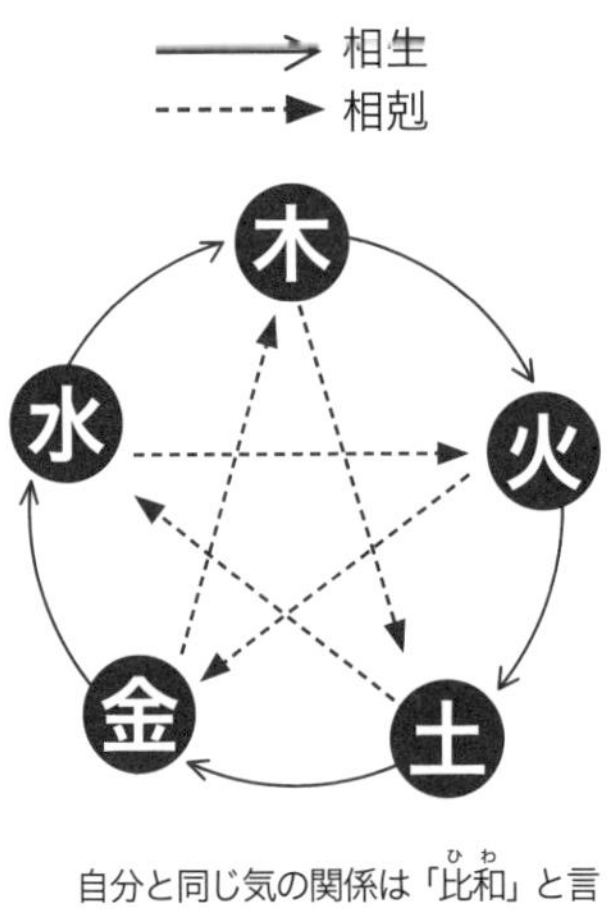

自分と同じ気の関係は「比和（ひわ）」と言い、互いを強める作用があります。

LESSON 3

「気」の働きを表す10個の「通変星」

「日干」と他の「干」から導き出されるシンボル

あなたの生年月日から導き出される「命式」を構成するものを説明しましょう。

「干」と「干」を組み合わせ生まれる「気（エネルギー）」の働きを象徴的に表したものを「通変星」と呼びます。

「比肩」「劫財」「食神」「傷官」「偏財」「正財」「偏官」「正官」「偏印」「印綬」

の10種類です。

命式の「通変星」は日柱の「干」と他の「干」との関係で導き出します。通変星はその人の性格を示す他、2章で説明する巡ってくる運（流年）や、3章で説明する人との相性を示す際にも使います。

・「自星」…日干と同じ五行で
→陰陽が同じ「比肩」、陰陽が違う「劫財」
・「洩星」…日干から生じられる（洩らされる）
→陰陽が同じ「食神」、陰陽が違う「傷官」
・「財星」…日干から剋される
→陰陽が同じ「偏財」、陰陽が違う「正財」
・「官星」…日干を剋す
→陰陽が同じ「偏官」、陰陽が違う「正官」
・「印星」…日干を生じる
→陰陽が同じ「偏印」、陰陽が違う「印綬」

これを先ほどの陰陽五行の図に当てはめると、左図のようになります。

通変星は、甲×甲＝比肩、甲×乙＝劫財といったように、干と干の組み合わせで決まります（「通変星早見表」参照）。本書では、占いで使う通変星（中心星）や1年、あるいは10年ごとの運気につく通変星が簡単に調べられる表を用意してありますので、そちらを参照しながら占ってみてください。

五行と通変星の関係

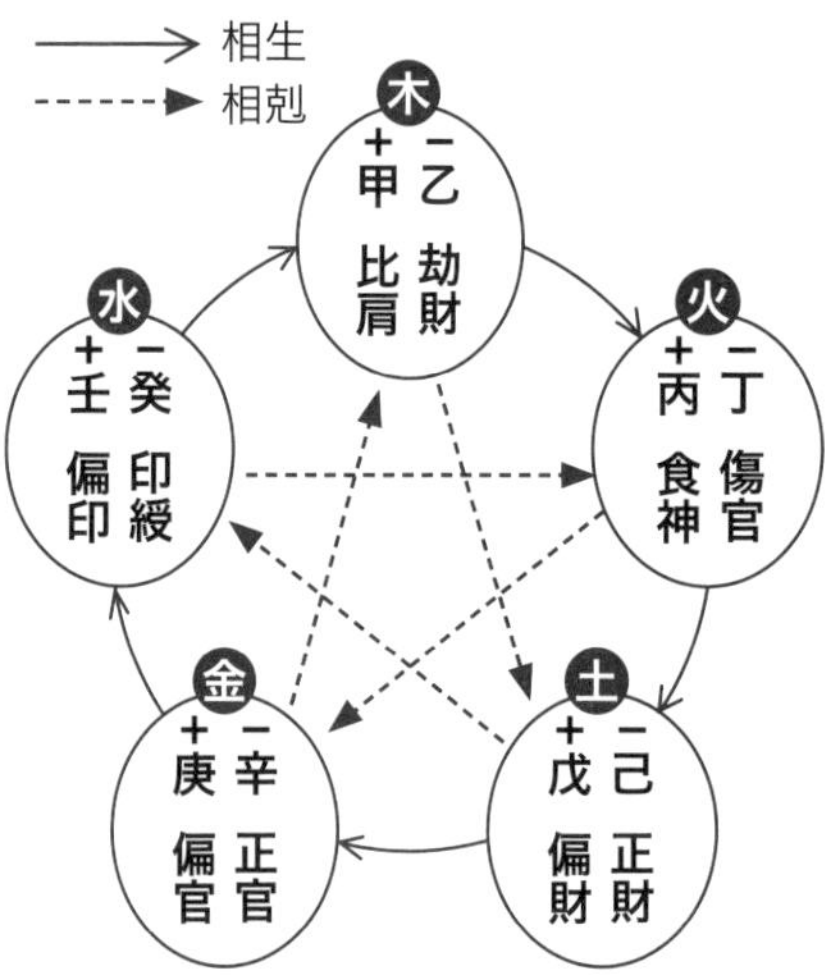

通変星早見表

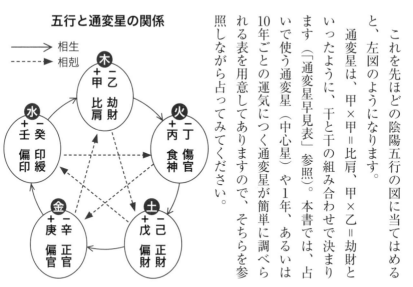

通変星＼日干	甲	乙	丙	丁	戊	己	庚	辛	壬	癸
比肩	甲	乙	丙	丁	戊	己	庚	辛	壬	癸
劫財	乙	甲	丁	丙	己	戊	辛	庚	癸	壬
食神	丙	丁	戊	己	庚	辛	壬	癸	甲	乙
傷官	丁	丙	己	戊	辛	庚	癸	壬	乙	甲
偏財	戊	己	庚	辛	壬	癸	甲	乙	丙	丁
正財	己	戊	辛	庚	癸	壬	乙	甲	丁	丙
偏官	庚	辛	壬	癸	甲	乙	丙	丁	戊	己
正官	辛	庚	癸	壬	乙	甲	丁	丙	己	戊
偏印	壬	癸	甲	乙	丙	丁	戊	己	庚	辛
印綬	癸	壬	乙	甲	丁	丙	己	戊	辛	庚

LESSON 4

運気の性質と強弱を表す「十二運」

「干」と「支」を組み合わせて導き出す運気の性質と強弱

「十二運」は「干」と「支」の組み合わせで導き出される運気の性質と強弱を人間の一生になぞらえて表すもので、次の12種類です。

「胎」「養」「長生」「沐浴」「冠帯」「建禄」「帝旺」「衰」「病」「死」「墓」「絶」

人が母の「胎」内に宿り、この世に生まれて「養」われ、「長生」きを望まれて育ちます。裸になって「沐浴」することは多感な思春期を表し、成人の儀式として「冠を帯び」、「建禄」つまり結婚して一家を構えます。人生の頂点「帝旺」を迎えた後、体は「衰」え、「病」になり、やがて「死」を迎え、「墓」に入ります。「絶」は霊魂の状態を表します。物事の消長を命の輪廻にたとえた、イメージ的なものなので、「病」や「死」など怖い言葉が出てきても心配する必要はありません。

日干と年支、月支、日支を組み合わせてその人の性質を表すこともできますし、巡ってくる年の十二支と組み合わせれば、その時の運気の傾向を出すのにも役立ちます。

本書では2章の流年運と大運、3章の基本性格数とライフパワー数を導き出す際に使用しますので、その時に再度説明します。

LESSON 5
空間と時間は60干支でひと巡りする

10個の「干」と12個の「支」はちょうど60個でもとに戻る

２０２１年は一般に丑年ですが、ただの丑年ではなく、「辛丑」年、２０２２年は「壬寅」年、２０２３年は「癸卯」年というように、「干」と「支」はセットで巡っていきます。天の気、つまり空間を示す「干」と、地の気、つまり時間を示す「支」で、この世界が表されています。

10個の「干」と12個の「支」を順番に組み合わせていくと、「干」が6回り、「支」が5回りして60個で最初の「甲子」に戻ります。つまり、「干」と「支」の組み合わせはちょうど60個あり、年・月・日・時のすべてがこの60サイクルで動いています（60干支の組み合わせについてはＰ１６０を参照）。

60歳になると還暦というお祝いがありますが、これは60年で干支がひと巡りして同じ干支が回ってきたことを祝う儀式です。生まれた時の干支に戻る＝赤子に戻るという意味で、赤いちゃんちゃんこを着るのです。

四柱推命では、その人が生まれた時の世界の「気」の状態を「干支」で表します。その「気」はその人の心と肉体に宿り、一生を支配します。人間の一生は、おそらく生まれ落ちてきた時に得た「気」、つまりエネルギーを燃焼させる旅なのかもしれません。

この本の占い方

巻末年表から「命式」を出す方法

四柱推命では、生年月日を「干」と「支」に置き換えた「命式」をもとに、性格や運命、相性などを占います。この本では、わかりやすくするために、簡略化した命式を出して占います。

例）1987年3月1日生まれ（女性）の場合

①巻末年表で調べたい生年月日の欄を見る（P161～254）

1987年（昭和62年）生まれ　年干：4丁（2/4～翌年2/3ま

日	1月 日干 月干 立年(男 女) 中心星	2月 日干 月干 立年(男 女) 中心星	3月 日干 月干 立年(男 女) 中心星	4月 日干 月干 立年(男 女) 中心星	5月 日干 月干 立年(男 女) 中心星	6月 日干 月干 立年(男 女) 中心星
1	47庚37庚2+8−傷官	18辛38辛1+9−偏印	46己39壬8−2+正官	17庚40癸9−1+正財	47庚41甲9−2+偏印	18辛42乙9−2+正官
2	48辛37庚1+9−食神	19壬38辛1+9−正官	47庚39壬9−1+偏財	18辛40癸9−1+偏財	48辛41甲9−1+印綬	19壬42乙9−1+偏財
3	49壬37庚1+9−劫財	20癸38辛1+9−偏官	48辛39壬9−1+正財	19壬40癸9−1+傷官	49壬41甲9−1+偏官	20癸42乙9−1+正財
4	50癸37庚1+9−比肩	21甲39壬1−0+偏財	49壬39壬9−1+食神	20癸40癸0−1+食神	50癸41甲0−1+正官	21甲42乙0−1+食神
5	51甲37庚1+0−印綬	22乙39壬1−0+正財	50癸39壬0−1+傷官	21甲41甲1−0+劫財	51甲41甲0−1+偏財	22乙42乙0−1+傷官
6	52乙38辛0+1−偏印	23丙39壬1−9+食神	51甲40癸1−0+劫財	22乙41甲1−0+比肩	52乙42乙1−0+正財	23丙43丙1−0+傷官
7	53丙38辛9+1−正官	24丁39壬1−9+傷官	52乙40癸1−0+比肩	23丙41甲1−0+印綬	53丙42乙1−0+食神	24丁43丙1−0+食神
8	54丁38辛9+1−偏官	25戊39壬1−9+比肩	53丙40癸1−9+印綬	24丁41甲1−9+偏印	54丁42乙1−0+傷官	25戊43丙1−0+劫財
9	55戊38辛9+1−正財	26己39壬2−8+劫財	54丁40癸1−9+偏印	25戊41甲1−9+正官	55戊42乙1−9+比肩	26己43丙1−0+比肩
10	56己38辛8+1−偏財	27庚39壬2−8+偏印	55戊40癸1−9+正官	26己41甲2−9+傷官	56己42乙1−9+劫財	27庚43丙1−9+印綬

46己	39壬	8−	2+	正官
日干	月干	男性	女性	中心星
		立年		

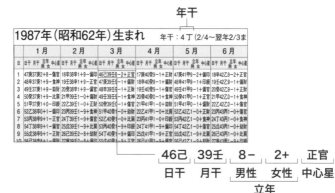

②干支ナンバー表（P160）から「干」と「支」を出す（この例では46,39,4）

干支ナンバー表（60干支）

51 甲寅	41 甲辰	31 甲午	21 甲申	11 甲戌	1 甲子	60干支
52 乙卯	42 乙巳	32 乙未	22 乙酉	12 乙亥	2 乙丑	
53 丙辰	43 丙午	33 丙申	23 丙戌	13 丙子	3 丙寅	
54 丁巳	44 丁未	34 丁酉	24 丁亥	14 丁丑	4 丁卯	
55 戊午	45 戊申	35 戊戌	25 戊子	15 戊寅	5 戊辰	
56 己未	46 己酉	36 己亥	26 己丑	16 己卯	6 己巳	
57 庚申	47 庚戌	37 庚子	27 庚寅	17 庚辰	7 庚午	
58 辛酉	48 辛亥	38 辛丑	28 辛卯	18 辛巳	8 辛未	
59 壬戌	49 壬子	39 壬寅	29 壬辰	19 壬午	9 壬申	
60 癸亥	50 癸丑	40 癸卯	30 癸巳	20 癸未	10 癸酉	
子丑	寅卯	辰巳	午未	申酉	戌亥	空亡

	干支ナンバー	干	支
日干支	46	己	酉
月干支	39	壬	寅
年干支	4	丁	卯
中心星	正官	立年	2+

命式をもとに、性格は「日干」や「中心星」など、運命は「日干」「立年」など、相性は「日干」などを使って占っていく。

四柱推命は旧暦で占うため、1年の始まりは2月の立春となります。立春はその年によって異なります。

第1章
性格を知る

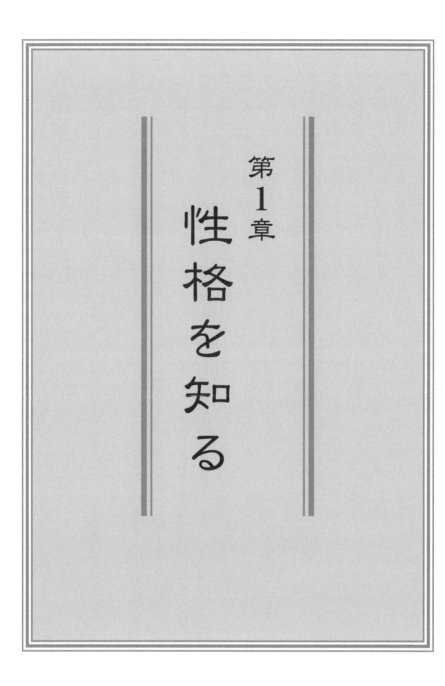

性格を読み解く方法

　では、四柱推命のおおもととなる「命式」について説明します。「命式」は巻末の年表を使い、生年月日から割り出すことができます。

①年表から、日柱、月柱、年柱の干支ナンバーを出します。

②Ｐ１６０の「干支ナンバー表」を見て、年・月・日の干支ナンバーを十干と十二支に置き換えます。Ｐ23の例の人の日干は「己」です。

③蔵干（ぞうかん）は十二支が内蔵する「干」のこと（詳しくはＰ54参照）。蔵干の出し方はかなり複雑なので、日干と月支蔵干から導く「中心星」（Ｄ）を年表では表示しています。

④通変星は日干と年干、月干、年支蔵干、月支蔵干、日支蔵干から導きます。

⑤十二運は日干と年・月・日の十二支を組み合わせて導くもので、エネルギーの量や質を表します。

　たとえば、１９８６年5月15日生まれの人の命式は次ページのようになります。最近はインターネットなどを使えば簡単に自分の命式を導き出すことができます。命式の出し方でつまずいた時は利用してみてください。

　本書では、十干や十二支、各通変星の解釈の基本ラインを以下のようにまとめています。

・日柱の天干＝日干→Ｐ24〜
・命式の中の十二支→Ｐ34〜
・日干の60干支→Ｐ40〜
・中心星（月柱の蔵干通変星）→Ｐ44〜
・それぞれの十二運→Ｐ98〜
・ライフパワー数→Ｐ１５２〜

例）1986年5月15日生まれの人の命式

日柱	月柱	年柱		【本書での出し方】
15	5	1986	生年月日	
56	30	3	干支ナンバー	→P161～「巻末年表」
己	癸	丙	天干	→P161～「巻末年表」
未	巳	寅	地支	→P160「干支ナンバー表」でナンバーを探す
丁	庚	丙	蔵干	→P54コラムを参照
	偏財	印綬	通変星	→P17「通変星早見表」
偏印	傷官	印綬		
冠帯	帝旺	死	十二運	→P99「十二運早見表」

日柱	月柱	年柱	
15	5	1986	生年月日
56	30	3	干支ナンバー
己（日干）	癸（月干）	丙（年干）	天干
未（日支）	巳（月支）	寅（年支）	地支
丁（日支蔵干）	庚（月支蔵干）	丙（年支蔵干）	蔵干
	偏財 B	印綬 A	通変星
偏印 E	傷官 D	印綬 C	
冠帯 ❸	帝旺 ❷	死 ❶	十二運

通変星と十二運の出し方とわかること

A＝日干×年干……………親や目上の人に見せる性格
B＝日干×月干……………子どもや目下の人に見せる性格
C＝日干×年支蔵干……………社会や友人に見せる性格
D＝日干×月支蔵干……➡中心星……本人の本質的性格
E＝日干×日支蔵干……………パートナーや家庭内で見せる性格
❶日干×年支……………若い時の運勢と社会とのかかわり方
❷日干×月支……………青年期の運勢と物事の取り組み方
❸日干×日支……………壮年期や一生の運勢と生き方

※本書では、巻末年表をもとに、日干、月干、年干、中心星などを出して占います。

陽干

木の兄

甲

向上心が強く理想の高いまっすぐ伸びる樹木

「甲（きのえ）」とは陰陽五行の「木」の陽干。自然界になぞらえれば、樹木のようにまっすぐなイメージの人です。

樹木がどこまでも上を目指すように、向上心が強く、自分の力ですくすくと成長していく「甲」の人。素直で道徳的。曲がったことや嘘は大嫌いで、いいかげんなことはしません。理想は高く、責任感も強く、頼りがいがあって人の中心になれる器ですが、攻撃性はありません。

樹木が一気に成長せず、1年1年年輪を重ねていくように、「甲」の人も堅実にじっくり時間をかけて成長していきます。コツコツとした努力も惜しみません。

そんな「甲」の人の弱点は挫折に弱いこと。臨機応変とは言い難く、自分の生き方や言説に不器用なまでにこだわります。樹木がポキッと折れるように、一度つまずくと立ち直るのに時間がかかります。また、木の枝が周囲の都合も考えず縦横無尽に伸びるように、頑固で融通が利かない面もあります。

「甲」の文字は「押」（おさえる）が由来。冬の間、地面の奥深くに押さえ込まれていた木の芽が、春に大地を突き破りまっすぐ空に向かって伸びる姿を表す。

●これで運が開ける

若い時に何でもいいので挫折を経験しておくと本当の意味でたくましい樹木になれます。伐採された樹木が材木になって人の役に立つように、一度挫折を知った「甲」の人は、他人に尽くすことができ、本当の意味で社会に役立つ人になれます。

陰干
乙
木の弟

協調性を持って生きる 柔軟にしぶとく伸びる草花

「乙(きのと)」とは陰陽五行の「木」の陰干。自然界になぞらえれば草花のイメージの人です。

同じように芽を出すのですが、まっすぐに樹木のように伸びていく「甲」の人とは異なり、「乙」の人はその身を屈曲させて大地に出てくる草花のように、柔軟性が持ち味。一見ひ弱そうに見えて芯は強く、メンタルは強靭(きょうじん)。踏まれても踏まれても、根は枯れずにまた芽を出すしぶとさや我慢強さがあります。現実をわきまえて、嵐の中でもしなって耐える葦(あし)のような強さも持っています。

草花は曲がりくねって成長しながら、自分がもっともうまく花を咲かせる場所を探します。「乙」の人の生き方はまさにそれで、気がつくとリーダー的な立場になっていることも多いでしょう。ただ、大木にからまる蔦(つた)のように、〝寄らば大樹の陰〟的な依頼心も強いほう。利に聡いのはいいのですが、結果的に人を利用するだけだったり、存在感を示せず、集団の中に埋没してしまうこともあります。

「乙」の文字は「軋」(すれあう)が由来。芽が、種の皮とその身をすれ合わせるようにして発芽する姿を表す。

●これで運が開ける

草花は一本だけでは存在感がありません。仲間を作ったり、人と協調してやっていくことで周囲と穏やかに和合し、居心地のよいポジションを見つけます。そのためにも、時には妥協したり、縁の下の力持ち的な役割をすすんで担って。そうすることで大きな花を咲かせられます。

火の兄

陽干

丙

にぎやかなことが大好きな明るく華のある太陽

「丙（ひのえ）」とは陰陽五行の「火」の陽干。自然界になぞらえれば太陽のようなイメージの人です。

明るさと温かさの象徴である太陽と同じく、「丙」の人は明朗闊達（めいろうかったつ）で楽観的です。単純でアバウトなところもありますが、さっぱりしていてクヨクヨと思い悩みません。思ったことがすべて顔に出る、わかりやすいタイプでもあります。太陽が無償で熱と光を与えるように、「丙」の人も基本的には寛大で親切。華があり、いるだけでその場を明るくするので、自然に人の輪の中心にいることも多いでしょう。

のんびり屋のようでも、感覚は鋭く、瞬時に物事を判断できるため、何事も積極的。半面、飽きるのも早く継続力は乏しいよう。あれこれ衝動的に手を出して、やりっぱなしにしたり、収拾がつかなくなったり。周囲からはた迷惑な人と思われることも。自分に素直すぎて、感情的にならないよう注意し、ある程度コントロールできるようになれば、生来の明るさもあり、皆に愛されて成功します。

「丙」の文字は

「炳」（あきらか）が由来。火が燃えて、熱が四方に広がる状態を表す。

● これで運が開ける

太陽の光が一方的なように、「丙」の人の言動は、時に押しつけがましく、自分勝手な印象を与えてしまうことが。寂しがり屋ゆえに人を集めたがりますが、人間関係はにぎやかな割に離合集散が激しいところもあります。相手に合わせて適切な距離でつきあうことを覚えましょう。

陰干

丁

火の弟

穏やかだが時に燃え上がる二面性のある灯火

「丁（ひのと）」とは陰陽五行の「火」の陰干。自然界になぞらえれば灯火（ともしび）のイメージの人です。ロウソクの炎はいつも小さく揺れているように、温かいようでやや神経質で繊細なタイプ。

灯火が暗いところでないと目立たないように、「丁」の人も表面的には穏やか、かつ控えめな印象です。ところが、灯火で照らされるとそれまで気づかなかったものが見えてくるように、その洞察力の鋭さは抜群。他の人があまり目をつけないような分野で成功する人です。

ロウソクが自らを燃やして周囲を明るくするように、基本はほのぼのとした人情家です。自分を犠牲にするような行動をとることも。ただ、その穏やかさの中に驚くほどの激しさを秘めているのも「丁」の人の一面です。小さな火が町全体を焼き尽くす劫火（ごうか）となるように、突然過激な行動に出たり感情的になったり。普段とあまりに違い、周囲は驚くでしょう。でも、そんな先の読めないミステリアスなところが周囲を惹きつけます。

「丁」の文字は
「停」（とまる）が由来。万物が成長しきってある程度のところで止まる状態を表す。

●これで運が開ける

控えめに見えて実は好き嫌いがはっきりしているタイプです。我慢強いのはいいのですが、どこかで感情が決壊すると、豹変してヒステリックな行動を起こすことが。自分をコントロールする方法を身につけましょう。本音を話せる誰かをそばに確保すると楽になれます。

陽干

戊

土の兄

安定感と大物感があり人を惹きつけてやまない山

「戊（つちのえ）」とは陰陽五行の「土」の陽干。自然界になぞらえれば山のようなイメージの人です。また、「戊」は五竜（5つの気のこと）を集めた姿を象（かたど）っているとも言われ、その意味で「戊」は万物のパワーの源である山の姿に通じるのです。

日干が「戊」の人は、山のようにゆったりとして落ち着いた雰囲気があります。人が山に魅せられ、なぜか登りたくなるように、なんとなく人を惹きつける魅力を持っています。それは、おおらかかつ楽天的な人柄と、どんな相手も拒まない包容力からくるのかもしれません。

山が自分からは決して動かないように、「戊」の人も状況に合わせて器用に自分の立ち位置を変えることはありません。根拠はないけれど自信家で、自分のスタイルを貫く、そのペースにいつの間にか皆、巻き込まれます。去る者は追わず、来る者は拒まずというおおらかな姿勢が、周囲に安心感を与え、どことなくスケールと器の大きさを感じさせる人です。

「戊」の文字は

「茂」（しげる）が由来。万物の枝葉が盛大に繁茂する姿を表す。また、茂りすぎたものを剪定（せんてい）する大きな戈（ほこ）を表すという説も。

●これで運が開ける

簡単には動かない「戊」の人の信念ある姿は、周囲に一目置かれる理由にもなります。でも頑なになったり、状況を読みすぎ、考えすぎるあまり、一歩も踏み出せない優柔不断な生き方になる恐れも。器用に立ち回る必要はありませんが、熟考し、覚悟を決めたら動く勇気を。「戊」の人が動くと周囲への影響も大きいでしょう。

陰干
己
土の弟

マイペースにさまざまなものを吸収していく経験主義者の田畑

「己（つちのと）」とは陰陽五行の「土」の陰干。自然界になぞらえれば田畑のようなイメージの人です。田畑の土にはさまざまな養分が含まれ、そこからさまざまな作物が育つように、「己」の人は基本的に多芸多才で、いろいろなことをこなせる器用さを持っています。大地がすべてを受け入れるように、穏やかかつ善良で、人には公平に接します。ただし、「戊」の人ほどおおらかではなく、注意深いところがあり、度量はやや小さめです。

基本的にはマイペースで、さまざまな知識や情報、経験をいったん自分の懐に入れ、そこから信念を作っていきます。積み重ねがあるだけに内面は複雑で、見かけほどお人好しではありません。

経験主義者で客観的に物事を判断できる常識人な「己」の人は、一般大衆を相手にした仕事で成功する力や人や物事の調整をする力があります。ただ、持ち前の器用さでいろいろと手を出して器用貧乏で終わらないよう、核になるようなものを持ちましょう。

「己」の文字は
「起」（おきる）が由来。万物が自らの形を曲げて実りへ向けて立ち上がる姿を表す。

●これで運が開ける

田畑はよく耕されるか否かで作物の出来が異なります。「己」の人の本質は熱心な勉強家で、自分を〝耕す〟ことができる人です。また、そうした自己研鑽（けんさん）ができるかどうかが「己」の人の人生を左右します。目的意識を持って、自分の〝作物〟を育てるための努力を心がけましょう。

陽干

庚

金の兄

剛の強さで逆境や困難に立ち向かう負けず嫌いの行動力の人

「庚(かのえ)」とは陰陽五行の「金」の陽干。自然界になぞらえれば鉱物や金属、そこから作られる剣のようなイメージの人です。

鉱物や金属が硬く力強いように、「庚」の人はとにかく負けず嫌いで剛直。自分の意見を人に押し付けることはあっても、自分は人の意見をあまり聞きません。迷ったり考えたりするよりは、まず動いてみる行動力と瞬発力が持ち味です。攻撃的かつ前向きで、安定よりは変化を求めます。

剣のすっぱりとした切り口のように、「庚」の人は決断力に優れ、自ら道を切り開きますが、行動は性急で、時には衝動的。隅々まで意識が行き届く性格の割に、結果としてラフな行動をとりがちです。

剣は武器ですから人と戦うことも厭(いと)いませんが、実は裏表のない正直者。一度認めた相手や忠実を誓った人には誠実で、自分の目標にも真摯(しんし)に向き合います。志高く、何かを立ち上げたり、変革を必要とする場所や状況で力を発揮します。

「庚」の文字は

「更」(かわる)が由来。万物が成長しきって、その形を改める姿を表す。また、「庚」は収穫時に杵(きね)を使い脱穀する姿を象っているとも言われる。

●これで運が開ける

一刀両断、自分の嫌いなものには迷わず容赦ない制裁を与える「庚」の人は、平和で穏やかな環境にいるとトラブルメーカーにもなりがちです。必要以上に敵を作りやすいという難点も。気づかぬうちに大切なものを失うことがないよう、気をつけましょう。

陰干
辛
金の弟

生まれながらに大切にされる美意識の高い宝石

「辛（かのと）」とは陰陽五行の「金」の陰干。自然界になぞらえれば宝石など貴金属のようなイメージの人です。

鉱物が加工され、できたばかりの金銀珠玉（しゅぎょく）があなたであり、宝石が貴重なものとして扱われるように、あなたは生まれながらにして周囲に大切にしてもらえる徳が備わっています。自分でも「自分は人とは違う」という特別意識を秘めているのは、繊細な感受性と独特な美意識からくるのでしょう。常識にはとらわれず、自分にとって格好悪いことを何より嫌うため、他者からは見栄っ張りで体裁を気にする人と思われることも。

自尊心が強く、譲らないところは絶対に譲りませんが、実はきめ細かに物事を見て対応するので、人と合わせるのは巧みです。新しいものが好きで改革力もありますが、どこか線が細く、なりふりかまわない強引さはなく、どんな時も自分の美学を貫きます。大義名分がないと大胆になれない小心さもある分、緻密な戦略や細かい心配りで前進していきます。

「辛」の文字は「新」（あらた）が由来。万物が成長して形を改めた後の新しい姿を表す。磨かれた鉱物の姿。

●これで運が開ける

宝石は磨かなければ光りません。苦労知らずの「辛」の人は、プライドが高いだけの自分勝手な人間にもなり得ます。でも、磨けば光るのも「辛」の人の特徴。苦労したことを自分の糧（かて）にしてプラスに転化する才能に誰よりも恵まれているのです。どんな時も守りに入らないほうが輝く人です。

陽干

壬

水の兄

フレキシブルな知恵で自由に世界を泳ぐ大河

「壬（みずのえ）」とは陰陽五行の「水」の陽干。自然界になぞらえれば海や大河のようなイメージの人です。

水は万物の源泉であり、常に流動し、どんな器に入れてもその姿を変えてなじみます。「壬」の人も柔軟で常にフレキシブルな発想ができ、深謀遠慮（しんぼうえんりょ）に長け、知略に優れた活動家です。海や大河が氾濫を起こした時のように、一度感情が決壊すると手がつけられない激しさも秘めています。一方で、温かく接してくれる人にはそれに応えるなど、人によって違う顔を見せる複雑な人でもあります。

水がどこに流れていってもいろいろなものを巻き込むように、「壬」の人はとても社交的。いろいろな世界を自由に泳ぎ、どんな人ともよくなじんで多くを吸収し、自然と人の先頭に立つことも多いでしょう。ただ、人になじみやすい分、周囲に左右されやすく、人任せ、なりゆき任せのルーズな生き方になる傾向も。清濁併せ呑むのもいいのですが、つきあう相手や身を置く環境には注意が必要です。

「壬」の文字は「妊」（はらむ）が由来。冬に陰の気が陽の気をはらみ、万物の中に閉じ込めている状態を表す。

●これで運が開ける

水は1つの場所にたまると濁って腐ってしまいます。「壬」の人も束縛をされたり、狭い環境で同じことばかり繰り返していると、運気が低迷しがち。澄んだ水でいるためにも、刺激を求めて自由な環境に飛び込んでみましょう。自分を叱ってくれる人がそのきっかけになります。

陰干　癸　水の弟

一滴一滴を積み重ねて成長する ロマンチックな雨

「癸（みずのと）」とは陰陽五行の「水」の陰干。自然界になぞらえれば雨や露のようなイメージの人です。

　霧がかった風景が幻想的なように、「癸」の人はロマンチストでどちらかというと内向的。慎重でその場のノリや雰囲気で物事を判断することはしないほう。一見、神経質で繊細な人に思われますが、雨露がどんな隙間にも浸透していくように、意外にしたたかで忍耐強い一面も。集まれば雨も洪水になるように、静かな闘争心を秘めていて相手や状況によっては断固とした厳しい態度をとることも。

　地上を潤した雨露が少しずつ集まって流れを作るように、「癸」の人は積み重ねがキーポイント。コツコツ努力をすることで成長します。潔癖で完璧主義的な面が裏目に出ると、物事を中途半端に投げ出すこともありますが、一度始めたことはやめずに蓄積を。また細かなことにこだわり大局を見失わないよう、時折自分や物事を俯瞰（ふかん）してみるとよいでしょう。

「癸」の文字は

「揆」（はかる）が由来。種の内部の生命体が測れるほどになったことを表す。また、「癸」は雨露が凝固して結晶した姿を表しているとも。

●これで運が開ける

　どんな人にも公平に損得抜きで親切に接する恵みの雨的な人もいれば、濁った流れのように打算的な人もいます。分かれ目はため込んだものをいかに捨てるか。基本的に捨てることは苦手なタイプですが、いつまでも清らかな水でいるためにも整理する生き方を。

十二支

子 ね・ねずみ

チャンスは逃さない機敏な人

命式の中に「子」を持つ人は、敏感で直感力があり、物静かで、すべてを見通しているようなところがあります。人に合わせませんが気難しくはなく、信じた相手にはピュア。用心深く大それた冒険はしませんが、一度行動し始めると意外に機敏。細かいところに目が届き、現実を踏まえて行動するのに、結論を急いで失敗する面も。

また、「窮鼠猫を噛む」ということわざの通り、追い詰められて開き直ったときのパワーは底知れず、周囲を驚かせます。

子

「子」の文字を分解すると「了」と「一」で、終わりと始まりを表す。子の月（12月）には、昼が一番短い日（冬至）があり、そこから日は再び長くなる。陰の気の中に陽の気が芽生えるわずかな動きを小さな動物、ねずみになぞらえた。

十二支

丑 うし

納得しなければ前に進まない人

命式の中に「丑」を持つ人は、一見控えめでおとなしく見えますが、自分なりに納得しなければ動き出さないだけで、決して消極的ではありません。納得できなければ譲らないため、強情、頑固と思われることも。結論を急がないので周囲をイライラさせることもありますが、マイペースは崩しません。ただ、いったん心を決めれば力強く前進します。粘り強く、持続力もあります。誰かに動かされて気持ちの入っていない成功よりも、納得した失敗を選ぶタイプです。

丑

「丑」の文字は実は「紐」のこと。地の中に根を張っていく植物の姿を象ったとされる。物と物を結ぶ紐のように、ゆっくりと着実に進んでいくことを表し、その性質をスローモーだが実直な牛という動物にたとえた。

十二支

寅　とら

慎重かつ大胆に目標を叶える人

命式の中に「寅」を持つ人は、「虎視眈々（こしたんたん）」という言葉のごとく慎重にじっとチャンスを待ち、狙った獲物は逃さないタイプ。思慮深く忍耐強い面を持ちつつ一度動くとなったら機敏。細心の準備をして大胆に動きます。寅の月（2月）は陰から陽へ、冬から春へ切り替わる境目なので、二面性があるのです。鷹揚（おうよう）でソフトな雰囲気ですが、時に断固とした強さも見せます。本質は虎なので、勝気で勇気もあり人と群れることを好みません。理想が高すぎて尊大に見られやすい点は注意を。

> **寅**
>
> 「寅」の文字は飛んでいく矢を表した象形文字とも言われ、勢いよく動き出すものを表す。立春を迎え、陰の気の中から陽の気が本格的に動き出し、植物の芽が地上に出ようとする勢いのある姿を、獲物に飛びかかる虎にたとえた。

十二支

卯　う・うさぎ

繊細だが本質は楽天的で瞬発力のある人

命式の中に「卯」を持つ人は、柔和（にゅうわ）で優しく争い事を好みません。平和主義者で人をホッとさせるようなのどかな一面を持ち、礼儀正しい人です。内面ではいろいろ思っていても、表面上は我（が）を張らず周囲と合わせられます。そのため、時には主体性が乏しい人に見えたり、本音と建前が違う複雑な人に見えるかも。また、繊細で細かいところに目が行きますが、本質は楽天家です。ただ、亀との競走でゴール前に居眠りした兎のように、瞬発力はあっても持久力はいまいちです。

> **卯**
>
> 「卯」の文字は扉が開く形、または植物の芽が地表に出て双葉になった姿を表す象形文字。双葉から一気に本葉に成長する姿を、すばやく動く兎にたとえたとされる。「卯」は「茂」にも通じ、植物が繁茂する姿を子だくさんの兎になぞらえたとも。

十二支

辰

たつ

茫洋としているが時に激しさを見せる人

命式の中に「辰」を持つ人は、小さいことにこだわらない度量の広いタイプです。どこか茫洋としてつかみどころのない雰囲気ですが、なんとなくどっしりとした存在感があるためか、周囲の人に頼りにされがち。追いかける理想は高くロマンも大きいので、小さいことで争うようなことはありません。よく言えばおおらかで包容力があり、悪く言えばアバウトですが、本質は自己主張の強い自信家。短気で怒ると手がつけられないため、この激しさをどうコントロールするかが課題です。

辰

「辰」の文字は「震」が由来。陽の気が大きく動く春爛漫の季節の中で、すべての生物がダイナミックな変貌を遂げて大きく成長していく姿を、神話上の動物である辰、すなわち龍にたとえた。「震」は雷を表す文字でもある。

十二支

巳

み・へび

持ち前のパワーをじっくり使う執念の人

命式の中に「巳」を持つ人は、エネルギッシュで強い意志の持ち主ですが、そのパワーをストレートかつ爆発的には使わず、周囲に気を配りつつ長くムラなく用いていきます。緻密で持続力のある努力家ですが、言い換えれば執念深く思い込みの激しいタイプで、狙った獲物は決して諦めません。表面的にはクールで合理的なので誤解されやすいけれど、本質的には情感豊かで社交性もあります。脱皮を繰り返して成長する蛇は金運の象徴であり、実際金運に恵まれる人も多いようです。

巳

「巳」の文字は蛇が曲がって尾を垂れた姿を象る。巳の月（5月）は陽の気が天まで届き、陰の気が隠れる季節で、万物が地上の表面に出現する様子を、暗いところに出てくる蛇の姿になぞらえた。「巳」は屈曲した蛇の姿を表していると言われる。

十二支

午 うま

陽気で華やか、周囲を明るくする人気者

命式の中に「午」を持つ人は、陽気で楽天家。どこにいてもパッと人目を引き、華やかな存在感と魅力の持ち主です。一方で気分屋で見栄っ張り。好き嫌いも激しいのですが、あけっぴろげでお腹の中には何もない正直さゆえに、意外と憎まれず、人気者です。独立心や自由を求める気持ちは強く、簡単には人に従いません。頭の回転は速くいろいろ考えているのに、その場の勢いで行動してしまう面も。見かけほど単純ではありませんが、挫折をしても明るさを失いません。

午

午の月（6月）は夏至（げし）を含み、陽の気がもっとも盛んになる季節。真夏に躍動する生命の象徴として馬があてられた。でも、夏至の後は少しずつ昼が短くなる。「午」は「忤（さからう）」にも通じ、強い陽の気の中にわずかに陰の気が生まれることも表す。

十二支

未 ひつじ

おっとりしているようで交渉上手な人

命式の中に「未」を持つ人は、温かな毛に包まれた羊のように、ソフトムードの人情家。控えめで時に消極的に見えても、芯は強く負けず嫌いの頑張り屋です。おっとりした印象で周囲に合わせているようで、計算をして自分の利益になるように誘導する、なかなかの交際上手、交渉上手です。ただ考えすぎて取り越し苦労しやすい面も。

誰とでも仲が良いようで、本当に親しい人は少ないかも。でも、羊が群れで行動するように、単独より集団の中にいたほうが個性を発揮できます。

未

「未」の文字は木の枝にたくさんの葉が茂った姿の象形文字。未の月（7月）のころは陽の気の中に陰の気が成長し始め、茂った枝葉の陰で少しずつ実を結び始める季節。その姿を体が毛に覆われた羊にたとえた。

十二支 さる

申

頭脳派だが器用貧乏になりやすい人

命式の中に「申」を持つ人は、知恵があり器用。頭脳派でどんなことも巧みに処理します。好奇心旺盛で、いろいろなことに取り組み、ある程度のところまではあっという間に習得。柔軟で応用の才に長け、企画力や発想力も豊か。また、明るく愛嬌(あいきょう)があり、どんな環境でも順応しますが、器用すぎて掘り下げが足りない傾向も。

いつも頭か体を使っていないと気がすまず、落ち着きがない人と思われることも、要領のよさだけで世の中を渡るお調子者にならないようご用心。

申

「申」の文字は「伸(のびる)」に通じ、内部には陰の気が充満しているけれど、表面的には陽の気を伸ばしている状態を表す。申の月（8月）には収穫も近づく。地上から届かない高いところの実を器用に獲る猿の姿にその季節をなぞらえたとされる。

十二支 とり

酉

頭の回転が速くプライドも高い熱中型の人

命式の中に「酉」を持つ人は、鳥がくちばしで物をついばむように神経質で緻密。頭の回転が速く、集中力があります。熱中型で凝り性、そして完璧主義者。こだわりに生き、理想家肌でプライドの高い面があります。美しい羽の鳥のごとく自分のセンスに自信を持ち、身のまわりを飾りたがる傾向も。人と自分は違うという特別意識からか、本当は親切で愛嬌もあるのですが、フランクではありません。ただ慎重なようで、いざとなると大胆に動き、新しいものや環境を引き寄せます。

酉

「酉」の文字は「醸(かもす)」を表し、酒を造るときの壺(つぼ)の象形文字。酉の月（9月）に万物が成熟しきって収穫の時を迎える姿を老成したイメージの鳥で表した。収穫した作物が食べ物として形を変える〝変身〟を、いきなり飛び去る鳥になぞらえたとも。

十二支

戌（いぬ）

心を開けば献身的に自分を捧げる人

命式の中に「戌」を持つ人は、何でも忠実にキチンとやり遂げる誠実さが身上です。犬が見知らぬ人を警戒するように、用心深く人に隙を見せないので、人に心を開いたり理解してもらうには時間がかかりますが、本質はピュアで明るく朴訥（ぼくとつ）とした人。ひとたび思い定めたことに対しては献身的に自分を捧げる一本気なタイプです。

世話になった人や尊敬している人には従順で律儀なのが特徴ですが、柔軟性は乏しく、何でも白黒をハッキリさせないと気がすまないところも。

戌

「戌」の文字は「滅（ほろびる）」に通じ、万物が衰え滅びる季節を表す。戌の月（10月）は陰の気が勢いを増し、陽の気はわずか。動植物は活動を停止し、植物は種となって地下にもぐり命を守ろうとする姿を、人間を守る犬になぞらえた。

十二支

亥（い・いのしし）

興味あればとことん、こだわりがないと淡白な人

命式の中に「亥」を持つ人は、〝猪突猛進（ちょとつもうしん）〟という言葉の通り、何か目標を持つと矢のように突っ走っていきます。その集中力と迫力は半端ないもの。一方で飽きっぽく、あるところまで目標を達成すると急に意欲が薄れ、次の目標を探し始めます。もともと、興味のないことにはとても淡白で、普段は穏やかで小さいことにはこだわりませんが、正義感は強く、使命感を持つと誰にも負けない強さを発揮します。新しもの好きな割に、伝統的なものやブランドに惹かれる傾向もあります。

亥

「亥」の文字は「骸（ほねぐみ）」に通じ、すべての動植物が死に絶え枯れ木や骨になった姿を表す。亥の月（11月）は陰の気が極まり、陽の気は消えて万物は土の中に閉ざされ、遠くまで見通せる状態。その視界の利く平原を突き進む猪の姿があてられた。

❶甲子
雪の原に立つ木
理知的なロマンチスト。一見、優等生でストイックだが実は自由奔放で、行動力もあり、最先端を求める。スタイリッシュだが、妙なところで頑固。

❷乙丑
荒れ地に生える草
温厚で社交的だが、見かけより理知的で頑固で好き嫌いは激しい。でも現実的な生き方を選択できるので、若い時に苦労しても、晩年は安定する。

❸丙寅
のどかな春の太陽
フレンドリーでバランス感覚があり、何でも器用。のびやかで明るいが、それだけに自分のナイーブな部分も見せてしまう。故郷を離れると成功。

❹丁卯
春の野火
神経質で夢見がち。いざとなると大きなパワーを発揮するが、集中力は瞬間的。秘密主義的な面があり、異性を惹きつける不思議な魅力の持ち主。

❺戊辰
開かれた山頂
粘り強く、しぶとく何事も納得のいくまで取り組む。人に頼らず、独立独歩。独特のセンスで人がやらないことをやって成功するが、大器晩成タイプ。

❻己巳
初夏の田畑
知的で包容力もあり、リーダーの器。面倒見がよく、守られるより守る側になって本領を発揮。一度手にしたものは簡単には譲らない。一流を好む。

❼庚午
溶かされる金
単純明快で裏表のない男性的性格。いつも何かに全力投球する熱中型で、独自の世界を切り開く。なじむのに時間がかかるが周囲を明るくする才あり。

❽辛未
焦土に埋められた宝
引っ込み思案で奥ゆかしいが、粘り強い努力で人生を切り開く。優しいがカラッとしていて、人の世話をする。調整役的立場になることが多い。

❾壬申
滔々とした大河
知的で決断力や統率力もあるが、お気楽で自分の実力を自覚しにくい。素直で人の影響も受けやすいが、困難にぶつかって本領発揮。技術に秀でる。

❿癸酉
秋の長雨
頭脳はシャープ、緻密で女性的性格だが、やや計算高い。困難に遭えばすぐ別の道を見つけ、意外に大胆。クヨクヨするが処世術には長けている。

⓫甲戌
葉を落とした木
用心深い甘え上手。合理的な生き方で、確実に目的を達成。向上心も強く正直で、男女ともに仕事ができる人。男性は家庭運に波乱が多い暗示も。

⓬乙亥
水辺の葦
ナイーブで穏やかだが、度胸があり、意外にしぶとく、処世術には長けている。目的のためなら突っ走り、一芸に秀でることが多い。女性は波乱多め。

⓭丙子
真冬に輝く太陽
クールに見えて明るく、サッパリした人。好きなことにはとことん入れ込むが、それ以外には無頓着。なのに不思議と頼りにされる。やや心配性な一面も。

⓮丁丑
真夜中の街灯
興味を持ったことをどこまでも追求する、折れない人。ただのんびりして自分の野望や資質に気づくのが遅い。創造する力、芸能に秀でる人も多い。

⓯戊寅
残雪の残る春の山
物静かだがコミュニケーション力は高く、人情家。自分のスタイルを貫く、隠れリーダータイプ。現実と折り合いながら一代で成功を築く大器晩成型。

⑯己卯
種がまかれた畑

普段は穏やかでお人好しだが、何か問題が起こると、中心になる運命の持ち主。世話好きだが好き嫌いは激しい。複雑なものを同時進行する能力あり。

⑰庚辰
採掘される土中の金

こだわりのあることでは細やかだが、それ以外は大ざっぱで我慢も苦手。親分肌でまとめ上手。やや八方美人だが修羅場で頼りになり、大舞台で輝く。

⑱辛巳
光を受ける宝石

カジュアルに見えても内面は上品で誇り高い。デリケートで本物志向。どんな状況、相手でもニュートラルな態度を崩さず、筋を通す。後輩の面倒見もよい。

⑲壬午
太陽の下の海

感情の起伏が激しく、人見知り。アイデア豊富で思いつくとすぐに実行するが、持続力は今ひとつ。自由度の高い環境で成功する。霊感が強め。

⑳癸未
やわらかな慈雨

外柔内剛。控えめに見えて、負けず嫌いの努力家。手に職をつければ名人に。サポートする力、育てる力があるが、直感、衝動で動くと失敗しがち。

㉑甲申
役に立つ材木

気ぜわしいまでに行動的。社交的だが神経質。理想が高く多才だが、人の役に立つことを考えないと器用貧乏に。でも挫折を力に変えるたくましさがある。

㉒乙酉
刈り取られた牧草

物静かに見えて、知的でワイルド。情熱的に夢と理想を追うけれど合理的。その姿勢は周囲に刺激を与えるが、自分自身は束縛を嫌い、孤独を好む。

㉓丙戌
山にかかる夕陽

明るく庶民的で、堅苦しいことは苦手。人に合わせることがうまく社交的で商才あり。ただ堪え性がなく、粘れず、いつまでも子どもっぽい一面も。

㉔丁亥
湖上の鬼火

感覚が鋭すぎて気持ちが不安定になりやすいためか、普段は理詰めで冷静な考え方をする。フレンドリーだが本当は一匹狼的。奉仕的な行動で運気が安定。

㉕戊子
雪の降る冬山

素朴で正直。ゆったりとしてマイペースだが、逆境を跳ね返すたくましさがある。風変わりな個性を秘め、特殊分野で成功。鋭い直感で危険を逃れる。

㉖己丑
雪に埋もれた田畑

コツコツとマイペースに我が道を進む長距離ランナータイプ。派手さはないが周囲と穏やかに協調でき、波乱は少なめ。若いころよりも中年以降に充実する。

㉗庚寅
木を伐採する剣

大きな夢を追いかけるが、大きすぎて散漫になりがち。現実と折り合いながら安定。気分屋だが人に助けられる運があり、人のパワーを吸収して伸びる。

㉘辛卯
箱に入れられた宝石

愛情豊かで品のいい善人。人気者だが、八方美人になったり、人に利用されやすい傾向も。やや疲れやすく小さな目標を果たしながら前進すると吉。

㉙壬辰
海に注ぐ大河

知的でチャレンジ精神にあふれた文武両道タイプ。スケールが大きすぎてややまとまりに欠けるが、多くを取り入れて成熟。観察眼が鋭く参謀向き。

㉚癸巳
初夏のにわか雨

ピュアで好印象だが独特のセンスを持つ隠れ個性派。執着心は強く、簡単に方向転換できない。ユニークな交友関係に恵まれ、助けられて運を伸ばす。

㉛ 甲午
木陰を作る夏の木

個性強めだが、ピュアでまっすぐ。カジュアルで親しみやすく、軽そうに見えて努力家。フットワークがよく、人に奉仕することを好むことが多い。

㉜ 乙未
田園の夏草

礼節をわきまえ、ほんわかした癒やしキャラだが、実務能力に長け、見かけよりユニークで個性的。寂しがり屋だけに人と人との潤滑油的存在に。

㉝ 丙申
哀愁の太陽

おっとりした印象だが、鋭い直感力と感性で、夢を実現する。意外に利害関係には敏感で一度手にしたものは放さない一面もあるが、生活は地味め。

㉞ 丁酉
薄暮の街灯

スタイリッシュで神経質だが、時に大胆にもなる複雑な人。温厚なのに厳しい面もあり、社交的ではない。集中力はあり専門職向き。芸術の才も秘める。

㉟ 戊戌
宝を秘めた山

聡明でこだわりが強く、人生の波風を抑え込むほど強烈な意志とユニークな知性を持つ。親分肌で家族思い、商才もあるが、孤独な時間を必要とする面も。

㊱ 己亥
湿地帯の田畑

柔軟で人に寄り添い、経験を糧にする。浮き沈みの激しい人生になりやすいが、アイデア豊かで度胸もあるため、安定しないところで力を伸ばす。やや遅咲き。

㊲ 庚子
海の底の玉

明るく軽やかに見えて繊細な面があり、考えすぎて不安定になったり、諦めがよすぎて損をしがち。冒険的挑戦や個性的な環境を求めると人生が開ける。

㊳ 辛丑
池地の精霊

とても利発でマイペース。ピュアだけど、やや内向的。多趣味で凝り性、好き嫌いも激しいけれど、バランス感覚に優れているため、堅実な道を歩む。

㊴ 壬寅
雪どけの奔流

飾り気がなく一見取っつきにくいが、自制心の強い冷静な人。動き出せばエネルギッシュシュでたくましいが、やりすぎると失敗。芸術の才を秘める。

㊵ 癸卯
林の中の泉

繊細で平和主義者。仲間や家庭を大切にして、子煩悩。皆の潤滑油的存在。多趣味で、感情表現が独特だが、真面目で几帳面なので安定した生活に。

㊶ 甲辰
風神を呼ぶ木

穏やかそうに見えて負けず嫌い。激しい気性を内に秘めているため、いざという時は強く厳しい。周囲に頼りにされ、味方も多い割に敵も多い。

㊷ 乙巳
女神が咲かす花

フェロモン体質で恋の数は多め。ひらめきを実現する才あり。どんな環境にもなじむが本音は簡単に見せない。一匹狼より仲間や補佐役がいるほうが伸びる。

㊸ 丙午
異国まで照らす太陽

真夏の太陽のような強烈なパワーの持ち主。怖いもの知らずで自己顕示欲は強い。お人好しで甘さもあるが働き者。狭いところに閉じこもらないほうが伸びる。

㊹ 丁未
異国への狼煙

おとなしそうでも中身は情熱的で持続力もあり、どこでも目立つ。野心も底力もあり、必要なことはストレートに口にし、行動するが、やや気取り屋。

㊺ 戊申
山岳の要塞

人懐こいが距離感はうまくとる。高いところから俯瞰し、うまく後処理をする頼れる人。改革することで何かを守る役割を担う。心配性で寂しがり屋な面も。

㊻己酉
開墾される土地
庶民的で地道な努力家。荒地を拓くように進む。人に頼らないが、人との協力で成功。問題の収拾、立て直しがうまい。無欲な人ほど晩年に報われる。

㊼庚戌
大軍の将
穏やかに見えて、強い力を秘めた大器。働き者で人情家。いざというとき、誰よりも頼れるが、平凡な環境では生きにくいかも。人の嫌がることを引き受ける。

㊽辛亥
聖水に洗われる玉
スタイリッシュで不思議に目立つ。負けず嫌いだがナイーブで身内を大事にする。霊感に近いくらい感覚が鋭く、そのセンスでナンバー2、参謀役で輝く。

㊾壬子
真冬の大海
実利的な知恵の持ち主。頑固だが、面倒見がよく、おおらかで清濁併せ呑む度量あり。独立して運が開けるが、狭い環境に収まりきらず、やや放浪癖あり。

㊿癸丑
水路を流れる水
人当たりはいいが、人には合わせない頑固者。要領よく、経験に学んで伸びる。好きなものを子どものような純粋さで守るが、意外に毒舌家で怒ると怖い。

51甲寅
曲直の巨木
真面目でまっすぐ。明るく公平なので、人を巻き込む力あり。マイペースで着実に目的に向かう。頼られたり、望まれると頑張りすぎる傾向が。

52乙卯
うららかな春の草原
おっとりしているようで信念は強く、人を巻き込むリーダー。多くを担える力量があり、着実に安定した人生を切り開くが、目上との関係には注意。

53丙辰
孤高の太陽
運気は強いが、自分をよく知り、マイペースなので、運が開けるのは遅め。ロマンチストでいつまでも若々しいが、意外に人見知り。孤独な一面もある。

54丁巳
祭壇を飾る松明
人当たりがよく、図太そうだが、実は神経質。広く浅くかかわりがちだが、アイデア豊富なので、1つに専念してゆっくり伸びる。家族的人間関係を好む。

55戊午
明るい真夏の山
朗らかな印象だが知的で冷静。独創的で自分のスタイルを貫いて新分野を切り開く。決断力もあり、土壇場の勝負に強い。組織を率いる力もあるが一代運。

56己未
異国の砂漠
明るい人情家。活動的で目先のことにとらわれず、人と助け合いながら道を切り開く。教え導くのが得意。何度か波乱に遭遇するが、乗り越えて成長する。

57庚申
軍人・戦いの守り神
知的で穏やか。正義感は強く、規則や常識にはうるさい。理性に従って断固とした行動をとる。何かを守ろうとする時、もっとも強い攻撃力を発揮する。

58辛酉
祭壇に飾られる宝石
地味めだが清潔感があり、磨けば光るタイプ。賢く、やることは確か。プライドが高く柔軟性に欠けるのが難点。芸術家や学者、研究者向き。数字に強い。

59壬戌
山中の大きな湖
穏やかで謙虚、育ちのよさを感じさせるが、少し本音は見えにくく、意外な一面あり。波乱にも遭うが、背負っていく力量と統率力のあるリーダーの器。

60癸亥
豊かな水源
忍耐強い努力家。優しく献身的だがプライドは高く、人の言いなりにはならない。時間をかけてやや異端、傍流、表から見えないところでの実力者に。

中心星

比肩（ひけん）

妥協せず、自分を貫くナンバー1の頑張り屋さん

自分の日干と同じものが中心星の位置にある人です。自分自身が強められているのですから、何しろ自我が強く頑固者。理屈でわかっていても、妥協は一切しません。その代わり、一度決めたことはとことん貫く意志の強さがあります。気に入ったこと、やると決めたことはひたむきに取り組みます。頑張り屋という意味ではナンバー1。打ち込めることを見つけたらこれほど強い星はありません。

マイペースで、自分のペースを乱されることを嫌うため、わがままな人と思われることも。ある意味不器用な人でもあります。個人主義で協調性に乏しく、束縛されるのが大嫌いで、人から指図されても、自分の意図と反していれば素直に聞けないことも。早めに独立して自分の世界を保てる状態にしたほうが自分も周囲も楽です。

日干が陽干（甲・丙・戊・庚・壬）の人はわかりやすく自分を主張し、周囲と衝突することも多いかも。一方、陰干（乙・丁・己・辛・癸）はソフトに見えて、実は自分を曲げず、好き嫌いも激しく、周囲からは偏屈な人に見られがちです。一度環境が定まると、そこから抜け出しにくいので、敵と味方を決めつけすぎず、孤立しないよう気をつけて。

●対人スキル

大変な負けず嫌いですが、周囲を蹴落としてまで勝とうという気持ちはあまりなく、自分さえ納得していれば、周囲からどう思われても我関せず。自分のテリトリーさえ守れれば、むやみに人とはぶつかりません。

●金銭スキル

損得勘定には無頓着。自分のこだわりから自由になれず、儲けのチャンスを逃すこともあり。金銭的に苦労する傾向があり、兄弟で財産を争ったり、女性でも一家の大黒柱として頑張らねばならないことにも。ただし、身内愛は強く、苦境には負けません。

中心星

劫財（ごうざい）

横並びの人間関係に生きるため時にお人好し、時に傍若無人

自分の日干と同質ですが、陰・陽が異なるものが中心星にある人です。陰と陽は磁石のように引き合うもの。そのため、同じ自我の星でも「比肩」の人に比べて社交性や協調性があり、一見、人当たりがよく、誰でも受け入れる親しみやすい人に見えます。でも、本質的には頑固で自己主張が強め。ただ「比肩」の人は1人で自分の世界を守ろうとしますが、「劫財」の人は集団や仲間を作ることで、強固な自分たちの世界を作り、守ろうとします。ですから、人脈、ネットワークは広く、組織力もあります。

「劫財」の人は、上下のある人間関係の中に身を置くことを好みません。どんなに偉い目上や上司とも本質的には同等に接するため、傍若無人に見えることも。一方で、部下や後輩にも同等に接するため、下の人間にとっては、自分を尊重してくれる穏やかな人になります。

また、日干が陽干（甲・丙・戊・庚・壬）の人はこの通変星を「敗財」と呼ぶことが。「敗財」の人はとにかくお人好し。頼まれたらイヤと言えず、人に利用されやすく、財産をどんどん奪われる恐れが。これは、横並びの人間関係の中で自分を生かそうとする一面の弱さを語っていると思ってください。

●対人スキル

身内意識は強く面倒見はよいタイプです。でも、人の力を借りて自分の意志や欲望を果たそうとするため、結果的に人を利用してしまうことも。いずれにしても人間関係の中に幸運も不運もあるタイプなので、よき仲間を持ち、その中で誠意を尽くすことが大切です。

●金銭スキル

裏切りや強奪をもたらすと伝統的には言われますが、実はお金そのものより、そこにまつわる人とのパワーバランスにこだわっている場合も。つきあいも多くなりがち。お金の貸し借りは控えたほうが無難。

中心星

食神 しょくしん

楽観的であけっぴろげ。自然体でありのままを求める

「食神」は自身である日干から生じる星。寿命・健康、生きるのに必要な衣食住のシンボル。そのせいか「食神」を中心星に持つ人は、ゆったりとしてコセコセせず、どこか福々しい感じがします。「食神」が「洩星」と言われるのは隠しようもなく自分をもらす、見せてしまうから。無邪気であけっぴろげ。自分も含めていろいろな可能性を信じる楽観性を持っているのが特徴です。のんびりとしてどんな時でも慌てず騒がす、抜けているのか大物なのか、そんなどちらともつかない雰囲気を漂わせる人も多いでしょう。

それでも、ひとたび好きなものに巡り合うと、驚くほどの集中力を見せます。ただ、基本的には遊ぶことが好きで怠けやすい傾向も。仕事も遊びのように楽しみ、忍耐や苦労、競争は苦手。それは「食神」が自然であることを最上とするため、無理をしたくないからです。ものの見方にも偏りがなく、〝中庸(ちゅうよう)〟を重んじるせいか、冷静で鋭い観察力を発揮することも。

自分を素直に表現するため、芸術的な才能を発揮することも。ただ、他の星との組み合わせが悪いと、正直すぎて子どものようなわがままな人になる恐れも。人に助けてもらえる得な星なだけに、周囲を大切にし感謝の気持ちを忘れずに。

●対人スキル

どんな人にも自然体で接するため、包容力のある人に見えたり、幼さ全開に見えたり。親しい人にも冷静で冷淡なこともあり、周囲を振り回すところも。でも自分を飾らないためか、憎まれず、助けてもらえる得な人です。

●金銭スキル

お金を貯めたい、稼ぎたいという気持ちはそんなに強くないのに、不思議に生活には困りません。趣味的なことや特技がお金になることも。歯止めが利かず快楽的になることもありますが、お金がないならないで割り切って、自分らしく生活を楽しむこともできる人です。

中心星

傷官

しょうかん

反骨精神旺盛な一匹狼。独立独歩の生き方が向く

「傷官」は日干から生じる、日干とは陰・陽の違う星。中心星が「傷官」の人は、反抗期のティーンのような、屈折した激しさを持っています。繊細かつ感受性が人一倍強く頭脳明晰ですが、プライドが高くて人を見下すような傾向があります。同じ「洩星」の「食神」と同様に、感じたことは吐き出さずにはいられませんが、ストレートであっけらかんとしている「食神」と違い、どこか毒のある物言いになりがちです。

ロマンチストで理想を追いますが、それと相容れない現実への思いが反抗や怒り、鋭い言葉や表現になります。それが文章や美術、音楽など芸術的な方面の才能として結晶することも。そうした分野にエネルギーを発散することで、人との摩擦も少なくなります。

典型的なアーティストタイプで、一匹狼的な生き方が似合います。組織の中で生きるより、独立独歩で進むほうが、自分も楽で、成功もしやすいでしょう。「官を傷つける」という文字の通り、社会的な価値観やステイタスとは相容れないのです。でも、せっかく創造的な才能に恵まれているのです。人生を大きなステージだと思って、思い切り自分を表現する生き方をするのも1つの道です。

●対人スキル

周囲のことなどお構いなしに感じたことをしゃべりまくったり、言いにくいことをズバリ言ったり。そうかと思うと秘密主義で周囲を煙にまくなど、人間関係のバランスは微妙。作らなくていい敵を作らないよう注意を。

●金銭スキル

「傷官」は「食神」と同じく財星を生む星。その才能を生かして得る財の大きさは「食神」をはるかに上回ります。ただ、財を自分で生み出す〝生みの苦しみ〟はあるかも。また微妙な人間関係のもつれから財を失う恐れもあり、自分の才能に溺れて、他者を甘く見ないことです。

中心星

偏財
へんざい

柔軟かつダイナミックに財を生む。親切だけど意外としたたか

「偏財・正財」の「財星」は自分自身の日干から剋される側の星で、自分でコントロールできるものが財なのです。

そして「偏財」は流動する財のこと。中心星「偏財」の人は、ダイナミックに稼いで、ドンと使う人です。あなたの周囲では人もお金もどんどん動いてきます。「偏財」が中心星の人は活動的で、その動いているさまざまなものを柔軟に自分の中へ取り入れる懐の深さが持ち味。サービス精神旺盛かつ世話好きで、人に尽くすことも多いでしょう。その相手に合わせる優しさや対応が人を惹きつける魅力になります。

そんな「偏財」の人を周囲は甘く見がちですが、本質は意外なほどしたたか。現実主義者で、お人好しに見えて自分が損をするようなことはしないほう。機を見るに敏で人づきあいも巧み。商売人としての素質は十分。八方美人的なところもありますが、行動的で融通が利くためビジネスで成功する確率は高いでしょう。

人に親切で優しいのも、実は無意識の自己アピール、人を惹きつけたいという自己顕示欲の裏返しである一面も。その意味では自己愛も強いのですが、人とのつながりも「財」。それを生かすことができる人です。

●対人スキル

相手の立場に立って物事を考えられる高い対人スキルの持ち主。愛情の押し売りに見えるくらい人に尽くすことも。特定の誰かではなく、周囲の人全員に愛と奉仕を平等に捧げます。これは誰からも嫌われたくない、皆に好かれたいという気持ちから。

●金銭スキル

「偏財」は動く財なので大きく儲けてバンバン使い、生活は派手になりがち。〝借金も財産〟と考えて大金を動かす度胸もあります。でも、入ってくるお金と出ていくお金のバランスが崩れると大変。お金についてアバウトにならないほうが安定します。

中心星

正財

せいざい

堅実にテリトリーを守るが意外なカリスマ性を秘める

「正財」は動く財である「偏財」に対して動かない財を表します。中心星が「正財」の人は、保守的で真面目。自分のテリトリーの中でコツコツと時間をかけて財を成します。家業を守り発展させたり、文化や伝統を受け継ぐ立場にもなりやすい人です。

基本的に用心深く、実現できるかどうかわからないような夢は見ません。堅実かつ慎重に、与えられた範囲で精一杯頑張ります。決して面白みのあるキャラクターとは言えませんが、慌てず騒がずしっかりとした足取りで生きていく姿に、自然と周囲の信頼が集まります。

「正財」は妻の星と言われ、女性ならしっかり者で良妻賢母になれる資質の持ち主です。妻は家庭という場所では中心であり、スケールは小さいながらカリスマ。そういう意味で「正財」が中心星の人は、組織や自分と同じ考えの仲間やグループを大切にし、その中で個性を生かせます。そこを守り、誰かに尽くしたり求められることに応えることが、生きがいや存在意義になるのです。リアリストで現実に強いという意味で、「偏財」の人より「正財」の人のほうがある意味シビアです。本来、気が小さいので大勝負はしませんが、1つの道に徹して伸びる人です。

対人スキル

地味で目立たないように見えて、一途に1つのことに打ち込むことで評価されて、多くの人に対して求心力を持つ存在、リーダーにもなります。孤独に弱く、自分がいる小さな世界とそこの人々を守ろうとして、外にいる人を疑ったり排除したりもしがちです。

金銭スキル

倹約家で蓄財の才能があります。「正財」の人は変化を恐れて何かあった時のために備える傾向が。正直すぎて損をすることもありますが、それも「正財」の人の危機管理。儲けより大きな損を恐れます。不動産に縁あり。

中心星

偏官（へんかん）

激しいエネルギーの持ち主。人生の振り幅はかなり大きい

「偏官・正官」の「官星」は、自分自身の日干を「剋す」星です。その摩擦が強い行動力を生むため、中心星が「偏官」の人は、考えるより先に体が動き、思慮深いとは言えませんが、実行力と闘争心はピカいち。どんな場面でも物怖じしない、度胸と思い切りのよさが特徴です。

いわば心の中に虎がいて、それをコントロールできれば、エネルギッシュな働き者になり、その行動力とチャレンジ精神を生かしてスケールの大きな成功を収めることができます。でも、コントロールできないと、やたら攻撃的で人を人とも思わず、衝突ばかりする乱暴な人生を送ることになりかねません。動いていないとイライラする傾向もあり、スポーツや体力勝負の仕事に適性があります。

「偏官」の別名は〝七殺（しちさつ）〟。それは自分の日干から七番目にあって、自分自身を攻撃する（剋す）星だから。そのせいか、「偏官」の人はあえて犠牲的な立場になったり、人がやらない危ないことをしたり、〝やせ我慢の美学〟を持ちやすいタイプ。困っている人を放っておけない親分肌ですが、行動は基本的に個人主義です。

1つの枠に収まらない勢いとスピード、パワーを秘めた星だけに、その生かし方で幸運と不運が分かれやすい星です。

●対人スキル

何事も白黒はっきりさせないと気がすみません。すぐ敵か味方かと考えることも。義侠心（ぎきょうしん）があり、対人関係では損得抜きに自分なりに筋を通します。厳しい面があっても、思ったことがすぐに顔に出るわかりやすい人なので、意外と愛されます。

●金銭スキル

一か八かの勝負には強く、それで大きく成功したりします。大きく儲けることもあり、よく言えば潔いのですが、諦めが早すぎて粘りが足らず、損をすることも。

諦めたり手放したりする前に、立ち止まることを覚えて。短気は損気です。

中心星

正官

せいかん

社会的権威を求めて王道を歩むが世界が狭くなりがち

「偏官・正官」の「官星」は戦いの星。なかでも「正官」は文字通り社会的に正しい権威を求める星。エリートコースや社会の王道を表します。

そんな「正官」が中心星の人は、真面目で几帳面、かつ落ち着きもあり、責任感も強いため、地位や社会的な立場に恵まれます。同じ官星の「偏官」が社会的規範からはみ出す激しさを持つのに対し、「正官」の人は常識と規範を守る穏やかなバランス感覚があります。

何事も隙はなく、与えられたノルマはきっちりこなします。反対に言うと、できそうもないことには手を出しません。ダメだと思ったらさっさと手を引いて無理をしない逃げ上手ですが、出処進退を心得ることが自分なりの責任の取り方なのです。官僚や警察官、銀行員、教員など、堅い仕事向き。体制側にいたほうが穏やかに過ごせます。

格好悪いところは見せない優等生で、親や年長者からの受けはよく、引き立てを受けて伸びていきます。でも、堅苦しく面白みに欠ける一面も。ある意味小心者で、自分たちの小さな世界で優劣を競う偉そうなタイプになりがち。小さな〝いい子〟としてまとまらないためにも、常に視野を広く持つことです。

●対人スキル

プライドを満足させるためにも、競争する集団や組織を必要とします。集団行動することを好み、その中でなるべく上の立場になってリーダーシップをとろうとします。集団の枠組みの中で安心し、その中では攻撃的です。プライドが高く、序列や優劣、しきたりをとても気にします。

●金銭スキル

金銭的には堅実。大きな組織に属して、きちんと給料をもらうタイプ。使い方も貯め方も計画的です。ただブランド志向が強く、好みよりも社会的に名のあるものにお金を使う傾向が。見栄を張って散財することも。

中心星

偏印

へんいん

ひらめきやアイデアあふれる異能の人。破壊と創造を繰り返す

「印星」（偏印・印綬）は知性の星です。その中でも「偏印」は文字通り偏った才能や知恵を表し、中心星「偏印」の人が、学業や学歴とは違う次元の頭のよさの持ち主であることを示します。

学校の勉強はそれほどでなくても、ひらめきやアイデアがあったり、芸術方面で才能を発揮したり。特殊な技能を生かして働くフリーランスの人には「偏印」の人がとても多いのです。逆に言えば個性が強く、組織に属して生きるより、自由な立場でいたほうが、楽で成功しやすい人です。

飽きっぽく、刺激や自由の少ない場所にはなじめないため「偏印」は〝放浪の星〟とも呼ばれますが、変化には強く、どんな環境でも見ず知らずの相手にも飛び込んでいける強さと順応性があります。

むしろ、自分が生まれ育った場所とは異なる環境に身を置いたほうが、運気が開けてきます。「偏印」は、衣食住や寿命をつかさどる「食神」を攻撃するので、「倒食」と呼ばれ、凶星とされてきました。自由奔放で1つのことにとらわれることを嫌う「偏印」の人は、ひと昔前には持て余される星だったかもしれませんが、激動の時代の今こそ、生かされ、求められる個性と言ってよいでしょう。

●対人スキル

誰とでもうまくやることができ、飾り気のない人当たりのよさがあります。ただ、〝進取の精神〟にあふれているため人間関係にも執着せず、それでトラブルになることも。古いものを壊して新しいものを創造する、そんなあなたの気性を理解してくれる場所や人を求めて。

●金銭スキル

特殊技能などで稼ぐスペシャリストタイプ。成功してもそれを継続するより、新しいこと、気になることに興味の関心が移るので、もっと儲けられたのにと周囲は思うかも。そして最新の情報、技術にはお金を惜しみません。

中心星

印綬（いんじゅ）

安定した環境でこそ知性で輝く。理知的でクールだが身内には優しい

「印綬」とは勲章を飾る組紐のこと。名誉や高い身分のシンボルです。そんな知恵と学問の星である「印綬」が中心星の人は、小さい時から賢くてさまざまな才能に恵まれています。真面目に学ぶので成績は優秀、冷静沈着で計画性があって何事もきちんとこなす、しっかり者のインテリタイプで、時間をかけて研究すれば、その道の権威にもなり得ます。

ただ、きちんとしてお行儀がいい半面、大胆に現実を切り開いていく度胸や決断力には欠けます。理論派で書物や過去から多くを学ぶので新しいものより古いものを意識し、大切にします。

変化には弱く、激しい競争も実は苦手です。だからこそ、評価の定まっている安定した環境でこそ、力を発揮できます。生まれ育った環境に適応し、そこで知恵を生かしていきます。学問、教育関係や大企業の研究職や公務員、そして伝統的なことを受け継ぐ宿命もあるようです。

何事も理屈で割り切っていくため、時にはひんやりとした印象を与えることも。でも、もともと「印綬」は自分の日干を生む母親の星。そのため理知的に見えても、実は情愛が細やかで優しい人です。また、母親との縁が深く、親離れや子離れできない人も多いでしょう。

対人スキル

母性的な一面があり、ついつい人の面倒を見てしまいます。後輩や年下を教え導くことにも熱心です。その熱意が向けられるのは自分の身内やごく親しい人に限られますが、それだけに過干渉になりがち。プライドが高く、心がすれ違うと関係をこじらせやすいので、時にはフランクな会話も心がけて。

金銭スキル

緻密な感性でお金もきっちり管理、基本的にムダ使いはしませんが、子どもの教育と自分のスキルアップのためのお金はかけても惜しいと思いません。ただ、アンティークや骨董品に目がないことも。

コラム　四柱推命に出てくる「蔵干」とは

地支（十二支）は、それぞれ1〜3個の十干を内蔵しています。この地支に含まれる十干を「蔵干」と言います。

命式で、年柱・月柱・日柱の下段の通変星は、日干と蔵干の組み合わせで出します。

複数ある蔵干のうちどれをピックアップするかは、あなたの誕生日が、その月の「節入り」の日から何日目かで決まります。

P23の1986年5月15日生まれの人の場合、その月の節入り（年表の月の干支ナンバーが切り換わる日）は5月6日で、誕生日は、そこから9日目となり、蔵干表を見て年支「寅」からは「丙」、月支「巳」からは「庚」、日支「未」からは「丁」を選び、日干「己」と組み合わせて、それぞれの通変星を出します。

また、通変星を出さなかった「蔵干」も、あなたが持って生まれた資質として、運気を見る時に使うこともあります。

蔵干表

地支	蔵干		
子	すべて　癸		
丑	0〜9日 癸	10〜12日 辛	13日〜 己
寅	0〜7日 戊	8〜14 丙	15日〜 甲
卯	すべて 乙		
辰	0〜9日 乙	10〜12日 癸	13日〜 戊
巳	0〜5日 戊	6〜14日 庚	15日〜 丙
午	0〜19日 己		20日〜丁
未	0〜9日 丁	10〜12日 乙	13日〜 己
申	0〜10日 戊	11〜13日 壬	14日〜 庚
酉	すべて 辛		
戌	0〜9日 辛	10〜12日 丁	13日〜 戊
亥	0〜12日 甲		13日〜 壬

節入りを0日目とした場合

第2章 運命を知る

人生の流れ、転機を味方につける！

人間には持って生まれた〝星〟がありますが、それだけで一生の運命が決まるわけではありません。人生は変化に富んだものであり、山あり谷あり、さまざまなターニングポイントがあります。

人はその時が幸せであればあるほど、「時間を止めたい」と願い、変化を恐れます。悪い状況に陥ると、それが永遠に続くように思います。でも、人生に転機は必ず訪れます。

変化の時は不安にもなりますが、人生は時々リニューアルすることで、思ってもみなかった幸せが訪れたりもするものです。

この章では四柱推命で運命の流れを左右すると考えられる次の項目について説明します。

★1年ごとの「流年運（りゅうねんうん）」
↓P62～「通変星（流年運）」、P98～「十二運」参照

★10年に一度切り替わる「大運」
↓P82～参照

★12年に2年間ある「空亡（くうぼう）」の年
↓P112～参照

★命式の中の十二支と巡ってくる十二支の関係で導き出される、「冲（ちゅう）」「害（がい）」「律年（りつねん）」「刑（けい）」「三合（さんごう）」「支合（しごう）」「天徳貴人（てんとくきじん）」などの年
↓P118～参照

いずれも主に日干と巡ってくる運気の干支の組み合わせで決まります。運命の流れと変化のタイミングを知っておきましょう。

例)1986年5月15日生まれ（女性）の人の人生の流れ

日干支/56己未　月干支/30癸巳　年干支/3丙寅　立年/3－

大運

10年周期で巡っていく大運

0〜2歳	(30癸巳)＝月干支	偏財 帝旺
3〜12歳（立年）	(29壬辰)	正財 衰
13〜22歳	(28辛卯)	食神 病
23〜32歳	(27庚寅)	傷官 死
33〜42歳	(26己丑)	比肩 墓
43〜52歳	(25戊子)	劫財 絶
53〜62歳	(24丁亥)	偏印 胎
63〜72歳	(23丙戌)	印綬 養
73〜82歳	(22乙酉)	偏官 長生
83〜92歳	(21甲申)	正官 沐浴

12年に2年巡る空亡

日干支が56己未のため、
子年と丑年が空亡

流年運

10年でひと巡りする年運通変星

2019年	33歳	36己亥年	比肩	胎
2020年	34歳	37庚子年	傷官	絶
2021年	35歳	38辛丑年	食神	墓
2022年	36歳	39壬寅年	正財	死
2023年	37歳	40癸卯年	偏財	病
2024年	38歳	41甲辰年	正官	衰
2025年	39歳	42乙巳年	偏官	帝旺
2026年	40歳	43丙午年	印綬	建禄
2027年	41歳	44丁未年	偏印	冠帯
2028年	42歳	45戊申年	劫財	沐浴

※大運は、西暦で偶数年生まれ（年干が陽干）の男性と奇数年生まれ（年干が陰干）の女性が順回り（＋）、逆に奇数年生まれの男性と偶数年生まれの女性が逆回り（－）。逆回りは60干支をさかのぼります。

1年ごとの運の流れを読み解く流年運

四柱推命では、人間の運命はあるサイクルで循環すると考えられています。自分の「日干」と巡ってくる年の「干支」の組み合わせから回ってくるものが1年ごとの「流年運」です。中心星と同じ10種類の通変星（比肩・劫財・食神・傷官・偏財・正財・偏官・正官・偏印・印綬）が1年に1つずつ、順番に巡って、その年の運気を決めます。

たとえば結婚。10種類の通変星の中で、「偏財」「正財」「偏官」「正官」が巡る時期は、一般に出会いが多く結婚しやすい時期です。10年間のうち、この4つの星が巡る時を私は「寿（ことぶき）ゾーン」と呼んでいます。

この4年間は、人とかかわり、影響を与え合う運気なので、出会いも増え、恋愛も生まれやすく、結婚のきっかけもつかみやすいのです。男女ともに「寿ゾーン」で出会えばあっという間に、どちらか片方が「寿ゾーン」なら少し時間はかかっても結婚に至ることは多いようです。

他にも「独立・開業の時期」や「行動範囲が広がる時期」もあれば、「ケガをしやすい時期」もあります。そうした運気に合った過ごし方、行動をすることが、物事をスムーズに運び、よい運気を導くことにつながります。

流年運のサイクルは、日干が陽干（甲・丙・戊・庚・壬）の人と、陰干（乙・丁・己・辛・癸）の人では左図のように異なります。

陽干の人は「傷官」の時に厳しいけじめや決断をすることで、寿ゾーンの4年間に飛躍と安定を得ます。そして、「正官」がピークで「偏印」の年に今までのやり方が通用しなくなりやすい、上下動が大きめのサイクル。

一方、陰干の人は「食神」の時から運気はゆっくり上昇し、「寿ゾーン」へ。「偏官」をピークとして「印綬」の年に反省しながらその後の展望を考え、次のサイクルに向けての闘争期に入ります。

また運気を表す星には「通変星」の他に「十二運」（P98〜）もあります。日干と十二支から導かれ、運気の質と強さを表すこの十二運を加えると、巡ってくる流年運を具体的にイメージしやすいでしょう。次ページでは日干別の22年間の流年運がチェックできます。

流年運の出し方

①P161〜の年表で自分の日干支を調べる
②次ページの「流年早見表」で自分の日干の項を調べる

陰干(乙・丁・己・辛・癸)の通変星の巡り方

劫財
比肩
傷官
食神
正財
偏財
正官
偏官
印綬
偏印

（正財・偏財・正官・偏官）この4年が寿ゾーン

陽干(甲・丙・戊・庚・壬)の通変星の巡り方

比肩
劫財
食神
傷官
偏財
正財
偏官
正官
偏印
印綬

（偏財・正財・偏官・正官）この4年が寿ゾーン

	己（陰干）		庚（陽干）		辛（陰干）		壬（陽干）		癸（陰干）	
	流年	十二運	流年	十二運	流年	十二運	流年	十二運	流年	十二運
2020（庚子）	傷官	絶	比肩	死	劫財	長生	偏印	帝旺	印綬	建禄
2021（辛丑）	食神	墓	劫財	墓	比肩	養	印綬	衰	偏印	冠帯
2022（壬寅）	正財	死	食神	絶	傷官	胎	比肩	病	劫財	沐浴
2023（癸卯）	偏財	病	傷官	胎	食神	絶	劫財	死	比肩	長生
2024（甲辰）	正官	衰	偏財	養	正財	墓	食神	墓	傷官	養
2025（乙巳）	偏官	帝旺	正財	長生	偏財	死	傷官	絶	食神	胎
2026（丙午）	印綬	建禄	偏官	沐浴	正官	病	偏財	胎	正財	絶
2027（丁未）	偏印	冠帯	正官	冠帯	偏官	衰	正財	養	偏財	墓
2028（戊申）	劫財	沐浴	偏印	建禄	印綬	帝旺	偏官	長生	正官	死
2029（己酉）	比肩	長生	印綬	帝旺	偏印	建禄	正官	沐浴	偏官	病
2030（庚戌）	傷官	養	比肩	衰	劫財	冠帯	偏印	冠帯	印綬	衰
2031（辛亥）	食神	胎	劫財	病	比肩	沐浴	印綬	建禄	偏印	帝旺
2032（壬子）	正財	絶	食神	死	傷官	長生	比肩	帝旺	劫財	建禄
2033（癸丑）	偏財	墓	傷官	墓	食神	養	劫財	衰	比肩	冠帯
2034（甲寅）	正官	死	偏財	絶	正財	胎	食神	病	傷官	沐浴
2035（乙卯）	偏官	病	正財	胎	偏財	絶	傷官	死	食神	長生
2036（丙辰）	印綬	衰	偏官	養	正官	墓	偏財	墓	正財	養
2037（丁巳）	偏印	帝旺	正官	長生	偏官	死	正財	絶	偏財	胎
2038（戊午）	劫財	建禄	偏印	沐浴	印綬	病	偏官	胎	正官	絶
2039（己未）	比肩	冠帯	印綬	冠帯	偏印	衰	正官	養	偏官	墓
2040（庚申）	傷官	沐浴	比肩	建禄	劫財	帝旺	偏印	長生	印綬	死
2041（辛酉）	食神	長生	劫財	帝旺	比肩	建禄	印綬	沐浴	偏印	病

寿ゾーン

流年早見表

	甲(陽干)		乙(陰干)		丙(陽干)		丁(陰干)		戊(陽干)	
	流年	十二運	流年	十二運	流年	十二運	流年	十二運	流年	十二運
2020(庚子)	偏官	沐浴	正官	病	偏財	胎	正財	絶	食神	胎
2021(辛丑)	正官	冠帯	偏官	衰	正財	養	偏財	墓	傷官	養
2022(壬寅)	偏印	建禄	印綬	帝旺	偏官	長生	正官	死	偏財	長生
2023(癸卯)	印綬	帝旺	偏印	建禄	正官	沐浴	偏官	病	正財	沐浴
2024(甲辰)	比肩	衰	劫財	冠帯	偏印	冠帯	印綬	衰	偏官	冠帯
2025(乙巳)	劫財	病	比肩	沐浴	印綬	建禄	偏印	帝旺	正官	建禄
2026(丙午)	食神	死	傷官	長生	比肩	帝旺	劫財	建禄	偏印	帝旺
2027(丁未)	傷官	墓	食神	養	劫財	衰	比肩	冠帯	印綬	衰
2028(戊申)	偏財	絶	正財	胎	食神	病	傷官	沐浴	比肩	病
2029(己酉)	正財	胎	偏財	絶	傷官	死	食神	長生	劫財	死
2030(庚戌)	偏官	養	正官	墓	偏財	墓	正財	養	食神	墓
2031(辛亥)	正官	長生	偏官	死	正財	絶	偏財	胎	傷官	絶
2032(壬子)	偏印	沐浴	印綬	病	偏官	胎	正官	絶	偏財	胎
2033(癸丑)	印綬	冠帯	偏印	衰	正官	養	偏官	墓	正財	養
2034(甲寅)	比肩	建禄	劫財	帝旺	偏印	長生	印綬	死	偏官	長生
2035(乙卯)	劫財	帝旺	比肩	建禄	印綬	沐浴	偏印	病	正官	沐浴
2036(丙辰)	食神	衰	傷官	冠帯	比肩	冠帯	劫財	衰	偏印	冠帯
2037(丁巳)	傷官	病	食神	沐浴	劫財	建禄	比肩	帝旺	印綬	建禄
2038(戊午)	偏財	死	正財	長生	食神	帝旺	傷官	建禄	比肩	帝旺
2039(己未)	正財	墓	偏財	養	傷官	衰	食神	冠帯	劫財	衰
2040(庚申)	偏官	絶	正官	胎	偏財	病	正財	沐浴	食神	病
2041(辛酉)	正官	胎	偏官	絶	正財	死	偏財	長生	傷官	死

流年比肩

自分に忠実に強気で進む年

自分の「日干」と同じ「干支」が巡る「流年比肩」の年は、自分自身が強められるので当然、強気になりがち。普段はあまりはっきり意思表示をしない人も、言葉や行動でそれを表します。といっても、むやみに人と衝突したり、攻撃はしません。「比肩」の時はあくまで自分の主義や生活を守りたい気持ちが強くなるだけだからです。

それゆえに、「流年比肩」の年にやりたいことが実現できない、自分らしく生きられない環境にいると、断固とした行動を起こします。ただ、それは周囲と戦うのではなく、今までの環境に別れを告げるという形をとります。反対に、満足できる環境にいれば、「流年比肩」の年はとても穏やかに過ぎますが、自分を脅(おびや)かすものには厳しく対処をし排除しようとします。

「流年比肩」の年が来ると、自分中心に物事を考えるようになり、妥協ができません。独立心も強くなり、親からの独立や転職、引っ越しなどをして結果的に分離が起きやすくなります。大きな変化も自分らしく生きるために必要なものであることが多いでしょう。ただし、人の助けは望めません。逆にあなたが誰かを助け、守る運気の時です。

人間関係では相手に合わせることが難しく、1人でいることを妙に清々しく感じたり。時には動きを止め、孤独の殻に閉じこもることもありますが、自分を見つめ直すのによい年。その中に、新しい運気の芽生えもあります。

縁のある言葉

独立、自立、自主性、守り、頑固、兄弟

仕事運

協調性がなくなるので、組織の中では動きづらくなります。上司や得意先の命令でも従いたくないものは受け付けず、無理をすればストレスに。同僚ともモメがち。ゆえに、独立や転職しがちです。

金銭面で苦労はしても、フリーランスや自営業への転身はよいタイミングです。一方で転職は、よほど自分にぴったりこないと、なじむのに時間がかかり、なかなか決まらないことも。「流年比肩」の年は、自分がやりたい企画を提案して通ったり、望む仕事についたり、個人の力を発揮できると快調で、業績が上がる時です。ただし、頑なになり、周囲の意見に耳を貸さないと、間違った判断をする恐れも。いずれにしても、たった1人でさまざまな困難に立ち向かうことが多い年です。

恋愛運

恋愛では試練の時。相手の言うことはあなたの耳には入ってこず、合わせることもできないからです。交際のイニシアチブがよほどあなたにあるなら快適な1年ですが、相手にかなりのプレッシャーをかけているかもしれません。本当の意味で噛み合っていなかった関係は終わってしまうかも。いわば、恋人やパートナーのもとからの「独立」です。単身赴任など他動的な理由で物理的に距離ができることも。

新しい出会いも、本当に自分に合う相手を求めるので、なかなか難しくなります。自分の条件とぴったり合った見合い相手なら電撃結婚なんてこともありますが、「流年比肩」の年の結婚はあくまで自分本位の相手選びです。本来、個人主義で自分優先の年なので、「流年比肩」はこじれた関係を一度リセットするにはよく、離婚も多め。「流年比肩」で出会った相手とは急な進展は望めません。

健康運

健康なら自分の「気」が強められ、体がよく動いて持て余すほど。ただ、健康状態があまりよくないと、それまでの生活スタイルを簡単に変えられないことの悪影響で体調悪化の可能性が。持病のある人は要注意。病院に行くことを怖がって早期発見を遅らせるパターンにも気をつけてください。

流年劫財

人間関係が広がり、結果的に散財しがちな年

自分の日干と陰陽が違う干支の星が巡るのが「流年劫財」です。「劫」は「脅かす」の意味を持つ字で、「流年劫財」では財を失ったり、奪われたりすると一般的には言われます。

でも、それはあくまで結果的なこと。「流年劫財」が巡ってくると、今までよりも人間関係を横並びでとらえるようになり、人の輪が広がってグループやチームで動くことが多くなります。そうした同志的なつながりは楽しく頼もしくても、すぐに利益を生み出すことは少なく、むしろお金がかかったりすることから散財につながるのです。

「流年比肩」と同じく自立や独立の気持ちも強くなりますが、「流年劫財」のそれは、誰かと一緒に行動するという形をとります。友人と一緒に会社を立ち上げたり、仲間と組んで企画を通そうとしたり。何事も1人で完結する「流年比肩」の年に比べてかかわる人が多い分、状況が複雑になり、「流年比肩」の時ほど、ストレートに自己主張できない傾向もあり、結果的に人を裏切ったり裏切られたり。そこに金銭がからんで、人間関係がギクシャクしたり、トラブルも起こるのです。

実は「流年劫財」の年はお金へのこだわりは強くありません。それよりも人間関係を大切にして、結果的に散財を招きます。自分や家族のために大きな買い物をしたり、病気やトラブルなどで出費することも多いでしょう。友人にお金を融通する場合も、金銭面はルーズにならないよう注意を。

縁のある言葉　協調、出費、仲間、和合、ライバル

仕事運

上下関係よりも横並びの関係を大切にする年なので、上司や先輩、親の言うことを素直に聞けません。広がった人間関係から、転職や独立を考えたり、強力なライバルが現れて、新天地を探さねばならないことも。いわば、損得関係なく、自分が動きやすい居場所を探す1年。人の協力を得られますが、それだけに金銭面をクリアにし、派閥争いには注意して。

日干が陽干（甲・丙・戊・庚・壬）の人は前年の「流年比肩」の年に独立独歩で始めたことに同志的な仲間や協力者を得られます。一方、陰干（乙・丁・己・辛・癸）の人は翌年が「流年比肩」なので、この年に得た仲間はふるいにかけられます。どちらにしても、経済的には苦しい年になりますが、出費を〝必要経費〟と考えて利益につなげる努力を。

恋愛運

出会いは多い年です。でも、この年に巡り合うのはあくまで自分と対等なつきあいができる相手。すぐには恋愛関係に発展せず、友人、仲間としてグループで行動するのが楽しい時で、一対一のつきあいに持っていこうとして友情まで壊れたり、恋人同士になったとたん盛り下がったりします。

すでに恋人や配偶者がいる場合は、浮気や不倫関係に陥りやすいという暗示が。「劫財」は妻の星である「正財」を痛めつけるため、離婚や略奪婚に結びつきがち。そうなれば当然お金が出ていきます。そうでなくとも、この年に始まる恋愛は、相手の気を引くためにお金がかかることも少なくありません。

環境が変わりやすい年なので、「流年劫財」で結婚することも。でも、この年の結婚は、今までの職をやめざるを得ないなど、経済的自立を危うくする変化をもたらす可能性もあります。

健康運

要注意の年。自分の体調に対して無頓着になり、必死になりすぎて過労で倒れるなんてことも。新事業のための借り入れの返済など、何かを背負って頑張るあまり、ダブルワークで働くなど無理をしがち。ライバルへの対抗心から休むに休めないという状況にも。とくに肝臓系の病気には要注意です。

流年食神

肩の力が抜けて欲望に忠実に生きられる年

「食神」は衣食住を司る星。「流年食神」が巡ってくると、生活が落ち着き、心に余裕が出てきます。肩の力が抜け、無理せず自然体で生きようとするため、ストレスも軽減され、自分のペースで楽しく過ごせる年です。ただ、過不足なく物質的にも満たされるので、新しいことにチャレンジする意欲は湧きにくくなります。

人気運は上昇、周囲からの引き立てもあり、人はあなたに優しくしてくれて、それに甘えられる時でもあります。リラックスし、素直になるせいか、自分を解放でき、表現意欲が増していろいろな発想が豊かになり、アイデアも浮かびます。趣味や遊びも充実。自分の好きなことを思う存分楽しめたりしますが、ルーズになる傾向もあり、何事もスピードは出ません。

とくに日干が陰干（乙・丁・己・辛・癸）の人は、「流年偏印」「流年劫財」「流年比肩」「流年傷官」と4年続いた激動期がいったん終息し、穏やかな運気に入ります。ここまでの頑張りに応じて、その結果を味わえるし、休息して楽しんでいい年ですが、肝心な時にピリッとしないことも。

一方、日干が陽干（甲・丙・戊・庚・壬）の人は翌年に、けじめをつけたりつけられたりする「流年傷官」が待っています。ここでひと息ついても、翌年には周囲の風向きがガラリと変わって、「まさか」の出来事に見舞われることもあるので、あまり気を緩めすぎないほうがいいかも。

縁のある言葉

自然、中庸、遊び、のんびり、休息

仕事運

人間関係のよさがプラスに働いて、ルーティンな仕事も無難にこなせます。面白い発想もできるので、とくにクリエイティブな仕事をしている人にとってはチャンス。ただ、日々の楽しみを優先したい時なので、基本的に仕事は二の次。プライベートを重視し、仕事はとりあえずの生活の糧というスタンスに。就職や転職への意欲は薄れそう。やりがいはいまいちの仕事でもあまり不満はなくこなせます。趣味や遊びから仕事のきっかけをつかめることもあります。

難点はミスが多くなること。すみずみまで神経が行き届かないのがその原因。周囲がフォローしてくれますが、翌年にはそうもいかなくなるので甘えすぎないで。詰めが甘くなるので、人と組むと安心。後輩に仕事を任せてみるにはよいタイミングです。

恋愛運

自分が解放されるため、いつもよりフェロモンを発散します。いわゆるモテ期で、ロマンスが生まれやすい時です。ただ、なんといっても「流年食神」は本能に忠実に生きる時。好きになるのは1人とは限りません。浮気や不倫、セックスを楽しむだけの遊びの恋なども多くなります。「流年食神」の年の恋にルールはなし。しかも、全体にアバウトになるので、秘密の恋を隠し切れなくて、大騒ぎ、グダグダになりがちなのもこの年の特徴です。

来る恋は拒まずで、相手から押し切られて始まる恋も多いでしょう。遊びや趣味の場で親しくなった相手と、交際に進むことも。とくに日干が陰干（乙・丁・己・辛・癸）の人は前年の「流年傷官」で失恋した後、「流年食神」で出会った無理なくつきあえる人とあっさり結婚なんてことも。妊娠がきっかけで結婚も多い年です。妊娠を望む人にはチャンスの時。

健康運

無理せず生きられる時なので、ストレスがなくなり、健康面が改善される時。「食神」は〝寿命〟の星ともされます。でも、「食神」は自分の気を外に洩らす星でもあるので、無理は禁物。しっかり休息を。

自分の欲望に忠実になりすぎて、過食や偏食、ルーズな生活になる恐れも。心臓系の病気には要注意。

流年傷官

感情の起伏が激しくなり トラブルの多い年

「流年傷官」を迎えると、感受性が鋭くなり、独創的な発想に恵まれます。追い立てられるように積極的になるのですが、「流年食神」の時のようにストレートにわかりやすく自分を表現しません。

好き嫌いが激しくなって、イヤなものには徹底的に反抗、排除しようとし、言葉が鋭くなって、人との対立が増えます。忖度（そんたく）という言葉とは無縁で、さまざまなことにシビアにけじめをつけたがり、逆に人にけじめをつけられることも多くなります。感情の起伏が激しくなり、周囲に迷惑をかけたり、トラブルメーカーになりかねません。

ただ、「この人なら……」と思える相手に出会うと、相手の思惑など考えずに、徹底的に心を開くことも。「流年傷官」では広く浅くのつきあいよりも、狭く深くのつきあいを望みます。それが叶えられないと、妥協することができずに孤立することも。結果、自分自身の空想の世界に閉じこもってしまうことも。何事も極端に走りやすく、さまざまなバランスを欠く1年です。周囲になじめず、トラブルも起きやすくなります。

とはいえ、「流年傷官」の年は、頭脳の働きがシャープになり、秘めていた能力、技能を開花できる時。クリエイティブな作業などに打ち込めば、強い集中力と大きな成果が得られます。異端で構わないので、自分なりの〝表現〟を心がけたり、何か打ち込むものを持つことが、心のバランスもとれて、チャンスにもつながります。

縁のある言葉　芸術、創造、美化、反骨、個性、けじめ

仕事運

個人プレーを好み、仕事で自分をしっかり主張したくなります。それが可能な環境なら才能を発揮。すぐに成果が出なかったとしても、この年に磨いたテクニックや浮かんだ発想はムダにはなりません。

難しいのは対人関係です。言葉がトゲを持ちやすく、つい余計なひとことを言ってしまったり、秘密をもらしてしまったり。それが決定的なダメージにつながることもあるので、とにかく言葉には要注意。組織の中では、敵も多くなり、足も引っ張られがち。感情的なもつれから、離職や休職に追い込まれることも。妥協ができないので、就職や転職も難しい時。自尊心が肥大化する「流年傷官」の年ですが、だからこそ仕事では名より実をとるほうがうまくいきます。

恋愛運

失恋や別離が起きやすい年。厳しく突き詰めて考えてしまうため、今まで気づかなかった価値観の相違などに気づいてしまうかも。「相手に望むことが叶えられない」「イヤなものはイヤ」と自分からきっぱり別れを告げてしまうことも。逆に相手から「もうあなたにはついていけない」と別れを告げられることも。傷つけ合うことになっても曖昧だった関係がはっきりする時期なのです。

ケンカも増えますが、この年を越えてつきあうことができたカップルは深い絆で結ばれた2人になれるでしょう。

女性は妊娠しやすい時期でもあり、それが関係にけじめをつけるきっかけになることも。

人を見る目が厳しくなるので、必然的に出会いは少なくなります。一方で、よく知らない相手を美化して熱を上げる片想いも多い時です。

健康運

基礎的な生命エネルギーの消耗が激しく、生活が不規則になり、食事は偏り、疲れやすく、パワーが続きません。体の不調が一気に表面化することも。まさかの事故やケガも多くなります。人の言うことに耳を貸さず、悪化させてしまったりもしがち。神経過敏になるのでノイローゼなどの心の病にも注意。

流年偏財

魅力を発揮して人間関係が広がり、自分をアピールできる年

「流年偏財」が巡っていると、誰にでも好かれたい、嫌われたくないという気持ちが強くなります。そのため一生懸命に人に尽くし、いろいろな人を受け入れるようになります。その結果、不思議と人を惹きつける魅力を発揮し出します。人間関係がどんどん拡大し、それが財運につながります。

もともと「偏財」の別名は「動財」。自分が動くことによって得られる財であり、一定の形で止まらない財でもあります。お金はどんどん入ってくる一方で、出ていくものも増えますが、その分ダイナミックに大きな財が生み出されます。そのスケールは「流年正財」の年の上を行きます。

「流年偏財」が巡ってくると人は優しくなりますが、その優しさは少し打算的です。優しくすることで自分をアピールしたい、目立たせたいという気持ちが潜在的にあります。そのため、周囲から見たら節操のない八方美人に映ることもあるでしょう。でも、人に喜ばれる、人に求められることをするのは、商売の基本。だから人脈も財産です。ただ、人の輪は広がりますが、意外と利害優先の表面的なつきあいに終始することも多いかも。

あなたが中心になるような、にぎやかで華やかな出来事も多い年。調子よく人と合わせて、気がつくと散財していたということも。でも、経済的には潤う年なので大丈夫。ただし、高価な買い物をしたり、いつの間にか生活が派手になり、お金の使い方が粗くなる傾向には気をつけましょう。

縁のある言葉　金銭、売買、奉仕、社交、ギャンブル

仕事運

「偏財」は商売の星。「流年偏財」では盛んに経済活動をすることに。この年のあなたは、一見お人好しに見えて実は現実的でがっちりしています。いろいろな人と巧みに交渉して、自分の利益を得ようと頑張り、商売は繁盛し、経済的に潤います。

組織の中やさまざまな人間関係も「流年偏財」の年にはうまくさばけるでしょう。需要と供給が噛み合い、取引先も増えます。収入もアップ。ホッとできる1年です。就職、転職などは自分がやりたい職種や仕事以上に、人に求められる仕事、ほめられる仕事などを選んでみると、うまくいきます。人気や集客が必要な仕事にもチャンスが。難点は必要経費や交際費がかさむことで、資金を投入して、商売や仕事を大きくするにはピッタリのタイミングです。

恋愛運

人間関係が拡大する時ゆえ、当然恋人もできやすい時。愛を注ぐ対象や尽くす相手がいないと寂しくて、妥協をしても交際を始めるようなこともあるでしょう。あまり恋愛に縁のなかった人にとっても、恋の季節が到来。魅力が高まり、アピール力も上がって、意中の相手を落とすこともできます。意外な相手からアプローチを受けることも。

ただ、愛情を注ぐ相手が1人に集中せず、どんどん拡散していく傾向が問題です。次々にいいなと思う人が出現したりするので、決め手には欠けますが、デートを重ね交際を楽しむにはよい年です。調子に乗って本命に逃げられても、すぐに別の相手が現れます。「流年偏財」で出会った相手と「流年正官」で結婚するのは理想的なパターンです。問題は既婚者。モテすぎて、浮気に走ったり、交際にお金をつぎ込むことも多いでしょう。

健康運

エネルギッシュで楽しそうに見えて、人に気をつかったり、無理もしがち。それを表面に出せずに自己過信から体調を崩すことも。気持ちが明るい分、自分の不調に気づかないこともあり健康診断は欠かせません。交際が忙しく、飲みの席も多い時。消化器系に弱さが出ることもあるでしょう。

流年正財

地に足がつき堅実になって地道に頑張れる年

「流年正財」の年がやってくると誰でも急に堅実になります。「流年正財」には物事を安定させる働きがあるのです。気持ちが落ち着き、規則正しい真面目な生活を送るようになります。

同じ財の星でも、「偏財」が止まらない「動財」とするなら、「正財」は固定している「不動財」。「流年偏財」の年の時のように、物事が一気に拡大し増大するエネルギーはありませんが、確実に目の前のことに取り組んで、着実な利益を得て自分の生活の基盤をしっかり築けます。貯蓄は増え、家や土地など不動産を得ることが多い年です。

何事に対しても、地に足がついた現実的な選択をする時です。今まで積み重ねてきたものがある人は、それが認められ、利益を出すようになります。何かを始めるにはいささか慎重になりすぎるきらいがありますが、リニューアル的なことは利益につながります。

人間関係は良好で、周囲に信頼され、あなたの周りに自然と人が集まります。外で遊ぶというより、家に人が来ることが多くなり、自分を中心とした人間関係を心地よいと感じる時です。

陽干（甲・丙・戊・庚・壬）の人は前年の「流年偏財」で広がるだけ広がったものが、自然とセレクトされ、安定していきます。一方、陰干（乙・丁・己・辛・癸）の人は、この年に始まった事柄や交際が、翌年の「流年偏財」で爆発的に広がっていくことになります。

縁のある言葉

堅実、家庭、真面目、日常、蓄財

仕事運

仕事は順調です。真面目に頑張ることができる時ですし、堅実な仕事ぶりが評価され、利益も生みます。たとえポジションや名誉に恵まれなかったり、縁の下の力持ち的な存在に甘んじたとしても、その実績はその後の評価や発展につながります。

職場では頼りにされ、あなたを中心によいチームを作れます。ただ、何でも仕切りたがる傾向があり、うるさがられることも。常識に縛られ、リスキーな選択に腰が引けがち。「流年正財」では面白くなくても手慣れているほうを選びます。

保守的になるので、この年の転職や独立には消極的ですが、必要に迫られての転進は成功するはず。金銭への執着が強くなり、得をしたいというより損をしたくないと考えます。やりくりはうまくなりますが、目先の小さな損得に惑わされると、大きな利益を逃してしまうこともあります。

恋愛運

「流年正財」ではあなたが家庭の中心になります。〝巣作り〟をしようとする気持ちが強まり、家族や家庭に時間とエネルギーを使います。

独身の人は結婚願望が強くなり、ふわふわとした恋愛をしたいというより、現実を見据えて相手を選び、決断します。背伸びして気をつかう理想の相手より、自分がコントロールできる心安らぐ相手を選びます。お見合いが成功したり、長年の友人が急に恋人に変わって結婚したりします。

ずっと浮気をしていても、「流年正財」を迎えると家庭に戻る人が多いのが特徴。ここで戻らないなら、それは浮気ではなく本気。愛を理性的に考えるようになる時だからです。愛情や奉仕の心が特定の相手に集中する時でもあり、嫉妬や束縛も強くなります。

健康運

健康管理をしっかりでき、体調の乱れも少なめ。早めに病院に行くので、大病になることも少ないでしょう。ダイエットや運動、食事療法など継続を必要とすることもうまくいきます。しかし、自分で思う以上に自分を抑圧していることが多く、上手なストレス解消も必要。自己流の生兵法にも注意を。

流年偏官

スピーディーに進み、活発に動く年

「偏官」は動くことが求められる星。「流年偏官」の時は、人は皆、活動的になり、何事もスピーディーに進みます。他動的な面もありますが、自らも積極的に行動し、じっとしてはいられません。

その分、少し思慮不足になる傾向は否めず、普段なら渡らない危ない橋を案外簡単に渡ってしまうことも。動いてしまった後に、その理由や言い訳を考えるようなことがよくあります。懸案事項を次々と実行していく、そんな1年になります。

猪突猛進な感じでまっしぐらに行動するため、人と衝突したり競ったりもします。「流年偏官」では闘争本能が高まる傾向もあり、普段、穏やかな人も争いや競争から逃げなくなります。競うことで実力をつけ、新天地も開けます。人に後れをとるまいと、流行にも敏感になります。

「流年偏官」のあなたは不思議と嘘がつけません。単刀直入、直情径行の人になります。何事もストレートですが、逆に言うとこらえ症がなくなり、結論を急ぎがちです。

実は「流年偏官」に行動せずにいられないのは、無意識のうちに今、やっていることへのマンネリ感や先細り感を感じているからかも。やりたいことがあるなら、ここで思い切って挑戦を。「流年偏官」での動きたい衝動を抑えるのはストレスをためるだけ。たとえ失敗したとしてもすぐに立ち直れる時です。今、できることは実行してみましょう。一か八かの勝負にも強い時です。

縁のある言葉　闘争、スピード、多忙、短気、正義

仕事運

よく働く年になります。いろいろやるべきことが目白押しで、落ち着いてじっくりという働き方はできません。会社員なら転勤、異動があり、引っ越しをすることも。自分から忙しい部署への異動を願ったり、サイドビジネスをスタートさせたりもします。「流年偏官」の1年は安穏と過ごすことを嫌い、自ら困難な仕事を求めたり、高いハードルやノルマを課したりするのです。人にも自分にも負けたくない根性を発揮できる時なので、思い切った転職や新規開拓は吉。横並びで無難に仕事をこなすより、人があまりやらないことにチャレンジしたほうが運が開けます。人の輪や組織もはみ出しがしですが、個人で動いたほうが結果を出せます。短気になり根回しや腹芸はできない時です。

恋愛運

「流年偏官」では恋愛もスピーディーに動きます。一目惚れをしたり、会ってすぐに深い仲になったり。いつになく積極的で、数回のデートでプロポーズし、電撃婚約、電撃結婚なんてことも。もちろん、出会ったとたん盛り上がり、情熱的に過ごしたけれど、あっという間に燃え尽きるなんていう恋も起こります。継続中の恋愛は、なかなか会えなくなるかも。遠距離恋愛になったり、仕事が忙しすぎて2人の時間を作れなかったり。環境の変化で、急に結婚話が浮上することも。ここで、「あと少し仕事が落ち着いたら」とか「自分さえ我慢すれば……」と、あなたのほうが我慢すると、タイミングを失い悲恋に終わる可能性も。どんなに忙しくても、継続させたいなら積極的に連絡をとり、前に進んだほうがいい時です。

健康運

体力の消耗が激しい時です。何しろ忙しく、食事や睡眠は二の次に。ギリギリまで頑張って、突然ばったり倒れるなんてことも。注意力散漫になりやすく、事故やケガも多い年です。車の運転やスポーツでの事故には警戒が必要です。無理なスケジュールは禁物です。とくに、呼吸器系の病気には要注意。風邪をこじらせて大事になることがあります。免疫力も低下するので、忙しくても病院には行きましょう。

流年正官

名誉や地位に対する意欲が強くなる年

「正官」は名誉と信用の星。「流年正官」を迎えると、社会的なポジションを得ようとします。個人ではなく、周囲の人と協調して複数で進み、何かに立ち向かっていくことになるのが特徴です。それだけに、体制や組織に反発したり、そこから外れたりするような行動はとりません。

集団の中で認められて、ステップアップし、権威や地位、あるいは新しい立場を得ます。社会性がつき、社会の一員としての生活を優先しようとします。当然、行動は責任を伴うものになりますし、品性を重んじ、常識外れなことやルール違反はしません。また、そうした逸脱した行動を起こすようなきっかけもありません。

一般的に、「流年正官」は成功をつかめるよい年になります。責任をまっとうするために堅実に努力できる年でもあり、実力はアップし、入試や資格試験に合格する確率もかなり高いでしょう。人間関係も順調で、信頼と信用を集めます。

しかし、見方を変えると「流年正官」は社会的に生きようとするあまり、自分を殺してその立場を優先しすぎるきらいが。社会的な評価や、名誉、世間体などを意識しすぎて、世間に迎合していると思われることも。序列や体面にこだわり、プライドが傷つくことを何より恐れる時でもあります。

また、人と群れたがる時でもあり、その集団の中で目立とうとします。結果、小心者の目立ちたがり、いばりたがりにならないよう注意して。

縁のある言葉　地位、名誉、発展、理想、プライド

仕事運

慎重に、でも堂々と自分の実力をアピールできる時です。上から引き立てを受け、躍進を果たすチャンスも訪れます。就職や転職は成功し、抜擢や昇進もある時。管理職や何かのリーダーになったり。今までよりワンランク上の仕事が与えられるでしょう。プレッシャーもありますが、それをエネルギーにして、下をまとめてよく働き、成功をつかみます。

立場が人を作るという言葉のように、与えられたポジションにより、成長するのが「流年正官」です。とりわけ、公務員や銀行マンなど堅い仕事をしている人や、組織に属している人は出世のチャンス。自由業の人も、広く活動が認められ世に出る年ですが、そのためには多くの人とかかわり、人と協調することです。大企業や格上の場所や人と縁があります。

恋愛運

「正官」はもともと女性にとっては夫の星。女性は結婚する年になったり、結婚相手と巡り合ったりします。また、男女ともに「流年正官」で出会った相手とは結婚する可能性大です。というのも、結婚は社会的なユニットとしてポジションを得ることだから。この年に起こる恋愛や結婚は、周囲から認められ祝福されるものが多く、その道筋はスムーズ。見合いや目上からの紹介も多く舞い込みます。継続中の恋愛も結婚という形で成就しやすい時。

ただし、理想が高くなり、「恋愛と結婚は別」とばかりに、条件最優先で相手を見る傾向もある時。自分がほしいスペックを持つ人が現れると、愛情を置き去りにして、そちらに走ることも。また仕事で上を目指しすぎると愛情運はサッパリになる恐れも。

健康運

規則正しくしっかりと健康管理ができる時なので、その気になれば健やかに過ごせます。ただ何かとプレッシャーと闘う時でもあり、気づかぬうちに体に負担をかけていることも。あまり疲れをためると、翌年や翌々年にがっくりきて体調を崩すことがあるので、無理は禁物です。外では気を張って過ごすので、家ではできるだけリラックスして休息をとりましょう。呼吸器系の疾患には要注意です。

流年偏印

スランプかつ興味や関心が違う方向に向かう年

「偏印」は束縛を嫌う自由の星。「流年偏印」が巡ると、安定したものを壊したくなり、そのせいか変身願望が芽生えやすくなります。というのも、「流年偏印」を迎えると運気の流れが微妙にそれまでとは変わったり、あなた自身の興味や関心が違う方向に向かい、これまでの環境に閉塞感や違和感を覚えるようになるからです。だからこそ、新たな展開がほしいのに、これまでの数年かなりの勢いで走ってきていたり、どっぷり安定感につかっていたりして、変わりたいのに簡単には変われず、スランプのような気分になることとも。

「流年偏印」では好奇心は強くなる半面、興味は分散しやすく、1つのことに集中できません。受け入れる力は強くなるけれど、迷いやすく決断力は低下しがち。その分、今まで目を向けなかったことに気づき、それまでの価値観や考え方をブレイクできる時。新しい自分の可能性や、今までとは違う環境を知るきっかけにも出会えます。

目の前のことに意識が向かず、社会に背を向けやすく、気持ちも立場も不安定になりがちですが、未来志向で殻に閉じこもらず、行動のフィールドを広げ外の世界に出ていくことで、人生の幅は豊かに広がります。思い切って長期の旅行に出たり、留学したりするには最適な時です。

「流年偏印」では結果をすぐに求めようとすると苦しくなります。今は新しい自分になるための準備の時なのです。

縁のある言葉

破壊、冒険、不安、停滞、発想の転換

仕事運

1つのサイクルが終わり、新たな展開を必要とする時です。今までと同じように仕事をしているつもりなのに、急に仕事がうまく回らなくなったり、売れ行きが伸び悩んだり。今の自分に満足できない、自由な活動がしたい、居心地が悪い……。そんな気持ちから転職活動に精を出すこともあるでしょう。

今が順調なほど変化することに恐れを抱きがちですが、「流年偏印」が来たら、もう従来の仕事のやり方にはこだわらないほうがいいのです。新たな分野への進出、新製品の開発、資格取得を目指して勉強や研究などを少しずつ進めておくべきです。「流年偏印」では、思いつきだけで衝動的に行動しても、新しい安定は得られません。長期的視点を持って動くことが何より大切です。

恋愛運

いろいろな意味で曲がり角を迎えます。あなた自身や相手の気持ち、周囲の状況に変化が表れ、同じように交際していても魅力を感じなくなったり、別の相手に気持ちが動いたり。周囲から急に反対されることも。継続中の恋愛はできれば前年までになんらかの結論を出しておかないと、関係がこじれがち。ゴールインは確実と思われていたカップルが破局を迎えたりもします。前年までに結婚すれば、「流年偏印」は変化に強いので、結婚という新しい生活にもスムーズに入っていけます。自分を大きく変えることでうまくいく恋や、何もかも捨てて別環境に飛び込む冒険のような恋もあるかも。

一方、難しい恋にもはまりがち。新しい経験を求めて不倫や片想いなどが始まると長くなります。

健康運

狭い環境に閉じこもると、心身のバランスを崩しやすいので、適度なスポーツやエクササイズ、趣味で気分転換が必要。ストレス発散を心がけましょう。旅に出るなど、いつもとは違う変化に富んだ生活をしたほうが調子はよくなります。ホルモンのバランスも崩しがちで、自律神経失調症の危険もあります。腎臓や泌尿器系のトラブルにも注意。注意力が散漫になり、ケガや事故もある時です。

流年印綬

今までやって来たことの結果が得られる年

いわば、「流年印綬」はリフレッシュ&リセットの時。過去とこれまでの流れに執着し、すぐに行動はできませんが、自分を客観視できる時。

人間関係は上下のコミュニケーションが盛んになります。何かを受け継ごう、教えを請おうという気持ちが強くなり、学びや習得にはぴったりな年。逆に年下を育て、教えを授けることもうまくできます。集中力を発揮して試験や学問には最高に強い時。ただ実より名をとり、相当なブランド志向になりがち。理屈っぽく、細かな小言や不満が増えるので、周囲から煙たがられないように。新しいものになかなかなじめませんが、無理をする必要はありません。

「流年印綬」はこれまでやってきたことの結果を得る年です。積み重ねてきたことの結果が出て、周囲に褒められたり認められたり名誉を得ることも多い時ですが、「流年印綬」で得る名誉は華々しいものではなく、権威はあるけれどやや地味なものです。いわばここ数年を総括する反省の年であり、まとめの年でもあります。

陽干（甲・丙・戊・庚・壬）の人は前年の「流年偏印」で混乱し迷ったことが、霧が晴れるようにクリアになり心が整理されるでしょう。一方、陰干（乙・丁・己・辛・癸）の人は前年が「流年偏官」で、スピードをつけて走ってきたことがひと段落し、今まで見えていなかったことが見えてきて、ふと立ち止まって考える時です。

縁のある言葉

知性、教育、伝統、慈愛、反省、余裕

仕事運

頭の働きがシャープになり、知識欲も旺盛になるので、研究や技術、学術的、伝統的なことにかかわる仕事に携わる人にとっては躍進の年。他の職種の人も今までの努力は実を結び、引き立てを受けます。

職場の上下関係をうまくコントロールし、恩恵もあるはず。よき指導者を探すとさらに仕事運が伸びることも。あなた自身が指導者的な立場となることも多く、後輩には厳しく、やや過干渉になりますが、きちんとした結果を出せます。

新たな人脈の広がりが望める年ではありませんが、昔の関係者に助けられることも。仕事のランクは上がりますが、実より名をとり、見かけより財政は苦しいかも。行き詰ったら、統計やデータ、過去の事例の分析にヒントを求めて今こそ客観的に事業の状態を見て、必要なら事業内容をスリムにし、内部の充実を図りましょう。独立を目指すなら、次にやってくる「流年比肩」を見据えて、ここから調査や研究、勉強を始めておくとよいでしょう。

恋愛運

基本的には非恋愛モード。恋の熱に浮かされていた時期は終わり、相手を冷静に見るようになります。急速に盛り下がる関係も多いのですが、理性的な理解と静かないたわりへと愛情の質が変わることに。そうできないと悩みますが、変化を望まず、自分から別離に踏み切ることは少ないでしょう。

「印綬」は母親の星なので、この年に妊娠や出産を迎える暗示が。パートナーより子どもに夢中になったり、実家や母親との関係が深くなり、過干渉で夫婦関係が乱れることも。男性は女性に母親的なものを求めるため年上との縁が深くなり、一方女性は母親のように面倒を見られる年下男性を求めがち。見合いはそれなりに良縁が来ますが、親の意向や将来に対する計算を優先する判断をしがちです。

健康運

無理をしない時なので、体調は落ち着いています。精神は安定し、メンタルな方向からの治療がよく効きます。長年の持病にはしっかり向き合うべき時。ただ運動不足になりやすく、体内の気血が滞りがちなので、ヨガやストレッチを習慣にすると吉。心臓や腎臓、泌尿器、婦人科系の病気には注意が必要です。

10年周期で変わる「大運」

「大運」は10年で一巡する「流年運」の1セット分。そして、この「大運」にも通変星と十二運が1つ与えられています。「大運」の通変星は10年に一度切り替わりますが、この時、その人の運勢は確実に変わります。

10年というタームは長いので、変わり目のその時はあまり気づかないかもしれません。でも、後で振り返ってみると「自分はあのあたりで変わった」「あの人も変わった」と思うことがあるでしょう。それはとても自然なこと。10代と30代では違う通変星が巡り、まったく違う大運を生きているのですから。

大運が人生ではじめて切り替わる年齢を「立年」と言います。巻末の年表の「立年」の欄で、「男」「女」の下の数字がその年齢です。たとえば「立年」の数字が「5」であれば、最初に大運が切り替わる年齢は5歳。5～14歳、15～24歳、25～34歳……と5のつく年齢の時に大運は変わります。立年前の0～4歳は月干支と同じ運気の時期です。「立年」の数字が「0」なら立年は10歳。10～19歳、20～29歳……と大運は変わります。また立年「1」なら立年前の運気は0歳の時のみです。

大運のスタートは月干支で、「60干支」の干支ナンバーが増える方向に流れる順回りと、減る方向に行く逆回りがありますが、その大運の10年間は、そこに表れた通変星と十二運の影響を受けます。

大運の出し方

大運は巻末年表（P161〜）にある「立年」からスタートして、10年ごとに切り替わっていきます。

・「立年」の欄で、男性であれば「男」、女性であれば「女」の下にある数字を使います。

・大運の流れには、「順回り」と「逆回り」の２種類があり、「＋」は順回りを、「－」は逆回りを表します。

・大運のスタートは月干支です。次ページの「大運早見表」では順回り、逆回りともに、大運は表の上から下の流れで切り替わっていきます。一番下（順回りなら「60」、逆回りなら「1」）まで行ったら、一番上に戻ります。

例）1986年5月15日生まれ（女性）の場合（P57参照）

日干「己」なので「己－」の表を使う

	干支ナンバー	干	支
日干支	56	己	未
月干支	30	癸	巳
年干支	3	丙	寅
中心星	傷官	**立年**	3-

立年は「3－」なので「逆回り」となり、「－」の表を使う。「3」のつく年に10年ごとの大運が切り替わる

大運早見表の「己－」、月干「30」から大運がスタートする。
0〜2歳「偏財・帝旺」
3〜12歳「正財・衰」
13歳〜22歳「食神・病」
…と切り替わっていく（下の「立年早見表」参照）

立年早見表

立年	1	2	3	4	5	6	7	8	9	0
月干＝スタート（歳）	0	0-1	0-2	0-3	0-4	0-5	0-6	0-7	0-8	0-9
大運切り替わり（歳）	**1**-10	**2**-11	**3**-12	**4**-13	**5**-14	**6**-15	**7**-16	**8**-17	**9**-18	**10**-19
	11-20	**12**-21	**13**-22	**14**-23	**15**-24	**16**-25	**17**-26	**18**-27	**19**-28	**20**-29
	21-30	**22**-31	**23**-32	**24**-33	**25**-34	**26**-35	**27**-36	**28**-37	**29**-38	**30**-39
	31-40	**32**-41	**33**-42	**34**-43	**35**-44	**36**-45	**37**-46	**38**-47	**39**-48	**40**-49
	41-50	**42**-51	**43**-52	**44**-53	**45**-54	**46**-55	**47**-56	**48**-57	**49**-58	**50**-59
	51-60	**52**-61	**53**-62	**54**-63	**55**-64	**56**-65	**57**-66	**58**-67	**59**-68	**60**-69
	61-70	**62**-71	**63**-72	**64**-73	**65**-74	**66**-75	**67**-76	**68**-77	**69**-78	**70**-79
	71-80	**72**-81	**73**-82	**74**-83	**75**-84	**76**-85	**77**-86	**78**-87	**79**-88	**80**-89
	81-90	**82**-91	**83**-92	**84**-93	**85**-94	**86**-95	**87**-96	**88**-97	**89**-98	**90**-99
	91-100	**92**-101	**93**-102	**94**-103	**95**-104	**96**-105	**97**-106	**98**-107	**99**-108	**100**-109

運気の流れ（10年ごと）↓

日干／月干	己+		庚+		辛+		壬+		癸+	
1	正官	絶	偏財	死	正財	長生	食神	帝旺	傷官	建禄
2	偏官	墓	正財	墓	偏財	養	傷官	衰	食神	冠帯
3	印綬	死	偏官	絶	正官	胎	偏財	病	正財	沐浴
4	偏印	病	正官	胎	偏官	絶	正財	死	偏財	長生
5	劫財	衰	偏印	養	印綬	墓	偏官	墓	正官	養
6	比肩	帝旺	印綬	長生	偏印	死	正官	絶	偏官	胎
7	傷官	建禄	比肩	沐浴	劫財	病	偏印	胎	印綬	絶
8	食神	冠帯	劫財	冠帯	比肩	衰	印綬	養	偏印	墓
9	正財	沐浴	食神	建禄	傷官	帝旺	比肩	長生	劫財	死
10	偏財	長生	傷官	帝旺	食神	建禄	劫財	沐浴	比肩	病
11	正官	養	偏財	衰	正財	冠帯	食神	冠帯	傷官	衰
12	偏官	胎	正財	病	偏財	沐浴	傷官	建禄	食神	帝旺
13	印綬	絶	偏官	死	正官	長生	偏財	帝旺	正財	建禄
14	偏印	墓	正官	墓	偏官	養	正財	衰	偏財	冠帯
15	劫財	死	偏印	絶	印綬	胎	偏官	病	正官	沐浴
16	比肩	病	印綬	胎	偏印	絶	正官	死	偏官	長生
17	傷官	衰	比肩	養	劫財	墓	偏印	墓	印綬	養
18	食神	帝旺	劫財	長生	比肩	死	印綬	絶	偏印	胎
19	正財	建禄	食神	沐浴	傷官	病	比肩	胎	劫財	絶
20	偏財	冠帯	傷官	冠帯	食神	衰	劫財	養	比肩	墓
21	正官	沐浴	偏財	建禄	正財	帝旺	食神	長生	傷官	死
22	偏官	長生	正財	帝旺	偏財	建禄	傷官	沐浴	食神	病
23	印綬	養	偏官	衰	正官	冠帯	偏財	冠帯	正財	衰
24	偏印	胎	正官	病	偏官	沐浴	正財	建禄	偏財	帝旺
25	劫財	絶	偏印	死	印綬	長生	偏官	帝旺	正官	建禄
26	比肩	墓	印綬	墓	偏印	養	正官	衰	偏官	冠帯
27	傷官	死	比肩	絶	劫財	胎	偏印	病	印綬	沐浴
28	食神	病	劫財	胎	比肩	絶	印綬	死	偏印	長生
29	正財	衰	食神	養	傷官	墓	比肩	墓	劫財	養
30	偏財	帝旺	傷官	長生	食神	死	劫財	絶	比肩	胎
31	正官	建禄	偏財	沐浴	正財	病	食神	胎	傷官	絶
32	偏官	冠帯	正財	冠帯	偏財	衰	傷官	養	食神	墓
33	印綬	沐浴	偏官	建禄	正官	帝旺	偏財	長生	正財	死
34	偏印	長生	正官	帝旺	偏官	建禄	正財	沐浴	偏財	病
35	劫財	養	偏印	衰	印綬	冠帯	偏官	冠帯	正官	衰
36	比肩	胎	印綬	病	偏印	沐浴	正官	建禄	偏官	帝旺
37	傷官	絶	比肩	死	劫財	長生	偏印	帝旺	印綬	建禄
38	食神	墓	劫財	墓	比肩	養	印綬	衰	偏印	冠帯
39	正財	死	食神	絶	傷官	胎	比肩	病	劫財	沐浴
40	偏財	病	傷官	胎	食神	絶	劫財	死	比肩	長生
41	正官	衰	偏財	養	正財	墓	食神	墓	傷官	養
42	偏官	帝旺	正財	長生	偏財	死	傷官	絶	食神	胎
43	印綬	建禄	偏官	沐浴	正官	病	偏財	胎	正財	絶
44	偏印	冠帯	正官	冠帯	偏官	衰	正財	養	偏財	墓
45	劫財	沐浴	偏印	建禄	印綬	帝旺	偏官	長生	正官	死
46	比肩	長生	印綬	帝旺	偏印	建禄	正官	沐浴	偏官	病
47	傷官	養	比肩	衰	劫財	冠帯	偏印	冠帯	印綬	衰
48	食神	胎	劫財	病	比肩	沐浴	印綬	建禄	偏印	帝旺
49	正財	絶	食神	死	傷官	長生	比肩	帝旺	劫財	建禄
50	偏財	墓	傷官	墓	食神	養	劫財	衰	比肩	冠帯
51	正官	死	偏財	絶	正財	胎	食神	病	傷官	沐浴
52	偏官	病	正財	胎	偏財	絶	傷官	死	食神	長生
53	印綬	衰	偏官	養	正官	墓	偏財	墓	正財	養
54	偏印	帝旺	正官	長生	偏官	死	正財	絶	偏財	胎
55	劫財	建禄	偏印	沐浴	印綬	病	偏官	胎	正官	絶
56	比肩	冠帯	印綬	冠帯	偏印	衰	正官	養	偏官	墓
57	傷官	沐浴	比肩	建禄	劫財	帝旺	偏印	長生	印綬	死
58	食神	長生	劫財	帝旺	比肩	建禄	印綬	沐浴	偏印	病
59	正財	養	食神	衰	傷官	冠帯	比肩	冠帯	劫財	衰
60	偏財	胎	傷官	病	食神	沐浴	劫財	建禄	比肩	帝旺

大運早見表+（順回り）

運気の流れ（10年ごと）↓

月干＼日干	甲+		乙+		丙+		丁+		戊+	
1	比肩	沐浴	劫財	病	偏印	胎	印綬	絶	偏官	胎
2	劫財	冠帯	比肩	衰	印綬	養	偏印	墓	正官	養
3	食神	建禄	傷官	帝旺	比肩	長生	劫財	死	偏印	長生
4	傷官	帝旺	食神	建禄	劫財	沐浴	比肩	病	印綬	沐浴
5	偏財	衰	正財	冠帯	食神	冠帯	傷官	衰	比肩	冠帯
6	正財	病	偏財	沐浴	傷官	建禄	食神	帝旺	劫財	建禄
7	偏官	死	正官	長生	偏財	帝旺	正財	建禄	食神	帝旺
8	正官	墓	偏官	養	正財	衰	偏財	冠帯	傷官	衰
9	偏印	絶	印綬	胎	偏官	病	正官	沐浴	偏財	病
10	印綬	胎	偏印	絶	正官	死	偏官	長生	正財	死
11	比肩	養	劫財	墓	偏印	墓	印綬	養	偏官	墓
12	劫財	長生	比肩	死	印綬	絶	偏印	胎	正官	絶
13	食神	沐浴	傷官	病	比肩	胎	劫財	絶	偏印	胎
14	傷官	冠帯	食神	衰	劫財	養	比肩	墓	印綬	養
15	偏財	建禄	正財	帝旺	食神	長生	傷官	死	比肩	長生
16	正財	帝旺	偏財	建禄	傷官	沐浴	食神	病	劫財	沐浴
17	偏官	衰	正官	冠帯	偏財	冠帯	正財	衰	食神	冠帯
18	正官	病	偏官	沐浴	正財	建禄	偏財	帝旺	傷官	建禄
19	偏印	死	印綬	長生	偏官	帝旺	正官	建禄	偏財	帝旺
20	印綬	墓	偏印	養	正官	衰	偏官	冠帯	正財	衰
21	比肩	絶	劫財	胎	偏印	病	印綬	沐浴	偏官	病
22	劫財	胎	比肩	絶	印綬	死	偏印	長生	正官	死
23	食神	養	傷官	墓	比肩	墓	劫財	養	偏印	墓
24	傷官	長生	食神	死	劫財	絶	比肩	胎	印綬	絶
25	偏財	沐浴	正財	病	食神	胎	傷官	絶	比肩	胎
26	正財	冠帯	偏財	衰	傷官	養	食神	墓	劫財	養
27	偏官	建禄	正官	帝旺	偏財	長生	正財	死	食神	長生
28	正官	帝旺	偏官	建禄	正財	沐浴	偏財	病	傷官	沐浴
29	偏印	衰	印綬	冠帯	偏官	冠帯	正官	衰	偏財	冠帯
30	印綬	病	偏印	沐浴	正官	建禄	偏官	帝旺	正財	建禄
31	比肩	死	劫財	長生	偏印	帝旺	印綬	建禄	偏官	帝旺
32	劫財	墓	比肩	養	印綬	衰	偏印	冠帯	正官	衰
33	食神	絶	傷官	胎	比肩	病	劫財	沐浴	偏印	病
34	傷官	胎	食神	絶	劫財	死	比肩	長生	印綬	死
35	偏財	養	正財	墓	食神	墓	傷官	養	比肩	墓
36	正財	長生	偏財	死	傷官	絶	食神	胎	劫財	絶
37	偏官	沐浴	正官	病	偏財	胎	正財	絶	食神	胎
38	正官	冠帯	偏官	衰	正財	養	偏財	墓	傷官	養
39	偏印	建禄	印綬	帝旺	偏官	長生	正官	死	偏財	長生
40	印綬	帝旺	偏印	建禄	正官	沐浴	偏官	病	正財	沐浴
41	比肩	衰	劫財	冠帯	偏印	冠帯	印綬	衰	偏官	冠帯
42	劫財	病	比肩	沐浴	印綬	建禄	偏印	帝旺	正官	建禄
43	食神	死	傷官	長生	比肩	帝旺	劫財	建禄	偏印	帝旺
44	傷官	墓	食神	養	劫財	衰	比肩	冠帯	印綬	衰
45	偏財	絶	正財	胎	食神	病	傷官	沐浴	比肩	病
46	正財	胎	偏財	絶	傷官	死	食神	長生	劫財	死
47	偏官	養	正官	墓	偏財	墓	正財	養	食神	墓
48	正官	長生	偏官	死	正財	絶	偏財	胎	傷官	絶
49	偏印	沐浴	印綬	病	偏官	胎	正官	絶	偏財	胎
50	印綬	冠帯	偏印	衰	正官	養	偏官	墓	正財	養
51	比肩	建禄	劫財	帝旺	偏印	長生	印綬	死	偏官	長生
52	劫財	帝旺	比肩	建禄	印綬	沐浴	偏印	病	正官	沐浴
53	食神	衰	傷官	冠帯	比肩	冠帯	劫財	衰	偏印	冠帯
54	傷官	病	食神	沐浴	劫財	建禄	比肩	帝旺	印綬	建禄
55	偏財	死	正財	長生	食神	帝旺	傷官	建禄	比肩	帝旺
56	正財	墓	偏財	養	傷官	衰	食神	冠帯	劫財	衰
57	偏官	絶	正官	胎	偏財	病	正財	沐浴	食神	病
58	正官	胎	偏官	絶	正財	死	偏財	長生	傷官	死
59	偏印	養	印綬	墓	偏官	墓	正官	養	偏財	墓
60	印綬	長生	偏印	死	正官	絶	偏官	胎	正財	絶

運気の流れ（10年ごと）→

月干＼日干	己ー		庚ー		辛ー		壬ー		癸ー	
60	偏財	胎	傷官	病	食神	沐浴	劫財	建禄	比肩	帝旺
59	正財	養	食神	衰	傷官	冠帯	比肩	冠帯	劫財	衰
58	食神	長生	劫財	帝旺	比肩	建禄	印綬	沐浴	偏印	病
57	傷官	沐浴	比肩	建禄	劫財	帝旺	偏印	長生	印綬	死
56	比肩	冠帯	印綬	冠帯	偏印	衰	正官	養	偏官	墓
55	劫財	建禄	偏印	沐浴	印綬	病	偏官	胎	正官	絶
54	偏印	帝旺	正官	長生	偏官	死	正財	絶	偏財	胎
53	印綬	衰	偏官	養	正官	墓	偏財	墓	正財	養
52	偏官	病	正財	胎	偏財	絶	傷官	死	食神	長生
51	正官	死	偏財	絶	正財	胎	食神	病	傷官	沐浴
50	偏財	墓	傷官	墓	食神	養	劫財	衰	比肩	冠帯
49	正財	絶	食神	死	傷官	長生	比肩	帝旺	劫財	建禄
48	食神	胎	劫財	病	比肩	沐浴	印綬	建禄	偏印	帝旺
47	傷官	養	比肩	衰	劫財	冠帯	偏印	冠帯	印綬	衰
46	比肩	長生	印綬	帝旺	偏印	建禄	正官	沐浴	偏官	病
45	劫財	沐浴	偏印	建禄	印綬	帝旺	偏官	長生	正官	死
44	偏印	冠帯	正官	冠帯	偏官	衰	正財	養	偏財	墓
43	印綬	建禄	偏官	沐浴	正官	病	偏財	胎	正財	絶
42	偏官	帝旺	正財	長生	偏財	死	傷官	絶	食神	胎
41	正官	衰	偏財	養	正財	墓	食神	墓	傷官	養
40	偏財	病	傷官	胎	食神	絶	劫財	死	比肩	長生
39	正財	死	食神	絶	傷官	胎	比肩	病	劫財	沐浴
38	食神	墓	劫財	墓	比肩	養	印綬	衰	偏印	冠帯
37	傷官	絶	比肩	死	劫財	長生	偏印	帝旺	印綬	建禄
36	比肩	胎	印綬	病	偏印	沐浴	正官	建禄	偏官	帝旺
35	劫財	養	偏印	衰	印綬	冠帯	偏官	冠帯	正官	衰
34	偏印	長生	正官	帝旺	偏官	建禄	正財	沐浴	偏財	病
33	印綬	沐浴	偏官	建禄	正官	帝旺	偏財	長生	正財	死
32	偏官	冠帯	正財	冠帯	偏財	衰	傷官	養	食神	墓
31	正官	建禄	偏財	沐浴	正財	病	食神	胎	傷官	絶
30	偏財	帝旺	傷官	長生	食神	死	劫財	絶	比肩	胎
29	正財	衰	食神	養	傷官	墓	比肩	墓	劫財	養
28	食神	病	劫財	胎	比肩	絶	印綬	死	偏印	長生
27	傷官	死	比肩	絶	劫財	胎	偏印	病	印綬	沐浴
26	比肩	墓	印綬	墓	偏印	養	正官	衰	偏官	冠帯
25	劫財	絶	偏印	死	印綬	長生	偏官	帝旺	正官	建禄
24	偏印	胎	正官	病	偏官	沐浴	正財	建禄	偏財	帝旺
23	印綬	養	偏官	衰	正官	冠帯	偏財	冠帯	正財	衰
22	偏官	長生	正財	帝旺	偏財	建禄	傷官	沐浴	食神	病
21	正官	沐浴	偏財	建禄	正財	帝旺	食神	長生	傷官	死
20	偏財	冠帯	傷官	冠帯	食神	衰	劫財	養	比肩	墓
19	正財	建禄	食神	沐浴	傷官	病	比肩	胎	劫財	絶
18	食神	帝旺	劫財	長生	比肩	死	印綬	絶	偏印	胎
17	傷官	衰	比肩	養	劫財	墓	偏印	墓	印綬	養
16	比肩	病	印綬	胎	偏印	絶	正官	死	偏官	長生
15	劫財	死	偏印	絶	印綬	胎	偏官	病	正官	沐浴
14	偏印	墓	正官	墓	偏官	養	正財	衰	偏財	冠帯
13	印綬	絶	偏官	死	正官	長生	偏財	帝旺	正財	建禄
12	偏官	胎	正財	病	偏財	沐浴	傷官	建禄	食神	帝旺
11	正官	養	偏財	衰	正財	冠帯	食神	冠帯	傷官	衰
10	偏財	長生	傷官	帝旺	食神	建禄	劫財	沐浴	比肩	病
9	正財	沐浴	食神	建禄	傷官	帝旺	比肩	長生	劫財	死
8	食神	冠帯	劫財	冠帯	比肩	衰	印綬	養	偏印	墓
7	傷官	建禄	比肩	沐浴	劫財	病	偏印	胎	印綬	絶
6	比肩	帝旺	印綬	長生	偏印	死	正官	絶	偏官	胎
5	劫財	衰	偏印	養	印綬	墓	偏官	墓	正官	養
4	偏印	病	正官	胎	偏官	絶	正財	死	偏財	長生
3	印綬	死	偏官	絶	正官	胎	偏財	病	正財	沐浴
2	偏官	墓	正財	墓	偏財	養	傷官	衰	食神	冠帯
1	正官	絶	偏財	死	正財	長生	食神	帝旺	傷官	建禄

大運早見表−(逆回り)

月干＼日干	甲−		乙−		丙−		丁−		戊−	
60	印綬	長生	偏印	死	正官	絶	偏官	胎	正財	絶
59	偏印	養	印綬	墓	偏官	墓	正官	養	偏財	墓
58	正官	胎	偏官	絶	正財	死	偏財	長生	傷官	死
57	偏官	絶	正官	胎	偏財	病	正財	沐浴	食神	病
56	正財	墓	偏財	養	傷官	衰	食神	冠帯	劫財	衰
55	偏財	死	正財	長生	食神	帝旺	傷官	建禄	比肩	帝旺
54	傷官	病	食神	沐浴	劫財	建禄	比肩	帝旺	印綬	建禄
53	食神	衰	傷官	冠帯	比肩	冠帯	劫財	衰	偏印	冠帯
52	劫財	帝旺	比肩	建禄	印綬	沐浴	偏印	病	正官	沐浴
51	比肩	建禄	劫財	帝旺	偏印	長生	印綬	死	偏官	長生
50	印綬	冠帯	偏印	衰	正官	養	偏官	墓	正財	養
49	偏印	沐浴	印綬	病	偏官	胎	正官	絶	偏財	胎
48	正官	長生	偏官	死	正財	絶	偏財	胎	傷官	絶
47	偏官	養	正官	墓	偏財	墓	正財	養	食神	墓
46	正財	胎	偏財	絶	傷官	死	食神	長生	劫財	死
45	偏財	絶	正財	胎	食神	病	傷官	沐浴	比肩	病
44	傷官	墓	食神	養	劫財	衰	比肩	冠帯	印綬	衰
43	食神	死	傷官	長生	比肩	帝旺	劫財	建禄	偏印	帝旺
42	劫財	病	比肩	沐浴	印綬	建禄	偏印	帝旺	正官	建禄
41	比肩	衰	劫財	冠帯	偏印	冠帯	印綬	衰	偏官	冠帯
40	印綬	帝旺	偏印	建禄	正官	沐浴	偏官	病	正財	沐浴
39	偏印	建禄	印綬	帝旺	偏官	長生	正官	死	偏財	長生
38	正官	冠帯	偏官	衰	正財	養	偏財	墓	傷官	養
37	偏官	沐浴	正官	病	偏財	胎	正財	絶	食神	胎
36	正財	長生	偏財	死	傷官	絶	食神	胎	劫財	絶
35	偏財	養	正財	墓	食神	墓	傷官	養	比肩	墓
34	傷官	胎	食神	絶	劫財	死	比肩	長生	印綬	死
33	食神	絶	傷官	胎	比肩	病	劫財	沐浴	偏印	病
32	劫財	墓	比肩	養	印綬	衰	偏印	冠帯	正官	衰
31	比肩	死	劫財	長生	偏印	帝旺	印綬	建禄	偏官	帝旺
30	印綬	病	偏印	沐浴	正官	建禄	偏官	帝旺	正財	建禄
29	偏印	衰	印綬	冠帯	偏官	冠帯	正官	衰	偏財	冠帯
28	正官	帝旺	偏官	建禄	正財	沐浴	偏財	病	傷官	沐浴
27	偏官	建禄	正官	帝旺	偏財	長生	正財	死	食神	長生
26	正財	冠帯	偏財	衰	傷官	養	食神	墓	劫財	養
25	偏財	沐浴	正財	病	食神	胎	傷官	絶	比肩	胎
24	傷官	長生	食神	死	劫財	絶	比肩	胎	印綬	絶
23	食神	養	傷官	墓	比肩	墓	劫財	養	偏印	墓
22	劫財	胎	比肩	絶	印綬	死	偏印	長生	正官	死
21	比肩	絶	劫財	胎	偏印	病	印綬	沐浴	偏官	病
20	印綬	墓	偏印	養	正官	衰	偏官	冠帯	正財	衰
19	偏印	死	印綬	長生	偏官	帝旺	正官	建禄	偏財	帝旺
18	正官	病	偏官	沐浴	正財	建禄	偏財	帝旺	傷官	建禄
17	偏官	衰	正官	冠帯	偏財	冠帯	正財	衰	食神	冠帯
16	正財	帝旺	偏財	建禄	傷官	沐浴	食神	病	劫財	沐浴
15	偏財	建禄	正財	帝旺	食神	長生	傷官	死	比肩	長生
14	傷官	冠帯	食神	衰	劫財	養	比肩	墓	印綬	養
13	食神	沐浴	傷官	病	比肩	胎	劫財	絶	偏印	胎
12	劫財	長生	比肩	死	印綬	絶	偏印	胎	正官	絶
11	比肩	養	劫財	墓	偏印	墓	印綬	養	偏官	墓
10	印綬	胎	偏印	絶	正官	死	偏官	長生	正財	死
9	偏印	絶	印綬	胎	偏官	病	正官	沐浴	偏財	病
8	正官	墓	偏官	養	正財	衰	偏財	冠帯	傷官	衰
7	偏官	死	正官	長生	偏財	帝旺	正財	建禄	食神	帝旺
6	正財	病	偏財	沐浴	傷官	建禄	食神	帝旺	劫財	建禄
5	偏財	衰	正財	冠帯	食神	冠帯	傷官	衰	比肩	冠帯
4	傷官	帝旺	食神	建禄	劫財	沐浴	比肩	病	印綬	沐浴
3	食神	建禄	傷官	帝旺	比肩	長生	劫財	死	偏印	長生
2	劫財	冠帯	比肩	衰	印綬	養	偏印	墓	正官	養
1	比肩	沐浴	劫財	病	偏印	胎	印綬	絶	偏官	胎

運気の流れ（10年ごと）↓

大運比肩

妥協を許さず突き進む自分本位で生きる10年

「大運比肩」の10年間はあくまでも自分本位。マイペースかつ強い意志で自分の世界をしっかりと守ろうとします。協調性がなくなるので、組織の中で動きづらくなりがちです。その分、1人でやっていくのには向いているし、自分の役割は忠実に守る時期でもあります。

愛情運は、妥協を許さない時なので、恋愛や結婚にはやや縁遠くなりがちです。ただ、家族や何かを守る気持ちは強くなります。

●幼少期から10代は……

納得できないことは絶対にやりません。頑なで、自分の考えを外には出さないため、わかりにくい性格の子と思われがち。でも人に惑わされず自分なりの努力はしています。

●20代は……

自分が進むべき道を歩みたいという気持ちが強くなります。親元から独立する星回りです。1人になったほうが自分も頑張れるし、楽になるでしょう。

●30代は……

やりたいことがあるのに違うことをしているなら、我慢できなくなるかも。社交的ではなくなるので、恋愛、結婚はちょっとハードルが高め。独立は吉。1人でできる仕事向きの時。

●40代は……

結婚後に「大運比肩」が巡ってくると、パートナーとの別離や別居も。今の仕事が自分のやりたいこととずれている場合、独立することも。女性でも一家を支える存在になるかも。

●50代は……

孤独には強い時期ですが、とにかく頑固すぎて周囲から浮くこともありそう。安定はするが、守らねばならないものも増えそう。頼ろうした相手に頼れず、逆に頼られることも。

●60代は……

前進、発展はないが、のんびりした生活に。「大運比肩」が来る前に生活を整え、人間関係や経済的な蓄えも作っておくと安泰。人との交流を避け、孤立しないように。

大運劫財

集団の関係の中でいきいき過ごす10年

「大運劫財」の10年間は敵を作らず、誰とでもうまくやろうという気持ちが強くなります。社交的になり、グループや仲間などに所属することを求め、その中でいきいきと過ごします。でも、自分が認められない相手には頭を下げられないので、上下関係の厳しい組織ではうまくやれるとは限りません。

お人好しになって周囲に合わせて無理をすることもあり、金銭面と健康面には注意が必要な時期です。

●幼少期から10代は……

誰とでも仲良くできて、集団にすぐなじむので、学校にもすぐ適応。いつもグループで遊ぶにぎやかな子に。ただあまり勉強に身は入らないかも。

●20代は……

チームワークが必要な活動に縁があります。つきあう相手はしっかり選ぶべき。上の覚えがめでたいほうではないので、苦労もあり、経済的に苦しい時期になるかもしれません。

●30代は……

お人好しな面が強く出て、周囲に合わせて無理をしがち。この時期に結婚するなら、対等な関係を築ける相手を選びますが、愛情より友情を優先してあまり家庭的にはなれません。

●40代は……

独立や転職の気運が高まります。共同事業を起こすことも。強力なライバルが現れるかも。頑張りすぎて過労で倒れないよう注意しましょう。

●50代は……

会社や組織にはこだわらない生き方を選びそう。人間関係は広がりますが、金銭面は恵まれにくい時。お金のことはつねにクリアにしておかないとトラブルのもとに。

●60代は……

地域の交流、ボランティア活動などに熱心だったり、同年代のまとめ役的なポジションで明るい老後に。家族や組織、仲間など守る人や場所が多いほど安定し、頑張れます。

大運食神

衣食住に恵まれ安定した10年

物質的には恵まれますが、流れに逆らわず自然体で生きようとするため、新しいことにチャレンジしようという意欲は少なめ。でも自分を解放できるので、表現欲が増しアイデアも湧いて趣味や遊びは充実します。人間関係もよく、大きな問題なく過ごせるでしょう。

恋愛関係もその年代なりの魅力が出て異性とのかかわりも多くなります。ただ気が緩みすぎて、歯止めが利かなくならないようご用心。

●幼少期から10代は……

もともと「食神」は子どもの星。幼少期にこの星が巡ってくると、少々わがままですが天真爛漫(てんしんらんまん)でのびのびとしたかわいい子になります。ちょっとのんびりしすぎる面もあるかも。

●20代は……

周囲の目を気にせず、自由に生きます。ガツガツ仕事をせず、ずっと親元にいることも多いかも。女性は子育て中心の専業主婦になる可能性大。

●30代は……

流れに逆らわず生きる10年。生活のためと割り切って会社員を続けることも。デザイナーや料理人など、衣食住関連の仕事についている人は才能を発揮できます。

●40代は……

働き盛りですが、出世よりプライベートを重視する10年に。下手に出世欲を出して頑張りすぎると裏目に出がち。子ども、異性には縁あり。

●50代は……

クリエイティブな仕事をしている人にとってはノリに乗った10年に。ただ、趣味を追求するほうが楽しくて仕事は二の次になるかも。

●60代は……

蓄えや年金などでゆったりと暮らしながら、趣味や好きなことを楽しめる生活に。風流な暮らしぶりで家族や友人との交流も順調です。ただ異性関係などがルーズになると問題が起こるかも。

大運傷官

自分の世界を作り1つのことに集中して生きる10年

自分をわかってもらいたいという気持ちが強くなるのに、妥協を許せず、言葉も鋭くなります。

人間関係での別離が起こりがちな時。この10年の間に一度はけじめをつけたりつけられたりという出来事が起こりそう。自分の世界を大切に、個性を発揮しようとするので、一匹狼的生き方になりがちです。

ロマンチックで寂しがり屋になるため恋愛は多い時ですが、長続きしない傾向も。

●幼少期から10代は……

傷つきやすく気難しい子。感受性が鋭く、環境の変化を受けやすい側面が。大人に反発。過激なファッションに凝るなど反抗的な一面も。

●20代は……

独自の世界を切り開き、目立ちやすいが、何をやってもなかなか満足できない。普通の仕事には興味を持てない。激しい恋を繰り返す。孤独だが、才能を磨き発揮するチャンス。

●30代は……

1人で孤独に戦う闘争の時期。会社勤めは自分もつらく出世も見込めません。技術や才能は際立っているので、それに集中を。他人を頼らず、自分の世界を大切にする生き方が吉。

●40代は……

組織からの離脱や独立、離婚など別離が起こりやすい10年。家庭はあっても生活はバラバラかも。仕事面では磨いた技術を発揮します。言葉にトゲを持ちやすく人間関係には注意。

●50代は……

肩書や立場には無縁の生活になりますが、積み重ねた技術や才能を生かせます。こだわりが強く偏屈になる傾向も。

●60代は……

自己主張の強い、わがままでうるさい人になりがちですが、自分なりの趣味や生活スタイルを貫きます。孤独になっても、無理に自分を曲げないほうが運気的には上がります。

大運偏財

人脈が広がり、人生で一番楽しく生きられる10年

不思議に人を惹きつける魅力を発揮し、人間関係は拡大していきます。金運は上向きに。流動する財なので、出ていくものも大きいけれど、お店や事業を始めるのにはピッタリ。〝財〟を生むシステムを作れます。

恋愛ではモテすぎてなかなか結婚に踏み切れないことも。結婚している人は浮気心を抑えられない心配が。

とにかくこの10年は、愛情も財運も充実して、いろいろなものを蓄積できるでしょう。

●幼少期から10代は……

親や周囲の人に大変かわいがられ、愛情にあふれた子ども時代を送ります。少々調子はいいかもしれませんが、かわいらしい人気者の子です。

●20代は……

考え方が柔軟になり、周囲とうまく妥協してやっていけます。金運も上々なのでこの時期の開業や独立は吉。モテモテで恋愛も華やかですが、少し見栄っ張りで親に頼ることも。

●30代は……

周囲とうまく協力するようになるので、それまで苦しかった仕事も利益が上がり、人脈という財産ができます。モテる時期なので既婚者も浮気心を抑えられない心配も。

●40代は……

会社でも大忙し。お店や事業をやっているなら、より経営が順調に。自分のためだけでなく、誰かのため、人のためなどに動いたり、目下をかわいがると運気はさらにアップ。

●50代は……

組織の中の人間関係をうまくさばくことができ、世話好きなので財も人も集まってきます。働き盛りでにぎやかな時期ですが、飲酒・美食はほどほどに。子離れができないことも。

●60代は……

経済面は安泰ですが、ボランティアや奉仕活動的なことに力を注ぐような過ごし方になり、そのためにお金を使うことも。でも、感謝されてさえいれば、満足でしょう。

大運正財

真面目に保守的に、確かな信頼を集める10年

物事が安定し、地に足がついた生活ができる10年です。真面目に保守的に生きることができ、周囲の評価も高まります。「正財」は動かない財なので、家や不動産、そして結婚して家庭を得ることも。よい〝チームワーク〟を作れて、仕事もプライベートも充実します。

ただ新しいことに挑戦することをためらうなど、攻めの姿勢は弱くなりがち。派手な動きはありませんが、確かな信頼や愛情を集める時です。

●幼少期から10代は……

真面目な優等生。親の愛情を受け、言うことをきちんと聞き、道を踏み外さない手のかからない子。几帳面でコツコツと努力するので、成績など優秀な子が多いでしょう。

●20代は……

周囲の期待に応え、安定したところに就職できます。堅実を求め、追いかけていた夢に見切りをつけることもありがち。結婚運にも恵まれます。

●30代は……

地味めでも、確かな愛情や生活の基盤を得られます。女性は良妻賢母の生き方に。既婚の男性も家庭的ですが、もう1つの妻の星が巡るので複雑な愛情関係になるかも。

●40代は……

堅実な運気を生かし、人の中心になって活躍できます。家族のために懸命に働く時。冒険的なことはせず、経済感覚もしっかりしており、不動産や貯蓄など財を残せます。

●50代は……

職場では頼りになる存在、家庭ではマイホーム亭主、堅実な主婦として安定した生活を送ります。ただ仕切り屋として煙たがられるかも。

●60代は……

経済面の心配もなく、落ち着いて平和に暮らせる星回り。定年で退職した後も、地味でもやりがいのある再就職の口もすぐに見つかりそう。家族との交流も多く、身内のためにできるだけのことをします。

大運偏官

エネルギッシュに動いてチャンスをつかむ10年

活動的かつ積極的に動く、チャレンジ精神あふれる時期。物事はスピーディーに進み、あなた自身もじっとしてはいられず、どんどん動きます。

多少、思慮深さに欠ける面はありますが、行動したほうが運気はアップし、チャンスをつかめます。

「偏官」は仕事の星。男性は猛烈に働く時。女性も仕事で自己実現を目指します。専業主婦でも外に出て働かないとエネルギーを持て余してしまうかも。

●幼少期から10代は……

落ち着きなく気性の激しい子ども。負けず嫌いなうえに、運動神経が非常によい時期なので、スポーツで才能を発揮するでしょう。

●20代は……

寝る間もないほど忙しく、体力勝負の時期。でも動いたほうが運をつかめる暗示。体を使って何かを習得できます。逆境に強く、自ら困難に飛び込んでいく度胸も。恋愛も盛んですが、次々と短い恋をしそう。

●30代は……

男女ともに猛烈に働きます。出張や転勤など移動も多いでしょう。この時期はじっくりやる仕事より短期決戦で攻めるやり方が吉。恋愛・結婚もスピード展開で決まりそう。

●40代は……

自分の生活を犠牲にしても仕事に奔走する時。いったん家庭に入った女性が再就職することも。ただしスタンドプレーや組織の和を乱す行動には注意。不倫など危ない恋も。

●50代は……

まだまだ忙しく元気に働きます。人とのケンカ、争いが運気を大きく左右することも。親の介護など人のためにパワーを使うこともよくあります。体力の消耗など健康面に注意。

●60代は……

仕事は引退せず、できるところまで現役を貫きます。新しい仕事にも挑戦する気力はありますが、若いつもりで動くと危険なことも。体力を過信しないようにしましょう。

大運正官

地位に恵まれ高いプライドを持って生きる10年

つねに社会性を大切にし、集団の中の自分のポジションを考えて過ごす時期です。人と協力して周囲に認められ、地位を得ます。

世間体を気にしたり、プライドにこだわり、小さくまとまってしまうこともありますが、与えられた責任をしっかり果たして出世成功できる時。女性にとっては結婚するには最高のタイミング。理想とプライドにこだわる時で、結婚につながらない恋愛はしません。

●幼少期から10代は……

子どもながらプライドが高く、学業スポーツともにトップを目指して努力します。よい学校や仕事を目指して自主的に学ぶ優等生に。

●20代は……

どんな業界でも大手や一流を目指し、成功する確率も高いです。自由業には縁がないかも。自分を窮屈なところに閉じ込める傾向も。女性は良縁に恵まれ結婚の大チャンス。

●30代は……

管理者、リーダーとしての能力が全面的に発揮されます。結婚するにもいい時期で、お見合いでもよい出会いが。不倫などのスキャンダルになりそうな恋とは無縁です。

●40代は……

リーダーシップを発揮、人をまとめ引っ張っていきます。出世も見込め、ヘッドハンティングでより好条件の職場に行くことも。誇りを持って仕事をすればどんな仕事でも成功する運気。愛情面も安定しています。

●50代は……

堅実に努力した集大成の時期。どんな仕事をしていても地位は固まり、ワンランク上へ。プライドが高すぎると若い人には煙たがられるかも。

●60代は……

それまでの働きが認められて、名誉職的なポジションを得ることが多く、若い人の相談役などで力を発揮しそう。家庭の中でもまだまだ頼りにされる存在でしょう。

大運偏印

これまでの価値観の転換を迫られる10年

「偏印」は知恵の星ですが、その本質は破壊と創造。「大運偏印」では運気の流れがこれまでとは変わります。なぜか安定した生活では満たされず行き詰まってしまいスランプになることも。

必要なのは価値観を変えること。それまでの常識や地位、名誉とはまったく違った価値を求めたほうが、変化の波をうまく乗りこなせます。「偏印」の時は自由が必要です。恋愛でもそれまでとはまったく違うタイプに惹かれます。

●幼少期から10代は……
好奇心旺盛な子ども。ただ、大人からは不可解な子どもと思われがち。体験で学ぶタイプなので、広い環境でのびのびさせると才能が開花します。

●20代は……
都会や海外など、未知の環境に飛び出したほうが成果が得られます。まるで放浪しているかのように生活が定まりません。親に心配をかけても環境を次々に変えていろいろな体験をするなら、この時期がチャンス。

●30代は……
自由業や技術職、変化の多い仕事に就くと生活は安定。組織の一員でも、駐在員など個人的裁量で動ける立場ならいきいき働けます。恋愛も含め、海外や遠方との縁ができます。

●40代は……
異動や単身赴任などで生活が大きく変化するかもしれませんが、安定を求めると凶作用が出るので、変化の波に乗って吉。発想力は高まるので独創性で勝負を。

●50代は……
大きく環境が変わる可能性があり、安定が失われキツイことがあるかも。気持ちを切り替えれば自由を満喫できる時期。未知のもの、はじめての分野に触れると若々しくいられます。

●60代は……
定年後に田舎暮らしを始めたり、旅三昧の日々になったり、それまでの人生とはまったく違う環境に身を置く暗示が。案外、学ぶことも多く、好奇心を刺激される日々に。

大運印綬

積み重ねてきたものが評価され無理なく過ごせる10年

古いものを受け継ぐ習得と学びの時期。その知恵を授かるもっとも身近な存在として、「大運印綬」の10年は母親との縁が強くなります。

伝統あるものに惹かれ、自分からは環境を大きく変えられないので、仕事は変化が少ないもののほうが吉。積み重ねてきた努力や実績が十分に評価されて、地位や名誉が得られます。身内との縁が深まり、結婚にも親が口を出したり、実家を遠く離れる結婚には二の足を踏むことが。

●幼少期から10代は……
母親の愛情をたっぷり浴びて、行儀よく勉強のできる子に。知的好奇心旺盛で試験に強いため、受験では志望校に合格する可能性大です。

●20代は……
母親の影響が強すぎてマザコンになりがち。親との深すぎる絆が結婚を遠ざけることも。仕事は変化の少ないもの、知識や勉強したことが生かせるものを選んで。

●30代は……
静かにきちんと過ごす時期。仕事ではそれまで積み重ねた努力や実績が評価されたりして、充実感が得られるでしょう。家庭では子どもに対して熱心な教育ママ&パパに。

●40代は……
出世しますが、トップに立つより補佐役がいるほうが吉。後輩を指導する役回りも多く回ってきます。過干渉にならないよう注意。親との同居や介護などの問題が起こりそう。

●50代は……
名誉や立場を重視し、やや堅苦しい生活に。新しいことより古いことに興味の矛先が向きますが、好きなことを勉強したり、人に教えたりして、穏やかに過ごせます。

●60代は……
何かを教えたり、若い時に興味のあったことを学び直して充実。伝統あるものへの興味も高まります。孫の世話をすることもありますが、理屈っぽく、説教好きだと敬遠されます。

運気のパワーがわかる「十二運」

十二運は、「胎・養・長生・沐浴・冠帯・建禄・帝旺・衰・病・死・墓・絶」という文字で表されます。P18でも説明したように、これらは運気のパワーを循環する生命の消長にたとえて表したものです。ここまでお話しした命式や流年運や大運の通変星にどの十二運がつくかで、運気のパワーや質、それが発揮しやすいか否かに違いが出てきます。

十二運は、十二運早見表（次ページ）にあるように、「干」と「支」を組み合わせて導き出します。たとえば2021年は、「辛丑」の年。自分の「日干」が「甲」の場合、十二運は「甲」と「丑」の組み合わせで「冠帯」の年です。ちなみに2021年のこの人の流年運は、「甲」と「辛」の組み合わせで「流年正官」。つまり日干・甲の人の2021年は「流年正官・冠帯」の年となるわけです。

「通変星」が絵の具の色なら、「十二運」は、その筆使いのようなもの。「通変星」がどのくらいの強さ、どんな形で表れるかを示すものとしてとらえると、わかりやすいかもしれません。

諸説ありますが、十二運はその運気の強・弱で、以下の2つのグループに分けられます。

強い十二運

帝旺・建禄・冠帯・長生・衰・沐浴・養

弱い十二運

病・死・墓・絶・胎

十二運の強いグループは、命の循環の中のリアルな人間の時代、弱いグループはあの世とその狭間の時代と考えれば、その違いは現実を動かすか、心を動かすかであって、けっして吉凶としてのくくりではありません。

一般的に凶星（比肩・劫財・傷官・偏官・偏印）には強いグループの十二運がつくとその凶作用を助長するので、弱いグループの十二運がつくほうがいいとされます。逆に、吉星（食神・偏財・正財・正官・印綬）には強い十二運がつくほうがよく、弱い十二運では吉作用も小さくなるとされます。でも、人生はいいことも悪いことも一面では語れないもの。十二運の性質を知り、その特性をもって通変星のいい作用を引き出すようにすれば、どの運気も吉運にできるのかもしれません。

十二運早見表

日干／十二運	甲	乙	丙	丁	戊	己	庚	辛	壬	癸
胎	酉	申	子	亥	子	亥	卯	寅	午	巳
養	戌	未	丑	戌	丑	戌	辰	丑	未	辰
長生	亥	午	寅	酉	寅	酉	巳	子	申	卯
沐浴	子	巳	卯	申	卯	申	午	亥	酉	寅
冠帯	丑	辰	辰	未	辰	未	未	戌	戌	丑
建禄	寅	卯	巳	午	巳	午	申	酉	亥	子
帝旺	卯	寅	午	巳	午	巳	酉	申	子	亥
衰	辰	丑	未	辰	未	辰	戌	未	丑	戌
病	巳	子	申	卯	申	卯	亥	午	寅	酉
死	午	亥	酉	寅	酉	寅	子	巳	卯	申
墓	未	戌	戌	丑	戌	丑	丑	辰	辰	未
絶	申	酉	亥	子	亥	子	寅	卯	巳	午

胎

ピュアな感覚で自由に生きる時

まだこの世に生まれていない胎児の運気ですから、ピュアな感覚を持つ時です。

何ものにもとらわれずに物事を考えることができるので、発想力が豊かになり、臨機応変な柔軟性を発揮できます。

でも逆に言えば、忍耐力は不足気味。少しでもイヤなこと、興味がないことからは、上手にスルリと逃げてしまいます。たくましく現実を変えていこうという気力にはいまいち欠けるところもあります。自分にとって、今いる環境があまり面白くない時は、そちらは適当にして、趣味などの自分だけの世界に浸ってしまいます。1人でいることもあまり苦になりません。

純粋さゆえに、物事の本質を見抜き、つい人には耳の痛いことをポロッと言ってしまうような傾向もあり、人に歩調を合わせたり、まとめたりはできません。「人は人、自分は自分」なのです。マンネリを嫌い、刺激を求めるので単調な生活、保守的な生活パターンの中ではいきいきできないことも。

流年や大運で「胎」運が巡った時は、自分を今までの枠から解き放して自由な発想で生きること。他の人がやっていないユニークなことに縁があります。

ただ、放っておくとどんどん変化して、結局、何事もなく時間を過ごしてしまうことも多く、できれば何か1つは意志を持って続けると、それは必ず次の運気へつながっていくでしょう。

養

無邪気にマイペースで過ごす時

生まれたての赤ん坊のように、無邪気で無防備に過ごす時です。

「養」運が巡ると、どの人も、おっとりして、せかせかせず、ほんわかしたムードを発揮し、極端な行動をあまりとらなくなります。

しかし従順に人に合わせて過ごすのかというとそうではなく、あくまで自分中心。周囲をなごませ、自分のペースに巻き込む、それこそ〝赤ちゃん〟に通じる、不思議なオーラを発揮します。ムードメーカーになったり、周囲の人からもり立てられたりする運気の時です。

また不思議と母親、あるいは母親的な存在との縁が深くなるか、その影響を強く受けます。そうでなければ、自分が安心して甘えられる環境や人を求めることに。〝寄らば大樹の陰〟的な生き方をするようになるでしょう。

なるべく穏やかに生きようとするので、無理はしません。「養」運が巡っていれば、誰かと争うことはめったになく、そういう状況は極力、避けて通ります。

人から見ると、なんとなく緊張感なく生きているようにも見られがちですが、自分の実力を知っていて、それ以上は望まない時なのです。

プレッシャーにはひどく弱くなる一方で、自然体でリラックスして生きられる時でもあります。そのせいか五感は鋭くなり、美的センスもアップ。料理や音楽などの芸能、芸術関係などもたっぷり楽しめるでしょう。

長生

素直に穏やかに過ごす時

小さな子どものように、素直に淡々と生きる時期になります。

自分なりのスタイルを持ち、それを守って何事も自分のペースで進めようとします。その意味では、隙がなく、頑固な完璧主義者に見えますが、実は不器用なだけ。そうしないと安心できないのです。

小さな子どもがいろいろなやり方を要求されるとパニックになってしまうように、「長生」運の時は、2つ以上のことを同時に考えたり、したりするような複雑なことはできません。素直に、生真面目に、自分の世界だけを守ろうとし、後は物足りないくらいあっさりとしています。

こんなふうなので、強く自分を押し出したりすることはなく、泥にまみれても何かを成し遂げようとする気力や障害物をたくましく乗り越えていく気力には欠けます。トップに立つよりは、ナンバー2の立場や補佐的、裏方的なポジションにいるのが落ち着きますし、楽に自分の個性を出すことができます。

プライベートも、それこそ親の期待を裏切らずに、常識や人の目を気にして過ごしますので、穏やかな時です。

信頼できるブレーン的な人を何人か持って、そこに丸ごと自分を預けてしまうのは「長生」運の時には賢い生き方。

自分のペースでしっかり進める時なので、「長生」運で何かを始めると、しっかり続けてそれをモノにできることも多いでしょう。

沐浴

新しいことを求める行動の時

思春期の少年少女のように少し不安定ですが、新しいことを求めていきいきする時です。

年をとっていても、「沐浴」運の時は、気が若くなり、印象も若返ります。感受性が鋭くなり、未知のものにも興味が湧き、何事にも敏感に対応。ノリの軽さも出てきて、わからないもの、自分とは違うもの、流行の先端を行くものなどに憧れ、それに向かい果敢に飛び込んでいく度胸と思い切りのいい行動力が出ます。

反抗的なハイティーンのように、人の忠告は聞きません。常識や上下関係などに自分を組み入れていくことが苦手になり、自由を求めるようになります。

その半面、熱しやすく、冷めやすく、フラフラと迷って、人生は二転、三転しがちです。人との交際は広くなりますが、深まりません。場当たり的に新しいものに惹かれるので、物事をじっくりまとめることは難しいかも。

でも「沐浴」運が来たら、その若々しくよみがえる好奇心と行動力を生かして世界を広げるべき。旅行などにはとてもよい運気です。

思春期は心だけでなく、体も大人になる時。それだけに「沐浴」運のときは、フェロモンを発散し、異性とのふれあいが多くなります。異性は、もっとも身近な未知の存在であり、フロンティア精神をかき立てられる存在だからです。でもなにしろ成熟しきらない少年少女の運気なので、安定感はなく、恋愛のトラブルもつきものです。

冠帯

ポジティブに物事を推し進める時

成人したばかりの若者の勢いを感じさせる運気です。

とにかく明るくポジティブ。自分を認めてもらおうとする勢いとガッツが出てきます。行動力は「沐浴」運を上回り、現実を自ら動かしていく力をもっと発揮することになるでしょう。

この「冠帯」運が巡った時は、人生の中でも大きな前進期。自分を信じて、どんどん進んでいきます。家でじっとはしていられず、外に出たくなります。

逆境に強いので、落ち込んでいる状況でも、この「冠帯」運が巡ってくれば大丈夫です。「冠帯」運の時は不思議に先見性も出てきます。

ただ前進力が強すぎて、猪突猛進(ちょとつもうしん)になりがちなのが玉にキズ。集中力がある分、同時にいろいろなことはこなせません。好き嫌いが激しく、負けず嫌いになるので、人を傷つけてまで自分を押し通そうとする傾向も出てきます。しかも自負心が強く、自分に対する反省は足りません。

そのため敵も多く作りがち。若者っぽい正義感で、後輩や困っている人に対しては親切なのですが、特に目上とは衝突することが多くなります。

ストレートでわかりやすく、人を元気にするような熱さを発揮する時ですが、それだけに人には弱みを見せられず、強がったり、見栄を張ったりしがち。直球しか投げられないような運気なので、上手な気分転換が、実は一番必要な時でもあります。

建禄

手堅く成果を出していく時

　一人前になって家を建てるくらい、しっかりした大人の運気です。

　実際の年齢が若い時でも、この「建禄」運が巡ってくると、急に大人びた落ち着きを漂わせるはず。「建禄」運のエネルギーは、物事を安定させ、持続させる方向に働きます。

　それまでどんなにチャラチャラとしていても、堅実さや責任感に目覚めます。運気はとても強いのですが、無理はせず、何事も一歩一歩確実に積み重ねていく努力をしようとします。手堅く、優等生的に生きようとするのです。

　また、リアリストになり、現実離れした夢や理想を持つことがありません。周囲を冷静にしっかり観察して、ハメを外さずに最良の道を選ぼうとします。

　そして一度決めたことには、誰にも負けない粘り腰で取り組みます。面白みには欠けますが、頼りがいのある雰囲気を発散し、人間関係の中核となる時です。

　抜群の継続力と安定感をもたらす「建禄」運ですが、それだけに一度何かを定めてしまうと軌道修正が難しく、変化の多い場面にはうまく対応しきれないのが泣きどころ。執着心も強くなりがちです。

　また自分から人に合わせることはできず、何でも自分1人で背負い込むようになるので、内面では意外に気苦労が多い時でもあります。上手なストレス発散を心がけるようにしましょう。

帝旺

自信を持って動ける最強の時

人生の頂点に立った時のような、最強の運気です。それだけに根拠はなくても自信にあふれ、誰の言うことも聞かず、独立独歩。自己中心的な発想と行動が「帝旺」運の特徴です。

普段はおとなしく、控えめなタイプでも、「帝旺」運ではそのパワーで何かと注目も集め、人の先頭に立って、皆を引っ張っていきます。

でも、とにかくワンマン。人の指図は受けず、人に頭を下げることもできません。すべてを自分の思い通りにしないと気がすまないのです。

「帝旺」運が巡ってくると、そのエネルギーの完全燃焼を目指すので、どんなことでも自己実現できる目標があったり、そういう環境にいれば、最高の実力を発揮できます。

でも、逆に家庭の主婦などで、自己実現の場がないと、その強大なエネルギーを持て余してしまいます。イライラして周囲に干渉し、当たり散らすことも。

支配欲、征服欲も強くなり、周囲から持ち上げられることを好んだり、ハリボテのような形だけの権威やトップの座を求めたりもします。

またエネルギーがあり余って、つい何事もやりすぎるのが難点。「帝旺」運は、十二運のサイクルのピークです。もっともっとと上昇志向を持っても、それ以上はありません。

究めれば衰えるのは万物の法則。「帝旺」運の時は、物事にこだわりすぎないよう、限度を考えながら進むようにしましょう。

衰

本物志向で落ち着いて過ごす時

人生のピークを過ぎ、老境を迎えていく時のような、落ち着きと深い洞察力をもたらす運気です。若い時でも「衰」運が巡ると、人生を見切ったような老成した考え方をするようになり、行動も慎重で控えめになります。

端から見ると、なんとなく覇気（はき）に欠け、物足りなく見える選択をすることもあるかもしれません。物事を深いところまで考えるようになり、冷静に判断して先を読んでしまうので、妙に諦めがよくなってしまうのです。

「衰」運の時は、縁の下の力持ち的な役回りも回ってきますが、それを受け入れ、一歩下がっているようにしたほうが運を生かすことができ、物事はうまく運びます。

一見、地味な運気ですが、「衰」運は本物志向の時。「帝旺」運のように、派手だけれど形だけの〝虚〟の一流や権威に惑わされることはなく、ちゃんとした〝実〟のあるものを得ようとするので、意外なセンスのよさを発揮することも多くなります。

若くても「衰」運が巡ると、積極性は潜み、自分のほうから人と積極的に交わろうとはせず、来た者を受け入れていく感じになります。少し理屈っぽくなるので同年代よりも年上、年配の人と話が合ったり、縁ができ、かわいがられるでしょう。

新しいものよりは、すでにある程度でき上がっているもの、伝統のあるものなどに心惹かれる時です。

病

勘が鋭く精神性の高い時

病気で寝ていて夢うつつの状態なのに、やたらと直感だけは鋭くなる、そんな運気です。ただ、現実に病気になるというわけではありません。

とても勘が鋭くなり、ちょっとしたことからその場の空気や相手の気持ちを察して対応できるようになります。いつになく人を和ませるオーラを発散するので、「病」運が巡ると、周囲の人に優しくしてもらえ、かわいがられます。それは病人が皆に親切にされ、いたわられるのに似ています。多少、わがままでも周囲に受け入れてもらえるので、逆に人の力を借りて何か事を成すにはいい時です。

「病」運が巡ると、空想力が豊かになり、少なからずロマンチストになります。非現実的な夢のようなことに夢中になったり、その世界に浸ってしまうこともあります。

ひらめきを生かせる仕事などにはいい運ですが、余計なことまで気がついたり、空想がどんどん拡散して、自分で自分がわからなくなり、迷いやすく混乱するので決断はできません。空想と現実を混同して、時々、大胆で突飛な行動に出たりします。また細かいことを気にしすぎて、神経がまいってしまったり、ヒステリックに爆発するようなことも。

それだけに「病」運では、心と体をゆったりと解放する時間が大切です。異性とのロマンスも生まれやすいのですが、今ひとつ安定した関係にはなりにくいでしょう。

死

慎重になり、足元を固める時

死は、すべてが停止した静寂の世界です。とはいえ「死」運は、もちろん現実の死を運ぶわけではありませんから、安心してください。すべてにおいて、そのような制御と静けさがもたらされる時だということです。

「死」運が巡ると、慎重すぎるぐらい慎重になります。ほとんど取り越し苦労と言ってもいいくらい1つのことを考えるので、新しいアクションを起こすことはまずありません。そのため、せっかくのチャンスを逃してしまいがち。

でも「死」運の時は、無理に自然の流れに逆らわずに、状況や人を受け入れ、与えられた運の中で自分の世界をコツコツと作り上げるにはいい時期です。

積極的に打って出るより、足元を見つめ、しっかりと内部を固める時だと思ってください。

確かに1つの物事のサイクルが終わりになったり、1つのものが2つに分かれたりすることも起こりがちですが、それでも自分から追いかけたり、なんとかしようとジタバタしたり動かないほうがいいのです。そのほうがあなたの周りに自然に人や物が集まってくるでしょう。

また、「死」運は、結局は来るものを定位置で受け止める運なので、お人好しになります。

ただ、人の気持ちを先回りして考えた行動がエスカレートして、かえって八方美人になり人間関係をこじらせる傾向があるため、気をつけたほうがいいでしょう。

墓

1つのことを徹底的に究められる時

生命が墓に入ってじっとしている状態のように、パワーがある1つのところに集中する運気の時です。

「墓」運の時のエネルギーは、それほど低くはないのですが、それが発揮できるのは、とても狭い範囲に絞られます。自由には動けません。

「墓」運が巡ると、何か1つのことに対して、強いこだわりを抱くようになります。

好きなこと、やらなければならないことには、とことんのめり込み、一度決めたことは一途に守ろうとします。その正確さ、緻密さは、他のどの運にもありません。

合理的に割り切り、1人でもしっかり計画を実行できるので、「墓」運の時は、1つのことを徹底的に深め、究められます。物の収集欲も湧いてきて、何かのコレクションをしたくなります。その気になれば、他のどの時よりお金をガッチリためることもできます。

ただし、そのしぶとさ、執着心は、あくまで自分のこだわりの中で発揮されるので、内向的になり、表現力は不足気味に。

そのため人間関係では、誤解されたり、人と離れたりすることも起こりがちです。でも自分のこだわりや主張を人に押しつけることはなく、それをしようとしてもなかなかうまくいきません。

周囲からは、いつになく地味な存在に思われがちですが、あなた自身は、それなりに充実感を持って過ごせるでしょう。

絶

自分を枠にはめない変幻自在の時

「絶」運は、生命が霊魂となり、宇宙空間を自由に飛び回っているような運気です。エネルギーは最小になり、現実に対してはある意味無力で、あの手この手で頑張っても自分の思うように動かせる時ではありません。

では「絶」運は、ツキに見放された、恐ろしい時かというとそうではありません。ただし、「絶」運では、興味が非現実的でないところに向かいやすく、気持ちも意思もコロコロと変わり〝志〟が持ちにくいのです。

そのため続けていたことが途切れてしまうことも。何かをやろうとしても瞬発力だけで持続力がないので、計画的に進めることは難しいでしょう。

逆に「絶」運は、過去や常識などにこだわらず、自分を枠にはめないで、自由な発想とひらめきを生かしてスピード感を持って駆け抜けるといいでしょう。

変幻自在の時なので、現実の生活は不安定になります。人とのかかわりは多くても、浅くいいかげんな感じになり、トラブルに巻き込まれたり、巻き起こしたり。1つのところに落ち着けず、仕事や住居、異性の間を放浪することも。地に足がついていない時なので病気やケガをすることもあります。

でも「絶」運は、物事が、行きつくところまで行って無に帰した時ですから、言い換えれば、それは新たな転生、次の新しい運気の芽生えを待つ時でもあるのです。

12年のうちに2年ある運の端境期「空亡（天中殺）」

「空亡」とは天中殺（てんちゅうさつ）のこと。天中殺は、四柱推命と源を同じくする算命術でいう「空亡」の中国名です。空亡（＝天中殺）はすべてがうまくいかない、ツキのない時期と思われがちですが、それは一面しか見ていません。

干支は「空間」を表す10個の「天干」と、「時間」を表す12個の「地支」の組み合わせですが、10個と12個を組み合わせていくと地支が2個余ります。この時が「空亡」なのです。つまり、「空亡」は時間があって空間がない時で、どうしても人間は不安定になります。

「空亡」は12や10でひと巡りする運気の端境（はざかい）期（き）。次の運気のための休息期です。自分でコントロールしきれない出来事にも遭遇しがちですが、転職、結婚、引っ越しなど現実を動かす行動を避け、心の中を整理し、未来を模索する思考の時と考えて過ごしてください。

「空亡」は以下のように、自分の日干支の数字で巡る運気が決まっています。

①日干支が1～10　戌亥空亡
②日干支が11～20　申酉空亡
③日干支が21～30　午未空亡
④日干支が31～40　辰巳空亡
⑤日干支が41～50　寅卯空亡
⑥日干支が51～60　子丑空亡

たとえば、戌亥空亡なら戌と亥の年、月、日が「空亡」です。では、ここからタイプ別にその特質と空亡の過ごし方を説明しましょう。

戌亥空亡（次は2030年と2031年）

精神的に悩む時期。でも悩んだ分だけプラスに

戌年と亥年が「空亡」になるあなたは、自分の世界を大切にしながら生きる精神性の強いタイプ。見かけよりもものの考え方は個性的で、社交性がないわけではありませんが、誰にも簡単に踏み込ませない時間と空間を持っており、孤独には強い性質です。そんなあなたの「空亡」は、現実的なことよりも精神面で嵐が起きる時。もちろん現実の変化などがきっかけで心が揺れ、自分はこのままでいいのか、本当は何をしたいのかなど、独特な感性の中でぐるぐると考え込みます。でもあなたは大いに悩むべき。そのほうが「空亡」が明けた時心が安定し、前向きになれます。

申酉空亡（次は2028年と2029年）

空亡が明けるまでは下手に行動してはダメ

申年と酉年が「空亡」になるあなたは、パワフルで行動力にあふれた人。持ち前の前進力で現実の世界を切り開いていきます。見かけよりハートは熱く、情が深く、人間関係を大切にするタイプだからこそ、そうした現実が切り替わっていく「空亡」の時期はハードな期間になりがち。また、行動的なあなたは「空亡」だからといってじっとしていることができず、むしろ余計に動いて凶作用を大きくしてしまうことも。「空亡」の時はムダに動くと不利になりやすいのです。「空亡」を迎えたら、いくら休むのが苦手なあなたでも、休んで考えることが一番の対処法です。

午未空亡（次は2026年と2027年）

空亡に備えられるから
ダメージは最小

午年と未年が「空亡」になるあなたは、気持ちが繊細でゆったりと行動するタイプ。思い立ったらすぐ行動するような荒っぽさはありません。そうやって日々を丁寧に生きているせいか、人生が切り替わるサインや自分の気持ちの変化に敏感に気づきます。人生の変化が現実よりも精神面に先に来るので、それとなく予感し前もって準備を進めることができたりもするため、午未空亡の人は「空亡」の凶作用の影響を突然受けることは少なめ。もちろん、「空亡」の時はそれなりに迷いや落ち込みはありますが、次の人生への準備にゆっくり転換していきます。

辰巳空亡（次は2024年と2025年）

空亡の時は衝動的な
行動を抑えて

辰年と巳年が「空亡」になるあなたは、発想が一風変わっていて、人には合わせません。一見夢見がちに見えて、実は大変なリアリストで損得に敏感です。損をする行動をとらないわけではありませんが、その時はあらかじめ損を覚悟し、納得したうえで動きます。あなたはそのユニークさゆえ、行き詰まった時に物事をブレイクさせる役割を担いがちですが、それゆえに周囲から理解されないことも。とくに「空亡」を迎えると、心はより不安定になり、個性的な言動もエスカレート。周囲から逸脱しがち。「空亡」を迎えたら常識や周囲の思惑などを意識し、言動を抑えて。

寅卯空亡（次は2022年と2023年）

勢いのある行動も空亡時には控えめに

寅年と卯年が「空亡」となるあなたは、エネルギッシュでダイナミックな生き方をするタイプ。ブルドーザーのように勢いよく行動したら、ある時突然パッと止まり、また激しく動くという緩急のある独特の行動パターンを繰り返します。そして少々大ざっぱ。「空亡」を迎えると、じっとしていられず今まで以上に動きがち。というのも、「空亡」の時期はしがらみが消えたり、無視しても平気になるから。また、いつも以上に寂しがり屋になります。本来「空亡」の時期は今までと同じように動いてはいけません。行動は控えめにし、自分を見つめ直す時間に。

子丑空亡（次は2032年と2033年）

新しいチャレンジは空亡が明けてからが◎

子年と丑年が「空亡」になるあなたは、自分から新しい運気の流れを作り出せる人。〝寄らば大樹の陰〟的な生き方より、独立独歩な生き方のほうが運は伸びます。また、重い荷を背負っても、それに耐えられるだけの力量とガッツを持ち合わせています。ところが「空亡」の時期になると、思うように運命をコントロールできないことが次々と起きてイライラします。でも、自己過信を戒（いまし）め、それに耐えることで次の展開も見え、今後何をすべきかもわかってきます。「空亡」直後には大きな独立運が回ってきます。新しいことを始めるには「空亡」明けがチャンスです。

流年別・空亡の過ごし方アドバイス

流年比肩

焦りやすい年です。独立や変化を急いで、ムダな動きをしがちです。前向きな変化というより、変わりかけている周囲の状況や相手の気持ちをなんとかつなぎとめようとする執着心からの大胆な行動も多いでしょう。

強い自己主張は失敗のもと。独立や、適齢期を意識して慌ててする結婚は避けたほうが。兄弟姉妹との争いにも注意を。お金のことは二の次になるので、大きな投資や勝負は避けるべき。少しの散財はむしろ厄払いに。

流年劫財

組織・友人との関係に問題や変化が起こりがち。とくにお金の扱いは慎重に。他人の保証人になるなど、金銭の貸借はタブー。この年に貸したり、何かに投資したお金は、最初から戻ってこないものという覚悟を。ここで知り合った友人などは空亡の年が終わると自然につきあいが切れたりします。何かの紛失、失恋、離婚などは、すでに自分にとって役割を終えたものが自然に離れていくのだと思ってください。兄弟姉妹の仲にも気をつけて。

流年食神

油断から思わぬミスを起こしやすくなります。欲望に素直になりすぎ、無防備なほど奔放に行動して、社会的な規範を無視することも。ズルズルとけじめのない生活に陥りやすく、体調を崩すことも多くなります。物やお金にすごく執着したり、逆にぞんざいに扱ったりして、物やお金とのかかわり方を考え直すことになります。

流産や子どもに関するトラブルも起こりやすいときです。子離れ、親離れの時期でもあります。

流年傷官

非現実的なことに夢中になり、現実レベルではチグハグな行動を起こしやすい年です。反抗的になり、寛容さがなくなるので、人とギクシャクし、衝突しがちです。信用を失うこともあり、誹謗・中傷も受けやすくなります。人を傷つけてしまうことも多いでしょう。自分のこと以外でも人間関係のゴタゴタに巻き込まれ、交際する相手がガラリと変わりがちです。執着していた人や家族との対立、別離も。事故やケガ、手術する病気、望まない妊娠なども起こりやすくなります。

流年偏財

人に対しての警戒心が薄くなりすぎ、あまりよくない人とのかかわりを作ってしまうことがあります。八方美人になって、結局は誰とも本当の信頼関係を結べないことも。この年に始まった交友は長続きしない、利害関係だけのものになりがちです。

人の口車に乗せられたりして、無謀な投資やお金の使い方をして、大きく散財する恐れもあります。この年にローンを組むと後で苦しむかも。無節操な恋愛や不倫などをしやすく、それがバレて信用を失うことも多そう。

流年正財

今までの自分のやり方やテリトリーにこだわって失敗しがち。前に成功したことを無理に繰り返すのは避けるべきです。とくに自分の思うように人をコントロールしようとしても、うまくいきません。悪いことで人の注目を浴びることも。金銭面のトラブルに遭いやすいので、大きな買い物、ローン、取引は避けたほうがいいでしょう。ただ、予定外でも家族のため、家のために貯金を使うのはあり。男性は妻とのトラブル、離婚なども起こりやすく、この年の強引な結婚は、あまりいい結果を生みません。

流年偏官

じっとしていることに耐えられなくて、動き回ります。でもそのほとんどが的外れな行動で、骨折り損のくたびれもうけに。すべり出しが好調でも、あと一歩のところでダメになったりします。気短かになるので、本当は必要な人や大事な物まで捨てたりしがち。むやみにケンカをして信用をなくしたり、無謀な勝負、挑戦をして、失敗する恐れもあります。この時期は受け身になり、自然に自分から離れていくものは追わないで。急展開の恋愛や結婚はリスキー。ケガやアクシデントにも注意を。

流年正官

自分の社会での立場やポジションについて考え直すきっかけを与えられる時になります。配置転換やリストラなどで今までとは違う立場や仕事の環境になることが多いでしょう。上司や上下関係でのトラブルには十分気をつけて。最悪、リストラの恐れも。女性は家庭の事情で仕事をやめたり、セーブしたりすることにも。夫婦関係にも変化があり、意識の切り替えが必要なことも多く、仕事に夢中になっていると相手と溝を作る傾向も強くなります。結婚も焦らずに。

流年偏印

自由に飛びすぎて、周囲から浮きがちで、イジメに遭ったり、孤立したりします。放浪するようにジタバタと動き、自分に不似合いのものに手を出すことも。

安定していたものが不安定になり、自然に離れていく人、離れざるをえない場所もあるかも。だからこの時期は、旅行、留学などいつもと違う過ごし方をしたほうが有意義な時間になります。周辺で物が壊れたり、紛失することも多いでしょう。両親、とくに父親との関係に変化が起こりがちです。

流年印綬

名誉や称賛に固執するあまり、傷ついたり、信用を失ったりします。旺盛になった批判精神が、不和をもたらすこともあります。とくにむやみな上司批判は気をつけたい点。身近な人と“共依存”関係にある場合、そのマイナス面が強く出て、甘え、甘えられる関係からの脱却を迫られることになります。とくに母親との関係が変化しそう。親離れ、子離れの時期にもなります。宗教、信仰に関するトラブルにも注意を。ただし、利益を伴わない学問、学びには最適の時期です。

特殊な星の暗示

特定の十二支と十二支が組み合わさると、ある特殊な作用、影響が出現します。その十二支同士の相性をまとめたものが下の表です。「冲」「害」など分離、対立、不協和音を暗示する組み合わせもあれば、「三合」や「支合」など発展、融合を暗示する働きを示すものもあります。この十二支同士の相性が、あなたの「命式」の中の十二支と、やってきた年の十二支との間に出現すれば、「流年運」に影響を与えます。他にもこの特殊な組み合わせがあなたの「命式」の中の十二支同士、あなたと他の人の「命式」の十二支同士の関係で出現すれば影響が出ます。ここでは「流年」の十二支との関係を中心に見ていきます。

十二支相性早見表

亥	戌	酉	申	未	午	巳	辰	卯	寅	丑	子	／
		破	三合	害	冲		三合	刑		支合		子
	刑	三合		冲・刑	害	三合	破				支合	丑
支合・破	三合		冲・刑		三合	刑・害						寅
三合	支合	冲		三合	破		害				刑	卯
	冲	支合	三合				自刑	害		破	三合	辰
冲		三合	支合・破・刑						刑・害	三合		巳
	三合			支合	自刑			破	三合	害	冲	午
三合	刑・破				支合			三合		冲・刑	害	未
害						支合・破・刑	三合		冲・刑		三合	申
	害	自刑				三合	支合	冲		三合	破	酉
		害		刑・破	三合		冲	支合	三合	刑		戌
自刑			害	三合		冲		三合	支合・破			亥

冲の年　シビアな選択を迫られる

「冲」は十二支を時計のように円形に配置した時に、対角線上にある十二支同士の関係を言います。（下図参照）。つまり、２０２１年は丑年なので命式の十二支に未がある人が「冲」年です。

「冲」の年は、過去とのつながりが切れやすい時です。曖昧さが許されなくなり、物事はシビアに突き詰められる形で壊れ、離れることがある時。命式の日干支に対して「冲」の干支が巡れば、主に恋愛やプライベートで別れがあったりするかも。月干支と「冲」の干支が巡れば、あなた自身の体調や物事の取り組み方、年干支が「冲」になれば転職など仕事面で変化を余儀なくされるかも。でも大きな方向転換、精算ができる時でもあります。

冲が巡る年

流年		干支ナンバー				
子	2020	55	43	31	19	7
丑	2021	56	44	32	20	8
寅	2022	57	45	33	21	9
卯	2023	58	46	34	22	10
辰	2024	59	47	35	23	11
巳	2025	60	48	36	24	12
午	2026	1	49	37	25	13
未	2027	2	50	38	26	14
申	2028	3	51	39	27	15
酉	2029	4	52	40	28	16
戌	2030	5	53	41	29	17
亥	2031	6	54	42	30	18

自分の干支ナンバーを上の表から探します。その年があなたの「冲」の年です。

冲の関係

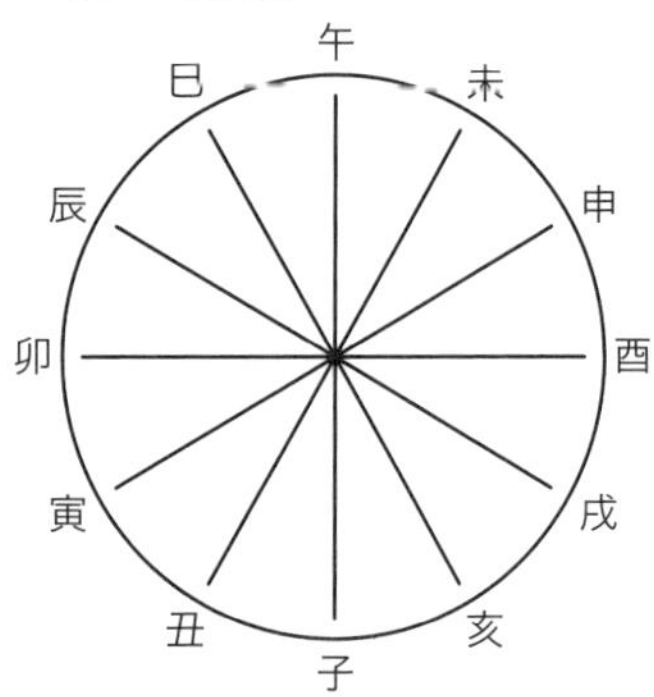

自分の十二支から６番目、180度の対角線上にくるのが「冲」の十二支。「子-午」「丑-未」「寅-申」「卯-酉」「辰-戌」「巳-亥」の6通りの組み合わせとなります。

天戦(てんせん)(剋(こく))地冲(ちちゅう) 人生のリセットボタンが押される

十二支の相性の中でも、「冲」は対立や分離、変化を生むため、作用が強いもの。後天運で巡れば、人生の大きなターニングポイントになりやすいものです。

同じ「冲」でも、天干が同じで地支が「冲」になる組み合わせは、「納音(なっちん)」と言って物事を終了させる作用が強いと言われています。

もう1つ「天戦（剋）地冲」というリセット作用を持つ「冲」もあります。今日から明日へ、当たり前のように続くと思っていた道が、ふと足元を見るとなくなっている、そんな状況が起きやすく、古い解説書などを見ると最大の凶運とされています。

「天戦（剋）地冲」とは天干に対して「剋する」干が、そして地支に対して「冲する」十二支が同時に巡っている状況を言います。具体的には12年に一度来る「冲」の年（P１１９参照）で、さらに流年運の通変星が「流年偏官」または「流年偏財」が巡る年です。

あなたの命式に対する「天戦（剋）地冲」は3種類あります。すなわち、日干支、月干支、年干支に対する「天戦（剋）地冲」です。そして、それがそれぞれ60年に2度巡ってきますから、２×３＝６で、60歳までに、誰でも6回の「天戦（剋）地冲」の年を体験するのです（日干支と月干支、年干支の「天戦地冲」が重なることもあります）。年干支の「天戦（剋）地冲」は、誰にとっても6歳と54歳の時にやってきますが、それ以外はどこで巡ってくるかは人それぞれまったく違い、それこそ思わぬ時にやってきます。

もちろん、注意を怠れば怖い一面もありますが、いつなのかを知り、事前に把握することで、その時に向かって変化をするための準備が可能になります。

では、そのあなたの「天戦（剋）地冲」の年がいつやってくるかを探してみましょう。

天戦(剋)地冲の出し方

あなたの「天戦（剋）地冲」の出し方は干支ナンバーを使えば簡単です。日干支、月干支、年干支それぞれのナンバーに対してプラス・マイナス６の数字を出してください。そして、その数字をＰ１２２の流年干支表に合わせて、それが何年なのかを探し出します。具体的な出し方は下記を参考にしてください。

天戦(剋)地冲の出し方

●±6で60を超えた時は60をマイナスする
●±6でマイナスになったら60をプラスする

自分の天戦(剋)地冲を出しましょう！

日干支		月干支		年干支	
+6	−6	+6	−6	+6	−6

例）1986年5月15日生まれ

日干支	56	+6	56+6＝62−60＝2
		−6	56-6＝50
月干支	30	+6	30+6＝36
		−6	30-6＝24
年干支	3	+6	3+6＝9
		−6	3-6＝-3+60＝57

天戦(剋)地冲

日干支		月干支		年干支	
② 乙丑	㊿ 癸丑	㊱ 己亥	㉔ 丁亥	⑨ 壬申	㊲ 庚申

６をプラス・マイナスして出た数字が、干支ナンバー。流年干支表（P122）の干支ナンバーにある流年が天戦（剋）地冲の年となる。

流年干支表

P121の計算法で出した6つの数字（干支ナンバー）の流年に該当する年が、年・月・日の天戦（剋）地冲となる。

干支ナンバー	流年	干支ナンバー	流年	干支ナンバー	流年
①甲子	1924／1984／2044	㉑甲申	1944／2004／2064	㊶甲辰	1964／2024／2084
②乙丑	1925／1985／2045	㉒乙酉	1945／2005／2065	㊷乙巳	1965／2025／2085
③丙寅	1926／1986／2046	㉓丙戌	1946／2006／2066	㊸丙午	1966／2026／2086
④丁卯	1927／1987／2047	㉔丁亥	1947／2007／2067	㊹丁未	1967／2027／2087
⑤戊辰	1928／1988／2048	㉕戊子	1948／2008／2068	㊺戊申	1968／2028／2088
⑥己巳	1929／1989／2049	㉖己丑	1949／2009／2069	㊻己酉	1969／2029／2089
⑦庚午	1930／1990／2050	㉗庚寅	1950／2010／2070	㊼庚戌	1970／2030／2090
⑧辛未	1931／1991／2051	㉘辛卯	1951／2011／2071	㊽辛亥	1971／2031／2091
⑨壬申	1932／1992／2052	㉙壬辰	1952／2012／2072	㊾壬子	1972／2032／2092
⑩癸酉	1933／1993／2053	㉚癸巳	1953／2013／2073	㊿癸丑	1973／2033／2093
⑪甲戌	1934／1994／2054	㉛甲午	1954／2014／2074	(51)甲寅	1974／2034／2094
⑫乙亥	1935／1995／2055	㉜乙未	1955／2015／2075	(52)乙卯	1975／2035／2095
⑬丙子	1936／1996／2056	㉝丙申	1956／2016／2076	(53)丙辰	1976／2036／2096
⑭丁丑	1937／1997／2057	㉞丁酉	1957／2017／2077	(54)丁巳	1977／2037／2097
⑮戊寅	1938／1998／2058	㉟戊戌	1958／2018／2078	(55)戊午	1978／2038／2098
⑯己卯	1939／1999／2059	㊱己亥	1959／2019／2079	(56)己未	1979／2039／2099
⑰庚辰	1940／2000／2060	㊲庚子	1960／2020／2080	(57)庚申	1980／2040／2100
⑱辛巳	1941／2001／2061	㊳辛丑	1961／2021／2081	(58)辛酉	1981／2041／2101
⑲壬午	1942／2002／2062	㊴壬寅	1962／2022／2082	(59)壬戌	1982／2042／2102
⑳癸未	1943／2003／2063	㊵癸卯	1963／2023／2083	(60)癸亥	1983／2043／2103

日干支の天戦(剋)地冲が来ると……

日柱はあなたのプライベートな生活や配偶者を表す場所です。その日干支が「天戦（剋）地冲」によって破壊される年は、過去をすべて捨ててしまいたいという強い衝動に駆られ、今までこだわっていたことが心から離れていきます。プライベートなことにリセット作用がありますから、別離や離婚があったり、生活環境や仕事への取り組み方を変えたくなったりと、さまざまな変化が起こりやすくなります。他の干支の「天戦（剋）地冲」に比べてもっとも強烈な作用があり、最大の人生のターニングポイントにもなり得ます。

大切なのは「変わりたい」という気持ちを無理に抑えないこと。この時自分の気持ちに正直にならないと、運気は次第に下り坂になり、数年後には本当に追い詰められてしまうことも。ただし「天戦（剋）地冲」の年は、過去を切り捨てることはできても、すぐに新しいものを得ることは難しいのです。これが空亡（P112参照）と大きく異なるところ。でも、ここでちゃんと過去を断ち切って自分を見つめ直し、意識改革をしておけば、その後で必ず新しい運気が動き出します。つまり、次に手に入れるもののために〝両手〟をあけておくタイミングなのです。

とにかく自分の心に正直になって、心に抱えているものを何らかの形で吐き出し、身軽になりましょう。過去の自分を捨てるという意味で、ライフスタイルを変えてみるのもおすすめ。新しい自分が発見できます。

特殊な星

月干支の天戦（剋）地冲が来ると……

月柱はあなた自身を表す場所。月干支の「天戦（剋）地冲」は、あなた自身の内面および肉体的なことに強く作用すると言っていいでしょう。「天戦（剋）地冲」の作用自体は日干支や年干支と大きく変わりませんが、対人関係や社会的な立場にリセット作用があるわけではなく、生活自体はそれほど変わりません。

自分自身が「剋され」「冲される」時ですから、気力や体力の低下が起こり、執着心やモチベーションが希薄になる時だと言っていいでしょう。それまではなんとしても頑張れたこと、自分でなんとかしてきたことが、もうどうでもよくなってしまったり、保ちきれなくなるのです。結果、落ち着かなくなり、自分を否定的に見がち。周りからは悩みもなく希望に満ちあふれて見えるのですが、月干支の「天戦（剋）地冲」の年は今の自分に不満を抱え、何をやっていいのかわからなくてやる気が出ず、精神的に追い詰められ、うつっぽくなりやすい傾向も。

でも、月干支の「天戦（剋）地冲」が来ると、自分でもはっきりわからなかった不満や悩みの原因がクリアになってきます。

まずはつらい自分に素直になって、自分を縛っているものや肩に乗っかっている荷物を下ろすことを真剣に考えてみることです。わがままになれとは言いませんが、自分に優しくして自分を解放していけば、年が変わった時少しずつ人生が自分の思う方向に向いていくでしょう。

年干支の天戦(剋)地冲が来ると……

年柱は、その人の社会的な状況を表す位置。そのため、年干支の「天戦（剋）地冲」の年は、仕事や職業など社会的な立場に大きな変化があることを示しています。でも実は年干支の「天戦（剋）地冲」が訪れる年は誰もが同じ。生まれた年干支に対してプラス6、マイナス6するので、最初は6歳。そして60歳から6をマイナスした54歳と、6をプラスした66歳が年干支の「天戦（剋）地冲」なのです。

昭和のころの日本では、定年は55歳が一般的で、「天戦（剋）地冲」の運気的には理にかなった制度でした。54歳で仕事に区切りを迎え、人生を見つめ直して、翌年に定年を迎えて第二の人生をスタートさせる。しかし今や65歳まで定年を引き上げたり、継続雇用する流れになっています。66歳が年干支の「天戦（剋）地冲」ですから、そこまではまだ運気的には合っているとも言えます。

でも、66歳以降はどんなに元気でも、やってきた仕事をもっともっとと欲張っても、運気はひと区切りついた後ということになります。自分の立ち位置や仕事の状況を客観的に見て整理したり、後継者を育てたり、引き際を考えておくことも必要になるかも。人によっては67歳以降も日干支、月干支の「天戦（剋）地冲」が巡ってくるので、66歳が最後の人生の転機というわけではありませんが、54歳と66歳が大きなターニングポイントだということを忘れず、そこから先、人生100年の人生設計をしてみてください。

害（がい）の年　物事が噛み合わない

時計の1時と6時、2時と5時、3時と4時、7時と12時、8時と11時、9時と10時を線で結ぶと平行線になり、重なりません。この関係が「害」の関係です（下図参照）。2021年は丑年なので、日干支などに午がある人が「害」の年です。

「害」の年は、物事が平行線上を進み、いろいろなことが噛み合いません。人間関係が悪化したり、事故や体調不良など現実的にマイナスの出来事が起きやすい年です。スッパリ清算できる「冲」の年と違い、「害」の年は、何かトラブルがあってもちぐはぐで、解決するまでに時間がかかり、まずそれがストレスでかなり疲弊する時。あてが外れることも多いので何事も慎重に。とくに健康面に要注意。

害が巡る年

流年		干支ナンバー				
子	2020	8	20	32	44	56
丑	2021	7	19	31	43	55
寅	2022	6	18	30	42	54
卯	2023	5	17	29	41	53
辰	2024	4	16	28	40	52
巳	2025	3	15	27	39	51
午	2026	2	14	26	38	50
未	2027	1	13	25	37	49
申	2028	12	24	36	48	60
酉	2029	11	23	35	47	59
戌	2030	10	22	34	46	58
亥	2031	9	21	33	45	57

自分の干支ナンバーを上の表から探します。その年があなたの「害」の年です。

害の図

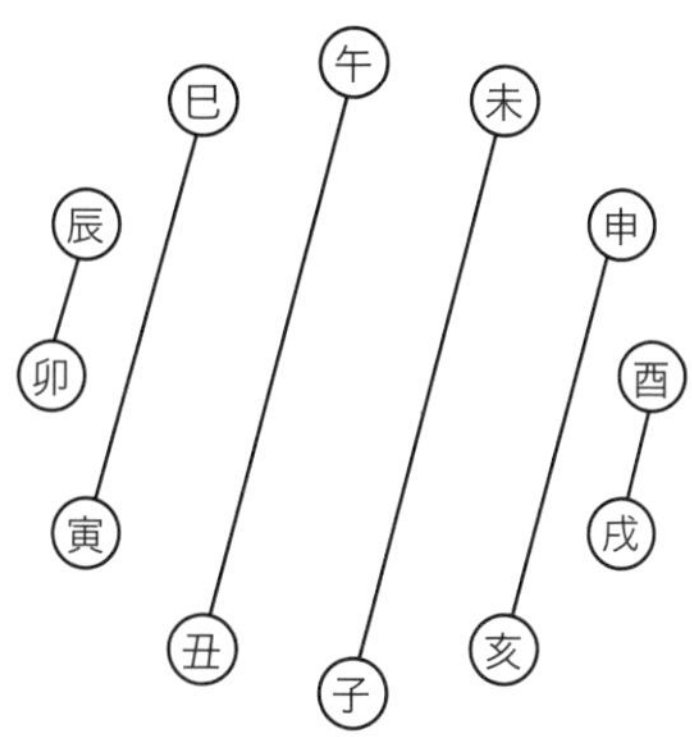

「午-丑」「巳-寅」「辰-卯」「未-子」「申-亥」そして「酉-戌」が「害」の関係になります。

律年（りつねん）・自刑（じけい）（刑）・破（は）の年　やや注意が必要

まず「律年」は、あなたの（命式の）干支と同じ干支（同じ干支ナンバー）が巡ってくる年のことです。年干支と同じ干支が巡るのは60歳の還暦ですが、月干支、日干支と同じ干支の年はまちまちです。「律年」は「気」が強まるため、極限まで自分を追い詰めて1つのことを突き詰める年になります。最高の集中力を発揮して新たなステージに上がることもできますが、1つのことに執着して視野が狭くなることも。いずれにしても人生のターニングポイントです。

また、自分の命式に「辰」「午」「酉」「亥」がある人にそれと同じ十二支が巡ってくる年は「自刑」の年。闘争心が激しくなり、人と衝突しやすくなります。自分で自分を痛めつけたり、周囲の人と調和できないことが多くなったりしますが、「冲」や「害」と比べるとダメージは小さいでしょう。

「辰」「午」「酉」「亥」以外の十二支に対しては、自分と同じ十二支ではなく「刑」となる十二支があります。「子・卯」「丑・戌」「戌・未」「未・丑」「申・寅」「巳・申」「寅・巳」が「刑」の関係。こちらもイライラしやすく対人関係に注意が必要な時です。

P118の表には「破」という相性もあります。「破」の年は、思惑通りに事が進まなかったり、人間関係に支障が出たりしますが、大したものではありません。ただ他の干支に「冲」や「刑」が巡っていると、凶作用を増幅するので気をつけて。

特殊な星

三合・支合の年　物事がスムーズに進む

十二支の組み合わせには、もちろんよいイメージの相性もあります。それが、発展や広がりをもたらす「三合」(子・辰・申、丑・巳・酉、寅・午・戌、卯・未・亥)と、融合や結びつきを暗示する「支合」(子・丑、寅・亥、卯・戌、辰・酉、巳・申、午・未)です。

「三合」は相性のよい3つの十二支が、「支合」は相性のよいペアの十二支がそれぞれ結びつく形で、あなたの命式の中にある十二支と「三合」や「支合」の関係になる十二支が巡る年は、ラッキーな出会いや、嬉しい話がまとまったりする年になります。

たとえば、2021年は丑年なので、命式の中に巳か酉がある人は「三合」、子がある人は「支合」の年です。

「三合」の年は人と和合しやすく、エネルギーや気持ちがスムーズに発散でき、新しいことに意欲的に取り組み、思った方向に人生を切り替えられるチャンスの年になり得ます。良縁に恵まれゴールインしたり、恋愛のチャンスも多いでしょう。なお、命式の中に「三合」の相性の十二支があると、視野が広く行動力があって多方面で活躍できるとも言われます。

「支合」が巡ってきた年も、さまざまなことと調和でき、うまくバランスをとりながら、それまで積み重ねてきたことを生かして、よい結果が出ることも多いようです。また、命式の中に「支合」の相性の十二支があると、たゆまぬ努力ができ、現実的でまとめ上手とされます。

三合の相性

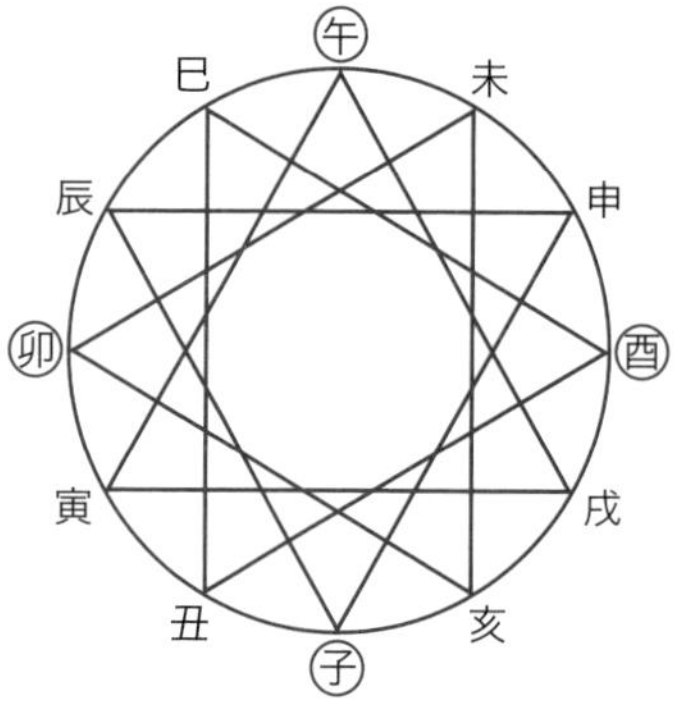

「三合」は季節の真ん中の支＝四正「子・午・酉・卯」を要とした三角型で結びつく関係で、それぞれの五行で統一される。3つのうち2つの支で成立するものを「半会（はんがい）」と言い、土行の支を含まない「正気半会」と土行を含む「雑気半会」がある。

支合の相性

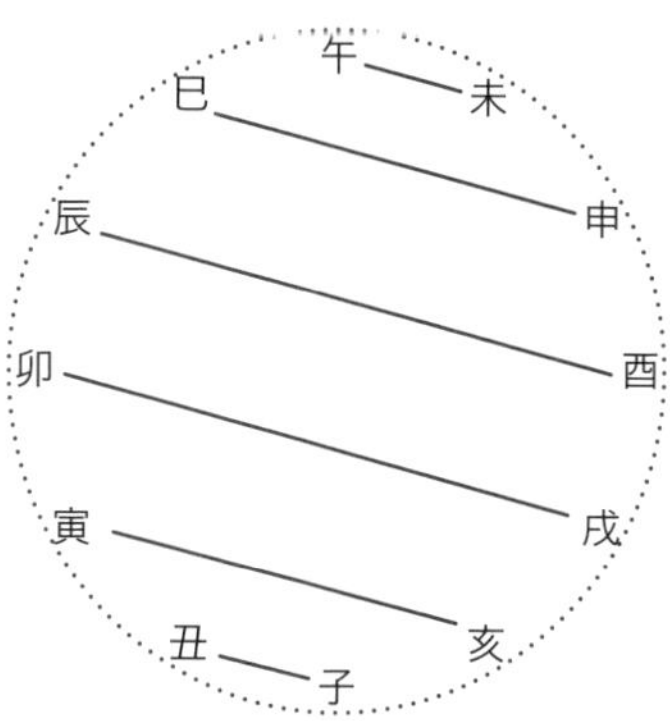

「子-丑」「寅-亥」「卯-戌」「辰-酉」「巳-申」「午-未」が「支合」の組み合わせです。

十二支の三合の組み合わせ

干合(かんごう)・晦気(かいき) 自分本来の気質が変化する

「干合」は十干同士の相性です。ある「干」と「干」が出会うと強く引き合い、融合してまるで化学変化を起こしたように別の性質を持つようになる、スペシャルな組み合わせです。干合の組み合わせは、「甲 - 己」「乙 - 庚」「丙 - 辛」「丁 - 壬」「戊 - 癸」の5つ。陰と陽の「干」が「五行相剋」で結びつき、本来の「干」の五行の気（実気）を保ちながら、表面的にまったく違う五行の気（虚気）に変化するため、複雑な作用を生む組み合わせです。

ある人の命式の中で干と干が「干合」すれば、その人の命式の持つ五行のバランスが変わることに。また、人との相性を見る場合、心に通い合うものが生まれるよい相性ですが、ぶつかり合ったり、譲り合ったりしながら自分を変えるような感じに。

流年に自分の命式の中の天干と「干合」する年が巡ると、何かと結びつく形で運気が変化。新たな出会いや何かのゴールのような出来事も多い時ですが、運気そのものはやや不安定に。2021年は「辛丑」の年なので、辛と「干合」する「丙」の干支を命式に持つ人に「干合」が巡る年です。

干合の組み合わせ

- **甲＋己→土（戊、己）と化す**
- **乙＋庚→金（辛、庚）と化す**
- **丙＋辛→水（壬、癸）と化す**
- **丁＋壬→木（甲、乙）と化す**
- **戊＋癸→火（丙、丁）と化す**

5つの「干合」のうち「甲＋己」では「甲」だけが「戊」に、「乙＋庚」では「乙」だけが「辛」に変わり、「己」と「庚」は不変。

一方、天干が「干合」し、地支が「支合」する組み合わせを「晦気」と言います。たとえば、2021年は「辛丑」ですから、「辛」と干合する「丙」、「丑」と支合する「子」を持つ「丙子」の干支の人に「晦気」が巡ります。

干合・晦気 の巡る干支

流年		干合	晦気
庚子	2020	乙	乙丑
辛丑	2021	丙	丙子
壬寅	2022	丁	丁亥
癸卯	2023	戊	戊戌
甲辰	2024	己	己酉
乙巳	2025	庚	庚申
丙午	2026	辛	辛未
丁未	2027	壬	壬午
戊申	2028	癸	癸巳
己酉	2029	甲	甲辰

命式の中に上記の干支のある人が干合や晦気。晦気は60年に一度です。

「干合」と「支合」が一緒に巡ると聞くと、一見、これ以上物事が調和することのないよい年になると思いがちですが、過ぎたるは及ばざるが如しで、意外とぼんやりとした運気になりがち。「晦」の字は「暗い」「よくわからない」の意味があります。

「晦気」の時はあらゆるものが調和することで、周囲を気にしすぎて、自分がなくなってしまうような状態にもなりかねません。「天戦（剋）地冲」がさまざまなものが衝突して過去が突き崩されるとすれば、「晦気」はまるで自分が何かに溶かし込まれるようにして消えてしまう状態という感じでしょうか。嬉しい結果が出たり、いい変化もありますが、すべて手出しができないような形で決まってしまったりしやすいようです。

絶運（ぜつうん）・羊刃（ようじん）　不安定でアクシデントが起きやすい

十干と十二支の関係を示したものを十二運と言います（P98〜99参照）。この「絶」は生命が霊魂として宇宙に存在する状態を表し、パワーは最小の時。「絶運」が巡る時は、ふわふわと現実離れしたことに心を奪われ、行動が不安定になりがちです。集中力も続きません。何をやってもパワー不足で続かず、放り出すことも多いよう。こんな「絶運」の時は、過去にとらわれず、鋭くなる直感力を生かし、何事も短期決戦でいくようにすると、ピンチもチャンスに変えられるでしょう。

「羊刃」は日干と十二支の関係で表れてくる特殊星の1つです（下図参照）。四柱推命で特殊星はいろいろありますが、とくに羊刃は吉凶の作用が強い星です。「羊刃」は最強の十二運の「帝旺」または勢いのある「冠帯」とともに巡り、度を越した激しさをもたらします。ケンカやトラブル、ケガやアクシデントが起こりやすいですが、その強気がプラスに働いて思いがけず大発展する場合もあります。

２０２１年は日干「癸」の人に「羊刃」が巡ります。

絶運・羊刃が巡る年

流年		絶運	羊刃
子	2020	丁、己	壬
丑	2021		癸
寅	2022	庚	
卯	2023	辛	甲
辰	2024		乙
巳	2025	壬	
午	2026	癸	丙、戊
未	2027		丁、己
申	2028	甲	
酉	2029	乙	庚
戌	2030		辛
亥	2031	丙、戊	

上記の年に日干が当てはまる人に、絶運や羊刃が巡ります。

※西暦の年号は2月の立春から翌年の節分までです。節分より前は、その前年の運気が続きます。

天徳貴人（てんとくきじん）・天徳合（てんとくごう）　すべての凶作用を打ち消す幸運の星

「天徳貴人」「天徳合」は特殊星の中でも、とりわけ大きな幸運をもたらす星です。それぞれの命式の月干支の十二支（つまり生まれ月）別に表れます。「天徳」とは、宇宙の秩序、天の法則に従い、人間の英知の及ばない無限の力の発動を意味します。それによってすべての凶暗示は消され、幸運に転換させる力を持っていると言われます。

「天徳貴人」も「天徳合」も作用としては同じですが、もたらすラッキーの度合いは「天徳貴人」のほうがかなり大きくなります。たとえば２０２１年は「辛丑」の年なので、生まれ月（月干支）に巳がある人は「天徳貴人」、戌がある人が「天徳合」となります。

天徳貴人・天徳合が巡る年

生まれ月（月干）		天徳貴人			天徳合		
子	①⑬㉕㊲㊾	巳	2025	2037	申	2028	2040
丑	②⑭㉖㊳㊿	庚	2020	2030	乙	2025	2035
寅	③⑮㉗㊴51	丁	2027	2037	壬	2022	2032
卯	④⑯㉘㊵52	申	2028	2040	巳	2025	2037
辰	⑤⑰㉙㊶53	壬	2022	2032	丁	2027	2037
巳	⑥⑱㉚㊷54	辛	2021	2031	丙	2026	2036
午	⑦⑲㉛㊸55	亥	2031	2043	寅	2022	2034
未	⑧⑳㉜㊹56	甲	2024	2034	己	2029	2039
申	⑨㉑㉝㊺57	癸	2023	2033	戊	2028	2038
酉	⑩㉒㉞㊻58	寅	2022	2034	亥	2031	2043
戌	⑪㉓㉟㊼59	丙	2026	2036	辛	2021	2031
亥	⑫㉔㊱㊽60	乙	2025	2035	庚	2020	2030

月干支の十二支に対して表れる星。たとえば、月干支に子がある人は流年で巳が巡ってくると天徳貴人に、申が巡ると天徳合となります。

コラム　自我の強さがわかる「身旺（強）・身弱」

「四柱推命」で性格を判断する1つの分類に「身旺（強）・身弱」があります。これは簡単に言うと自我の強さを見るための判別です。

「身旺（強）」→命式の中に日干を強める十干十二支が多い人。自立心が強く、自分中心で敵も作るが、たくましく現実を切り開く。強いエネルギーを人のために使って開運する。

「身弱」→命式の中に日干を弱める十干十二支が多い人。自我は弱く、周囲の人に合わせて、円満な人間関係の中で才能を開花する。体力や気力は生活習慣で補給することが必要。

　これは、けっして運の強弱を表すものではなく、P152~のライフパワー数の考え方にも通じるエネルギーの使い方の違いです。

「身旺（強）・身弱」判定表

	日干				
	甲・乙	丙・丁	戊・己	庚・辛	壬・癸
①月支（当旺）	寅・卯	巳・午	丑・辰・未・戌	申・酉	亥・子
月支（次旺）	亥・子	寅・卯	巳・午	丑・辰・未・戌	申・酉
②年支・日支・時支	寅・卯	巳・午	丑・辰・未・戌	申・酉	亥・子
	亥・子	寅・卯	巳・午	丑・辰・未・戌	申・酉
③年・月・時の天干	甲・乙	丙・丁	戊・己	庚・辛	壬・癸
	壬・癸	甲・乙	丙・丁	戊・己	庚・辛

「身旺（強）」か「身弱」かの判定法を表にしました。他にも判断要素はありますが、表の自分の日干の欄で、①②③のどれかが２つ以上（ただし①がない場合は、②③が３つ以上）当てはまるものがあれば「身旺(強)」、それ以外は「身弱」です。

第3章 相性を知る

相性を知れば、恋愛、結婚、仕事もうまくいく！

同じ日に生まれた人間が同じ運命を辿らないのか、その質問の答えの1つが「周囲にいる人、そして選んでいく人」が違うからです。私たちは、周りからさまざまな影響を受けて毎日を暮らし、運命を選択しています。

一度、あなたの周囲の大事な人の日干や中心星を出してみてください。意識して選んだわけではないのに、意外と同じような人が多くいるはずです。まんべんなくいろいろな人とつきあっているつもりなのに、パートナーと親友が同じ星だったり、お気に入りの部下のタイプが似ていたりします。四柱推命の相性を知ると、意図していないのにかなり偏っていると感じるかもしれません。もちろん、和合し、幸運を与えてくれる人も大切ですが、甘えすぎれば破綻するし、苦手な人も注意すれば、よい刺激や影響を受けられることもあるでしょう。いろいろな方法で相性を見ることで、単純にいい、悪いでとらえすぎないようにしてください。人間の相性は複雑で1つの手法だけで結論づけられるものではないからです。本書では、

1　日干
2　日柱の十二支
3　日柱の下の通変星
4　基本性格数とライフパワー数

で見る相性を紹介します。その相手との関係やうまくいくヒントの参考にしてください。

日干で見る相性

日干（日柱の天干）はもともと自分の性質を表す「気」です。その日干の「気」と相手の日干の「気」から相性を見ることができます。お互いの干と干の組み合わせからもたらされる通変星で、エネルギーの交流の傾向などの相性がわかってきます。

占い方はとても簡単です。巻末の年表より自分の日干を出し、相手の日干も出して、下の表から相性を導く通変星を出してください。

それぞれの相性については、次ページから解説していきます。干合する相手はそれぞれ☆と★のマークのついた「相性干合」（P143）を参照してください。

日干相性早見表

自分＼相手	甲	乙	丙	丁	戊	己	庚	辛	壬	癸
甲	比肩	劫財	食神	傷官	偏財	干合☆	偏官	非干合	偏印	印綬
乙	劫財	比肩	傷官	食神	非干合	偏財	干合★	偏官	印綬	偏印
丙	偏印	印綬	比肩	劫財	食神	傷官	偏財	干合☆	偏官	非干合
丁	印綬	偏印	劫財	比肩	傷官	食神	非干合	偏財	干合★	偏官
戊	偏官	非干合	偏印	印綬	比肩	劫財	食神	傷官	偏財	干合☆
己	干合★	偏官	印綬	偏印	劫財	比肩	傷官	食神	非干合	偏財
庚	偏財	干合☆	偏官	非干合	偏印	印綬	比肩	劫財	食神	傷官
辛	非干合	偏財	干合★	偏官	印綬	偏印	劫財	比肩	傷官	食神
壬	食神	傷官	偏財	干合☆	偏官	非干合	偏印	印綬	比肩	劫財
癸	傷官	食神	非干合	偏財	干合★	偏官	印綬	偏印	劫財	比肩

相性 比肩

似た者同士。まるで隣に自分がいるよう

お互いに持っている「気」が一緒の似た者同士の2人です。相手の考えていることや次の行動がなんとなくわかるし、こちらの考えていることも自然に伝わります。

それだけに一緒にいて楽な相手なのですが、2人の関係は、並んで同じ方向に座っているようなもの。引き合う力が小さいのです。居心地はいいけれど、どこまで行ってもパラレルな関係。異性同士なのに、まるで同性の友だちという雰囲気になってしまう2人です。

些細なことで張り合ってしまったり、2人きりだと急に暗くなったりもします。また運気のサイクルが一緒なので、元気な時はいいけれど、落ち込む時期が一緒なのも困りもの。異性同士でも、友人同士でも、少し年齢差があったり、育った環境が違うほうが引き合う力が生まれるようです。

結婚すれば、典型的な友だち夫婦。ただ自分と同じ「気」を持っているのでフェロモンは感じません。実は、セックスレス率ナンバー1のカップルかも。セックスも互いに譲らないので〝格闘技〟のようになりがち。妙なところで負けず嫌いで、自分から「しようよ」と言えなかったり、セックスをしなくても、一体感を感じたりします。

また、仕事では、上下のある関係の場合、いくら年齢差があっても、なんとなく無視できない相性です。心がよく通じるライバルといったところ。必要があって一緒に力を合わせれば、よくなじみ、恋愛よりは仕事向きの相手です。

相性劫財

気が合うようで心の中ではライバル視

ちょっと複雑な関係です。同じ「気」だけれど、陰と陽が違う2人です。相手の考えていることがよくわかり、理解もできるのだけれど、最初はなんとなく素直にそれを認められません。つまらないことでライバル心を抱いたり、気が合うようで、どこか心を許し合えなかったりしがちです。

こんな〝暗闘〟は、結局はほとんど陽干（甲・丙・戊・庚・壬）の人の勝利に終わります。陰干（乙・丁・己・辛・癸）の人は、相手にいつもなんとなくかなわないものを感じて自然に相手を立てたり、控えめになったりするようになります。そうなれば、この相性は、凸と凹が一緒になったような安定感が出てくることが多いのです。

こういう相性なので、恋愛や結婚では、男性が陽干で、女性が陰干のほうが、女性が男性を自然に立てる形で協力もし、よい感じで安定してくるでしょう。もしこれが逆では、彼のほうは表面は女性を立てながら、その状況に納得しきれず、何かの時に突然反撃に出てくる可能性があります。

セックスも最初は、互いになんとなく弱みを握られまいとし、無意識に〝最後の切り札〟を隠してしまうような感じで、思いきった解放感を味わえないこともありますが、2人の関係が安定してくるにしたがってうまくなじんでいきます。

同性の友人関係でも仕事などでの上下関係でも、やはり陽干の人のほうが年齢が上だったり、立場上強かったり、また強くできるような状況であれば、親しみ合ってうまくいきます。

相性 食神

尽くし、尽くされて2人とも幸せな関係

あなたのほうが不思議に相手に一方的に尽してしまう関係です。普段は甘えたがりなあなたも、この相性になる相手に対してだけは〝尽くしん坊〟に変身。相手のために自分の体力や知恵、時間や持てるものを与え続けることになります。

時には、この人のために無理をすることも結構あるかもしれません。でもこの相手は、あなたの力を必要として、それをもって何かを作り上げたり、成し遂げたりするので、あなたの奉仕をムダにはしません。あなたが身を削って尽くして、尽くしがいのある相手です。けっしてお互いにとって悪い相性ではありません。

男女関係では、あなたのほうから働きかけてしまうことが多いでしょう。それなりに相手は応えてくれるはずですが、夢中になりすぎて、勝手に疲れないように気をつけて。

結婚すれば、あなたが女性なら夫は家でくつろぎ、明日への鋭気を養うことができるでしょう。あなたが男性ならば、マイホームを人並み以上に大切にする夫になります。セックスでも、あなたが過剰なくらいサービスする側に回ります。

友人関係では、あなたが遊びを計画したり誘いをかけたりして、相手のために動くことが多いですが、楽しく過ごせます。

仕事関係でも、一緒にコンビを組めば、あなたはこの人のために懸命に働くことになります。あなたの努力で相手は評価を上げ、あなたも利益を得て、自分の能力も伸ばすことができるでしょう。

相性傷官

互いに必要とし合う理想的なカップル

あなたにとって、この相手はミステリアスで無視できない相手です。

何を考えているのかわからない、自分とは違うから心惹かれるという存在です。あなたのほうが打算や損得勘定抜きで、相手のためにできることをしようと一生懸命になるのがこの相性。つまり尽くすことが喜びになる相性なのです。

そんな頑張りが、あなた自身にも新しい可能性を開いたり、自分の殻をブレイクするきっかけになったり、自分の活力になったりします。もちろんこの相手を通して、あなたもいろいろな財産や能力、幸せを手に入れます。相手もあなたに尽くされることで運が伸びるので、ある意味ではお互いに必要とし合い、助け合える理想的なカップルでもあります。

男女の場合は、あなたが相手に一生懸命に尽くすことで幸せに。あなたが女性で結婚すれば、とにかく内助の功を発揮する〝あげまん〟になる可能性が大。あなたが男性ならば、とてもスイートな愛妻家になります。セックスも、あなたが奉仕する形です。でも相手に気を使うあまり、反応や顔色をうかがいすぎてリラックスできないかも。

同性の友人なら、相手は刺激的な面白い友人。あなたが面倒を見る側になりますが、どちらも楽しく過ごせます。仕事では、この相性になる上司についていけば、きっと悪いようにはならないでしょう。あなたが相手のためを思って動けば、さまざまな利益と成功を得ることができるでしょう。

相性偏財

相手の好意を利用しすぎないよう注意！

この相性になる相手は、最初からあなたに好意的です。あなたのほうは別に何とも思っていないのに一方的に熱を上げて、アプローチしてくることも多いはず。向こうのほうが圧倒的に常に積極的で、あなたに対して一生懸命になってくれます。そのためあなたにとっては楽な相手だけど、つきあっても、なんとなく物足りない感じがつきまとい、安定感はいまいちです。恋の勝負では、あなたが圧倒的に有利な相性なので、つい便利に都合のいい時だけいろいろなことを頼んで利用したり、甘えたりして、振り回す傾向があります。

セックスも、この相手はあなたに懸命に奉仕してくれるけれど、あなたは、そうされればされるほど、じらしたり、冷たくしたりとちょっとサドっぽい気分をかき立てられるかもしれません。だからこそ、あなたのほうが相手を傷つけないよう気をつけないといけない相性であることを忘れずに。さもないと、油断しきっているところで、突然、相手に反旗を翻（ひるがえ）されたりします。

結婚するなら、あなたが男性であるほうが、まだよいかもしれません。結婚すれば完璧な亭主関白。あなたが女性ならば、典型的なカカア天下ですが、相手が自分の言いなりなのをいいことに、男の沽（こ）券（けん）を傷つけないように。取り返しがつきません。

友人や仕事関係でも、競争すれば、あなたが勝つ相手ですが、それをいいことに意図的に相手を利用してしまうと、結局はどちらにもプラスになりません。

相性干合
（相性正財＆相性正官）

互いに強く引きつけ合う、まさに運命の相手

はじめて会った時からなんとなく懐かしいような気がして、「どこかで会ったことあった？」なんてことを言い出すのは、この相性の相手。一目惚れやほんの偶然の出会いから真剣交際なんてことも。運命的な出会いを感じる相手でしょう。

これは四柱推命では「干合」と言い、強く惹かれ合い合体を目指すスペシャルな相性関係がそこに生まれるから。男性と女性では、まるで磁石のように引き合って、恋が生まれやすい関係です。

最初は☆マークの人のほうが積極的に働きかけることが多く、★の人がごく自然に受け入れる形で、始まることになるでしょう。そして一度、結ばれれば、他の相性では感じられないほどの強い一体感を感じます。まるで自分が相手の一部になってしまうような感じです。もちろんセックスでも心と体が一体化する、至福のひと時を味わえるでしょう。

ただ、2人で1つになるために、一緒にいることで、本来の自分が失われる傾向はあります。幸せを感じるあまり、すべてが恋愛の中に埋没。本来の自分の道と信じていたものを、相手のためにすべて捨ててしまうようなことも起こりがちです。

同性の友人でも、心をさらけ出して何でも話し合える間柄になれるでしょう。ただ2人で、夢のような世界を作り出して、その中にいるわけですから、現実を動かす力は今ひとつ。仕事関係などでは、いい関係は築けても、現実的な利益はなかなか生み出さないかもしれません。

相性偏官

のびのびと自分を出せず忍耐のつきあいに

あなたのほうが相手になんとなく抑え込まれてしまう相性です。普段は、神経が相当太めのあなたも、この相手の前ではなぜか緊張して、ぎこちなくなったりしがち。のびのびと普段の自分を出せず、ガードも堅くなります。逆に気を引くために無理をすることもあるでしょう。あなたのほうがいろいろなことを犠牲にしたり、忍耐する役回りになったりすることで成り立つ相性です。それなのに一度好きになったりかかわってしまうと、あなたのほうからはなかなか離れられません。

男性と女性の関係では、虐(しいた)げられることが好きというのでなければ、あなたのほうがつらい関係になります。尽くしても報われず、我慢をすることが多いでしょう。

セックスも、とにかく相手を喜ばせることばかりが先で、自分はあまり楽しむという感じにはならないかも。恋愛被害者になる恐れもあるので、つきあうなら、相手につぶされないように注意して。

同性でも、なんとなくかなわない感じの怖いような相手。ついビクビク接してしまいそうです。つきあうならダラダラ一緒にいないか、第三者を交えるようにするといいでしょう。そうやって気をつければ、それなりに刺激をもらえたりもします。

ただ、仕事関係では、この相性の人と一緒だと、あなたは自分をのびのびと出せずに苦労しそう。つらく当たられることはあるかもしれませんが、引き立てや協力はあまり期待できません。相手が年下でも油断は禁物です。

相性非干合

（相性正財＆相性正官）

嫌いではないけど、興味もない…
縁のない2人

この相性の人は、はっきり言えばあまり縁がない相手です。もともと持っている「気」がまったく異質なため、なかなか接点が見つけられません。出会ったとしても、お互い、何の関心も湧かずにサラリと通りすぎてしまうことが多いでしょう。

それでも男性と女性の間柄では、何かの拍子に、ふと相手に興味を持つこともあるかもしれません。でも残念ながら、追いかけても追いかけても振り向いてもらえる可能性は他の相性に比べると、かなり低いほうです。たとえつきあうことになったとしても、お互い相手のことがなかなか理解できそうもありません。「どうしてそうなるの?」という疑問符の連続です。逆に相手のほうから追いかけられる場合もあるでしょう。でも、嫌いではないけれど、どうも好きという感じにはなりません。セックスも、そこに辿りつくまでが大変。ゲーム感覚で相手を振り向かせるのに頑張ってしまうこともあるけれど、その行為自体は、あっさりとして意外に燃えません。むしろ同性の友人のほうが、考え方があまりにも違うので、たまに会ったりすると面白いと思うことが多いかもしれません。ただ、どちらかが相手に甘えたり、頼ったりしても、肩透かしを食うような相性です。

仕事などでかかわるのなら、あるルールや境界線があるので、そこにキチンと一線を引くようにすれば、何の問題もなさそう。むしろ割り切ったつきあいができる分、余計な感情的なこじれが少なく、やりやすいこともあります。

相性偏印

惜しみなく尽くして、手助けしてくれる相手

頼んだわけでもないのに、この相手は、あなたの面倒を見て、尽くしてくれます。そして、結果としてあなたはこの人に助けられ、力を借りて何かを成し遂げたりもできるのですから、なかなかありがたい相性。この人は、あなたにお金や物だけでなく、知恵や力や時間も惜しみなく与えてくれる、いわば、あなたの頼もしい最高のサポーターだと思えばいいでしょう。相手もあなたに力を貸すことで自分の可能性を広げたり、満足感を得たり、有形、無形の得るものがあるのだから、ある意味ではとても幸せな相性です。

男女の関係では、嫌いじゃないし、感謝もしているけれど、恋愛感情じゃないという関係にも陥りがち。一線を越えられず、相手はなんとなくキープ状態でずっと待たされたりすることも。でも交際をするようになれば、関係はあなた主導で安定したものになります。

この相手の「気」はあなたを元気にするものなので、セックスをするたびに、あなたは元気が出たり、気分転換ができたりすることがあります。結婚すれば、相手はあなたに尽くしますが、あまりにも尽くされてちょっと息苦しくなったり、バチ当たりにもわがままになったりするかも。

同性の友人でも、この相手は知らないうちにあなたの面倒を見てくれます。また仕事関係にこの相性の相手がいれば、黙っていてもいろいろと便宜を図ってくれたり、引き立ててくれることも多いでしょう。

相性印綬

積極的に援助してくれるありがたい存在

この相性になる相手は、あなたが望んでも、望まなくても、あなたを積極的に援助してくれるありがたい人になります。尽くし、尽くされることがごく自然にできる幸せな関係なのです。

時折、この人からは、教師や親のように教え、導かれるような感じになることもあるかもしれません。でもそれがけっして負担ではなく、むしろそれによって、あなたはたくさんの財産、幸運を得ることができるでしょう。「相性印綬」は相手の才能や運を引き出す能力を持っているのです。

そんな意味で、男女の間で言えば、玉の輿、逆玉の輿に乗せてくれる候補者ナンバー1と言っていいかもしれません。

相手の「気」はあなたの元気のもと。この相手とセックスをすると、しぼんでいた心も復活。失恋の痛手を癒やしたりするのにはピッタリの相手ですが、きっかけは何であれ、一度深い関係になると簡単には逃げられなくなります。

結婚すれば家庭はお互いに満足してくつろげる場になるはず。同性の友人関係でも、いろいろ力になってくれる最高の友人になります。

仕事関係なら、自分の力をフルに生かしてくれる上司だったり、自分のために懸命に働いてくれる部下。またこの相性の人が取引先にいれば、うまくいくことが多いでしょう。

ただ相手は、どんな場合も、ほとんど無意識のうちに損得抜きで尽くしてくれるので、くれぐれも感謝の心を忘れないようにしましょう。

日干

日柱の十二支で見る相性

お互いの日柱の地支（十二支）の組み合わせでも相性は見られます。Ｐ118の「十二支相性早見表」を参照してください。

　日干の相性が悪くても地支の相性がいい人とは、行動パターンや生活の現実的な面でよく調和し居心地のよい関係を作れます。一方、地支の相性が悪いと、日干の相性がよく気が合っても現実の生活では合わない部分もありどこかしっくりいかない一面も。相性「日干」と「地支」両方併せて見ることが大切です。

相性「半会（はんかい）」（三合）

「三合」になる3つの地支のうち2つが出会うのが「半会」です。なんとなく魅力を感じたり、話しているうちに意気投合してしまうような相性。同じ考え方や性格というわけではないのに、接するうちに強い絆が生まれ、一緒に何かをやりたい、始めたい気持ちが芽生えます。時に派手なケンカで周囲を驚かすこともありますが、それも2人にとってはいい刺激に。

相性「支合」

はじめて出会ったときから、お互いに強く惹かれるものを感じ、無理なく自然に親しくなれそう。支合の「子・丑」は2人で孤立しやすいくらい親密に。「辰・酉」も2人の世界を大事にします。「寅・亥」はないものを補い合い、「卯・戌」は互いに堅実になる相性。「午・未」はともに冒険をしたくなるかも。「破」でもある「巳・申」は仲良くなるのに時間がかかりそう。

相性「冲」

シビアな相性です。この人と近づくと、お互いを傷つけ、壊し合うことになりかねません。人には言われたくないことをズバリと言われたり、逆に言ってしまったり。見たくないもの、考えたくないことを突きつけられる相性なのです。そんな相手なのに、なぜか近づいてしまうのが不思議なところ。「冲」は言い換えるとあなたをブレイクし変えてくれる人。「冲」の相手はあなたに新しい自分に出会うチャンスを与えてくれるのです。

相性「刑」

「刑」も今ひとつの相性。ちょっとしたケンカ、争いを起こしやすいでしょう。なかでも「寅・巳」「巳・申」「申・寅」は勢いをたのむ刑で物事がエスカレートしやすい関係。「丑・戌」「戌・未」「未・丑」は恩なき刑で恩を仇(あだ)で返されるようなことが起こりがち。「子・卯」は礼なき刑で相手が身近になるほどトラブルが。「辰・辰」「午・午」「酉・酉」「亥・亥」は自刑。似た者同士が自分と争うような感じで見栄を張ることも。

相性「害」「破」

「害」は、自分と「支合」の相性となる相手と「冲」の関係になる人。間接的に邪魔されたり、いろいろあってもストレートに対処できずイライラ。「害」の相手から持ち込まれた話はよく確かめないと、あなたがイメージしたことと違うことも。

「破」は、凶作用は他の相性と比べるとかなり小さく、普通より少し相性の悪い相手といった程度。日柱の天干などで相性がよければ、それほど気にしなくてもいいでしょう。

※「十二支相性早見表」の空欄はごく普通の相性。誠意を持ってつきあえば大丈夫ですが、とくに引き合う力はないので努力次第です。

日柱の通変星で見る相性

日柱の下に表れる通変星（左図参照）は、あなたの結婚への姿勢とどんなパートナーを望むかが表れます。また、相手との日柱の通変星の組み合わせで、結婚相手としてうまくいくかどうかがわかります。日干同士の相性に加えてこちらも参考に。

日干支ナンバーでわかる日柱の通変星

日干支ナンバー				
① 印綬	⑬ 正官	㉕ 正財	㊲ 傷官	㊾ 劫財
② 偏財	⑭ 食神	㉖ 比肩	㊳ 偏印	㊿ 偏官
③ 偏印	⑮ 偏官	㉗ 偏財	㊴ 食神	51 比肩
④ 偏印	⑯ 偏官	㉘ 偏財	㊵ 食神	52 比肩
⑤ 比肩	⑰ 偏印	㉙ 偏官	㊶ 偏財	53 食神
⑥ 印綬	⑱ 正官	㉚ 正財	㊷ 傷官	54 劫財
⑦ 正官	⑲ 正財	㉛ 傷官	㊸ 劫財	55 印綬
⑧ 偏印	⑳ 偏官	㉜ 偏財	㊹ 食神	56 比肩
⑨ 偏印	㉑ 偏官	㉝ 偏財	㊺ 食神	57 比肩
⑩ 偏印	㉒ 偏官	㉞ 偏財	㊻ 食神	58 比肩
⑪ 偏財	㉓ 食神	㉟ 比肩	㊼ 偏印	59 偏官
⑫ 印綬	㉔ 正官	㊱ 正財	㊽ 傷官	60 劫財

日柱の通変星の相性表

自分＼相手	比肩	劫財	食神	傷官	偏財	正財	偏官	正官	偏印	印綬
比肩	×	△	◎	○	●	◎	●	○	×	◎
劫財	△	△	○	△	×	×	●	●	◎	○
食神	◎	○	△	△	◎	○	×	○	●	×
傷官	○	×	×	×	○	◎	×	●	×	×
偏財	●	×	◎	◎	△	△	○	○	○	○
正財	○	●	◎	◎	△	△	×	○	△	×
偏官	●	×	●	×	◎	○	△	×	△	◎
正官	◎	×	○	●	○	◎	●	△	×	◎
偏印	○	△	●	×	△	△	◎	×	●	×
印綬	◎	○	×	×	○	●	○	◎	△	△

◎＝とてもハッピーな相性　○＝それなりに幸せな相性　△＝少し努力が必要な相性
×＝とても努力が必要な相性　●＝できれば避けたい相性

日柱の通変星でわかる結婚生活

日柱正財
「日柱正財」の人は平凡でも穏やかな家庭を築けるタイプ。仕事より家庭を優先する人と結婚したほうが幸せになれます。女性は夫を立てる優しい妻に、男性は経済的な土台もしっかりした亭主関白になります。

日柱偏官
「日柱偏官」の人は、忙しいほうがいきいきするので、仕事も結婚もめいっぱい頑張りぬくタイプ。多少のアクシデントがあっても平気。国際結婚や都会から農家に嫁いでも大丈夫。男性は芯の強い女性を好むあまり、恐妻家になる可能性大。

日柱正官
「日柱正官」の人はブランド志向で世間体も気にします。比較的落ち着いた結婚生活に。男性は妻には従順なタイプを求めます。絵に描いたような理想のカップルになろうとしますが、あまりにきっちりしすぎると、相手は窮屈と感じるかも。

日柱偏印
「日柱偏印」の女性は、１つの環境に落ち着くのが難しく、基本的には結婚に向かないタイプ。包容力のあるタイプとの結婚を目指すべき。男性はなぜか妻に頭が上がらないタイプが多いですが、それが家庭円満のもとになります。

日柱印綬
「日柱印綬」の女性は結婚に安定と堅実を求め、優等生で隙のないタイプと結婚することが多いよう。結婚後は夫の実家からも援助を受けられる運が。子どもには教育ママになりそう。男性は地味めで堅実な女性とうまくいきます。

日柱比肩
「日柱比肩」の人は見かけより個性が強く、結婚後も自分の生活スタイルを変えません。女性は独立心が強く晩婚の傾向が。結婚後も仕事を続けることになりそう。男性は気が強く、しっかりした女性を選ぶとうまくいきます。

日柱劫財
「日柱劫財」の人は自己主張がはっきりしており、女性は結婚してもやりたくないことはやらない主義で、あくまで対等の関係を築こうとします。男性はミステリアスな女性に惹かれ結婚したら気が強く、家庭を牛耳られそう。

日柱食神
「日柱食神」を持つ人は、どうしてもパートナーと親子のような関係になってしまう傾向が。女性は男性に母親のような愛情を注ぎ、男性は女性に母性的なものを求めます。甘えるばかりにならないよう少し自立心を。

日柱傷官
「日柱傷官」の人は、家庭的とは言い難いタイプ。女性は華やかな生活を夢見てアーティストタイプと結婚して落ち着きません。男性もヒステリックな人を選びそう。最初から自分の個性を出せる相手を選ぶことが大切。

日柱偏財
「日柱偏財」の人は尽くし型の典型。一見頼りないタイプと結婚してパートナーをサポートするのが意外と幸せかも。男性は妻には生活力のあるしっかりしたタイプを選びやすく、それで安定した結婚生活を送るでしょう。

基本性格数とライフパワー数で見る相性

人間の性格は複雑な多面体なので、1つの方法で語り尽くせるものではありません。四柱推命でも、さまざまな方法で複合的に導き出しています。

その中で「ライフパワー数」は、日干と命式の十二支の関係から導き出される十二運(胎・養・長生・沐浴・冠帯・建禄・帝旺・衰・病・死・墓・絶)を数値化し、その人のこだわりの強さや行動の傾向、人間関係などを把握する指針となるものです。

出し方は簡単。日柱、月柱、年柱それぞれにつく数字を出します。この中で日柱につく数字は基本的な性格を表し、これを「基本性格数」と呼びます。ただ、もちろん月柱、年柱につくパワー数が持つ性格もその人を構成する一部なので、それぞれの数字の部分を読んで参考にしてください。

そして、日柱、月柱、年柱のパワー数を足して総合して見たものがその人のライフパワー数になります。

十二運との数値対応

胎 たい	3
養 よう	6
長生 ちょうせい	9
沐浴 もくよく	7
冠帯 かんたい	10
建禄 けんろく	11
帝旺 ていおう	12
衰 すい	8
病 びょう	4
死 し	2
墓 ぼ	5
絶 ぜつ	1

日柱パワー数表

日干支	1甲	11甲	21甲	31甲	41甲	51甲
パワー数	7	6	1	2	8	11
日干支	2乙	12乙	22乙	32乙	42乙	52乙
パワー数	8	2	1	6	7	11
日干支	3丙	13丙	23丙	33丙	43丙	53丙
パワー数	9	3	5	4	12	10
日干支	4丁	14丁	24丁	34丁	44丁	54丁
パワー数	4	5	3	9	10	12
日干支	5戊	15戊	25戊	35戊	45戊	55戊
パワー数	10	9	3	5	4	12
日干支	6己	16己	26己	36己	46己	56己
パワー数	12	4	5	3	9	10
日干支	7庚	17庚	27庚	37庚	47庚	57庚
パワー数	7	6	1	2	8	11
日干支	8辛	18辛	28辛	38辛	48辛	58辛
パワー数	8	2	1	6	7	11
日干支	9壬	19壬	29壬	39壬	49壬	59壬
パワー数	9	3	5	4	12	10
日干支	10癸	20癸	30癸	40癸	50癸	60癸
パワー数	4	5	3	9	10	12

ライフパワー数は人によって3〜36までとだいぶ幅広いのですが、数が大きいから運がよいというわけでも、小さいから運が悪いというわけでもありません。あくまで人それぞれの性格、行動の傾向を表す基準値です。ただ、あなたと周りの人との人間関係でのバランスを顧みると、数値の大小の関係を顕著に感じることは多いと思います。

自分よりパワー数の大きな相手、小さな相手にはそれぞれ上手なつきあい方があります。身近な人のライフパワー数を出し、円滑な人間関係に役立ててみましょう。

まずは、上の「日柱パワー数表」から、自分の日干支ナンバーを見つけてください。その数値が、あなたの日柱パワー数であり、日柱の基本性格数となります。

次に月柱と年柱のパワー数を出し、これに日柱のパワー数を足して、あなたのライフパワー数を出しましょう。

まず、月柱のパワー数です。下の「月柱と年柱のパワー数表」を見て、縦軸からあなたの日干、横軸からあなたの月干支の十二支（カッコ内の数は月干支ナンバー）を見つけて、2つが交わる欄の数値を導き出します。これがあなたの月柱のパワー数です。

同様に年柱のパワー数も出します。月柱のパワー数と同様の下の表を見て、縦軸からあなたの日干、横軸からあなたの年干支の十二支（カッコ内の数は年干支ナンバー）を見つけて、交わる欄の数値を導き出します。これがあなたの年柱のパワー数です。

同様に、あなたの周りの人のライフパワー数も出してみましょう。

月柱と年柱のパワー数表

日干＼十二支	子 (1甲 13丙 25戊 37庚 49壬)	丑 (2乙 14丁 26己 38辛 50癸)	寅 (3丙 15戊 27庚 39壬 51甲)	卯 (4丁 16己 28辛 40癸 52乙)	辰 (5戊 17庚 29壬 41甲 53丙)	巳 (6己 18辛 30癸 42乙 54丁)	午 (7庚 19壬 31甲 43丙 55戊)	未 (8辛 20癸 32乙 44丁 56己)	申 (9壬 21甲 33丙 45戊 57庚)	酉 (10癸 22乙 34丁 46己 58辛)	戌 (11甲 23丙 35戊 47庚 59壬)	亥 (12乙 24丁 36己 48辛 60癸)
甲	7	10	11	12	8	4	2	5	1	3	6	9
乙	4	8	12	11	10	7	9	6	3	1	5	2
丙	3	6	9	7	10	11	12	8	4	2	5	1
丁	1	5	2	4	8	12	11	10	7	9	6	3
戊	3	6	9	7	10	11	12	8	4	2	5	1
己	1	5	2	4	8	12	11	10	7	9	6	3
庚	2	5	1	3	6	9	7	10	11	12	8	4
辛	9	6	3	1	5	2	4	8	12	11	10	7
壬	12	8	4	2	5	1	3	6	9	7	10	11
癸	11	10	7	9	6	3	1	5	2	4	8	12

ライフパワー数を出してみましょう！

□	＋	□	＋	□	＝	□
基本性格数 **日柱のパワー数**		**月柱のパワー数**		**年柱のパワー数**		**ライフパワー数**

例）1986年5月15日生まれの場合
・基本性格数＝日柱のパワー数：日干支ナンバー「56己」→**「10」**
・月柱のパワー数：月干支ナンバー「30癸」→**「12」**
・年柱のパワー数：年干支ナンバー「3丙」→**「2」**
ライフパワー数は「10＋12＋2＝24」で**「24」**

ライフパワー数で人間関係がわかる！

あなた＞相手

相手はあなたの要求やお願い事を聞いてくれたり、あなたの決めたことや提案に従ってくれたりと無理の利く人です。相手が上司や先輩の場合、あなたの出した意見を拒絶することはありませんが、何の進展もなくそこで終わりとなることも多々あります。相手はあなたよりも行動や決断が速いので、早めの確認と連絡を忘れずに。恋愛関係の場合は、交際後の主導権はあなたになりますが、あなたよりも簡単に浮気するので寛容さと忍耐が必要になります。

あなた＝相手　（＋2、－2までは＝とする）

お互いの存在を自然に受け入れ合う楽な関係。生きるテンポが同じくらいなので、基本的にはよい相性。相手が上司や先輩だとしても、対等な関係に思いがちで、つい気安い感じで接してしまいそう。また、命令や注意もこの相手から言われると、素直に聞けないことも。わかり合えない相手ではないので、努力してコミュニケーションをとりましょう。恋愛関係の場合も相性がよく、あまりケンカなどもしない楽しいカップルになりそうです。

あなた＜相手

あなたのほうが相手よりこだわりが少ないので、意見がぶつかっても相手に押し切られることがほとんど。意見を通したいときは、相談する形をとって相手の懐に入り、妥協点を見つけるのが得策。相手が上司や先輩の場合、意見を通したい時は、データや資料を揃えて行動で示すのが効果的。相手はスピードより質を求めるので、きちんと仕上げましょう。恋愛関係の場合は、あなたから何度でもめげずにプッシュを。ただし、束縛や依存にならないよう気をつけて。

基本性格数

9 頑固に思われがちだが、実は素直で真面目な人。変化に弱く、2つのことを同時に行ったりするのは不得意。	**5** 好きなことには徹底的にのめり込む凝り性タイプ。内向的になりがちで自分をアピールするのは苦手。	**1** 常識にとらわれない自由な発想ができ、ひらめいたら即行動する。頼まれたらイヤと言えない面もある。
10 明るくポジティブで負けず嫌い。リーダーの器を持っているが、猪突猛進になりがちで持続力は今ひとつ。	**6** おっとりしていて、生まれたての赤ちゃんのような無邪気さと無防備さが愛される。プレッシャーには弱い。	**2** 控えめかつ真面目で誰からも愛される。慎重派で、置かれた場所でコツコツと自分の世界を作り上げる。
11 自分を見失わずに努力を続けることができる粘り勝ちの人。リアリストな半面、融通が利かない傾向がある。	**7** 流行に敏感で、新しいものに心惹かれる。自由を好み、行動力と度胸もあるが、熱しやすく冷めやすい。	**3** 人当たりがソフトでアイデアも豊富。マンネリが嫌いで刺激を求める傾向があるが、忍耐力にはやや欠ける。
12 根拠がなくても自身に満ちあふれたパワフルなリーダータイプ。ワンマン体質のため、人と衝突しやすい。	**8** 冷静沈着な陰の実力者タイプだが、心の奥底には情熱を秘めている。少々諦めがよすぎるところも。	**4** 空想力豊かなロマンチスト。人の気持ちを察する能力にも長けているが、見かけより複雑な性格の持ち主。

ライフパワー数

3〜9

頭の回転が速くフットワークの軽い行動派

ライフパワー数が平均よりもかなり小さいこのタイプは、周りの環境や変化に対して柔軟に対応できる人。変化を恐れず、あまり人がやらないことにも思い切ってチャレンジしていきます。

感受性が豊かな半面、物事に対するこだわりがさほどないため、人の影響を受けることで成長します。ただし、無類のお人好しのため、人に利用されやすい一面も。人の気持ちやその場の空気を読むことは得意なのだから、人を見る目も養って。

恋愛は、感覚的にすぐ好きになる恋愛体質。追いかけられるより追いかけるほうが性（しょう）に合っています。とはいえ、1つの恋がダメでもそれほど固執することはなく、あまりムリはしません。

ライフパワー数

10〜14

優柔不断だけどコミュニケーション能力は抜群

ライフパワー数が平均よりやや小さいこのタイプは、温厚で親しみやすく、聞き上手。人を受け入れる雰囲気があり、コミュニケーションをとるのがうまく、思い立ったらすぐに行動を起こし、思いがけない趣味を持つ人も。周囲の人と歩調を合わせられるので、接客業や集団で何かを作り上げていくような仕事にも向いています。

モテるタイプですが、詰めが甘いのが泣きどころ。ある程度までは親しくなるのに、そこから先は考えすぎて踏み込めないことが。優柔不断な性格から、追いかけてきた相手とうっかりつきあってしまい、二股交際なんてことにならないように気をつけて。

ライフパワー数

15〜19

ハプニングには弱いけど合わせ上手な常識人

平均的なライフパワー数を持つこのタイプは、どんな相手や状況にも合わせられる、優れたバランス感覚を持っています。同時に、決して流されすぎず、自分をほどほどに主張できるのも強み。押すところは押し、引くところは引く。状況判断も適切で、ひとことで言うとソツのない人です。

一見、落ち着きのある人に見えますが、パニックや突然のハプニングに弱いのが弱点。一度ダメかもしれないというマイナスの気持ちを持つと、その考えが頭から離れません。

恋愛面では、相手によってフレキシブルな対応ができます。妙なこだわりは持たず、相手をしっかり選び、ＯＫなものは受け入れます。状況判断はうまく、ムリめな恋を引きずることも少なそう。

ライフパワー数

20〜24

マイペースで自分の世界をしっかり持つ正直者

平均よりやや大きめのライフパワー数を持つこのタイプは、自分の世界をしっかり持ち、正直でマイペース。好きなことやこだわりに関しては、他人に左右されることなく、自己主張します。でも頑固というほどではなく、ある程度は妥協できる柔軟性を持ち合わせます。

ただ、厳しい上下関係の中では生きづらいタイプかも。歯車の1つとして働くのは好みません。

恋愛においては、相手をよく観察して、自分とどんな関係を築けるかをわかってから行動を起こす慎重派。一度決めたら多少の障害にはめげません。1つひとつの恋愛サイクルは長いですが、一度別れたらヨリを戻すことは少ないキッパリした人です。

ライフパワー数

25〜29

存在感があり周囲に大きな影響を与える人

かなり大きなライフパワー数を持つこのタイプは、さながら山のような存在。しっかりしているので頼りになる存在ですが、一方で、しっかりしすぎて周囲にプレッシャーを与えてしまうこともあります。

自分の世界が確固としてあり、それを生かす仕事を選ぶと必ずスペシャリストになれます。反対に自分を生かせない分野だと、周囲から頑固な変わり者と思われ、浮いた存在になりそう。

恋愛面では、そう簡単には恋に落ちませんが、一度恋をしたら長続きします。とはいえ、器用ではないので、仕事や趣味などに夢中になりすぎて、相手に去られたり浮気されたりすることも。

ライフパワー数

30〜36

カリスマ的な魅力とあり余るパワーの持ち主

最大レベルのライフパワー数を持つこのタイプは、周りを弾き飛ばすようなパワーを持つ、カリスマ的な魅力の持ち主。自信に満ちあふれ、周囲の影響は受けず自分のこだわりに生きます。

独自の道を突き進むため、協調性に乏しいのが難点ですが、実は姉御肌(あねご)、親分肌で面倒見がよいタイプ。でも、干渉しすぎることも。

押しが強く、精神的にタフなため、どこに行っても生きていけます。常に志を高く持ち、グローバルに生きることに目を向けてみましょう。

恋愛面では、自信家なのでいつも選ぶ側。「1人で生きていける人」なんて印象を持たれ、去られることもあります。

【巻末付録】干支ナンバー表／年表

1937年〜2030年までの日柱、月柱、年柱の干支と立年、中心星を掲載しました。

・年表に記載されている「日干」「月干」「年干」は、下にある「干支ナンバー表」をもとに割り出してください。

・立年は大運（P82〜）を出す際の起点となる年です。男女で異なるため、男性は「男」の欄、女性は「女」の欄の数字を使用してください。数字の後にある「＋」は順回り、「－」は逆回りを表しています。

干支ナンバー表（60干支）

51 きのえ とら 甲寅	41 きのえ たつ 甲辰	31 きのえ うま 甲午	21 きのえ さる 甲申	11 きのえ いぬ 甲戌	1 きのえ ね 甲子	60干支
52 きのと う 乙卯	42 きのと み 乙巳	32 きのと ひつじ 乙未	22 きのと とり 乙酉	12 きのと い 乙亥	2 きのと うし 乙丑	
53 ひのえ たつ 丙辰	43 ひのえ うま 丙午	33 ひのえ さる 丙申	23 ひのえ いぬ 丙戌	13 ひのえ ね 丙子	3 ひのえ とら 丙寅	
54 ひのと み 丁巳	44 ひのと ひつじ 丁未	34 ひのと とり 丁酉	24 ひのと い 丁亥	14 ひのと うし 丁丑	4 ひのと う 丁卯	
55 つちのえ うま 戊午	45 つちのえ さる 戊申	35 つちのえ いぬ 戊戌	25 つちのえ ね 戊子	15 つちのえ とら 戊寅	5 つちのえ たつ 戊辰	
56 つちのと ひつじ 己未	46 つちのと とり 己酉	36 つちのと い 己亥	26 つちのと うし 己丑	16 つちのと う 己卯	6 つちのと み 己巳	
57 かのえ さる 庚申	47 かのえ いぬ 庚戌	37 かのえ ね 庚子	27 かのえ とら 庚寅	17 かのえ たつ 庚辰	7 かのえ うま 庚午	
58 かのと とり 辛酉	48 かのと い 辛亥	38 かのと うし 辛丑	28 かのと う 辛卯	18 かのと み 辛巳	8 かのと ひつじ 辛未	
59 みずのえ いぬ 壬戌	49 みずのえ ね 壬子	39 みずのえ とら 壬寅	29 みずのえ たつ 壬辰	19 みずのえ うま 壬午	9 みずのえ さる 壬申	
60 みずのと い 癸亥	50 みずのと うし 癸丑	40 みずのと う 癸卯	30 みずのと み 癸巳	20 みずのと ひつじ 癸未	10 みずのと とり 癸酉	
子丑	寅卯	辰巳	午未	申酉	戌亥	空亡

あなたの命式

	ナンバー	干	支
日干支			
月干支			
年干支			
中心星		立年	

1937年（昭和12年）生まれ　年干：14丁（2/4～翌年2/3まで）

日	1月	2月	3月	4月	5月	6月	7月	8月	9月	10月	11月	12月
	日干 月干 立年 男 女 中心星	日干 月干 立年 男 女 中心星	日干 月干 立年 男 女 中心星	日干 月干 立年 男 女 中心星	日干 月干 立年 男 女 中心星	日干 月干 立年 男 女 中心星	日干 月干 立年 男 女 中心星	日干 月干 立年 男 女 中心星	日干 月干 立年 男 女 中心星	日干 月干 立年 男 女 中心星	日干 月干 立年 男 女 中心星	日干 月干 立年 男 女 中心星
1	25戊37庚2+8−正財	56己38辛1+9−比肩	24丁39壬8−2+印綬	55戊40癸9−1+正官	25戊41甲9−2+比肩	56己42乙9−2+印綬	26己43丙8−2+偏印	57庚44丁8−2+印綬	28辛45戊8−2+劫財	58辛46己8−3+比肩	29壬47庚8−2+偏官	59壬48辛8−2+比肩
2	26己37庚1+9−偏財	57庚38辛1+9−印綬	25戊39壬9−1+偏官	56己40癸9−1+偏官	26己41甲9−1+劫財	57庚42乙9−1+偏官	27庚43丙9−2+正官	58辛44丁9−2+偏印	29壬45戊8−2+偏印	59壬46己8−2+印綬	30癸47庚8−2+正官	60癸48辛8−2+劫財
3	27庚37庚1+9−傷官	58辛38辛1+9−偏印	26己39壬9−1+正官	57庚40癸9−1+正財	27庚41甲9−1+偏印	58辛42乙9−1+正官	28辛43丙9−1+偏官	59壬44丁9−2+正官	30癸45戊9−2+印綬	60癸46己8−2+偏印	31甲47庚8−2+偏財	1甲48辛8−1+偏印
4	28辛37庚1+9−食神	59壬39壬1−0+偏官	27庚39壬9−1+偏財	58辛40癸0−1+偏財	28辛41甲0−1+印綬	59壬42乙0−1+偏財	29壬43丙9−1+正財	60癸44丁9−1+偏官	31甲45戊9−1+偏官	1甲46己9−2+正官	32乙47庚9−1+正財	2乙48辛9−1+印綬
5	29壬37庚1+0−劫財	60癸39壬1−0+正官	28辛39壬0−1+正財	59壬41甲1−0+傷官	29壬41甲0−1+偏官	60癸42乙0−1+正財	30癸43丙0−1+偏財	1甲44丁0−1+正財	32乙45戊9−1+正官	2乙46己9−1+偏官	33丙47庚9−1+食神	3丙48辛9−1+偏官
6	30癸38辛0+1−比肩	1甲39壬1−9+偏財	29壬40癸1−0+傷官	60癸41甲1−0+食神	30癸42乙1−0+正官	1甲43丙1−0+正財	31甲43丙0−1+傷官	2乙44丁0−1+偏財	33丙45戊0−1+偏財	3丙46己9−1+正財	34丁47庚9−1+傷官	4丁48辛9−1+正官
7	31甲38辛9+1−印綬	2乙39壬1−9+正財	30癸40癸1−0+食神	1甲41甲1−0+劫財	31甲42乙1−0+偏財	2乙43丙1−0+偏財	32乙44丁1−0+食神	3丙44丁0−1+傷官	34丁45戊0−1+正財	4丁46己0−1+偏財	35戊47庚0−1+比肩	5戊49壬1−0+正財
8	32乙38辛9+1−偏印	3丙39壬1−9+食神	31甲40癸1−9+劫財	2乙41甲1−9+比肩	32乙42乙1−0+正財	3丙43丙1−0+傷官	33丙44丁1−0+劫財	4丁45戊1−0+傷官	35戊46己1−0+傷官	5戊46己0−1+傷官	36己48辛1−0+正官	6己49壬1−0+偏財
9	33丙38辛9+1−正官	4丁39壬2−8+傷官	32乙40癸1−9+比肩	3丙41甲1−9+印綬	33丙42乙1−9+食神	4丁43丙1−9+食神	34丁44丁1−0+比肩	5戊45戊1−0+比肩	36己46己1−0+食神	6己47庚1−0+食神	37庚48辛1−9+偏財	7庚49壬1−9+傷官
10	34丁38辛8+1−偏官	5戊39壬2−8+比肩	33丙40癸1−9+印綬	4丁41甲2−9+偏印	34丁42乙1−9+傷官	5戊43丙1−9+劫財	35戊44丁1−0+印綬	6己45戊1−0+劫財	37庚46己1−0+劫財	7庚47庚1−0+劫財	38辛48辛1−9+正財	8辛49壬1−9+食神
11	35戊38辛8+2−正財	6己39壬2−8+劫財	34丁40癸2−8+偏印	5戊41甲2−8+正官	35戊42乙2−9+比肩	6己43丙2−9+比肩	36己44丁1−9+偏印	7庚45戊1−9+偏印	38辛46己1−9+比肩	8辛47庚1−9+比肩	39壬48辛1−9+食神	9壬49壬1−9+劫財
12	36己38辛8+2−偏財	7庚39壬3−7+偏官	35戊40癸2−8+正官	6己41甲2−8+偏官	36己42乙2−8+傷官	7庚43丙2−8+印綬	37庚44丁2−9+正官	8辛45戊1−9+印綬	39壬46己1−9+印綬	9壬47庚1−9+印綬	40癸48辛1−8+傷官	10癸49壬2−8+比肩
13	37庚38辛7+2−傷官	8辛39壬3−7+正官	36己40癸2−8+偏官	7庚41甲3−8+正財	37庚42乙2−8+比肩	8辛43丙2−8+偏印	38辛44丁2−9+偏官	9壬45戊2−9+偏官	40癸46己2−9+偏印	10癸47庚1−9+偏印	41甲48辛2−8+比肩	11甲49壬2−8+印綬
14	38辛38辛7+3−食神	9壬39壬3−7+偏財	37庚40癸3−7+正財	8辛41甲3−7+偏財	38辛42乙3−8+劫財	9壬43丙3−8+正官	39壬44丁2−8+正財	10癸45戊2−8+正官	41甲46己2−8+正官	11甲47庚2−8+正官	42乙48辛2−8+劫財	12乙49壬2−8+偏印
15	39壬38辛7+3−劫財	10癸39壬4−6+正財	38辛40癸3−7+偏財	9壬41甲3−7+劫財	39壬42乙3−7+偏印	10癸43丙3−7+偏官	40癸44丁3−8+偏財	11甲45戊2−8+偏財	42乙46己2−8+偏官	12乙47庚2−8+偏財	43丙48辛2−7+偏印	13丙49壬3−7+正官
16	40癸38辛6+3−偏印	11甲39壬4−6+食神	39壬40癸3−7+傷官	10癸41甲4−7+比肩	40癸42乙3−7+印綬	11甲43丙3−7+正財	41甲44丁3−8+傷官	12乙45戊3−8+正財	43丙46己3−8+正財	13丙47庚2−8+正財	44丁48辛3−7+印綬	14丁49壬3−7+偏官
17	41甲38辛6+4−正官	12乙39壬4−6+傷官	40癸40癸4−6+食神	11甲41甲4−6+印綬	41甲42乙4−7+正官	12乙43丙4−7+偏財	42乙44丁3−7+比肩	13丙45戊3−7+食神	44丁46己3−7+偏財	14丁47庚3−7+偏財	45戊48辛3−7+偏官	15戊49壬3−7+正財
18	42乙38辛6+4−偏官	13丙39壬5−5+比肩	41甲40癸4−6+劫財	12乙41甲4−6+正財	42乙42乙4−6+正官	13丙43丙4−6+傷官	43丙44丁4−7+印綬	14丁45戊3−7+傷官	45戊46己3−7+傷官	15戊47庚3−7+傷官	46己48辛3−6+正官	16己49壬4−6+偏財
19	43丙38辛5+4−傷官	14丁39壬5−5+印綬	42乙40癸4−6+比肩	13丙41甲5−6+食神	43丙42乙4−6+偏財	14丁43丙4−6+食神	44丁44丁4−7+偏印	15戊45戊4−7+偏財	46己46己4−7+食神	16己47庚3−7+偏印	47庚48辛4−6+偏財	17庚49壬4−6+傷官
20	44丁38辛5+5−食神	15戊39壬5−5+偏官	43丙40癸5−5+印綬	14丁41甲5−5+傷官	44丁42乙5−6+正財	15戊43丙5−6+劫財	45戊44丁4−6+劫財	16己45戊4−6+正財	47庚46己4−6+劫財	17庚47庚4−6+正官	48辛48辛4−6+正財	18辛49壬4−6+食神
21	45戊38辛5+5−劫財	16己39壬6−4+正官	44丁40癸5−5+偏印	15戊41甲5−5+比肩	45戊42乙5−5+偏印	16己43丙5−5+比肩	46己44丁5−6+比肩	17庚45戊4−6+食神	48辛46己4−6+比肩	18辛47庚4−6+偏官	49壬48辛4−5+比肩	19壬49壬5−5+劫財
22	46己38辛4+5−比肩	17庚39壬6−4+偏財	45戊40癸5−5+正官	16己41甲6−5+劫財	46己42乙5−5+印綬	17庚43丙5−5+印綬	47庚44丁5−6+印綬	18辛45戊5−6+劫財	49壬46己5−6+印綬	19壬47庚4−6+偏官	50癸48辛5−5+劫財	20癸49壬5−5+比肩
23	47庚38辛4+6−印綬	18辛39壬6−4+正財	46己40癸6−4+偏官	17庚41甲6−4+偏印	47庚42乙6−5+偏官	18辛43丙6−5+偏印	48辛44丁5−5+偏印	19壬45戊5−5+偏印	50癸46己5−5+偏印	20癸47庚5−5+正官	51甲48辛5−5+偏印	21甲49壬5−5+印綬
24	48辛38辛4+6−偏印	19壬39壬7−3+食神	47庚40癸6−4+正財	18辛41甲6−4+印綬	48辛42乙6−4+正官	19壬43丙6−4+正官	49壬44丁6−5+正官	20癸45戊5−5+印綬	51甲46己5−5+正官	21甲47庚5−5+偏財	52乙48辛5−4+印綬	22乙49壬6−4+偏印
25	49壬38辛3+6−正官	20癸39壬7−3+傷官	48辛40癸6−4+偏財	19壬41甲7−4+偏官	49壬42乙6−4+偏財	20癸43丙6−4+偏官	50癸44丁6−5+偏官	21甲45戊6−5+偏官	52乙46己6−5+偏官	22乙47庚5−5+正財	53丙48辛6−4+偏官	23丙49壬6−4+正官
26	50癸38辛3+7−偏官	21甲39壬7−3+比肩	49壬40癸7−3+傷官	20癸41甲7−3+正官	50癸42乙7−4+正財	21甲43丙7−4+傷官	51甲44丁6−4+正財	22乙45戊6−4+正官	53丙46己6−4+正財	23丙47庚6−4+食神	54丁48辛6−4+正官	24丁49壬6−4+偏官
27	51甲38辛3+7−正財	22乙39壬8−2+劫財	50癸40癸7−3+食神	21甲41甲7−3+偏財	51甲42乙7−3+食神	22乙43丙7−3+食神	52乙44丁7−4+偏財	23丙45戊6−4+偏財	54丁46己6−4+偏財	24丁47庚6−4+傷官	55戊48辛6−3+偏財	25戊49壬7−3+正財
28	52乙38辛2+7−偏財	23丙39壬8−2+偏印	51甲40癸7−3+劫財	22乙41甲8−3+正財	52乙42乙7−3+傷官	23丙43丙7−3+劫財	53丙44丁7−4+傷官	24丁45戊7−4+正財	55戊46己7−4+傷官	25戊47庚6−4+比肩	56己48辛7−3+正財	26己49壬7−3+偏財
29	53丙38辛2+8−傷官		52乙40癸8−2+比肩	23丙41甲8−2+食神	53丙42乙8−3+比肩	24丁43丙8−3+比肩	54丁44丁7−3+食神	25戊45戊7−3+食神	56己46己7−3+食神	26己47庚7−3+劫財	57庚48辛7−3+食神	27庚49壬7−3+傷官
30	54丁38辛2+8−食神		53丙40癸8−2+印綬	24丁41甲8−2+傷官	54丁42乙8−2+劫財	25戊43丙8−2+印綬	55戊44丁8−3+劫財	26己45戊7−3+傷官	57庚46己7−3+劫財	27庚47庚7−3+偏印	58辛48辛7−2+傷官	28辛49壬8−2+食神
31	55戊38辛1+8−劫財		54丁40癸8−2+偏印		55戊42乙8−2+偏印		56己44丁8−3+比肩	27庚45戊8−3+比肩		28辛47庚7−3+印綬		29壬49壬8−2+劫財

1938年(昭和13年)生まれ　年干：15戊(2/4〜翌年2/4まで)

日	1月	2月	3月	4月	5月	6月	7月	8月	9月	10月	11月	12月
	日干 月干 立年男女 中心星	日干 月干 立年男女 中心星	日干 月干 立年男女 中心星	日干 月干 立年男女 中心星	日干 月干 立年男女 中心星	日干 月干 立年男女 中心星	日干 月干 立年男女 中心星	日干 月干 立年男女 中心星	日干 月干 立年男女 中心星	日干 月干 立年男女 中心星	日干 月干 立年男女 中心星	日干 月干 立年男女 中心星
1	30癸49壬8−2+比肩	1甲50癸9−1+正財	29壬51甲2+8−食神	60癸52乙1+9−食神	30癸53丙2+9−正官	1甲54丁2+9−食神	31甲55戊2+8−傷官	2乙56己2+8−偏財	33丙57庚2+8−偏財	3丙58辛3+8−正財	34丁59壬2+8−傷官	4丁60癸2+8−正官
2	31甲49壬9−1+印綬	2乙50癸9−1+偏財	30癸51甲1+9−傷官	1甲52乙1+9−劫財	31甲53丙1+9−偏財	2乙54丁1+9−傷官	32乙55戊2+9−食神	3丙56己2+8−傷官	34丁57庚2+8−正財	4丁58辛2+8−偏財	35戊59壬2+8−比肩	5戊60癸2+8−偏財
3	32乙49壬9−1+偏印	3丙50癸9−1+傷官	31甲51甲1+9−比肩	2乙52乙1+9−比肩	32乙53丙1+9−正財	3丙54丁1+9−比肩	33丙55戊2+9−劫財	4丁56己2+9−食神	35戊57庚2+9−食神	5戊58辛2+8−傷官	36己59壬2+8−劫財	6己60癸2+8−正財
4	33丙49壬9−1+正官	4丁51甲0+1−傷官	32乙51甲1+9−劫財	3丙52乙1+0−印綬	33丙53丙1+0−食神	4丁54丁1+0−劫財	34丁55戊1+9−比肩	5戊56己1+9−劫財	36己57庚1+9−傷官	6己58辛2+9−食神	37庚59壬1+9−偏印	7庚60癸1+9−食神
5	34丁49壬0−1+偏官	5戊51甲0+1−比肩	33丙51甲1+0−偏印	4丁53丙0+1−偏印	34丁53丙1+0−傷官	5戊54丁1+0−偏印	35戊55戊1+0−印綬	6己56己1+9−比肩	37庚57庚1+9−比肩	7庚58辛1+9−劫財	38辛59壬1+9−印綬	8辛60癸1+9−傷官
6	35戊50癸1−0+正財	6己51甲9+1−劫財	34丁52乙0+1−偏印	5戊53丙0+1−正官	35戊54丁0+1−比肩	6己55戊0+1−比肩	36己55戊1+0−偏印	7庚56己1+0−印綬	38辛57庚1+0−劫財	8辛58辛1+9−比肩	39壬59壬1+9−偏官	9壬60癸1+9−比肩
7	36己50癸1−9+偏財	7庚51甲9+1−偏印	35戊52乙0+1−正官	6己53丙0+1−偏官	36己54丁0+1−劫財	7庚55戊0+1−印綬	37庚55戊1+0−正官	8辛56己1+0−偏印	39壬57庚1+0−偏印	9壬58辛1+0−印綬	40癸59壬1+0−正官	10癸60癸1+0−劫財
8	37庚50癸1−9+傷官	8辛51甲9+1−印綬	36己52乙9+1−偏官	7庚53丙9+1−正財	37庚54丁0+1−偏印	8辛55戊0+1−偏印	38辛56己0+1−偏官	9壬57庚0+1−偏官	40癸58辛0+1−偏印	10癸58辛1+0−偏印	41甲60癸0+1−比肩	11甲 1甲0+1−印綬
9	38辛50癸1−9+食神	9壬51甲8+2−偏官	37庚52乙9+1−正財	8辛53丙9+1−偏財	38辛54丁9+1−印綬	9壬55戊0+1−正官	39壬56己0+1−正財	10癸57庚0+1−正官	41甲58辛0+1−正官	11甲59壬0+1−正官	42乙60癸0+1−劫財	12乙 1甲9+1−偏印
10	39壬50癸1−8+劫財	10癸51甲8+2−正官	38辛52乙9+1−偏財	9壬53丙9+2−傷官	39壬54丁9+1−偏官	10癸55戊9+1−偏官	40癸56己0+1−偏財	11甲57庚0+1−偏財	42乙58辛0+1−偏官	12乙59壬0+1−偏官	43丙60癸9+1−偏印	13丙 1甲9+1−正官
11	40癸50癸2−8+比肩	11甲51甲8+2−偏財	39壬52乙8+2−傷官	10癸53丙8+2−食神	40癸54丁9+2−正官	11甲55戊9+2−正財	41甲56己9+1−傷官	12乙57庚9+1−正財	43丙58辛9+1−正財	13丙59壬9+1−正財	44丁60癸9+1−印綬	14丁 1甲9+1−偏官
12	41甲50癸2−8+印綬	12乙51甲7+3−傷官	40癸52乙8+2−食神	11甲53丙8+2−劫財	41甲54丁8+2−偏官	12乙55戊9+2−偏財	42乙56己9+1−食神	13丙57庚9+1−食神	44丁58辛9+1−偏財	14丁59壬9+1−偏財	45戊60癸9+1−偏官	15戊 1甲8+1−正財
13	42乙50癸2−7+偏印	13丙51甲7+3−比肩	41甲52乙8+2−劫財	12乙53丙8+3−比肩	42乙54丁8+2−正官	13丙55戊8+2−傷官	43丙56己9+2−劫財	14丁57庚9+2−傷官	45戊58辛9+2−傷官	15戊59壬9+1−傷官	46己60癸8+2−正官	16己 1甲8+2−偏財
14	43丙50癸3−7+正官	14丁51甲7+3−劫財	42乙52乙7+3−比肩	13丙53丙7+3−印綬	43丙54丁8+3−偏財	14丁55戊8+3−食神	44丁56己8+2−比肩	15戊57庚8+2−比肩	46己58辛8+2−食神	16己59壬8+2−食神	47庚60癸8+2−偏財	17庚 1甲8+2−傷官
15	44丁50癸3−7+偏官	15戊51甲6+4−偏印	43丙52乙7+3−印綬	14丁53丙7+3−偏官	44丁54丁7+3−正財	15戊55戊8+3−劫財	45戊56己8+2−印綬	16己57庚8+2−劫財	47庚58辛8+2−劫財	17庚59壬8+2−劫財	48辛60癸8+2−正財	18辛 1甲7+2−食神
16	45戊50癸3−6+傷官	16己51甲6+4−印綬	44丁52乙7+3−偏印	15戊53丙7+4−正財	45戊54丁7+3−食神	16己55戊7+3−比肩	46己56己8+3−偏印	17庚57庚8+3−偏印	48辛58辛8+3−比肩	18辛59壬8+2−比肩	49壬60癸7+3−食神	19壬 1甲7+3−劫財
17	46己50癸4−6+食神	17庚51甲6+4−偏官	45戊52乙6+4−正官	16己53丙6+4−偏財	46己54丁7+4−傷官	17庚55戊7+4−印綬	47庚56己7+3−正官	18辛57庚7+3−印綬	49壬58辛7+3−印綬	19壬59壬7+3−印綬	50癸60癸7+3−傷官	20癸 1甲7+3−比肩
18	47庚50癸4−6+劫財	18辛51甲5+5−正官	46己52乙6+4−偏官	17庚53丙6+4−偏印	47庚54丁6+4−比肩	18辛55戊7+4−偏印	48辛56己7+3−偏財	19壬57庚7+3−偏官	50癸58辛7+3−偏印	20癸59壬7+3−偏印	51甲60癸7+3−比肩	21甲 1甲6+3−印綬
19	48辛50癸4−5+偏印	19壬51甲5+5−食神	47庚52乙6+4−正財	18辛53丙6+5−印綬	48辛54丁6+4−劫財	19壬55戊6+4−正官	49壬56己7+4−傷官	20癸57庚7+4−劫財	51甲58辛7+4−正官	21甲59壬7+3−傷官	52乙60癸6+4−劫財	22乙 1甲6+4−偏印
20	49壬50癸5−5+正官	20癸51甲5+5−傷官	48辛52乙5+5−偏財	19壬53丙5+5−偏官	49壬54丁6+5−偏印	20癸55戊6+5−偏官	50癸56己6+4−食神	21甲57庚6+4−偏印	52乙58辛6+4−偏官	22乙59壬6+4−食神	53丙60癸6+4−偏印	23丙 1甲6+4−正官
21	50癸50癸5−5+偏官	21甲51甲4+6−比肩	49壬52乙5+5−傷官	20癸53丙5+5−正官	50癸54丁5+5−正財	21甲55戊6+5−正財	51甲56己6+4−正財	22乙57庚6+4−印綬	53丙58辛6+4−正財	23丙59壬6+4−劫財	54丁60癸6+4−正官	24丁 1甲5+4−偏官
22	51甲50癸5−4+正財	22乙51甲4+6−劫財	50癸52乙5+5−食神	21甲53丙5+6−偏財	51甲54丁5+5−食神	22乙55戊5+5−偏財	52乙56己6+5−偏財	23丙57庚6+5−偏財	54丁58辛6+5−偏財	24丁59壬6+4−傷官	55戊60癸5+5−偏財	25戊 1甲5+5−正財
23	52乙50癸6−4+偏財	23丙51甲4+6−偏印	51甲52乙4+6−劫財	22乙53丙4+6−正財	52乙54丁5+6−傷官	23丙55戊5+6−傷官	53丙56己5+5−傷官	24丁57庚5+5−正財	55戊58辛5+5−傷官	25戊59壬5+5−比肩	56己60癸5+5−正財	26己 1甲5+5−偏財
24	53丙50癸6−4+傷官	24丁51甲3+7−印綬	52乙52乙4+6−比肩	23丙53丙4+6−食神	53丙54丁4+6−比肩	24丁55戊5+6−食神	54丁56己5+5−食神	25戊57庚5+5−食神	56己58辛5+5−食神	26己59壬5+5−劫財	57庚60癸5+5−食神	27庚 1甲4+5−傷官
25	54丁50癸6−3+食神	25戊51甲3+7−偏官	53丙52乙4+6−印綬	24丁53丙4+7−傷官	54丁54丁4+6−劫財	25戊55戊4+6−劫財	55戊56己5+6−劫財	26己57庚5+6−傷官	57庚58辛5+6−劫財	27庚59壬5+5−偏印	58辛60癸4+6−傷官	28辛 1甲4+6−食神
26	55戊50癸7−3+劫財	26己51甲3+7−正官	54丁52乙3+7−偏印	25戊53丙3+7−比肩	55戊54丁4+7−偏印	26己55戊4+7−偏印	56己56己4+6−比肩	27庚57庚4+6−比肩	58辛58辛4+6−比肩	28辛59壬4+6−印綬	59壬60癸4+6−比肩	29壬 1甲4+6−劫財
27	56己50癸7−3+比肩	27庚51甲2+8−偏財	55戊52乙3+7−正官	26己53丙3+7−劫財	56己54丁3+7−印綬	27庚55戊4+7−正官	57庚56己4+6−印綬	28辛57庚4+6−劫財	59壬58辛4+6−印綬	29壬59壬4+6−偏官	60癸60癸4+6−劫財	30癸 1甲3+6−比肩
28	57庚50癸7−2+印綬	28辛51甲2+8−正財	56己52乙3+7−偏官	27庚53丙3+8−偏印	57庚54丁3+7−偏官	28辛55戊3+7−偏官	58辛56己4+7−偏印	29壬57庚4+7−偏印	60癸58辛4+7−偏印	30癸59壬4+6−正官	1甲60癸3+7−偏印	31甲 1甲3+7−印綬
29	58辛50癸8−2+偏印		57庚52乙2+8−正財	28辛53丙2+8−印綬	58辛54丁3+8−正官	29壬55戊3+8−正財	59壬56己3+7−正官	30癸57庚3+7−印綬	1甲58辛3+7−正官	31甲59壬3+7−偏財	2乙60癸3+7−印綬	32乙 1甲3+7−偏印
30	59壬50癸8−2+正官		58辛52乙2+8−偏財	29壬53丙2+8−偏官	59壬54丁2+8−偏財	30癸55戊3+8−偏財	60癸56己3+7−偏官	31甲57庚3+7−偏官	2乙58辛3+7−偏官	32乙59壬3+7−正財	3丙60癸3+7−偏官	33丙 1甲2+7−正官
31	60癸50癸8−1+偏官		59壬52乙2+8−傷官		60癸54丁2+8−正財		1甲56己3+8−正財	32乙57庚3+8−正官		33丙59壬3+7−食神		34丁 1甲2+8−偏官

1939年（昭和14年）生まれ　年干：16己（2/5～翌年2/4まで）

各欄：日干 月干 立年（男 女） 中心星

日	1月	2月	3月	4月	5月	6月
1	35戊 1甲2+8−正財	6己 2乙1+9−比肩	34丁 3丙8−2+印綬	5戊 4丁9−2+正官	35戊 5戊8−2+比肩	6己 6己9−2+印綬
2	36己 1甲1+8−偏財	7庚 2乙1+9−印綬	35戊 3丙8−1+偏官	6己 4丁9−1+偏官	36己 5戊9−1+劫財	7庚 6己9−1+偏官
3	37庚 1甲1+9−傷官	8辛 2乙1+9−偏印	36己 3丙9−1+正官	7庚 4丁9−1+正財	37庚 5戊9−1+偏印	8辛 6己9−1+正官
4	38辛 1甲1+9−食神	9壬 2乙1+0−正官	37庚 3丙9−1+偏財	8辛 4丁0−1+偏財	38辛 5戊9−1+印綬	9壬 6己0−1+偏財
5	39壬 1甲1+9−劫財	10癸 3丙1−0+正官	38辛 3丙9−1+正財	9壬 4丁0−1+傷官	39壬 5戊0−1+偏官	10癸 6己0−1+正財
6	40癸 2乙0+1−比肩	11甲 3丙1−9+偏財	39壬 4丁1−0+傷官	10癸 5戊1−0+食神	40癸 6己1−0+正官	11甲 7庚1−0+正財
7	41甲 2乙0+1−印綬	12乙 3丙1−9+正財	40癸 4丁1−0+食神	11甲 5戊1−0+劫財	41甲 6己1−0+偏財	12乙 7庚1−0+偏財
8	42乙 2乙9+1−偏印	13丙 3丙1−9+食神	41甲 4丁1−0+劫財	12乙 5戊1−9+比肩	42乙 6己1−0+正財	13丙 7庚1−0+傷官
9	43丙 2乙9+1−正官	14丁 3丙1−8+傷官	42乙 4丁1−9+比肩	13丙 5戊1−9+印綬	43丙 6己1−9+食神	14丁 7庚1−0+食神
10	44丁 2乙9+1−偏官	15戊 3丙2−8+比肩	43丙 4丁1−9+印綬	14丁 5戊1−9+偏印	44丁 6己1−9+傷官	15戊 7庚1−9+劫財
11	45戊 2乙8+2−正財	16己 3丙2−8+劫財	44丁 4丁2−9+偏印	15戊 5戊2−8+正官	45戊 6己2−9+比肩	16己 7庚2−9+比肩
12	46己 2乙8+2−偏財	17庚 3丙2−7+偏印	45戊 4丁2−8+正官	16己 5戊2−8+偏官	46己 6己2−8+傷官	17庚 7庚2−9+印綬
13	47庚 2乙8+2−傷官	18辛 3丙3−7+正官	46己 4丁2−8+偏官	17庚 5戊2−8+正財	47庚 6己2−8+比肩	18辛 7庚2−8+偏印
14	48辛 2乙7+3−食神	19壬 3丙3−7+偏財	47庚 4丁3−8+正財	18辛 5戊3−7+偏財	48辛 6己3−8+劫財	19壬 7庚3−8+正官
15	49壬 2乙7+3−劫財	20癸 3丙3−6+正財	48辛 4丁3−7+偏財	19壬 5戊3−7+傷官	49壬 6己3−7+偏印	20癸 7庚3−8+偏官
16	50癸 2乙7+3−偏印	21甲 3丙4−6+食神	49壬 4丁3−7+傷官	20癸 5戊3−7+比肩	50癸 6己3−7+印綬	21甲 7庚3−7+正財
17	51甲 2乙6+4−正官	22乙 3丙4−6+傷官	50癸 4丁4−7+食神	21甲 5戊4−6+印綬	51甲 6己4−7+偏官	22乙 7庚4−7+偏財
18	52乙 2乙6+4−偏官	23丙 3丙4−5+比肩	51甲 4丁4−6+劫財	22乙 5戊4−6+偏印	52乙 6己4−6+正官	23丙 7庚4−7+傷官
19	53丙 2乙6+4−傷官	24丁 3丙5−5+劫財	52乙 4丁4−6+比肩	23丙 5戊4−6+食神	53丙 6己4−6+偏財	24丁 7庚4−6+食神
20	54丁 2乙5+5−食神	25戊 3丙5−5+偏官	53丙 4丁5−6+印綬	24丁 5戊5−5+傷官	54丁 6己5−6+正財	25戊 7庚5−6+劫財
21	55戊 2乙5+5−劫財	26己 3丙5−4+正官	54丁 4丁5−5+偏印	25戊 5戊5−5+比肩	55戊 6己5−5+偏印	26己 7庚5−6+比肩
22	56己 2乙5+5−比肩	27庚 3丙6−4+偏財	55戊 4丁5−5+正官	26己 5戊5−5+劫財	56己 6己5−5+印綬	27庚 7庚5−5+印綬
23	57庚 2乙4+6−印綬	28辛 3丙6−4+正財	56己 4丁6−5+偏官	27庚 5戊6−4+偏印	57庚 6己6−5+偏官	28辛 7庚6−5+偏印
24	58辛 2乙4+6−偏印	29壬 3丙6−3+食神	57庚 4丁6−4+正財	28辛 5戊6−4+印綬	58辛 6己6−4+正官	29壬 7庚6−5+正官
25	59壬 2乙4+6−正官	30癸 3丙7−3+傷官	58辛 4丁6−4+偏財	29壬 5戊6−4+偏官	59壬 6己6−4+偏財	30癸 7庚6−4+偏官
26	60癸 2乙3+7−偏官	31甲 3丙7−3+比肩	59壬 4丁7−4+傷官	30癸 5戊7−3+正官	60癸 6己7−4+正財	31甲 7庚7−4+傷官
27	1甲 2乙3+7−正財	32乙 3丙7−2+劫財	60癸 4丁7−3+食神	31甲 5戊7−3+偏財	1甲 6己7−3+食神	32乙 7庚7−4+食神
28	2乙 2乙3+7−偏財	33丙 3丙8−2+偏印	1甲 4丁7−3+劫財	32乙 5戊7−3+正財	2乙 6己7−3+傷官	33丙 7庚7−3+劫財
29	3丙 2乙2+8−傷官		2乙 4丁8−3+比肩	33丙 5戊8−2+食神	3丙 6己8−3+比肩	34丁 7庚8−3+比肩
30	4丁 2乙2+8−食神		3丙 4丁8−2+印綬	34丁 5戊8−2+傷官	4丁 6己8−2+劫財	35戊 7庚8−3+印綬
31	5戊 2乙2+8−劫財		4丁 4丁8−2+偏印		5戊 6己8−2+偏印	

日	7月	8月	9月	10月	11月	12月
1	36己 7庚8−2+偏印	7庚 8辛8−2+印綬	38辛 9壬8−2+劫財	8辛 10癸8−3+比肩	39壬 11甲8−2+偏官	9壬 12乙8−2+比肩
2	37庚 7庚9−2+正官	8辛 8辛8−2+偏印	39壬 9壬8−2+偏印	9壬 10癸8−2+印綬	40癸 11甲8−2+正官	10癸 12乙8−2+劫財
3	38辛 7庚9−2+偏官	9壬 8辛9−2+正官	40癸 9壬9−2+印綬	10癸 10癸8−2+偏印	41甲 11甲8−2+偏財	11甲 12乙8−2+偏印
4	39壬 7庚9−1+正財	10癸 8辛9−1+偏官	41甲 9壬9−1+偏官	11甲 10癸9−2+正官	42乙 11甲9−1+正財	12乙 12乙9−1+印綬
5	40癸 7庚0−1+偏財	11甲 8辛9−1+正財	42乙 9壬9−1+正官	12乙 10癸9−1+偏官	43丙 11甲9−1+食神	13丙 12乙9−1+偏官
6	41甲 7庚0−1+傷官	12乙 8辛0−1+偏財	43丙 9壬0−1+偏財	13丙 10癸9−1+正財	44丁 11甲9−1+傷官	14丁 12乙9−1+正官
7	42乙 7庚0−1+食神	13丙 8辛0−1+傷官	44丁 9壬0−1+正財	14丁 10癸0−1+偏財	45戊 11甲0−1+比肩	15戊 12乙0−1+偏財
8	43丙 8辛1−0+劫財	14丁 9壬1−0+傷官	45戊 10癸1−0+傷官	15戊 10癸0−1+傷官	46己 12乙1−0+正官	16己 13丙1−0+偏財
9	44丁 8辛1−0+比肩	15戊 9壬1−0+比肩	46己 10癸1−0+食神	16己 11甲1−0+食神	47庚 12乙1−0+偏財	17庚 13丙1−9+傷官
10	45戊 8辛1−0+印綬	16己 9壬1−0+劫財	47庚 10癸1−0+劫財	17庚 11甲1−0+劫財	48辛 12乙1−9+正財	18辛 13丙1−9+食神
11	46己 8辛1−9+偏印	17庚 9壬1−9+偏印	48辛 10癸1−9+比肩	18辛 11甲1−9+比肩	49壬 12乙1−9+食神	19壬 13丙1−9+劫財
12	47庚 8辛1−9+正官	18辛 9壬1−9+印綬	49壬 10癸1−9+印綬	19壬 11甲1−9+印綬	50癸 12乙1−9+傷官	20癸 13丙1−8+比肩
13	48辛 8辛2−9+偏官	19壬 9壬2−9+偏官	50癸 10癸2−9+偏印	20癸 11甲1−9+偏印	51甲 12乙2−8+比肩	21甲 13丙2−8+印綬
14	49壬 8辛2−8+正財	20癸 9壬2−8+正官	51甲 10癸2−8+正官	21甲 11甲2−8+正官	52乙 12乙2−8+劫財	22乙 13丙2−8+偏印
15	50癸 8辛2−8+偏財	21甲 9壬2−8+偏財	52乙 10癸2−8+偏官	22乙 11甲2−8+偏官	53丙 12乙2−8+偏印	23丙 13丙2−7+正官
16	51甲 8辛3−8+傷官	22乙 9壬3−8+正財	53丙 10癸3−8+正財	23丙 11甲2−8+正財	54丁 12乙3−7+印綬	24丁 13丙3−7+偏官
17	52乙 8辛3−7+食神	23丙 9壬3−7+食神	54丁 10癸3−7+偏財	24丁 11甲3−7+偏財	55戊 12乙3−7+偏官	25戊 13丙3−7+正財
18	53丙 8辛3−7+印綬	24丁 9壬3−7+傷官	55戊 10癸3−7+傷官	25戊 11甲3−7+傷官	56己 12乙3−7+正官	26己 13丙3−6+偏財
19	54丁 8辛4−7+偏印	25戊 9壬4−7+偏財	56己 10癸4−7+食神	26己 11甲3−7+偏印	57庚 12乙4−6+偏財	27庚 13丙4−6+傷官
20	55戊 8辛4−6+正官	26己 9壬4−6+正財	57庚 10癸4−6+劫財	27庚 11甲4−6+正官	58辛 12乙4−6+正財	28辛 13丙4−6+食神
21	56己 8辛4−6+比肩	27庚 9壬4−6+食神	58辛 10癸4−6+比肩	28辛 11甲4−6+偏官	59壬 12乙4−6+比肩	29壬 13丙4−5+劫財
22	57庚 8辛5−6+印綬	28辛 9壬5−6+劫財	59壬 10癸5−6+印綬	29壬 11甲4−6+偏官	60癸 12乙5−5+劫財	30癸 13丙5−5+比肩
23	58辛 8辛5−5+偏印	29壬 9壬5−5+偏印	60癸 10癸5−5+偏印	30癸 11甲5−5+正官	1甲 12乙5−5+偏印	31甲 13丙5−5+印綬
24	59壬 8辛5−5+正官	30癸 9壬5−5+印綬	1甲 10癸5−5+正官	31甲 11甲5−5+偏財	2乙 12乙5−5+印綬	32乙 13丙5−4+偏印
25	60癸 8辛6−5+偏官	31甲 9壬6−5+偏官	2乙 10癸6−5+偏官	32乙 11甲5−5+正財	3丙 12乙6−4+偏官	33丙 13丙6−4+正官
26	1甲 8辛6−4+正財	32乙 9壬6−4+正官	3丙 10癸6−4+正財	33丙 11甲6−4+食神	4丁 12乙6−4+正官	34丁 13丙6−4+偏官
27	2乙 8辛6−4+偏財	33丙 9壬6−4+偏財	4丁 10癸6−4+偏財	34丁 11甲6−4+傷官	5戊 12乙6−4+偏財	35戊 13丙6−3+正財
28	3丙 8辛7−4+傷官	34丁 9壬7−4+正財	5戊 10癸7−4+傷官	35戊 11甲6−4+比肩	6己 12乙7−3+正財	36己 13丙7−3+偏財
29	4丁 8辛7−3+食神	35戊 9壬7−3+食神	6己 10癸7−3+食神	36己 11甲7−3+劫財	7庚 12乙7−3+食神	37庚 13丙7−3+傷官
30	5戊 8辛7−3+劫財	36己 9壬7−3+傷官	7庚 10癸7−3+劫財	37庚 11甲7−3+偏印	8辛 12乙7−3+傷官	38辛 13丙7−2+食神
31	6己 8辛8−3+比肩	37庚 9壬8−3+比肩		38辛 11甲7−3+印綬		39壬 13丙8−2+劫財

1940年（昭和15年）生まれ　年干：17庚（2/5〜翌年2/3まで）

日	1月	2月	3月	4月	5月	6月	7月	8月	9月	10月	11月	12月
日	日干 月干 立年 男 女 中心星	日干 月干 立年 男 女 中心星	日干 月干 立年 男 女 中心星	日干 月干 立年 男 女 中心星	日干 月干 立年 男 女 中心星	日干 月干 立年 男 女 中心星	日干 月干 立年 男 女 中心星	日干 月干 立年 男 女 中心星	日干 月干 立年 男 女 中心星	日干 月干 立年 男 女 中心星	日干 月干 立年 男 女 中心星	日干 月干 立年 男 女 中心星
1	40癸13丙8−2+比肩	11甲14丁9−1+正財	40癸15戊2+8−傷官	11甲16己1+9−劫財	41甲17庚2+9−偏財	12乙18辛2+9−傷官	42乙19壬2+8−食神	13丙20癸2+8−傷官	44丁21甲2+8−正財	14丁22乙2+8−偏財	45戊23丙2+8−比肩	15戊24丁2+8−偏財
2	41甲13丙8−1+印綬	12乙14丁9−1+偏財	41甲15戊1+9−比肩	12乙16己1+9−比肩	42乙17庚1+9−正財	13丙18辛1+9−比肩	43丙19壬2+9−劫財	14丁20癸2+9−食神	45戊21甲2+8−食神	15戊22乙2+8−傷官	46己23丙2+8−劫財	16己24丁2+8−正財
3	42乙13丙9−1+偏印	13丙14丁9−1+傷官	42乙15戊1+9−劫財	13丙16己1+9−印綬	43丙17庚1+9−食神	14丁18辛1+9−劫財	44丁19壬1+9−比肩	15戊20癸2+9−劫財	46己21甲2+9−傷官	16己22乙2+8−食神	47庚23丙1+9−偏印	17庚24丁1+9−食神
4	43丙13丙9−1+正官	14丁14丁0−1+食神	43丙15戊1+9−偏印	14丁16己1+0−偏印	44丁17庚1+0−傷官	15戊18辛1+0−偏印	45戊19壬1+9−印綬	16己20癸1+9−比肩	47庚21甲1+9−比肩	17庚22乙1+9−劫財	48辛23丙1+9−印綬	18辛24丁1+9−傷官
5	44丁13丙9−1+偏官	15戊15戊0+1−比肩	44丁15戊1+0−印綬	15戊17庚0+1−正官	45戊17庚1+0−比肩	16己18辛1+0−印綬	46己19壬1+0−偏印	17庚20癸1+0−印綬	48辛21甲1+9−劫財	18辛22乙1+9−比肩	49壬23丙1+9−偏官	19壬24丁1+9−比肩
6	45戊14丁1−0+正財	16己15戊0+1−劫財	45戊16己0+1−正官	16己17庚0+1−偏官	46己18辛0+1−劫財	17庚19壬0+1−印綬	47庚19壬1+0−正官	18辛20癸1+0−偏印	49壬21甲1+0−偏印	19壬22乙1+9−印綬	50癸23丙1+0−正官	20癸24丁1+0−劫財
7	46己14丁1−0+偏財	17庚15戊9+1−偏印	46己16己0+1−偏官	17庚17庚0+1−正財	47庚18辛0+1−偏印	18辛19壬0+1−偏印	48辛20癸0+1−偏官	19壬20癸1+0−正官	50癸21甲1+0−印綬	20癸22乙1+0−偏印	51甲24丁0+1−比肩	21甲25戊0+1−印綬
8	47庚14丁1−9+傷官	18辛15戊9+1−印綬	47庚16己9+1−正財	18辛17庚9+1−偏財	48辛18辛0+1−印綬	19壬19壬0+1−正官	49壬20癸0+1−正財	20癸21甲0+1−正官	51甲22乙0+1−正官	21甲23丙0+1−正官	52乙24丁0+1−劫財	22乙25戊0+1−偏印
9	48辛14丁1−9+食神	19壬15戊9+1−偏官	48辛16己9+1−偏財	19壬17庚9+1−傷官	49壬18辛9+1−偏官	20癸19壬9+1−偏官	50癸20癸0+1−偏財	21甲21甲0+1−偏財	52乙22乙0+1−偏官	22乙23丙0+1−偏官	53丙24丁9+1−偏印	23丙25戊9+1−正官
10	49壬14丁1−9+劫財	20癸15戊8+2−正官	49壬16己9+1−傷官	20癸17庚9+2−食神	50癸18辛9+1−正官	21甲19壬9+1−正財	51甲20癸0+1−傷官	22乙21甲0+1−偏財	53丙22乙9+1−正財	23丙23丙9+1−正財	54丁24丁9+1−印綬	24丁25戊9+1−偏官
11	50癸14丁2−8+比肩	21甲15戊8+2−偏財	50癸16己8+2−食神	21甲17庚8+2−劫財	51甲18辛9+2−偏財	22乙19壬9+2−偏財	52乙20癸9+1−食神	23丙21甲9+1−食神	54丁22乙9+1−偏財	24丁23丙9+1−偏財	55戊24丁9+1−偏官	25戊25戊9+1−正財
12	51甲14丁2−8+印綬	22乙15戊8+2−正財	51甲16己8+2−劫財	22乙17庚8+2−比肩	52乙18辛8+2−正官	23丙19壬8+2−傷官	53丙20癸9+2−劫財	24丁21甲9+1−偏官	55戊22乙9+1−傷官	25戊23丙9+1−傷官	56己24丁8+2−正官	26己25戊8+2−偏財
13	52乙14丁2−8+偏印	23丙15戊7+3−比肩	52乙16己8+2−比肩	23丙17庚8+3−印綬	53丙18辛8+2−偏財	24丁19壬8+2−食神	54丁20癸9+2−比肩	25戊21甲9+2−比肩	56己22乙8+2−食神	26己23丙8+2−食神	57庚24丁8+2−偏財	27庚25戊8+2−傷官
14	53丙14丁3−7+正官	24丁15戊7+3−劫財	53丙16己7+3−印綬	24丁17庚7+3−偏印	54丁18辛8+3−正財	25戊19壬8+3−劫財	55戊20癸8+2−印綬	26己21甲8+2−劫財	57庚22乙8+2−劫財	27庚23丙8+2−劫財	58辛24丁8+2−正財	28辛25戊8+2−食神
15	54丁14丁3−7+偏官	25戊15戊7+3−偏印	54丁16己7+3−偏印	25戊17庚7+3−正財	55戊18辛7+3−食神	26己19壬7+3−比肩	56己20癸8+3−偏印	27庚21甲8+2−偏印	58辛22乙8+2−比肩	28辛23丙8+2−比肩	59壬24丁7+3−食神	29壬25戊7+3−劫財
16	55戊14丁3−7+傷官	26己15戊6+4−印綬	55戊16己7+3−正官	26己17庚7+4−偏財	56己18辛7+3−傷官	27庚19壬7+3−印綬	57庚20癸8+3−正官	28辛21甲8+3−印綬	59壬22乙7+3−印綬	29壬23丙7+3−印綬	60癸24丁7+3−傷官	30癸25戊7+3−比肩
17	56己14丁4−6+食神	27庚15戊6+4−偏官	56己16己6+4−偏官	27庚17庚6+4−傷官	57庚18辛7+4−比肩	28辛19壬7+4−偏印	58辛20癸7+3−偏財	29壬21甲7+3−偏官	60癸22乙7+3−偏印	30癸23丙7+3−偏印	1甲24丁7+3−比肩	31甲25戊7+3−印綬
18	57庚14丁4−6+劫財	28辛15戊6+4−正官	57庚16己6+4−正財	28辛17庚6+4−印綬	58辛18辛6+4−劫財	29壬19壬6+4−正官	59壬20癸7+4−傷官	30癸21甲7+3−正官	1甲22乙7+3−正官	31甲23丙7+3−傷官	2乙24丁6+4−劫財	32乙25戊6+4−偏印
19	58辛14丁4−6+偏印	29壬15戊5+5−偏財	58辛16己6+4−偏財	29壬17庚6+5−偏官	59壬18辛6+4−偏印	30癸19壬6+4−偏官	60癸20癸7+4−食神	31甲21甲7+4−偏印	2乙22乙6+4−偏官	32乙23丙6+4−食神	3丙24丁6+4−偏印	33丙25戊6+4−正官
20	59壬14丁5−5+正官	30癸15戊5+5−傷官	59壬16己5+5−傷官	30癸17庚5+5−正官	60癸18辛6+5−印綬	31甲19壬6+5−正財	1甲20癸6+4−正財	32乙21甲6+4−印綬	3丙22乙6+4−正財	33丙23丙6+4−劫財	4丁24丁6+4−正官	34丁25戊6+4−偏官
21	60癸14丁5−5+偏官	31甲15戊5+5−比肩	60癸16己5+5−食神	31甲17庚5+5−偏財	1甲18辛5+5−食神	32乙19壬5+5−偏財	2乙20癸6+5−偏財	33丙21甲6+4−正官	4丁22乙6+4−偏財	34丁23丙6+4−傷官	5戊24丁5+5−偏財	35戊25戊5+5−正財
22	1甲14丁5−5+正財	32乙15戊4+6−劫財	1甲16己5+5−劫財	32乙17庚5+6−正財	2乙18辛5+5−傷官	33丙19壬5+5−傷官	3丙20癸6+5−傷官	34丁21甲6+5−正財	5戊22乙5+5−傷官	35戊23丙5+5−比肩	6己24丁5+5−正財	36己25戊5+5−偏財
23	2乙14丁6−4+偏財	33丙15戊4+6−偏印	2乙16己4+6−比肩	33丙17庚4+6−食神	3丙18辛5+6−比肩	34丁19壬5+6−食神	4丁20癸5+5−食神	35戊21甲5+5−食神	6己22乙5+5−食神	36己23丙5+5−劫財	7庚24丁5+5−食神	37庚25戊5+5−傷官
24	3丙14丁6−4+傷官	34丁15戊4+6−印綬	3丙16己4+6−印綬	34丁17庚4+6−傷官	4丁18辛4+6−劫財	35戊19壬4+6−劫財	5戊20癸5+6−劫財	36己21甲5+5−傷官	7庚22乙5+5−劫財	37庚23丙5+5−偏印	8辛24丁4+6−傷官	38辛25戊4+6−食神
25	4丁14丁6−4+食神	35戊15戊3+7−偏官	4丁16己4+6−偏印	35戊17庚4+7−比肩	5戊18辛4+6−偏印	36己19壬4+6−比肩	6己20癸5+6−比肩	37庚21甲5+6−比肩	8辛22乙4+6−比肩	38辛23丙4+6−印綬	9壬24丁4+6−比肩	39壬25戊4+6−劫財
26	5戊14丁7−3+劫財	36己15戊3+7−正官	5戊16己3+7−正官	36己17庚3+7−劫財	6己18辛4+7−印綬	37庚19壬4+7−正官	7庚20癸4+6−印綬	38辛21甲4+6−劫財	9壬22乙4+6−印綬	39壬23丙4+6−偏官	10癸24丁4+6−劫財	40癸25戊4+6−比肩
27	6己14丁7−3+比肩	37庚15戊3+7−偏財	6己16己3+7−偏官	37庚17庚3+7−偏印	7庚18辛3+7−偏官	38辛19壬3+7−偏官	8辛20癸4+7−偏印	39壬21甲4+6−偏印	10癸22乙4+6−偏印	40癸23丙4+6−正官	11甲24丁3+7−偏印	41甲25戊3+7−印綬
28	7庚14丁7−3+印綬	38辛15戊2+8−正財	7庚16己3+7−正財	38辛17庚3+8−印綬	8辛18辛3+7−正官	39壬19壬3+7−正財	9壬20癸4+7−正官	40癸21甲4+7−印綬	11甲22乙3+7−正官	41甲23丙3+7−偏財	12乙24丁3+7−印綬	42乙25戊3+7−偏印
29	8辛14丁8−2+偏印	39壬15戊2+8−食神	8辛16己2+8−偏財	39壬17庚2+8−偏官	9壬18辛3+8−偏財	40癸19壬3+8−偏財	10癸20癸3+7−偏官	41甲21甲3+7−偏官	12乙22乙3+7−偏官	42乙23丙3+7−正財	13丙24丁3+7−偏官	43丙25戊3+7−正官
30	9壬14丁8−2+正官		9壬16己2+8−傷官	40癸17庚2+8−正官	10癸18辛2+8−正財	41甲19壬2+8−傷官	11甲20癸3+8−正財	42乙21甲3+7−正官	13丙22乙3+7−正財	43丙23丙3+7−食神	14丁24丁2+8−正官	44丁25戊2+8−偏官
31	10癸14丁8−2+偏官		10癸16己2+8−食神		11甲18辛2+8−食神		12乙20癸3+8−偏財	43丙21甲3+8−偏財		44丁23丙2+8−傷官		45戊25戊2+8−正財

1941年(昭和16年)生まれ　年干：18辛(2/4〜翌年2/3まで)

日	1月 日干 月干 立年男女 中心星	2月 日干 月干 立年男女 中心星	3月 日干 月干 立年男女 中心星	4月 日干 月干 立年男女 中心星	5月 日干 月干 立年男女 中心星	6月 日干 月干 立年男女 中心星	7月 日干 月干 立年男女 中心星	8月 日干 月干 立年男女 中心星	9月 日干 月干 立年男女 中心星	10月 日干 月干 立年男女 中心星	11月 日干 月干 立年男女 中心星	12月 日干 月干 立年男女 中心星
1	46己25戊2+8−偏財	17庚26己1+9−印綬	45戊27庚8−2+偏官	16己28辛9−1+偏官	46己29壬9−2+劫財	17庚30癸9−2+偏官	47庚31甲8−2+正官	18辛32乙8−2+偏印	49壬33丙8−2+偏印	19壬34丁8−3+印綬	50癸35戊8−2+正官	20癸36己8−2+劫財
2	47庚25戊1+9−傷官	18辛26己1+9−偏印	46己27庚9−1+正官	17庚28辛9−1+正財	47庚29壬9−1+偏印	18辛30癸9−1+正官	48辛31甲9−2+偏官	19壬32乙9−2+正官	50癸33丙8−2+印綬	20癸34丁8−2+偏印	51甲35戊8−2+偏財	21甲36己8−2+偏印
3	48辛25戊1+9−食神	19壬26己1+9−正官	47庚27庚9−1+偏財	18辛28辛9−1+偏財	48辛29壬9−1+印綬	19壬30癸9−1+偏財	49壬31甲9−1+正財	20癸32乙9−2+偏官	51甲33丙9−2+偏官	21甲34丁8−2+正官	52乙35戊8−2+正財	22乙36己8−1+印綬
4	49壬25戊1+9−劫財	20癸27庚1−0+正官	48辛27庚9−1+正財	19壬28辛0−1+傷官	49壬29壬0−1+偏官	20癸30癸0−1+正財	50癸31甲9−1+偏財	21甲32乙9−1+正財	52乙33丙9−1+正官	22乙34丁9−2+偏官	53丙35戊9−1+食神	23丙36己9−1+偏官
5	50癸25戊1+0−比肩	21甲27庚1−0+偏財	49壬27庚0−1+食神	20癸29壬1−0+食神	50癸29壬0−1+正官	21甲30癸0−1+食神	51甲31甲0−1+傷官	22乙32乙0−1+偏財	53丙33丙9−1+偏財	23丙34丁9−1+正財	54丁35戊9−1+傷官	24丁36己9−1+正官
6	51甲26己0+1−印綬	22乙27庚1−9+正財	50癸28辛1−0+食神	21甲29壬1−0+劫財	51甲30癸1−0+偏財	22乙30癸1−0+偏財	52乙31甲0−1+食神	23丙32乙0−1+傷官	54丁33丙0−1+正財	24丁34丁9−1+偏財	55戊35戊9−1+比肩	25戊36己9−1+偏財
7	52乙26己9+1−偏印	23丙27庚1−9+食神	51甲28辛1−0+劫財	22乙29壬1−0+比肩	52乙30癸1−0+正財	23丙31甲1−0+傷官	53丙32乙1−0+劫財	24丁32乙0−1+食神	55戊33丙0−1+食神	25戊34丁0−1+傷官	56己35戊0−1+劫財	26己37庚1−0+偏財
8	53丙26己9+1−正官	24丁27庚1−9+傷官	52乙28辛1−9+比肩	23丙29壬1−9+印綬	53丙30癸1−0+食神	24丁31甲1−0+食神	54丁32乙1−0+比肩	25戊33丙1−0+比肩	56己34丁1−0+食神	26己34丁0−1+食神	57庚36己1−0+偏財	27庚37庚1−0+傷官
9	54丁26己9+1−偏官	25戊27庚2−8+比肩	53丙28辛1−9+印綬	24丁29壬1−9+偏印	54丁30癸1−9+傷官	25戊31甲1−9+劫財	55戊32乙1−0+印綬	26己33丙1−0+劫財	57庚34丁1−0+劫財	27庚35戊1−0+劫財	58辛36己1−9+正財	28辛37庚1−9+食神
10	55戊26己8+1−正財	26己27庚2−8+劫財	54丁28辛1−9+偏印	25戊29壬2−9+正官	55戊30癸1−9+比肩	26己31甲1−9+比肩	56己32乙1−0+偏印	27庚33丙1−0+偏印	58辛34丁1−0+比肩	28辛35戊1−0+比肩	59壬36己1−9+食神	29壬37庚1−9+劫財
11	56己26己8+2−偏財	27庚27庚2−8+偏印	55戊28辛2−8+正官	26己29壬2−8+偏官	56己30癸2−9+劫財	27庚31甲2−9+印綬	57庚32乙1−9+正官	28辛33丙1−9+印綬	59壬34丁1−9+印綬	29壬35戊1−9+印綬	60癸36己1−9+傷官	30癸37庚1−9+比肩
12	57庚26己8+2−傷官	28辛27庚3−7+正官	56己28辛2−8+偏官	27庚29壬2−8+正財	57庚30癸2−8+比肩	28辛31甲2−8+偏印	58辛32乙2−9+偏官	29壬33丙1−9+偏官	60癸34丁1−9+偏印	30癸35戊1−9+偏印	1甲36己1−8+比肩	31甲37庚2−8+印綬
13	58辛26己7+2−食神	29壬27庚3−7+偏財	57庚28辛2−8+正財	28辛29壬3−8+偏財	58辛30癸2−8+劫財	29壬31甲2−8+正官	59壬32乙2−9+正財	30癸33丙2−9+正官	1甲34丁2−9+正官	31甲35戊1−9+正官	2乙36己2−8+劫財	32乙37庚2−8+偏印
14	59壬26己7+3−劫財	30癸27庚3−7+正財	58辛28辛3−7+偏財	29壬29壬3−7+傷官	59壬30癸3−8+偏印	30癸31甲3−8+偏官	60癸32乙2−8+偏財	31甲33丙2−8+偏財	2乙34丁2−8+偏官	32乙35戊2−8+偏官	3丙36己2−8+偏印	33丙37庚2−8+正官
15	60癸26己7+3−比肩	31甲27庚4−6+食神	59壬28辛3−7+傷官	30癸29壬3−7+比肩	60癸30癸3−7+印綬	31甲31甲3−7+正財	1甲32乙3−8+傷官	32乙33丙2−8+正財	3丙34丁2−8+正財	33丙35戊2−8+正財	4丁36己2−7+印綬	34丁37庚3−7+偏官
16	1甲26己6+3−正官	32乙27庚4−6+傷官	60癸28辛3−7+食神	31甲29壬4−7+印綬	1甲30癸3−7+偏官	32乙31甲3−7+偏財	2乙32乙3−8+食神	33丙33丙3−8+食神	4丁34丁3−8+偏財	34丁35戊2−8+偏財	5戊36己3−7+偏官	35戊37庚3−7+正財
17	2乙26己6+4−偏官	33丙27庚4−6+比肩	1甲28辛4−6+劫財	32乙29壬4−6+偏印	2乙30癸4−7+正官	33丙31甲4−7+傷官	3丙32乙3−7+印綬	34丁33丙3−7+傷官	5戊34丁3−7+傷官	35戊35戊3−7+傷官	6己36己3−7+正官	36己37庚3−7+偏財
18	3丙26己6+4−正財	34丁27庚5−5+劫財	2乙28辛4−6+比肩	33丙29壬4−6+食神	3丙30癸4−6+偏財	34丁31甲4−6+食神	4丁32乙4−7+偏印	35戊33丙3−7+比肩	6己34丁3−7+食神	36己35戊3−7+食神	7庚36己3−6+偏財	37庚37庚4−6+傷官
19	4丁26己5+4−食神	35戊27庚5−5+偏官	3丙28辛4−6+印綬	34丁29壬5−6+傷官	4丁30癸4−6+正財	35戊31甲4−6+劫財	5戊32乙4−7+正官	36己33丙4−7+正財	7庚34丁4−7+劫財	37庚35戊3−7+正官	8辛36己4−6+正財	38辛37庚4−6+食神
20	5戊26己5+5−劫財	36己27庚5−5+正官	4丁28辛5−5+偏印	35戊29壬5−5+比肩	5戊30癸5−6+食神	36己31甲5−6+比肩	6己32乙4−6+比肩	37庚33丙4−6+食神	8辛34丁4−6+比肩	38辛35戊4−6+偏官	9壬36己4−6+食神	39壬37庚4−6+劫財
21	6己26己5+5−比肩	37庚27庚6−4+偏財	5戊28辛5−5+正官	36己29壬5−5+劫財	6己30癸5−5+印綬	37庚31甲5−5+印綬	7庚32乙5−6+印綬	38辛33丙4−6+傷官	9壬34丁4−6+印綬	39壬35戊4−6+正財	10癸36己4−5+劫財	40癸37庚5−5+比肩
22	7庚26己4+5−印綬	38辛27庚6−4+正財	6己28辛5−5+偏官	37庚29壬6−5+偏印	7庚30癸5−5+偏官	38辛31甲5−5+偏印	8辛32乙5−6+偏印	39壬33丙5−6+偏印	10癸34丁5−6+偏印	40癸35戊4−6+正官	11甲36己5−5+偏印	41甲37庚5−5+印綬
23	8辛26己4+6−偏印	39壬27庚6−4+食神	7庚28辛6−4+正財	38辛29壬6−4+印綬	8辛30癸6−5+正官	39壬31甲6−5+正官	9壬32乙5−5+正官	40癸33丙5−5+印綬	11甲34丁5−5+正官	41甲35戊5−5+偏財	12乙36己5−5+印綬	42乙37庚5−5+偏印
24	9壬26己4+6−正官	40癸27庚7−3+傷官	8辛28辛6−4+偏財	39壬29壬6−4+偏官	9壬30癸6−4+偏財	40癸31甲6−4+偏官	10癸32乙6−5+偏官	41甲33丙5−5+偏官	12乙34丁5−5+偏官	42乙35戊5−5+正財	13丙36己5−4+傷官	43丙37庚6−4+正官
25	10癸26己3+6−偏官	41甲27庚7−3+比肩	9壬28辛6−4+傷官	40癸29壬7−4+正官	10癸30癸6−4+正財	41甲31甲6−4+正財	11甲32乙6−5+正財	42乙33丙6−5+正官	13丙34丁6−5+正財	43丙35戊5−5+食神	14丁36己6−4+正官	44丁37庚6−4+偏官
26	11甲26己3+7−正財	42乙27庚7−3+劫財	10癸28辛7−3+食神	41甲29壬7−3+偏財	11甲30癸7−4+食神	42乙31甲7−4+偏財	12乙32乙6−4+偏財	43丙33丙6−4+偏財	14丁34丁6−4+偏財	44丁35戊6−4+傷官	15戊36己6−4+偏財	45戊37庚6−4+正財
27	12乙26己3+7−偏財	43丙27庚8−2+偏印	11甲28辛7−3+劫財	42乙29壬7−3+正財	12乙30癸7−3+傷官	43丙31甲7−3+劫財	13丙32乙7−4+傷官	44丁33丙6−4+正財	15戊34丁6−4+傷官	45戊35戊6−4+比肩	16己36己6−3+正財	46己37庚7−3+偏財
28	13丙26己2+7−傷官	44丁27庚8−2+印綬	12乙28辛7−3+比肩	43丙29壬8−3+食神	13丙30癸7−3+比肩	44丁31甲7−3+比肩	14丁32乙7−4+食神	45戊33丙7−4+食神	16己34丁7−4+食神	46己35戊6−4+劫財	17庚36己7−3+食神	47庚37庚7−3+傷官
29	14丁26己2+8−食神		13丙28辛8−2+印綬	44丁29壬8−2+傷官	14丁30癸8−3+劫財	45戊31甲8−3+印綬	15戊32乙7−3+劫財	46己33丙7−3+傷官	17庚34丁7−3+劫財	47庚35戊7−3+偏印	18辛36己7−3+傷官	48辛37庚7−3+食神
30	15戊26己2+8−劫財		14丁28辛8−2+偏印	45戊29壬8−2+比肩	15戊30癸8−2+偏印	46己31甲8−2+偏印	16己32乙8−3+比肩	47庚33丙7−3+比肩	18辛34丁7−3+比肩	48辛35戊7−3+印綬	19壬36己7−2+比肩	49壬37庚8−2+劫財
31	16己26己1+8−比肩		15戊28辛8−2+正官		16己30癸8−2+印綬		17庚32乙8−3+印綬	48辛33丙8−3+劫財		49壬35戊7−3+偏官		50癸37庚8−2+比肩

1942年（昭和17年）生まれ　年干：19壬（2/4〜翌年2/4まで）

日	1月	2月	3月	4月	5月	6月	7月	8月	9月	10月	11月	12月
	日干 月干 立年(男 女) 中心星	日干 月干 立年(男 女) 中心星	日干 月干 立年(男 女) 中心星	日干 月干 立年(男 女) 中心星	日干 月干 立年(男 女) 中心星	日干 月干 立年(男 女) 中心星	日干 月干 立年(男 女) 中心星	日干 月干 立年(男 女) 中心星	日干 月干 立年(男 女) 中心星	日干 月干 立年(男 女) 中心星	日干 月干 立年(男 女) 中心星	日干 月干 立年(男 女) 中心星
1	51甲37庚8−2+印綬	22乙38辛9−1+偏財	50癸39壬2+8−傷官	21甲40癸1+9−劫財	51甲41甲2+9−偏財	22乙42乙2+9−傷官	52乙43丙2+8−食神	23丙44丁2+8−傷官	54丁45戊2+8−正財	24丁46己3+8−偏財	55戊47庚2+8−比肩	25戊48辛2+8−偏財
2	52乙37庚9−1+偏印	23丙38辛9−1+傷官	51甲39壬1+9−比肩	22乙40癸1+9−比肩	52乙41甲1+9−正財	23丙42乙1+9−比肩	53丙43丙2+9−劫財	24丁44丁2+8−食神	55戊45戊2+8−食神	25戊46己2+8−傷官	56己47庚2+8−劫財	26己48辛2+8−正財
3	53丙37庚9−1+正官	24丁38辛9−1+食神	52乙39壬1+9−劫財	23丙40癸1+9−印綬	53丙41甲1+9−食神	24丁42乙1+9−劫財	54丁43丙2+9−比肩	25戊44丁2+9−劫財	56己45戊2+9−傷官	26己46己2+8−食神	57庚47庚2+8−偏印	27庚48辛2+8−食神
4	54丁37庚9−1+偏官	25戊39壬0+1−比肩	53丙39壬1+9−偏印	24丁40癸1+0−偏印	54丁41甲1+0−傷官	25戊42乙1+0−偏印	55戊43丙1+9−印綬	26己44丁1+9−比肩	57庚45戊1+9−比肩	27庚46己2+9−劫財	58辛47庚1+9−印綬	28辛48辛1+9−傷官
5	55戊37庚0−1+正財	26己39壬0+1−劫財	54丁39壬1+0−印綬	25戊41甲0+1−正官	55戊41甲1+0−比肩	26己42乙1+0−印綬	56己43丙1+0−偏印	27庚44丁1+9−印綬	58辛45戊1+9−劫財	28辛46己1+9−比肩	59壬47庚1+9−偏官	29壬48辛1+9−比肩
6	56己38辛1−0+偏財	27庚39壬9+1−偏印	55戊40癸0+1−正官	26己41甲0+1−偏官	56己42乙0+1−劫財	27庚43丙0+1−印綬	57庚43丙1+0−正官	28辛44丁1+0−偏印	59壬45戊1+0−偏印	29壬46己1+9−印綬	60癸47庚1+9−正官	30癸48辛1+9−劫財
7	57庚38辛1−9+傷官	28辛39壬9+1−印綬	56己40癸0+1−偏官	27庚41甲0+1−正財	57庚42乙0+1−偏印	28辛43丙0+1−偏印	58辛43丙1+0−偏官	29壬44丁1+0−正官	60癸45戊1+0−印綬	30癸46己1+0−偏印	1甲47庚1+0−偏財	31甲48辛1+0−偏印
8	58辛38辛1−9+食神	29壬39壬9+1−偏官	57庚40癸9+1−正財	28辛41甲9+1−偏財	58辛42乙0+1−印綬	29壬43丙0+1−正官	59壬44丁0+1−正財	30癸45戊0+1−正官	1甲46己0+1−正官	31甲46己1+0−正官	2乙48辛0+1−劫財	32乙49壬0+1−偏印
9	59壬38辛1−9+劫財	30癸39壬8+2−正官	58辛40癸9+1−偏財	29壬41甲9+1−傷官	59壬42乙9+1−偏官	30癸43丙0+1−偏官	60癸44丁0+1−偏財	31甲45戊0+1−偏財	2乙46己0+1−偏官	32乙47庚0+1−偏官	3丙48辛0+1−偏印	33丙49壬9+1−正官
10	60癸38辛1−8+比肩	31甲39壬8+2−偏財	59壬40癸9+1−傷官	30癸41甲9+2−食神	60癸42乙9+1−正官	31甲43丙9+1−正財	1甲44丁0+1−傷官	32乙45戊0+1−正財	3丙46己0+1−正財	33丙47庚0+1−正財	4丁48辛9+1−印綬	34丁49壬9+1−偏官
11	1甲38辛2−8+印綬	32乙39壬8+2−正財	60癸40癸8+2−食神	31甲41甲8+2−劫財	1甲42乙9+2−偏財	32乙43丙9+2−偏財	2乙44丁9+1−食神	33丙45戊9+1−食神	4丁46己9+1−偏財	34丁47庚9+1−偏財	5戊48辛9+1−偏官	35戊49壬9+1−正財
12	2乙38辛2−8+偏印	33丙39壬7+3−比肩	1甲40癸8+2−劫財	32乙41甲8+2−比肩	2乙42乙8+2−正官	33丙43丙9+2−傷官	3丙44丁9+1−劫財	34丁45戊9+1−傷官	5戊46己9+1−傷官	35戊47庚9+1−傷官	6己48辛9+1−正官	36己49壬8+1−偏財
13	3丙38辛2−7+正官	34丁39壬7+3−劫財	2乙40癸8+2−比肩	33丙41甲8+3−印綬	3丙42乙8+2−偏財	34丁43丙8+2−食神	4丁44丁9+2−比肩	35戊45戊9+2−比肩	6己46己9+2−食神	36己47庚9+1−食神	7庚48辛8+2−偏財	37庚49壬8+2−傷官
14	4丁38辛3−7+偏官	35戊39壬7+3−偏印	3丙40癸7+3−印綬	34丁41甲7+3−偏印	4丁42乙8+3−正財	35戊43丙8+3−劫財	5戊44丁8+2−印綬	36己45戊8+2−劫財	7庚46己8+2−劫財	37庚47庚8+2−劫財	8辛48辛8+2−正財	38辛49壬8+2−食神
15	5戊38辛3−7+正財	36己39壬6+4−印綬	4丁40癸7+3−偏印	35戊41甲7+3−正財	5戊42乙7+3−食神	36己43丙8+3−比肩	6己44丁8+2−偏印	37庚45戊8+2−偏印	8辛46己8+2−比肩	38辛47庚8+2−比肩	9壬48辛8+2−食神	39壬49壬7+2−劫財
16	6己38辛3−6+食神	37庚39壬6+4−偏官	5戊40癸7+3−正官	36己41甲7+4−偏財	6己42乙7+3−傷官	37庚43丙7+3−印綬	7庚44丁8+3−正官	38辛45戊8+3−印綬	9壬46己8+3−印綬	39壬47庚8+2−印綬	10癸48辛7+3−傷官	40癸49壬7+3−比肩
17	7庚38辛4−6+劫財	38辛39壬6+4−正官	6己40癸6+4−偏官	37庚41甲6+4−傷官	7庚42乙7+4−比肩	38辛43丙7+4−偏印	8辛44丁7+3−偏官	39壬45戊7+3−偏官	10癸46己7+3−偏印	40癸47庚7+3−偏印	11甲48辛7+3−比肩	41甲49壬7+3−印綬
18	8辛38辛4−6+比肩	39壬39壬5+5−偏財	7庚40癸6+4−正財	38辛41甲6+4−印綬	8辛42乙6+4−劫財	39壬43丙7+4−正官	9壬44丁7+3−傷官	40癸45戊7+3−正官	11甲46己7+3−正官	41甲47庚7+3−正官	12乙48辛7+3−劫財	42乙49壬6+3−偏印
19	9壬38辛4−5+正官	40癸39壬5+5−傷官	8辛40癸6+4−偏財	39壬41甲6+5−偏官	9壬42乙6+4−偏印	40癸43丙6+4−偏官	10癸44丁7+4−食神	41甲45戊7+4−偏印	12乙46己7+4−偏官	42乙47庚7+3−食神	13丙48辛6+4−偏印	43丙49壬6+4−正官
20	10癸38辛5−5+偏官	41甲39壬5+5−比肩	9壬40癸5+5−傷官	40癸41甲5+5−正官	10癸42乙6+5−印綬	41甲43丙6+5−正財	11甲44丁6+4−劫財	42乙45戊6+4−印綬	13丙46己6+4−正財	43丙47庚6+4−劫財	14丁48辛6+4−印綬	44丁49壬6+4−偏官
21	11甲38辛5−5+正財	42乙39壬4+6−劫財	10癸40癸5+5−食神	41甲41甲5+5−偏財	11甲42乙5+5−食神	42乙43丙6+5−偏財	12乙44丁6+4−偏財	43丙45戊6+4−偏官	14丁46己6+4−偏財	44丁47庚6+4−比肩	15戊48辛6+4−偏財	45戊49壬5+4−正財
22	12乙38辛5−4+偏財	43丙39壬4+6−偏印	11甲40癸5+5−劫財	42乙41甲5+6−正財	12乙42乙5+5−傷官	43丙43丙5+5−傷官	13丙44丁6+5−傷官	44丁45戊6+5−正財	15戊46己6+5−傷官	45戊47庚6+4−比肩	16己48辛5+5−正財	46己49壬5+5−偏財
23	13丙38辛6−4+傷官	44丁39壬4+6−印綬	12乙40癸4+6−比肩	43丙41甲4+6−食神	13丙42乙5+6−比肩	44丁43丙5+6−食神	14丁44丁5+5−食神	45戊45戊5+5−食神	16己46己5+5−食神	46己47庚5+5−劫財	17庚48辛5+5−食神	47庚49壬5+5−傷官
24	14丁38辛6−4+食神	45戊39壬3+7−偏官	13丙40癸4+6−印綬	44丁41甲4+6−傷官	14丁42乙4+6−劫財	45戊43丙5+6−劫財	15戊44丁5+5−劫財	46己45戊5+5−傷官	17庚46己5+5−劫財	47庚47庚5+5−偏印	18辛48辛5+5−傷官	48辛49壬4+5−食神
25	15戊38辛6−3+劫財	46己39壬3+7−正官	14丁40癸4+6−偏印	45戊41甲4+7−比肩	15戊42乙4+6−偏印	46己43丙4+6−比肩	16己44丁5+6−比肩	47庚45戊5+6−比肩	18辛46己5+6−比肩	48辛47庚5+5−印綬	19壬48辛4+6−比肩	49壬49壬4+6−劫財
26	16己38辛7−3+比肩	47庚39壬3+7−偏財	15戊40癸3+7−正官	46己41甲3+7−劫財	16己42乙4+7−印綬	47庚43丙4+7−正官	17庚44丁4+6−印綬	48辛45戊4+6−劫財	19壬46己4+6−印綬	49壬47庚4+6−偏官	20癸48辛4+6−劫財	50癸49壬4+6−比肩
27	17庚38辛7−3+印綬	48辛39壬2+8−正財	16己40癸3+7−偏官	47庚41甲3+7−偏印	17庚42乙3+7−偏官	48辛43丙4+7−偏官	18辛44丁4+6−偏印	49壬45戊4+6−偏印	20癸46己4+6−偏印	50癸47庚4+6−正官	21甲48辛4+6−偏印	51甲49壬3+6−印綬
28	18辛38辛7−2+偏印	49壬39壬2+8−食神	17庚40癸3+7−正財	48辛41甲3+8−印綬	18辛42乙3+7−正官	49壬43丙3+7−正財	19壬44丁4+7−正官	50癸45戊4+7−印綬	21甲46己4+7−正官	51甲47庚4+6−偏財	22乙48辛3+7−印綬	52乙49壬3+7−偏印
29	19壬38辛8−2+正官		18辛40癸2+8−偏財	49壬41甲2+8−偏官	19壬42乙3+8−偏財	50癸43丙3+8−偏財	20癸44丁3+7−偏官	51甲45戊3+7−偏官	22乙46己3+7−偏官	52乙47庚3+7−正財	23丙48辛3+7−偏官	53丙49壬3+7−正官
30	20癸38辛8−2+偏官		19壬40癸2+8−傷官	50癸41甲2+8−正官	20癸42乙2+8−正財	51甲43丙3+8−傷官	21甲44丁3+7−正財	52乙45戊3+7−正官	23丙46己3+7−正財	53丙47庚3+7−食神	24丁48辛3+7−正官	54丁49壬2+7−偏官
31	21甲38辛8−1+正財		20癸40癸2+8−食神		21甲42乙2+8−食神		22乙44丁3+8−偏財	53丙45戊3+8−偏財		54丁47庚3+7−傷官		55戊49壬2+8−正財

1943年（昭和18年）生まれ　年干：20 癸（2/5〜翌年2/4まで）

	1月	2月	3月	4月	5月	6月	7月	8月	9月	10月	11月	12月
日	日干 月干 立年男女 中心星	日干 月干 立年男女 中心星	日干 月干 立年男女 中心星	日干 月干 立年男女 中心星	日干 月干 立年男女 中心星	日干 月干 立年男女 中心星	日干 月干 立年男女 中心星	日干 月干 立年男女 中心星	日干 月干 立年男女 中心星	日干 月干 立年男女 中心星	日干 月干 立年男女 中心星	日干 月干 立年男女 中心星
1	56己49壬2+8−偏財	27庚50癸1+9−印綬	55戊51甲8−2+偏官	26己52乙9−2+偏官	56己53丙8−2+劫財	27庚54丁9−2+偏官	57庚55戊8−2+正官	28辛56己8−2+偏印	59壬57庚8−2+偏印	29壬58辛8−3+印綬	60癸59壬8−2+正官	30癸60癸8−2+劫財
2	57庚49壬1+8−傷官	28辛50癸1+9−偏印	56己51甲8−1+正官	27庚52乙9−1+正財	57庚53丙9−1+偏印	28辛54丁9−1+正官	58辛55戊9−2+偏官	29壬56己8−2+正官	60癸57庚8−2+印綬	30癸58辛8−2+偏印	1甲59壬8−2+偏財	31甲60癸8−2+偏印
3	58辛49壬1+9−食神	29壬50癸1+9−正官	57庚51甲9−1+偏財	28辛52乙9−1+偏財	58辛53丙9−1+印綬	29壬54丁9−1+偏財	59壬55戊9−2+正財	30癸56己9−2+偏官	1甲57庚9−2+偏官	31甲58辛8−2+正官	2乙59壬8−2+正財	32乙60癸8−2+印綬
4	59壬49壬1+9−劫財	30癸50癸1+0−偏官	58辛51甲9−1+正財	29壬52乙0−1+傷官	59壬53丙9−1+偏官	30癸54丁0−1+正財	60癸55戊9−1+偏財	31甲56己9−1+正財	2乙57庚9−1+正官	32乙58辛9−2+偏官	3丙59壬9−1+食神	33丙60癸9−1+偏官
5	60癸49壬1+9−比肩	31甲51甲1−0+偏財	59壬51甲9−1+食神	30癸52乙0−1+食神	60癸53丙0−1+正官	31甲54丁0−1+食神	1甲55戊0−1+傷官	32乙56己9−1+偏財	3丙57庚9−1+偏財	33丙58辛9−1+正財	4丁59壬9−1+傷官	34丁60癸9−1+正官
6	1甲50癸0+1−印綬	32乙51甲1−9+正財	60癸52乙1−0+食神	31甲53丙1−0+劫財	1甲54丁1−0+偏財	32乙55戊1−0+偏財	2乙55戊0−1+食神	33丙56己0−1+傷官	4丁57庚0−1+正財	34丁58辛9−1+偏財	5戊59壬9−1+比肩	35戊60癸9−1+偏財
7	2乙50癸0+1−偏印	33丙51甲1−9+食神	1甲52乙1−0+劫財	32乙53丙1−0+比肩	2乙54丁1−0+正財	33丙55戊1−0+傷官	3丙55戊0−1+劫財	34丁56己0−1+食神	5戊57庚0−1+食神	35戊58辛0−1+傷官	6己59壬0−1+劫財	36己60癸0−1+正財
8	3丙50癸9+1−正官	34丁51甲1−9+傷官	2乙52乙1−0+比肩	33丙53丙1−9+印綬	3丙54丁1−0+食神	34丁55戊1−0+食神	4丁56己1−0+比肩	35戊57庚1−0+比肩	6己58辛1−0+食神	36己58辛0−1+食神	7庚60癸1−0+偏財	37庚 1甲1−0+傷官
9	4丁50癸9+1−偏官	35戊51甲1−8+比肩	3丙52乙1−9+印綬	34丁53丙1−9+偏印	4丁54丁1−9+傷官	35戊55戊1−0+劫財	5戊56己1−0+印綬	36己57庚1−0+劫財	7庚58辛1−0+劫財	37庚59壬1−0+劫財	8辛60癸1−0+正財	38辛 1甲1−9+食神
10	5戊50癸9+1−正財	36己51甲2−8+劫財	4丁52乙1−9+偏印	35戊53丙1−9+正官	5戊54丁1−9+比肩	36己55戊1−9+比肩	6己56己1−0+偏印	37庚57庚1−0+偏印	8辛58辛1−0+比肩	38辛59壬1−0+比肩	9壬60癸1−9+食神	39壬 1甲1−9+劫財
11	6己50癸8+2−偏財	37庚51甲2−8+偏印	5戊52乙2−9+正官	36己53丙2−8+偏官	6己54丁2−9+劫財	37庚55戊2−9+印綬	7庚56己1−9+正官	38辛57庚1−9+印綬	9壬58辛1−9+印綬	39壬59壬1−9+印綬	10癸60癸1−9+傷官	40癸 1甲1−9+比肩
12	7庚50癸8+2−傷官	38辛51甲2−7+印綬	6己52乙2−8+偏官	37庚53丙2−8+正財	7庚54丁2−8+比肩	38辛55戊2−9+偏印	8辛56己1−9+偏官	39壬57庚1−9+偏官	10癸58辛1−9+偏印	40癸59壬1−9+偏印	11甲60癸1−9+比肩	41甲 1甲1−8+印綬
13	8辛50癸8+2−食神	39壬51甲3−7+偏財	7庚52乙2−8+正財	38辛53丙2−8+偏財	8辛54丁2−8+劫財	39壬55戊2−8+正官	9壬56己2−9+正財	40癸57庚2−9+正官	11甲58辛2−9+正官	41甲59壬1−9+正官	12乙60癸2−8+劫財	42乙 1甲2−8+偏印
14	9壬50癸7+3−劫財	40癸51甲3−7+正財	8辛52乙3−8+偏財	39壬53丙3−7+傷官	9壬54丁3−8+偏印	40癸55戊3−8+偏官	10癸56己2−8+偏財	41甲57庚2−8+偏財	12乙58辛2−8+偏官	42乙59壬2−8+偏官	13丙60癸2−8+偏印	43丙 1甲2−8+正官
15	10癸50癸7+3−比肩	41甲51甲3−6+食神	9壬52乙3−7+傷官	40癸53丙3−7+食神	10癸54丁3−7+印綬	41甲55戊3−8+正財	11甲56己2−8+傷官	42乙57庚2−8+正財	13丙58辛2−8+正財	43丙59壬2−8+正財	14丁60癸2−8+印綬	44丁 1甲2−7+偏官
16	11甲50癸7+3−正官	42乙51甲4−6+傷官	10癸52乙3−7+食神	41甲53丙3−7+印綬	11甲54丁3−7+偏官	42乙55戊3−7+偏財	12乙56己3−8+食神	43丙57庚3−8+食神	14丁58辛3−8+偏財	44丁59壬2−8+偏財	15戊60癸3−7+偏官	45戊 1甲3−7+正財
17	12乙50癸6+4−偏官	43丙51甲4−6+比肩	11甲52乙4−7+劫財	42乙53丙4−6+偏印	12乙54丁4−7+正官	43丙55戊4−7+傷官	13丙56己3−7+劫財	44丁57庚3−7+傷官	15戊58辛3−7+傷官	45戊59壬3−7+傷官	16己60癸3−7+正官	46己 1甲3−7+偏財
18	13丙50癸6+4−正財	44丁51甲4−5+劫財	12乙52乙4−6+比肩	43丙53丙4−6+正官	13丙54丁4−6+偏財	44丁55戊4−7+食神	14丁56己3−7+偏印	45戊57庚3−7+比肩	16己58辛3−7+食神	46己59壬3−7+食神	17庚60癸3−7+偏財	47庚 1甲3−6+傷官
19	14丁50癸6+4−食神	45戊51甲5−5+偏印	13丙52乙4−6+印綬	44丁53丙4−6+傷官	14丁54丁4−6+正財	45戊55戊4−6+劫財	15戊56己4−7+正官	46己57庚4−7+正財	17庚58辛4−7+劫財	47庚59壬3−7+正官	18辛60癸4−6+正財	48辛 1甲4−6+食神
20	15戊50癸5+5−劫財	46己51甲5−5+正官	14丁52乙5−6+偏印	45戊53丙5−5+比肩	15戊54丁5−6+食神	46己55戊5−6+比肩	16己56己4−6+偏官	47庚57庚4−6+食神	18辛58辛4−6+比肩	48辛59壬4−6+偏官	19壬60癸4−6+食神	49壬 1甲4−6+劫財
21	16己50癸5+5−比肩	47庚51甲5−4+偏財	15戊52乙5−5+正官	46己53丙5−5+劫財	16己54丁5−5+印綬	47庚55戊5−6+印綬	17庚56己4−6+印綬	48辛57庚4−6+傷官	19壬58辛4−6+印綬	49壬59壬4−6+正財	20癸60癸4−6+劫財	50癸 1甲4−5+比肩
22	17庚50癸5+5−印綬	48辛51甲6−4+正財	16己52乙5−5+偏官	47庚53丙5−5+偏印	17庚54丁5−5+偏官	48辛55戊5−5+偏印	18辛56己5−6+偏印	49壬57庚5−6+偏印	20癸58辛5−6+偏印	50癸59壬4−6+正官	21甲60癸5−5+偏印	51甲 1甲5−5+印綬
23	18辛50癸4+6−偏印	49壬51甲6−4+食神	17庚52乙6−5+正財	48辛53丙6−4+印綬	18辛54丁6−5+正官	49壬55戊6−5+正官	19壬56己5−5+正官	50癸57庚5−5+印綬	21甲58辛5−5+正官	51甲59壬5−5+偏財	22乙60癸5−5+印綬	52乙 1甲5−5+偏印
24	19壬50癸4+6−正官	50癸51甲6−3+傷官	18辛52乙6−4+偏財	49壬53丙6−4+偏官	19壬54丁6−4+偏財	50癸55戊6−5+偏官	20癸56己5−5+偏官	51甲57庚5−5+偏官	22乙58辛5−5+偏官	52乙59壬5−5+正財	23丙60癸5−5+偏官	53丙 1甲5−4+正官
25	20癸50癸4+6−偏官	51甲51甲7−3+比肩	19壬52乙6−4+傷官	50癸53丙6−4+正官	20癸54丁6−4+正財	51甲55戊6−4+正財	21甲56己6−5+正財	52乙57庚6−5+正官	23丙58辛6−5+正財	53丙59壬5−5+食神	24丁60癸6−4+正官	54丁 1甲6−4+偏官
26	21甲50癸3+7−正財	52乙51甲7−3+劫財	20癸52乙7−4+食神	51甲53丙7−3+偏財	21甲54丁7−4+食神	52乙55戊7−4+食神	22乙56己6−4+偏財	53丙57庚6−4+偏財	24丁58辛6−4+偏財	54丁59壬6−4+傷官	25戊60癸6−4+偏財	55戊 1甲6−4+正財
27	22乙50癸3+7−偏財	53丙51甲7−2+偏印	21甲52乙7−3+劫財	52乙53丙7−3+正財	22乙54丁7−3+傷官	53丙55戊7−4+劫財	23丙56己6−4+傷官	54丁57庚6−4+正財	25戊58辛6−4+傷官	55戊59壬6−4+比肩	26己60癸6−4+正財	56己 1甲6−3+偏財
28	23丙50癸3+7−傷官	54丁51甲8−2+印綬	22乙52乙7−3+比肩	53丙53丙7−3+食神	23丙54丁7−3+比肩	54丁55戊7−3+比肩	24丁56己7−4+食神	55戊57庚7−4+食神	26己58辛7−4+食神	56己59壬6−4+劫財	27庚60癸7−3+食神	57庚 1甲7−3+傷官
29	24丁50癸2+8−食神		23丙52乙8−3+印綬	54丁53丙8−2+傷官	24丁54丁8−3+劫財	55戊55戊8−3+印綬	25戊56己7−3+劫財	56己57庚7−3+傷官	27庚58辛7−3+劫財	57庚59壬7−3+偏印	28辛60癸7−3+傷官	58辛 1甲7−3+食神
30	25戊50癸2+8−劫財		24丁52乙8−2+偏印	55戊53丙8−2+比肩	25戊54丁8−2+偏印	56己55戊8−3+偏印	26己56己7−3+比肩	57庚57庚7−3+比肩	28辛58辛7−3+比肩	58辛59壬7−3+印綬	29壬60癸7−3+比肩	59壬 1甲7−2+劫財
31	26己50癸2+8−比肩		25戊52乙8−2+正官		26己54丁8−2+印綬		27庚56己8−3+印綬	58辛57庚8−3+劫財		59壬59壬7−3+偏官		60癸 1甲8−2+比肩

1944年(昭和19年)生まれ 年干：21 甲(2/5〜翌年2/3まで)

	1月	2月	3月	4月	5月	6月	7月	8月	9月	10月	11月	12月
日	日干 月干 立年 男 女 中心星	日干 月干 立年 男 女 中心星	日干 月干 立年 男 女 中心星	日干 月干 立年 男 女 中心星	日干 月干 立年 男 女 中心星	日干 月干 立年 男 女 中心星	日干 月干 立年 男 女 中心星	日干 月干 立年 男 女 中心星	日干 月干 立年 男 女 中心星	日干 月干 立年 男 女 中心星	日干 月干 立年 男 女 中心星	日干 月干 立年 男 女 中心星
1	1甲 1甲8−2+印綬	32乙 2乙9−1+偏財	1甲 3丙2+8−比肩	32乙 4丁1+9−比肩	2乙 5戊2+9−正財	33丙 6己2+9−比肩	3丙 7庚2+8−劫財	34丁 8辛2+8−食神	5戊 9壬2+8−食神	35戊10癸2+8−傷官	6己11甲2+8−劫財	36己12乙2+8−正財
2	2乙 1甲8−1+偏印	33丙 2乙9−1+傷官	2乙 3丙1+9−劫財	33丙 4丁1+9−印綬	3丙 5戊1+9−食神	34丁 6己1+9−劫財	4丁 7庚2+9−比肩	35戊 8辛2+9−劫財	6己 9壬2+8−傷官	36己10癸2+8−食神	7庚11甲2+8−偏印	37庚12乙2+8−食神
3	3丙 1甲9−1+正官	34丁 2乙9−1+食神	3丙 3丙1+9−偏印	34丁 4丁1+9−偏印	4丁 5戊1+9−傷官	35戊 6己1+9−偏印	5戊 7庚1+9−印綬	36己 8辛2+9−比肩	7庚 9壬2+9−比肩	37庚10癸2+8−劫財	8辛11甲1+9−印綬	38辛12乙1+9−傷官
4	4丁 1甲9−1+偏官	35戊 2乙0−1+劫財	4丁 3丙1+9−印綬	35戊 4丁1+0−正官	5戊 5戊1+0−比肩	36己 6己1+0−印綬	6己 7庚1+9−偏印	37庚 8辛1+9−印綬	8辛 9壬1+9−劫財	38辛10癸1+9−比肩	9壬11甲1+9−偏官	39壬12乙1+9−比肩
5	5戊 1甲9−1+正財	36己 3丙0+1−劫財	5戊 3丙1+0−偏官	36己 5戊0+1−偏官	6己 5戊1+0−劫財	37庚 6己1+0−偏官	7庚 7庚1+0−正官	38辛 8辛1+0−偏印	9壬 9壬1+9−偏印	39壬10癸1+9−印綬	10癸11甲1+9−正官	40癸12乙1+9−劫財
6	6己 2乙1−0+偏財	37庚 3丙0+1−偏印	6己 4丁0+1−偏官	37庚 5戊0+1−正財	7庚 6己0+1−偏印	38辛 7庚0+1−偏印	8辛 7庚1+0−偏官	39壬 8辛1+0−正官	10癸 9壬1+0−印綬	40癸10癸1+9−偏印	11甲11甲1+0−偏財	41甲12乙1+0−偏印
7	7庚 2乙1−0+傷官	38辛 3丙9+1−印綬	7庚 4丁0+1−正財	38辛 5戊0+1−偏財	8辛 6己0+1−印綬	39壬 7庚0+1−正官	9壬 8辛0+1−正財	40癸 8辛1+0−偏官	11甲 9壬1+0−偏官	41甲10癸1+0−正官	12乙12乙0+1−劫財	42乙13丙0+1−偏印
8	8辛 2乙1−9+食神	39壬 3丙9+1−偏官	8辛 4丁9+1−偏財	39壬 5戊9+1−傷官	9壬 6己0+1−偏官	40癸 7庚0+1−偏官	10癸 8辛0+1−偏財	41甲 9壬0+1−偏財	12乙10癸0+1−偏官	42乙11甲0+1−偏官	13丙12乙0+1−偏印	43丙13丙0+1−正官
9	9壬 2乙1−9+劫財	40癸 3丙9+1−正官	9壬 4丁9+1−傷官	40癸 5戊9+1−食神	10癸 6己9+1−正官	41甲 7庚9+1−正財	11甲 8辛0+1−傷官	42乙 9壬0+1−正財	13丙10癸0+1−正財	43丙11甲0+1−正財	14丁12乙9+1−印綬	44丁13丙9+1−偏官
10	10癸 2乙1−9+比肩	41甲 3丙8+2−偏財	10癸 4丁9+1−食神	41甲 5戊9+2−劫財	11甲 6己9+1−偏財	42乙 7庚9+1−偏財	12乙 8辛0+1−食神	43丙 9壬0+1−食神	14丁10癸9+1−偏財	44丁11甲9+1−偏財	15戊12乙9+1−偏官	45戊13丙9+1−正財
11	11甲 2乙2−8+印綬	42乙 3丙8+2−正財	11甲 4丁8+2−劫財	42乙 5戊8+2−比肩	12乙 6己9+2−正財	43丙 7庚9+2−傷官	13丙 8辛9+1−劫財	44丁 9壬9+1−傷官	15戊10癸9+1−傷官	45戊11甲9+1−傷官	16己12乙9+1−正官	46己13丙9+1−偏財
12	12乙 2乙2−8+偏印	43丙 3丙8+2−食神	12乙 4丁8+2−比肩	43丙 5戊8+2−印綬	13丙 6己8+2−偏財	44丁 7庚8+2−食神	14丁 8辛9+2−比肩	45戊 9壬9+1−比肩	16己10癸9+1−食神	46己11甲9+1−食神	17庚12乙8+2−偏財	47庚13丙8+2−傷官
13	13丙 2乙2−8+正官	44丁 3丙7+3−劫財	13丙 4丁8+2−印綬	44丁 5戊8+3−偏印	14丁 6己8+2−正財	45戊 7庚8+2−劫財	15戊 8辛9+2−印綬	46己 9壬9+2−劫財	17庚10癸8+2−劫財	47庚11甲8+2−劫財	18辛12乙8+2−正財	48辛13丙8+2−食神
14	14丁 2乙3−7+偏官	45戊 3丙7+3−偏印	14丁 4丁7+3−偏印	45戊 5戊7+3−正官	15戊 6己8+3−食神	46己 7庚8+3−比肩	16己 8辛8+2−偏印	47庚 9壬8+2−偏印	18辛10癸8+2−比肩	48辛11甲8+2−比肩	19壬12乙8+2−食神	49壬13丙8+2−劫財
15	15戊 2乙3−7+正財	46己 3丙7+3−印綬	15戊 4丁7+3−正官	46己 5戊7+3−偏財	16己 6己7+3−傷官	47庚 7庚7+3−印綬	17庚 8辛8+3−正官	48辛 9壬8+2−印綬	19壬10癸8+2−印綬	49壬11甲8+2−印綬	20癸12乙7+3−傷官	50癸13丙7+3−比肩
16	16己 2乙3−7+食神	47庚 3丙6+4−偏官	16己 4丁7+3−偏官	47庚 5戊7+4−傷官	17庚 6己7+3−比肩	48辛 7庚7+3−偏印	18辛 8辛8+3−偏官	49壬 9壬8+3−偏官	20癸10癸7+3−偏印	50癸11甲7+3−偏印	21甲12乙7+3−比肩	51甲13丙7+3−印綬
17	17庚 2乙4−6+劫財	48辛 3丙6+4−正官	17庚 4丁6+4−正財	48辛 5戊6+4−食神	18辛 6己7+4−劫財	49壬 7庚7+4−正官	19壬 8辛7+3−傷官	50癸 9壬7+3−正官	21甲10癸7+3−正官	51甲11甲7+3−正官	22乙12乙7+3−劫財	52乙13丙7+3−偏印
18	18辛 2乙4−6+比肩	49壬 3丙6+4−偏財	18辛 4丁6+4−偏財	49壬 5戊6+4−偏官	19壬 6己6+4−偏印	50癸 7庚6+4−偏官	20癸 8辛7+4−食神	51甲 9壬7+3−偏財	22乙10癸7+3−偏官	52乙11甲7+3−食神	23丙12乙6+4−偏印	53丙13丙6+4−正官
19	19壬 2乙4−6+正官	50癸 3丙5+5−正財	19壬 4丁6+4−傷官	50癸 5戊6+5−正官	20癸 6己6+4−印綬	51甲 7庚6+4−正財	21甲 8辛7+4−劫財	52乙 9壬7+4−印綬	23丙10癸6+4−正財	53丙11甲6+4−劫財	24丁12乙6+4−印綬	54丁13丙6+4−偏官
20	20癸 2乙5−5+偏官	51甲 3丙5+5−比肩	20癸 4丁5+5−食神	51甲 5戊5+5−偏財	21甲 6己6+5−偏官	52乙 7庚6+5−偏財	22乙 8辛6+4−偏財	53丙 9壬6+4−偏官	24丁10癸6+4−偏財	54丁11甲6+4−比肩	25戊12乙6+4−偏財	55戊13丙6+4−正財
21	21甲 2乙5−5+正財	52乙 3丙5+5−劫財	21甲 4丁5+5−劫財	52乙 5戊5+5−正財	22乙 6己5+5−傷官	53丙 7庚5+5−傷官	23丙 8辛6+5−傷官	54丁 9壬6+4−正官	25戊10癸6+4−傷官	55戊11甲6+4−比肩	26己12乙5+5−正財	56己13丙5+5−偏財
22	22乙 2乙5−5+偏財	53丙 3丙4+6−偏印	22乙 4丁5+5−比肩	53丙 5戊5+6−食神	23丙 6己5+5−比肩	54丁 7庚5+5−食神	24丁 8辛6+5−食神	55戊 9壬6+5−食神	26己10癸5+5−食神	56己11甲5+5−劫財	27庚12乙5+5−食神	57庚13丙5+5−傷官
23	23丙 2乙6−4+傷官	54丁 3丙4+6−印綬	23丙 4丁4+6−印綬	54丁 5戊4+6−傷官	24丁 6己5+6−劫財	55戊 7庚5+6−劫財	25戊 8辛5+5−劫財	56己 9壬5+5−傷官	27庚10癸5+5−劫財	57庚11甲5+5−偏印	28辛12乙5+5−傷官	58辛13丙5+5−食神
24	24丁 2乙6−4+食神	55戊 3丙4+6−偏官	24丁 4丁4+6−偏印	55戊 5戊4+6−比肩	25戊 6己4+6−偏印	56己 7庚4+6−比肩	26己 8辛5+6−比肩	57庚 9壬5+5−比肩	28辛10癸5+5−比肩	58辛11甲5+5−印綬	29壬12乙4+6−比肩	59壬13丙4+6−劫財
25	25戊 2乙6−4+劫財	56己 3丙3+7−正官	25戊 4丁4+6−正官	56己 5戊4+7−劫財	26己 6己4+6−印綬	57庚 7庚4+6−印綬	27庚 8辛5+6−印綬	58辛 9壬5+6−劫財	29壬10癸4+6−印綬	59壬11甲4+6−偏官	30癸12乙4+6−劫財	60癸13丙4+6−比肩
26	26己 2乙7−3+比肩	57庚 3丙3+7−偏財	26己 4丁3+7−偏官	57庚 5戊3+7−偏印	27庚 6己4+7−偏官	58辛 7庚4+7−偏官	28辛 8辛4+6−偏印	59壬 9壬4+6−偏印	30癸10癸4+6−偏印	60癸11甲4+6−正官	31甲12乙4+6−偏印	1甲13丙4+6−印綬
27	27庚 2乙7−3+印綬	58辛 3丙3+7−正財	27庚 4丁3+7−正財	58辛 5戊3+7−印綬	28辛 6己3+7−正官	59壬 7庚3+7−正財	29壬 8辛4+7−正官	60癸 9壬4+6−印綬	31甲10癸4+6−正官	1甲11甲4+6−偏財	32乙12乙3+7−印綬	2乙13丙3+7−偏印
28	28辛 2乙7−3+偏印	59壬 3丙2+8−食神	28辛 4丁3+7−偏財	59壬 5戊3+8−偏官	29壬 6己3+7−偏財	60癸 7庚3+7−偏財	30癸 8辛4+7−偏官	1甲 9壬4+7−偏官	32乙10癸3+7−偏官	2乙11甲3+7−正財	33丙12乙3+7−偏官	3丙13丙3+7−正官
29	29壬 2乙8−2+正官	60癸 3丙2+8−傷官	29壬 4丁2+8−傷官	60癸 5戊2+8−正官	30癸 6己3+8−正財	1甲 7庚3+8−傷官	31甲 8辛3+7−正財	2乙 9壬3+7−正官	33丙10癸3+7−正財	3丙11甲3+7−食神	34丁12乙3+7−正官	4丁13丙3+7−偏官
30	30癸 2乙8−2+偏官		30癸 4丁2+8−食神	1甲 5戊2+8−偏財	31甲 6己2+8−食神	2乙 7庚2+8−食神	32乙 8辛3+8−偏財	3丙 9壬3+7−偏財	34丁10癸3+7−偏財	4丁11甲3+7−傷官	35戊12乙2+8−偏財	5戊13丙2+8−正財
31	31甲 2乙8−2+正財		31甲 4丁2+8−劫財		32乙 6己2+8−傷官		33丙 8辛3+8−傷官	4丁 9壬3+8−正財		5戊11甲2+8−比肩		6己13丙2+8−偏財

1945年（昭和20年）生まれ　年干：22 乙（2/4～翌年2/3まで）

日	1月	2月	3月	4月	5月	6月	7月	8月	9月	10月	11月	12月
	日干 月干 立年男女 中心星	日干 月干 立年男女 中心星	日干 月干 立年男女 中心星	日干 月干 立年男女 中心星	日干 月干 立年男女 中心星	日干 月干 立年男女 中心星	日干 月干 立年男女 中心星	日干 月干 立年男女 中心星	日干 月干 立年男女 中心星	日干 月干 立年男女 中心星	日干 月干 立年男女 中心星	日干 月干 立年男女 中心星
1	7庚13丙2+8−傷官	38辛14丁1+9−偏印	6己15戊8−2+正官	37庚16己9−1+正財	7庚17庚9−2+偏印	38辛18辛9−2+正官	8辛19壬8−2+偏官	39壬20癸8−2+正官	10癸21甲8−2+印綬	40癸22乙8−3+偏印	11甲23丙8−2+偏財	41甲24丁8−2+偏印
2	8辛13丙1+9−食神	39壬14丁1+9−正官	7庚15戊9−1+偏財	38辛16己9−1+偏財	8辛17庚9−1+印綬	39壬18辛9−1+偏財	9壬19壬9−2+正財	40癸20癸9−2+偏官	11甲21甲8−2+偏官	41甲22乙8−2+正官	12乙23丙8−2+正財	42乙24丁8−2+印綬
3	9壬13丙1+9−劫財	40癸14丁1+9−偏官	8辛15戊9−1+正財	39壬16己9−1+傷官	9壬17庚9−1+偏官	40癸18辛9−1+正財	10癸19壬9−1+偏財	41甲20癸9−2+正財	12乙21甲9−2+正官	42乙22乙8−2+偏官	13丙23丙8−2+食神	43丙24丁8−1+偏官
4	10癸13丙1+9−比肩	41甲15戊1−0+偏財	9壬15戊9−1+食神	40癸16己0−1+食神	10癸17庚0−1+正官	41甲18辛0−1+食神	11甲19壬9−1+傷官	42乙20癸9−1+偏財	13丙21甲9−1+偏財	43丙22乙9−2+正財	14丁23丙9−1+傷官	44丁24丁9−1+正官
5	11甲13丙1+0−印綬	42乙15戊1−0+正財	10癸15戊0−1+傷官	41甲17庚1−0+劫財	11甲17庚0−1+偏財	42乙18辛0−1+傷官	12乙19壬0−1+食神	43丙20癸0−1+偏財	14丁21甲9−1+正財	44丁22乙9−1+偏財	15戊23丙9−1+比肩	45戊24丁9−1+偏財
6	12乙14丁0+1−偏印	43丙15戊1−9+食神	11甲16己1−0+劫財	42乙17庚1−0+比肩	12乙18辛1−0+正財	43丙19壬1−0+傷官	13丙19壬0−1+劫財	44丁20癸0−1+食神	15戊21甲0−1+食神	45戊22乙9−1+傷官	16己23丙9−1+劫財	46己24丁9−1+正財
7	13丙14丁9+1−正官	44丁15戊1−9+傷官	12乙16己1−0+比肩	43丙17庚1−0+印綬	13丙18辛1−0+食神	44丁19壬1−0+食神	14丁20癸1−0+比肩	45戊20癸0−1+劫財	16己21甲0−1+傷官	46己22乙0−1+食神	17庚23丙0−1+偏印	47庚25戊1−0+傷官
8	14丁14丁9+1−偏官	45戊15戊1−9+比肩	13丙16己1−9+印綬	44丁17庚1−9+偏印	14丁18辛1−0+傷官	45戊19壬1−0+劫財	15戊20癸1−0+印綬	46己21甲1−0+劫財	17庚22乙1−0+劫財	47庚22乙0−1+劫財	18辛24丁1−0+正財	48辛25戊1−0+食神
9	15戊14丁9+1−正財	46己15戊2−8+劫財	14丁16己1−9+偏印	45戊17庚1−9+正官	15戊18辛1−9+比肩	46己19壬1−9+比肩	16己20癸1−0+偏印	47庚21甲1−0+偏印	18辛22乙1−0+比肩	48辛23丙1−0+比肩	19壬24丁1−9+食神	49壬25戊1−9+劫財
10	16己14丁8+1−偏財	47庚15戊2−8+偏印	15戊16己1−9+正官	46己17庚2−9+偏官	16己18辛1−9+劫財	47庚19壬1−9+印綬	17庚20癸1−0+正官	48辛21甲1−0+印綬	19壬22乙1−0+印綬	49壬23丙1−0+印綬	20癸24丁1−9+傷官	50癸25戊1−9+比肩
11	17庚14丁8+2−傷官	48辛15戊2−8+印綬	16己16己2−8+偏官	47庚17庚2−8+正財	17庚18辛2−9+偏印	48辛19壬2−9+偏印	18辛20癸1−9+偏官	49壬21甲1−9+偏官	20癸22乙1−9+偏印	50癸23丙1−9+偏印	21甲24丁1−9+比肩	51甲25戊1−9+印綬
12	18辛14丁8+2−食神	49壬15戊3−7+偏財	17庚16己2−8+正財	48辛17庚2−8+偏財	18辛18辛2−8+劫財	49壬19壬2−8+正官	19壬20癸2−9+正財	50癸21甲1−9+正官	21甲22乙1−9+正官	51甲23丙1−9+正官	22乙24丁1−8+劫財	52乙25戊2−8+偏印
13	19壬14丁7+2−劫財	50癸15戊3−7+正財	18辛16己2−8+偏財	49壬17庚3−8+傷官	19壬18辛2−8+偏印	50癸19壬2−8+偏官	20癸20癸2−9+偏財	51甲21甲2−9+偏財	22乙22乙2−9+偏官	52乙23丙1−9+偏官	23丙24丁2−8+偏印	53丙25戊2−8+正官
14	20癸14丁7+3−比肩	51甲15戊3−7+食神	19壬16己3−7+傷官	50癸17庚3−7+食神	20癸18辛3−8+印綬	51甲19壬3−8+正財	21甲20癸2−8+傷官	52乙21甲2−8+正財	23丙22乙2−8+正財	53丙23丙2−8+正財	24丁24丁2−8+印綬	54丁25戊2−8+偏官
15	21甲14丁7+3−印綬	52乙15戊4−6+傷官	20癸16己3−7+食神	51甲17庚3−7+印綬	21甲18辛3−7+偏官	52乙19壬3−7+偏財	22乙20癸3−8+食神	53丙21甲2−8+食神	24丁22乙2−8+偏財	54丁23丙2−8+偏財	25戊24丁2−7+偏官	55戊25戊3−7+正財
16	22乙14丁6+3−偏官	53丙15戊4−6+比肩	21甲16己3−7+劫財	52乙17庚4−7+偏印	22乙18辛3−7+正官	53丙19壬3−7+傷官	23丙20癸3−8+劫財	54丁21甲3−8+傷官	25戊22乙3−8+傷官	55戊23丙2−8+傷官	26己24丁3−7+正官	56己25戊3−7+偏財
17	23丙14丁6+4−正財	54丁15戊4−6+劫財	22乙16己4−6+比肩	53丙17庚4−6+正官	23丙18辛4−7+偏財	54丁19壬4−7+食神	24丁20癸3−7+偏印	55戊21甲3−7+比肩	26己22乙3−7+食神	56己23丙3−7+食神	27庚24丁3−7+偏財	57庚25戊3−7+傷官
18	24丁14丁6+4−偏財	55戊15戊5−5+偏印	23丙16己4−6+印綬	54丁17庚4−6+傷官	24丁18辛4−6+正財	55戊19壬4−6+劫財	25戊20癸4−7+正官	56己21甲3−7+劫財	27庚22乙3−7+劫財	57庚23丙3−7+劫財	28辛24丁3−6+正財	58辛25戊4−6+食神
19	25戊14丁5+4−劫財	56己15戊5−5+正官	24丁16己4−6+偏印	55戊17庚5−6+比肩	25戊18辛4−6+食神	56己19壬4−6+比肩	26己20癸4−7+偏官	57庚21甲4−7+食神	28辛22乙4−7+比肩	58辛23丙3−7+偏官	29壬24丁4−6+食神	59壬25戊4−6+劫財
20	26己14丁5+5−比肩	57庚15戊5−5+偏財	25戊16己5−5+正官	56己17庚5−5+劫財	26己18辛5−6+傷官	57庚19壬5−6+印綬	27庚20癸4−6+印綬	58辛21甲4−6+傷官	29壬22乙4−6+印綬	59壬23丙4−6+正財	30癸24丁4−6+傷官	60癸25戊4−6+比肩
21	27庚14丁5+5−印綬	58辛15戊6−4+正財	26己16己5−5+偏官	57庚17庚5−5+偏印	27庚18辛5−5+偏官	58辛19壬5−5+偏印	28辛20癸5−6+偏印	59壬21甲4−6+比肩	30癸22乙4−6+偏印	60癸23丙4−6+偏財	31甲24丁4−5+偏印	1甲25戊5−5+印綬
22	28辛14丁4+5−偏印	59壬15戊6−4+食神	27庚16己5−5+正財	58辛17庚6−5+印綬	28辛18辛5−5+正官	59壬19壬5−5+正官	29壬20癸5−6+正官	60癸21甲5−6+印綬	31甲22乙5−6+正官	1甲23丙4−6+偏財	32乙24丁5−5+印綬	2乙25戊5−5+偏印
23	29壬14丁4+6−正官	60癸15戊6−4+傷官	28辛16己6−4+偏財	59壬17庚6−4+偏官	29壬18辛6−5+偏財	60癸19壬6−5+偏官	30癸20癸5−5+偏官	1甲21甲5−5+偏官	32乙22乙5−5+偏官	2乙23丙5−5+正財	33丙24丁5−5+偏官	3丙25戊5−5+正官
24	30癸14丁4+6−偏官	1甲15戊7−3+比肩	29壬16己6−4+傷官	60癸17庚6−4+正官	30癸18辛6−4+正財	1甲19壬6−4+正財	31甲20癸6−5+正財	2乙21甲5−5+正官	33丙22乙5−5+正財	3丙23丙5−5+食神	34丁24丁5−4+正官	4丁25戊6−4+偏官
25	31甲14丁3+6−正財	2乙15戊7−3+劫財	30癸16己6−4+食神	1甲17庚7−4+偏財	31甲18辛6−4+食神	2乙19壬6−4+偏財	32乙20癸6−5+偏財	3丙21甲6−5+偏財	34丁22乙6−5+偏財	4丁23丙5−5+傷官	35戊24丁6−4+偏財	5戊25戊6−4+正財
26	32乙14丁3+7−偏財	3丙15戊7−3+偏印	31甲16己7−3+劫財	2乙17庚7−3+正財	32乙18辛7−4+傷官	3丙19壬7−4+劫財	33丙20癸6−4+傷官	4丁21甲6−4+正財	35戊22乙6−4+傷官	5戊23丙6−4+比肩	36己24丁6−4+正財	6己25戊6−4+偏財
27	33丙14丁3+7−傷官	4丁15戊8−2+印綬	32乙16己7−3+比肩	3丙17庚7−3+食神	33丙18辛7−3+比肩	4丁19壬7−3+比肩	34丁20癸7−4+食神	5戊21甲6−4+食神	36己22乙6−4+食神	6己23丙6−4+劫財	37庚24丁6−3+食神	7庚25戊7−3+傷官
28	34丁14丁2+7−食神	5戊15戊8−2+偏官	33丙16己7−3+印綬	4丁17庚8−3+傷官	34丁18辛7−3+劫財	5戊19壬7−3+印綬	35戊20癸7−4+劫財	6己21甲7−4+傷官	37庚22乙7−4+劫財	7庚23丙6−4+偏印	38辛24丁7−3+傷官	8辛25戊7−3+食神
29	35戊14丁2+8−劫財		34丁16己8−2+偏印	5戊17庚8−2+比肩	35戊18辛8−3+偏印	6己19壬8−3+偏印	36己20癸7−3+比肩	7庚21甲7−3+比肩	38辛22乙7−3+比肩	8辛23丙7−3+印綬	39壬24丁7−3+比肩	9壬25戊7−3+劫財
30	36己14丁2+8−比肩		35戊16己8−2+正官	6己17庚8−2+劫財	36己18辛8−2+印綬	7庚19壬8−2+正官	37庚20癸8−3+印綬	8辛21甲7−3+劫財	39壬22乙7−3+印綬	9壬23丙7−3+偏官	40癸24丁7−2+劫財	10癸25戊8−2+比肩
31	37庚14丁1+8−印綬		36己16己8−2+偏官		37庚18辛8−2+偏官		38辛20癸8−3+偏印	9壬21甲8−3+偏印		10癸23丙7−3+正官		11甲25戊8−2+印綬

1946年（昭和21年）生まれ　年干：23丙（2/4～翌年2/4まで）

日	1月	2月	3月	4月	5月	6月	7月	8月	9月	10月	11月	12月
	日干 月干 立年男女 中心星	日干 月干 立年男女 中心星	日干 月干 立年男女 中心星	日干 月干 立年男女 中心星	日干 月干 立年男女 中心星	日干 月干 立年男女 中心星	日干 月干 立年男女 中心星	日干 月干 立年男女 中心星	日干 月干 立年男女 中心星	日干 月干 立年男女 中心星	日干 月干 立年男女 中心星	日干 月干 立年男女 中心星
1	12乙25戊8−2+偏印	43丙26己9−1+傷官	11甲27庚2+8−比肩	42乙28辛1+9−比肩	12乙29壬2+9−正財	43丙30癸2+9−比肩	13丙31甲2+8−劫財	44丁32乙2+8−食神	15戊33丙2+8−食神	45戊34丁3+8−傷官	16己35戊2+8−劫財	46己36己2+8−正財
2	13丙25戊9−1+正官	44丁26己9−1+食神	12乙27庚1+9−劫財	43丙28辛1+9−印綬	13丙29壬1+9−食神	44丁30癸1+9−劫財	14丁31甲2+9−比肩	45戊32乙2+8−劫財	16己33丙2+8−傷官	46己34丁2+8−食神	17庚35戊2+8−偏印	47庚36己2+8−食神
3	14丁25戊9−1+偏官	45戊26己9−1+劫財	13丙27庚1+9−偏印	44丁28辛1+9−偏印	14丁29壬1+9−傷官	45戊30癸1+9−偏印	15戊31甲2+9−印綬	46己32乙2+9−比肩	17庚33丙2+9−比肩	47庚34丁2+8−劫財	18辛35戊2+8−印綬	48辛36己2+8−傷官
4	15戊25戊9−1+正財	46己27庚0+1−劫財	14丁27庚1+9−印綬	45戊28辛1+0−正官	15戊29壬1+0−比肩	46己30癸1+0−印綬	16己31甲1+9−偏印	47庚32乙1+9−印綬	18辛33丙1+9−劫財	48辛34丁2+9−比肩	19壬35戊1+9−偏官	49壬36己1+9−比肩
5	16己25戊0−1+偏財	47庚27庚0+1−偏印	15戊27庚1+0−偏官	46己29壬0+1−偏官	16己29壬1+0−劫財	47庚30癸1+0−偏官	17庚31甲1+0−正官	48辛32乙1+9−偏印	19壬33丙1+9−偏印	49壬34丁1+9−印綬	20癸35戊1+9−正官	50癸36己1+9−劫財
6	17庚26己1−0+傷官	48辛27庚9+1−印綬	16己28辛0+1−偏官	47庚29壬0+1−正財	17庚30癸0+1−偏印	48辛31甲0+1−偏印	18辛31甲1+0−偏官	49壬32乙1+0−正官	20癸33丙1+0−印綬	50癸34丁1+9−偏印	21甲35戊1+9−偏財	51甲36己1+9−偏印
7	18辛26己1−9+食神	49壬27庚9+1−偏官	17庚28辛0+1−正財	48辛29壬0+1−偏財	18辛30癸0+1−印綬	49壬31甲0+1−正官	19壬31甲1+0−正財	50癸32乙1+0−偏官	21甲33丙1+0−偏官	51甲34丁1+0−正官	22乙35戊1+0−正財	52乙36己1+0−印綬
8	19壬26己1−9+劫財	50癸27庚9+1−正官	18辛28辛9+1−偏財	49壬29壬9+1−傷官	19壬30癸0+1−偏官	50癸31甲0+1−偏官	20癸32乙0+1−偏財	51甲33丙0+1−偏財	22乙34丁0+1−偏官	52乙34丁1+0−偏官	23丙36己0+1−偏印	53丙37庚0+1−正官
9	20癸26己1−9+比肩	51甲27庚8+2−偏財	19壬28辛9+1−傷官	50癸29壬9+1−食神	20癸30癸9+1−正官	51甲31甲0+1−正財	21甲32乙0+1−傷官	52乙33丙0+1−正財	23丙34丁0+1−正財	53丙35戊0+1−正財	24丁36己0+1−印綬	54丁37庚9+1−偏官
10	21甲26己1−8+印綬	52乙27庚8+2−正財	20癸28辛9+1−食神	51甲29壬9+2−劫財	21甲30癸9+1−偏財	52乙31甲9+1−偏財	22乙32乙0+1−食神	53丙33丙0+1−食神	24丁34丁0+1−偏財	54丁35戊0+1−偏財	25戊36己9+1−偏官	55戊37庚9+1−正財
11	22乙26己2−8+偏印	53丙27庚8+2−食神	21甲28辛8+2−劫財	52乙29壬8+2−比肩	22乙30癸9+2−正財	53丙31甲9+2−傷官	23丙32乙9+1−劫財	54丁33丙9+1−傷官	25戊34丁9+1−傷官	55戊35戊9+1−偏官	26己36己9+1−正官	56己37庚9+1−偏財
12	23丙26己2−8+正官	54丁27庚7+3−劫財	22乙28辛8+2−比肩	53丙29壬8+2−印綬	23丙30癸8+2−偏財	54丁31甲9+2−食神	24丁32乙9+1−比肩	55戊33丙9+1−比肩	26己34丁9+1−食神	56己35戊9+1−食神	27庚36己9+1−偏財	57庚37庚8+1−傷官
13	24丁26己2−7+偏官	55戊27庚7+3−偏印	23丙28辛8+2−印綬	54丁29壬8+3−偏印	24丁30癸8+2−正財	55戊31甲8+2−劫財	25戊32乙9+2−印綬	56己33丙9+2−劫財	27庚34丁9+2−劫財	57庚35戊9+1−劫財	28辛36己8+2−正財	58辛37庚8+2−食神
14	25戊26己3−7+正財	56己27庚7+3−印綬	24丁28辛7+3−偏印	55戊29壬7+3−正官	25戊30癸8+3−食神	56己31甲8+3−比肩	26己32乙8+2−偏印	57庚33丙8+2−偏印	28辛34丁8+2−比肩	58辛35戊8+2−比肩	29壬36己8+2−食神	59壬37庚8+2−劫財
15	26己26己3−7+偏財	57庚27庚6+4−偏官	25戊28辛7+3−正官	56己29壬7+3−偏財	26己30癸7+3−傷官	57庚31甲8+3−印綬	27庚32乙8+2−正官	58辛33丙8+2−印綬	29壬34丁8+2−印綬	59壬35戊8+2−印綬	30癸36己8+2−傷官	60癸37庚7+2−比肩
16	27庚26己3−6+劫財	58辛27庚6+4−正官	26己28辛7+3−偏官	57庚29壬7+4−傷官	27庚30癸7+3−比肩	58辛31甲7+3−偏印	28辛32乙8+3−偏官	59壬33丙8+3−偏官	30癸34丁8+3−偏印	60癸35戊8+2−偏印	31甲36己7+3−比肩	1甲37庚7+3−印綬
17	28辛26己4−6+比肩	59壬27庚6+4−偏財	27庚28辛6+4−正財	58辛29壬6+4−食神	28辛30癸7+4−劫財	59壬31甲7+4−正官	29壬32乙7+3−正財	60癸33丙7+3−正官	31甲34丁7+3−正官	1甲35戊7+3−正官	32乙36己7+3−劫財	2乙37庚7+3−偏印
18	29壬26己4−6+印綬	60癸27庚5+5−正財	28辛28辛6+4−偏財	59壬29壬6+4−偏官	29壬30癸6+4−偏印	60癸31甲7+4−偏官	30癸32乙7+3−食神	1甲33丙7+3−偏財	32乙34丁7+3−偏官	2乙35戊7+3−偏官	33丙36己7+3−偏印	3丙37庚6+3−正官
19	30癸26己4−5+偏官	1甲27庚5+5−比肩	29壬28辛6+4−傷官	60癸29壬6+5−正官	30癸30癸6+4−印綬	1甲31甲6+4−正財	31甲32乙7+4−劫財	2乙33丙7+4−印綬	33丙34丁7+4−正財	3丙35戊7+3−劫財	34丁36己6+4−印綬	4丁37庚6+4−偏官
20	31甲26己5−5+正財	2乙27庚5+5−劫財	30癸28辛5+5−食神	1甲29壬5+5−偏財	31甲30癸6+5−偏官	2乙31甲6+5−偏財	32乙32乙6+4−比肩	3丙33丙6+4−偏官	34丁34丁6+4−偏財	4丁35戊6+4−比肩	35戊36己6+4−偏官	5戊37庚6+4−正財
21	32乙26己5−5+偏財	3丙27庚4+6−偏印	31甲28辛5+5−劫財	2乙29壬5+5−正財	32乙30癸5+5−傷官	3丙31甲6+5−傷官	33丙32乙6+4−傷官	4丁33丙6+4−正官	35戊34丁6+4−傷官	5戊35戊6+4−印綬	36己36己6+4−正財	6己37庚5+4−偏財
22	33丙26己5−4+傷官	4丁27庚4+6−印綬	32乙28辛5+5−比肩	3丙29壬5+6−食神	33丙30癸5+5−比肩	4丁31甲5+5−食神	34丁32乙6+5−食神	5戊33丙6+5−食神	36己34丁6+5−食神	6己35戊6+4−劫財	37庚36己5+5−食神	7庚37庚5+5−傷官
23	34丁26己6−4+食神	5戊27庚4+6−偏官	33丙28辛4+6−印綬	4丁29壬4+6−傷官	34丁30癸5+6−劫財	5戊31甲5+6−劫財	35戊32乙5+5−劫財	6己33丙5+5−傷官	37庚34丁5+5−劫財	7庚35戊5+5−偏印	38辛36己5+5−傷官	8辛37庚5+5−食神
24	35戊26己6−4+劫財	6己27庚3+7−正官	34丁28辛4+6−偏印	5戊29壬4+6−比肩	35戊30癸4+6−偏印	6己31甲5+6−比肩	36己32乙5+5−比肩	7庚33丙5+5−比肩	38辛34丁5+5−比肩	8辛35戊5+5−印綬	39壬36己5+5−比肩	9壬37庚4+5−劫財
25	36己26己6−3+比肩	7庚27庚3+7−偏財	35戊28辛4+6−正官	6己29壬4+7−劫財	36己30癸4+6−印綬	7庚31甲4+6−印綬	37庚32乙5+6−印綬	8辛33丙5+6−劫財	39壬34丁5+6−印綬	9壬35戊5+5−偏官	40癸36己4+6−劫財	10癸37庚4+6−比肩
26	37庚26己7−3+印綬	8辛27庚3+7−正財	36己28辛3+7−偏官	7庚29壬3+7−偏印	37庚30癸4+7−偏官	8辛31甲4+7−偏官	38辛32乙4+6−偏印	9壬33丙4+6−偏印	40癸34丁4+6−偏印	10癸35戊4+6−正官	41甲36己4+6−偏印	11甲37庚4+6−印綬
27	38辛26己7−3+偏印	9壬27庚2+8−食神	37庚28辛3+7−正財	8辛29壬3+7−印綬	38辛30癸3+7−正官	9壬31甲4+7−正財	39壬32乙4+6−正官	10癸33丙4+6−印綬	41甲34丁4+6−正官	11甲35戊4+6−偏財	42乙36己4+6−印綬	12乙37庚3+6−偏印
28	39壬26己7−2+正官	10癸27庚2+8−傷官	38辛28辛3+7−偏財	9壬29壬3+8−偏官	39壬30癸3+7−偏財	10癸31甲3+7−偏財	40癸32乙4+7−偏官	11甲33丙4+7−偏官	42乙34丁4+7−偏官	12乙35戊4+6−正財	43丙36己3+7−偏官	13丙37庚3+7−正官
29	40癸26己8−2+偏官		39壬28辛2+8−傷官	10癸29壬2+8−正官	40癸30癸3+8−正財	11甲31甲3+8−傷官	41甲32乙3+7−正財	12乙33丙3+7−正官	43丙34丁3+7−正財	13丙35戊3+7−食神	44丁36己3+7−正官	14丁37庚3+7−偏官
30	41甲26己8−2+正財		40癸28辛2+8−食神	11甲29壬2+8−偏財	41甲30癸2+8−食神	12乙31甲3+8−食神	42乙32乙3+7−偏財	13丙33丙3+7−偏財	44丁34丁3+7−偏財	14丁35戊3+7−傷官	45戊36己3+7−偏財	15戊37庚2+7−正財
31	42乙26己8−1+偏財		41甲28辛2+8−劫財		42乙30癸2+8−傷官		43丙32乙3+8−傷官	14丁33丙3+8−正財		15戊35戊3+7−比肩		16己37庚2+8−偏財

1947年（昭和22年）生まれ　年干：24丁（2/5～翌年2/4まで）

日	1月	2月	3月	4月	5月	6月	7月	8月	9月	10月	11月	12月
日	日干 月干 立年男女 中心星	日干 月干 立年男女 中心星	日干 月干 立年男女 中心星	日干 月干 立年男女 中心星	日干 月干 立年男女 中心星	日干 月干 立年男女 中心星	日干 月干 立年男女 中心星	日干 月干 立年男女 中心星	日干 月干 立年男女 中心星	日干 月干 立年男女 中心星	日干 月干 立年男女 中心星	日干 月干 立年男女 中心星
1	17庚37庚2+8−傷官	48辛38辛1+9−偏印	16己39壬8−2+正官	47庚40癸9−2+正財	17庚41甲8−2+偏印	48辛42乙9−2+正官	18辛43丙8−2+偏官	49壬44丁8−2+正官	20癸45戊8−2+印綬	50癸46己8−3+偏印	21甲47庚8−2+偏財	51甲48辛8−2+偏印
2	18辛37庚1+8−食神	49壬38辛1+9−正官	17庚39壬8−1+偏財	48辛40癸9−1+偏財	18辛41甲9−1+印綬	49壬42乙9−1+偏財	19壬43丙9−2+正財	50癸44丁8−2+偏官	21甲45戊8−2+偏官	51甲46己8−2+正官	22乙47庚8−2+正財	52乙48辛8−2+印綬
3	19壬37庚1+9−劫財	50癸38辛1+9−偏官	18辛39壬9−1+正財	49壬40癸9−1+傷官	19壬41甲9−1+偏官	50癸42乙9−1+正財	20癸43丙9−2+偏財	51甲44丁9−2+正財	22乙45戊9−2+正官	52乙46己8−2+偏官	23丙47庚8−2+食神	53丙48辛8−2+偏官
4	20癸37庚1+9−比肩	51甲38辛1+0−正財	19壬39壬9−1+食神	50癸40癸0−1+食神	20癸41甲9−1+正官	51甲42乙0−1+食神	21甲43丙9−1+傷官	52乙44丁9−1+偏財	23丙45戊9−1+偏財	53丙46己9−2+正財	24丁47庚9−1+傷官	54丁48辛9−1+正官
5	21甲37庚1+9−印綬	52乙39壬1−0+正財	20癸39壬9−1+傷官	51甲40癸0−1+劫財	21甲41甲0−1+偏財	52乙42乙0−1+傷官	22乙43丙0−1+食神	53丙44丁9−1+傷官	24丁45戊9−1+正財	54丁46己9−1+偏財	25戊47庚9−1+比肩	55戊48辛9−1+偏財
6	22乙38辛0+1−偏印	53丙39壬1−9+食神	21甲40癸1−0+劫財	52乙41甲1−0+比肩	22乙42乙1−0+正財	53丙43丙1−0+傷官	23丙43丙0−1+劫財	54丁44丁0−1+食神	25戊45戊0−1+食神	55戊46己9−1+傷官	26己47庚9−1+劫財	56己48辛9−1+正財
7	23丙38辛0+1−正官	54丁39壬1−9+傷官	22乙40癸1−0+比肩	53丙41甲1−0+印綬	23丙42乙1−0+食神	54丁43丙1−0+食神	24丁43丙0−1+比肩	55戊44丁0−1+劫財	26己45戊0−1+傷官	56己46己0−1+食神	27庚47庚0−1+偏印	57庚48辛0−1+食神
8	24丁38辛9+1−偏官	55戊39壬1−9+比肩	23丙40癸1−0+印綬	54丁41甲1−9+偏印	24丁42乙1−0+傷官	55戊43丙1−0+劫財	25戊44丁1−0+印綬	56己45戊1−0+劫財	27庚46己1−0+劫財	57庚46己0−1+劫財	28辛48辛1−0+正財	58辛49壬1−0+食神
9	25戊38辛9+1−正財	56己39壬1−8+劫財	24丁40癸1−9+偏印	55戊41甲1−9+正官	25戊42乙1−9+比肩	56己43丙1−0+比肩	26己44丁1−0+偏印	57庚45戊1−0+偏印	28辛46己1−0+比肩	58辛47庚1−0+比肩	29壬48辛1−0+食神	59壬49壬1−9+劫財
10	26己38辛9+1−偏財	57庚39壬2−8+偏印	25戊40癸1−9+正官	56己41甲1−9+偏官	26己42乙1−9+劫財	57庚43丙1−9+印綬	27庚44丁1−0+正官	58辛45戊1−0+印綬	29壬46己1−0+印綬	59壬47庚1−0+印綬	30癸48辛1−9+傷官	60癸49壬1−9+比肩
11	27庚38辛8+2−傷官	58辛39壬2−8+印綬	26己40癸2−9+偏官	57庚41甲2−8+正財	27庚42乙2−9+偏印	58辛43丙2−9+偏印	28辛44丁1−9+偏官	59壬45戊1−9+偏官	30癸46己1−9+偏印	60癸47庚1−9+偏印	31甲48辛1−9+比肩	1甲49壬1−9+印綬
12	28辛38辛8+2−食神	59壬39壬2−7+偏官	27庚40癸2−8+正財	58辛41甲2−8+偏財	28辛42乙2−8+劫財	59壬43丙2−9+偏官	29壬44丁1−9+正財	60癸45戊1−9+正官	31甲46己1−9+正官	1甲47庚1−9+正官	32乙48辛1−9+劫財	2乙49壬1−8+偏印
13	29壬38辛8+2−劫財	60癸39壬3−7+正財	28辛40癸2−8+偏財	59壬41甲2−8+傷官	29壬42乙2−8+偏印	60癸43丙2−8+偏官	30癸44丁2−9+偏財	1甲45戊2−9+偏財	32乙46己2−9+偏官	2乙47庚1−9+偏官	33丙48辛2−8+偏印	3丙49壬2−8+正官
14	30癸38辛7+3−比肩	1甲39壬3−7+食神	29壬40癸3−8+傷官	60癸41甲3−7+食神	30癸42乙3−8+印綬	1甲43丙3−8+正財	31甲44丁2−8+傷官	2乙45戊2−8+正財	33丙46己2−8+正財	3丙47庚2−8+正財	34丁48辛2−8+印綬	4丁49壬2−8+偏官
15	31甲38辛7+3−印綬	2乙39壬3−6+傷官	30癸40癸3−7+食神	1甲41甲3−7+劫財	31甲42乙3−7+偏官	2乙43丙3−8+偏財	32乙44丁2−8+食神	3丙45戊2−8+食神	34丁46己2−8+偏財	4丁47庚2−8+偏財	35戊48辛2−8+偏官	5戊49壬2−7+正財
16	32乙38辛7+3−偏官	3丙39壬4−6+比肩	31甲40癸3−7+劫財	2乙41甲3−7+偏印	32乙42乙3−7+正官	3丙43丙3−7+傷官	33丙44丁3−8+劫財	4丁45戊3−8+傷官	35戊46己3−8+傷官	5戊47庚2−8+傷官	36己48辛3−7+正官	6己49壬3−7+偏財
17	33丙38辛6+4−正財	4丁39壬4−6+劫財	32乙40癸4−7+比肩	3丙41甲4−6+正官	33丙42乙4−7+偏財	4丁43丙4−7+食神	34丁44丁3−7+比肩	5戊45戊3−7+比肩	36己46己3−7+食神	6己47庚3−7+食神	37庚48辛3−7+偏財	7庚49壬3−7+傷官
18	34丁38辛6+4−偏財	5戊39壬4−5+偏印	33丙40癸4−6+印綬	4丁41甲4−6+偏官	34丁42乙4−6+正財	5戊43丙4−7+劫財	35戊44丁3−7+正官	6己45戊3−7+劫財	37庚46己3−7+劫財	7庚47庚3−7+劫財	38辛48辛3−7+正財	8辛49壬3−6+食神
19	35戊38辛6+4−劫財	6己39壬5−5+印綬	34丁40癸4−6+偏印	5戊41甲4−6+比肩	35戊42乙4−6+食神	6己43丙4−6+比肩	36己44丁4−7+偏官	7庚45戊4−7+食神	38辛46己4−7+比肩	8辛47庚3−7+偏官	39壬48辛4−6+食神	9壬49壬4−6+劫財
20	36己38辛5+5−比肩	7庚39壬5−5+偏財	35戊40癸5−6+正官	6己41甲5−5+劫財	36己42乙5−6+傷官	7庚43丙5−6+印綬	37庚44丁4−6+正財	8辛45戊4−6+傷官	39壬46己4−6+印綬	9壬47庚4−6+正財	40癸48辛4−6+傷官	10癸49壬4−6+比肩
21	37庚38辛5+5−印綬	8辛39壬5−4+正財	36己40癸5−5+偏官	7庚41甲5−5+偏印	37庚42乙5−5+偏官	8辛43丙5−6+偏印	38辛44丁4−6+偏印	9壬45戊4−6+比肩	40癸46己4−6+偏印	10癸47庚4−6+偏財	41甲48辛4−6+偏印	11甲49壬4−5+印綬
22	38辛38辛5+5−偏印	9壬39壬6−4+食神	37庚40癸5−5+正財	8辛41甲5−5+印綬	38辛42乙5−5+正官	9壬43丙5−5+正官	39壬44丁5−6+正官	10癸45戊5−6+印綬	41甲46己5−6+正官	11甲47庚4−6+偏財	42乙48辛5−5+印綬	12乙49壬5−5+偏印
23	39壬38辛4+6−正官	10癸39壬6−4+傷官	38辛40癸6−5+偏財	9壬41甲6−4+偏官	39壬42乙6−5+偏財	10癸43丙6−5+偏官	40癸44丁5−5+偏官	11甲45戊5−5+偏官	42乙46己5−5+偏官	12乙47庚5−5+正財	43丙48辛5−5+偏官	13丙49壬5−5+正官
24	40癸38辛4+6−偏官	11甲39壬6−3+比肩	39壬40癸6−4+傷官	10癸41甲6−4+正官	40癸42乙6−4+正財	11甲43丙6−5+正財	41甲44丁5−5+正財	12乙45戊5−5+正官	43丙46己5−5+正財	13丙47庚5−5+食神	44丁48辛5−5+正官	14丁49壬5−4+偏官
25	41甲38辛4+6−正財	12乙39壬7−3+劫財	40癸40癸6−4+食神	11甲41甲6−4+偏財	41甲42乙6−4+食神	12乙43丙6−4+偏財	42乙44丁6−5+偏財	13丙45戊6−5+偏財	44丁46己6−5+偏財	14丁47庚5−5+傷官	45戊48辛6−4+偏財	15戊49壬6−4+正財
26	42乙38辛3+7−偏財	13丙39壬7−3+偏印	41甲40癸7−4+劫財	12乙41甲7−3+正財	42乙42乙7−4+傷官	13丙43丙7−4+劫財	43丙44丁6−4+傷官	14丁45戊6−4+正財	45戊46己6−4+傷官	15戊47庚6−4+比肩	46己48辛6−4+正財	16己49壬6−4+偏財
27	43丙38辛3+7−傷官	14丁39壬7−2+印綬	42乙40癸7−3+比肩	13丙41甲7−3+食神	43丙42乙7−3+比肩	14丁43丙7−4+比肩	44丁44丁6−4+食神	15戊45戊6−4+食神	46己46己6−4+食神	16己47庚6−4+劫財	47庚48辛6−4+食神	17庚49壬6−3+傷官
28	44丁38辛3+7−食神	15戊39壬8−2+偏官	43丙40癸7−3+印綬	14丁41甲7−3+傷官	44丁42乙7−3+劫財	15戊43丙7−3+印綬	45戊44丁7−4+劫財	16己45戊7−4+傷官	47庚46己7−4+劫財	17庚47庚6−4+偏印	48辛48辛7−3+傷官	18辛49壬7−3+食神
29	45戊38辛2+8−劫財		44丁40癸8−3+偏印	15戊41甲8−2+比肩	45戊42乙8−3+偏印	16己43丙8−3+偏印	46己44丁7−3+比肩	17庚45戊7−3+比肩	48辛46己7−3+比肩	18辛47庚7−3+印綬	49壬48辛7−3+比肩	19壬49壬7−3+劫財
30	46己38辛2+8−比肩		45戊40癸8−2+正官	16己41甲8−2+劫財	46己42乙8−2+印綬	17庚43丙8−3+正官	47庚44丁7−3+印綬	18辛45戊7−3+劫財	49壬46己7−3+印綬	19壬47庚7−3+偏官	50癸48辛7−3+劫財	20癸49壬7−2+比肩
31	47庚38辛2+8−印綬		46己40癸8−2+偏官		47庚42乙8−2+偏官		48辛44丁8−3+偏印	19壬45戊8−3+偏印		20癸47庚7−3+正官		21甲49壬8−2+印綬

1948年（昭和23年）生まれ　年干：25戊（2/5～翌年2/3まで）

日	1月	2月	3月	4月	5月	6月	7月	8月	9月	10月	11月	12月
	日干 月干 立年男女 中心星	日干 月干 立年男女 中心星	日干 月干 立年男女 中心星	日干 月干 立年男女 中心星	日干 月干 立年男女 中心星	日干 月干 立年男女 中心星	日干 月干 立年男女 中心星	日干 月干 立年男女 中心星	日干 月干 立年男女 中心星	日干 月干 立年男女 中心星	日干 月干 立年男女 中心星	日干 月干 立年男女 中心星
1	22乙49壬8−2+偏印	53丙50癸9−1+傷官	22乙51甲2+8−劫財	53丙52乙1+9−印綬	23丙53丙1+9−食神	54丁54丁2+9−劫財	24丁55戊2+8−比肩	55戊56己2+8−劫財	26己57庚2+8−傷官	56己58辛2+8−食神	27庚59壬2+8−偏印	57庚60癸2+8−食神
2	23丙49壬8−1+正官	54丁50癸9−1+食神	23丙51甲1+9−偏印	54丁52乙1+9−偏印	24丁53丙1+9−傷官	55戊54丁1+9−偏印	25戊55戊2+9−印綬	56己56己2+9−比肩	27庚57庚2+8−比肩	57庚58辛2+8−劫財	28辛59壬2+8−印綬	58辛60癸2+8−傷官
3	24丁49壬9−1+偏官	55戊50癸9−1+劫財	24丁51甲1+9−印綬	55戊52乙1+9−正官	25戊53丙1+9−比肩	56己54丁1+0−印綬	26己55戊1+9−偏印	57庚56己2+9−印綬	28辛57庚2+9−劫財	58辛58辛2+8−比肩	29壬59壬1+9−偏官	59壬60癸1+9−比肩
4	25戊49壬9−1+正財	56己50癸0−1+比肩	25戊51甲1+9−偏官	56己52乙1+0−偏官	26己53丙1+0−劫財	57庚54丁1+0−偏官	27庚55戊1+9−正官	58辛56己1+9−偏印	29壬57庚1+9−偏印	59壬58辛1+9−印綬	30癸59壬1+9−正官	60癸60癸1+9−劫財
5	26己49壬9−1+偏財	57庚51甲0+1−偏印	26己51甲1+0−正官	57庚53丙0+1−正財	27庚54丁0+1−偏印	58辛54丁1+0−正官	28辛55戊1+0−偏官	59壬56己1+0−正官	30癸57庚1+9−印綬	60癸58辛1+9−偏印	31甲59壬1+9−偏財	1甲60癸1+9−偏印
6	27庚50癸1−0+傷官	58辛51甲0+1−印綬	27庚52乙0+1−正財	58辛53丙0+1−偏財	28辛54丁0+1−印綬	59壬55戊0+1−正官	29壬55戊1+0−正財	60癸56己1+0−偏官	31甲57庚1+0−偏官	1甲58辛1+9−正官	32乙59壬1+0−正財	2乙60癸1+0−印綬
7	28辛50癸1−0+食神	59壬51甲9+1−偏官	28辛52乙0+1−偏財	59壬53丙9+1−傷官	29壬54丁0+1−偏官	60癸55戊0+1−偏官	30癸56己0+1−偏財	1甲56己1+0−正財	32乙57庚1+0−正官	2乙58辛1+0−偏官	33丙60癸0+1−偏印	3丙 1甲0+1−正官
8	29壬50癸1−9+劫財	60癸51甲9+1−正官	29壬52乙9+1−傷官	60癸53丙9+1−食神	30癸54丁0+1−正官	1甲55戊0+1−正財	31甲56己0+1−傷官	2乙57庚0+1−正財	33丙58辛0+1−正財	3丙59壬0+1−正財	34丁60癸0+1−印綬	4丁 1甲0+1−偏官
9	30癸50癸1−9+比肩	1甲51甲9+1−偏財	30癸52乙9+1−食神	1甲53丙9+1−劫財	31甲54丁9+1−偏財	2乙55戊9+1−偏財	32乙56己0+1−食神	3丙57庚0+1−食神	34丁58辛0+1−偏財	4丁59壬0+1−偏財	35戊60癸9+1−偏官	5戊 1甲9+1−正財
10	31甲50癸1−9+印綬	2乙51甲8+2−正財	31甲52乙9+1−劫財	2乙53丙8+2−比肩	32乙54丁9+2−正財	3丙55戊9+1−傷官	33丙56己0+1−劫財	4丁57庚0+1−傷官	35戊58辛9+1−傷官	5戊59壬9+1−傷官	36己60癸9+1−正官	6己 1甲9+1−偏財
11	32乙50癸2−8+偏印	3丙51甲8+2−食神	32乙52乙8+2−比肩	3丙53丙8+2−印綬	33丙54丁9+2−偏財	4丁55戊9+2−食神	34丁56己9+1−比肩	5戊57庚9+1−比肩	36己58辛9+1−食神	6己59壬9+1−食神	37庚60癸9+1−偏財	7庚 1甲9+1−傷官
12	33丙50癸2−8+正官	4丁51甲8+2−傷官	33丙52乙8+2−印綬	4丁53丙8+2−偏印	34丁54丁8+2−正財	5戊55戊8+2−劫財	35戊56己9+2−印綬	6己57庚9+1−劫財	37庚58辛9+1−劫財	7庚59壬9+1−劫財	38辛60癸8+2−正財	8辛 1甲8+2−食神
13	34丁50癸2−8+偏官	5戊51甲7+3−偏印	34丁52乙8+2−偏印	5戊53丙7+3−正官	35戊54丁8+3−食神	6己55戊8+2−比肩	36己56己9+2−偏印	7庚57庚9+2−偏印	38辛58辛8+2−比肩	8辛59壬8+2−比肩	39壬60癸8+2−食神	9壬 1甲8+2−劫財
14	35戊50癸3−7+正財	6己51甲7+3−印綬	35戊52乙7+3−正官	6己53丙7+3−偏官	36己54丁8+3−傷官	7庚55戊8+3−印綬	37庚56己8+2−正官	8辛57庚8+2−印綬	39壬58辛8+2−印綬	9壬59壬8+2−印綬	40癸60癸8+2−傷官	10癸 1甲8+2−比肩
15	36己50癸3−7+偏財	7庚51甲7+3−偏官	36己52乙7+3−偏官	7庚53丙7+3−傷官	37庚54丁7+3−比肩	8辛55戊7+3−偏印	38辛56己8+3−偏官	9壬57庚8+2−偏官	40癸58辛8+2−偏印	10癸59壬8+2−偏印	41甲60癸7+3−比肩	11甲 1甲7+3−印綬
16	37庚50癸3−7+劫財	8辛51甲6+4−正官	37庚52乙7+3−正財	8辛53丙6+4−食神	38辛54丁7+4−劫財	9壬55戊7+3−正官	39壬56己8+3−正財	10癸57庚8+3−正官	41甲58辛7+3−正官	11甲59壬7+3−正官	42乙60癸7+3−劫財	12乙 1甲7+3−偏印
17	38辛50癸4−6+比肩	9壬51甲6+4−偏財	38辛52乙6+4−偏財	9壬53丙6+4−劫財	39壬54丁7+4−偏印	10癸55戊7+4−偏官	40癸56己7+3−食神	11甲57庚7+3−偏財	42乙58辛7+3−偏官	12乙59壬7+3−偏官	43丙60癸7+3−偏印	13丙 1甲7+3−正官
18	39壬50癸4−6+印綬	10癸51甲6+4−正財	39壬52乙6+4−傷官	10癸53丙6+4−正官	40癸54丁6+4−印綬	11甲55戊6+4−正財	41甲56己7+4−劫財	12乙57庚7+3−正財	43丙58辛7+3−正財	13丙59壬7+3−劫財	44丁60癸6+4−印綬	14丁 1甲6+4−偏官
19	40癸50癸4−6+偏官	11甲51甲5+5−食神	40癸52乙6+4−食神	11甲53丙5+5−偏財	41甲54丁6+5−偏官	12乙55戊6+4−偏財	42乙56己7+4−比肩	13丙57庚7+4−偏官	44丁58辛6+4−偏財	14丁59壬6+4−比肩	45戊60癸6+4−偏官	15戊 1甲6+4−正財
20	41甲50癸5−5+正財	12乙51甲5+5−劫財	41甲52乙5+5−劫財	12乙53丙5+5−正財	42乙54丁6+5−傷官	13丙55戊6+5−傷官	43丙56己6+4−傷官	14丁57庚6+4−正官	45戊58辛6+4−傷官	15戊59壬6+4−印綬	46己60癸6+4−正財	16己 1甲6+4−偏財
21	42乙50癸5−5+偏財	13丙51甲5+5−偏印	42乙52乙5+5−比肩	13丙53丙5+5−食神	43丙54丁5+5−比肩	14丁55戊5+5−食神	44丁56己6+5−食神	15戊57庚6+4−偏財	46己58辛6+4−食神	16己59壬6+4−劫財	47庚60癸5+5−食神	17庚 1甲5+5−傷官
22	43丙50癸5−5+傷官	14丁51甲4+6−印綬	43丙52乙5+5−印綬	14丁53丙4+6−傷官	44丁54丁5+6−劫財	15戊55戊5+5−劫財	45戊56己6+5−劫財	16己57庚6+5−傷官	47庚58辛5+5−劫財	17庚59壬5+5−偏印	48辛60癸5+5−傷官	18辛 1甲5+5−食神
23	44丁50癸6−4+食神	15戊51甲4+6−偏官	44丁52乙4+6−偏印	15戊53丙4+6−比肩	45戊54丁5+6−偏印	16己55戊5+6−比肩	46己56己5+5−比肩	17庚57庚5+5−比肩	48辛58辛5+5−比肩	18辛59壬5+5−印綬	49壬60癸5+5−比肩	19壬 1甲5+5−劫財
24	45戊50癸6−4+劫財	16己51甲4+6−正官	45戊52乙4+6−正官	16己53丙4+6−劫財	46己54丁4+6−印綬	17庚55戊4+6−印綬	47庚56己5+6−印綬	18辛57庚5+5−劫財	49壬58辛5+5−印綬	19壬59壬5+5−偏官	50癸60癸4+6−劫財	20癸 1甲4+6−比肩
25	46己50癸6−4+比肩	17庚51甲3+7−偏財	46己52乙4+6−偏官	17庚53丙3+7−偏印	47庚54丁4+7−偏官	18辛55戊4+6−偏印	48辛56己5+6−偏印	19壬57庚5+6−偏印	50癸58辛4+6−偏印	20癸59壬4+6−正官	51甲60癸4+6−偏印	21甲 1甲4+6−印綬
26	47庚50癸7−3+印綬	18辛51甲3+7−正財	47庚52乙3+7−正財	18辛53丙3+7−印綬	48辛54丁4+7−正官	19壬55戊4+7−正財	49壬56己4+6−正官	20癸57庚4+6−印綬	51甲58辛4+6−正官	21甲59壬4+6−偏財	52乙60癸4+6−印綬	22乙 1甲4+6−偏印
27	48辛50癸7−3+偏印	19壬51甲3+7−食神	48辛52乙3+7−偏財	19壬53丙3+7−偏官	49壬54丁3+7−偏財	20癸55戊3+7−偏財	50癸56己4+7−偏官	21甲57庚4+6−偏官	52乙58辛4+6−偏官	22乙59壬4+6−正財	53丙60癸3+7−偏官	23丙 1甲3+7−正官
28	49壬50癸7−3+正官	20癸51甲2+8−傷官	49壬52乙3+7−傷官	20癸53丙2+8−正官	50癸54丁3+8−正財	21甲55戊3+7−傷官	51甲56己4+7−正財	22乙57庚4+7−正官	53丙58辛3+7−正財	23丙59壬3+7−食神	54丁60癸3+7−正官	24丁 1甲3+7−偏官
29	50癸50癸8−2+偏官	21甲51甲2+8−比肩	50癸52乙2+8−食神	21甲53丙2+8−偏財	51甲54丁3+8−食神	22乙55戊3+8−食神	52乙56己3+7−偏財	23丙57庚3+7−偏財	54丁58辛3+7−偏財	24丁59壬3+7−傷官	55戊60癸3+7−偏財	25戊 1甲3+7−正財
30	51甲50癸8−2+正財		51甲52乙2+8−劫財	22乙53丙2+8−正財	52乙54丁2+8−傷官	23丙55戊2+8−劫財	53丙56己3+8−傷官	24丁57庚3+7−正財	55戊58辛3+7−傷官	25戊59壬3+7−比肩	56己60癸2+8−正財	26己 1甲2+8−偏財
31	52乙50癸8−2+偏財		52乙52乙2+8−比肩		53丙54丁2+9−比肩		54丁56己3+8−食神	25戊57庚3+8−食神		26己59壬2+8−劫財		27庚 1甲2+8−傷官

1949年（昭和24年）生まれ　年干：26 己（2/4～翌年2/3まで）

日	1月	2月	3月	4月	5月	6月	7月	8月	9月	10月	11月	12月
	日干 月干 立年 男 女 中心星	日干 月干 立年 男 女 中心星	日干 月干 立年 男 女 中心星	日干 月干 立年 男 女 中心星	日干 月干 立年 男 女 中心星	日干 月干 立年 男 女 中心星	日干 月干 立年 男 女 中心星	日干 月干 立年 男 女 中心星	日干 月干 立年 男 女 中心星	日干 月干 立年 男 女 中心星	日干 月干 立年 男 女 中心星	日干 月干 立年 男 女 中心星
1	28辛 1甲2+8−食神	59壬 2乙1+9−正官	27庚 3丙8−2+偏財	58辛 4丁9−1+偏財	28辛 5戊9−2+印綬	59壬 6己9−2+偏財	29壬 7庚8−2+正財	60癸 8辛8−2+偏官	31甲 9壬8−2+偏官	1甲10癸8−3+正官	32乙11甲8−2+正財	2乙12乙8−2+印綬
2	29壬 1甲1+9−劫財	60癸 2乙1+9−偏官	28辛 3丙9−1+正財	59壬 4丁9−1+傷官	29壬 5戊9−1+偏官	60癸 6己9−1+正財	30癸 7庚9−2+偏財	1甲 8辛9−2+正財	32乙 9壬8−2+正官	2乙10癸8−2+偏官	33丙11甲8−2+食神	3丙12乙8−2+偏官
3	30癸 1甲1+9−比肩	1甲 2乙1+9−正財	29壬 3丙9−1+食神	60癸 4丁9−1+食神	30癸 5戊9−1+正官	1甲 6己9−1+食神	31甲 7庚9−1+傷官	2乙 8辛9−2+偏財	33丙 9壬9−2+偏財	3丙10癸8−2+正財	34丁11甲8−2+傷官	4丁12乙8−1+正官
4	31甲 1甲1+9−印綬	2乙 3丙1−0+正財	30癸 3丙9−1+傷官	1甲 4丁0−1+劫財	31甲 5戊0−1+偏財	2乙 6己0−1+傷官	32乙 7庚9−1+食神	3丙 8辛9−1+傷官	34丁 9壬9−1+正財	4丁10癸9−2+偏財	35戊11甲9−1+比肩	5戊12乙9−1+偏財
5	32乙 1甲1+0−偏印	3丙 3丙1−0+食神	31甲 3丙0−1+比肩	2乙 5戊1−0+比肩	32乙 5戊0−1+正財	3丙 6己0−1+比肩	33丙 7庚0−1+劫財	4丁 8辛0−1+食神	35戊 9壬9−1+食神	5戊10癸9−1+傷官	36己11甲9−1+劫財	6己12乙9−1+正財
6	33丙 2乙0+1−正官	4丁 3丙1−9+傷官	32乙 4丁1−0+比肩	3丙 5戊1−0+印綬	33丙 6己1−0+食神	4丁 7庚1−0+食神	34丁 7庚0−1+比肩	5戊 8辛0−1+劫財	36己 9壬0−1+傷官	6己10癸9−1+食神	37庚11甲9−1+偏印	7庚12乙9−1+食神
7	34丁 2乙9+1−偏官	5戊 3丙1−9+比肩	33丙 4丁1−0+印綬	4丁 5戊1−0+偏印	34丁 6己1−0+傷官	5戊 7庚1−0+劫財	35戊 8辛1−0+印綬	6己 8辛0−1+比肩	37庚 9壬0−1+比肩	7庚10癸0−1+劫財	38辛11甲0−1+印綬	8辛13丙1−0+食神
8	35戊 2乙9+1−正財	6己 3丙1−9+劫財	34丁 4丁1−9+偏印	5戊 5戊1−9+正官	35戊 6己1−0+比肩	6己 7庚1−0+比肩	36己 8辛1−0+偏印	7庚 9壬1−0+偏印	38辛10癸1−0+比肩	8辛10癸0−1+比肩	39壬12乙1−0+食神	9壬13丙1−0+劫財
9	36己 2乙9+1−偏財	7庚 3丙2−8+偏印	35戊 4丁1−9+正官	6己 5戊1−9+偏官	36己 6己1−9+劫財	7庚 7庚1−9+印綬	37庚 8辛1−0+正官	8辛 9壬1−0+印綬	39壬10癸1−0+印綬	9壬11甲1−0+食神	40癸12乙1−9+傷官	10癸13丙1−9+比肩
10	37庚 2乙8+1−傷官	8辛 3丙2−8+印綬	36己 4丁1−9+偏官	7庚 5戊2−9+正財	37庚 6己1−9+偏印	8辛 7庚1−9+偏印	38辛 8辛1−0+偏官	9壬 9壬1−0+偏官	40癸10癸1−0+偏印	10癸11甲1−0+偏印	41甲12乙1−9+比肩	11甲13丙1−9+印綬
11	38辛 2乙8+2−食神	9壬 3丙2−8+偏官	37庚 4丁2−8+正財	8辛 5戊2−8+偏財	38辛 6己2−9+印綬	9壬 7庚2−9+正官	39壬 8辛1−9+正財	10癸 9壬1−9+正官	41甲10癸1−9+正官	11甲11甲1−9+正官	42乙12乙1−9+劫財	12乙13丙1−9+偏印
12	39壬 2乙8+2−劫財	10癸 3丙3−7+正財	38辛 4丁2−8+偏財	9壬 5戊2−8+傷官	39壬 6己2−8+偏印	10癸 7庚2−8+偏官	40癸 8辛2−9+偏財	11甲 9壬1−9+偏財	42乙10癸1−9+偏官	12乙11甲1−9+偏官	43丙12乙1−8+偏印	13丙13丙2−8+正官
13	40癸 2乙7+2−比肩	11甲 3丙3−7+食神	39壬 4丁2−8+傷官	10癸 5戊3−8+食神	40癸 6己2−8+印綬	11甲 7庚2−8+正財	41甲 8辛2−9+傷官	12乙 9壬2−9+正財	43丙10癸2−9+正財	13丙11甲1−9+正財	44丁12乙2−8+印綬	14丁13丙2−8+偏官
14	41甲 2乙7+3−印綬	12乙 3丙3−7+傷官	40癸 4丁3−7+食神	11甲 5戊3−7+劫財	41甲 6己3−8+偏官	12乙 7庚3−8+偏財	42乙 8辛2−8+食神	13丙 9壬2−8+食神	44丁10癸2−8+偏財	14丁11甲2−8+偏財	45戊12乙2−8+偏官	15戊13丙2−8+正財
15	42乙 2乙7+3−偏印	13丙 3丙4−6+比肩	41甲 4丁3−7+劫財	12乙 5戊3−7+偏印	42乙 6己3−7+正官	13丙 7庚3−7+傷官	43丙 8辛3−8+劫財	14丁 9壬2−8+傷官	45戊10癸2−8+傷官	15戊11甲2−8+傷官	46己12乙2−7+正官	16己13丙3−7+偏財
16	43丙 2乙6+3−正財	14丁 3丙4−6+劫財	42乙 4丁3−7+比肩	13丙 5戊4−7+正官	43丙 6己3−7+偏財	14丁 7庚3−7+食神	44丁 8辛3−8+比肩	15戊 9壬3−8+比肩	46己10癸3−8+食神	16己11甲2−8+食神	47庚12乙3−7+偏財	17庚13丙3−7+傷官
17	44丁 2乙6+4−偏財	15戊 3丙4−6+偏印	43丙 4丁4−6+印綬	14丁 5戊4−6+偏官	44丁 6己4−7+正財	15戊 7庚4−7+劫財	45戊 8辛3−7+正官	16己 9壬3−7+劫財	47庚10癸3−7+劫財	17庚11甲3−7+劫財	48辛12乙3−7+正財	18辛13丙3−7+食神
18	45戊 2乙6+4−傷官	16己 3丙5−5+印綬	44丁 4丁4−6+偏印	15戊 5戊4−6+比肩	45戊 6己4−6+食神	16己 7庚4−6+比肩	46己 8辛4−7+偏官	17庚 9壬3−7+偏印	48辛10癸3−7+比肩	18辛11甲3−7+比肩	49壬12乙3−6+食神	19壬13丙4−6+劫財
19	46己 2乙5+4−比肩	17庚 3丙5−5+偏財	45戊 4丁4−6+正官	16己 5戊5−6+劫財	46己 6己4−6+傷官	17庚 7庚4−6+印綬	47庚 8辛4−7+正財	18辛 9壬4−7+傷官	49壬10癸4−7+印綬	19壬11甲3−7+正財	50癸12乙4−6+傷官	20癸13丙4−6+比肩
20	47庚 2乙5+5−印綬	18辛 3丙5−5+正財	46己 4丁5−5+偏官	17庚 5戊5−5+偏印	47庚 6己5−6+比肩	18辛 7庚5−6+偏印	48辛 8辛4−6+偏印	19壬 9壬4−6+比肩	50癸10癸4−6+偏印	20癸11甲4−6+偏財	51甲12乙4−6+比肩	21甲13丙4−6+印綬
21	48辛 2乙5+5−偏印	19壬 3丙6−4+食神	47庚 4丁5−5+正財	18辛 5戊5−5+印綬	48辛 6己5−5+正官	19壬 7庚5−5+正官	49壬 8辛5−6+正官	20癸 9壬4−6+劫財	51甲10癸4−6+正官	21甲11甲4−6+傷官	52乙12乙4−5+印綬	22乙13丙5−5+偏印
22	49壬 2乙4+5−正官	20癸 3丙6−4+傷官	48辛 4丁5−5+偏財	19壬 5戊6−5+偏官	49壬 6己5−5+偏財	20癸 7庚5−5+偏官	50癸 8辛5−6+偏官	21甲 9壬5−6+偏官	52乙10癸5−6+偏官	22乙11甲4−6+正財	53丙12乙5−5+偏官	23丙13丙5−5+正官
23	50癸 2乙4+6−偏官	21甲 3丙6−4+比肩	49壬 4丁6−4+傷官	20癸 5戊6−4+正官	50癸 6己6−5+正財	21甲 7庚6−5+正財	51甲 8辛5−5+正財	22乙 9壬5−5+正官	53丙10癸5−5+正財	23丙11甲5−5+食神	54丁12乙5−5+正官	24丁13丙5−5+偏官
24	51甲 2乙4+6−正財	22乙 3丙7−3+劫財	50癸 4丁6−4+食神	21甲 5戊6−4+偏財	51甲 6己6−4+食神	22乙 7庚6−4+偏財	52乙 8辛6−5+偏財	23丙 9壬5−5+偏財	54丁10癸5−5+偏財	24丁11甲5−5+傷官	55戊12乙5−4+偏財	25戊13丙6−4+正財
25	52乙 2乙3+6−偏財	23丙 3丙7−3+偏印	51甲 4丁6−4+劫財	22乙 5戊7−4+正財	52乙 6己6−4+傷官	23丙 7庚6−4+傷官	53丙 8辛6−5+偏官	24丁 9壬6−5+正財	55戊10癸6−5+傷官	25戊11甲5−5+比肩	56己12乙6−4+正財	26己13丙6−4+偏財
26	53丙 2乙3+7−傷官	24丁 3丙7−3+印綬	52乙 4丁7−3+比肩	23丙 5戊7−3+食神	53丙 6己7−4+比肩	24丁 7庚7−4+比肩	54丁 8辛6−4+食神	25戊 9壬6−4+食神	56己10癸6−4+食神	26己11甲6−4+劫財	57庚12乙6−4+食神	27庚13丙6−4+傷官
27	54丁 2乙3+7−食神	25戊 3丙8−2+偏官	53丙 4丁7−3+印綬	24丁 5戊7−3+傷官	54丁 6己7−3+劫財	25戊 7庚7−3+印綬	55戊 8辛7−4+劫財	26己 9壬6−4+傷官	57庚10癸6−4+劫財	27庚11甲6−4+偏印	58辛12乙6−3+傷官	28辛13丙7−3+食神
28	55戊 2乙2+7−劫財	26己 3丙8−2+正官	54丁 4丁7−3+偏印	25戊 5戊8−3+比肩	55戊 6己7−3+偏印	26己 7庚7−3+偏印	56己 8辛7−4+比肩	27庚 9壬7−4+比肩	58辛10癸7−4+比肩	28辛11甲6−4+印綬	59壬12乙7−3+比肩	29壬13丙7−3+劫財
29	56己 2乙2+8−比肩		55戊 4丁8−2+正官	26己 5戊8−2+劫財	56己 6己8−3+印綬	27庚 7庚8−3+正官	57庚 8辛7−3+印綬	28辛 9壬7−3+劫財	59壬10癸7−3+印綬	29壬11甲7−3+偏官	60癸12乙7−3+劫財	30癸13丙7−3+比肩
30	57庚 2乙2+8−印綬		56己 4丁8−2+偏官	27庚 5戊8−2+偏印	57庚 6己8−2+偏官	28辛 7庚8−2+偏官	58辛 8辛8−3+偏印	29壬 9壬7−3+偏印	60癸10癸7−3+偏印	30癸11甲7−3+正官	1甲12乙7−2+偏印	31甲13丙8−2+印綬
31	58辛 2乙1+8−偏印		57庚 4丁8−2+正財		58辛 6己8−2+正官		59壬 8辛8−3+正官	30癸 9壬8−3+印綬		31甲11甲7−3+偏財		32乙13丙8−2+偏印

1950年（昭和25年）生まれ　年干：27 庚（2/4～翌年2/4まで）

日	1月	2月	3月	4月	5月	6月	7月	8月	9月	10月	11月	12月
日	日干 月干 立年男女 中心星	日干 月干 立年男女 中心星	日干 月干 立年男女 中心星	日干 月干 立年男女 中心星	日干 月干 立年男女 中心星	日干 月干 立年男女 中心星	日干 月干 立年男女 中心星	日干 月干 立年男女 中心星	日干 月干 立年男女 中心星	日干 月干 立年男女 中心星	日干 月干 立年男女 中心星	日干 月干 立年男女 中心星
1	33丙13丙8−2+正官	4丁14丁9−1+食神	32乙15戊2+8−劫財	3丙16己1+9−印綬	33丙17庚2+9−食神	4丁18辛2+9−劫財	34丁19壬2+8−比肩	5戊20癸2+8−劫財	36己21甲2+8−傷官	6己22乙3+8−食神	37庚23丙2+8−偏印	7庚24丁2+8−食神
2	34丁13丙9−1+偏官	5戊14丁9−1+劫財	33丙15戊1+9−偏印	4丁16己1+9−偏印	34丁17庚1+9−傷官	5戊18辛1+9−偏印	35戊19壬2+9−印綬	6己20癸2+8−比肩	37庚21甲2+8−比肩	7庚22乙2+8−劫財	38辛23丙2+8−印綬	8辛24丁2+8−傷官
3	35戊13丙9−1+正財	6己14丁9−1+比肩	34丁15戊1+9−印綬	5戊16己1+9−正官	35戊17庚1+9−比肩	6己18辛1+9−印綬	36己19壬2+9−偏印	7庚20癸2+9−印綬	38辛21甲2+9−劫財	8辛22乙2+8−比肩	39壬23丙2+8−偏官	9壬24丁2+8−比肩
4	36己13丙9−1+偏財	7庚15戊0+1−偏印	35戊15戊1+9−偏官	6己16己1+0−偏官	36己17庚1+0−劫財	7庚18辛1+0−偏官	37庚19壬1+9−正官	8辛20癸1+9−偏印	39壬21甲1+9−偏印	9壬22乙2+9−印綬	40癸23丙1+9−正官	10癸24丁1+9−劫財
5	37庚13丙0−1+傷官	8辛15戊0+1−印綬	36己15戊1+0−正官	7庚17庚0+1−正財	37庚17庚1+0−偏印	8辛18辛1+0−正官	38辛19壬1+0−偏官	9壬20癸1+9−正官	40癸21甲1+9−印綬	10癸22乙1+9−偏印	41甲23丙1+9−偏財	11甲24丁1+9−偏印
6	38辛14丁1−0+食神	9壬15戊9+1−偏官	37庚16己0+1−正財	8辛17庚0+1−偏財	38辛18辛0+1−印綬	9壬19壬0+1−正官	39壬19壬1+0−正財	10癸20癸1+0−偏官	41甲21甲1+0−偏官	11甲22乙1+9−正官	42乙23丙1+9−正財	12乙24丁1+9−印綬
7	39壬14丁1−9+劫財	10癸15戊9+1−正官	38辛16己0+1−偏財	9壬17庚0+1−傷官	39壬18辛0+1−偏官	10癸19壬0+1−偏官	40癸19壬1+0−偏財	11甲20癸1+0−偏財	42乙21甲1+0−正官	12乙22乙1+0−偏官	43丙23丙1+0−食神	13丙24丁1+0−偏官
8	40癸14丁1−9+比肩	11甲15戊9+1−偏財	39壬16己9+1−傷官	10癸17庚9+1−食神	40癸18辛0+1−正官	11甲19壬0+1−正財	41甲20癸0+1−傷官	12乙21甲0+1−正財	43丙22乙0+1−正財	13丙22乙1+0−正財	44丁24丁0+1−印綬	14丁25戊0+1−偏官
9	41甲14丁1−9+印綬	12乙15戊8+2−正財	40癸16己9+1−食神	11甲17庚9+1−劫財	41甲18辛9+1−偏財	12乙19壬0+1−偏財	42乙20癸0+1−食神	13丙21甲0+1−食神	44丁22乙0+1−偏財	14丁23丙0+1−偏財	45戊24丁0+1−偏官	15戊25戊9+1−正財
10	42乙14丁1−8+偏印	13丙15戊8+2−食神	41甲16己9+1−劫財	12乙17庚9+2−比肩	42乙18辛9+1−正財	13丙19壬9+1−傷官	43丙20癸0+1−劫財	14丁21甲0+1−傷官	45戊22乙0+1−傷官	15戊23丙0+1−傷官	46己24丁9+1−正官	16己25戊9+1−偏財
11	43丙14丁2−8+正官	14丁15戊8+2−傷官	42乙16己8+2−比肩	13丙17庚8+2−印綬	43丙18辛9+2−食神	14丁19壬9+2−食神	44丁20癸9+1−比肩	15戊21甲9+1−比肩	46己22乙9+1−食神	16己23丙9+1−食神	47庚24丁9+1−偏財	17庚25戊9+1−傷官
12	44丁14丁2−8+偏官	15戊15戊7+3−偏印	43丙16己8+2−印綬	14丁17庚8+2−偏印	44丁18辛8+2−正財	15戊19壬9+2−劫財	45戊20癸9+1−印綬	16己21甲9+1−劫財	47庚22乙9+1−劫財	17庚23丙9+1−劫財	48辛24丁9+1−正財	18辛25戊8+1−食神
13	45戊14丁2−7+正財	16己15戊7+3−印綬	44丁16己8+2−偏印	15戊17庚8+3−正官	45戊18辛8+2−食神	16己19壬8+2−比肩	46己20癸9+2−偏印	17庚21甲9+2−偏印	48辛22乙9+2−比肩	18辛23丙9+1−比肩	49壬24丁8+2−食神	19壬25戊8+2−劫財
14	46己14丁3−7+偏財	17庚15戊7+3−偏官	45戊16己7+3−正官	16己17庚7+3−偏官	46己18辛8+3−傷官	17庚19壬8+3−印綬	47庚20癸8+2−正官	18辛21甲8+2−印綬	49壬22乙8+2−印綬	19壬23丙8+2−印綬	50癸24丁8+2−傷官	20癸25戊8+2−比肩
15	47庚14丁3−7+傷官	18辛15戊6+4−正官	46己16己7+3−偏官	17庚17庚7+3−傷官	47庚18辛7+3−比肩	18辛19壬8+3−偏印	48辛20癸8+2−偏官	19壬21甲8+2−偏官	50癸22乙8+2−偏印	20癸23丙8+2−偏印	51甲24丁8+2−比肩	21甲25戊7+2−印綬
16	48辛14丁3−6+比肩	19壬15戊6+4−偏財	47庚16己7+3−正財	18辛17庚7+4−食神	48辛18辛7+3−劫財	19壬19壬7+3−正官	49壬20癸8+3−正財	20癸21甲8+3−正官	51甲22乙8+3−正官	21甲23丙8+2−正官	52乙24丁7+3−劫財	22乙25戊7+3−偏印
17	49壬14丁4−6+印綬	20癸15戊6+4−正財	48辛16己6+4−偏財	19壬17庚6+4−劫財	49壬18辛7+4−偏印	20癸19壬7+4−偏官	50癸20癸7+3−偏財	21甲21甲7+3−偏財	52乙22乙7+3−偏官	22乙23丙7+3−偏官	53丙24丁7+3−偏印	23丙25戊7+3−正官
18	50癸14丁4−6+偏印	21甲15戊5+5−食神	49壬16己6+4−傷官	20癸17庚6+4−正官	50癸18辛6+4−印綬	21甲19壬7+4−正財	51甲20癸7+3−劫財	22乙21甲7+3−正財	53丙22乙7+3−正財	23丙23丙7+3−正財	54丁24丁7+3−印綬	24丁25戊6+3−偏官
19	51甲14丁4−5+正財	22乙15戊5+5−劫財	50癸16己6+4−食神	21甲17庚6+5−偏財	51甲18辛6+4−偏官	22乙19壬6+4−偏財	52乙20癸7+4−比肩	23丙21甲7+4−偏官	54丁22乙7+4−偏財	24丁23丙7+3−比肩	55戊24丁6+4−偏官	25戊25戊6+4−正財
20	52乙14丁5−5+偏財	23丙15戊5+5−偏印	51甲16己5+5−劫財	22乙17庚5+5−正財	52乙18辛6+5−正官	23丙19壬6+5−傷官	53丙20癸6+4−印綬	24丁21甲6+4−正官	55戊22乙6+4−傷官	25戊23丙6+4−印綬	56己24丁6+4−正官	26己25戊6+4−偏財
21	53丙14丁5−5+傷官	24丁15戊4+6−印綬	52乙16己5+5−比肩	23丙17庚5+5−食神	53丙18辛5+5−比肩	24丁19壬6+5−食神	54丁20癸6+4−食神	25戊21甲6+4−偏財	56己22乙6+4−食神	26己23丙6+4−偏印	57庚24丁6+4−食神	27庚25戊5+4−傷官
22	54丁14丁5−4+食神	25戊15戊4+6−偏官	53丙16己5+5−印綬	24丁17庚5+6−傷官	54丁18辛5+5−劫財	25戊19壬5+5−劫財	55戊20癸6+5−劫財	26己21甲6+5−傷官	57庚22乙6+5−劫財	27庚23丙6+4−偏印	58辛24丁5+5−傷官	28辛25戊5+5−食神
23	55戊14丁6−4+劫財	26己15戊4+6−正官	54丁16己4+6−偏印	25戊17庚4+6−比肩	55戊18辛5+6−偏印	26己19壬5+6−比肩	56己20癸5+5−比肩	27庚21甲5+5−比肩	58辛22乙5+5−比肩	28辛23丙5+5−印綬	59壬24丁5+5−比肩	29壬25戊5+5−劫財
24	56己14丁6−4+比肩	27庚15戊3+7−偏財	55戊16己4+6−正官	26己17庚4+6−劫財	56己18辛4+6−印綬	27庚19壬5+6−印綬	57庚20癸5+5−印綬	28辛21甲5+5−劫財	59壬22乙5+5−印綬	29壬23丙5+5−偏官	60癸24丁5+5−劫財	30癸25戊4+5−比肩
25	57庚14丁6−3+印綬	28辛15戊3+7−正財	56己16己4+6−偏官	27庚17庚4+7−偏印	57庚18辛4+6−偏官	28辛19壬4+6−偏印	58辛20癸5+6−偏印	29壬21甲5+6−偏印	60癸22乙5+6−偏印	30癸23丙5+5−正官	1甲24丁4+6−偏印	31甲25戊4+6−印綬
26	58辛14丁7−3+偏印	29壬15戊3+7−食神	57庚16己3+7−正財	28辛17庚3+7−印綬	58辛18辛4+7−正官	29壬19壬4+7−正財	59壬20癸4+6−正官	30癸21甲4+6−印綬	1甲22乙4+6−正官	31甲23丙4+6−偏財	2乙24丁4+6−印綬	32乙25戊4+6−偏印
27	59壬14丁7−3+正官	30癸15戊2+8−傷官	58辛16己3+7−偏財	29壬17庚3+7−偏官	59壬18辛3+7−偏財	30癸19壬4+7−偏財	60癸20癸4+6−偏官	31甲21甲4+6−偏官	2乙22乙4+6−偏官	32乙23丙4+6−正財	3丙24丁4+6−偏官	33丙25戊3+6−正官
28	60癸14丁7−2+偏官	31甲15戊2+8−比肩	59壬16己3+7−傷官	30癸17庚3+8−正官	60癸18辛3+7−正財	31甲19壬3+7−傷官	1甲20癸4+7−正財	32乙21甲4+7−正官	3丙22乙4+7−正財	33丙23丙4+6−食神	4丁24丁3+7−正官	34丁25戊3+7−偏官
29	1甲14丁8−2+正財		60癸16己2+8−食神	31甲17庚2+8−偏財	1甲18辛3+8−食神	32乙19壬3+8−食神	2乙20癸3+7−偏財	33丙21甲3+7−偏財	4丁22乙3+7−偏財	34丁23丙3+7−傷官	5戊24丁3+7−偏財	35戊25戊3+7−正財
30	2乙14丁8−2+偏財		1甲16己2+8−劫財	32乙17庚2+8−正財	2乙18辛2+8−傷官	33丙19壬3+8−劫財	3丙20癸3+7−傷官	34丁21甲3+7−正財	5戊22乙3+7−傷官	35戊23丙3+7−比肩	6己24丁3+7−正財	36己25戊2+7−偏財
31	3丙14丁8−1+傷官		2乙16己2+8−比肩		3丙18辛2+8−比肩		4丁20癸3+8−食神	35戊21甲3+8−食神		36己23丙3+7−劫財		37庚25戊2+8−傷官

1951年（昭和26年）生まれ　年干：28辛（2/5〜翌年2/4まで）

日	1月	2月	3月	4月	5月	6月	7月	8月	9月	10月	11月	12月
日	日干 月干 立年 男 女 中心星	日干 月干 立年 男 女 中心星	日干 月干 立年 男 女 中心星	日干 月干 立年 男 女 中心星	日干 月干 立年 男 女 中心星	日干 月干 立年 男 女 中心星	日干 月干 立年 男 女 中心星	日干 月干 立年 男 女 中心星	日干 月干 立年 男 女 中心星	日干 月干 立年 男 女 中心星	日干 月干 立年 男 女 中心星	日干 月干 立年 男 女 中心星
1	38辛25戊2+8−食神	9壬26己1+9−正官	37庚27庚8−2+偏財	8辛28辛9−1+偏財	38辛29壬9−2+印綬	9壬30癸9−2+偏財	39壬31甲8−2+正財	10癸32乙8−2+偏官	41甲33丙8−2+偏官	11甲34丁8−3+正官	42乙35戊8−2+正財	12乙36己8−2+印綬
2	39壬25戊1+8−劫財	10癸26己1+9−偏官	38辛27庚8−1+正財	9壬28辛9−1+傷官	39壬29壬9−1+偏官	10癸30癸9−1+正財	40癸31甲9−2+偏財	11甲32乙8−2+正財	42乙33丙8−2+正官	12乙34丁8−2+偏官	43丙35戊8−2+食神	13丙36己8−2+偏官
3	40癸25戊1+9−比肩	11甲26己1+9−正財	39壬27庚9−1+食神	10癸28辛9−1+食神	40癸29壬9−1+正官	11甲30癸9−1+食神	41甲31甲9−2+傷官	12乙32乙9−2+偏財	43丙33丙9−2+偏財	13丙34丁8−2+正財	44丁35戊8−2+傷官	14丁36己8−2+正官
4	41甲25戊1+9−印綬	12乙26己1+0−偏財	40癸27庚9−1+傷官	11甲28辛0−1+劫財	41甲29壬0−1+偏財	12乙30癸0−1+傷官	42乙31甲9−1+食神	13丙32乙9−1+傷官	44丁33丙9−1+正財	14丁34丁9−2+偏財	45戊35戊9−1+比肩	15戊36己9−1+偏財
5	42乙25戊1+9−偏印	13丙27庚1−0+食神	41甲27庚9−1+比肩	12乙29壬1−0+比肩	42乙29壬0−1+正財	13丙30癸0−1+比肩	43丙31甲0−1+劫財	14丁32乙9−1+食神	45戊33丙9−1+食神	15戊34丁9−1+傷官	46己35戊9−1+劫財	16己36己9−1+正財
6	43丙26己0+1−正官	14丁27庚1−9+傷官	42乙28辛1−0+比肩	13丙29壬1−0+印綬	43丙30癸1−0+食神	14丁31甲1−0+食神	44丁31甲0−1+比肩	15戊32乙0−1+劫財	46己33丙0−1+傷官	16己34丁9−1+食神	47庚35戊9−1+偏印	17庚36己9−1+食神
7	44丁26己0+1−偏官	15戊27庚1−9+比肩	43丙28辛1−0+印綬	14丁29壬1−0+偏印	44丁30癸1−0+傷官	15戊31甲1−0+劫財	45戊31甲0−1+印綬	16己32乙0−1+比肩	47庚33丙0−1+比肩	17庚34丁0−1+劫財	48辛35戊0−1+印綬	18辛36己0−1+傷官
8	45戊26己9+1−正財	16己27庚1−9+劫財	44丁28辛1−9+偏印	15戊29壬1−9+正官	45戊30癸1−0+比肩	16己31甲1−0+比肩	46己32乙1−0+偏印	17庚33丙1−0+偏印	48辛34丁1−0+比肩	18辛34丁0−1+比肩	49壬36己1−0+食神	19壬37庚1−0+劫財
9	46己26己9+1−偏財	17庚27庚1−8+偏印	45戊28辛1−9+正官	16己29壬1−9+偏官	46己30癸1−9+劫財	17庚31甲1−0+印綬	47庚32乙1−0+正官	18辛33丙1−0+印綬	49壬34丁1−0+印綬	19壬35戊1−0+印綬	50癸36己1−0+傷官	20癸37庚1−9+比肩
10	47庚26己9+1−傷官	18辛27庚2−8+印綬	46己28辛1−9+偏官	17庚29壬2−9+正財	47庚30癸1−9+偏印	18辛31甲1−9+偏印	48辛32乙1−0+偏官	19壬33丙1−0+偏官	50癸34丁1−0+偏印	20癸35戊1−0+偏印	51甲36己1−9+比肩	21甲37庚1−9+印綬
11	48辛26己8+2−食神	19壬27庚2−8+偏官	47庚28辛2−8+正財	18辛29壬2−8+偏財	48辛30癸2−9+印綬	19壬31甲2−9+正官	49壬32乙1−9+正財	20癸33丙1−9+正官	51甲34丁1−9+正官	21甲35戊1−9+正官	52乙36己1−9+劫財	22乙37庚1−9+偏印
12	49壬26己8+2−劫財	20癸27庚2−7+正官	48辛28辛2−8+偏財	19壬29壬2−8+傷官	49壬30癸2−8+偏印	20癸31甲2−9+偏官	50癸32乙1−9+偏財	21甲33丙1−9+偏財	52乙34丁1−9+偏官	22乙35戊1−9+偏官	53丙36己1−9+偏印	23丙37庚1−8+正官
13	50癸26己8+2−比肩	21甲27庚3−7+食神	49壬28辛2−8+傷官	20癸29壬3−8+食神	50癸30癸2−8+印綬	21甲31甲2−8+正財	51甲32乙2−9+傷官	22乙33丙2−9+正財	53丙34丁2−9+正財	23丙35戊1−9+正財	54丁36己2−8+印綬	24丁37庚2−8+偏官
14	51甲26己7+3−印綬	22乙27庚3−7+傷官	50癸28辛3−7+食神	21甲29壬3−7+劫財	51甲30癸3−8+偏官	22乙31甲3−8+偏財	52乙32乙2−8+食神	23丙33丙2−8+食神	54丁34丁2−8+偏財	24丁35戊2−8+偏財	55戊36己2−8+偏官	25戊37庚2−8+正財
15	52乙26己7+3−偏印	23丙27庚3−6+比肩	51甲28辛3−7+劫財	22乙29壬3−7+偏印	52乙30癸3−7+正官	23丙31甲3−8+傷官	53丙32乙2−8+劫財	24丁33丙2−8+傷官	55戊34丁2−8+傷官	25戊35戊2−8+傷官	56己36己2−8+正官	26己37庚2−7+偏財
16	53丙26己7+3−正財	24丁27庚4−6+劫財	52乙28辛3−7+比肩	23丙29壬4−7+正官	53丙30癸3−7+偏財	24丁31甲3−7+食神	54丁32乙3−8+比肩	25戊33丙3−8+比肩	56己34丁3−8+食神	26己35戊2−8+食神	57庚36己3−7+偏財	27庚37庚3−7+傷官
17	54丁26己6+4−偏財	25戊27庚4−6+偏印	53丙28辛4−6+印綬	24丁29壬4−6+偏官	54丁30癸4−7+正財	25戊31甲4−7+劫財	55戊32乙3−7+印綬	26己33丙3−7+劫財	57庚34丁3−7+劫財	27庚35戊3−7+劫財	58辛36己3−7+正財	28辛37庚3−7+食神
18	55戊26己6+4−傷官	26己27庚4−5+印綬	54丁28辛4−6+偏印	25戊29壬4−6+比肩	55戊30癸4−6+食神	26己31甲4−7+比肩	56己32乙3−7+偏官	27庚33丙3−7+偏印	58辛34丁3−7+比肩	28辛35戊3−7+比肩	59壬36己3−7+食神	29壬37庚3−6+劫財
19	56己26己6+4−比肩	27庚27庚5−5+偏官	55戊28辛4−6+正官	26己29壬5−6+劫財	56己30癸4−6+傷官	27庚31甲4−6+印綬	57庚32乙4−7+正財	28辛33丙4−7+傷官	59壬34丁4−7+印綬	29壬35戊3−7+正財	60癸36己4−6+傷官	30癸37庚4−6+比肩
20	57庚26己5+5−印綬	28辛27庚5−5+正財	56己28辛5−5+偏官	27庚29壬5−5+偏印	57庚30癸5−6+比肩	28辛31甲5−6+偏印	58辛32乙4−6+偏財	29壬33丙4−6+比肩	60癸34丁4−6+偏印	30癸35戊4−6+偏財	1甲36己4−6+比肩	31甲37庚4−6+印綬
21	58辛26己5+5−偏印	29壬27庚5−4+食神	57庚28辛5−5+正財	28辛29壬5−5+印綬	58辛30癸5−5+正官	29壬31甲5−6+正官	59壬32乙4−6+正官	30癸33丙4−6+劫財	1甲34丁4−6+正官	31甲35戊4−6+傷官	2乙36己4−6+印綬	32乙37庚4−5+偏印
22	59壬26己5+5−正官	30癸27庚6−4+傷官	58辛28辛5−5+偏財	29壬29壬6−5+偏官	59壬30癸5−5+偏財	30癸31甲5−5+偏官	60癸32乙5−6+偏官	31甲33丙5−6+偏官	2乙34丁5−6+偏官	32乙35戊4−6+正財	3丙36己5−5+偏官	33丙37庚5−5+正官
23	60癸26己4+6−偏官	31甲27庚6−4+比肩	59壬28辛6−4+傷官	30癸29壬6−4+正官	60癸30癸6−5+正財	31甲31甲6−5+正財	1甲32乙5−5+正財	32乙33丙5−5+正官	3丙34丁5−5+正財	33丙35戊5−5+食神	4丁36己5−5+正官	34丁37庚5−5+偏官
24	1甲26己4+6−正財	32乙27庚6−3+劫財	60癸28辛6−4+食神	31甲29壬6−4+偏財	1甲30癸6−4+食神	32乙31甲6−5+偏財	2乙32乙5−5+偏財	33丙33丙5−5+偏財	4丁34丁5−5+偏財	34丁35戊5−5+傷官	5戊36己5−5+偏財	35戊37庚5−4+正財
25	2乙26己4+6−偏財	33丙27庚7−3+偏印	1甲28辛6−4+劫財	32乙29壬7−4+正財	2乙30癸6−4+傷官	33丙31甲6−4+傷官	3丙32乙6−5+傷官	34丁33丙6−5+正財	5戊34丁6−5+傷官	35戊35戊5−5+比肩	6己36己6−4+正財	36己37庚6−4+偏財
26	3丙26己3+7−傷官	34丁27庚7−3+印綬	2乙28辛7−3+比肩	33丙29壬7−3+食神	3丙30癸7−4+比肩	34丁31甲7−4+比肩	4丁32乙6−4+食神	35戊33丙6−4+食神	6己34丁6−4+食神	36己35戊6−4+劫財	7庚36己6−4+食神	37庚37庚6−4+傷官
27	4丁26己3+7−食神	35戊27庚7−2+偏官	3丙28辛7−3+印綬	34丁29壬7−3+傷官	4丁30癸7−3+劫財	35戊31甲7−4+印綬	5戊32乙6−4+劫財	36己33丙6−4+傷官	7庚34丁6−4+劫財	37庚35戊6−4+偏印	8辛36己6−4+傷官	38辛37庚6−3+食神
28	5戊26己3+7−劫財	36己27庚8−2+正官	4丁28辛7−3+偏印	35戊29壬8−3+比肩	5戊30癸7−3+偏印	36己31甲7−3+偏印	6己32乙7−4+比肩	37庚33丙7−4+比肩	8辛34丁7−4+比肩	38辛35戊6−4+印綬	9壬36己7−3+比肩	39壬37庚7−3+劫財
29	6己26己2+8−比肩		5戊28辛8−2+正官	36己29壬8−2+劫財	6己30癸8−3+印綬	37庚31甲8−3+正官	7庚32乙7−3+印綬	38辛33丙7−3+劫財	9壬34丁7−3+印綬	39壬35戊7−3+偏官	10癸36己7−3+劫財	40癸37庚7−3+比肩
30	7庚26己2+8−印綬		6己28辛8−2+偏官	37庚29壬8−2+偏印	7庚30癸8−2+偏官	38辛31甲8−3+偏官	8辛32乙7−3+偏印	39壬33丙7−3+偏印	10癸34丁7−3+偏印	40癸35戊7−3+正官	11甲36己7−3+偏印	41甲37庚7−2+印綬
31	8辛26己2+8−偏印		7庚28辛8−2+正財		8辛30癸8−2+正官		9壬32乙8−3+正官	40癸33丙8−3+印綬		41甲35戊7−3+偏財		42乙37庚8−2+偏印

1952年（昭和27年）生まれ　年干：29 壬（2/5〜翌年2/3まで）

日	1月	2月	3月	4月	5月	6月	7月	8月	9月	10月	11月	12月
日	日干 月干 立年男女 中心星	日干 月干 立年男女 中心星	日干 月干 立年男女 中心星	日干 月干 立年男女 中心星	日干 月干 立年男女 中心星	日干 月干 立年男女 中心星	日干 月干 立年男女 中心星	日干 月干 立年男女 中心星	日干 月干 立年男女 中心星	日干 月干 立年男女 中心星	日干 月干 立年男女 中心星	日干 月干 立年男女 中心星
1	43丙37庚8−2+正官	14丁38辛9−1+食神	43丙39壬2+8−偏印	14丁40癸1+9−偏印	44丁41甲1+9−傷官	15戊42乙2+9−偏印	45戊43丙2+8−印綬	16己44丁2+8−比肩	47庚45戊2+8−比肩	17庚46己2+8−劫財	48辛47庚2+8−印綬	18辛48辛2+8−傷官
2	44丁37庚8−1+偏官	15戊38辛9−1+劫財	44丁39壬1+9−印綬	15戊40癸1+9−正官	45戊41甲1+9−比肩	16己42乙1+9−印綬	46己43丙2+9−偏印	17庚44丁2+9−印綬	48辛45戊2+9−劫財	18辛46己2+8−比肩	49壬47庚2+8−偏官	19壬48辛2+8−比肩
3	45戊37庚9−1+正財	16己38辛9−1+比肩	45戊39壬1+9−偏官	16己40癸1+9−偏官	46己41甲1+9−劫財	17庚42乙1+0−偏官	47庚43丙1+9−正官	18辛44丁1+9−偏印	49壬45戊2+9−偏印	19壬46己2+8−印綬	50癸47庚1+9−正官	20癸48辛1+9−劫財
4	46己37庚9−1+偏財	17庚38辛0−1+印綬	46己39壬1+9−正官	17庚40癸1+0−正財	47庚41甲1+0−偏印	18辛42乙1+0−正官	48辛43丙1+9−偏官	19壬44丁1+9−正官	50癸45戊1+9−印綬	20癸46己1+9−偏印	51甲47庚1+9−偏財	21甲48辛1+9−偏印
5	47庚37庚9−1+傷官	18辛39壬0+1−印綬	47庚39壬1+0−偏財	18辛41甲0+1−偏財	48辛42乙0+1−印綬	19壬42乙1+0−偏財	49壬43丙1+0−正財	20癸44丁1+0−偏官	51甲45戊1+0−偏官	21甲46己1+9−正官	52乙47庚1+9−正財	22乙48辛1+9−印綬
6	48辛38辛1−0+食神	19壬39壬0+1−偏官	48辛40癸0+1−偏財	19壬41甲0+1−傷官	49壬42乙0+1−偏官	20癸43丙0+1−偏官	50癸43丙1+0−偏財	21甲44丁1+0−正財	52乙45戊1+0−正官	22乙46己1+9−偏官	53丙47庚1+0−食神	23丙48辛1+0−偏官
7	49壬38辛1−0+劫財	20癸39壬9+1−正官	49壬40癸0+1−傷官	20癸41甲9+1−食神	50癸42乙0+1−正官	21甲43丙0+1−正財	51甲44丁0+1−傷官	22乙45戊0+1−正財	53丙45戊1+0−偏財	23丙46己1+0−正財	54丁48辛0+1−印綬	24丁49壬0+1−偏官
8	50癸38辛1−9+比肩	21甲39壬9+1−偏財	50癸40癸9+1−食神	21甲41甲9+1−劫財	51甲42乙0+1−偏財	22乙43丙0+1−偏財	52乙44丁0+1−食神	23丙45戊0+1−食神	54丁46己0+1−偏財	24丁47庚0+1−偏財	55戊48辛0+1−偏官	25戊49壬0+1−正財
9	51甲38辛1−9+印綬	22乙39壬9+1−正財	51甲40癸9+1−劫財	22乙41甲9+1−比肩	52乙42乙9+1−正財	23丙43丙9+1−傷官	53丙44丁0+1−劫財	24丁45戊0+1−傷官	55戊46己0+1−傷官	25戊47庚0+1−偏官	56己48辛9+1−正官	26己49壬9+1−偏財
10	52乙38辛1−9+偏印	23丙39壬8+2−食神	52乙40癸9+1−比肩	23丙41甲8+2−印綬	53丙42乙9+2−食神	24丁43丙9+1−食神	54丁44丁9+1−比肩	25戊45戊0+1−比肩	56己46己9+1−食神	26己47庚9+1−食神	57庚48辛9+1−偏財	27庚49壬9+1−傷官
11	53丙38辛2−8+正官	24丁39壬8+2−傷官	53丙40癸8+2−印綬	24丁41甲8+2−偏印	54丁42乙9+2−正財	25戊43丙9+2−劫財	55戊44丁9+1−印綬	26己45戊9+1−劫財	57庚46己9+1−劫財	27庚47庚9+1−劫財	58辛48辛9+1−正財	28辛49壬9+1−食神
12	54丁38辛2−8+偏官	25戊39壬8+2−比肩	54丁40癸8+2−偏印	25戊41甲8+2−正官	55戊42乙8+2−食神	26己43丙8+2−比肩	56己44丁9+2−偏印	27庚45戊9+2−偏印	58辛46己9+1−比肩	28辛47庚9+1−比肩	59壬48辛8+2−食神	29壬49壬8+2−劫財
13	55戊38辛2−8+正財	26己39壬7+3−印綬	55戊40癸8+2−正官	26己41甲7+3−偏官	56己42乙8+3−傷官	27庚43丙8+2−印綬	57庚44丁8+2−正官	28辛45戊9+2−印綬	59壬46己8+2−印綬	29壬47庚8+2−印綬	60癸48辛8+2−傷官	30癸49壬8+2−比肩
14	56己38辛3−7+偏財	27庚39壬7+3−偏官	56己40癸7+3−偏官	27庚41甲7+3−正財	57庚42乙8+3−比肩	28辛43丙8+3−偏印	58辛44丁8+2−偏官	29壬45戊8+2−偏官	60癸46己8+2−偏印	30癸47庚8+2−偏印	1甲48辛8+2−比肩	31甲49壬8+2−印綬
15	57庚38辛3−7+傷官	28辛39壬7+3−正官	57庚40癸7+3−正財	28辛41甲7+3−食神	58辛42乙7+3−劫財	29壬43丙7+3−正官	59壬44丁8+3−偏財	30癸45戊8+3−正官	1甲46己8+2−正官	31甲47庚8+2−正官	2乙48辛7+3−劫財	32乙49壬7+3−偏印
16	58辛38辛3−7+比肩	29壬39壬6+4−偏財	58辛40癸7+3−偏財	29壬41甲6+4−劫財	59壬42乙7+4−偏印	30癸43丙7+3−偏官	60癸44丁7+3−偏財	31甲45戊8+3−偏財	2乙46己7+3−偏官	32乙47庚7+3−偏官	3丙48辛7+3−偏印	33丙49壬7+3−正官
17	59壬38辛4−6+印綬	30癸39壬6+4−正財	59壬40癸6+4−傷官	30癸41甲6+4−比肩	60癸42乙7+4−印綬	31甲43丙7+4−正財	1甲44丁7+3−劫財	32乙45戊7+3−正財	3丙46己7+3−正財	33丙47庚7+3−正財	4丁48辛7+3−印綬	34丁49壬7+3−偏官
18	60癸38辛4−6+偏印	31甲39壬6+4−食神	60癸40癸6+4−食神	31甲41甲6+4−偏財	1甲42乙6+4−偏官	32乙43丙6+4−偏財	2乙44丁7+4−比肩	33丙45戊7+4−偏官	4丁46己7+3−偏財	34丁47庚7+3−正財	5戊48辛6+4−偏官	35戊49壬6+4−正財
19	1甲38辛4−6+正財	32乙39壬5+5−傷官	1甲40癸6+4−劫財	32乙41甲5+5−正財	2乙42乙6+5−正官	33丙43丙6+4−傷官	3丙44丁6+4−印綬	34丁45戊7+4−正官	5戊46己6+4−傷官	35戊47庚6+4−印綬	6己48辛6+4−正官	36己49壬6+4−偏財
20	2乙38辛5−5+偏財	33丙39壬5+5−偏印	2乙40癸5+5−比肩	33丙41甲5+5−食神	3丙42乙6+5−比肩	34丁43丙6+5−食神	4丁44丁6+4−食神	35戊45戊6+4−偏財	6己46己6+4−食神	36己47庚6+4−偏印	7庚48辛6+4−食神	37庚49壬6+4−偏官
21	3丙38辛5−5+傷官	34丁39壬5+5−印綬	3丙40癸5+5−印綬	34丁41甲5+5−傷官	4丁42乙5+5−劫財	35戊43丙5+5−劫財	5戊44丁6+5−劫財	36己45戊6+5−傷官	7庚46己6+4−劫財	37庚47庚6+4−偏印	8辛48辛5+5−傷官	38辛49壬5+5−食神
22	4丁38辛5−5+食神	35戊39壬4+6−偏官	4丁40癸5+5−偏印	35戊41甲4+6−比肩	5戊42乙5+6−偏印	36己43丙5+5−比肩	6己44丁5+5−比肩	37庚45戊6+5−比肩	8辛46己5+5−比肩	38辛47庚5+5−印綬	9壬48辛5+5−比肩	39壬49壬5+5−劫財
23	5戊38辛6−4+劫財	36己39壬4+6−正官	5戊40癸4+6−正官	36己41甲4+6−劫財	6己42乙5+6−印綬	37庚43丙5+6−印綬	7庚44丁5+5−印綬	38辛45戊5+5−劫財	9壬46己5+5−印綬	39壬47庚5+5−偏官	10癸48辛5+5−劫財	40癸49壬5+5−比肩
24	6己38辛6−4+比肩	37庚39壬4+6−偏財	6己40癸4+6−偏官	37庚41甲4+6−偏印	7庚42乙4+6−偏官	38辛43丙4+6−偏印	8辛44丁5+6−偏印	39壬45戊5+6−偏印	10癸46己5+5−偏印	40癸47庚5+5−正官	11甲48辛4+6−偏印	41甲49壬4+6−印綬
25	7庚38辛6−4+印綬	38辛39壬3+7−正財	7庚40癸4+6−正財	38辛41甲3+7−印綬	8辛42乙4+7−正官	39壬43丙4+6−正官	9壬44丁4+6−正官	40癸45戊5+6−印綬	11甲46己4+6−正官	41甲47庚4+6−偏財	12乙48辛4+6−印綬	42乙49壬4+6−偏印
26	8辛38辛7−3+偏印	39壬39壬3+7−食神	8辛40癸3+7−偏財	39壬41甲3+7−偏官	9壬42乙4+7−偏財	40癸43丙4+7−偏財	10癸44丁4+6−偏官	41甲45戊4+6−偏官	12乙46己4+6−偏官	42乙47庚4+6−正財	13丙48辛4+6−偏官	43丙49壬4+6−正官
27	9壬38辛7−3+正官	40癸39壬3+7−傷官	9壬40癸3+7−傷官	40癸41甲3+7−正官	10癸42乙3+7−正財	41甲43丙3+7−傷官	11甲44丁4+7−正財	42乙45戊4+7−正官	13丙46己4+6−正財	43丙47庚4+6−食神	14丁48辛3+7−正官	44丁49壬3+7−偏官
28	10癸38辛7−3+偏官	41甲39壬2+8−比肩	10癸40癸3+7−食神	41甲41甲2+8−偏財	11甲42乙3+8−食神	42乙43丙3+7−食神	12乙44丁3+7−偏財	43丙45戊4+7−偏財	14丁46己3+7−偏財	44丁47庚3+7−傷官	15戊48辛3+7−偏財	45戊49壬3+7−正財
29	11甲38辛8−2+正財	42乙39壬2+8−劫財	11甲40癸2+8−劫財	42乙41甲2+8−正財	12乙42乙3+8−傷官	43丙43丙3+8−劫財	13丙44丁3+7−傷官	44丁45戊3+7−正財	15戊46己3+7−傷官	45戊47庚3+7−比肩	16己48辛3+7−正財	46己49壬3+7−偏財
30	12乙38辛8−2+偏財		12乙40癸2+8−比肩	43丙41甲2+8−食神	13丙42乙2+8−比肩	44丁43丙2+8−比肩	14丁44丁3+8−食神	45戊45戊3+8−食神	16己46己3+7−食神	46己47庚3+7−劫財	17庚48辛2+8−食神	47庚49壬2+8−傷官
31	13丙38辛8−2+傷官		13丙40癸2+8−印綬		14丁42乙2+9−劫財		15戊44丁2+8−劫財	46己45戊3+8−傷官		47庚47庚2+8−偏印		48辛49壬2+8−食神

1953年（昭和28年）生まれ　年干：30 癸（2/4～翌年2/3まで）

日	1月	2月	3月	4月	5月	6月	7月	8月	9月	10月	11月	12月
	日干 月干 立年男女 中心星	日干 月干 立年男女 中心星	日干 月干 立年男女 中心星	日干 月干 立年男女 中心星	日干 月干 立年男女 中心星	日干 月干 立年男女 中心星	日干 月干 立年男女 中心星	日干 月干 立年男女 中心星	日干 月干 立年男女 中心星	日干 月干 立年男女 中心星	日干 月干 立年男女 中心星	日干 月干 立年男女 中心星
1	49壬49壬2+8−劫財	20癸50癸1+9−偏官	48辛51甲8−2+正財	19壬52乙9−1+傷官	49壬53丙9−2+偏官	20癸54丁9−2+正財	50癸55戊8−2+偏財	21甲56己8−2+正財	52乙57庚8−2+正官	22乙58辛8−2+偏官	53丙59壬8−2+食神	23丙60癸8−2+偏官
2	50癸49壬1+9−比肩	21甲50癸1+9−正財	49壬51甲9−1+食神	20癸52乙9−1+食神	50癸53丙9−1+正官	21甲54丁9−1+食神	51甲55戊9−2+傷官	22乙56己9−2+偏財	53丙57庚8−2+偏財	23丙58辛8−2+正財	54丁59壬8−2+傷官	24丁60癸8−2+正官
3	51甲49壬1+9−印綬	22乙50癸1+9−偏財	50癸51甲9−1+傷官	21甲52乙9−1+劫財	51甲53丙9−1+偏財	22乙54丁9−1+傷官	52乙55戊9−1+食神	23丙56己9−2+傷官	54丁57庚9−2+正財	24丁58辛8−2+偏財	55戊59壬9−2+比肩	25戊60癸8−1+偏財
4	52乙49壬1+9−偏印	23丙51甲1−0+食神	51甲51甲9−1+比肩	22乙52乙0−1+比肩	52乙53丙0−1+正財	23丙54丁0−1+比肩	53丙55戊9−1+劫財	24丁56己9−1+食神	55戊57庚9−1+食神	25戊58辛9−1+傷官	56己59壬9−1+劫財	26己60癸9−1+正財
5	53丙49壬1+0−正官	24丁51甲1−0+傷官	52乙51甲0−1+劫財	23丙53丙1−0+印綬	53丙53丙0−1+食神	24丁54丁0−1+劫財	54丁55戊0−1+比肩	25戊56己0−1+劫財	56己57庚9−1+傷官	26己58辛9−1+食神	57庚59壬9−1+偏印	27庚60癸9−1+食神
6	54丁50癸0+1−偏官	25戊51甲1−9+比肩	53丙52乙1−0+印綬	24丁53丙1−0+偏印	54丁54丁1−0+傷官	25戊55戊1−0+劫財	55戊55戊0−1+印綬	26己56己0−1+比肩	57庚57庚0−1+比肩	27庚58辛9−1+劫財	58辛59壬0−1+印綬	28辛60癸9−1+傷官
7	55戊50癸9+1−正財	26己51甲1−9+劫財	54丁52乙1−0+偏印	25戊53丙1−0+正官	55戊54丁1−0+比肩	26己55戊1−0+比肩	56己56己1−0+偏印	27庚56己0−1+印綬	58辛57庚0−1+劫財	28辛58辛0−1+比肩	59壬59壬0−1+偏官	29壬 1甲1−0+劫財
8	56己50癸9+1−偏財	27庚51甲1−9+偏印	55戊52乙1−9+正官	26己53丙1−9+偏官	56己54丁1−0+劫財	27庚55戊1−0+印綬	57庚56己1−0+正官	28辛57庚1−0+印綬	59壬58辛1−0+印綬	29壬59壬1−0+偏印	60癸60癸1−0+傷官	30癸 1甲1−0+比肩
9	57庚50癸9+1−傷官	28辛51甲2−8+印綬	56己52乙1−9+偏官	27庚53丙1−9+正財	57庚54丁1−9+偏印	28辛55戊1−9+偏印	58辛56己1−0+偏官	29壬57庚1−0+偏官	60癸58辛1−0+偏印	30癸59壬1−0+偏印	1甲60癸1−9+比肩	31甲 1甲1−9+印綬
10	58辛50癸8+1−食神	29壬51甲2−8+偏官	57庚52乙1−9+正財	28辛53丙2−9+偏財	58辛54丁1−9+印綬	29壬55戊1−9+正官	59壬56己1−0+正財	30癸57庚1−0+正官	1甲58辛1−9+正官	31甲59壬1−0+正官	2乙60癸1−9+劫財	32乙 1甲1−9+偏印
11	59壬50癸8+2−劫財	30癸51甲2−8+正官	58辛52乙2−8+偏財	29壬53丙2−8+傷官	59壬54丁2−9+偏官	30癸55戊2−9+偏官	60癸56己1−9+偏財	31甲57庚1−9+偏財	2乙58辛1−9+偏官	32乙59壬1−9+偏官	3丙60癸1−9+偏印	33丙 1甲1−9+正官
12	60癸50癸8+2−比肩	31甲51甲3−7+食神	59壬52乙2−8+傷官	30癸53丙2−8+食神	60癸54丁2−8+印綬	31甲55戊2−8+正財	1甲56己2−9+偏官	32乙57庚1−9+正財	3丙58辛1−9+正財	33丙59壬1−9+正財	4丁60癸1−8+印綬	34丁 1甲2−8+偏官
13	1甲50癸7+2−印綬	32乙51甲3−7+傷官	60癸52乙2−8+食神	31甲53丙3−8+劫財	1甲54丁2−8+偏官	32乙55戊2−8+偏財	2乙56己2−9+食神	33丙57庚2−9+食神	4丁58辛2−8+偏財	34丁59壬2−9+偏財	5戊60癸2−8+偏官	35戊 1甲2−8+正財
14	2乙50癸7+3−偏印	33丙51甲3−7+比肩	1甲52乙3−7+劫財	32乙53丙3−7+比肩	2乙54丁3−8+正官	33丙55戊3−8+傷官	3丙56己2−8+劫財	34丁57庚2−8+傷官	5戊58辛2−8+傷官	35戊59壬2−8+傷官	6己60癸2−8+正官	36己 1甲2−8+偏財
15	3丙50癸7+3−正官	34丁51甲4−6+劫財	2乙52乙3−7+比肩	33丙53丙3−7+正官	3丙54丁3−7+偏財	34丁55戊3−7+食神	4丁56己3−8+比肩	35戊57庚2−8+比肩	6己58辛2−8+食神	36己59壬2−8+食神	7庚60癸2−7+偏財	37庚 1甲3−7+傷官
16	4丁50癸6+3−偏財	35戊51甲4−6+偏印	3丙52乙3−7+印綬	34丁53丙4−7+偏官	4丁54丁3−7+正財	35戊55戊3−7+劫財	5戊56己3−8+印綬	36己57庚3−8+劫財	7庚58辛3−7+劫財	37庚59壬3−8+劫財	8辛60癸3−7+正財	38辛 1甲3−7+食神
17	5戊50癸6+4−傷官	36己51甲4−6+印綬	4丁52乙4−6+偏印	35戊53丙4−6+正財	5戊54丁4−7+食神	36己55戊4−7+比肩	6己56己3−7+偏官	37庚57庚3−7+偏印	8辛58辛3−7+比肩	38辛59壬3−7+比肩	9壬60癸3−7+食神	39壬 1甲3−7+劫財
18	6己50癸6+4−食神	37庚51甲5−5+偏官	5戊52乙4−6+正官	36己53丙4−6+劫財	6己54丁4−6+傷官	37庚55戊4−6+印綬	7庚56己4−7+正財	38辛57庚3−7+印綬	9壬58辛3−7+印綬	39壬59壬3−7+正財	10癸60癸3−6+傷官	40癸 1甲4−6+比肩
19	7庚50癸5+4−印綬	38辛51甲5−5+正財	6己52乙4−6+偏官	37庚53丙5−6+偏印	7庚54丁4−6+比肩	38辛55戊4−6+偏印	8辛56己4−7+偏財	39壬57庚4−7+比肩	10癸58辛4−6+偏印	40癸59壬4−7+偏財	11甲60癸4−6+比肩	41甲 1甲4−6+印綬
20	8辛50癸5+5−偏印	39壬51甲5−5+食神	7庚52乙5−5+正財	38辛53丙5−5+印綬	8辛54丁5−6+劫財	39壬55戊5−6+正官	9壬56己4−6+正官	40癸57庚4−6+劫財	11甲58辛4−6+正官	41甲59壬4−6+傷官	12乙60癸4−6+劫財	42乙 1甲4−6+偏印
21	9壬50癸5+5−正官	40癸51甲6−4+傷官	8辛52乙5−5+偏財	39壬53丙5−5+偏官	9壬54丁5−5+偏財	40癸55戊5−5+偏官	10癸56己5−6+偏官	41甲57庚4−6+偏印	12乙58辛4−6+偏官	42乙59壬4−6+正財	13丙60癸4−5+偏官	43丙 1甲5−5+正官
22	10癸50癸4+5−偏官	41甲51甲6−4+比肩	9壬52乙5−5+傷官	40癸53丙6−5+正官	10癸54丁5−5+正財	41甲55戊5−5+正財	11甲56己5−6+正財	42乙57庚5−6+正官	13丙58辛5−5+正財	43丙59壬5−6+食神	14丁60癸5−5+正官	44丁 1甲5−5+偏官
23	11甲50癸4+6−正財	42乙51甲6−4+劫財	10癸52乙6−4+食神	41甲53丙6−4+偏財	11甲54丁6−5+食神	42乙55戊6−5+偏財	12乙56己5−5+偏財	43丙57庚5−5+偏財	14丁58辛5−5+偏財	44丁59壬5−5+傷官	15戊60癸5−5+偏財	45戊 1甲5−5+正財
24	12乙50癸4+6−偏財	43丙51甲7−3+偏印	11甲52乙6−4+劫財	42乙53丙6−4+正財	12乙54丁6−4+傷官	43丙55戊6−4+傷官	13丙56己6−5+傷官	44丁57庚5−5+正財	15戊58辛5−5+傷官	45戊59壬5−5+比肩	16己60癸5−4+正財	46己 1甲6−4+偏財
25	13丙50癸3+6−傷官	44丁51甲7−3+印綬	12乙52乙6−4+比肩	43丙53丙7−4+食神	13丙54丁6−4+比肩	44丁55戊6−4+食神	14丁56己6−5+食神	45戊57庚6−5+食神	16己58辛6−4+食神	46己59壬6−5+劫財	17庚60癸6−4+食神	47庚 1甲6−4+傷官
26	14丁50癸3+7−食神	45戊51甲7−3+偏官	13丙52乙7−3+印綬	44丁53丙7−3+傷官	14丁54丁7−4+劫財	45戊55戊7−4+印綬	15戊56己6−4+劫財	46己57庚6−4+傷官	17庚58辛6−4+劫財	47庚59壬6−4+偏印	18辛60癸6−4+傷官	48辛 1甲6−4+食神
27	15戊50癸3+7−劫財	46己51甲8−2+正官	14丁52乙7−3+偏印	45戊53丙7−3+比肩	15戊54丁7−3+偏印	46己55戊7−3+偏印	16己56己7−4+比肩	47庚57庚6−4+比肩	18辛58辛6−4+比肩	48辛59壬6−4+印綬	19壬60癸6−3+比肩	49壬 1甲7−3+劫財
28	16己50癸2+7−比肩	47庚51甲8−2+偏財	15戊52乙7−3+正官	46己53丙8−3+劫財	16己54丁7−3+印綬	47庚55戊7−3+正官	17庚56己7−4+印綬	48辛57庚7−4+劫財	19壬58辛7−3+印綬	49壬59壬7−4+偏官	20癸60癸7−3+劫財	50癸 1甲7−3+比肩
29	17庚50癸2+8−印綬		16己52乙8−2+偏官	47庚53丙8−2+偏印	17庚54丁8−3+偏官	48辛55戊8−3+偏官	18辛56己7−3+偏印	49壬57庚7−3+偏印	20癸58辛7−3+偏印	50癸59壬7−3+正官	21甲60癸7−3+偏印	51甲 1甲7−3+印綬
30	18辛50癸2+8−偏印		17庚52乙8−2+正財	48辛53丙8−2+印綬	18辛54丁8−2+正官	49壬55戊8−2+正財	19壬56己8−3+正官	50癸57庚7−3+印綬	21甲58辛7−3+正官	51甲59壬7−3+偏財	22乙60癸7−2+印綬	52乙 1甲8−2+偏印
31	19壬50癸1+8−正官		18辛52乙8−2+偏財		19壬54丁8−2+偏財		20癸56己8−3+偏官	51甲57庚8−3+偏官		52乙59壬8−3+正財		53丙 1甲8−2+正官

1954年(昭和29年)生まれ　年干：31 甲(2/4～翌年2/3まで)

日	1月	2月	3月	4月	5月	6月	7月	8月	9月	10月	11月	12月
日	日干 月干 立年男女 中心星	日干 月干 立年男女 中心星	日干 月干 立年男女 中心星	日干 月干 立年男女 中心星	日干 月干 立年男女 中心星	日干 月干 立年男女 中心星	日干 月干 立年男女 中心星	日干 月干 立年男女 中心星	日干 月干 立年男女 中心星	日干 月干 立年男女 中心星	日干 月干 立年男女 中心星	日干 月干 立年男女 中心星
1	54丁 1甲8-2+偏官	25戊 2乙9-1+劫財	53丙 3丙2+8-偏印	24丁 4丁1+9-偏印	54丁 5戊2+9-傷官	25戊 6己2+9-偏印	55戊 7庚2+8-印綬	26己 8辛2+8-比肩	57庚 9壬2+8-比肩	27庚10癸3+8-劫財	58辛11甲2+8-印綬	28辛12乙2+8-傷官
2	55戊 1甲9-1+正財	26己 2乙9-1+比肩	54丁 3丙1+9-印綬	25戊 4丁1+9-正官	55戊 5戊1+9-比肩	26己 6己1+9-印綬	56己 7庚2+9-偏印	27庚 8辛2+8-印綬	58辛 9壬2+8-劫財	28辛10癸2+8-比肩	59壬11甲2+8-偏官	29壬12乙2+8-比肩
3	56己 1甲9-1+偏財	27庚 2乙9-1+印綬	55戊 3丙1+9-偏官	26己 4丁1+9-偏官	56己 5戊1+9-劫財	27庚 6己1+9-偏官	57庚 7庚2+9-正官	28辛 8辛2+9-偏印	59壬 9壬2+9-偏印	29壬10癸2+8-印綬	60癸11甲2+8-正官	30癸12乙2+8-劫財
4	57庚 1甲9-1+傷官	28辛 3丙0+1-印綬	56己 3丙1+9-正官	27庚 4丁1+0-正財	57庚 5戊1+0-偏印	28辛 6己1+0-正官	58辛 7庚1+9-偏官	29壬 8辛1+9-正官	60癸 9壬1+9-印綬	30癸10癸2+9-偏印	1甲11甲1+9-偏財	31甲12乙1+9-偏印
5	58辛 1甲0-1+食神	29壬 3丙0+1-偏官	57庚 3丙1+0-偏財	28辛 5戊0+1-偏財	58辛 5戊1+0-印綬	29壬 6己1+0-偏財	59壬 7庚1+0-正財	30癸 8辛1+9-偏官	1甲 9壬1+9-偏官	31甲10癸1+9-正官	2乙11甲1+9-正財	32乙12乙1+9-印綬
6	59壬 2乙1-0+劫財	30癸 3丙9+1-正官	58辛 4丁0+1-偏財	29壬 5戊0+1-傷官	59壬 6己0+1-偏官	30癸 7庚0+1-偏官	60癸 7庚1+0-偏財	31甲 8辛1+0-正財	2乙 9壬1+0-正官	32乙10癸1+9-偏官	3丙11甲1+9-食神	33丙12乙1+9-偏官
7	60癸 2乙1-9+比肩	31甲 3丙9+1-偏財	59壬 4丁0+1-傷官	30癸 5戊0+1-食神	60癸 6己0+1-正官	31甲 7庚0+1-正財	1甲 7庚1+0-傷官	32乙 8辛1+0-偏財	3丙 9壬1+0-偏財	33丙10癸1+0-正財	4丁11甲1+0-傷官	34丁12乙1+0-正官
8	1甲 2乙1-9+印綬	32乙 3丙9+1-正財	60癸 4丁9+1-食神	31甲 5戊9+1-劫財	1甲 6己0+1-偏財	32乙 7庚0+1-偏財	2乙 8辛0+1-食神	33丙 9壬0+1-食神	4丁10癸0+1-偏財	34丁10癸1+0-偏財	5戊12乙0+1-偏官	35戊13丙0+1-正財
9	2乙 2乙1-9+偏印	33丙 3丙8+2-食神	1甲 4丁9+1-劫財	32乙 5戊9+1-比肩	2乙 6己9+1-正財	33丙 7庚0+1-傷官	3丙 8辛0+1-劫財	34丁 9壬0+1-傷官	5戊10癸0+1-傷官	35戊11甲0+1-傷官	6己12乙0+1-正官	36己13丙9+1-偏財
10	3丙 2乙1-8+正官	34丁 3丙8+2-傷官	2乙 4丁9+1-比肩	33丙 5戊9+2-印綬	3丙 6己9+1-食神	34丁 7庚9+1-食神	4丁 8辛0+1-比肩	35戊 9壬0+1-比肩	6己10癸0+1-食神	36己11甲0+1-食神	7庚12乙9+1-偏財	37庚13丙9+1-傷官
11	4丁 2乙2-8+偏官	35戊 3丙8+2-比肩	3丙 4丁8+2-印綬	34丁 5戊8+2-偏印	4丁 6己9+2-傷官	35戊 7庚9+2-劫財	5戊 8辛9+1-印綬	36己 9壬9+1-劫財	7庚10癸9+1-劫財	37庚11甲9+1-劫財	8辛12乙9+1-正財	38辛13丙9+1-食神
12	5戊 2乙2-8+正財	36己 3丙7+3-印綬	4丁 4丁8+2-偏印	35戊 5戊8+2-正官	5戊 6己8+2-食神	36己 7庚9+2-比肩	6己 8辛9+1-偏印	37庚 9壬9+1-偏印	8辛10癸9+1-比肩	38辛11甲9+1-比肩	9壬12乙9+1-食神	39壬13丙8+1-劫財
13	6己 2乙2-7+偏財	37庚 3丙7+3-偏官	5戊 4丁8+2-正官	36己 5戊8+3-偏官	6己 6己8+2-傷官	37庚 7庚8+2-印綬	7庚 8辛9+2-正官	38辛 9壬9+2-印綬	9壬10癸9+2-印綬	39壬11甲9+1-印綬	10癸12乙8+2-傷官	40癸13丙8+2-比肩
14	7庚 2乙3-7+傷官	38辛 3丙7+3-正官	6己 4丁7+3-偏官	37庚 5戊7+3-正財	7庚 6己8+3-比肩	38辛 7庚8+3-偏印	8辛 8辛8+2-偏官	39壬 9壬8+2-偏官	10癸10癸8+2-偏印	40癸11甲8+2-偏印	11甲12乙8+2-比肩	41甲13丙8+2-印綬
15	8辛 2乙3-7+食神	39壬 3丙6+4-偏財	7庚 4丁7+3-正財	38辛 5戊7+3-食神	8辛 6己7+3-劫財	39壬 7庚8+3-正官	9壬 8辛8+2-正財	40癸 9壬8+2-正官	11甲10癸8+2-正官	41甲11甲8+2-正官	12乙12乙8+2-劫財	42乙13丙7+2-偏印
16	9壬 2乙3-6+印綬	40癸 3丙6+4-正財	8辛 4丁7+3-偏財	39壬 5戊7+4-劫財	9壬 6己7+3-偏印	40癸 7庚7+3-偏官	10癸 8辛8+3-偏財	41甲 9壬8+3-偏財	12乙10癸8+3-偏官	42乙11甲8+2-偏官	13丙12乙7+3-偏印	43丙13丙7+3-正官
17	10癸 2乙4-6+偏印	41甲 3丙6+4-食神	9壬 4丁6+4-傷官	40癸 5戊6+4-比肩	10癸 6己7+4-印綬	41甲 7庚7+4-正財	11甲 8辛7+3-傷官	42乙 9壬7+3-正財	13丙10癸7+3-正財	43丙11甲7+3-正財	14丁12乙7+3-印綬	44丁13丙7+3-偏官
18	11甲 2乙4-6+正官	42乙 3丙5+5-傷官	10癸 4丁6+4-食神	41甲 5戊6+4-偏財	11甲 6己6+4-偏官	42乙 7庚7+4-偏財	12乙 8辛7+3-比肩	43丙 9壬7+3-食神	14丁10癸7+3-偏財	44丁11甲7+3-偏財	15戊12乙7+3-偏官	45戊13丙6+3-正財
19	12乙 2乙4-5+偏財	43丙 3丙5+5-偏印	11甲 4丁6+4-劫財	42乙 5戊6+5-正財	12乙 6己6+4-正官	43丙 7庚6+4-傷官	13丙 8辛7+4-印綬	44丁 9壬7+4-正官	15戊10癸7+4-傷官	45戊11甲7+3-印綬	16己12乙6+4-正官	46己13丙6+4-偏財
20	13丙 2乙5-5+傷官	44丁 3丙5+5-印綬	12乙 4丁5+5-比肩	43丙 5戊5+5-食神	13丙 6己6+5-偏財	44丁 7庚6+5-食神	14丁 8辛6+4-偏印	45戊 9壬6+4-偏財	16己10癸6+4-食神	46己11甲6+4-偏印	17庚12乙6+4-偏財	47庚13丙6+4-傷官
21	14丁 2乙5-5+食神	45戊 3丙4+6-偏官	13丙 4丁5+5-印綬	44丁 5戊5+5-傷官	14丁 6己5+5-劫財	45戊 7庚6+5-劫財	15戊 8辛6+4-劫財	46己 9壬6+4-正財	17庚10癸6+4-劫財	47庚11甲6+4-正官	18辛12乙6+4-傷官	48辛13丙5+4-食神
22	15戊 2乙5-4+劫財	46己 3丙4+6-正官	14丁 4丁5+5-偏印	45戊 5戊5+6-比肩	15戊 6己5+5-偏印	46己 7庚5+5-比肩	16己 8辛6+5-比肩	47庚 9壬6+5-比肩	18辛10癸6+5-比肩	48辛11甲6+4-印綬	19壬12乙5+5-比肩	49壬13丙5+5-劫財
23	16己 2乙6-4+比肩	47庚 3丙4+6-偏財	15戊 4丁4+6-正官	46己 5戊4+6-劫財	16己 6己5+6-印綬	47庚 7庚5+6-印綬	17庚 8辛5+5-印綬	48辛 9壬5+5-劫財	19壬10癸5+5-印綬	49壬11甲5+5-偏官	20癸12乙5+5-劫財	50癸13丙5+5-比肩
24	17庚 2乙6-4+印綬	48辛 3丙3+7-正財	16己 4丁4+6-偏官	47庚 5戊4+6-偏印	17庚 6己4+6-偏官	48辛 7庚5+6-偏印	18辛 8辛5+5-偏印	49壬 9壬5+5-偏印	20癸10癸5+5-偏印	50癸11甲5+5-正官	21甲12乙5+5-偏印	51甲13丙4+5-印綬
25	18辛 2乙6-3+偏印	49壬 3丙3+7-食神	17庚 4丁4+6-正財	48辛 5戊4+7-印綬	18辛 6己4+6-正官	49壬 7庚4+6-正官	19壬 8辛5+6-正官	50癸 9壬5+6-印綬	21甲10癸5+6-正官	51甲11甲5+5-偏財	22乙12乙4+6-印綬	52乙13丙4+6-偏印
26	19壬 2乙7-3+正官	50癸 3丙3+7-傷官	18辛 4丁3+7-偏財	49壬 5戊3+7-偏官	19壬 6己4+7-偏財	50癸 7庚4+7-偏財	20癸 8辛4+6-偏官	51甲 9壬4+6-偏官	22乙10癸4+6-偏官	52乙11甲4+6-正財	23丙12乙4+6-偏官	53丙13丙4+6-正官
27	20癸 2乙7-3+偏官	51甲 3丙2+8-比肩	19壬 4丁3+7-傷官	50癸 5戊3+7-正官	20癸 6己3+7-正財	51甲 7庚4+7-傷官	21甲 8辛4+6-正財	52乙 9壬4+6-正官	23丙10癸4+6-正財	53丙11甲4+6-食神	24丁12乙4+6-正官	54丁13丙3+6-偏官
28	21甲 2乙7-2+正財	52乙 3丙2+8-劫財	20癸 4丁3+7-食神	51甲 5戊3+8-偏財	21甲 6己3+7-食神	52乙 7庚3+7-食神	22乙 8辛4+7-偏財	53丙 9壬4+7-偏財	24丁10癸4+7-偏財	54丁11甲4+6-傷官	25戊12乙3+7-偏財	55戊13丙3+7-正財
29	22乙 2乙8-2+偏財		21甲 4丁2+8-劫財	52乙 5戊2+8-正財	22乙 6己3+8-傷官	53丙 7庚3+8-劫財	23丙 8辛3+7-傷官	54丁 9壬3+7-正財	25戊10癸3+7-傷官	55戊11甲3+7-比肩	26己12乙3+7-正財	56己13丙3+7-偏財
30	23丙 2乙8-2+傷官		22乙 4丁2+8-比肩	53丙 5戊2+8-食神	23丙 6己2+8-比肩	54丁 7庚3+8-比肩	24丁 8辛3+7-食神	55戊 9壬3+7-食神	26己10癸3+7-食神	56己11甲3+7-劫財	27庚12乙3+7-食神	57庚13丙2+7-傷官
31	24丁 2乙8-1+食神		23丙 4丁2+8-印綬		24丁 6己2+8-劫財		25戊 8辛3+8-劫財	56己 9壬3+8-傷官		57庚11甲3+7-偏印		58辛13丙2+8-食神

1955年（昭和30年）生まれ　年干：32乙（2/4～翌年2/4まで）

日	1月 日干 月干 立年(男 女) 中心星	2月 日干 月干 立年(男 女) 中心星	3月 日干 月干 立年(男 女) 中心星	4月 日干 月干 立年(男 女) 中心星	5月 日干 月干 立年(男 女) 中心星	6月 日干 月干 立年(男 女) 中心星
1	59壬13丙2+8−劫財	30癸14丁1+9−偏官	58辛15戊8−2+正財	29壬16己9−1+傷官	59壬17庚9−2+偏官	30癸18辛9−2+正財
2	60癸13丙1+8−比肩	31甲14丁1+9−正財	59壬15戊9−1+食神	30癸16己9−1+食神	60癸17庚9−1+正官	31甲18辛9−1+食神
3	1甲13丙1+9−印綬	32乙14丁1+9−偏財	60癸15戊9−1+傷官	31甲16己9−1+劫財	1甲17庚9−1+偏財	32乙18辛9−1+傷官
4	2乙13丙1+9−偏印	33丙15戊1−0+食神	1甲15戊9−1+比肩	32乙16己0−1+比肩	2乙17庚0−1+正財	33丙18辛0−1+比肩
5	3丙13丙1+9−正官	34丁15戊1−0+傷官	2乙15戊0−1+劫財	33丙17庚1−0+印綬	3丙17庚0−1+食神	34丁18辛0−1+劫財
6	4丁14丁0+1−偏官	35戊15戊1−9+比肩	3丙16己1−0+印綬	34丁17庚1−0+偏印	4丁18辛1−0+傷官	35戊19壬1−0+劫財
7	5戊14丁9+1−正財	36己15戊1−9+劫財	4丁16己1−0+偏印	35戊17庚1−0+正官	5戊18辛1−0+比肩	36己19壬1−0+比肩
8	6己14丁9+1−偏財	37庚15戊1−9+偏印	5戊16己1−9+正官	36己17庚1−9+偏官	6己18辛1−0+劫財	37庚19壬1−0+印綬
9	7庚14丁9+1−傷官	38辛15戊2−8+印綬	6己16己1−9+偏官	37庚17庚1−9+正財	7庚18辛1−9+偏印	38辛19壬1−0+偏印
10	8辛14丁8+1−食神	39壬15戊2−8+偏官	7庚16己1−9+正財	38辛17庚2−9+偏財	8辛18辛1−9+印綬	39壬19壬1−9+正官
11	9壬14丁8+2−劫財	40癸15戊2−8+正官	8辛16己2−8+偏財	39壬17庚2−8+傷官	9壬18辛2−9+偏官	40癸19壬2−9+偏官
12	10癸14丁8+2−比肩	41甲15戊3−7+食神	9壬16己2−8+傷官	40癸17庚2−8+食神	10癸18辛2−8+印綬	41甲19壬2−9+正財
13	11甲14丁7+2−印綬	42乙15戊3−7+傷官	10癸16己2−8+食神	41甲17庚3−8+劫財	11甲18辛2−8+偏官	42乙19壬2−8+偏財
14	12乙14丁7+3−偏印	43丙15戊3−7+比肩	11甲16己3−7+劫財	42乙17庚3−7+比肩	12乙18辛3−8+正官	43丙19壬3−8+傷官
15	13丙14丁7+3−正官	44丁15戊4−6+劫財	12乙16己3−7+比肩	43丙17庚3−7+正官	13丙18辛3−7+偏財	44丁19壬3−8+食神
16	14丁14丁6+3−偏財	45戊15戊4−6+偏印	13丙16己3−7+印綬	44丁17庚4−7+偏官	14丁18辛3−7+正財	45戊19壬3−7+劫財
17	15戊14丁6+4−傷官	46己15戊4−6+印綬	14丁16己4−6+偏印	45戊17庚4−6+正財	15戊18辛4−7+食神	46己19壬4−7+比肩
18	16己14丁6+4−食神	47庚15戊5−5+偏官	15戊16己4−6+正官	46己17庚4−6+劫財	16己18辛4−6+傷官	47庚19壬4−7+印綬
19	17庚14丁5+4−印綬	48辛15戊5−5+正財	16己16己4−6+偏官	47庚17庚5−6+偏印	17庚18辛4−6+比肩	48辛19壬4−6+偏印
20	18辛14丁5+5−偏印	49壬15戊5−5+食神	17庚16己5−5+正財	48辛17庚5−5+印綬	18辛18辛5−6+劫財	49壬19壬5−6+正官
21	19壬14丁5+5−正官	50癸15戊6−4+傷官	18辛16己5−5+偏財	49壬17庚5−5+偏官	19壬18辛5−5+偏財	50癸19壬5−6+偏官
22	20癸14丁4+5−偏官	51甲15戊6−4+比肩	19壬16己5−5+傷官	50癸17庚6−5+正官	20癸18辛5−5+正財	51甲19壬5−5+正財
23	21甲14丁4+6−正財	52乙15戊6−4+劫財	20癸16己6−4+食神	51甲17庚6−4+偏財	21甲18辛6−5+食神	52乙19壬6−5+偏財
24	22乙14丁4+6−偏財	53丙15戊7−3+偏印	21甲16己6−4+劫財	52乙17庚6−4+正財	22乙18辛6−4+傷官	53丙19壬6−5+傷官
25	23丙14丁3+6−傷官	54丁15戊7−3+印綬	22乙16己6−4+比肩	53丙17庚7−4+食神	23丙18辛6−4+比肩	54丁19壬6−4+食神
26	24丁14丁3+7−食神	55戊15戊7−3+偏官	23丙16己7−3+印綬	54丁17庚7−3+傷官	24丁18辛7−4+劫財	55戊19壬7−4+印綬
27	25戊14丁3+7−劫財	56己15戊8−2+正官	24丁16己7−3+偏印	55戊17庚7−3+比肩	25戊18辛7−3+偏印	56己19壬7−4+偏印
28	26己14丁2+7−比肩	57庚15戊8−2+偏財	25戊16己7−3+正官	56己17庚8−3+劫財	26己18辛7−3+印綬	57庚19壬7−3+正官
29	27庚14丁2+8−印綬		26己16己8−2+偏官	57庚17庚8−2+偏印	27庚18辛8−3+偏官	58辛19壬8−3+偏官
30	28辛14丁2+8−偏印		27庚16己8−2+正財	58辛17庚8−2+印綬	28辛18辛8−2+正官	59壬19壬8−3+正財
31	29壬14丁1+8−正官		28辛16己8−2+偏財		29壬18辛8−2+偏財	

日	7月 日干 月干 立年(男 女) 中心星	8月 日干 月干 立年(男 女) 中心星	9月 日干 月干 立年(男 女) 中心星	10月 日干 月干 立年(男 女) 中心星	11月 日干 月干 立年(男 女) 中心星	12月 日干 月干 立年(男 女) 中心星
1	60癸19壬8−2+偏財	31甲20癸8−2+正財	2乙21甲8−2+正官	32乙22乙8−3+偏官	3丙23丙8−2+食神	33丙24丁8−2+偏官
2	1甲19壬9−2+傷官	32乙20癸8−2+偏財	3丙21甲8−2+偏財	33丙22乙8−2+正財	4丁23丙8−2+傷官	34丁24丁8−2+正官
3	2乙19壬9−2+食神	33丙20癸9−2+傷官	4丁21甲9−2+正財	34丁22乙8−2+偏財	5戊23丙8−2+比肩	35戊24丁8−2+偏財
4	3丙19壬9−1+劫財	34丁20癸9−1+食神	5戊21甲9−1+食神	35戊22乙9−2+傷官	6己23丙9−1+劫財	36己24丁9−1+正財
5	4丁19壬0−1+比肩	35戊20癸9−1+劫財	6己21甲9−1+傷官	36己22乙9−1+食神	7庚23丙9−1+偏印	37庚24丁9−1+食神
6	5戊19壬0−1+印綬	36己20癸0−1+比肩	7庚21甲0−1+比肩	37庚22乙9−1+劫財	8辛23丙9−1+印綬	38辛24丁9−1+傷官
7	6己19壬0−1+偏印	37庚20癸0−1+印綬	8辛21甲0−1+劫財	38辛22乙0−1+比肩	9壬23丙0−1+偏官	39壬24丁0−1+比肩
8	7庚20癸1−0+正官	38辛21甲1−0+印綬	9壬22乙1−0+印綬	39壬22乙0−1+印綬	10癸24丁1−0+傷官	40癸25戊1−0+比肩
9	8辛20癸1−0+偏官	39壬21甲1−0+偏官	10癸22乙1−0+偏印	40癸23丙1−0+偏印	11甲24丁1−0+比肩	41甲25戊1−9+印綬
10	9壬20癸1−0+正財	40癸21甲1−0+正官	11甲22乙1−0+正官	41甲23丙1−0+正官	12乙24丁1−9+劫財	42乙25戊1−9+偏印
11	10癸20癸1−9+偏財	41甲21甲1−9+偏財	12乙22乙1−9+偏官	42乙23丙1−9+偏官	13丙24丁1−9+偏印	43丙25戊1−9+正官
12	11甲20癸1−9+傷官	42乙21甲1−9+正財	13丙22乙1−9+正財	43丙23丙1−9+正財	14丁24丁1−9+印綬	44丁25戊1−8+偏官
13	12乙20癸2−9+食神	43丙21甲2−9+食神	14丁22乙2−9+偏財	44丁23丙1−9+偏財	15戊24丁2−8+偏官	45戊25戊2−8+正財
14	13丙20癸2−8+劫財	44丁21甲2−8+傷官	15戊22乙2−8+傷官	45戊23丙2−8+傷官	16己24丁2−8+正官	46己25戊2−8+偏財
15	14丁20癸2−8+比肩	45戊21甲2−8+比肩	16己22乙2−8+食神	46己23丙2−8+食神	17庚24丁2−8+偏財	47庚25戊2−7+傷官
16	15戊20癸3−8+印綬	46己21甲3−8+劫財	17庚22乙3−8+劫財	47庚23丙2−8+劫財	18辛24丁3−7+正財	48辛25戊3−7+食神
17	16己20癸3−7+偏印	47庚21甲3−7+偏印	18辛22乙3−7+比肩	48辛23丙3−7+比肩	19壬24丁3−7+食神	49壬25戊3−7+劫財
18	17庚20癸3−7+正財	48辛21甲3−7+印綬	19壬22乙3−7+印綬	49壬23丙3−7+正財	20癸24丁3−7+傷官	50癸25戊3−6+比肩
19	18辛20癸4−7+偏財	49壬21甲4−7+比肩	20癸22乙4−7+偏印	50癸23丙3−7+偏財	21甲24丁4−6+比肩	51甲25戊4−6+印綬
20	19壬20癸4−6+傷官	50癸21甲4−6+劫財	21甲22乙4−6+正官	51甲23丙4−6+傷官	22乙24丁4−6+劫財	52乙25戊4−6+偏印
21	20癸20癸4−6+偏官	51甲21甲4−6+偏印	22乙22乙4−6+偏官	52乙23丙4−6+食神	23丙24丁4−6+偏官	53丙25戊4−5+正官
22	21甲20癸5−6+正財	52乙21甲5−6+正官	23丙22乙5−6+正財	53丙23丙4−6+食神	24丁24丁5−5+正官	54丁25戊5−5+偏官
23	22乙20癸5−5+偏財	53丙21甲5−5+偏財	24丁22乙5−5+偏財	54丁23丙5−5+傷官	25戊24丁5−5+偏財	55戊25戊5−5+正財
24	23丙20癸5−5+傷官	54丁21甲5−5+正財	25戊22乙5−5+傷官	55戊23丙5−5+比肩	26己24丁5−5+正財	56己25戊5−4+偏財
25	24丁20癸6−5+食神	55戊21甲6−5+食神	26己22乙6−5+食神	56己23丙5−5+劫財	27庚24丁6−4+食神	57庚25戊6−4+傷官
26	25戊20癸6−4+劫財	56己21甲6−4+傷官	27庚22乙6−4+劫財	57庚23丙6−4+偏印	28辛24丁6−4+傷官	58辛25戊6−4+食神
27	26己20癸6−4+比肩	57庚21甲6−4+比肩	28辛22乙6−4+比肩	58辛23丙6−4+印綬	29壬24丁6−4+比肩	59壬25戊6−3+劫財
28	27庚20癸7−4+印綬	58辛21甲7−4+劫財	29壬22乙7−4+印綬	59壬23丙6−4+偏官	30癸24丁7−3+劫財	60癸25戊7−3+比肩
29	28辛20癸7−3+偏印	59壬21甲7−3+偏印	30癸22乙7−3+偏印	60癸23丙7−3+正官	31甲24丁7−3+偏印	1甲25戊7−3+印綬
30	29壬20癸7−3+正官	60癸21甲7−3+印綬	31甲22乙7−3+正官	1甲23丙7−3+偏財	32乙24丁7−3+印綬	2乙25戊7−2+偏印
31	30癸20癸8−3+偏官	1甲21甲8−3+偏官		2乙23丙7−3+正財		3丙25戊8−2+正官

1956年（昭和31年）生まれ　年干：33丙（2/5〜翌年2/3まで）

	1月	2月	3月	4月	5月	6月	7月	8月	9月	10月	11月	12月
日	日干 月干 立年男 女 中心星	日干 月干 立年男 女 中心星	日干 月干 立年男 女 中心星	日干 月干 立年男 女 中心星	日干 月干 立年男 女 中心星	日干 月干 立年男 女 中心星	日干 月干 立年男 女 中心星	日干 月干 立年男 女 中心星	日干 月干 立年男 女 中心星	日干 月干 立年男 女 中心星	日干 月干 立年男 女 中心星	日干 月干 立年男 女 中心星
1	4丁25戊8−2+偏官	35戊26己9−1+劫財	4丁27庚1+8−印綬	35戊28辛1+9−正官	5戊29壬1+9−比肩	36己30癸2+9−印綬	6己31甲2+8−偏印	37庚32乙2+8−印綬	8辛33丙2+8−劫財	38辛34丁2+8−比肩	9壬35戊2+8−偏官	39壬36己2+8−比肩
2	5戊25戊8−1+正財	36己26己9−1+比肩	5戊27庚1+9−偏官	36己28辛1+9−偏官	6己29壬1+9−劫財	37庚30癸1+9−偏官	7庚31甲2+9−正官	38辛32乙2+9−偏印	9壬33丙2+9−偏印	39壬34丁2+8−印綬	10癸35戊2+8−正官	40癸36己2+8−劫財
3	6己25戊9−1+偏財	37庚26己9−1+印綬	6己27庚1+9−正官	37庚28辛1+0−正財	7庚29壬1+9−偏印	38辛30癸1+0−正官	8辛31甲1+9−偏官	39壬32乙1+9−正官	10癸33丙2+9−印綬	40癸34丁2+8−偏印	11甲35戊1+9−偏財	41甲36己1+9−偏印
4	7庚25戊9−1+傷官	38辛26己0−1+偏印	7庚27庚1+9−偏財	38辛28辛1+0−偏財	8辛29壬1+0−印綬	39壬30癸1+0−偏財	9壬31甲1+9−正財	40癸32乙1+9−偏官	11甲33丙1+9−偏官	41甲34丁1+9−正官	12乙35戊1+9−正財	42乙36己1+9−印綬
5	8辛25戊9−1+食神	39壬27庚0+1−偏官	8辛28辛0+1−偏財	39壬29壬0+1−傷官	9壬30癸0+1−偏官	40癸30癸1+0−正財	10癸31甲1+0−偏財	41甲32乙1+0−正財	12乙33丙1+0−正官	42乙34丁1+9−偏官	13丙35戊1+9−食神	43丙36己1+9−偏官
6	9壬26己1−0+劫財	40癸27庚9+1−正官	9壬28辛0+1−傷官	40癸29壬0+1−食神	10癸30癸0+1−正官	41甲31甲0+1−正財	11甲31甲1+0−傷官	42乙32乙1+0−偏財	13丙33丙1+0−偏財	43丙34丁1+9−正財	14丁35戊1+0−傷官	44丁36己1+0−正官
7	10癸26己1−0+比肩	41甲27庚9+1−偏財	10癸28辛0+1−食神	41甲29壬9+1−劫財	11甲30癸0+1−偏財	42乙31甲0+1−偏財	12乙32乙0+1−食神	43丙33丙0+1−食神	14丁33丙1+0−正財	44丁34丁1+0−偏財	15戊36己0+1−偏官	45戊37庚0+1−正財
8	11甲26己1−9+印綬	42乙27庚9+1−正財	11甲28辛9+1−劫財	42乙29壬9+1−比肩	12乙30癸0+1−正財	43丙31甲0+1−傷官	13丙32乙0+1−劫財	44丁33丙0+1−傷官	15戊34丁0+1−傷官	45戊35戊0+1−傷官	16己36己0+1−正官	46己37庚9+1−偏財
9	12乙26己1−9+偏印	43丙27庚8+1−食神	12乙28辛9+1−比肩	43丙29壬9+1−印綬	13丙30癸9+1−食神	44丁31甲9+1−食神	14丁32乙0+1−比肩	45戊33丙0+1−比肩	16己34丁0+1−食神	46己35戊0+1−食神	17庚36己9+1−偏財	47庚37庚9+1−傷官
10	13丙26己1−9+正官	44丁27庚8+2−傷官	13丙28辛9+2−印綬	44丁29壬8+2−偏印	14丁30癸9+2−傷官	45戊31甲9+1−劫財	15戊32乙9+1−印綬	46己33丙0+1−劫財	17庚34丁9+1−劫財	47庚35戊9+1−劫財	18辛36己9+1−正財	48辛37庚9+1−食神
11	14丁26己2−8+偏官	45戊27庚8+2−比肩	14丁28辛8+2−偏印	45戊29壬8+2−正官	15戊30癸9+2−食神	46己31甲9+2−比肩	16己32乙9+1−偏印	47庚33丙9+1−偏印	18辛34丁9+1−比肩	48辛35戊9+1−比肩	19壬36己9+1−食神	49壬37庚8+1−劫財
12	15戊26己2−8+正財	46己27庚7+2−劫財	15戊28辛8+2−正官	46己29壬8+2−偏官	16己30癸8+2−傷官	47庚31甲8+2−印綬	17庚32乙9+2−正官	48辛33丙9+2−印綬	19壬34丁9+1−印綬	49壬35戊9+1−印綬	20癸36己8+2−傷官	50癸37庚8+2−比肩
13	16己26己2−8+偏財	47庚27庚7+3−偏官	16己28辛8+3−偏官	47庚29壬7+3−正財	17庚30癸8+3−比肩	48辛31甲8+2−偏印	18辛32乙8+2−偏官	49壬33丙9+2−偏官	20癸34丁8+2−偏印	50癸35戊8+2−偏印	21甲36己8+2−比肩	51甲37庚8+2−印綬
14	17庚26己3−7+傷官	48辛27庚7+3−正官	17庚28辛7+3−正財	48辛29壬7+3−偏財	18辛30癸8+3−劫財	49壬31甲8+3−正官	19壬32乙8+2−正財	50癸33丙8+2−正官	21甲34丁8+2−正官	51甲35戊8+2−正官	22乙36己8+2−劫財	52乙37庚7+2−偏印
15	18辛26己3−7+食神	49壬27庚6+3−偏財	18辛28辛7+3−偏財	49壬29壬7+3−劫財	19壬30癸7+3−偏印	50癸31甲7+3−偏官	20癸32乙8+3−偏財	51甲33丙8+3−偏財	22乙34丁8+2−偏官	52乙35戊8+2−偏官	23丙36己7+3−偏印	53丙37庚7+3−正官
16	19壬26己3−7+印綬	50癸27庚6+4−正財	19壬28辛7+4−傷官	50癸29壬6+4−比肩	20癸30癸7+4−印綬	51甲31甲7+3−正財	21甲32乙7+3−傷官	52乙33丙8+3−正財	23丙34丁7+3−正財	53丙35戊7+3−正財	24丁36己7+3−印綬	54丁37庚7+3−偏官
17	20癸26己4−6+偏印	51甲27庚6+4−食神	20癸28辛6+4−食神	51甲29壬6+4−印綬	21甲30癸7+4−偏官	52乙31甲7+4−偏財	22乙32乙7+3−比肩	53丙33丙7+3−食神	24丁34丁7+3−偏財	54丁35戊7+3−偏財	25戊36己7+3−偏官	55戊37庚6+3−正財
18	21甲26己4−6+正官	52乙27庚5+4−傷官	21甲28辛6+4−劫財	52乙29壬6+4−正財	22乙30癸6+4−正官	53丙31甲6+4−傷官	23丙32乙7+4−印綬	54丁33丙7+4−正官	25戊34丁7+3−傷官	55戊35戊7+3−印綬	26己36己6+4−正官	56己37庚6+4−偏財
19	22乙26己4−6+偏財	53丙27庚5+5−比肩	22乙28辛6+5−比肩	53丙29壬5+5−食神	23丙30癸6+5−偏財	54丁31甲6+4−食神	24丁32乙6+4−偏印	55戊33丙7+4−偏財	26己34丁6+4−食神	56己35戊6+4−偏印	27庚36己6+4−偏財	57庚37庚6+4−傷官
20	23丙26己5−5+傷官	54丁27庚5+5−印綬	23丙28辛5+5−印綬	54丁29壬5+5−傷官	24丁30癸6+5−劫財	55戊31甲6+5−劫財	25戊32乙6+4−劫財	56己33丙6+4−正財	27庚34丁6+4−劫財	57庚35戊6+4−正官	28辛36己6+4−傷官	58辛37庚5+4−食神
21	24丁26己5−5+食神	55戊27庚4+5−偏官	24丁28辛5+5−偏印	55戊29壬5+5−比肩	25戊30癸5+5−偏印	56己31甲5+5−比肩	26己32乙6+5−比肩	57庚33丙6+5−比肩	28辛34丁6+4−比肩	58辛35戊6+4−印綬	29壬36己5+5−比肩	59壬37庚5+5−劫財
22	25戊26己5−5+劫財	56己27庚4+6−正官	25戊28辛5+6−正官	56己29壬4+6−劫財	26己30癸5+6−印綬	57庚31甲5+5−印綬	27庚32乙5+5−印綬	58辛33丙6+5−劫財	29壬34丁5+5−印綬	59壬35戊5+5−偏官	30癸36己5+5−劫財	60癸37庚5+5−比肩
23	26己26己6−4+比肩	57庚27庚4+6−偏財	26己28辛4+6−偏官	57庚29壬4+6−偏印	27庚30癸5+6−偏官	58辛31甲5+6−偏印	28辛32乙5+5−偏印	59壬33丙5+5−偏印	30癸34丁5+5−偏印	60癸35戊5+5−正官	31甲36己5+5−偏印	1甲37庚4+5−印綬
24	27庚26己6−4+印綬	58辛27庚3+6−正財	27庚28辛4+6−正財	58辛29壬4+6−印綬	28辛30癸4+6−正官	59壬31甲4+6−正官	29壬32乙5+6−正官	60癸33丙5+6−印綬	31甲34丁5+5−正官	1甲35戊5+5−偏財	32乙36己4+6−印綬	2乙37庚4+6−偏印
25	28辛26己6−4+偏印	59壬27庚3+7−食神	28辛28辛4+7−偏財	59壬29壬3+7−偏官	29壬30癸4+7−偏財	60癸31甲4+6−偏官	30癸32乙4+6−偏官	1甲33丙5+6−偏官	32乙34丁4+6−偏官	2乙35戊4+6−正財	33丙36己4+6−偏官	3丙37庚4+6−正官
26	29壬26己7−3+正官	60癸27庚3+7−傷官	29壬28辛3+7−傷官	60癸29壬3+7−正官	30癸30癸4+7−正財	1甲31甲4+7−傷官	31甲32乙4+6−正財	2乙33丙4+6−正官	33丙34丁4+6−正財	3丙35戊4+6−食神	34丁36己4+6−正官	4丁37庚3+6−偏官
27	30癸26己7−3+偏官	1甲27庚2+7−比肩	30癸28辛3+7−食神	1甲29壬3+7−偏財	31甲30癸3+7−食神	2乙31甲3+7−食神	32乙32乙4+7−偏財	3丙33丙4+7−偏財	34丁34丁4+6−偏財	4丁35戊4+6−傷官	35戊36己3+7−偏財	5戊37庚3+7−正財
28	31甲26己7−3+正財	2乙27庚2+8−劫財	31甲28辛3+8−劫財	2乙29壬2+8−正財	32乙30癸3+8−傷官	3丙31甲3+7−劫財	33丙32乙3+7−傷官	4丁33丙4+7−正財	35戊34丁3+7−傷官	5戊35戊3+7−比肩	36己36己3+7−正財	6己37庚3+7−偏財
29	32乙26己8−2+偏財	3丙27庚2+8−偏印	32乙28辛2+8−比肩	3丙29壬2+8−食神	33丙30癸3+8−比肩	4丁31甲3+8−比肩	34丁32乙3+7−食神	5戊33丙3+7−食神	36己34丁3+7−食神	6己35戊3+7−劫財	37庚36己3+7−食神	7庚37庚2+7−傷官
30	33丙26己8−2+傷官		33丙28辛2+8−印綬	4丁29壬2+8−傷官	34丁30癸2+8−劫財	5戊31甲2+8−印綬	35戊32乙3+8−劫財	6己33丙3+8−傷官	37庚34丁3+7−劫財	7庚35戊3+7−偏印	38辛36己2+8−傷官	8辛37庚2+8−食神
31	34丁26己8−2+食神		34丁28辛2+9−偏印		35戊30癸2+9−偏印		36己32乙2+8−比肩	7庚33丙3+8−比肩		8辛35戊2+8−印綬		9壬37庚2+8−劫財

1957年（昭和32年）生まれ　年干：34丁（2/4～翌年2/3まで）

日	1月	2月	3月	4月	5月	6月	7月	8月	9月	10月	11月	12月
	日干 月干 立年男女 中心星	日干 月干 立年男女 中心星	日干 月干 立年男女 中心星	日干 月干 立年男女 中心星	日干 月干 立年男女 中心星	日干 月干 立年男女 中心星	日干 月干 立年男女 中心星	日干 月干 立年男女 中心星	日干 月干 立年男女 中心星	日干 月干 立年男女 中心星	日干 月干 立年男女 中心星	日干 月干 立年男女 中心星
1	10癸37庚1+8−比肩	41甲38辛1+9−正財	9壬39壬8−2+食神	40癸40癸9−1+食神	10癸41甲9−2+正官	41甲42乙9−2+食神	11甲43丙8−2+傷官	42乙44丁8−2+偏財	13丙45戊8−2+偏財	43丙46己8−2+正財	14丁47庚8−2+傷官	44丁48辛8−2+正官
2	11甲37庚1+9−印綬	42乙38辛1+9−偏財	10癸39壬9−1+傷官	41甲40癸9−1+劫財	11甲41甲9−1+偏財	42乙42乙9−1+傷官	12乙43丙9−2+食神	43丙44丁9−2+傷官	14丁45戊8−2+正財	44丁46己8−2+偏財	15戊47庚8−2+比肩	45戊48辛8−2+偏財
3	12乙37庚1+9−偏印	43丙38辛1+0−傷官	11甲39壬9−1+比肩	42乙40癸9−1+比肩	12乙41甲9−1+正財	43丙42乙9−1+比肩	13丙43丙9−1+劫財	44丁44丁9−2+食神	15戊45戊9−2+食神	45戊46己8−2+傷官	16己47庚9−2+劫財	46己48辛8−1+正財
4	13丙37庚1+9−正官	44丁39壬1−0+傷官	12乙39壬9−1+劫財	43丙40癸0−1+印綬	13丙41甲0−1+食神	44丁42乙0−1+劫財	14丁43丙9−1+比肩	45戊44丁9−1+劫財	16己45戊9−1+傷官	46己46己9−1+食神	17庚47庚9−1+偏印	47庚48辛9−1+食神
5	14丁38辛0+1−偏官	45戊39壬1−0+比肩	13丙39壬0−1+偏印	44丁41甲1−0+偏印	14丁41甲0−1+傷官	45戊42乙0−1+偏印	15戊43丙0−1+印綬	46己44丁0−1+比肩	17庚45戊9−1+比肩	47庚46己9−1+劫財	18辛47庚9−1+印綬	48辛48辛9−1+傷官
6	15戊38辛0+1−正財	46己39壬1−9+劫財	14丁40癸1−0+偏印	45戊41甲1−0+正官	15戊42乙1−0+比肩	46己43丙1−0+比肩	16己43丙0−1+偏印	47庚44丁0−1+印綬	18辛45戊0−1+劫財	48辛46己9−1+比肩	19壬47庚0−1+偏官	49壬48辛9−1+比肩
7	16己38辛9+1−偏財	47庚39壬1−9+偏印	15戊40癸1−0+正官	46己41甲1−0+偏官	16己42乙1−0+劫財	47庚43丙1−0+印綬	17庚44丁1−0+正官	48辛44丁0−1+偏印	19壬45戊0−1+偏印	49壬46己0−1+印綬	20癸47庚0−1+正官	50癸49壬1−0+比肩
8	17庚38辛9+1−傷官	48辛39壬1−9+印綬	16己40癸1−9+偏官	47庚41甲1−9+正財	17庚42乙1−0+偏印	48辛43丙1−0+偏印	18辛44丁1−0+偏官	49壬45戊1−0+偏官	20癸46己1−0+偏印	50癸47庚1−0+偏印	21甲48辛1−0+比肩	51甲49壬1−0+印綬
9	18辛38辛9+1−食神	49壬39壬2−8+偏官	17庚40癸1−9+正財	48辛41甲1−9+偏財	18辛42乙1−9+印綬	49壬43丙1−9+正官	19壬44丁1−0+正財	50癸45戊1−0+正官	21甲46己1−0+正官	51甲47庚1−0+正官	22乙48辛1−9+劫財	52乙49壬1−9+偏印
10	19壬38辛8+2−劫財	50癸39壬2−8+正官	18辛40癸1−9+偏財	49壬41甲2−9+傷官	19壬42乙1−9+偏官	50癸43丙1−9+偏官	20癸44丁1−0+偏財	51甲45戊1−0+偏財	22乙46己1−9+偏官	52乙47庚1−0+偏官	23丙48辛1−9+偏印	53丙49壬1−9+正官
11	20癸38辛8+2−比肩	51甲39壬2−8+偏財	19壬40癸2−8+傷官	50癸41甲2−8+食神	20癸42乙2−9+正官	51甲43丙2−9+正財	21甲44丁1−9+傷官	52乙45戊1−9+正財	23丙46己1−9+正財	53丙47庚1−9+正財	24丁48辛1−9+印綬	54丁49壬1−9+偏官
12	21甲38辛8+2−印綬	52乙39壬3−7+傷官	20癸40癸2−8+食神	51甲41甲2−8+劫財	21甲42乙2−8+偏官	52乙43丙2−8+偏財	22乙44丁2−9+食神	53丙45戊1−9+食神	24丁46己1−9+偏財	54丁47庚1−9+偏財	25戊48辛1−8+偏官	55戊49壬2−8+正財
13	22乙38辛7+3−偏印	53丙39壬3−7+比肩	21甲40癸2−8+劫財	52乙41甲3−8+比肩	22乙42乙2−8+正官	53丙43丙2−8+傷官	23丙44丁2−9+劫財	54丁45戊2−9+傷官	25戊46己2−8+偏官	55戊47庚2−9+傷官	26己48辛2−8+正官	56己49壬2−8+偏財
14	23丙38辛7+3−正官	54丁39壬3−7+劫財	22乙40癸3−7+比肩	53丙41甲3−7+印綬	23丙42乙3−8+偏財	54丁43丙3−8+食神	24丁44丁2−8+比肩	55戊45戊2−8+比肩	26己46己2−8+食神	56己47庚2−8+食神	27庚48辛2−8+偏財	57庚49壬2−8+傷官
15	24丁38辛7+3−偏財	55戊39壬4−6+偏印	23丙40癸3−7+印綬	54丁41甲3−7+偏官	24丁42乙3−7+正財	55戊43丙3−7+劫財	25戊44丁3−8+印綬	56己45戊2−8+劫財	27庚46己2−8+劫財	57庚47庚2−8+劫財	28辛48辛2−7+正財	58辛49壬3−7+食神
16	25戊38辛6+4−傷官	56己39壬4−6+印綬	24丁40癸3−7+偏印	55戊41甲4−7+正財	25戊42乙3−7+食神	56己43丙3−7+比肩	26己44丁3−8+偏印	57庚45戊3−8+偏印	28辛46己3−7+比肩	58辛47庚3−8+比肩	29壬48辛3−7+食神	59壬49壬3−7+劫財
17	26己38辛6+4−食神	57庚39壬4−6+偏官	25戊40癸4−6+正官	56己41甲4−6+偏財	26己42乙4−7+傷官	57庚43丙4−7+印綬	27庚44丁3−7+正財	58辛45戊3−7+印綬	29壬46己3−7+印綬	59壬47庚3−7+印綬	30癸48辛3−7+傷官	60癸49壬3−7+比肩
18	27庚38辛6+4−印綬	58辛39壬5−5+正官	26己40癸4−6+偏官	57庚41甲4−6+偏印	27庚42乙4−6+比肩	58辛43丙4−6+偏印	28辛44丁4−7+偏財	59壬45戊3−7+偏官	30癸46己3−7+偏印	60癸47庚3−7+偏財	31甲48辛3−6+比肩	1甲49壬4−6+印綬
19	28辛38辛5+5−偏印	59壬39壬5−5+食神	27庚40癸4−6+正財	58辛41甲5−6+印綬	28辛42乙4−6+劫財	59壬43丙4−6+正官	29壬44丁4−7+傷官	60癸45戊4−7+劫財	31甲46己4−6+正官	1甲47庚4−7+傷官	32乙48辛4−6+劫財	2乙49壬4−6+偏印
20	29壬38辛5+5−正官	60癸39壬5−5+傷官	28辛40癸5−5+偏財	59壬41甲5−5+傷官	29壬42乙5−6+偏印	60癸43丙5−6+傷官	30癸44丁4−6+偏官	1甲45戊4−6+偏印	32乙46己4−6+偏官	2乙47庚4−6+食神	33丙48辛4−6+偏印	3丙49壬4−6+正官
21	30癸38辛5+5−偏官	1甲39壬6−4+比肩	29壬40癸5−5+傷官	60癸41甲5−5+正官	30癸42乙5−5+正財	1甲43丙5−5+正財	31甲44丁5−6+正財	2乙45戊4−6+印綬	33丙46己4−6+正財	3丙47庚4−6+食神	34丁48辛4−5+正官	4丁49壬5−5+偏官
22	31甲38辛4+6−正財	2乙39壬6−4+劫財	30癸40癸5−5+食神	1甲41甲6−5+偏財	31甲42乙5−5+食神	2乙43丙5−5+偏財	32乙44丁5−6+偏財	3丙45戊5−6+偏財	34丁46己5−5+偏財	4丁47庚5−6+傷官	35戊48辛5−5+偏財	5戊49壬5−5+正財
23	32乙38辛4+6−偏財	3丙39壬6−4+偏印	31甲40癸6−4+劫財	2乙41甲6−4+正財	32乙42乙6−5+傷官	3丙43丙6−5+傷官	33丙44丁5−5+傷官	4丁45戊5−5+正財	35戊46己5−5+傷官	5戊47庚5−5+比肩	36己48辛5−5+正財	6己49壬5−5+偏財
24	33丙38辛4+6−傷官	4丁39壬7−3+印綬	32乙40癸6−4+比肩	3丙41甲6−4+食神	33丙42乙6−4+比肩	4丁43丙6−4+食神	34丁44丁6−5+食神	5戊45戊5−5+食神	36己46己5−5+食神	6己47庚5−5+劫財	37庚48辛5−4+食神	7庚49壬6−4+傷官
25	34丁38辛3+7−食神	5戊39壬7−3+偏官	33丙40癸6−4+印綬	4丁41甲7−4+傷官	34丁42乙6−4+劫財	5戊43丙6−4+劫財	35戊44丁6−5+劫財	6己45戊6−5+傷官	37庚46己6−4+劫財	7庚47庚6−5+偏印	38辛48辛6−4+傷官	8辛49壬6−4+食神
26	35戊38辛3+7−劫財	6己39壬7−3+正官	34丁40癸7−3+偏印	5戊41甲7−3+比肩	35戊42乙7−4+偏印	6己43丙7−4+偏印	36己44丁6−4+比肩	7庚45戊6−4+比肩	38辛46己6−4+比肩	8辛47庚6−4+印綬	39壬48辛6−4+比肩	9壬49壬6−4+劫財
27	36己38辛3+7−比肩	7庚39壬8−2+偏財	35戊40癸7−3+正官	6己41甲7−3+劫財	36己42乙7−3+印綬	7庚43丙7−3+正官	37庚44丁7−4+印綬	8辛45戊6−4+劫財	39壬46己6−4+印綬	9壬47庚6−4+偏官	40癸48辛6−3+劫財	10癸49壬7−3+比肩
28	37庚38辛2+8−印綬	8辛39壬8−2+正財	36己40癸7−3+偏官	7庚41甲8−3+偏印	37庚42乙7−3+偏官	8辛43丙7−3+偏官	38辛44丁7−4+偏印	9壬45戊7−4+偏印	40癸46己7−3+偏印	10癸47庚7−4+正官	41甲48辛7−3+偏印	11甲49壬7−3+印綬
29	38辛38辛2+8−偏印		37庚40癸8−2+正財	8辛41甲8−2+印綬	38辛42乙8−3+正官	9壬43丙8−3+正財	39壬44丁7−3+正官	10癸45戊7−3+印綬	41甲46己7−3+正官	11甲47庚7−3+偏財	42乙48辛7−3+印綬	12乙49壬7−3+偏印
30	39壬38辛2+8−正官		38辛40癸8−2+偏財	9壬41甲8−2+偏官	39壬42乙8−2+偏財	10癸43丙8−2+偏財	40癸44丁8−3+偏官	11甲45戊7−3+偏官	42乙46己7−3+偏官	12乙47庚7−3+正財	42丙48辛7−2+偏官	13丙49壬8−2+正官
31	40癸38辛1+9−偏官		39壬40癸8−2+傷官		40癸42乙8−2+正財		41甲44丁8−3+正財	12乙45戊8−3+正官		13丙47庚8−3+食神		14丁49壬8−2+偏官

1958年（昭和33年）生まれ　年干：35戊（2/4〜翌年2/3まで）

日	1月	2月	3月	4月	5月	6月	7月	8月	9月	10月	11月	12月
	日干 月干 立年 男 女 中心星	日干 月干 立年 男 女 中心星	日干 月干 立年 男 女 中心星	日干 月干 立年 男 女 中心星	日干 月干 立年 男 女 中心星	日干 月干 立年 男 女 中心星	日干 月干 立年 男 女 中心星	日干 月干 立年 男 女 中心星	日干 月干 立年 男 女 中心星	日干 月干 立年 男 女 中心星	日干 月干 立年 男 女 中心星	日干 月干 立年 男 女 中心星
1	15戊49壬8−2+正財	46己50癸9−1+比肩	14丁51甲2+8−印綬	45戊52乙1+9−正官	15戊53丙2+9−比肩	46己54丁2+9−印綬	16己55戊2+8−偏印	47庚56己2+8−印綬	18辛57庚2+8−劫財	48辛58辛3+8−比肩	19壬59壬2+8−偏官	49壬60癸2+8−比肩
2	16己49壬9−1+偏財	47庚50癸9−1+印綬	15戊51甲1+9−偏官	46己52乙1+9−偏官	16己53丙1+9−劫財	47庚54丁1+9−偏官	17庚55戊2+9−正官	48辛56己2+8−偏印	19壬57庚2+8−偏印	49壬58辛2+8−印綬	20癸59壬2+8−正官	50癸60癸2+8−劫財
3	17庚49壬9−1+傷官	48辛50癸9−1+偏印	16己51甲1+9−正官	47庚52乙1+9−正財	17庚53丙1+9−偏印	48辛54丁1+9−正官	18辛55戊2+9−偏官	49壬56己2+9−正官	20癸57庚2+9−印綬	50癸58辛2+8−偏印	21甲59壬2+8−偏財	51甲60癸1+8−偏印
4	18辛49壬9−1+食神	49壬51甲0+1−偏官	17庚51甲1+9−偏財	48辛52乙1+0−偏財	18辛53丙1+0−印綬	49壬54丁1+0−偏財	19壬55戊1+9−正財	50癸56己1+9−偏官	21甲57庚1+9−偏官	51甲58辛2+9−正官	22乙59壬1+9−正財	52乙60癸1+9−印綬
5	19壬49壬0−1+劫財	50癸51甲0+1−正官	18辛51甲1+0−正財	49壬53丙0+1−傷官	19壬53丙1+0−偏官	50癸54丁1+0−正財	20癸55戊1+0−偏財	51甲56己1+9−正財	22乙57庚1+9−正官	52乙58辛1+9−偏官	23丙59壬1+9−食神	53丙60癸1+9−偏官
6	20癸50癸1−0+比肩	51甲51甲9+1−偏財	19壬52乙0+1−傷官	50癸53丙0+1−食神	20癸54丁0+1−正官	51甲55戊0+1−正財	21甲55戊1+0−傷官	52乙56己1+0−偏財	23丙57庚1+0−偏財	53丙58辛1+9−正財	24丁59壬1+9−偏官	54丁60癸1+9−正官
7	21甲50癸1−9+印綬	52乙51甲9+1−正財	20癸52乙0+1−食神	51甲53丙0+1−劫財	21甲54丁0+1−偏財	52乙55戊0+1−正財	22乙55戊1+0−食神	53丙56己1+0−傷官	24丁57庚1+0−正財	54丁58辛1+0−偏財	25戊59壬1+0−比肩	55戊 1甲0+1−正財
8	22乙50癸1−9+偏印	53丙51甲9+1−食神	21甲52乙9+1−劫財	52乙53丙9+1−比肩	22乙54丁0+1−正財	53丙55戊0+1−傷官	23丙56己0+1−劫財	54丁57庚0+1−傷官	25戊58辛0+1−偏官	55戊58辛1+0−傷官	26己60癸0+1−正官	56己 1甲0+1−偏財
9	23丙50癸1−9+正官	54丁51甲8+2−傷官	22乙52乙9+1−比肩	53丙53丙9+1−印綬	23丙54丁9+1−食神	54丁55戊0+1−食神	24丁56己0+1−比肩	55戊57庚0+1−比肩	26己58辛0+1−食神	56己59壬0+1−食神	27庚60癸9+1−偏財	57庚 1甲9+1−傷官
10	24丁50癸1−8+偏官	55戊51甲8+2−比肩	23丙52乙9+1−印綬	54丁53丙9+2−偏印	24丁54丁9+1−傷官	55戊55戊9+1−劫財	25戊56己0+1−印綬	56己57庚0+1−劫財	27庚58辛0+1−劫財	57庚59壬0+1−劫財	28辛60癸9+1−正財	58辛 1甲9+1−食神
11	25戊50癸2−8+正財	56己51甲8+2−劫財	24丁52乙8+2−偏印	55戊53丙8+2−正官	25戊54丁9+2−比肩	56己55戊9+2−比肩	26己56己9+1−偏印	57庚57庚9+1−偏印	28辛58辛9+1−比肩	58辛59壬9+1−比肩	29壬60癸9+1−食神	59壬 1甲9+1−劫財
12	26己50癸2−8+偏財	57庚51甲7+3−偏官	25戊52乙8+2−正官	56己53丙8+2−偏官	26己54丁8+2−傷官	57庚55戊9+2−印綬	27庚56己9+1−正官	58辛57庚9+1−印綬	29壬58辛9+1−印綬	59壬59壬9+1−印綬	30癸60癸8+1−傷官	60癸 1甲8+2−比肩
13	27庚50癸2−7+傷官	58辛51甲7+3−正官	26己52乙8+2−偏官	57庚53丙8+3−正財	27庚54丁8+2−比肩	58辛55戊8+2−偏印	28辛56己9+2−偏官	59壬57庚9+2−偏官	30癸58辛9+2−偏印	60癸59壬9+1−偏印	31甲60癸8+2−比肩	1甲 1甲8+2−印綬
14	28辛50癸3−7+食神	59壬51甲7+3−偏財	27庚52乙7+3−正財	58辛53丙7+3−偏財	28辛54丁8+3−劫財	59壬55戊8+3−正官	29壬56己8+2−正財	60癸57庚8+2−正官	31甲58辛8+2−正官	1甲59壬8+2−正官	32乙60癸8+2−劫財	2乙 1甲8+2−偏印
15	29壬50癸3−7+劫財	60癸51甲6+4−正財	28辛52乙7+3−偏財	59壬53丙7+3−劫財	29壬54丁7+3−偏印	60癸55戊8+3−偏官	30癸56己8+2−偏財	1甲57庚8+2−偏財	32乙58辛8+2−偏官	2乙59壬8+2−偏官	33丙60癸7+2−偏印	3丙 1甲7+3−正官
16	30癸50癸3−6+偏印	1甲51甲6+4−食神	29壬52乙7+3−傷官	60癸53丙7+4−比肩	30癸54丁7+3−印綬	1甲55戊7+3−正財	31甲56己8+3−傷官	2乙57庚8+3−正財	33丙58辛8+3−正財	3丙59壬8+2−正財	34丁60癸7+3−印綬	4丁 1甲7+3−偏官
17	31甲50癸4−6+正官	2乙51甲6+4−傷官	30癸52乙6+4−食神	1甲53丙6+4−印綬	31甲54丁7+4−偏官	2乙55戊7+4−偏財	32乙56己7+3−食神	3丙57庚7+3−食神	34丁58辛7+3−偏財	4丁59壬7+3−偏財	35戊60癸7+3−偏官	5戊 1甲7+3−正財
18	32乙50癸4−6+偏官	3丙51甲5+5−比肩	31甲52乙6+4−劫財	2乙53丙6+4−正財	32乙54丁6+4−正官	3丙55戊7+4−偏官	33丙56己7+3−印綬	4丁57庚7+3−傷官	35戊58辛7+3−傷官	5戊59壬7+3−傷官	36己60癸6+3−正官	6己 1甲6+4−偏財
19	33丙50癸4−5+傷官	4丁51甲5+5−印綬	32乙52乙6+4−比肩	3丙53丙6+5−食神	33丙54丁6+4−偏財	4丁55戊6+4−食神	34丁56己7+4−偏印	5戊57庚7+4−偏財	36己58辛7+4−食神	6己59壬7+3−偏印	37庚60癸6+4−偏財	7庚 1甲6+4−傷官
20	34丁50癸5−5+食神	5戊51甲5+5−偏官	33丙52乙5+5−印綬	4丁53丙5+5−傷官	34丁54丁6+5−正財	5戊55戊6+5−劫財	35戊56己6+4−正官	6己57庚6+4−正財	37庚58辛6+4−劫財	7庚59壬6+4−正官	38辛60癸6+4−正財	8辛 1甲6+4−食神
21	35戊50癸5−5+劫財	6己51甲4+6−正官	34丁52乙5+5−偏印	5戊53丙5+5−比肩	35戊54丁5+5−偏印	6己55戊6+5−比肩	36己56己6+4−比肩	7庚57庚6+4−食神	38辛58辛6+4−比肩	8辛59壬6+4−偏官	39壬60癸5+4−比肩	9壬 1甲5+5−劫財
22	36己50癸5−4+比肩	7庚51甲4+6−偏財	35戊52乙5+5−正官	6己53丙5+6−劫財	36己54丁5+5−印綬	7庚55戊5+5−印綬	37庚56己6+5−印綬	8辛57庚6+5−劫財	39壬58辛6+5−印綬	9壬59壬6+4−偏官	40癸60癸5+5−印綬	10癸 1甲5+5−比肩
23	37庚50癸6−4+印綬	8辛51甲4+6−正財	36己52乙4+6−偏官	7庚53丙4+6−偏印	37庚54丁5+6−偏官	8辛55戊5+6−偏印	38辛56己5+5−偏印	9壬57庚5+5−偏印	40癸58辛5+5−偏印	10癸59壬5+5−正官	41甲60癸5+5−偏印	11甲 1甲5+5−印綬
24	38辛50癸6−4+偏印	9壬51甲3+7−食神	37庚52乙4+6−正財	8辛53丙4+6−印綬	38辛54丁4+6−正官	9壬55戊5+6−正官	39壬56己5+5−正官	10癸57庚5+5−印綬	41甲58辛5+5−正官	11甲59壬5+5−偏財	42乙60癸4+5−印綬	12乙 1甲4+6−偏印
25	39壬50癸6−3+正官	10癸51甲3+7−傷官	38辛52乙4+6−偏財	9壬53丙4+7−偏官	39壬54丁4+6−偏財	10癸55戊4+6−偏官	40癸56己5+6−偏官	11甲57庚5+6−偏官	42乙58辛5+6−偏官	12乙59壬5+5−正財	43丙60癸4+6−偏官	13丙 1甲4+6−正官
26	40癸50癸7−3+偏官	11甲51甲3+7−比肩	39壬52乙3+7−傷官	10癸53丙3+7−正官	40癸54丁4+7−正財	11甲55戊4+7−傷官	41甲56己4+6−正財	12乙57庚4+6−正官	43丙58辛4+6−正財	13丙59壬4+6−食神	44丁60癸4+6−正官	14丁 1甲4+6−偏官
27	41甲50癸7−3+正財	12乙51甲2+8−劫財	40癸52乙3+7−食神	11甲53丙3+7−偏財	41甲54丁3+7−食神	12乙55戊4+7−食神	42乙56己4+6−偏財	13丙57庚4+6−偏財	44丁58辛4+6−偏財	14丁59壬4+6−傷官	45戊60癸3+6−偏財	15戊 1甲3+7−正財
28	42乙50癸7−2+偏財	13丙51甲2+8−偏印	41甲52乙3+7−劫財	12乙53丙3+8−正財	42乙54丁3+7−傷官	13丙55戊3+7−劫財	43丙56己4+7−傷官	14丁57庚4+7−正財	45戊58辛4+7−傷官	15戊59壬4+6−比肩	46己60癸3+7−正財	16己 1甲3+7−偏財
29	43丙50癸8−2+傷官		42乙52乙2+8−比肩	13丙53丙2+8−食神	43丙54丁3+8−比肩	14丁55戊3+8−比肩	44丁56己3+7−食神	15戊57庚3+7−食神	46己58辛3+7−食神	16己59壬3+7−劫財	47庚60癸3+7−食神	17庚 1甲3+7−傷官
30	44丁50癸8−2+食神		43丙52乙2+8−印綬	14丁53丙2+8−傷官	44丁54丁2+8−劫財	15戊55戊3+8−印綬	45戊56己3+7−劫財	16己57庚3+7−傷官	47庚58辛3+7−劫財	17庚59壬3+7−偏印	48辛60癸2+7−傷官	18辛 1甲2+8−食神
31	45戊50癸8−1+劫財		44丁52乙2+8−偏印		45戊54丁2+8−偏印		46己56己3+8−比肩	17庚57庚3+8−比肩		18辛59壬3+7−印綬		19壬 1甲2+8−劫財

1959年（昭和34年）生まれ　年干：36 己（2/4～翌年2/4まで）

日	1月	2月	3月	4月	5月	6月	7月	8月	9月	10月	11月	12月
	日干 月干 立年男女 中心星	日干 月干 立年男女 中心星	日干 月干 立年男女 中心星	日干 月干 立年男女 中心星	日干 月干 立年男女 中心星	日干 月干 立年男女 中心星	日干 月干 立年男女 中心星	日干 月干 立年男女 中心星	日干 月干 立年男女 中心星	日干 月干 立年男女 中心星	日干 月干 立年男女 中心星	日干 月干 立年男女 中心星
1	20癸 1甲2+8−比肩	51甲 2乙1+9−正財	19壬 3丙8−2+食神	50癸 4丁9−1+食神	20癸 5戊9−2+正官	51甲 6己9−2+食神	21甲 7庚8−2+傷官	52乙 8辛8−2+偏財	23丙 9壬8−2+偏財	53丙10癸8−3+正財	24丁11甲8−2+傷官	54丁12乙8−2+正官
2	21甲 1甲1+9−印綬	52乙 2乙1+9−偏財	20癸 3丙9−1+傷官	51甲 4丁9−1+劫財	21甲 5戊9−1+偏財	52乙 6己9−1+傷官	22乙 7庚9−2+食神	53丙 8辛8−2+傷官	24丁 9壬8−2+正財	54丁10癸8−2+偏財	25戊11甲8−2+比肩	55戊12乙8−2+偏財
3	22乙 1甲1+9−偏印	53丙 2乙1+9−傷官	21甲 3丙9−1+比肩	52乙 4丁9−1+比肩	22乙 5戊9−1+正財	53丙 6己9−1+比肩	23丙 7庚9−2+劫財	54丁 8辛9−2+食神	25戊 9壬9−2+食神	55戊10癸8−2+傷官	26己11甲8−2+劫財	56己12乙8−2+正財
4	23丙 1甲1+9−正官	54丁 3丙1−0+傷官	22乙 3丙9−1+劫財	53丙 4丁0−1+印綬	23丙 5戊0−1+食神	54丁 6己0−1+劫財	24丁 7庚9−1+比肩	55戊 8辛9−1+劫財	26己 9壬9−1+傷官	56己10癸9−2+食神	27庚11甲9−1+偏印	57庚12乙9−1+食神
5	24丁 1甲1+0−偏官	55戊 3丙1−0+比肩	23丙 3丙0−1+偏印	54丁 5戊1−0+偏印	24丁 5戊0−1+傷官	55戊 6己0−1+偏印	25戊 7庚0−1+印綬	56己 8辛9−1+比肩	27庚 9壬9−1+比肩	57庚10癸9−1+劫財	28辛11甲9−1+印綬	58辛12乙9−1+傷官
6	25戊 2乙0+1−正財	56己 3丙1−9+劫財	24丁 4丁1−0+偏印	55戊 5戊1−0+正官	25戊 6己1−0+比肩	56己 7庚1−0+比肩	26己 7庚0−1+偏印	57庚 8辛0−1+印綬	28辛 9壬0−1+劫財	58辛10癸9−1+比肩	29壬11甲9−1+偏官	59壬12乙9−1+比肩
7	26己 2乙9+1−偏財	57庚 3丙1−9+偏印	25戊 4丁1−0+正官	56己 5戊1−0+偏官	26己 6己1−0+劫財	57庚 7庚1−0+印綬	27庚 7庚0−1+正官	58辛 8辛0−1+偏印	29壬 9壬0−1+偏印	59壬10癸0−1+印綬	30癸11甲0−1+正官	60癸12乙0−1+劫財
8	27庚 2乙9+1−傷官	58辛 3丙1−9+印綬	26己 4丁1−9+偏官	57庚 5戊1−9+正財	27庚 6己1−0+偏印	58辛 7庚1−0+偏印	28辛 8辛1−0+偏官	59壬 9壬1−0+偏官	30癸10癸1−0+偏印	60癸10癸0−1+偏印	31甲12乙1−0+比肩	1甲13丙1−0+印綬
9	28辛 2乙9+1−食神	59壬 3丙2−8+偏官	27庚 4丁1−9+正財	58辛 5戊1−9+偏財	28辛 6己1−9+印綬	59壬 7庚1−0+正官	29壬 8辛1−0+正財	60癸 9壬1−0+正官	31甲10癸1−0+正官	1甲11甲1−0+正官	32乙12乙1−0+劫財	2乙13丙1−9+偏印
10	29壬 2乙8+1−劫財	60癸 3丙2−8+正官	28辛 4丁1−9+偏財	59壬 5戊2−9+傷官	29壬 6己1−9+偏官	60癸 7庚1−9+偏官	30癸 8辛1−0+偏財	1甲 9壬1−0+偏財	32乙10癸1−0+偏官	2乙11甲1−0+偏官	33丙12乙1−9+偏印	3丙13丙1−9+正官
11	30癸 2乙8+2−比肩	1甲 3丙2−8+偏財	29壬 4丁2−8+傷官	60癸 5戊2−8+食神	30癸 6己2−9+正官	1甲 7庚2−9+正財	31甲 8辛1−9+傷官	2乙 9壬1−9+正財	33丙10癸1−9+正財	3丙11甲1−9+正財	34丁12乙1−9+印綬	4丁13丙1−9+偏官
12	31甲 2乙8+2−印綬	2乙 3丙3−7+傷官	30癸 4丁2−8+食神	1甲 5戊2−8+劫財	31甲 6己2−8+偏官	2乙 7庚2−9+偏財	32乙 8辛1−9+食神	3丙 9壬1−9+食神	34丁10癸1−9+偏財	4丁11甲1−9+偏財	35戊12乙1−9+偏官	5戊13丙1−8+正財
13	32乙 2乙7+2−偏印	3丙 3丙3−7+比肩	31甲 4丁2−8+劫財	2乙 5戊3−8+比肩	32乙 6己2−8+正官	3丙 7庚2−8+傷官	33丙 8辛2−9+劫財	4丁 9壬2−9+傷官	35戊10癸2−9+傷官	5戊11甲1−9+傷官	36己12乙2−8+正官	6己13丙2−8+偏財
14	33丙 2乙7+3−正官	4丁 3丙3−7+劫財	32乙 4丁3−7+比肩	3丙 5戊3−7+印綬	33丙 6己3−8+偏財	4丁 7庚3−8+食神	34丁 8辛2−8+比肩	5戊 9壬2−8+比肩	36己10癸2−8+食神	6己11甲2−8+食神	37庚12乙2−8+偏財	7庚13丙2−8+傷官
15	34丁 2乙7+3−偏官	5戊 3丙4−6+偏印	33丙 4丁3−7+印綬	4丁 5戊3−7+偏官	34丁 6己3−7+正財	5戊 7庚3−8+劫財	35戊 8辛2−8+印綬	6己 9壬2−8+劫財	37庚10癸2−8+劫財	7庚11甲2−8+劫財	38辛12乙2−8+正財	8辛13丙2−7+食神
16	35戊 2乙6+3−傷官	6己 3丙4−6+印綬	34丁 4丁3−7+偏印	5戊 5戊4−7+正財	35戊 6己3−7+食神	6己 7庚3−7+比肩	36己 8辛3−8+偏印	7庚 9壬3−8+偏印	38辛10癸3−8+比肩	8辛11甲2−8+比肩	39壬12乙3−7+食神	9壬13丙3−7+劫財
17	36己 2乙6+4−食神	7庚 3丙4−6+偏官	35戊 4丁4−6+正官	6己 5戊4−6+偏財	36己 6己4−7+傷官	7庚 7庚4−7+印綬	37庚 8辛3−7+正官	8辛 9壬3−7+印綬	39壬10癸3−7+印綬	9壬11甲3−7+印綬	40癸12乙3−7+傷官	10癸13丙3−7+比肩
18	37庚 2乙6+4−劫財	8辛 3丙5−5+正官	36己 4丁4−6+偏官	7庚 5戊4−6+偏印	37庚 6己4−6+比肩	8辛 7庚4−7+偏印	38辛 8辛3−7+偏財	9壬 9壬3−7+偏官	40癸10癸3−7+偏印	10癸11甲3−7+偏印	41甲12乙3−7+比肩	11甲13丙3−6+印綬
19	38辛 2乙5+4−偏印	9壬 3丙5−5+食神	37庚 4丁4−6+正財	8辛 5戊5−6+印綬	38辛 6己4−6+劫財	9壬 7庚4−6+正官	39壬 8辛4−7+傷官	10癸 9壬4−7+劫財	41甲10癸4−7+正官	11甲11甲3−7+傷官	42乙12乙4−6+劫財	12乙13丙4−6+偏印
20	39壬 2乙5+5−正官	10癸 3丙5−5+傷官	38辛 4丁5−5+偏財	9壬 5戊5−5+偏官	39壬 6己5−6+偏印	10癸 7庚5−6+偏官	40癸 8辛4−6+食神	11甲 9壬4−6+偏印	42乙10癸4−6+偏官	12乙11甲4−6+食神	43丙12乙4−6+偏印	13丙13丙4−6+正官
21	40癸 2乙5+5−偏官	11甲 3丙6−4+比肩	39壬 4丁5−5+傷官	10癸 5戊5−5+正官	40癸 6己5−5+正財	11甲 7庚5−6+正財	41甲 8辛4−6+正財	12乙 9壬4−6+印綬	43丙10癸4−6+正財	13丙11甲4−6+劫財	44丁12乙4−6+正官	14丁13丙4−5+偏官
22	41甲 2乙4+5−正財	12乙 3丙6−4+劫財	40癸 4丁5−5+食神	11甲 5戊6−5+偏財	41甲 6己5−5+食神	12乙 7庚5−5+偏財	42乙 8辛5−6+偏財	13丙 9壬5−6+偏財	44丁10癸5−6+偏財	14丁11甲4−6+傷官	45戊12乙5−5+偏財	15戊13丙5−5+正財
23	42乙 2乙4+6−偏財	13丙 3丙6−4+偏印	41甲 4丁6−4+劫財	12乙 5戊6−4+正財	42乙 6己6−5+傷官	13丙 7庚6−5+傷官	43丙 8辛5−5+傷官	14丁 9壬5−5+正財	45戊10癸5−5+傷官	15戊11甲5−5+比肩	46己12乙5−5+正財	16己13丙5−5+偏財
24	43丙 2乙4+6−傷官	14丁 3丙7−3+印綬	42乙 4丁6−4+比肩	13丙 5戊6−4+食神	43丙 6己6−4+比肩	14丁 7庚6−5+食神	44丁 8辛5−5+食神	15戊 9壬5−5+食神	46己10癸5−5+食神	16己11甲5−5+劫財	47庚12乙5−5+食神	17庚13丙5−4+傷官
25	44丁 2乙3+6−食神	15戊 3丙7−3+偏官	43丙 4丁6−4+印綬	14丁 5戊7−4+傷官	44丁 6己6−4+劫財	15戊 7庚6−4+劫財	45戊 8辛6−5+劫財	16己 9壬6−5+偏官	47庚10癸6−5+劫財	17庚11甲5−5+偏印	48辛12乙6−4+傷官	18辛13丙6−4+食神
26	45戊 2乙3+7−劫財	16己 3丙7−3+正官	44丁 4丁7−3+偏印	15戊 5戊7−3+比肩	45戊 6己7−4+偏印	16己 7庚7−4+偏印	46己 8辛6−4+比肩	17庚 9壬6−4+比肩	48辛10癸6−4+比肩	18辛11甲6−4+印綬	49壬12乙6−4+比肩	19壬13丙6−4+劫財
27	46己 2乙3+7−比肩	17庚 3丙8−2+偏財	45戊 4丁7−3+正官	16己 5戊7−3+劫財	46己 6己7−3+印綬	17庚 7庚7−4+正官	47庚 8辛6−4+印綬	18辛 9壬6−4+劫財	49壬10癸6−4+印綬	19壬11甲6−4+偏官	50癸12乙6−4+劫財	20癸13丙6−3+比肩
28	47庚 2乙2+7−印綬	18辛 3丙8−2+正財	46己 4丁7−3+偏官	17庚 5戊8−3+偏印	47庚 6己7−3+偏官	18辛 7庚7−3+偏官	48辛 8辛7−4+偏印	19壬 9壬7−4+偏印	50癸10癸7−4+偏印	20癸11甲6−4+正官	51甲12乙7−3+偏印	21甲13丙7−3+印綬
29	48辛 2乙2+8−偏印		47庚 4丁8−2+正財	18辛 5戊8−2+印綬	48辛 6己8−3+正官	19壬 7庚8−3+正財	49壬 8辛7−3+正官	20癸 9壬7−3+印綬	51甲10癸7−3+正官	21甲11甲7−3+偏財	52乙12乙7−3+印綬	22乙13丙7−3+偏印
30	49壬 2乙2+8−正官		48辛 4丁8−2+偏財	19壬 5戊8−2+偏官	49壬 6己8−2+偏財	20癸 7庚8−3+偏財	50癸 8辛7−3+偏官	21甲 9壬7−3+偏官	52乙10癸7−3+偏官	22乙11甲7−3+正財	53丙12乙7−3+偏官	23丙13丙7−2+正官
31	50癸 2乙1+8−偏官		49壬 4丁8−2+傷官		50癸 6己8−2+正財		51甲 8辛8−3+正財	22乙 9壬8−3+正官		23丙11甲7−3+食神		24丁13丙8−2+偏官

1960年（昭和35年）生まれ　年干：37 庚（2/5～翌年2/3まで）

日	1月	2月	3月	4月	5月	6月	7月	8月	9月	10月	11月	12月
	日干 月干 立年 男 女 中心星	日干 月干 立年 男 女 中心星	日干 月干 立年 男 女 中心星	日干 月干 立年 男 女 中心星	日干 月干 立年 男 女 中心星	日干 月干 立年 男 女 中心星	日干 月干 立年 男 女 中心星	日干 月干 立年 男 女 中心星	日干 月干 立年 男 女 中心星	日干 月干 立年 男 女 中心星	日干 月干 立年 男 女 中心星	日干 月干 立年 男 女 中心星
1	25戊13丙8−2+正財	56己14丁9−1+比肩	25戊15戊1+8−偏官	56己16己1+9−偏官	26己17庚1+9−劫財	57庚18辛2+9−偏官	27庚19壬2+8−正官	58辛20癸2+8−偏印	29壬21甲2+8−偏印	59壬22乙2+8−印綬	30癸23丙2+8−正官	60癸24丁2+8−劫財
2	26己13丙8−1+偏財	57庚14丁9−1+印綬	26己15戊1+9−正官	57庚16己1+9−正財	27庚17庚1+9−偏印	58辛18辛1+9−正官	28辛19壬2+9−偏官	59壬20癸2+9−正官	30癸21甲2+9−印綬	60癸22乙2+8−偏印	31甲23丙2+8−偏財	1甲24丁2+8−偏印
3	27庚13丙9−1+傷官	58辛14丁9−1+偏印	27庚15戊1+9−偏財	58辛16己1+0−偏財	28辛17庚1+9−印綬	59壬18辛1+0−偏財	29壬19壬1+9−正財	60癸20癸1+9−偏官	31甲21甲2+9−偏官	1甲22乙2+8−正官	32乙23丙1+9−正財	2乙24丁1+9−印綬
4	28辛13丙9−1+食神	59壬14丁0−1+正官	28辛15戊1+9−正財	59壬16己1+0−傷官	29壬17庚1+0−偏官	60癸18辛1+0−正財	30癸19壬1+9−偏財	1甲20癸1+9−正財	32乙21甲1+9−正官	2乙22乙1+9−偏官	33丙23丙1+9−食神	3丙24丁1+9−偏官
5	29壬13丙9−1+劫財	60癸15戊0+1−正官	29壬16己0+1−傷官	60癸17庚0+1−食神	30癸18辛0+1−正官	1甲18辛1+0−食神	31甲19壬1+0−傷官	2乙20癸1+0−偏財	33丙21甲1+0−偏財	3丙22乙1+9−正財	34丁23丙1+9−傷官	4丁24丁1+9−正官
6	30癸14丁1−0+比肩	1甲15戊9+1−偏財	30癸16己0+1−食神	1甲17庚0+1−劫財	31甲18辛0+1−偏財	2乙19壬0+1−偏財	32乙19壬1+0−食神	3丙20癸1+0−傷官	34丁21甲1+0−正財	4丁22乙1+9−偏財	35戊23丙1+0−比肩	5戊24丁1+0−偏財
7	31甲14丁1−0+印綬	2乙15戊9+1−正財	31甲16己0+1−劫財	2乙17庚9+1−比肩	32乙18辛0+1−正財	3丙19壬0+1−傷官	33丙20癸0+1−劫財	4丁21甲0+1−傷官	35戊21甲1+0−食神	5戊22乙1+0−傷官	36己24丁0+1−正官	6己25戊0+1−偏財
8	32乙14丁1−9+偏印	3丙15戊9+1−食神	32乙16己9+1−比肩	3丙17庚9+1−印綬	33丙18辛0+1−食神	4丁19壬0+1−食神	34丁20癸0+1−比肩	5戊21甲0+1−比肩	36己22乙0+1−食神	6己23丙0+1−食神	37庚24丁0+1−偏財	7庚25戊9+1−傷官
9	33丙14丁1−9+正官	4丁15戊8+1−傷官	33丙16己9+1−印綬	4丁17庚9+1−偏印	34丁18辛9+1−傷官	5戊19壬9+1−劫財	35戊20癸0+1−印綬	6己21甲0+1−劫財	37庚22乙0+1−劫財	7庚23丙0+1−劫財	38辛24丁9+1−正財	8辛25戊9+1−食神
10	34丁14丁1−9+偏官	5戊15戊8+2−比肩	34丁16己9+2−偏印	5戊17庚8+2−正官	35戊18辛9+2−比肩	6己19壬9+1−比肩	36己20癸9+1−偏印	7庚21甲0+1−偏印	38辛22乙9+1−比肩	8辛23丙9+1−比肩	39壬24丁9+1−食神	9壬25戊9+1−劫財
11	35戊14丁2−8+正財	6己15戊8+2−劫財	35戊16己8+2−正官	6己17庚8+2−偏官	36己18辛9+2−傷官	7庚19壬9+2−印綬	37庚20癸9+1−正官	8辛21甲9+1−印綬	39壬22乙9+1−印綬	9壬23丙9+1−印綬	40癸24丁9+1−傷官	10癸25戊8+1−比肩
12	36己14丁2−8+偏財	7庚15戊7+2−偏印	36己16己8+2−偏官	7庚17庚8+2−正財	37庚18辛8+2−比肩	8辛19壬8+2−偏印	38辛20癸9+2−偏官	9壬21甲9+2−偏官	40癸22乙9+1−偏印	10癸23丙9+1−偏印	41甲24丁8+2−比肩	11甲25戊8+2−印綬
13	37庚14丁2−8+傷官	8辛15戊7+3−正官	37庚16己8+3−正財	8辛17庚7+3−偏財	38辛18辛8+3−劫財	9壬19壬8+2−正官	39壬20癸8+2−正財	10癸21甲9+2−正官	41甲22乙8+2−正官	11甲23丙8+2−正官	42乙24丁8+2−劫財	12乙25戊8+2−偏印
14	38辛14丁3−7+食神	9壬15戊7+3−偏財	38辛16己7+3−偏財	9壬17庚7+3−傷官	39壬18辛8+3−偏印	10癸19壬8+3−偏官	40癸20癸8+2−偏財	11甲21甲8+2−偏財	42乙22乙8+2−偏官	12乙23丙8+2−偏官	43丙24丁8+2−偏印	13丙25戊7+2−正官
15	39壬14丁3−7+劫財	10癸15戊6+3−正財	39壬16己7+3−傷官	10癸17庚7+3−比肩	40癸18辛7+3−印綬	11甲19壬7+3−正財	41甲20癸8+3−傷官	12乙21甲8+3−正財	43丙22乙8+2−正財	13丙23丙8+2−正財	44丁24丁7+3−印綬	14丁25戊7+3−偏官
16	40癸14丁3−7+偏印	11甲15戊6+4−食神	40癸16己7+4−食神	11甲17庚6+4−印綬	41甲18辛7+4−偏官	12乙19壬7+3−偏財	42乙20癸7+3−食神	13丙21甲8+3−食神	44丁22乙7+3−偏財	14丁23丙7+3−偏財	45戊24丁7+3−偏官	15戊25戊7+3−正財
17	41甲14丁4−6+正官	12乙15戊6+4−傷官	41甲16己6+4−劫財	12乙17庚6+4−偏印	42乙18辛7+4−正官	13丙19壬7+4−傷官	43丙20癸7+3−印綬	14丁21甲7+3−傷官	45戊22乙7+3−傷官	15戊23丙7+3−傷官	46己24丁7+3−正官	16己25戊6+3−偏財
18	42乙14丁4−6+偏官	13丙15戊5+4−比肩	42乙16己6+4−比肩	13丙17庚6+4−食神	43丙18辛6+4−偏財	14丁19壬6+4−食神	44丁20癸7+4−偏印	15戊21甲7+4−偏財	46己22乙7+3−食神	16己23丙7+3−偏印	47庚24丁6+4−偏財	17庚25戊6+4−傷官
19	43丙14丁4−6+傷官	14丁15戊5+5−劫財	43丙16己6+5−印綬	14丁17庚5+5−傷官	44丁18辛6+5−正財	15戊19壬6+4−劫財	45戊20癸6+4−正官	16己21甲7+4−正財	47庚22乙6+4−劫財	17庚23丙6+4−正官	48辛24丁6+4−正財	18辛25戊6+4−食神
20	44丁14丁5−5+食神	15戊15戊5+5−偏官	44丁16己5+5−偏印	15戊17庚5+5−比肩	45戊18辛6+5−偏印	16己19壬6+5−比肩	46己20癸6+4−比肩	17庚21甲6+4−食神	48辛22乙6+4−比肩	18辛23丙6+4−偏官	49壬24丁6+4−比肩	19壬25戊5+4−劫財
21	45戊14丁5−5+劫財	16己15戊4+5−正官	45戊16己5+5−正官	16己17庚5+5−劫財	46己18辛5+5−印綬	17庚19壬5+5−印綬	47庚20癸6+5−印綬	18辛21甲6+5−劫財	49壬22乙6+4−印綬	19壬23丙6+4−偏官	50癸24丁5+5−劫財	20癸25戊5+5−比肩
22	46己14丁5−5+比肩	17庚15戊4+6−偏財	46己16己5+6−偏官	17庚17庚4+6−偏印	47庚18辛5+6−偏官	18辛19壬5+5−偏印	48辛20癸5+5−偏印	19壬21甲6+5−偏印	50癸22乙5+5−偏印	20癸23丙5+5−正官	51甲24丁5+5−偏印	21甲25戊5+5−印綬
23	47庚14丁6−4+印綬	18辛15戊4+6−正財	47庚16己4+6−正財	18辛17庚4+6−印綬	48辛18辛5+6−正官	19壬19壬5+6−正官	49壬20癸5+5−正官	20癸21甲5+5−印綬	51甲22乙5+5−正官	21甲23丙5+5−偏財	52乙24丁5+5−印綬	22乙25戊4+5−偏印
24	48辛14丁6−4+偏印	19壬15戊3+6−食神	48辛16己4+6−偏財	19壬17庚4+6−偏官	49壬18辛4+6−偏財	20癸19壬4+6−偏官	50癸20癸5+6−偏官	21甲21甲5+6−偏官	52乙22乙5+5−偏官	22乙23丙5+5−正財	53丙24丁4+6−偏官	23丙25戊4+6−正官
25	49壬14丁6−4+正官	20癸15戊3+7−傷官	49壬16己4+7−傷官	20癸17庚3+7−正官	50癸18辛4+7−正財	21甲19壬4+6−正財	51甲20癸4+6−正財	22乙21甲5+6−正官	53丙22乙4+6−正財	23丙23丙4+6−食神	54丁24丁4+6−正官	24丁25戊4+6−偏官
26	50癸14丁7−3+偏官	21甲15戊3+7−比肩	50癸16己3+7−食神	21甲17庚3+7−偏財	51甲18辛4+7−食神	22乙19壬4+7−食神	52乙20癸4+6−偏財	23丙21甲4+6−偏財	54丁22乙4+6−偏財	24丁23丙4+6−傷官	55戊24丁4+6−偏財	25戊25戊3+6−正財
27	51甲14丁7−3+正財	22乙15戊2+7−劫財	51甲16己3+7−劫財	22乙17庚3+7−正財	52乙18辛3+7−傷官	23丙19壬3+7−劫財	53丙20癸4+7−傷官	24丁21甲4+7−正財	55戊22乙4+6−傷官	25戊23丙4+6−比肩	56己24丁3+7−正財	26己25戊3+7−偏財
28	52乙14丁7−3+偏財	23丙15戊2+8−偏印	52乙16己3+8−比肩	23丙17庚2+8−食神	53丙18辛3+8−比肩	24丁19壬3+7−比肩	54丁20癸3+7−食神	25戊21甲4+7−食神	56己22乙3+7−食神	26己23丙3+7−劫財	57庚24丁3+7−食神	27庚25戊3+7−傷官
29	53丙14丁8−2+傷官	24丁15戊2+8−印綬	53丙16己2+8−印綬	24丁17庚2+8−傷官	54丁18辛3+8−劫財	25戊19壬3+8−印綬	55戊20癸3+7−劫財	26己21甲3+7−傷官	57庚22乙3+7−劫財	27庚23丙3+7−偏印	58辛24丁3+7−傷官	28辛25戊2+7−食神
30	54丁14丁8−2+食神		54丁16己2+8−偏印	25戊17庚2+8−比肩	55戊18辛2+8−偏印	26己19壬2+8−偏印	56己20癸3+8−比肩	27庚21甲3+8−比肩	58辛22乙3+7−比肩	28辛23丙3+7−印綬	59壬24丁2+8−比肩	29壬25戊2+8−劫財
31	55戊14丁8−2+劫財		55戊16己2+9−正官		56己18辛2+9−印綬		57庚20癸2+8−印綬	28辛21甲3+8−劫財		29壬23丙2+8−偏官		30癸25戊2+8−比肩

1961年（昭和36年）生まれ　年干：38辛（2/4～翌年2/3まで）

日	1月	2月	3月	4月	5月	6月
日	日干 月干 立年 男 女 中心星	日干 月干 立年 男 女 中心星	日干 月干 立年 男 女 中心星	日干 月干 立年 男 女 中心星	日干 月干 立年 男 女 中心星	日干 月干 立年 男 女 中心星
1	31甲25戊1+8−印綬	2乙26己1+9−偏財	30癸27庚8−2+傷官	1甲28辛9−1+劫財	31甲29壬9−2+偏財	2乙30癸9−2+傷官
2	32乙25戊1+9−偏印	3丙26己1+9−傷官	31甲27庚9−1+比肩	2乙28辛9−1+比肩	32乙29壬9−1+正財	3丙30癸9−1+比肩
3	33丙25戊1+9−正官	4丁26己1+0−食神	32乙27庚9−1+劫財	3丙28辛9−1+印綬	33丙29壬9−1+食神	4丁30癸9−1+劫財
4	34丁25戊1+9−偏官	5戊27庚1−0+比肩	33丙27庚9−1+偏印	4丁28辛0−1+偏印	34丁29壬0−1+傷官	5戊30癸0−1+偏印
5	35戊26己0+1−正財	6己27庚1−0+劫財	34丁27庚0−1+印綬	5戊29壬1−0+正官	35戊29壬0−1+比肩	6己30癸0−1+印綬
6	36己26己0+1−偏財	7庚27庚1−9+偏印	35戊28辛1−0+正官	6己29壬1−0+偏官	36己30癸1−0+劫財	7庚31甲1−0+印綬
7	37庚26己9+1−傷官	8辛27庚1−9+印綬	36己28辛1−0+偏官	7庚29壬1−0+正財	37庚30癸1−0+偏印	8辛31甲1−0+偏印
8	38辛26己9+1−食神	9壬27庚1−9+偏官	37庚28辛1−9+正財	8辛29壬1−9+偏財	38辛30癸1−0+印綬	9壬31甲1−0+正官
9	39壬26己9+1−劫財	10癸27庚2−8+正官	38辛28辛1−9+偏財	9壬29壬1−9+傷官	39壬30癸1−9+偏官	10癸31甲1−9+偏官
10	40癸26己8+2−比肩	11甲27庚2−8+偏財	39壬28辛1−9+傷官	10癸29壬2−9+食神	40癸30癸1−9+正官	11甲31甲1−9+正財
11	41甲26己8+2−印綬	12乙27庚2−8+正財	40癸28辛2−8+食神	11甲29壬2−8+劫財	41甲30癸2−9+偏財	12乙31甲2−9+偏財
12	42乙26己8+2−偏印	13丙27庚3−7+比肩	41甲28辛2−8+劫財	12乙29壬2−8+比肩	42乙30癸2−8+正官	13丙31甲2−8+傷官
13	43丙26己7+3−正官	14丁27庚3−7+劫財	42乙28辛2−8+比肩	13丙29壬3−8+印綬	43丙30癸2−8+偏財	14丁31甲2−8+食神
14	44丁26己7+3−偏官	15戊27庚3−7+偏印	43丙28辛3−7+印綬	14丁29壬3−7+偏印	44丁30癸3−8+正財	15戊31甲3−8+劫財
15	45戊26己7+3−偏官	16己27庚4−6+印綬	44丁28辛3−7+偏印	15戊29壬3−7+正財	45戊30癸3−7+食神	16己31甲3−7+比肩
16	46己26己6+4−食神	17庚27庚4−6+偏官	45戊28辛3−7+正官	16己29壬4−7+偏財	46己30癸3−7+傷官	17庚31甲3−7+印綬
17	47庚26己6+4−劫財	18辛27庚4−6+正官	46己28辛4−6+偏官	17庚29壬4−6+傷官	47庚30癸4−7+比肩	18辛31甲4−7+偏印
18	48辛26己6+4−偏印	19壬27庚5−5+偏財	47庚28辛4−6+正財	18辛29壬4−6+印綬	48辛30癸4−6+劫財	19壬31甲4−6+正官
19	49壬26己5+5−正官	20癸27庚5−5+傷官	48辛28辛4−6+偏財	19壬29壬5−6+偏官	49壬30癸4−6+偏印	20癸31甲4−6+偏官
20	50癸26己5+5−偏官	21甲27庚5−5+比肩	49壬28辛5−5+傷官	20癸29壬5−5+正官	50癸30癸5−6+印綬	21甲31甲5−6+正財
21	51甲26己5+5−正財	22乙27庚6−4+劫財	50癸28辛5−5+食神	21甲29壬5−5+偏財	51甲30癸5−5+食神	22乙31甲5−5+偏財
22	52乙26己4+6−偏財	23丙27庚6−4+偏印	51甲28辛5−5+劫財	22乙29壬6−5+正財	52乙30癸5−5+傷官	23丙31甲5−5+傷官
23	53丙26己4+6−傷官	24丁27庚6−4+印綬	52乙28辛6−4+比肩	23丙29壬6−4+食神	53丙30癸6−5+比肩	24丁31甲6−5+食神
24	54丁26己4+6−食神	25戊27庚7−3+偏官	53丙28辛6−4+印綬	24丁29壬6−4+傷官	54丁30癸6−4+劫財	25戊31甲6−4+劫財
25	55戊26己3+7−劫財	26己27庚7−3+正官	54丁28辛6−4+偏印	25戊29壬7−4+比肩	55戊30癸6−4+偏印	26己31甲6−4+比肩
26	56己26己3+7−比肩	27庚27庚7−3+偏財	55戊28辛7−3+正官	26己29壬7−3+劫財	56己30癸7−4+印綬	27庚31甲7−4+正官
27	57庚26己3+7−印綬	28辛27庚8−2+正財	56己28辛7−3+偏官	27庚29壬7−3+偏印	57庚30癸7−3+偏官	28辛31甲7−3+偏官
28	58辛26己2+8−偏印	29壬27庚8−2+食神	57庚28辛7−3+正財	28辛29壬8−3+印綬	58辛30癸7−3+正官	29壬31甲7−3+正財
29	59壬26己2+8−正官		58辛28辛8−2+偏財	29壬29壬8−2+偏官	59壬30癸8−3+偏財	30癸31甲8−3+偏財
30	60癸26己2+8−偏官		59壬28辛8−2+傷官	30癸29壬8−2+正官	60癸30癸8−2+正財	31甲31甲8−2+傷官
31	1甲26己1+9−正財		60癸28辛8−2+食神		1甲30癸8−2+食神	

日	7月	8月	9月	10月	11月	12月
日	日干 月干 立年 男 女 中心星	日干 月干 立年 男 女 中心星	日干 月干 立年 男 女 中心星	日干 月干 立年 男 女 中心星	日干 月干 立年 男 女 中心星	日干 月干 立年 男 女 中心星
1	32乙31甲8−2+食神	3丙32乙8−2+傷官	34丁33丙8−2+正財	4丁34丁8−2+偏財	35戊35戊8−2+比肩	5戊36己8−2+偏財
2	33丙31甲9−2+劫財	4丁32乙9−2+食神	35戊33丙8−2+食神	5戊34丁8−2+傷官	36己35戊8−2+劫財	6己36己8−2+正財
3	34丁31甲9−1+比肩	5戊32乙9−2+劫財	36己33丙9−2+傷官	6己34丁8−2+食神	37庚35戊9−2+偏印	7庚36己8−1+食神
4	35戊31甲9−1+印綬	6己32乙9−1+比肩	37庚33丙9−1+比肩	7庚34丁9−1+劫財	38辛35戊9−1+印綬	8辛36己9−1+傷官
5	36己31甲0−1+偏印	7庚32乙0−1+印綬	38辛33丙9−1+劫財	8辛34丁9−1+比肩	39壬35戊9−1+偏官	9壬36己9−1+比肩
6	37庚31甲0−1+正官	8辛32乙0−1+偏印	39壬33丙0−1+偏印	9壬34丁9−1+印綬	40癸35戊0−1+正官	10癸36己9−1+劫財
7	38辛32乙1−0+偏官	9壬32乙0−1+正官	40癸33丙0−1+印綬	10癸34丁0−1+偏印	41甲35戊0−1+偏財	11甲37庚1−0+印綬
8	39壬32乙1−0+正財	10癸33丙1−0+正官	41甲34丁1−0+正官	11甲35戊1−0+正官	42乙36己1−0+劫財	12乙37庚1−0+偏印
9	40癸32乙1−0+偏財	11甲33丙1−0+偏財	42乙34丁1−0+偏官	12乙35戊1−0+偏官	43丙36己1−9+偏印	13丙37庚1−9+正官
10	41甲32乙1−0+傷官	12乙33丙1−0+正財	43丙34丁1−9+正財	13丙35戊1−0+正財	44丁36己1−9+印綬	14丁37庚1−9+偏官
11	42乙32乙1−9+食神	13丙33丙1−9+食神	44丁34丁1−9+偏財	14丁35戊1−9+偏財	45戊36己1−9+偏官	15戊37庚1−9+正財
12	43丙32乙2−9+劫財	14丁33丙1−9+傷官	45戊34丁1−9+傷官	15戊35戊1−9+傷官	46己36己1−8+正官	16己37庚2−8+偏財
13	44丁32乙2−9+比肩	15戊33丙2−9+比肩	46己34丁2−8+食神	16己35戊2−9+食神	47庚36己2−8+偏財	17庚37庚2−8+傷官
14	45戊32乙2−8+印綬	16己33丙2−8+劫財	47庚34丁2−8+劫財	17庚35戊2−8+劫財	48辛36己2−8+正財	18辛37庚2−8+食神
15	46己32乙3−8+偏印	17庚33丙2−8+偏印	48辛34丁2−8+比肩	18辛35戊2−8+比肩	49壬36己2−7+食神	19壬37庚3−7+劫財
16	47庚32乙3−8+正官	18辛33丙3−8+印綬	49壬34丁3−7+印綬	19壬35戊3−8+印綬	50癸36己3−7+傷官	20癸37庚3−7+比肩
17	48辛32乙3−7+偏財	19壬33丙3−7+偏官	50癸34丁3−7+偏印	20癸35戊3−7+偏印	51甲36己3−7+比肩	21甲37庚3−7+印綬
18	49壬32乙4−7+傷官	20癸33丙3−7+正官	51甲34丁3−7+正官	21甲35戊3−7+傷官	52乙36己3−6+劫財	22乙37庚4−6+偏印
19	50癸32乙4−7+食神	21甲33丙4−7+偏印	52乙34丁4−6+偏官	22乙35戊4−7+食神	53丙36己4−6+偏印	23丙37庚4−6+正官
20	51甲32乙4−6+正財	22乙33丙4−6+印綬	53丙34丁4−6+正財	23丙35戊4−6+劫財	54丁36己4−6+印綬	24丁37庚4−6+偏官
21	52乙32乙5−6+偏財	23丙33丙4−6+偏官	54丁34丁4−6+偏財	24丁35戊4−6+傷官	55戊36己4−5+偏財	25戊37庚5−5+正財
22	53丙32乙5−6+傷官	24丁33丙5−6+正財	55戊34丁5−5+傷官	25戊35戊5−6+比肩	56己36己5−5+正財	26己37庚5−5+偏財
23	54丁32乙5−5+食神	25戊33丙5−5+食神	56己34丁5−5+食神	26己35戊5−5+劫財	57庚36己5−5+食神	27庚37庚5−5+傷官
24	55戊32乙6−5+劫財	26己33丙5−5+傷官	57庚34丁5−5+劫財	27庚35戊5−5+偏印	58辛36己5−4+傷官	28辛37庚6−4+食神
25	56己32乙6−5+比肩	27庚33丙6−5+比肩	58辛34丁6−4+比肩	28辛35戊6−5+印綬	59壬36己6−4+比肩	29壬37庚6−4+劫財
26	57庚32乙6−4+印綬	28辛33丙6−4+劫財	59壬34丁6−4+印綬	29壬35戊6−4+偏官	60癸36己6−4+劫財	30癸37庚6−4+比肩
27	58辛32乙7−4+偏印	29壬33丙6−4+偏印	60癸34丁6−4+偏印	30癸35戊6−4+正官	1甲36己6−3+偏印	31甲37庚7−3+印綬
28	59壬32乙7−4+正官	30癸33丙7−4+印綬	1甲34丁7−3+正官	31甲35戊7−4+偏財	2乙36己7−3+印綬	32乙37庚7−3+偏印
29	60癸32乙7−3+偏官	31甲33丙7−3+偏官	2乙34丁7−3+偏官	32乙35戊7−3+正財	3丙36己7−3+偏官	33丙37庚7−3+正官
30	1甲32乙8−3+正財	32乙33丙7−3+正官	3丙34丁7−3+正財	33丙35戊7−3+食神	4丁36己7−2+正官	34丁37庚8−2+偏官
31	2乙32乙8−3+偏財	33丙33丙8−3+偏財		34丁35戊8−3+傷官		35戊37庚8−2+正財

1962年（昭和37年）生まれ　年干：39 壬（2/4〜翌年2/3まで）

	1月	2月	3月	4月	5月	6月	7月	8月	9月	10月	11月	12月
日	日干 月干 立年 男 女 中心星	日干 月干 立年 男 女 中心星	日干 月干 立年 男 女 中心星	日干 月干 立年 男 女 中心星	日干 月干 立年 男 女 中心星	日干 月干 立年 男 女 中心星	日干 月干 立年 男 女 中心星	日干 月干 立年 男 女 中心星	日干 月干 立年 男 女 中心星	日干 月干 立年 男 女 中心星	日干 月干 立年 男 女 中心星	日干 月干 立年 男 女 中心星
1	36己37庚8−2+偏財	7庚38辛9−1+印綬	35戊39壬2+8−偏官	6己40癸1+9−偏官	36己41甲2+9−劫財	7庚42乙2+9−偏官	37庚43丙2+8−正官	8辛44丁2+8−偏印	39壬45戊2+8−偏印	9壬46己3+8−印綬	40癸47庚2+8−正官	10癸48辛2+8−劫財
2	37庚37庚9−1+傷官	8辛38辛9−1+偏印	36己39壬1+9−正官	7庚40癸1+9−正財	37庚41甲1+9−偏印	8辛42乙1+9−正官	38辛43丙2+9−偏官	9壬44丁2+9−正官	40癸45戊2+8−印綬	10癸46己2+8−偏印	41甲47庚2+8−偏財	11甲48辛2+8−偏印
3	38辛37庚9−1+食神	9壬38辛9−1+正官	37庚39壬1+9−偏財	8辛40癸1+9−偏財	38辛41甲1+9−印綬	9壬42乙1+9−偏財	39壬43丙1+9−正財	10癸44丁2+9−偏官	41甲45戊2+9−偏官	11甲46己2+8−正官	42乙47庚2+8−正財	12乙48辛1+8−印綬
4	39壬37庚9−1+劫財	10癸39壬0+1−正官	38辛39壬1+9−正財	9壬40癸1+0−傷官	39壬41甲1+0−偏官	10癸42乙1+0−正財	40癸43丙1+9−偏財	11甲44丁1+9−正財	42乙45戊1+9−正官	12乙46己2+9−偏官	43丙47庚1+9−食神	13丙48辛1+9−偏官
5	40癸37庚0−1+比肩	11甲39壬0+1−偏財	39壬39壬1+0−食神	10癸41甲0+1−食神	40癸41甲1+0−正官	11甲42乙1+0−食神	41甲43丙1+0−傷官	12乙44丁1+0−偏財	43丙45戊1+9−偏財	13丙46己1+9−正財	44丁47庚1+9−傷官	14丁48辛1+9−正官
6	41甲38辛1−0+印綬	12乙39壬9+1−正財	40癸40癸0+1−食神	11甲41甲0+1−劫財	41甲42乙0+1−偏財	12乙43丙0+1−偏財	42乙43丙1+0−食神	13丙44丁1+0−傷官	44丁45戊1+0−正財	14丁46己1+9−偏財	45戊47庚1+9−比肩	15戊48辛1+9−偏財
7	42乙38辛1−9+偏印	13丙39壬9+1−食神	41甲40癸0+1−劫財	12乙41甲0+1−比肩	42乙42乙0+1−正財	13丙43丙0+1−傷官	43丙44丁0+1−劫財	14丁44丁1+0−食神	45戊45戊1+0−食神	15戊46己1+0−傷官	46己47庚1+0−劫財	16己49壬0+1−偏財
8	43丙38辛1−9+正官	14丁39壬9+1−傷官	42乙40癸9+1−比肩	13丙41甲9+1−印綬	43丙42乙0+1−食神	14丁43丙0+1−食神	44丁44丁0+1−比肩	15戊45戊0+1−比肩	46己46己0+1−食神	16己46己1+0−食神	47庚48辛0+1−偏財	17庚49壬0+1−傷官
9	44丁38辛1−9+偏官	15戊39壬8+2−比肩	43丙40癸9+1−印綬	14丁41甲9+1−偏印	44丁42乙9+1−傷官	15戊43丙9+1−劫財	45戊44丁0+1−印綬	16己45戊0+1−劫財	47庚46己0+1−劫財	17庚47庚0+1−劫財	48辛48辛9+1−正財	18辛49壬9+1−食神
10	45戊38辛1−8+正財	16己39壬8+2−劫財	44丁40癸9+1−偏印	15戊41甲9+2−正官	45戊42乙9+1−比肩	16己43丙9+1−比肩	46己44丁0+1−偏印	17庚45戊0+1−偏印	48辛46己0+1−比肩	18辛47庚0+1−比肩	49壬48辛9+1−食神	19壬49壬9+1−劫財
11	46己38辛2−8+偏財	17庚39壬8+2−偏印	45戊40癸8+2−正官	16己41甲8+2−偏官	46己42乙9+2−劫財	17庚43丙9+2−印綬	47庚44丁9+1−正官	18辛45戊9+1−印綬	49壬46己9+1−印綬	19壬47庚9+1−印綬	50癸48辛9+1−傷官	20癸49壬9+1−比肩
12	47庚38辛2−8+傷官	18辛39壬7+3−正官	46己40癸8+2−偏官	17庚41甲8+2−正財	47庚42乙8+2−比肩	18辛43丙8+2−偏印	48辛44丁9+2−偏官	19壬45戊9+1−偏官	50癸46己9+1−偏印	20癸47庚9+1−偏印	51甲48辛8+1−比肩	21甲49壬8+2−印綬
13	48辛38辛2−7+食神	19壬39壬7+3−偏財	47庚40癸8+2−正財	18辛41甲8+3−偏財	48辛42乙8+2−劫財	19壬43丙8+2−正官	49壬44丁9+2−正財	20癸45戊9+2−正官	51甲46己9+2−正官	21甲47庚9+1−正官	52乙48辛8+2−劫財	22乙49壬8+2−偏印
14	49壬38辛3−7+劫財	20癸39壬7+3−正財	48辛40癸7+3−偏財	19壬41甲7+3−傷官	49壬42乙8+3−偏印	20癸43丙8+3−偏官	50癸44丁8+2−偏財	21甲45戊8+2−偏財	52乙46己8+2−偏官	22乙47庚8+2−偏官	53丙48辛8+2−偏印	23丙49壬8+2−正官
15	50癸38辛3−7+比肩	21甲39壬6+4−食神	49壬40癸7+3−傷官	20癸41甲7+3−比肩	50癸42乙7+3−印綬	21甲43丙7+3−正財	51甲44丁8+3−傷官	22乙45戊8+2−正財	53丙46己8+2−正財	23丙47庚8+2−正財	54丁48辛7+2−印綬	24丁49壬7+3−偏官
16	51甲38辛3−6+正官	22乙39壬6+4−傷官	50癸40癸7+3−食神	21甲41甲7+4−印綬	51甲42乙7+3−偏官	22乙43丙7+3−偏財	52乙44丁8+3−食神	23丙45戊8+3−食神	54丁46己8+3−偏財	24丁47庚8+2−偏財	55戊48辛7+3−偏官	25戊49壬7+3−正財
17	52乙38辛4−6+偏官	23丙39壬6+4−比肩	51甲40癸6+4−劫財	22乙41甲6+4−偏印	52乙42乙7+4−正官	23丙43丙7+4−傷官	53丙44丁7+3−印綬	24丁45戊7+3−傷官	55戊46己7+3−傷官	25戊47庚7+3−傷官	56己48辛7+3−正官	26己49壬7+3−偏財
18	53丙38辛4−6+正財	24丁39壬5+5−劫財	52乙40癸6+4−比肩	23丙41甲6+4−食神	53丙42乙6+4−偏財	24丁43丙6+4−食神	54丁44丁7+4−偏印	25戊45戊7+3−比肩	56己46己7+3−食神	26己47庚7+3−食神	57庚48辛6+3−偏財	27庚49壬6+4−傷官
19	54丁38辛4−5+食神	25戊39壬5+5−偏官	53丙40癸6+4−印綬	24丁41甲6+5−傷官	54丁42乙6+4−正財	25戊43丙6+4−劫財	55戊44丁7+4−正官	26己45戊7+4−正財	57庚46己7+4−劫財	27庚47庚7+3−正官	58辛48辛6+4−正財	28辛49壬6+4−食神
20	55戊38辛5−5+劫財	26己39壬5+5−正官	54丁40癸5+5−偏印	25戊41甲5+5−比肩	55戊42乙6+5−食神	26己43丙6+5−比肩	56己44丁6+4−比肩	27庚45戊6+4−食神	58辛46己6+4−比肩	28辛47庚6+4−偏官	59壬48辛6+4−食神	29壬49壬6+4−劫財
21	56己38辛5−5+比肩	27庚39壬4+6−偏財	55戊40癸5+5−正官	26己41甲5+5−劫財	56己42乙5+5−印綬	27庚43丙5+5−印綬	57庚44丁6+5−印綬	28辛45戊6+4−傷官	59壬46己6+4−印綬	29壬47庚6+4−正財	60癸48辛5+4−劫財	30癸49壬5+5−比肩
22	57庚38辛5−4+印綬	28辛39壬4+6−正財	56己40癸5+5−偏官	27庚41甲5+6−偏印	57庚42乙5+5−偏官	28辛43丙5+5−偏印	58辛44丁6+5−偏印	29壬45戊6+5−偏印	60癸46己6+5−偏印	30癸47庚6+4−正官	1甲48辛5+5−偏印	31甲49壬5+5−印綬
23	58辛38辛6−4+偏印	29壬39壬4+6−食神	57庚40癸4+6−正財	28辛41甲4+6−印綬	58辛42乙5+6−正官	29壬43丙5+6−正官	59壬44丁5+5−正官	30癸45戊5+5−印綬	1甲46己5+5−正官	31甲47庚5+5−偏財	2乙48辛5+5−印綬	32乙49壬5+5−偏印
24	59壬38辛6−4+正官	30癸39壬3+7−傷官	58辛40癸4+6−偏財	29壬41甲4+6−偏官	59壬42乙4+6−偏財	30癸43丙4+6−偏官	60癸44丁5+6−偏官	31甲45戊5+5−偏官	2乙46己5+5−偏官	32乙47庚5+5−正財	3丙48辛4+5−偏官	33丙49壬4+6−正官
25	60癸38辛6−3+偏官	31甲39壬3+7−比肩	59壬40癸4+6−傷官	30癸41甲4+7−正官	60癸42乙4+6−正財	31甲43丙4+6−正財	1甲44丁5+6−正財	32乙45戊5+6−正官	3丙46己5+6−正財	33丙47庚5+5−食神	4丁48辛4+6−正官	34丁49壬4+6−偏官
26	1甲38辛7−3+正財	32乙39壬3+7−劫財	60癸40癸3+7−食神	31甲41甲3+7−偏財	1甲42乙4+7−食神	32乙43丙4+7−食神	2乙44丁4+6−偏財	33丙45戊4+6−偏財	4丁46己4+6−偏財	34丁47庚4+6−傷官	5戊48辛4+6−偏財	35戊49壬4+6−正財
27	2乙38辛7−3+偏財	33丙39壬2+8−偏印	1甲40癸3+7−劫財	32乙41甲3+7−正財	2乙42乙3+7−傷官	33丙43丙3+7−劫財	3丙44丁4+7−傷官	34丁45戊4+6−正財	5戊46己4+6−傷官	35戊47庚4+6−比肩	6己48辛3+6−正財	36己49壬3+7−偏財
28	3丙38辛7−2+傷官	34丁39壬2+8−印綬	2乙40癸3+7−比肩	33丙41甲3+8−食神	3丙42乙3+7−比肩	34丁43丙3+7−比肩	4丁44丁4+7−食神	35戊45戊4+7−食神	6己46己4+7−食神	36己47庚4+6−劫財	7庚48辛3+7−食神	37庚49壬3+7−傷官
29	4丁38辛8−2+食神		3丙40癸2+8−印綬	34丁41甲2+8−傷官	4丁42乙3+8−劫財	35戊43丙3+8−印綬	5戊44丁3+7−劫財	36己45戊3+7−傷官	7庚46己3+7−劫財	37庚47庚3+7−偏印	8辛48辛3+7−傷官	38辛49壬3+7−食神
30	5戊38辛8−2+劫財		4丁40癸2+8−偏印	35戊41甲2+8−比肩	5戊42乙2+8−偏印	36己43丙2+8−偏印	6己44丁3+8−比肩	37庚45戊3+7−比肩	8辛46己3+7−比肩	38辛47庚3+7−印綬	9壬48辛2+7−比肩	39壬49壬2+8−劫財
31	6己38辛8−1+比肩		5戊40癸2+8−正官		6己42乙2+8−印綬		7庚44丁3+8−印綬	38辛45戊3+8−劫財		39壬47庚3+7−偏官		40癸49壬2+8−比肩

1963年（昭和38年）生まれ　年干：40 癸（2/4～翌年2/4まで）

	1月	2月	3月	4月	5月	6月	7月	8月	9月	10月	11月	12月
日	日干 月干 立年男女 中心星	日干 月干 立年男女 中心星	日干 月干 立年男女 中心星	日干 月干 立年男女 中心星	日干 月干 立年男女 中心星	日干 月干 立年男女 中心星	日干 月干 立年男女 中心星	日干 月干 立年男女 中心星	日干 月干 立年男女 中心星	日干 月干 立年男女 中心星	日干 月干 立年男女 中心星	日干 月干 立年男女 中心星
1	41甲49壬2+8−印綬	12乙50癸1+9−偏財	40癸51甲8−2+傷官	11甲52乙9−1+劫財	41甲53丙9−2+偏財	12乙54丁9−2+傷官	42乙55戊8−2+食神	13丙56己8−2+傷官	44丁57庚8−2+正財	14丁58辛8−3+偏財	45戊59壬8−2+比肩	15戊60癸8−2+偏財
2	42乙49壬1+9−偏印	13丙50癸1+9−傷官	41甲51甲9−1+比肩	12乙52乙9−1+比肩	42乙53丙9−1+正財	13丙54丁9−1+比肩	43丙55戊9−2+劫財	14丁56己8−2+食神	45戊57庚8−2+食神	15戊58辛8−2+傷官	46己59壬8−2+劫財	16己60癸8−2+正財
3	43丙49壬1+9−正官	14丁50癸1+9−食神	42乙51甲9−1+劫財	13丙52乙9−1+印綬	43丙53丙9−1+食神	14丁54丁9−1+劫財	44丁55戊9−2+比肩	15戊56己9−2+劫財	46己57庚9−2+傷官	16己58辛8−2+食神	47庚59壬8−2+偏印	17庚60癸8−2+食神
4	44丁49壬1+9−偏官	15戊51甲1−0+比肩	43丙51甲9−1+偏印	14丁52乙0−1+偏印	44丁53丙0−1+傷官	15戊54丁0−1+偏印	45戊55戊9−1+印綬	16己56己9−1+比肩	47庚57庚9−1+比肩	17庚58辛9−2+劫財	48辛59壬9−1+印綬	18辛60癸9−1+傷官
5	45戊49壬1+0−正財	16己51甲1−0+劫財	44丁51甲0−1+印綬	15戊53丙1−0+正官	45戊53丙0−1+比肩	16己54丁0−1+印綬	46己55戊0−1+偏印	17庚56己9−1+印綬	48辛57庚9−1+劫財	18辛58辛9−1+比肩	49壬59壬9−1+偏官	19壬60癸9−1+比肩
6	46己50癸0+1−偏財	17庚51甲1−9+偏印	45戊52乙1−0+正官	16己53丙1−0+偏官	46己54丁1−0+劫財	17庚55戊1−0+印綬	47庚55戊0−1+正官	18辛56己0−1+偏印	49壬57庚0−1+偏印	19壬58辛9−1+印綬	50癸59壬9−1+正官	20癸60癸9−1+劫財
7	47庚50癸9+1−傷官	18辛51甲1−9+印綬	46己52乙1−0+偏官	17庚53丙1−0+正財	47庚54丁1−0+偏印	18辛55戊1−0+偏印	48辛55戊0−1+偏官	19壬56己0−1+正官	50癸57庚0−1+印綬	20癸58辛0−1+偏印	51甲59壬0−1+偏財	21甲60癸0−1+偏印
8	48辛50癸9+1−食神	19壬51甲1−9+偏官	47庚52乙1−9+正財	18辛53丙1−9+偏財	48辛54丁1−0+印綬	19壬55戊1−0+正官	49壬56己1−0+正財	20癸57庚1−0+偏印	51甲58辛1−0+正官	21甲58辛0−1+正官	52乙60癸1−0+劫財	22乙 1甲1−0+偏印
9	49壬50癸9+1−劫財	20癸51甲2−8+正官	48辛52乙1−9+偏財	19壬53丙1−9+傷官	49壬54丁1−9+偏官	20癸55戊1−0+偏官	50癸56己1−0+偏財	21甲57庚1−0+偏財	52乙58辛1−0+偏官	22乙59壬1−0+偏官	53丙60癸1−0+偏印	23丙 1甲1−9+正官
10	50癸50癸8+1−比肩	21甲51甲2−8+偏財	49壬52乙1−9+傷官	20癸53丙2−9+食神	50癸54丁1−9+正官	21甲55戊1−9+正財	51甲56己1−0+傷官	22乙57庚1−0+正財	53丙58辛1−0+正財	23丙59壬1−0+正財	54丁60癸1−9+印綬	24丁 1甲1−9+偏官
11	51甲50癸8+2−印綬	22乙51甲2−8+正財	50癸52乙2−8+食神	21甲53丙2−8+劫財	51甲54丁2−9+偏財	22乙55戊2−9+偏財	52乙56己1−9+食神	23丙57庚1−9+食神	54丁58辛1−9+偏財	24丁59壬1−9+偏財	55戊60癸1−9+偏官	25戊 1甲1−9+正財
12	52乙50癸8+2−偏印	23丙51甲3−7+比肩	51甲52乙2−8+劫財	22乙53丙2−8+比肩	52乙54丁2−8+正官	23丙55戊2−9+傷官	53丙56己1−9+劫財	24丁57庚1−9+偏官	55戊58辛1−9+傷官	25戊59壬1−9+偏官	56己60癸1−9+正官	26己 1甲1−8+偏財
13	53丙50癸7+2−正官	24丁51甲3−7+劫財	52乙52乙2−8+比肩	23丙53丙3−8+印綬	53丙54丁2−8+偏財	24丁55戊2−8+食神	54丁56己2−9+比肩	25戊57庚2−9+比肩	56己58辛2−9+食神	26己59壬1−9+食神	57庚60癸2−8+偏財	27庚 1甲2−8+傷官
14	54丁50癸7+3−偏官	25戊51甲3−7+偏印	53丙52乙3−7+印綬	24丁53丙3−7+偏印	54丁54丁3−8+正財	25戊55戊3−8+劫財	55戊56己2−8+印綬	26己57庚2−8+劫財	57庚58辛2−8+劫財	27庚59壬2−8+劫財	58辛60癸2−8+正財	28辛 1甲2−8+食神
15	55戊50癸7+3−正財	26己51甲4−6+印綬	54丁52乙3−7+偏印	25戊53丙3−7+正財	55戊54丁3−7+食神	26己55戊3−8+比肩	56己56己2−8+偏印	27庚57庚2−8+偏印	58辛58辛2−8+比肩	28辛59壬2−8+比肩	59壬60癸2−8+食神	29壬 1甲2−7+劫財
16	56己50癸6+3−食神	27庚51甲4−6+偏官	55戊52乙3−7+正官	26己53丙4−7+偏財	56己54丁3−7+傷官	27庚55戊3−7+印綬	57庚56己3−8+正官	28辛57庚3−8+印綬	59壬58辛3−8+印綬	29壬59壬2−8+印綬	60癸60癸3−7+傷官	30癸 1甲3−7+比肩
17	57庚50癸6+4−劫財	28辛51甲4−6+正官	56己52乙4−6+偏官	27庚53丙4−6+傷官	57庚54丁4−7+比肩	28辛55戊4−7+偏印	58辛56己3−7+偏官	29壬57庚3−7+偏官	60癸58辛3−7+偏印	30癸59壬3−7+偏印	1甲60癸3−7+比肩	31甲 1甲3−7+印綬
18	58辛50癸6+4−比肩	29壬51甲5−5+偏財	57庚52乙4−6+正財	28辛53丙4−6+印綬	58辛54丁4−6+劫財	29壬55戊4−7+正官	59壬56己3−7+傷官	30癸57庚3−7+正官	1甲58辛3−7+正官	31甲59壬3−7+正官	2乙60癸3−7+劫財	32乙 1甲3−6+偏印
19	59壬50癸5+4−正官	30癸51甲5−5+傷官	58辛52乙4−6+偏財	29壬53丙5−6+偏官	59壬54丁4−6+偏印	30癸55戊4−6+偏官	60癸56己4−7+食神	31甲57庚4−7+偏印	2乙58辛4−7+偏官	32乙59壬3−7+食神	3丙60癸4−6+偏印	33丙 1甲4−6+正官
20	60癸50癸5+5−偏官	31甲51甲5−5+比肩	59壬52乙5−5+傷官	30癸53丙5−5+正官	60癸54丁5−6+印綬	31甲55戊5−6+正財	1甲56己4−6+劫財	32乙57庚4−6+印綬	3丙58辛4−6+正財	33丙59壬4−6+劫財	4丁60癸4−6+印綬	34丁 1甲4−6+偏官
21	1甲50癸5+5−正財	32乙51甲6−4+劫財	60癸52乙5−5+食神	31甲53丙5−5+偏財	1甲54丁5−5+食神	32乙55戊5−6+偏財	2乙56己4−6+偏財	33丙57庚4−6+偏官	4丁58辛4−6+偏財	34丁59壬4−6+比肩	5戊60癸4−6+偏財	35戊 1甲4−5+正財
22	2乙50癸4+5−偏財	33丙51甲6−4+偏印	1甲52乙5−5+劫財	32乙53丙6−5+正財	2乙54丁5−5+傷官	33丙55戊5−5+傷官	3丙56己5−6+傷官	34丁57庚5−6+正財	5戊58辛5−6+傷官	35戊59壬4−6+比肩	6己60癸5−5+正財	36己 1甲5−5+偏財
23	3丙50癸4+6−傷官	34丁51甲6−4+印綬	2乙52乙6−4+比肩	33丙53丙6−4+食神	3丙54丁6−5+比肩	34丁55戊6−5+食神	4丁56己5−5+食神	35戊57庚5−5+食神	6己58辛5−5+食神	36己59壬5−5+劫財	7庚60癸5−5+食神	37庚 1甲5−5+傷官
24	4丁50癸4+6−食神	35戊51甲7−3+偏官	3丙52乙6−4+印綬	34丁53丙6−4+傷官	4丁54丁6−4+劫財	35戊55戊6−5+劫財	5戊56己5−5+劫財	36己57庚5−5+傷官	7庚58辛5−5+劫財	37庚59壬5−5+偏印	8辛60癸5−5+傷官	38辛 1甲5−4+食神
25	5戊50癸3+6−劫財	36己51甲7−3+正官	4丁52乙6−4+偏印	35戊53丙7−4+比肩	5戊54丁6−4+偏印	36己55戊6−4+比肩	6己56己6−5+比肩	37庚57庚6−5+比肩	8辛58辛6−5+比肩	38辛59壬5−5+印綬	9壬60癸6−4+比肩	39壬 1甲6−4+劫財
26	6己50癸3+7−比肩	37庚51甲7−3+偏財	5戊52乙7−3+正官	36己53丙7−3+劫財	6己54丁7−4+印綬	37庚55戊7−4+正官	7庚56己6−4+印綬	38辛57庚6−4+劫財	9壬58辛6−4+印綬	39壬59壬6−4+偏官	10癸60癸6−4+劫財	40癸 1甲6−4+比肩
27	7庚50癸3+7−印綬	38辛51甲8−2+正財	6己52乙7−3+偏官	37庚53丙7−3+偏印	7庚54丁7−3+偏官	38辛55戊7−4+偏官	8辛56己6−4+偏印	39壬57庚6−4+偏印	10癸58辛6−4+偏印	40癸59壬6−4+正官	11甲60癸6−4+偏印	41甲 1甲6−3+印綬
28	8辛50癸2+7−偏印	39壬51甲8−2+食神	7庚52乙7−3+正財	38辛53丙8−3+印綬	8辛54丁7−3+正官	39壬55戊7−3+正財	9壬56己7−4+正官	40癸57庚7−4+印綬	11甲58辛7−4+正官	41甲59壬6−4+偏財	12乙60癸7−3+印綬	42乙 1甲7−3+偏印
29	9壬50癸2+8−正官		8辛52乙8−2+偏財	39壬53丙8−2+偏官	9壬54丁8−3+偏財	40癸55戊8−3+偏財	10癸56己7−3+偏官	41甲57庚7−3+偏官	12乙58辛7−3+偏官	42乙59壬7−3+正財	13丙60癸7−3+偏官	43丙 1甲7−3+正官
30	10癸50癸2+8−偏官		9壬52乙8−2+傷官	40癸53丙8−2+正官	10癸54丁8−2+正財	41甲55戊8−3+傷官	11甲56己7−3+正財	42乙57庚7−3+正官	13丙58辛7−3+正財	43丙59壬7−3+食神	14丁60癸7−3+正官	44丁 1甲7−2+偏官
31	11甲50癸1+8−正財		10癸52乙8−2+食神		11甲54丁8−2+食神		12乙56己3−3+偏財	43丙57庚8−3+偏財		44丁59壬7−3+傷官		45戊 1甲8−2+正財

1964年（昭和39年）生まれ　年干：41 甲（2/5～翌年2/3まで）

日	1月	2月	3月	4月	5月	6月	7月	8月	9月	10月	11月	12月
	日干 月干 立年男女 中心星	日干 月干 立年男女 中心星	日干 月干 立年男女 中心星	日干 月干 立年男女 中心星	日干 月干 立年男女 中心星	日干 月干 立年男女 中心星	日干 月干 立年男女 中心星	日干 月干 立年男女 中心星	日干 月干 立年男女 中心星	日干 月干 立年男女 中心星	日干 月干 立年男女 中心星	日干 月干 立年男女 中心星
1	46己 1甲8−2+偏財	17庚 2乙9−1+印綬	46己 3丙1+8−正官	17庚 4丁1+9−正財	47庚 5戊1+9−偏印	18辛 6己2+9−正官	48辛 7庚2+8−偏官	19壬 8辛2+8−正官	50癸 9壬2+8−印綬	20癸10癸2+8−偏印	51甲11甲2+8−偏財	21甲12乙2+8−偏印
2	47庚 1甲8−1+傷官	18辛 2乙9−1+偏印	47庚 3丙1+9−偏財	18辛 4丁1+9−偏財	48辛 5戊1+9−印綬	19壬 6己1+9−偏財	49壬 7庚2+9−正財	20癸 8辛2+9−偏官	51甲 9壬2+9−偏官	21甲10癸2+8−正官	52乙11甲2+8−正財	22乙12乙2+8−印綬
3	48辛 1甲9−1+食神	19壬 2乙9−1+正官	48辛 3丙1+9−正財	19壬 4丁1+0−傷官	49壬 5戊1+9−偏官	20癸 6己1+0−正財	50癸 7庚1+9−偏財	21甲 8辛1+9−正財	52乙 9壬1+9−正官	22乙10癸2+9−偏官	53丙11甲1+9−食神	23丙12乙1+9−偏官
4	49壬 1甲9−1+劫財	20癸 2乙0−1+偏官	49壬 3丙1+9−食神	20癸 4丁1+0−食神	50癸 5戊1+0−正官	21甲 6己1+0−食神	51甲 7庚1+9−傷官	22乙 8辛1+9−偏財	53丙 9壬1+9−偏財	23丙10癸1+9−正財	54丁11甲1+9−傷官	24丁12乙1+9−正官
5	50癸 1甲9−1+比肩	21甲 3丙0+1−偏財	50癸 4丁0+1−食神	21甲 5戊0+1−劫財	51甲 6己0+1−偏財	22乙 6己1+0−傷官	52乙 7庚1+0−食神	23丙 8辛1+0−傷官	54丁 9壬1+0−正財	24丁10癸1+9−偏財	55戊11甲1+9−比肩	25戊12乙1+9−偏財
6	51甲 2乙1−0+印綬	22乙 3丙9+1−正財	51甲 4丁0+1−劫財	22乙 5戊0+1−比肩	52乙 6己0+1−正財	23丙 7庚0+1−傷官	53丙 7庚1+0−劫財	24丁 8辛1+0−食神	55戊 9壬1+0−食神	25戊10癸1+0−傷官	56己11甲1+0−劫財	26己12乙1+0−正財
7	52乙 2乙1−0+偏印	23丙 3丙9+1−食神	52乙 4丁0+1−比肩	23丙 5戊9+1−印綬	53丙 6己0+1−食神	24丁 7庚0+1−食神	54丁 8辛0+1−比肩	25戊 9壬0+1−比肩	56己10癸0+1−食神	26己10癸1+0−食神	57庚12乙0+1−偏財	27庚13丙0+1−傷官
8	53丙 2乙1−9+正官	24丁 3丙9+1−傷官	53丙 4丁9+1−印綬	24丁 5戊9+1−偏印	54丁 6己0+1−傷官	25戊 7庚0+1−劫財	55戊 8辛0+1−印綬	26己 9壬0+1−劫財	57庚10癸0+1−劫財	27庚11甲0+1−劫財	58辛12乙0+1−正財	28辛13丙9+1−食神
9	54丁 2乙1−9+偏官	25戊 3丙8+1−比肩	54丁 4丁9+1−偏印	25戊 5戊9+1−正官	55戊 6己9+1−比肩	26己 7庚9+1−比肩	56己 8辛0+1−偏印	27庚 9壬0+1−偏印	58辛10癸0+1−比肩	28辛11甲0+1−比肩	59壬12乙9+1−食神	29壬13丙9+1−劫財
10	55戊 2乙1−9+正財	26己 3丙8+2−劫財	55戊 4丁9+2−正官	26己 5戊8+2−偏官	56己 6己9+2−劫財	27庚 7庚9+1−印綬	57庚 8辛9+1−正官	28辛 9壬9+1−印綬	59壬10癸9+1−印綬	29壬11甲9+1−印綬	60癸12乙9+1−傷官	30癸13丙9+1−比肩
11	56己 2乙2−8+偏財	27庚 3丙8+2−偏印	56己 4丁8+2−偏官	27庚 5戊8+2−正財	57庚 6己9+2−比肩	28辛 7庚9+2−偏印	58辛 8辛9+1−偏官	29壬 9壬9+1−偏官	60癸10癸9+1−偏印	30癸11甲9+1−偏印	1甲12乙9+1−比肩	31甲13丙8+1−印綬
12	57庚 2乙2−8+傷官	28辛 3丙7+2−印綬	57庚 4丁8+2−正財	28辛 5戊8+2−偏財	58辛 6己8+2−劫財	29壬 7庚8+2−正官	59壬 8辛9+2−正財	30癸 9壬9+2−偏官	1甲10癸9+2−正官	31甲11甲9+1−正官	2乙12乙8+2−劫財	32乙13丙8+2−偏印
13	58辛 2乙2−8+食神	29壬 3丙7+3−偏財	58辛 4丁8+3−偏財	29壬 5戊7+3−傷官	59壬 6己8+3−偏印	30癸 7庚8+2−偏官	60癸 8辛8+2−偏財	31甲 9壬8+2−偏財	2乙10癸8+2−偏官	32乙11甲8+2−偏官	3丙12乙8+2−偏印	33丙13丙8+2−正官
14	59壬 2乙3−7+劫財	30癸 3丙7+3−正財	59壬 4丁7+3−傷官	30癸 5戊7+3−食神	60癸 6己8+3−印綬	31甲 7庚8+3−正財	1甲 8辛8+2−傷官	32乙 9壬8+2−正財	3丙10癸8+2−正財	33丙11甲8+2−正財	4丁12乙8+2−印綬	34丁13丙7+2−偏官
15	60癸 2乙3−7+比肩	31甲 3丙6+3−食神	60癸 4丁7+3−食神	31甲 5戊7+3−印綬	1甲 6己7+3−偏官	32乙 7庚7+3−偏財	2乙 8辛8+3−食神	33丙 9壬8+3−食神	4丁10癸8+3−偏財	34丁11甲8+2−偏財	5戊12乙7+3−偏官	35戊13丙7+3−正財
16	1甲 2乙3−7+正官	32乙 3丙6+4−傷官	1甲 4丁7+4−劫財	32乙 5戊6+4−偏印	2乙 6己7+4−正官	33丙 7庚7+3−傷官	3丙 8辛7+3−劫財	34丁 9壬7+3−傷官	5戊10癸7+3−傷官	35戊11甲7+3−傷官	6己12乙7+3−正官	36己13丙7+3−偏財
17	2乙 2乙4−6+傷官	33丙 3丙6+4−比肩	2乙 4丁6+4−比肩	33丙 5戊6+4−正官	3丙 6己7+4−偏財	34丁 7庚7+4−食神	4丁 8辛7+3−偏印	35戊 9壬7+3−比肩	6己10癸7+3−食神	36己11甲7+3−食神	7庚12乙7+3−偏財	37庚13丙6+3−傷官
18	3丙 2乙4−6+正財	34丁 3丙5+4−劫財	3丙 4丁6+4−印綬	34丁 5戊6+4−傷官	4丁 6己6+4−正財	35戊 7庚6+4−劫財	5戊 8辛7+4−正官	36己 9壬7+4−正財	7庚10癸7+4−劫財	37庚11甲7+3−正官	8辛12乙6+4−正財	38辛13丙6+4−食神
19	4丁 2乙4−6+食神	35戊 3丙5+5−偏印	4丁 4丁6+5−偏印	35戊 5戊5+5−比肩	5戊 6己6+5−食神	36己 7庚6+4−比肩	6己 8辛6+4−偏官	37庚 9壬6+4−食神	8辛10癸6+4−比肩	38辛11甲6+4−偏官	9壬12乙6+4−食神	39壬13丙6+4−劫財
20	5戊 2乙5−5+劫財	36己 3丙5+5−正官	5戊 4丁5+5−正官	36己 5戊5+5−劫財	6己 6己6+5−印綬	37庚 7庚6+5−印綬	7庚 8辛6+4−印綬	38辛 9壬6+4−傷官	9壬10癸6+4−印綬	39壬11甲6+4−正財	10癸12乙6+4−劫財	40癸13丙5+4−比肩
21	6己 2乙5−5+比肩	37庚 3丙4+5−偏財	6己 4丁5+5−偏官	37庚 5戊5+5−偏印	7庚 6己5+5−偏官	38辛 7庚5+5−偏印	8辛 8辛6+5−偏印	39壬 9壬6+5−偏印	10癸10癸6+5−偏印	40癸11甲6+4−正官	11甲12乙5+5−偏印	41甲13丙5+5−印綬
22	7庚 2乙5−5+印綬	38辛 3丙4+6−正財	7庚 4丁5+6−正財	38辛 5戊4+6−印綬	8辛 6己5+6−正官	39壬 7庚5+5−正官	9壬 8辛5+5−正官	40癸 9壬5+5−印綬	11甲10癸5+5−正官	41甲11甲5+5−偏財	12乙12乙5+5−印綬	42乙13丙5+5−偏印
23	8辛 2乙6−4+偏印	39壬 3丙4+6−食神	8辛 4丁4+6−偏財	39壬 5戊4+6−偏官	9壬 6己5+6−偏財	40癸 7庚5+6−偏官	10癸 8辛5+5−偏官	41甲 9壬5+5−偏官	12乙10癸5+5−偏官	42乙11甲5+5−正財	13丙12乙5+5−偏官	43丙13丙4+5−正官
24	9壬 2乙6−4+正官	40癸 3丙3+6−傷官	9壬 4丁4+6−傷官	40癸 5戊4+6−正官	10癸 6己4+6−正財	41甲 7庚4+6−正財	11甲 8辛5+6−正財	42乙 9壬5+6−正官	13丙10癸5+6−正財	43丙11甲5+5−食神	14丁12乙4+6−正官	44丁13丙4+6−偏官
25	10癸 2乙6−4+偏官	41甲 3丙3+7−比肩	10癸 4丁4+7−食神	41甲 5戊3+7−偏財	11甲 6己4+7−食神	42乙 7庚4+6−偏財	12乙 8辛4+6−偏財	43丙 9壬4+6−偏財	14丁10癸4+6−偏財	44丁11甲4+6−傷官	15戊12乙4+6−偏財	45戊13丙4+6−正財
26	11甲 2乙7−3+正財	42乙 3丙3+7−劫財	11甲 4丁3+7−劫財	42乙 5戊3+7−正財	12乙 6己4+7−傷官	43丙 7庚4+7−劫財	13丙 8辛4+6−傷官	44丁 9壬4+6−正財	15戊10癸4+6−傷官	45戊11甲4+6−比肩	16己12乙4+6−正財	46己13丙3+6−偏財
27	12乙 2乙7−3+偏財	43丙 3丙2+7−偏印	12乙 4丁3+7−比肩	43丙 5戊3+7−食神	13丙 6己3+7−比肩	44丁 7庚3+7−比肩	14丁 8辛4+7−食神	45戊 9壬4+7−食神	16己10癸4+7−食神	46己11甲4+6−劫財	17庚12乙3+7−食神	47庚13丙3+7−傷官
28	13丙 2乙7−3+傷官	44丁 3丙2+8−印綬	13丙 4丁3+8−印綬	44丁 5戊2+8−傷官	14丁 6己3+8−劫財	45戊 7庚3+7−印綬	15戊 8辛3+7−劫財	46己 9壬3+7−傷官	17庚10癸3+7−劫財	47庚11甲3+7−偏印	18辛12乙3+7−傷官	48辛13丙3+7−食神
29	14丁 2乙8−2+食神	45戊 3丙2+8−偏官	14丁 4丁2+8−偏印	45戊 5戊2+8−比肩	15戊 6己3+8−偏印	46己 7庚3+8−偏印	16己 8辛3+7−比肩	47庚 9壬3+7−比肩	18辛10癸3+7−比肩	48辛11甲3+7−印綬	19壬12乙3+7−比肩	49壬13丙2+7−劫財
30	15戊 2乙8−2+劫財		15戊 4丁2+8−正官	46己 5戊2+8−劫財	16己 6己2+8−印綬	47庚 7庚2+8−正官	17庚 8辛3+8−印綬	48辛 9壬3+8−劫財	19壬10癸3+8−印綬	49壬11甲3+7−偏官	20癸12乙2+8−劫財	50癸13丙2+8−比肩
31	16己 2乙8−2+比肩		16己 4丁2+9−偏官		17庚 6己2+9−偏官		18辛 8辛2+8−偏印	49壬 9壬2+8−偏印		50癸11甲2+8−正官		51甲13丙2+8−印綬

1965年（昭和40年）生まれ　年干：42乙（2/4～翌年2/3まで）

	1月	2月	3月	4月	5月	6月	7月	8月	9月	10月	11月	12月
日	日干 月干 立年男女 中心星	日干 月干 立年男女 中心星	日干 月干 立年男女 中心星	日干 月干 立年男女 中心星	日干 月干 立年男女 中心星	日干 月干 立年男女 中心星	日干 月干 立年男女 中心星	日干 月干 立年男女 中心星	日干 月干 立年男女 中心星	日干 月干 立年男女 中心星	日干 月干 立年男女 中心星	日干 月干 立年男女 中心星
1	52乙13丙1+8−偏印	23丙14丁1+9−傷官	51甲15戊8−2+比肩	22乙16己9−1+比肩	52乙17庚9−2+正財	23丙18辛9−2+比肩	53丙19壬8−2+劫財	24丁20癸8−2+食神	55戊21甲8−2+食神	25戊22乙8−2+傷官	56己23丙8−2+劫財	26己24丁8−2+正財
2	53丙13丙1+9−正官	24丁14丁1+9−食神	52乙15戊9−1+劫財	23丙16己9−1+印綬	53丙17庚9−1+食神	24丁18辛9−1+劫財	54丁19壬9−2+比肩	25戊20癸9−2+劫財	56己21甲8−2+傷官	26己22乙8−2+食神	57庚23丙8−2+偏印	27庚24丁8−2+食神
3	54丁13丙1+9−偏官	25戊14丁1+0−劫財	53丙15戊9−1+偏印	24丁16己9−1+偏印	54丁17庚9−1+傷官	25戊18辛9−1+偏印	55戊19壬9−1+印綬	26己20癸9−2+比肩	57庚21甲9−2+比肩	27庚22乙8−2+劫財	58辛23丙9−2+印綬	28辛24丁8−1+傷官
4	55戊13丙1+9−正財	26己15戊1−0+劫財	54丁15戊9−1+印綬	25戊16己0−1+正官	55戊17庚0−1+比肩	26己18辛0−1+印綬	56己19壬9−1+偏印	27庚20癸9−1+印綬	58辛21甲9−1+劫財	28辛22乙9−1+比肩	59壬23丙9−1+偏官	29壬24丁9−1+比肩
5	56己14丁0+1−偏財	27庚15戊1−0+偏印	55戊15戊0−1+偏官	26己17庚1−0+偏官	56己17庚0−1+劫財	27庚18辛0−1+偏官	57庚19壬0−1+正官	28辛20癸0−1+偏印	59壬21甲9−1+偏印	29壬22乙9−1+印綬	60癸23丙9−1+正官	30癸24丁9−1+劫財
6	57庚14丁0+1−傷官	28辛15戊1−9+印綬	56己16己1−0+偏官	27庚17庚1−0+正財	57庚18辛1−0+偏印	28辛19壬1−0+偏印	58辛19壬0−1+偏官	29壬20癸0−1+正官	60癸21甲0−1+印綬	30癸22乙9−1+偏印	1甲23丙0−1+偏財	31甲24丁9−1+偏印
7	58辛14丁9+1−食神	29壬15戊1−9+偏官	57庚16己1−0+正財	28辛17庚1−0+偏財	58辛18辛1−0+印綬	29壬19壬1−0+正官	59壬20癸1−0+正財	30癸20癸0−1+偏官	1甲21甲0−1+偏官	31甲22乙0−1+正官	2乙23丙0−1+正財	32乙25戊1−0+偏印
8	59壬14丁9+1−劫財	30癸15戊1−9+正官	58辛16己1−9+偏財	29壬17庚1−9+傷官	59壬18辛1−0+偏官	30癸19壬1−0+偏官	60癸20癸1−0+偏財	31甲21甲1−0+偏財	2乙22乙1−0+偏官	32乙23丙1−0+偏官	3丙24丁1−0+偏印	33丙25戊1−0+正官
9	60癸14丁9+1−比肩	31甲15戊2−8+偏財	59壬16己1−9+傷官	30癸17庚1−9+食神	60癸18辛1−9+正官	31甲19壬1−9+正財	1甲20癸1−0+傷官	32乙21甲1−0+正財	3丙22乙1−0+正財	33丙23丙1−0+正財	4丁24丁1−9+印綬	34丁25戊1−9+偏官
10	1甲14丁8+2−印綬	32乙15戊2−8+正財	60癸16己1−9+食神	31甲17庚2−9+劫財	1甲18辛1−9+偏財	32乙19壬1−9+偏財	2乙20癸1−0+食神	33丙21甲1−0+食神	4丁22乙1−9+偏財	34丁23丙1−0+偏財	5戊24丁1−9+偏官	35戊25戊1−9+正財
11	2乙14丁8+2−偏印	33丙15戊2−8+食神	1甲16己2−8+劫財	32乙17庚2−8+比肩	2乙18辛2−9+正財	33丙19壬2−9+傷官	3丙20癸1−9+劫財	34丁21甲1−9+傷官	5戊22乙1−9+傷官	35戊23丙1−9+傷官	6己24丁1−9+正官	36己25戊1−9+偏財
12	3丙14丁8+2−正官	34丁15戊3−7+劫財	2乙16己2−8+比肩	33丙17庚2−8+印綬	3丙18辛2−8+偏財	34丁19壬2−8+食神	4丁20癸2−9+比肩	35戊21甲1−9+比肩	6己22乙1−9+食神	36己23丙1−9+食神	7庚24丁1−8+偏財	37庚25戊2−8+傷官
13	4丁14丁7+3−偏官	35戊15戊3−7+偏印	3丙16己2−8+印綬	34丁17庚3−8+偏印	4丁18辛2−8+正財	35戊19壬2−8+劫財	5戊20癸2−9+印綬	36己21甲2−9+劫財	7庚22乙2−8+劫財	37庚23丙2−9+劫財	8辛24丁2−8+正財	38辛25戊2−8+食神
14	5戊14丁7+3−正財	36己15戊3−7+印綬	4丁16己3−7+偏印	35戊17庚3−7+正官	5戊18辛3−8+食神	36己19壬3−8+比肩	6己20癸2−8+偏印	37庚21甲2−8+偏印	8辛22乙2−8+比肩	38辛23丙2−8+比肩	9壬24丁2−8+食神	39壬25戊2−8+劫財
15	6己14丁7+3−食神	37庚15戊4−6+偏官	5戊16己3−7+正官	36己17庚3−7+偏財	6己18辛3−7+傷官	37庚19壬3−7+印綬	7庚20癸3−8+正官	38辛21甲2−8+印綬	9壬22乙2−8+印綬	39壬23丙2−8+印綬	10癸24丁2−7+傷官	40癸25戊3−7+比肩
16	7庚14丁6+4−劫財	38辛15戊4−6+正官	6己16己3−7+偏官	37庚17庚4−7+傷官	7庚18辛3−7+比肩	38辛19壬3−7+偏印	8辛20癸3−8+偏官	39壬21甲3−8+偏官	10癸22乙3−7+偏印	40癸23丙3−8+偏印	11甲24丁3−7+比肩	41甲25戊3−7+印綬
17	8辛14丁6+4−比肩	39壬15戊4−6+偏財	7庚16己4−6+正財	38辛17庚4−6+食神	8辛18辛4−7+劫財	39壬19壬4−7+正官	9壬20癸3−7+傷官	40癸21甲3−7+正官	11甲22乙3−7+正官	41甲23丙3−7+正官	12乙24丁3−7+劫財	42乙25戊3−7+偏印
18	9壬14丁6+4−正官	40癸15戊5−5+正財	8辛16己4−6+偏財	39壬17庚4−6+傷官	9壬18辛4−6+偏印	40癸19壬4−6+偏官	10癸20癸4−7+食神	41甲21甲3−7+偏財	12乙22乙3−7+偏官	42乙23丙3−7+食神	13丙24丁3−6+偏印	43丙25戊4−6+正官
19	10癸14丁5+5−偏官	41甲15戊5−5+比肩	9壬16己4−6+傷官	40癸17庚5−6+正官	10癸18辛4−6+印綬	41甲19壬4−6+正財	11甲20癸4−7+劫財	42乙21甲4−7+印綬	13丙22乙4−6+正財	43丙23丙4−7+劫財	14丁24丁4−6+印綬	44丁25戊4−6+偏官
20	11甲14丁5+5−正財	42乙15戊5−5+劫財	10癸16己5−5+食神	41甲17庚5−5+偏財	11甲18辛5−6+偏官	42乙19壬5−6+偏財	12乙20癸4−6+偏財	43丙21甲4−6+偏官	14丁22乙4−6+偏財	44丁23丙4−6+比肩	15戊24丁4−6+偏官	45戊25戊4−6+正財
21	12乙14丁5+5−偏財	43丙15戊6−4+偏印	11甲16己5−5+劫財	42乙17庚5−5+正財	12乙18辛5−5+傷官	43丙19壬5−5+傷官	13丙20癸5−6+偏官	44丁21甲4−6+正官	15戊22乙4−6+傷官	45戊23丙4−6+比肩	16己24丁4−5+正財	46己25戊5−5+偏財
22	13丙14丁4+6−傷官	44丁15戊6−4+印綬	12乙16己5−5+比肩	43丙17庚6−5+食神	13丙18辛5−5+比肩	44丁19壬5−5+食神	14丁20癸5−6+食神	45戊21甲5−6+食神	16己22乙5−5+食神	46己23丙5−6+劫財	17庚24丁5−5+食神	47庚25戊5−5+傷官
23	14丁14丁4+6−食神	45戊15戊6−4+偏官	13丙16己6−4+印綬	44丁17庚6−4+傷官	14丁18辛6−5+劫財	45戊19壬6−5+劫財	15戊20癸5−5+劫財	46己21甲5−5+傷官	17庚22乙5−5+劫財	47庚23丙5−5+偏印	18辛24丁5−5+傷官	48辛25戊5−5+食神
24	15戊14丁4+6−劫財	46己15戊7−3+正官	14丁16己6−4+偏印	45戊17庚6−4+比肩	15戊18辛6−4+偏印	46己19壬6−4+比肩	16己20癸6−5+比肩	47庚21甲5−5+比肩	18辛22乙5−5+比肩	48辛23丙5−5+印綬	19壬24丁5−4+比肩	49壬25戊6−4+劫財
25	16己14丁3+7−比肩	47庚15戊7−3+偏財	15戊16己6−4+正官	46己17庚7−4+劫財	16己18辛6−4+印綬	47庚19壬6−4+印綬	17庚20癸6−5+印綬	48辛21甲6−5+劫財	19壬22乙6−4+印綬	49壬23丙6−5+偏官	20癸24丁6−4+劫財	50癸25戊6−4+比肩
26	17庚14丁3+7−印綬	48辛15戊7−3+正財	16己16己7−3+偏官	47庚17庚7−3+偏印	17庚18辛7−4+傷官	48辛19壬7−4+偏官	18辛20癸6−4+偏印	49壬21甲6−4+偏印	20癸22乙6−4+偏印	50癸23丙6−4+正官	21甲24丁6−4+偏印	51甲25戊6−4+印綬
27	18辛14丁3+7−偏印	49壬15戊8−2+食神	17庚16己7−3+正財	48辛17庚7−3+印綬	18辛18辛7−3+正官	49壬19壬7−3+正財	19壬20癸7−4+正官	50癸21甲6−4+印綬	21甲22乙6−4+正官	51甲23丙6−4+偏財	22乙24丁6−3+印綬	52乙25戊7−3+偏印
28	19壬14丁2+8−正官	50癸15戊8−2+傷官	18辛16己7−3+偏財	49壬17庚8−3+偏官	19壬18辛7−3+偏財	50癸19壬7−3+偏財	20癸20癸7−4+偏官	51甲21甲7−4+偏官	22乙22乙7−3+偏官	52乙23丙7−4+正財	23丙24丁7−3+偏官	53丙25戊7−3+正官
29	20癸14丁2+8−偏官		19壬16己8−2+傷官	50癸17庚8−2+正官	20癸18辛8−3+正財	51甲19壬8−3+傷官	21甲20癸7−3+正財	52乙21甲7−3+正官	23丙22乙7−3+正財	53丙23丙7−3+食神	24丁24丁7−3+正官	54丁25戊7−3+偏官
30	21甲14丁2+8−正財		20癸16己8−2+食神	51甲17庚8−2+偏財	21甲18辛8−2+食神	52乙19壬8−2+食神	22乙20癸8−3+偏財	53丙21甲7−3+偏財	24丁22乙7−3+偏財	54丁23丙7−3+傷官	25戊24丁7−2+偏財	55戊25戊8−2+正財
31	22乙14丁1+9−偏財		21甲16己8−2+劫財		22乙18辛8−2+傷官		23丙20癸8−3+傷官	54丁21甲8−3+正財		55戊23丙8−3+比肩		56己25戊8−2+偏財

1966年（昭和41年）生まれ　年干：43丙（2/4～翌年2/3まで）

	1月	2月	3月	4月	5月	6月	7月	8月	9月	10月	11月	12月
日	日干 月干 立年(男 女) 中心星	日干 月干 立年(男 女) 中心星	日干 月干 立年(男 女) 中心星	日干 月干 立年(男 女) 中心星	日干 月干 立年(男 女) 中心星	日干 月干 立年(男 女) 中心星	日干 月干 立年(男 女) 中心星	日干 月干 立年(男 女) 中心星	日干 月干 立年(男 女) 中心星	日干 月干 立年(男 女) 中心星	日干 月干 立年(男 女) 中心星	日干 月干 立年(男 女) 中心星
1	57庚25戊8－2+傷官	28辛26己9－1+偏印	56己27庚2+8－正官	27庚28辛1+9－正財	57庚29壬2+9－偏印	28辛30癸2+9－正官	58辛31甲2+8－偏官	29壬32乙2+8－正官	60癸33丙2+8－印綬	30癸34丁3+8－偏印	1甲35戊2+8－偏財	31甲36己2+8－偏印
2	58辛25戊9－1+食神	29壬26己9－1+正官	57庚27庚1+9－偏財	28辛28辛1+9－偏財	58辛29壬1+9－印綬	29壬30癸1+9－偏財	59壬31甲2+9－正財	30癸32乙2+9－偏官	1甲33丙2+8－偏官	31甲34丁2+8－正官	2乙35戊2+8－正財	32乙36己2+8－印綬
3	59壬25戊9－1+劫財	30癸26己9－1+偏官	58辛27庚1+9－正財	29壬28辛1+9－傷官	59壬29壬1+9－偏官	30癸30癸1+9－正財	60癸31甲1+9－偏財	31甲32乙2+9－正財	2乙33丙2+9－正官	32乙34丁2+8－偏官	3丙35戊2+8－食神	33丙36己1+8－偏官
4	60癸25戊9－1+比肩	31甲27庚0+1－偏財	59壬27庚1+9－食神	30癸28辛1+0－食神	60癸29壬1+0－正官	31甲30癸1+0－食神	1甲31甲1+9－傷官	32乙32乙1+9－偏財	3丙33丙1+9－偏財	33丙34丁2+9－正財	4丁35戊1+9－傷官	34丁36己1+9－正官
5	1甲25戊0－1+印綬	32乙27庚0+1－正財	60癸27庚1+0－傷官	31甲29壬0+1－劫財	1甲29壬1+0－偏財	32乙30癸1+0－傷官	2乙31甲1+0－食神	33丙32乙1+0－傷官	4丁33丙1+9－正財	34丁34丁1+9－偏財	5戊35戊1+9－比肩	35戊36己1+9－偏財
6	2乙26己1－0+偏印	33丙27庚9+1－食神	1甲28辛0+1－劫財	32乙29壬0+1－比肩	2乙30癸0+1－正財	33丙31甲0+1－傷官	3丙31甲1+0－劫財	34丁32乙1+0－食神	5戊33丙1+0－食神	35戊34丁1+9－傷官	6己35戊1+9－劫財	36己36己1+9－正財
7	3丙26己1－9+正官	34丁27庚9+1－傷官	2乙28辛0+1－比肩	33丙29壬0+1－印綬	3丙30癸0+1－食神	34丁31甲0+1－食神	4丁32乙0+1－比肩	35戊32乙1+0－劫財	6己33丙1+0－傷官	36己34丁1+0－食神	7庚35戊1+0－偏印	37庚37庚0+1－傷官
8	4丁26己1－9+偏官	35戊27庚9+1－比肩	3丙28辛9+1－印綬	34丁29壬9+1－偏印	4丁30癸0+1－傷官	35戊31甲0+1－劫財	5戊32乙0+1－印綬	36己33丙0+1－劫財	7庚34丁0+1－劫財	37庚34丁1+0－劫財	8辛36己0+1－正財	38辛37庚0+1－食神
9	5戊26己1－9+正財	36己27庚8+2－劫財	4丁28辛9+1－偏印	35戊29壬9+1－正官	5戊30癸9+1－比肩	36己31甲9+1－比肩	6己32乙0+1－偏印	37庚33丙0+1－偏印	8辛34丁0+1－比肩	38辛35戊0+1－比肩	9壬36己9+1－食神	39壬37庚9+1－劫財
10	6己26己1－8+偏財	37庚27庚8+2－偏印	5戊28辛9+1－正官	36己29壬9+2－偏官	6己30癸9+1－劫財	37庚31甲9+1－印綬	7庚32乙0+1－正官	38辛33丙0+1－印綬	9壬34丁0+1－印綬	39壬35戊0+1－印綬	10癸36己9+1－傷官	40癸37庚9+1－比肩
11	7庚26己2－8+傷官	38辛27庚8+2－印綬	6己28辛8+2－偏官	37庚29壬8+2－正財	7庚30癸9+2－偏印	38辛31甲9+2－偏印	8辛32乙9+1－偏官	39壬33丙9+1－偏官	10癸34丁9+1－偏印	40癸35戊9+1－偏印	11甲36己9+1－比肩	41甲37庚9+1－印綬
12	8辛26己2－8+食神	39壬27庚7+3－偏財	7庚28辛8+2－正財	38辛29壬8+2－偏財	8辛30癸8+2－劫財	39壬31甲8+2－正官	9壬32乙9+2－正財	40癸33丙9+1－正官	11甲34丁9+1－正官	41甲35戊9+1－正官	12乙36己8+1－劫財	42乙37庚8+2－偏印
13	9壬26己2－7+劫財	40癸27庚7+3－正財	8辛28辛8+2－偏財	39壬29壬8+3－傷官	9壬30癸8+2－偏印	40癸31甲8+2－偏官	10癸32乙9+2－偏財	41甲33丙9+2－偏財	12乙34丁9+2－偏官	42乙35戊9+1－偏官	13丙36己8+2－偏印	43丙37庚8+2－正官
14	10癸26己3－7+比肩	41甲27庚7+3－食神	9壬28辛7+3－傷官	40癸29壬7+3－食神	10癸30癸8+3－印綬	41甲31甲8+3－正財	11甲32乙8+2－傷官	42乙33丙8+2－正財	13丙34丁8+2－正財	43丙35戊8+2－正財	14丁36己8+2－印綬	44丁37庚8+2－偏官
15	11甲26己3－7+印綬	42乙27庚6+4－傷官	10癸28辛7+3－食神	41甲29壬7+3－印綬	11甲30癸7+3－偏官	42乙31甲7+3－偏財	12乙32乙8+3－食神	43丙33丙8+2－食神	14丁34丁8+2－偏財	44丁35戊8+2－偏財	15戊36己7+2－偏官	45戊37庚7+3－正財
16	12乙26己3－6+偏官	43丙27庚6+4－比肩	11甲28辛7+3－劫財	42乙29壬7+4－偏印	12乙30癸7+3－正官	43丙31甲7+3－傷官	13丙32乙8+3－劫財	44丁33丙8+3－傷官	15戊34丁8+3－傷官	45戊35戊8+2－傷官	16己36己7+3－正官	46己37庚7+3－偏財
17	13丙26己4－6+正財	44丁27庚6+4－劫財	12乙28辛6+4－比肩	43丙29壬6+4－正官	13丙30癸7+4－偏財	44丁31甲7+4－食神	14丁32乙7+3－偏印	45戊33丙7+3－比肩	16己34丁7+3－食神	46己35戊7+3－食神	17庚36己7+3－偏財	47庚37庚7+3－傷官
18	14丁26己4－6+偏財	45戊27庚5+5－偏印	13丙28辛6+4－印綬	44丁29壬6+4－傷官	14丁30癸6+4－正財	45戊31甲6+4－劫財	15戊32乙7+4－正官	46己33丙7+3－劫財	17庚34丁7+3－劫財	47庚35戊7+3－劫財	18辛36己6+3－正財	48辛37庚6+4－食神
19	15戊26己4－5+劫財	46己27庚5+5－正官	14丁28辛6+4－偏印	45戊29壬6+5－比肩	15戊30癸6+4－食神	46己31甲6+4－比肩	16己32乙7+4－偏官	47庚33丙7+4－食神	18辛34丁7+4－比肩	48辛35戊7+3－偏官	19壬36己6+4－食神	49壬37庚6+4－劫財
20	16己26己5－5+比肩	47庚27庚5+5－偏財	15戊28辛5+5－正官	46己29壬5+5－劫財	16己30癸6+5－傷官	47庚31甲6+5－印綬	17庚32乙6+4－印綬	48辛33丙6+4－傷官	19壬34丁6+4－印綬	49壬35戊6+4－正財	20癸36己6+4－傷官	50癸37庚6+4－比肩
21	17庚26己5－5+印綬	48辛27庚4+6－正財	16己28辛5+5－偏官	47庚29壬5+5－偏印	17庚30癸5+5－偏官	48辛31甲5+5－偏印	18辛32乙6+5－偏印	49壬33丙6+4－比肩	20癸34丁6+4－偏印	50癸35戊6+4－偏財	21甲36己5+4－偏印	51甲37庚5+5－印綬
22	18辛26己5－4+偏印	49壬27庚4+6－食神	17庚28辛5+5－正財	48辛29壬5+6－印綬	18辛30癸5+5－正官	49壬31甲5+5－正官	19壬32乙6+5－正官	50癸33丙6+5－印綬	21甲34丁6+5－正官	51甲35戊6+4－偏財	22乙36己5+5－印綬	52乙37庚5+5－偏印
23	19壬26己6－4+正官	50癸27庚4+6－傷官	18辛28辛4+6－偏財	49壬29壬4+6－偏官	19壬30癸5+6－偏財	50癸31甲5+6－偏官	20癸32乙5+5－偏官	51甲33丙5+5－偏官	22乙34丁5+5－偏官	52乙35戊5+5－正財	23丙36己5+5－偏官	53丙37庚5+5－正官
24	20癸26己6－4+偏官	51甲27庚3+7－比肩	19壬28辛4+6－傷官	50癸29壬4+6－正官	20癸30癸4+6－正財	51甲31甲4+6－正財	21甲32乙5+6－正財	52乙33丙5+5－正官	23丙34丁5+5－正財	53丙35戊5+5－食神	24丁36己4+5－正官	54丁37庚4+6－偏官
25	21甲26己6－3+正財	52乙27庚3+7－劫財	20癸28辛4+6－食神	51甲29壬4+7－偏財	21甲30癸4+6－食神	52乙31甲4+6－偏財	22乙32乙5+6－偏財	53丙33丙5+6－偏財	24丁34丁5+6－偏財	54丁35戊5+5－傷官	25戊36己4+6－偏財	55戊37庚4+6－正財
26	22乙26己7－3+偏財	53丙27庚3+7－偏印	21甲28辛3+7－劫財	52乙29壬3+7－正財	22乙30癸4+7－傷官	53丙31甲4+7－劫財	23丙32乙4+6－傷官	54丁33丙4+6－正財	25戊34丁4+6－傷官	55戊35戊4+6－比肩	26己36己4+6－正財	56己37庚4+6－偏財
27	23丙26己7－3+傷官	54丁27庚2+8－印綬	22乙28辛3+7－比肩	53丙29壬3+7－食神	23丙30癸3+7－比肩	54丁31甲3+7－比肩	24丁32乙4+7－食神	55戊33丙4+6－食神	26己34丁4+6－食神	56己35戊4+6－劫財	27庚36己3+6－食神	57庚37庚3+7－傷官
28	24丁26己7－2+食神	55戊27庚2+8－偏官	23丙28辛3+7－印綬	54丁29壬3+8－傷官	24丁30癸3+7－劫財	55戊31甲3+7－印綬	25戊32乙4+7－劫財	56己33丙4+7－傷官	27庚34丁4+7－劫財	57庚35戊4+6－偏印	28辛36己3+7－傷官	58辛37庚3+7－食神
29	25戊26己8－2+劫財		24丁28辛2+8－偏印	55戊29壬2+8－比肩	25戊30癸3+8－偏印	56己31甲3+8－偏印	26己32乙3+7－比肩	57庚33丙3+7－比肩	28辛34丁3+7－比肩	58辛35戊3+7－印綬	29壬36己3+7－比肩	59壬37庚3+7－劫財
30	26己26己8－2+比肩		25戊28辛2+8－正官	56己29壬2+8－劫財	26己30癸2+8－印綬	57庚31甲2+8－正官	27庚32乙3+8－印綬	58辛33丙3+7－劫財	29壬34丁3+7－印綬	59壬35戊3+7－偏官	30癸36己2+7－劫財	60癸37庚2+8－比肩
31	27庚26己8－1+印綬		26己28辛2+8－偏官		27庚30癸2+8－偏官		28辛32乙3+8－偏印	59壬33丙3+8－偏印		60癸35戊3+7－正官		1甲37庚2+8－印綬

1967年（昭和42年）生まれ　年干：44 丁（2/4～翌年2/4まで）

日	1月	2月	3月	4月	5月	6月	7月	8月	9月	10月	11月	12月
	日干 月干 立年 男 女 中心星	日干 月干 立年 男 女 中心星	日干 月干 立年 男 女 中心星	日干 月干 立年 男 女 中心星	日干 月干 立年 男 女 中心星	日干 月干 立年 男 女 中心星	日干 月干 立年 男 女 中心星	日干 月干 立年 男 女 中心星	日干 月干 立年 男 女 中心星	日干 月干 立年 男 女 中心星	日干 月干 立年 男 女 中心星	日干 月干 立年 男 女 中心星
1	2乙37庚2+8－偏印	33丙38辛1+9－傷官	1甲39壬8－2+比肩	32乙40癸9－1+比肩	2乙41甲9－2+正財	33丙42乙9－2+比肩	3丙43丙8－2+劫財	34丁44丁8－2+食神	5戊45戊8－2+食神	35戊46己8－3+傷官	6己47庚8－2+劫財	36己48辛8－2+正財
2	3丙37庚1+9－正官	34丁38辛1+9－食神	2乙39壬9－1+劫財	33丙40癸9－1+印綬	3丙41甲9－1+食神	34丁42乙9－1+劫財	4丁43丙9－2+比肩	35戊44丁8－2+劫財	6己45戊8－2+傷官	36己46己8－2+食神	7庚47庚8－2+偏印	37庚48辛8－2+食神
3	4丁37庚1+9－偏官	35戊38辛1+9－劫財	3丙39壬9－1+偏印	34丁40癸9－1+偏印	4丁41甲9－1+傷官	35戊42乙9－1+偏印	5戊43丙9－2+印綬	36己44丁9－2+比肩	7庚45戊9－2+比肩	37庚46己8－2+劫財	8辛47庚8－2+印綬	38辛48辛8－2+傷官
4	5戊37庚1+9－正財	36己39壬1－0+劫財	4丁39壬9－1+印綬	35戊40癸0－1+正官	5戊41甲0－1+比肩	36己42乙0－1+印綬	6己43丙9－1+偏印	37庚44丁9－1+印綬	8辛45戊9－1+劫財	38辛46己9－2+比肩	9壬47庚9－1+偏官	39壬48辛9－1+比肩
5	6己37庚1+0－偏財	37庚39壬1－0+偏印	5戊39壬0－1+偏官	36己41甲1－0+偏官	6己41甲0－1+劫財	37庚42乙0－1+偏官	7庚43丙0－1+正官	38辛44丁9－1+偏印	9壬45戊9－1+偏印	39壬46己9－1+印綬	10癸47庚9－1+正官	40癸48辛9－1+劫財
6	7庚38辛0+1－傷官	38辛39壬1－9+印綬	6己40癸1－0+偏官	37庚41甲1－0+正財	7庚42乙1－0+偏印	38辛43丙1－0+偏印	8辛43丙0－1+偏官	39壬44丁0－1+正官	10癸45戊0－1+印綬	40癸46己9－1+偏印	11甲47庚9－1+偏財	41甲48辛9－1+偏印
7	8辛38辛9+1－食神	39壬39壬1－9+偏官	7庚40癸1－0+正財	38辛41甲1－0+偏財	8辛42乙1－0+印綬	39壬43丙1－0+正官	9壬43丙0－1+正財	40癸44丁0－1+偏官	11甲45戊0－1+偏官	41甲46己0－1+正官	12乙47庚0÷1+正財	42乙48辛0－1+印綬
8	9壬38辛9+1－劫財	40癸39壬1－9+正官	8辛40癸1－9+偏財	39壬41甲1－9+傷官	9壬42乙1－0+偏官	40癸43丙1－0+偏官	10癸44丁1－0+偏財	41甲45戊1－0+偏財	12乙46己1－0+偏官	42乙46己0－1+偏官	13丙48辛1－0+偏印	43丙49壬1－0+正官
9	10癸38辛9+1－比肩	41甲39壬2－8+偏財	9壬40癸1－9+傷官	40癸41甲1－9+食神	10癸42乙1－9+正官	41甲43丙1－0+正財	11甲44丁1－0+傷官	42乙45戊1－0+正財	13丙46己1－0+正財	43丙47庚1－0+正財	14丁48辛1－0+印綬	44丁49壬1－9+偏官
10	11甲38辛8+1－印綬	42乙39壬2－8+正財	10癸40癸1－9+食神	41甲41甲2－9+劫財	11甲42乙1－9+偏財	42乙43丙1－9+偏財	12乙44丁1－0+食神	43丙45戊1－0+食神	14丁46己1－0+偏財	44丁47庚1－0+偏財	15戊48辛1－9+偏官	45戊49壬1－9+正財
11	12乙38辛8+2－偏印	43丙39壬2－8+食神	11甲40癸2－8+劫財	42乙41甲2－8+比肩	12乙42乙2－9+正財	43丙43丙2－9+傷官	13丙44丁1－9+劫財	44丁45戊1－9+傷官	15戊46己1－9+傷官	45戊47庚1－9+傷官	16己48辛1－9+正官	46己49壬1－9+偏財
12	13丙38辛8+2－正官	44丁39壬3－7+劫財	12乙40癸2－8+比肩	43丙41甲2－8+印綬	13丙42乙2－8+偏財	44丁43丙2－9+食神	14丁44丁1－9+比肩	45戊45戊1－9+比肩	16己46己1－9+食神	46己47庚1－9+食神	17庚48辛1－9+偏財	47庚49壬1－8+傷官
13	14丁38辛7+2－偏官	45戊39壬3－7+偏印	13丙40癸2－8+印綬	44丁41甲3－8+偏印	14丁42乙2－8+正財	45戊43丙2－8+劫財	15戊44丁2－9+印綬	46己45戊2－9+劫財	17庚46己2－9+劫財	47庚47庚1－9+劫財	18辛48辛2－8+正財	48辛49壬2－8+食神
14	15戊38辛7+3－正財	46己39壬3－7+印綬	14丁40癸3－7+偏印	45戊41甲3－7+正官	15戊42乙3－8+食神	46己43丙3－8+比肩	16己44丁2－8+偏印	47庚45戊2－8+偏印	18辛46己2－8+比肩	48辛47庚2－8+比肩	19壬48辛2－8+食神	49壬49壬2－8+劫財
15	16己38辛7+3－偏財	47庚39壬4－6+偏官	15戊40癸3－7+正官	46己41甲3－7+偏財	16己42乙3－7+傷官	47庚43丙3－8+印綬	17庚44丁2－8+正官	48辛45戊2－8+印綬	19壬46己2－8+印綬	49壬47庚2－8+印綬	20癸48辛2－8+傷官	50癸49壬2－7+比肩
16	17庚38辛6+3－劫財	48辛39壬4－6+正官	16己40癸3－7+偏官	47庚41甲4－7+傷官	17庚42乙3－7+比肩	48辛43丙3－7+偏印	18辛44丁3－8+偏官	49壬45戊3－8+偏官	20癸46己3－8+偏印	50癸47庚2－8+偏印	21甲48辛3－7+比肩	51甲49壬3－7+印綬
17	18辛38辛6+4－比肩	49壬39壬4－6+偏財	17庚40癸4－6+正財	48辛41甲4－6+食神	18辛42乙4－7+劫財	49壬43丙4－7+正官	19壬44丁3－7+正財	50癸45戊3－7+正官	21甲46己3－7+正官	51甲47庚3－7+正官	22乙48辛3－7+劫財	52乙49壬3－7+偏印
18	19壬38辛6+4－印綬	50癸39壬5－5+正財	18辛40癸4－6+偏財	49壬41甲4－6+偏官	19壬42乙4－6+偏印	50癸43丙4－7+偏官	20癸44丁3－7+食神	51甲45戊3－7+偏財	22乙46己3－7+偏官	52乙47庚3－7+偏官	23丙48辛3－7+偏印	53丙49壬3－6+正官
19	20癸38辛5+4－偏官	51甲39壬5－5+比肩	19壬40癸4－6+傷官	50癸41甲5－6+正官	20癸42乙4－6+印綬	51甲43丙4－6+正財	21甲44丁4－7+劫財	52乙45戊4－7+印綬	23丙46己4－7+正財	53丙47庚3－7+劫財	24丁48辛4－6+印綬	54丁49壬4－6+偏官
20	21甲38辛5+5－正財	52乙39壬5－5+劫財	20癸40癸5－5+食神	51甲41甲5－5+偏財	21甲42乙5－6+偏官	52乙43丙5－6+偏財	22乙44丁4－6+比肩	53丙45戊4－6+偏官	24丁46己4－6+偏財	54丁47庚4－6+比肩	25戊48辛4－6+偏官	55戊49壬4－6+正財
21	22乙38辛5+5－偏財	53丙39壬6－4+偏印	21甲40癸5－5+劫財	52乙41甲5－5+正財	22乙42乙5－5+傷官	53丙43丙5－6+傷官	23丙44丁4－6+傷官	54丁45戊4－6+正官	25戊46己4－6+傷官	55戊47庚4－6+印綬	26己48辛4－6+正財	56己49壬4－5+偏財
22	23丙38辛4+5－傷官	54丁39壬6－4+印綬	22乙40癸5－5+比肩	53丙41甲6－5+食神	23丙42乙5－5+比肩	54丁43丙5－5+食神	24丁44丁5－6+食神	55戊45戊5－6+食神	26己46己5－6+食神	56己47庚4－6+劫財	27庚48辛5－5+食神	57庚49壬5－5+傷官
23	24丁38辛4+6－食神	55戊39壬6－4+偏官	23丙40癸6－4+印綬	54丁41甲6－4+傷官	24丁42乙6－5+劫財	55戊43丙6－5+劫財	25戊44丁5－5+劫財	56己45戊5－5+傷官	27庚46己5－5+劫財	57庚47庚5－5+偏印	28辛48辛5－5+傷官	58辛49壬5－5+食神
24	25戊38辛4+6－劫財	56己39壬7－3+正官	24丁40癸6－4+偏印	55戊41甲6－4+比肩	25戊42乙6－4+偏印	56己43丙6－5+比肩	26己44丁5－5+比肩	57庚45戊5－5+比肩	28辛46己5－5+比肩	58辛47庚5－5+印綬	29壬48辛5－5+比肩	59壬49壬5－4+劫財
25	26己38辛3+6－比肩	57庚39壬7－3+偏財	25戊40癸6－4+正官	56己41甲7－4+劫財	26己42乙6－4+印綬	57庚43丙6－4+印綬	27庚44丁6－5+印綬	58辛45戊6－5+劫財	29壬46己6－5+印綬	59壬47庚5－5+偏官	30癸48辛6－4+劫財	60癸49壬6－4+比肩
26	27庚38辛3+7－印綬	58辛39壬7－3+正財	26己40癸7－3+偏官	57庚41甲7－3+偏印	27庚42乙7－4+偏官	58辛43丙7－4+偏官	28辛44丁6－4+偏印	59壬45戊6－4+偏印	30癸46己6－4+偏印	60癸47庚6－4+正官	31甲48辛6－4+偏印	1甲49壬6－4+印綬
27	28辛38辛3+7－偏印	59壬39壬8－2+食神	27庚40癸7－3+正財	58辛41甲7－3+印綬	28辛42乙7－3+正官	59壬43丙7－4+正財	29壬44丁6－4+正官	60癸45戊6－4+印綬	31甲46己6－4+正官	1甲47庚6－4+偏財	32乙48辛6－4+印綬	2乙49壬6－3+偏印
28	29壬38辛2+7－正官	60癸39壬8－2+傷官	28辛40癸7－3+偏財	59壬41甲8－3+偏官	29壬42乙7－3+偏財	60癸43丙7－3+偏財	30癸44丁7－4+偏官	1甲45戊7－4+偏官	32乙46己7－4+偏官	2乙47庚6－4+正財	33丙48辛7－3+偏官	3丙49壬7－3+正官
29	30癸38辛2+8－偏官		29壬40癸8－2+傷官	60癸41甲8－2+正官	30癸42乙8－3+正財	1甲43丙8－3+傷官	31甲44丁7－3+正財	2乙45戊7－3+正官	33丙46己7－3+正財	3丙47庚7－3+食神	34丁48辛7－3+正官	4丁49壬7－3+偏官
30	31甲38辛2+8－正財		30癸40癸8－2+食神	1甲41甲8－2+偏財	31甲42乙8－2+食神	2乙43丙8－3+食神	32乙44丁7－3+偏財	3丙45戊7－3+偏財	34丁46己7－3+偏財	4丁47庚7－3+傷官	35戊48辛7－3+偏財	5戊49壬7－2+正財
31	32乙38辛1+8－偏財		31甲40癸8－2+劫財		32乙42乙8－2+傷官		33丙44丁8－3+傷官	4丁45戊8－3+正財		5戊47庚7－3+比肩		6己49壬8－2+偏財

1968年（昭和43年）生まれ　年干：45 戊（2/5～翌年2/3まで）

日	1月	2月	3月	4月	5月	6月	7月	8月	9月	10月	11月	12月
	日干 月干 立年 男 女 中心星	日干 月干 立年 男 女 中心星	日干 月干 立年 男 女 中心星	日干 月干 立年 男 女 中心星	日干 月干 立年 男 女 中心星	日干 月干 立年 男 女 中心星	日干 月干 立年 男 女 中心星	日干 月干 立年 男 女 中心星	日干 月干 立年 男 女 中心星	日干 月干 立年 男 女 中心星	日干 月干 立年 男 女 中心星	日干 月干 立年 男 女 中心星
1	7庚49壬8−2+傷官	38辛50癸9−1+偏印	7庚51甲1+8−偏財	38辛52乙1+9−偏財	8辛53丙1+9−印綬	39壬54丁2+9−偏財	9壬55戊2+8−正財	40癸56己2+8−偏官	11甲57庚2+8−偏官	41甲58辛2+8−正官	12乙59壬2+8−正財	42乙60癸2+8−印綬
2	8辛49壬8−1+食神	39壬50癸9−1+正官	8辛51甲1+9−正財	39壬52乙1+9−傷官	9壬53丙1+9−偏官	40癸54丁1+9−正財	10癸55戊2+9−偏財	41甲56己2+9−正財	12乙57庚2+9−正官	42乙58辛2+8−偏官	13丙59壬2+8−食神	43丙60癸2+8−偏官
3	9壬49壬9−1+劫財	40癸50癸9−1+偏官	9壬51甲1+9−食神	40癸52乙1+0−食神	10癸53丙1+9−正官	41甲54丁1+0−食神	11甲55戊1+9−傷官	42乙56己1+9−偏財	13丙57庚1+9−偏財	43丙58辛2+9−正財	14丁59壬1+9−傷官	44丁60癸1+9−正官
4	10癸49壬9−1+比肩	41甲50癸0−1+正財	10癸51甲1+9−傷官	41甲52乙1+0−劫財	11甲53丙1+0−偏財	42乙54丁1+0−傷官	12乙55戊1+9−食神	43丙56己1+9−傷官	14丁57庚1+9−正財	44丁58辛1+9−偏財	15戊59壬1+9−比肩	45戊60癸1+9−偏財
5	11甲49壬9−1+印綬	42乙51甲0+1−正財	11甲52乙0+1−劫財	42乙53丙0+1−比肩	12乙54丁0+1−正財	43丙54丁1+0−比肩	13丙55戊1+0−劫財	44丁56己1+0−食神	15戊57庚1+0−食神	45戊58辛1+9−傷官	16己59壬1+9−劫財	46己60癸1+9−正財
6	12乙50癸1−0+偏印	43丙51甲9+1−食神	12乙52乙0+1−比肩	43丙53丙0+1−印綬	13丙54丁0+1−食神	44丁55戊0+1−食神	14丁55戊1+0−比肩	45戊56己1+0−劫財	16己57庚1+0−傷官	46己58辛1+0−食神	17庚59壬1+0−偏印	47庚60癸1+0−食神
7	13丙50癸1−0+正官	44丁51甲9+1−傷官	13丙52乙0+1−印綬	44丁53丙9+1−偏印	14丁54丁0+1−傷官	45戊55戊0+1−劫財	15戊56己0+1−印綬	46己57庚0+1−劫財	17庚58辛0+1−劫財	47庚58辛1+0−劫財	18辛60癸0+1−正財	48辛 1甲0+1−食神
8	14丁50癸1−9+偏官	45戊51甲9+1−比肩	14丁52乙9+1−偏印	45戊53丙9+1−正官	15戊54丁0+1−比肩	46己55戊0+1−比肩	16己56己0+1−偏印	47庚57庚0+1−偏印	18辛58辛0+1−比肩	48辛59壬0+1−比肩	19壬60癸0+1−食神	49壬 1甲9+1−劫財
9	15戊50癸1−9+正財	46己51甲8+1−劫財	15戊52乙9+1−正官	46己53丙9+1−偏官	16己54丁9+1−劫財	47庚55戊9+1−印綬	17庚56己0+1−正官	48辛57庚0+1−印綬	19壬58辛0+1−印綬	49壬59壬0+1−印綬	20癸60癸9+1−傷官	50癸 1甲9+1−比肩
10	16己50癸1−9+偏財	47庚51甲8+2−偏印	16己52乙9+2−偏官	47庚53丙8+2−正財	17庚54丁9+2−偏印	48辛55戊9+1−偏印	18辛56己9+1−偏官	49壬57庚9+1−偏官	20癸58辛9+1−偏印	50癸59壬9+1−偏印	21甲60癸9+1−比肩	51甲 1甲9+1−印綬
11	17庚50癸2−8+傷官	48辛51甲8+2−印綬	17庚52乙8+2−正財	48辛53丙8+2−偏財	18辛54丁9+2−劫財	49壬55戊9+2−正官	19壬56己9+1−正財	50癸57庚9+1−正官	21甲58辛9+1−正官	51甲59壬9+1−正官	22乙60癸9+1−劫財	52乙 1甲8+1−偏印
12	18辛50癸2−8+食神	49壬51甲7+2−偏官	18辛52乙8+2−偏財	49壬53丙8+2−傷官	19壬54丁8+2−偏印	50癸55戊8+2−偏官	20癸56己9+2−偏財	51甲57庚9+2−偏財	22乙58辛9+2−偏官	52乙59壬9+1−偏官	23丙60癸8+2−偏印	53丙 1甲8+2−正官
13	19壬50癸2−8+劫財	50癸51甲7+3−正財	19壬52乙8+3−傷官	50癸53丙7+3−食神	20癸54丁8+3−印綬	51甲55戊8+2−正財	21甲56己8+2−傷官	52乙57庚8+2−正財	23丙58辛8+2−正財	53丙59壬8+2−正財	24丁60癸8+2−印綬	54丁 1甲8+2−偏官
14	20癸50癸3−7+比肩	51甲51甲7+3−食神	20癸52乙7+3−食神	51甲53丙7+3−劫財	21甲54丁8+3−偏官	52乙55戊8+3−偏財	22乙56己8+2−食神	53丙57庚8+2−食神	24丁58辛8+2−偏財	54丁59壬8+2−偏財	25戊60癸8+2−偏官	55戊 1甲7+2−正財
15	21甲50癸3−7+印綬	52乙51甲6+3−傷官	21甲52乙7+3−劫財	52乙53丙7+3−偏印	22乙54丁7+3−正官	53丙55戊7+3−傷官	23丙56己8+3−劫財	54丁57庚8+3−傷官	25戊58辛8+3−傷官	55戊59壬8+2−傷官	26己60癸7+3−正官	56己 1甲7+3−偏財
16	22乙50癸3−7+偏官	53丙51甲6+4−比肩	22乙52乙7+4−比肩	53丙53丙6+4−正官	23丙54丁7+4−偏財	54丁55戊7+3−食神	24丁56己7+3−比肩	55戊57庚7+3−比肩	26己58辛7+3−食神	56己59壬7+3−食神	27庚60癸7+3−偏財	57庚 1甲7+3−傷官
17	23丙50癸4−6+正財	54丁51甲6+4−劫財	23丙52乙6+4−印綬	54丁53丙6+4−偏官	24丁54丁7+4−正財	55戊55戊7+4−劫財	25戊56己7+3−正官	56己57庚7+3−劫財	27庚58辛7+3−劫財	57庚59壬7+3−劫財	28辛60癸7+3−正財	58辛 1甲6+3−食神
18	24丁50癸4−6+偏財	55戊51甲5+4−偏印	24丁52乙6+4−偏印	55戊53丙6+4−比肩	25戊54丁6+4−食神	56己55戊6+4−比肩	26己56己7+4−偏官	57庚57庚7+4−食神	28辛58辛7+4−比肩	58辛59壬7+3−偏官	29壬60癸6+4−食神	59壬 1甲6+4−劫財
19	25戊50癸4−6+劫財	56己51甲5+5−印綬	25戊52乙6+5−正官	56己53丙5+5−劫財	26己54丁6+5−傷官	57庚55戊6+4−印綬	27庚56己6+4−正財	58辛57庚6+4−傷官	29壬58辛6+4−印綬	59壬59壬6+4−正財	30癸60癸6+4−傷官	60癸 1甲6+4−比肩
20	26己50癸5−5+比肩	57庚51甲5+5−偏財	26己52乙5+5−偏官	57庚53丙5+5−偏印	27庚54丁6+5−偏官	58辛55戊6+5−偏印	28辛56己6+4−偏印	59壬57庚6+4−比肩	30癸58辛6+4−偏印	60癸59壬6+4−偏財	31甲60癸6+4−偏印	1甲 1甲5+4−印綬
21	27庚50癸5−5+印綬	58辛51甲4+5−正財	27庚52乙5+5−正財	58辛53丙5+5−印綬	28辛54丁5+5−正官	59壬55戊5+5−正官	29壬56己6+5−正官	60癸57庚6+5−印綬	31甲58辛6+5−正官	1甲59壬6+4−偏財	32乙60癸5+5−印綬	2乙 1甲5+5−偏印
22	28辛50癸5−5+偏印	59壬51甲4+6−食神	28辛52乙5+6−偏財	59壬53丙4+6−偏官	29壬54丁5+6−偏財	60癸55戊5+5−偏官	30癸56己5+5−偏官	1甲57庚5+5−偏官	32乙58辛5+5−偏官	2乙59壬5+5−正財	33丙60癸5+5−偏官	3丙 1甲5+5−正官
23	29壬50癸6−4+正官	60癸51甲4+6−傷官	29壬52乙4+6−傷官	60癸53丙4+6−正官	30癸54丁5+6−正財	1甲55戊5+6−正財	31甲56己5+5−正財	2乙57庚5+5−正官	33丙58辛5+5−正財	3丙59壬5+5−食神	34丁60癸5+5−正官	4丁 1甲4+5−偏官
24	30癸50癸6−4+偏官	1甲51甲3+6−比肩	30癸52乙4+6−食神	1甲53丙4+6−偏財	31甲54丁4+6−食神	2乙55戊4+6−偏財	32乙56己5+6−偏財	3丙57庚5+6−偏財	34丁58辛5+6−偏財	4丁59壬5+5−傷官	35戊60癸4+6−偏財	5戊 1甲4+6−正財
25	31甲50癸6−4+正財	2乙51甲3+7−劫財	31甲52乙4+7−劫財	2乙53丙3+7−正財	32乙54丁4+7−傷官	3丙55戊4+6−傷官	33丙56己4+6−傷官	4丁57庚4+6−正財	35戊58辛4+6−傷官	5戊59壬4+6−比肩	36己60癸4+6−正財	6己 1甲4+6−偏財
26	32乙50癸7−3+偏財	3丙51甲3+7−偏印	32乙52乙3+7−比肩	3丙53丙3+7−食神	33丙54丁4+7−比肩	4丁55戊4+7−比肩	34丁56己4+6−食神	5戊57庚4+6−食神	36己58辛4+6−食神	6己59壬4+6−劫財	37庚60癸4+6−食神	7庚 1甲3+6−傷官
27	33丙50癸7−3+傷官	4丁51甲2+7−印綬	33丙52乙3+7−印綬	4丁53丙3+7−傷官	34丁54丁3+7−劫財	5戊55戊3+7−印綬	35戊56己4+7−劫財	6己57庚4+7−傷官	37庚58辛4+7−劫財	7庚59壬4+6−偏印	38辛60癸3+7−傷官	8辛 1甲3+7−食神
28	34丁50癸7−3+食神	5戊51甲2+8−偏官	34丁52乙3+8−偏印	5戊53丙2+8−比肩	35戊54丁3+8−偏印	6己55戊3+7−偏印	36己56己3+7−比肩	7庚57庚3+7−比肩	38辛58辛3+7−比肩	8辛59壬3+7−印綬	39壬60癸3+7−比肩	9壬 1甲3+7−劫財
29	35戊50癸8−2+劫財	6己51甲2+8−正官	35戊52乙2+8−正官	6己53丙2+8−劫財	36己54丁3+8−印綬	7庚55戊3+8−正官	37庚56己3+7−印綬	8辛57庚3+7−劫財	39壬58辛3+7−印綬	9壬59壬3+7−偏官	40癸60癸3+7−劫財	10癸 1甲2+7−比肩
30	36己50癸8−2+比肩		36己52乙2+8−偏官	7庚53丙2+8−偏印	37庚54丁2+8−偏官	8辛55戊2+8−偏官	38辛56己3+8−偏印	9壬57庚3+8−偏印	40癸58辛3+8−偏印	10癸59壬3+7−正官	41甲60癸2+8−偏印	11甲 1甲2+8−印綬
31	37庚50癸8−2+印綬		37庚52乙2+9−正財		38辛54丁2+9−正官		39壬56己2+8−正官	10癸57庚2+8−印綬		11甲59壬2+8−偏財		12乙 1甲2+8−偏印

1969年（昭和44年）生まれ　年干：46 己（2/4～翌年2/3まで）

日	1月	2月	3月	4月	5月	6月
日	日干 月干 立年男女 中心星	日干 月干 立年男女 中心星	日干 月干 立年男女 中心星	日干 月干 立年男女 中心星	日干 月干 立年男女 中心星	日干 月干 立年男女 中心星
1	13丙 1甲1+8−正官	44丁 2乙1+9−食神	12乙 3丙8−2+劫財	43丙 4丁9−1+印綬	13丙 5戊9−2+食神	44丁 6己9−2+劫財
2	14丁 1甲1+9−偏官	45戊 2乙1+9−劫財	13丙 3丙9−1+偏印	44丁 4丁9−1+偏印	14丁 5戊9−1+傷官	45戊 6己9−1+偏印
3	15戊 1甲1+9−正財	46己 2乙1+0−比肩	14丁 3丙9−1+印綬	45戊 4丁9−1+正官	15戊 5戊9−1+比肩	46己 6己9−1+印綬
4	16己 1甲1+9−偏財	47庚 3丙1−0+偏印	15戊 3丙9−1+偏官	46己 4丁0−1+偏官	16己 5戊0−1+劫財	47庚 6己0−1+偏官
5	17庚 2乙0+1−傷官	48辛 3丙1−0+印綬	16己 3丙0−1+正官	47庚 5戊1−0+正財	17庚 5戊0−1+偏印	48辛 6己0−1+正官
6	18辛 2乙0+1−食神	49壬 3丙1−9+偏官	17庚 4丁1−0+正財	48辛 5戊1−0+偏財	18辛 6己1−0+印綬	49壬 7庚1−0+正官
7	19壬 2乙9+1−劫財	50癸 3丙1−9+正官	18辛 4丁1−0+偏財	49壬 5戊1−0+傷官	19壬 6己1−0+偏官	50癸 7庚1−0+偏官
8	20癸 2乙9+1−比肩	51甲 3丙1−9+偏財	19壬 4丁1−9+傷官	50癸 5戊1−9+食神	20癸 6己1−0+正官	51甲 7庚1−0+正財
9	21甲 2乙9+1−印綬	52乙 3丙2−8+正財	20癸 4丁1−9+食神	51甲 5戊1−9+劫財	21甲 6己1−9+偏財	52乙 7庚1−9+偏財
10	22乙 2乙8+2−偏印	53丙 3丙2−8+食神	21甲 4丁1−9+劫財	52乙 5戊2−9+比肩	22乙 6己1−9+正財	53丙 7庚1−9+傷官
11	23丙 2乙8+2−正官	54丁 3丙2−8+傷官	22乙 4丁2−8+比肩	53丙 5戊2−8+印綬	23丙 6己2−9+食神	54丁 7庚2−9+食神
12	24丁 2乙8+2−偏官	55戊 3丙3−7+偏印	23丙 4丁2−8+印綬	54丁 5戊2−8+偏印	24丁 6己2−8+正財	55戊 7庚2−8+劫財
13	25戊 2乙7+3−正財	56己 3丙3−7+印綬	24丁 4丁2−8+偏印	55戊 5戊3−8+正官	25戊 6己2−8+食神	56己 7庚2−8+比肩
14	26己 2乙7+3−偏財	57庚 3丙3−7+偏官	25戊 4丁3−7+正官	56己 5戊3−7+偏官	26己 6己3−8+傷官	57庚 7庚3−8+印綬
15	27庚 2乙7+3−劫財	58辛 3丙4−6+正官	26己 4丁3−7+偏官	57庚 5戊3−7+傷官	27庚 6己3−7+比肩	58辛 7庚3−7+偏印
16	28辛 2乙6+4−比肩	59壬 3丙4−6+偏財	27庚 4丁3−7+正財	58辛 5戊4−7+食神	28辛 6己3−7+劫財	59壬 7庚3−7+正官
17	29壬 2乙6+4−印綬	60癸 3丙4−6+正財	28辛 4丁4−6+偏財	59壬 5戊4−6+劫財	29壬 6己4−7+偏印	60癸 7庚4−7+偏官
18	30癸 2乙6+4−偏官	1甲 3丙5−5+食神	29壬 4丁4−6+傷官	60癸 5戊4−6+正官	30癸 6己4−6+印綬	1甲 7庚4−6+正財
19	31甲 2乙5+5−正財	2乙 3丙5−5+劫財	30癸 4丁4−6+食神	1甲 5戊5−6+偏財	31甲 6己4−6+偏官	2乙 7庚4−6+偏財
20	32乙 2乙5+5−偏財	3丙 3丙5−5+偏印	31甲 4丁5−5+劫財	2乙 5戊5−5+正財	32乙 6己5−6+正官	3丙 7庚5−6+傷官
21	33丙 2乙5+5−傷官	4丁 3丙6−4+印綬	32乙 4丁5−5+比肩	3丙 5戊5−5+食神	33丙 6己5−5+比肩	4丁 7庚5−5+食神
22	34丁 2乙4+6−食神	5戊 3丙6−4+偏官	33丙 4丁5−5+印綬	4丁 5戊6−5+傷官	34丁 6己5−5+劫財	5戊 7庚5−5+劫財
23	35戊 2乙4+6−劫財	6己 3丙6−4+正官	34丁 4丁6−4+偏印	5戊 5戊6−4+比肩	35戊 6己6−5+偏印	6己 7庚6−5+比肩
24	36己 2乙4+6−比肩	7庚 3丙7−3+偏財	35戊 4丁6−4+正官	6己 5戊6−4+劫財	36己 6己6−4+印綬	7庚 7庚6−4+印綬
25	37庚 2乙3+7−印綬	8辛 3丙7−3+正財	36己 4丁6−4+偏官	7庚 5戊7−4+偏印	37庚 6己6−4+偏官	8辛 7庚6−4+偏印
26	38辛 2乙3+7−偏印	9壬 3丙7−3+食神	37庚 4丁7−3+正財	8辛 5戊7−3+印綬	38辛 6己7−4+正官	9壬 7庚7−4+正財
27	39壬 2乙3+7−正官	10癸 3丙8−2+傷官	38辛 4丁7−3+偏財	9壬 5戊7−3+偏官	39壬 6己7−3+偏財	10癸 7庚7−3+偏財
28	40癸 2乙2+8−偏官	11甲 3丙8−2+比肩	39壬 4丁7−3+傷官	10癸 5戊8−3+正官	40癸 6己7−3+正財	11甲 7庚7−3+傷官
29	41甲 2乙2+8−正財		40癸 4丁8−2+食神	11甲 5戊8−2+偏財	41甲 6己8−3+食神	12乙 7庚8−3+食神
30	42乙 2乙2+8−偏財		41甲 4丁8−2+劫財	12乙 5戊8−2+正財	42乙 6己8−2+傷官	13丙 7庚8−2+劫財
31	43丙 2乙1+9−傷官		42乙 4丁8−2+比肩		43丙 6己8−2+比肩	

日	7月	8月	9月	10月	11月	12月
日	日干 月干 立年男女 中心星	日干 月干 立年男女 中心星	日干 月干 立年男女 中心星	日干 月干 立年男女 中心星	日干 月干 立年男女 中心星	日干 月干 立年男女 中心星
1	14丁 7庚8−2+比肩	45戊 8辛8−2+劫財	16己 9壬8−2+傷官	46己10癸8−2+食神	17庚11甲8−2+偏印	47庚12乙8−2+食神
2	15戊 7庚9−2+印綬	46己 8辛9−2+比肩	17庚 9壬8−2+比肩	47庚10癸8−2+劫財	18辛11甲8−2+印綬	48辛12乙8−2+傷官
3	16己 7庚9−1+偏印	47庚 8辛9−2+印綬	18辛 9壬9−2+劫財	48辛10癸8−2+比肩	19壬11甲9−1+偏官	49壬12乙9−1+比肩
4	17庚 7庚9−1+正官	48辛 8辛9−1+偏印	19壬 9壬9−1+偏印	49壬10癸9−1+印綬	20癸11甲9−1+正官	50癸12乙9−1+劫財
5	18辛 7庚0−1+偏官	49壬 8辛0−1+正官	20癸 9壬9−1+印綬	50癸10癸9−1+偏印	21甲11甲9−1+偏財	51甲12乙9−1+偏印
6	19壬 7庚0−1+正財	50癸 8辛0−1+偏官	21甲 9壬0−1+偏官	51甲10癸9−1+正官	22乙11甲0−1+正財	52乙12乙0−1+印綬
7	20癸 8辛1−0+偏財	51甲 8辛0−1+正財	22乙 9壬0−1+正官	52乙10癸0−1+偏官	23丙12乙1−0+偏印	53丙13丙1−0+正官
8	21甲 8辛1−0+傷官	52乙 9壬1−0+偏財	23丙10癸1−0+正財	53丙11甲1−0+正財	24丁12乙1−0+印綬	54丁13丙1−0+偏官
9	22乙 8辛1−0+食神	53丙 9壬1−0+食神	24丁10癸1−0+偏財	54丁11甲1−0+偏財	25戊12乙1−9+偏官	55戊13丙1−9+正財
10	23丙 8辛1−0+劫財	54丁 9壬1−0+傷官	25戊10癸1−9+傷官	55戊11甲1−9+傷官	26己12乙1−9+正官	56己13丙1−9+偏財
11	24丁 8辛1−9+比肩	55戊 9壬1−9+比肩	26己10癸1−9+食神	56己11甲1−9+食神	27庚12乙1−9+偏財	57庚13丙1−9+傷官
12	25戊 8辛2−9+印綬	56己 9壬1−9+劫財	27庚10癸1−9+劫財	57庚11甲1−9+劫財	28辛12乙2−8+正財	58辛13丙2−8+食神
13	26己 8辛2−9+偏印	57庚 9壬2−9+偏印	28辛10癸2−8+比肩	58辛11甲2−8+比肩	29壬12乙2−8+食神	59壬13丙2−8+劫財
14	27庚 8辛2−8+正官	58辛 9壬2−8+印綬	29壬10癸2−8+印綬	59壬11甲2−8+印綬	30癸12乙2−8+傷官	60癸13丙2−8+比肩
15	28辛 8辛3−8+偏官	59壬 9壬2−8+偏官	30癸10癸2−8+偏印	60癸11甲2−8+偏印	31甲12乙3−7+比肩	1甲13丙3−7+印綬
16	29壬 8辛3−8+正財	60癸 9壬3−8+正官	31甲10癸3−7+正官	1甲11甲3−7+正官	32乙12乙3−7+劫財	2乙13丙3−7+偏印
17	30癸 8辛3−7+食神	1甲 9壬3−7+偏財	32乙10癸3−7+偏官	2乙11甲3−7+偏官	33丙12乙3−7+偏印	3丙13丙3−7+正官
18	31甲 8辛4−7+劫財	2乙 9壬3−7+正財	33丙10癸3−7+正財	3丙11甲3−7+劫財	34丁12乙4−6+印綬	4丁13丙4−6+偏官
19	32乙 8辛4−7+比肩	3丙 9壬4−7+偏官	34丁10癸4−6+偏財	4丁11甲4−6+比肩	35戊12乙4−6+偏官	5戊13丙4−6+正財
20	33丙 8辛4−6+傷官	4丁 9壬4−6+正官	35戊10癸4−6+傷官	5戊11甲4−6+印綬	36己12乙4−6+正財	6己13丙4−6+偏財
21	34丁 8辛5−6+食神	5戊 9壬4−6+偏財	36己10癸4−6+食神	6己11甲4−6+劫財	37庚12乙5−5+食神	7庚13丙5−5+傷官
22	35戊 8辛5−6+劫財	6己 9壬5−6+傷官	37庚10癸5−5+劫財	7庚11甲5−5+偏印	38辛12乙5−5+傷官	8辛13丙5−5+食神
23	36己 8辛5−5+比肩	7庚 9壬5−5+比肩	38辛10癸5−5+比肩	8辛11甲5−5+印綬	39壬12乙5−5+比肩	9壬13丙5−5+劫財
24	37庚 8辛6−5+印綬	8辛 9壬5−5+劫財	39壬10癸5−5+印綬	9壬11甲5−5+偏官	40癸12乙6−4+劫財	10癸13丙6−4+比肩
25	38辛 8辛6−5+偏印	9壬 9壬6−5+偏印	40癸10癸6−4+偏印	10癸11甲6−4+正官	41甲12乙6−4+偏印	11甲13丙6−4+印綬
26	39壬 8辛6−4+正官	10癸 9壬6−4+印綬	41甲10癸6−4+正官	11甲11甲6−4+偏財	42乙12乙6−4+印綬	12乙13丙6−4+偏印
27	40癸 8辛7−4+偏官	11甲 9壬6−4+偏官	42乙10癸6−4+偏官	12乙11甲6−4+正財	43丙12乙7−3+偏官	13丙13丙7−3+正官
28	41甲 8辛7−4+正財	12乙 9壬7−4+正官	43丙10癸7−3+正財	13丙11甲7−3+食神	44丁12乙7−3+正官	14丁13丙7−3+偏官
29	42乙 8辛7−3+偏財	13丙 9壬7−3+偏財	44丁10癸7−3+偏財	14丁11甲7−3+傷官	45戊12乙7−3+偏財	15戊13丙7−3+正財
30	43丙 8辛8−3+傷官	14丁 9壬7−3+正財	45戊10癸7−3+傷官	15戊11甲7−3+比肩	46己12乙8−2+正財	16己13丙8−2+偏財
31	44丁 8辛8−3+食神	15戊 9壬8−3+食神		16己11甲8−2+劫財		17庚13丙8−2+傷官

1970年（昭和45年）生まれ　年干：47 庚（2/4～翌年2/3まで）

	1月	2月	3月	4月	5月	6月	7月	8月	9月	10月	11月	12月
日	日干 月干 立年 男 女 中心星	日干 月干 立年 男 女 中心星	日干 月干 立年 男 女 中心星	日干 月干 立年 男 女 中心星	日干 月干 立年 男 女 中心星	日干 月干 立年 男 女 中心星	日干 月干 立年 男 女 中心星	日干 月干 立年 男 女 中心星	日干 月干 立年 男 女 中心星	日干 月干 立年 男 女 中心星	日干 月干 立年 男 女 中心星	日干 月干 立年 男 女 中心星
1	18辛13丙8−2+食神	49壬14丁9−1+正官	17庚15戊2+8−偏財	48辛16己1+9−偏財	18辛17庚2+9−印綬	49壬18辛2+9−偏財	19壬19壬2+8−正財	50癸20癸2+8−偏官	21甲21甲2+8−偏官	51甲22乙3+8−正官	22乙23丙2+8−正財	52乙24丁2+8−印綬
2	19壬13丙9−1+劫財	50癸14丁9−1+偏官	18辛15戊1+9−正財	49壬16己1+9−傷官	19壬17庚1+9−偏官	50癸18辛1+9−正財	20癸19壬2+9−偏財	51甲20癸2+9−正財	22乙21甲2+8−正官	52乙22乙2+8−偏官	23丙23丙2+8−食神	53丙24丁2+8−偏官
3	20癸13丙9−1+比肩	51甲14丁9−1+正財	19壬15戊1+9−食神	50癸16己1+9−食神	20癸17庚1+9−正官	51甲18辛1+9−食神	21甲19壬1+9−傷官	52乙20癸2+9−偏財	23丙21甲2+9−偏財	53丙22乙2+8−正財	24丁23丙2+8−傷官	54丁24丁1+8−正官
4	21甲13丙9−1+印綬	52乙15戊0+1−正財	20癸15戊1+9−傷官	51甲16己1+0−劫財	21甲17庚1+0−偏財	52乙18辛1+0−傷官	22乙19壬1+9−食神	53丙20癸1+9−傷官	24丁21甲1+9−正財	54丁22乙2+9−偏財	25戊23丙1+9−比肩	55戊24丁1+9−偏財
5	22乙13丙0−1+偏印	53丙15戊0+1−食神	21甲15戊1+0−比肩	52乙17庚0+1−比肩	22乙17庚1+0−正財	53丙18辛1+0−比肩	23丙19壬1+0−劫財	54丁20癸1+0−食神	25戊21甲1+9−食神	55戊22乙1+9−傷官	26己23丙1+9−劫財	56己24丁1+9−正財
6	23丙14丁1−0+正官	54丁15戊9+1−傷官	22乙16己0+1−比肩	53丙17庚0+1−印綬	23丙18辛0+1−食神	54丁19壬0+1−食神	24丁19壬1+0−比肩	55戊20癸1+0−劫財	26己21甲1+0−傷官	56己22乙1+9−食神	27庚23丙1+9−偏印	57庚24丁1+9−食神
7	24丁14丁1−9+偏官	55戊15戊9+1−比肩	23丙16己0+1−印綬	54丁17庚0+1−偏印	24丁18辛0+1−傷官	55戊19壬0+1−劫財	25戊20癸0+1−印綬	56己20癸1+0−比肩	27庚21甲1+0−比肩	57庚22乙1+0−劫財	28辛23丙1+0−印綬	58辛25戊0+1−食神
8	25戊14丁1−9+正財	56己15戊9+1−劫財	24丁16己9+1−偏印	55戊17庚9+1−正官	25戊18辛0+1−比肩	56己19壬0+1−比肩	26己20癸0+1−偏印	57庚21甲0+1−偏印	28辛22乙0+1−比肩	58辛22乙1+0−比肩	29壬24丁0+1−食神	59壬25戊0+1−劫財
9	26己14丁1−9+偏財	57庚15戊8+2−偏印	25戊16己9+1−正官	56己17庚9+1−偏官	26己18辛9+1−劫財	57庚19壬9+1−印綬	27庚20癸0+1−正官	58辛21甲0+1−印綬	29壬22乙0+1−印綬	59壬23丙0+1−印綬	30癸24丁9+1−傷官	60癸25戊9+1−比肩
10	27庚14丁1−8+傷官	58辛15戊8+2−印綬	26己16己9+1−偏官	57庚17庚9+2−正財	27庚18辛9+1−偏印	58辛19壬9+1−偏印	28辛20癸0+1−偏官	59壬21甲0+1−偏官	30癸22乙0+1−偏印	60癸23丙0+1−偏印	31甲24丁9+1−比肩	1甲25戊9+1−印綬
11	28辛14丁2−8+食神	59壬15戊8+2−偏官	27庚16己8+2−正財	58辛17庚8+2−偏財	28辛18辛9+2−印綬	59壬19壬9+2−正官	29壬20癸9+1−正財	60癸21甲9+1−正官	31甲22乙9+1−正官	1甲23丙9+1−正官	32乙24丁9+1−劫財	2乙25戊9+1−偏印
12	29壬14丁2−8+劫財	60癸15戊7+3−正財	28辛16己8+2−偏財	59壬17庚8+2−傷官	29壬18辛8+2−偏印	60癸19壬8+2−偏官	30癸20癸9+2−偏財	1甲21甲9+1−偏財	32乙22乙9+1−偏官	2乙23丙9+1−偏官	33丙24丁8+1−偏印	3丙25戊8+2−正官
13	30癸14丁2−7+比肩	1甲15戊7+3−食神	29壬16己8+2−傷官	60癸17庚8+3−食神	30癸18辛8+2−印綬	1甲19壬8+2−正財	31甲20癸9+2−傷官	2乙21甲9+2−正財	33丙22乙9+2−正財	3丙23丙9+1−正財	34丁24丁8+2−印綬	4丁25戊8+2−偏官
14	31甲14丁3−7+印綬	2乙15戊7+3−傷官	30癸16己7+3−食神	1甲17庚7+3−劫財	31甲18辛8+3−偏官	2乙19壬8+3−偏財	32乙20癸8+2−食神	3丙21甲8+2−食神	34丁22乙8+2−偏財	4丁23丙8+2−偏財	35戊24丁8+2−偏官	5戊25戊8+2−正財
15	32乙14丁3−7+偏印	3丙15戊6+4−比肩	31甲16己7+3−劫財	2乙17庚7+3−偏印	32乙18辛7+3−正官	3丙19壬7+3−傷官	33丙20癸8+3−劫財	4丁21甲8+2−傷官	35戊22乙8+2−傷官	5戊23丙8+2−傷官	36己24丁7+2−正官	6己25戊7+3−偏財
16	33丙14丁3−6+正財	4丁15戊6+4−劫財	32乙16己7+3−比肩	3丙17庚7+4−正官	33丙18辛7+3−偏財	4丁19壬7+3−食神	34丁20癸8+3−比肩	5戊21甲8+3−比肩	36己22乙8+3−食神	6己23丙8+2−食神	37庚24丁7+3−偏財	7庚25戊7+3−傷官
17	34丁14丁4−6+偏財	5戊15戊6+4−偏印	33丙16己6+4−印綬	4丁17庚6+4−偏官	34丁18辛7+4−正財	5戊19壬7+4−劫財	35戊20癸7+3−正官	6己21甲7+3−劫財	37庚22乙7+3−劫財	7庚23丙7+3−劫財	38辛24丁7+3−正財	8辛25戊7+3−食神
18	35戊14丁4−6+傷官	6己15戊5+5−印綬	34丁16己6+4−偏印	5戊17庚6+4−比肩	35戊18辛6+4−食神	6己19壬6+4−比肩	36己20癸7+4−偏官	7庚21甲7+3−偏印	38辛22乙7+3−比肩	8辛23丙7+3−比肩	39壬24丁6+3−食神	9壬25戊6+4−劫財
19	36己14丁4−5+比肩	7庚15戊5+5−偏財	35戊16己6+4−正官	6己17庚6+5−劫財	36己18辛6+4−傷官	7庚19壬6+4−印綬	37庚20癸7+4−正財	8辛21甲7+4−傷官	39壬22乙7+4−印綬	9壬23丙7+3−正財	40癸24丁6+4−傷官	10癸25戊6+4−比肩
20	37庚14丁5−5+印綬	8辛15戊5+5−正財	36己16己5+5−偏官	7庚17庚5+5−偏印	37庚18辛6+5−比肩	8辛19壬6+5−偏印	38辛20癸6+4−偏印	9壬21甲6+4−比肩	40癸22乙6+4−偏印	10癸23丙6+4−偏財	41甲24丁6+4−比肩	11甲25戊6+4−印綬
21	38辛14丁5−5+偏印	9壬15戊4+6−食神	37庚16己5+5−正財	8辛17庚5+5−印綬	38辛18辛5+5−正官	9壬19壬5+5−正官	39壬20癸6+5−正官	10癸21甲6+4−劫財	41甲22乙6+4−正官	11甲23丙6+4−傷官	42乙24丁5+4−印綬	12乙25戊5+5−偏印
22	39壬14丁5−4+正官	10癸15戊4+6−傷官	38辛16己5+5−偏財	9壬17庚5+6−偏官	39壬18辛5+5−偏財	10癸19壬5+5−偏官	40癸20癸6+5−偏官	11甲21甲6+5−偏官	42乙22乙6+5−偏官	12乙23丙6+4−正財	43丙24丁5+5−偏官	13丙25戊5+5−正官
23	40癸14丁6−4+偏官	11甲15戊4+6−比肩	39壬16己4+6−傷官	10癸17庚4+6−正官	40癸18辛5+6−正財	11甲19壬5+6−正財	41甲20癸5+5−正財	12乙21甲5+5−正官	43丙22乙5+5−正財	13丙23丙5+5−食神	44丁24丁5+5−正官	14丁25戊5+5−偏官
24	41甲14丁6−4+正財	12乙15戊3+7−劫財	40癸16己4+6−食神	11甲17庚4+6−偏財	41甲18辛4+6−食神	12乙19壬4+6−偏財	42乙20癸5+6−偏財	13丙21甲5+5−偏財	44丁22乙5+5−偏財	14丁23丙5+5−傷官	45戊24丁4+5−偏財	15戊25戊4+6−正財
25	42乙14丁6−3+偏財	13丙15戊3+7−偏印	41甲16己4+6−劫財	12乙17庚4+7−正財	42乙18辛4+6−傷官	13丙19壬4+6−傷官	43丙20癸5+6−傷官	14丁21甲5+6−正財	45戊22乙5+6−傷官	15戊23丙5+5−比肩	46己24丁4+6−正財	16己25戊4+6−偏財
26	43丙14丁7−3+傷官	14丁15戊3+7−印綬	42乙16己3+7−比肩	13丙17庚3+7−食神	43丙18辛4+7−比肩	14丁19壬4+7−比肩	44丁20癸4+6−食神	15戊21甲4+6−食神	46己22乙4+6−食神	16己23丙4+6−劫財	47庚24丁4+6−食神	17庚25戊4+6−傷官
27	44丁14丁7−3+食神	15戊15戊2+8−偏官	43丙16己3+7−印綬	14丁17庚3+7−傷官	44丁18辛3+7−劫財	15戊19壬3+7−印綬	45戊20癸4+7−劫財	16己21甲4+6−傷官	47庚22乙4+6−劫財	17庚23丙4+6−偏印	48辛24丁3+6−傷官	18辛25戊3+7−食神
28	45戊14丁7−2+劫財	16己15戊2+8−正官	44丁16己3+7−偏印	15戊17庚3+8−比肩	45戊18辛3+7−偏印	16己19壬3+7−偏印	46己20癸4+7−比肩	17庚21甲4+7−比肩	48辛22乙4+7−比肩	18辛23丙4+6−印綬	49壬24丁3+7−比肩	19壬25戊3+7−劫財
29	46己14丁8−2+比肩		45戊16己2+8−正官	16己17庚2+8−劫財	46己18辛3+8−印綬	17庚19壬3+8−正官	47庚20癸3+7−印綬	18辛21甲3+7−劫財	49壬22乙3+7−印綬	19壬23丙3+7−偏官	50癸24丁3+7−劫財	20癸25戊3+7−比肩
30	47庚14丁8−2+印綬		46己16己2+8−偏官	17庚17庚2+8−偏印	47庚18辛2+8−偏官	18辛19壬2+8−偏官	48辛20癸3+8−偏印	19壬21甲3+7−偏印	50癸22乙3+7−偏印	20癸23丙3+7−正官	51甲24丁2+7−偏印	21甲25戊2+8−印綬
31	48辛14丁8−1+偏印		47庚16己2+8−正財		48辛18辛2+8−正官		49壬20癸3+8−正官	20癸21甲3+8−印綬		21甲23丙3+7−偏財		22乙25戊2+8−偏印

1971年（昭和46年）生まれ　年干：48 辛（2/4～翌年2/4まで）

日	1月	2月	3月	4月	5月	6月	7月	8月	9月	10月	11月	12月
	日干 月干 立年 男 女 中心星	日干 月干 立年 男 女 中心星	日干 月干 立年 男 女 中心星	日干 月干 立年 男 女 中心星	日干 月干 立年 男 女 中心星	日干 月干 立年 男 女 中心星	日干 月干 立年 男 女 中心星	日干 月干 立年 男 女 中心星	日干 月干 立年 男 女 中心星	日干 月干 立年 男 女 中心星	日干 月干 立年 男 女 中心星	日干 月干 立年 男 女 中心星
1	23丙25戊2+8−正官	54丁26己1+9−食神	22乙27庚8−2+劫財	53丙28辛9−1+印綬	23丙29壬9−2+食神	54丁30癸9−2+劫財	24丁31甲8−2+比肩	55戊32乙8−2+劫財	26己33丙8−2+傷官	56己34丁8−3+食神	27庚35戊8−2+偏印	57庚36己8−2+食神
2	24丁25戊1+9−偏官	55戊26己1+9−劫財	23丙27庚9−1+偏印	54丁28辛9−1+偏印	24丁29壬9−1+傷官	55戊30癸9−1+偏印	25戊31甲9−2+印綬	56己32乙8−2+比肩	27庚33丙8−2+比肩	57庚34丁8−2+劫財	28辛35戊8−2+印綬	58辛36己8−2+傷官
3	25戊25戊1+9−正財	56己26己1+9−比肩	24丁27庚9−1+印綬	55戊28辛9−1+正官	25戊29壬9−1+比肩	56己30癸9−1+印綬	26己31甲9−2+偏印	57庚32乙9−2+印綬	28辛33丙9−2+劫財	58辛34丁8−2+比肩	29壬35戊8−2+偏官	59壬36己8−2+比肩
4	26己25戊1+9−偏財	57庚27庚1−0+偏印	25戊27庚9−1+偏官	56己28辛0−1+偏官	26己29壬0−1+劫財	57庚30癸0−1+偏官	27庚31甲9−1+正官	58辛32乙9−1+偏印	29壬33丙9−1+偏印	59壬34丁9−2+印綬	30癸35戊9−1+正官	60癸36己9−1+劫財
5	27庚25戊1+0−傷官	58辛27庚1−0+印綬	26己27庚0−1+正官	57庚29壬1−0+正財	27庚29壬0−1+偏印	58辛30癸0−1+正官	28辛31甲0−1+偏官	59壬32乙9−1+正官	30癸33丙9−1+印綬	60癸34丁9−1+偏印	31甲35戊9−1+偏財	1甲36己9−1+偏印
6	28辛26己0+1−食神	59壬27庚1−9+偏官	27庚28辛1−0+正財	58辛29壬1−0+偏財	28辛30癸1−0+印綬	59壬31甲1−0+正官	29壬31甲0−1+正財	60癸32乙0−1+偏官	31甲33丙0−1+偏官	1甲34丁9−1+正官	32乙35戊9−1+正財	2乙36己9−1+印綬
7	29壬26己9+1−劫財	60癸27庚1−9+正官	28辛28辛1−0+偏財	59壬29壬1−0+傷官	29壬30癸1−0+偏官	60癸31甲1−0+偏官	30癸31甲0−1+偏財	1甲32乙0−1+正財	32乙33丙0−1+正官	2乙34丁0−1+偏官	33丙35戊0−1+食神	3丙36己0−1+偏官
8	30癸26己9+1−比肩	1甲27庚1−9+偏財	29壬28辛1−9+傷官	60癸29壬1−9+食神	30癸30癸1−0+正官	1甲31甲1−0+正財	31甲32乙1−0+傷官	2乙33丙1−0+正財	33丙34丁1−0+正財	3丙34丁0−1+正財	34丁36己1−0+印綬	4丁37庚1−0+偏官
9	31甲26己9+1−印綬	2乙27庚2−8+正財	30癸28辛1−9+食神	1甲29壬1−9+劫財	31甲30癸1−9+偏財	2乙31甲1−0+偏財	32乙32乙1−0+食神	3丙33丙1−0+食神	34丁34丁1−0+偏財	4丁35戊1−0+偏財	35戊36己1−0+偏官	5戊37庚1−9+正財
10	32乙26己8+1−偏印	3丙27庚2−8+食神	31甲28辛1−9+劫財	2乙29壬2−9+比肩	32乙30癸1−9+正財	3丙31甲1−9+傷官	33丙32乙1−0+劫財	4丁33丙1−0+傷官	35戊34丁1−0+傷官	5戊35戊1−0+傷官	36己36己1−9+正官	6己37庚1−9+偏財
11	33丙26己8+2−正官	4丁27庚2−8+傷官	32乙28辛2−8+比肩	3丙29壬2−8+印綬	33丙30癸2−9+食神	4丁31甲2−9+食神	34丁32乙1−9+比肩	5戊33丙1−9+比肩	36己34丁1−9+食神	6己35戊1−9+食神	37庚36己1−9+偏財	7庚37庚1−9+傷官
12	34丁26己8+2−偏官	5戊27庚3−7+偏印	33丙28辛2−8+印綬	4丁29壬2−8+偏印	34丁30癸2−8+正財	5戊31甲2−9+劫財	35戊32乙1−9+印綬	6己33丙1−9+劫財	37庚34丁1−9+劫財	7庚35戊1−9+劫財	38辛36己1−9+正財	8辛37庚1−8+食神
13	35戊26己7+2−正財	6己27庚3−7+印綬	34丁28辛2−8+偏印	5戊29壬3−8+正官	35戊30癸2−8+食神	6己31甲2−8+比肩	36己32乙2−9+偏印	7庚33丙2−9+偏印	38辛34丁2−9+比肩	8辛35戊1−9+比肩	39壬36己2−8+食神	9壬37庚2−8+劫財
14	36己26己7+3−偏財	7庚27庚3−7+偏官	35戊28辛3−7+正官	6己29壬3−7+偏官	36己30癸3−8+傷官	7庚31甲3−8+印綬	37庚32乙2−8+正官	8辛33丙2−8+印綬	39壬34丁2−8+印綬	9壬35戊2−8+印綬	40癸36己2−8+傷官	10癸37庚2−8+比肩
15	37庚26己7+3−傷官	8辛27庚4−6+正官	36己28辛3−7+偏官	7庚29壬3−7+傷官	37庚30癸3−7+比肩	8辛31甲3−8+偏印	38辛32乙2−8+偏官	9壬33丙2−8+偏官	40癸34丁2−8+偏印	10癸35戊2−8+偏印	41甲36己2−8+比肩	11甲37庚2−7+印綬
16	38辛26己6+3−比肩	9壬27庚4−6+偏財	37庚28辛3−7+正財	8辛29壬4−7+食神	38辛30癸3−7+劫財	9壬31甲3−7+正官	39壬32乙3−8+正財	10癸33丙3−8+正官	41甲34丁3−8+正官	11甲35戊2−8+正官	42乙36己3−7+劫財	12乙37庚3−7+偏印
17	39壬26己6+4−印綬	10癸27庚4−6+正財	38辛28辛4−6+偏財	9壬29壬4−6+劫財	39壬30癸4−7+偏印	10癸31甲4−7+偏官	40癸32乙3−7+偏財	11甲33丙3−7+偏財	42乙34丁3−7+偏官	12乙35戊3−7+偏官	43丙36己3−7+偏印	13丙37庚3−7+正官
18	40癸26己6+4−偏印	11甲27庚5−5+食神	39壬28辛4−6+傷官	10癸29壬4−6+正官	40癸30癸4−6+印綬	11甲31甲4−7+正財	41甲32乙3−7+劫財	12乙33丙3−7+正財	43丙34丁3−7+正財	13丙35戊3−7+正財	44丁36己3−7+印綬	14丁37庚3−6+偏官
19	41甲26己5+4−正財	12乙27庚5−5+劫財	40癸28辛4−6+食神	11甲29壬5−6+偏財	41甲30癸4−6+偏官	12乙31甲4−6+偏財	42乙32乙4−7+比肩	13丙33丙4−7+偏官	44丁34丁4−7+偏財	14丁35戊3−7+比肩	45戊36己4−6+偏官	15戊37庚4−6+正財
20	42乙26己5+5−偏財	13丙27庚5−5+偏印	41甲28辛5−5+劫財	12乙29壬5−5+正財	42乙30癸5−6+正官	13丙31甲5−6+傷官	43丙32乙4−6+印綬	14丁33丙4−6+正官	45戊34丁4−6+傷官	15戊35戊4−6+印綬	46己36己4−6+正官	16己37庚4−6+偏財
21	43丙26己5+5−傷官	14丁27庚6−4+印綬	42乙28辛5−5+比肩	13丙29壬5−5+食神	43丙30癸5−5+比肩	14丁31甲5−6+食神	44丁32乙4−6+食神	15戊33丙4−6+偏財	46己34丁4−6+食神	16己35戊4−6+偏印	47庚36己4−6+食神	17庚37庚4−5+傷官
22	44丁26己4+5−食神	15戊27庚6−4+偏官	43丙28辛5−5+印綬	14丁29壬6−5+傷官	44丁30癸5−5+劫財	15戊31甲5−5+劫財	45戊32乙5−6+劫財	16己33丙5−6+傷官	47庚34丁5−6+劫財	17庚35戊4−6+偏印	48辛36己5−5+傷官	18辛37庚5−5+食神
23	45戊26己4+6−劫財	16己27庚6−4+正官	44丁28辛6−4+偏印	15戊29壬6−4+比肩	45戊30癸6−5+偏印	16己31甲6−5+比肩	46己32乙5−5+比肩	17庚33丙5−5+比肩	48辛34丁5−5+比肩	18辛35戊5−5+印綬	49壬36己5−5+比肩	19壬37庚5−5+劫財
24	46己26己4+6−比肩	17庚27庚7−3+偏財	45戊28辛6−4+正官	16己29壬6−4+劫財	46己30癸6−4+印綬	17庚31甲6−5+印綬	47庚32乙5−5+印綬	18辛33丙5−5+劫財	49壬34丁5−5+印綬	19壬35戊5−5+偏官	50癸36己5−5+劫財	20癸37庚5−4+比肩
25	47庚26己3+6−印綬	18辛27庚7−3+正財	46己28辛6−4+偏官	17庚29壬7−4+偏印	47庚30癸6−4+偏官	18辛31甲6−4+偏印	48辛32乙6−5+偏印	19壬33丙6−5+偏印	50癸34丁6−5+偏印	20癸35戊5−5+正官	51甲36己6−4+偏印	21甲37庚6−4+印綬
26	48辛26己3+7−偏印	19壬27庚7−3+食神	47庚28辛7−3+正財	18辛29壬7−3+印綬	48辛30癸7−4+正官	19壬31甲7−4+正財	49壬32乙6−4+正官	20癸33丙6−4+印綬	51甲34丁6−4+正官	21甲35戊6−4+偏財	52乙36己6−4+印綬	22乙37庚6−4+偏印
27	49壬26己3+7−正官	20癸27庚8−2+傷官	48辛28辛7−3+偏財	19壬29壬7−3+偏官	49壬30癸7−3+偏財	20癸31甲7−4+偏財	50癸32乙6−4+偏官	21甲33丙6−4+偏官	52乙34丁6−4+偏官	22乙35戊6−4+正財	53丙36己6−4+偏官	23丙37庚6−3+正官
28	50癸26己2+7−偏官	21甲27庚8−2+比肩	49壬28辛7−3+傷官	20癸29壬8−3+正官	50癸30癸7−3+正財	21甲31甲7−3+傷官	51甲32乙7−4+正財	22乙33丙7−4+正官	53丙34丁7−4+正財	23丙35戊6−4+食神	54丁36己7−3+正官	24丁37庚7−3+偏官
29	51甲26己2+8−正財		50癸28辛8−2+食神	21甲29壬8−2+偏財	51甲30癸8−3+食神	22乙31甲8−3+食神	52乙32乙7−3+偏財	23丙33丙7−3+偏財	54丁34丁7−3+偏財	24丁35戊7−3+傷官	55戊36己7−3+偏財	25戊37庚7−3+正財
30	52乙26己2+8−偏財		51甲28辛8−2+劫財	22乙29壬8−2+正財	52乙30癸8−2+傷官	23丙31甲8−3+劫財	53丙32乙7−3+傷官	24丁33丙7−3+正財	55戊34丁7−3+傷官	25戊35戊7−3+比肩	56己36己7−3+正財	26己37庚7−2+偏財
31	53丙26己1+8−傷官		52乙28辛8−2+比肩		53丙30癸8−2+比肩		54丁32乙8−3+食神	25戊33丙8−3+食神		26己35戊7−3+劫財		27庚37庚8−2+傷官

1972年（昭和47年）生まれ　年干：49壬（2/5～翌年2/3まで）

日	1月	2月	3月	4月	5月	6月	7月	8月	9月	10月	11月	12月
日	日干 月干 立年男女 中心星	日干 月干 立年男女 中心星	日干 月干 立年男女 中心星	日干 月干 立年男女 中心星	日干 月干 立年男女 中心星	日干 月干 立年男女 中心星	日干 月干 立年男女 中心星	日干 月干 立年男女 中心星	日干 月干 立年男女 中心星	日干 月干 立年男女 中心星	日干 月干 立年男女 中心星	日干 月干 立年男女 中心星
1	28辛37庚8−2+食神	59壬38辛9−1+正官	28辛39壬1+8−正財	59壬40癸1+9−傷官	29壬41甲1+9−偏官	60癸42乙1+9−正財	30癸43丙2+9−偏財	1甲44丁2+8−正財	32乙45戊2+8−正官	2乙46己2+8−偏官	33丙47庚2+8−食神	3丙48辛2+8−偏官
2	29壬37庚8−1+劫財	60癸38辛9−1+偏官	29壬39壬1+9−食神	60癸40癸1+9−食神	30癸41甲1+9−正官	1甲42乙1+9−食神	31甲43丙2+9−傷官	2乙44丁2+9−偏財	33丙45戊2+9−偏財	3丙46己2+8−正財	34丁47庚2+8−傷官	4丁48辛2+8−正官
3	30癸37庚9−1+比肩	1甲38辛9−1+正財	30癸39壬1+9−傷官	1甲40癸1+0−劫財	31甲41甲1+9−偏財	2乙42乙1+0−傷官	32乙43丙1+9−食神	3丙44丁1+9−傷官	34丁45戊1+9−正財	4丁46己2+9−正官	35戊47庚1+9−比肩	5戊48辛1+9−偏財
4	31甲37庚9−1+印綬	2乙38辛0−1+偏財	31甲39壬1+9−比肩	2乙40癸1+0−比肩	32乙41甲1+0−正財	3丙42乙1+0−比肩	33丙43丙1+0−劫財	4丁44丁1+9−食神	35戊45戊1+9−食神	5戊46己1+9−傷官	36己47庚1+9−劫財	6己48辛1+9−正財
5	32乙37庚9−1+偏印	3丙39壬0+1−食神	32乙40癸0+1−比肩	3丙41甲0+1−印綬	33丙42乙0+1−食神	4丁43丙0+1−食神	34丁43丙1+0−比肩	5戊44丁1+0−劫財	36己45戊1+0−傷官	6己46己1+9−食神	37庚47庚1+9−偏印	7庚48辛1+9−食神
6	33丙38辛1−0+正官	4丁39壬9+1−傷官	33丙40癸0+1−印綬	4丁41甲0+1−偏印	34丁42乙0+1−傷官	5戊43丙0+1−劫財	35戊43丙1+0−印綬	6己44丁1+0−比肩	37庚45戊1+0−比肩	7庚46己1+0−劫財	38辛47庚1+0−印綬	8辛48辛1+0−傷官
7	34丁38辛1−0+偏官	5戊39壬9+1−比肩	34丁40癸0+1−偏印	5戊41甲9+1−正官	35戊42乙0+1−比肩	6己43丙0+1−比肩	36己44丁0+1−偏印	7庚45戊0+1−偏印	38辛46己0+1−比肩	8辛46己1+0−比肩	39壬48辛0+1−食神	9壬49壬0+1−劫財
8	35戊38辛1−9+正財	6己39壬9+1−劫財	35戊40癸9+1−正官	6己41甲9+1−偏官	36己42乙9+1−劫財	7庚43丙0+1−印綬	37庚44丁0+1−正官	8辛45戊0+1−印綬	39壬46己0+1−印綬	9壬47庚0+1−印綬	40癸48辛0+1−傷官	10癸49壬9+1−比肩
9	36己38辛1−9+偏財	7庚39壬8+1−偏印	36己40癸9+1−偏官	7庚41甲9+1−正財	37庚42乙9+1−偏印	8辛43丙9+1−偏印	38辛44丁0+1−偏官	9壬45戊0+1−偏官	40癸46己0+1−偏印	10癸47庚0+1−偏印	41甲48辛9+1−比肩	11甲49壬9+1−印綬
10	37庚38辛1−9+傷官	8辛39壬8+2−印綬	37庚40癸9+2−正財	8辛41甲8+2−偏財	38辛42乙9+2−印綬	9壬43丙9+2−正官	39壬44丁9+1−正財	10癸45戊9+1−正財	41甲46己9+1−正官	11甲47庚9+1−正官	42乙48辛9+1−劫財	12乙49壬9+1−偏印
11	38辛38辛2−8+食神	9壬39壬8+2−偏官	38辛40癸8+2−偏財	9壬41甲8+2−傷官	39壬42乙8+2−偏印	10癸43丙9+2−偏官	40癸44丁9+1−偏財	11甲45戊9+1−偏財	42乙46己9+1−偏官	12乙47庚9+1−偏官	43丙48辛9+1−偏印	13丙49壬8+1−正官
12	39壬38辛2−8+劫財	10癸39壬7+2−正官	39壬40癸8+2−傷官	10癸41甲8+2−食神	40癸42乙8+2−印綬	11甲43丙8+2−正財	41甲44丁9+2−傷官	12乙45戊9+2−正財	43丙46己9+2−正財	13丙47庚9+1−正財	44丁48辛8+2−印綬	14丁49壬8+2−偏官
13	40癸38辛2−8+比肩	11甲39壬7+3−食神	40癸40癸8+3−食神	11甲41甲7+3−劫財	41甲42乙8+3−偏官	12乙43丙8+3−偏財	42乙44丁8+2−食神	13丙45戊8+2−食神	44丁46己8+2−偏財	14丁47庚8+2−偏財	45戊48辛8+2−偏官	15戊49壬8+2−正財
14	41甲38辛3−7+印綬	12乙39壬7+3−傷官	41甲40癸7+3−劫財	12乙41甲7+3−比肩	42乙42乙7+3−正官	13丙43丙8+3−傷官	43丙44丁8+2−劫財	14丁45戊8+2−傷官	45戊46己8+2−傷官	15戊47庚8+2−傷官	46己48辛8+2−正官	16己49壬7+2−偏財
15	42乙38辛3−7+偏印	13丙39壬6+3−比肩	42乙40癸7+3−比肩	13丙41甲7+3−正官	43丙42乙7+3−偏財	14丁43丙7+3−食神	44丁44丁8+3−比肩	15戊45戊8+3−比肩	46己46己8+3−食神	16己47庚8+2−食神	47庚48辛7+3−偏財	17庚49壬7+3−傷官
16	43丙38辛3−7+正財	14丁39壬6+4−劫財	43丙40癸7+4−印綬	14丁41甲6+4−偏官	44丁42乙7+4−正財	15戊43丙7+4−劫財	45戊44丁7+3−印綬	16己45戊7+3−劫財	47庚46己7+3−劫財	17庚47庚7+3−劫財	48辛48辛7+3−正財	18辛49壬7+3−食神
17	44丁38辛4−6+偏財	15戊39壬6+4−偏印	44丁40癸6+4−偏印	15戊41甲6+4−正財	45戊42乙6+4−食神	16己43丙7+4−比肩	46己44丁7+3−偏官	17庚45戊7+3−偏印	48辛46己7+3−比肩	18辛47庚7+3−比肩	49壬48辛7+3−食神	19壬49壬6+3−劫財
18	45戊38辛4−6+傷官	16己39壬5+4−印綬	45戊40癸6+4−正官	16己41甲6+4−劫財	46己42乙6+4−傷官	17庚43丙6+4−印綬	47庚44丁7+4−正財	18辛45戊7+4−傷官	49壬46己7+4−印綬	19壬47庚7+3−正財	50癸48辛6+4−傷官	20癸49壬6+4−比肩
19	46己38辛4−6+比肩	17庚39壬5+5−偏官	46己40癸6+5−偏官	17庚41甲5+5−偏印	47庚42乙6+5−比肩	18辛43丙6+5−偏印	48辛44丁6+4−偏財	19壬45戊6+4−比肩	50癸46己6+4−偏印	20癸47庚6+4−偏財	51甲48辛6+4−比肩	21甲49壬6+4−印綬
20	47庚38辛5−5+印綬	18辛39壬5+5−正財	47庚40癸5+5−正財	18辛41甲5+5−印綬	48辛42乙5+5−正官	19壬43丙6+5−正官	49壬44丁6+4−正官	20癸45戊6+4−劫財	51甲46己6+4−正官	21甲47庚6+4−傷官	52乙48辛6+4−印綬	22乙49壬5+4−偏印
21	48辛38辛5−5+偏印	19壬39壬4+5−食神	48辛40癸5+5−偏財	19壬41甲5+5−偏官	49壬42乙5+5−偏財	20癸43丙5+5−偏官	50癸44丁6+5−偏官	21甲45戊6+5−偏官	52乙46己6+5−偏官	22乙47庚6+4−正財	53丙48辛5+5−偏官	23丙49壬5+5−正官
22	49壬38辛5−5+正官	20癸39壬4+6−傷官	49壬40癸5+6−傷官	20癸41甲4+6−正官	50癸42乙5+6−正財	21甲43丙5+6−正財	51甲44丁5+5−正財	22乙45戊5+5−正官	53丙46己5+5−正財	23丙47庚5+5−食神	54丁48辛5+5−正官	24丁49壬5+5−偏官
23	50癸38辛6−4+偏官	21甲39壬4+6−比肩	50癸40癸4+6−食神	21甲41甲4+6−偏財	51甲42乙4+6−食神	22乙43丙5+6−偏財	52乙44丁5+5−偏財	23丙45戊5+5−偏財	54丁46己5+5−偏財	24丁47庚5+5−傷官	55戊48辛5+5−偏財	25戊49壬4+5−正財
24	51甲38辛6−4+正財	22乙39壬3+6−劫財	51甲40癸4+6−劫財	22乙41甲4+6−正財	52乙42乙4+6−傷官	23丙43丙4+6−傷官	53丙44丁5+6−傷官	24丁45戊5+6−正財	55戊46己5+6−傷官	25戊47庚5+5−比肩	56己48辛4+6−正財	26己49壬4+6−偏財
25	52乙38辛6−4+偏財	23丙39壬3+7−偏印	52乙40癸4+7−比肩	23丙41甲3+7−食神	53丙42乙4+7−比肩	24丁43丙4+7−比肩	54丁44丁4+6−食神	25戊45戊4+6−食神	56己46己4+6−食神	26己47庚4+6−劫財	57庚48辛4+6−食神	27庚49壬4+6−傷官
26	53丙38辛7−3+傷官	24丁39壬3+7−印綬	53丙40癸3+7−印綬	24丁41甲3+7−傷官	54丁42乙3+7−劫財	25戊43丙4+7−印綬	55戊44丁4+6−劫財	26己45戊4+6−傷官	57庚46己4+6−劫財	27庚47庚4+6−偏印	58辛48辛4+6−傷官	28辛49壬3+6−食神
27	54丁38辛7−3+食神	25戊39壬2+7−偏官	54丁40癸3+7−偏印	25戊41甲3+7−比肩	55戊42乙3+7−偏印	26己43丙3+7−偏印	56己44丁4+7−比肩	27庚45戊4+7−比肩	58辛46己4+7−比肩	28辛47庚4+6−印綬	59壬48辛3+7−比肩	29壬49壬3+7−劫財
28	55戊38辛7−3+劫財	26己39壬2+8−正官	55戊40癸3+8−正官	26己41甲2+8−劫財	56己42乙3+8−印綬	27庚43丙3+8−正官	57庚44丁3+7−印綬	28辛45戊3+7−劫財	59壬46己3+7−印綬	29壬47庚3+7−偏官	60癸48辛3+7−劫財	30癸49壬3+7−比肩
29	56己38辛8−2+比肩	27庚39壬2+8−偏財	56己40癸2+8−偏官	27庚41甲2+8−偏印	57庚42乙2+8−偏官	28辛43丙3+8−偏官	58辛44丁3+7−偏印	29壬45戊3+7−偏印	60癸46己3+7−偏印	30癸47庚3+7−正官	1甲48辛3+7−偏印	31甲49壬2+7−印綬
30	57庚38辛8−2+印綬		57庚40癸2+8−正財	28辛41甲2+8−印綬	58辛42乙2+8−正官	29壬43丙2+8−正財	59壬44丁3+8−正官	30癸45戊3+8−印綬	1甲46己3+8−正官	31甲47庚3+7−偏財	2乙48辛2+8−印綬	32乙49壬2+8−偏印
31	58辛38辛8−2+偏印		58辛40癸2+9−偏財		59壬42乙2+9−偏財		60癸44丁2+8−偏官	31甲45戊2+8−偏官		32乙47庚2+8−正財		33丙49壬2+8−正官

1973年（昭和48年）生まれ　年干：50癸（2/4～翌年2/3まで）

日	1月	2月	3月	4月	5月	6月	7月	8月	9月	10月	11月	12月
	日干 月干 立年男女 中心星	日干 月干 立年男女 中心星	日干 月干 立年男女 中心星	日干 月干 立年男女 中心星	日干 月干 立年男女 中心星	日干 月干 立年男女 中心星	日干 月干 立年男女 中心星	日干 月干 立年男女 中心星	日干 月干 立年男女 中心星	日干 月干 立年男女 中心星	日干 月干 立年男女 中心星	日干 月干 立年男女 中心星
1	34丁49壬1+8−偏官	5戊50癸1+9−劫財	33丙51甲8−2+偏印	4丁52乙9−1+偏印	34丁53丙9−2+傷官	5戊54丁9−2+偏印	35戊55戊8−2+印綬	6己56己8−2+比肩	37庚57庚8−2+比肩	7庚58辛8−2+劫財	38辛59壬8−2+印綬	8辛60癸8−2+傷官
2	35戊49壬1+9−正財	6己50癸1+9−比肩	34丁51甲9−1+印綬	5戊52乙9−1+正官	35戊53丙9−1+比肩	6己54丁9−1+印綬	36己55戊9−2+偏印	7庚56己9−2+印綬	38辛57庚8−2+劫財	8辛58辛8−2+比肩	39壬59壬8−2+傷官	9壬60癸8−2+比肩
3	36己49壬1+9−偏財	7庚50癸1+0−印綬	35戊51甲9−1+偏官	6己52乙9−1+偏官	36己53丙9−1+劫財	7庚54丁9−1+偏官	37庚55戊9−1+正官	8辛56己9−2+偏印	39壬57庚9−2+偏印	9壬58辛8−2+印綬	40癸59壬9−1+正官	10癸60癸9−1+劫財
4	37庚49壬1+9−傷官	8辛51甲1−0+印綬	36己51甲9−1+正官	7庚52乙0−1+正財	37庚53丙0−1+偏印	8辛54丁0−1+正官	38辛55戊9−1+偏官	9壬56己9−1+正官	40癸57庚9−1+印綬	10癸58辛9−1+偏印	41甲59壬9−1+偏財	11甲60癸9−1+偏印
5	38辛50癸0+1−食神	9壬51甲1−0+偏官	37庚51甲0−1+偏財	8辛53丙1−0+偏財	38辛53丙0−1+印綬	9壬54丁0−1+偏財	39壬55戊0−1+正財	10癸56己0−1+偏官	41甲57庚9−1+偏官	11甲58辛9−1+正官	42乙59壬9−1+正財	12乙60癸9−1+印綬
6	39壬50癸0+1−劫財	10癸51甲1−9+正官	38辛52乙1−0+偏財	9壬53丙1−0+傷官	39壬54丁1−0+偏官	10癸55戊1−0+偏官	40癸55戊0−1+偏財	11甲56己0−1+正財	42乙57庚0−1+正官	12乙58辛9−1+偏官	43丙59壬0−1+食神	13丙60癸0−1+偏官
7	40癸50癸9+1−比肩	11甲51甲1−9+偏財	39壬52乙1−0+傷官	10癸53丙1−0+食神	40癸54丁1−0+正官	11甲55戊1−0+正財	41甲56己1−0+傷官	12乙56己0−1+偏財	43丙57庚0−1+偏財	13丙58辛0−1+正財	44丁60癸1−0+印綬	14丁 1甲1−0+偏官
8	41甲50癸9+1−印綬	12乙51甲1−9+正財	40癸52乙1−9+食神	11甲53丙1−9+劫財	41甲54丁1−0+偏財	12乙55戊1−0+偏官	42乙56己1−0+食神	13丙57庚1−0+食神	44丁58辛1−0+偏財	14丁59壬1−0+偏財	45戊60癸1−0+偏官	15戊 1甲1−0+正財
9	42乙50癸9+1−偏印	13丙51甲2−8+食神	41甲52乙1−9+劫財	12乙53丙1−9+比肩	42乙54丁1−9+正財	13丙55戊1−9+傷官	43丙56己1−0+劫財	14丁57庚1−0+傷官	45戊58辛1−0+傷官	15戊59壬1−0+傷官	46己60癸1−9+正官	16己 1甲1−9+偏財
10	43丙50癸8+2−正官	14丁51甲2−8+傷官	42乙52乙1−9+比肩	13丙53丙2−9+印綬	43丙54丁1−9+食神	14丁55戊1−9+食神	44丁56己1−0+比肩	15戊57庚1−0+比肩	46己58辛1−9+食神	16己59壬1−9+食神	47庚60癸1−9+偏財	17庚 1甲1−9+傷官
11	44丁50癸8+2−偏官	15戊51甲2−8+比肩	43丙52乙2−8+印綬	14丁53丙2−8+偏印	44丁54丁2−9+傷官	15戊55戊2−9+劫財	45戊56己1−9+印綬	16己57庚1−9+劫財	47庚58辛1−9+劫財	17庚59壬1−9+劫財	48辛60癸1−9+正財	18辛 1甲1−9+食神
12	45戊50癸8+2−正財	16己51甲3−7+印綬	44丁52乙2−8+偏印	15戊53丙2−8+正官	45戊54丁2−8+食神	16己55戊2−8+比肩	46己56己2−9+偏印	17庚57庚1−9+偏印	48辛58辛1−9+比肩	18辛59壬1−9+比肩	49壬60癸2−8+食神	19壬 1甲2−8+劫財
13	46己50癸7+3−偏財	17庚51甲3−7+偏官	45戊52乙2−8+正官	16己53丙3−8+偏官	46己54丁2−8+傷官	17庚55戊2−8+印綬	47庚56己2−9+正官	18辛57庚2−9+印綬	49壬58辛2−8+印綬	19壬59壬2−8+印綬	50癸60癸2−8+傷官	20癸 1甲2−8+比肩
14	47庚50癸7+3−傷官	18辛51甲3−7+正官	46己52乙3−7+偏官	17庚53丙3−7+正財	47庚54丁3−8+比肩	18辛55戊3−8+偏印	48辛56己2−8+偏官	19壬57庚2−8+偏官	50癸58辛2−8+偏印	20癸59壬2−8+偏印	51甲60癸2−8+比肩	21甲 1甲2−8+印綬
15	48辛50癸7+3−比肩	19壬51甲4−6+偏財	47庚52乙3−7+正財	18辛53丙3−7+食神	48辛54丁3−7+劫財	19壬55戊3−7+正官	49壬56己3−8+正財	20癸57庚2−8+正官	51甲58辛2−8+正官	21甲59壬2−8+正官	52乙60癸3−7+劫財	22乙 1甲3−7+偏印
16	49壬50癸6+4−印綬	20癸51甲4−6+正財	48辛52乙3−7+偏財	19壬53丙4−7+劫財	49壬54丁3−7+偏印	20癸55戊3−7+偏官	50癸56己3−8+偏財	21甲57庚3−8+偏財	52乙58辛3−7+偏官	22乙59壬3−7+偏官	53丙60癸3−7+偏印	23丙 1甲3−7+正官
17	50癸50癸6+4−偏印	21甲51甲4−6+食神	49壬52乙4−6+傷官	20癸53丙4−6+比肩	50癸54丁4−7+印綬	21甲55戊4−7+正財	51甲56己3−7+劫財	22乙57庚3−7+正財	53丙58辛3−7+正財	23丙59壬3−7+正財	54丁60癸3−7+印綬	24丁 1甲3−7+偏官
18	51甲50癸6+4−正財	22乙51甲5−5+傷官	50癸52乙4−6+食神	21甲53丙4−6+偏財	51甲54丁4−6+偏官	22乙55戊4−6+偏財	52乙56己4−7+比肩	23丙57庚3−7+食神	54丁58辛3−7+偏財	24丁59壬3−7+比肩	55戊60癸4−6+偏官	25戊 1甲4−6+正財
19	52乙50癸5+5−偏財	23丙51甲5−5+偏印	51甲52乙4−6+劫財	22乙53丙5−6+正財	52乙54丁4−6+正官	23丙55戊4−6+傷官	53丙56己4−7+印綬	24丁57庚4−7+偏印	55戊58辛4−6+傷官	25戊59壬4−6+印綬	56己60癸4−6+正官	26己 1甲4−6+偏財
20	53丙50癸5+5−傷官	24丁51甲5−5+印綬	52乙52乙5−5+比肩	23丙53丙5−5+食神	53丙54丁5−6+偏財	24丁55戊5−6+食神	54丁56己4−6+食神	25戊57庚4−6+偏財	56己58辛4−6+食神	26己59壬4−6+偏印	57庚60癸4−6+食神	27庚 1甲4−6+傷官
21	54丁50癸5+5−食神	25戊51甲6−4+偏官	53丙52乙5−5+印綬	24丁53丙5−5+傷官	54丁54丁5−5+劫財	25戊55戊5−5+劫財	55戊56己5−6+劫財	26己57庚4−6+正財	57庚58辛4−6+劫財	27庚59壬4−6+偏印	58辛60癸5−5+傷官	28辛 1甲5−5+食神
22	55戊50癸4+6−劫財	26己51甲6−4+正官	54丁52乙5−5+偏印	25戊53丙6−5+比肩	55戊54丁5−5+偏印	26己55戊5−5+比肩	56己56己5−6+比肩	27庚57庚5−6+比肩	58辛58辛5−5+比肩	28辛59壬5−5+印綬	59壬60癸5−5+比肩	29壬 1甲5−5+劫財
23	56己50癸4+6−比肩	27庚51甲6−4+偏財	55戊52乙6−4+正官	26己53丙6−4+劫財	56己54丁6−5+印綬	27庚55戊6−5+印綬	57庚56己5−5+印綬	28辛57庚5−5+劫財	59壬58辛5−5+印綬	29壬59壬5−5+偏官	60癸60癸5−5+劫財	30癸 1甲5−5+比肩
24	57庚50癸4+6−印綬	28辛51甲7−3+正財	56己52乙6−4+偏官	27庚53丙6−4+偏印	57庚54丁6−4+偏官	28辛55戊6−4+偏印	58辛56己6−5+偏印	29壬57庚5−5+偏印	60癸58辛5−5+偏印	30癸59壬5−5+正官	1甲60癸6−4+偏印	31甲 1甲6−4+印綬
25	58辛50癸3+7−偏印	29壬51甲7−3+食神	57庚52乙6−4+正財	28辛53丙7−4+印綬	58辛54丁6−4+正官	29壬55戊6−4+正官	59壬56己6−5+正官	30癸57庚6−5+印綬	1甲58辛6−4+正官	31甲59壬6−4+偏財	2乙60癸6−4+印綬	32乙 1甲6−4+偏印
26	59壬50癸3+7−正官	30癸51甲7−3+傷官	58辛52乙7−3+偏財	29壬53丙7−3+偏官	59壬54丁7−4+偏財	30癸55戊7−4+偏財	60癸56己6−4+偏官	31甲57庚6−4+偏官	2乙58辛6−4+偏官	32乙59壬6−4+正財	3丙60癸6−4+傷官	33丙 1甲6−4+正官
27	60癸50癸3+7−偏官	31甲51甲8−2+比肩	59壬52乙7−3+傷官	30癸53丙7−3+正官	60癸54丁7−3+正財	31甲55戊7−3+傷官	1甲56己7−4+正財	32乙57庚6−4+正官	3丙58辛6−4+正財	33丙59壬6−4+食神	4丁60癸7−3+正官	34丁 1甲7−3+偏官
28	1甲50癸2+8−正財	32乙51甲8−2+劫財	60癸52乙7−3+食神	31甲53丙8−3+偏財	1甲54丁7−3+食神	32乙55戊7−3+食神	2乙56己7−4+偏財	33丙57庚7−4+偏財	4丁58辛7−3+偏財	34丁59壬7−3+傷官	5戊60癸7−3+偏財	35戊 1甲7−3+正財
29	2乙50癸2+8−偏財		1甲52乙8−2+劫財	32乙53丙8−2+正財	2乙54丁8−3+傷官	33丙55戊8−3+劫財	3丙56己7−3+傷官	34丁57庚7−3+正財	5戊58辛7−3+傷官	35戊59壬7−3+比肩	6己60癸7−3+正財	36己 1甲7−3+偏財
30	3丙50癸2+8−傷官		2乙52乙8−2+比肩	33丙53丙8−2+食神	3丙54丁8−2+比肩	34丁55戊8−2+比肩	4丁56己8−3+食神	35戊57庚7−3+食神	6己58辛7−3+食神	36己59壬7−3+劫財	7庚60癸8−2+食神	37庚 1甲8−2+傷官
31	4丁50癸1+9−食神		3丙52乙8−2+印綬		4丁54丁8−2+劫財		5戊56己8−3+劫財	36己57庚8−3+傷官		37庚59壬8−2+偏印		38辛 1甲8−2+食神

1974年（昭和49年）生まれ　年干：51 甲（2/4〜翌年2/3まで）

各月の列：日干　月干　立年（男 女）　中心星

日	1月	2月	3月	4月	5月	6月
1	39壬 1甲8−2+劫財	10癸 2乙9−1+偏官	38辛 3丙2+8−正財	9壬 4丁1+9−傷官	39壬 5戊2+9−偏官	10癸 6己2+9−正財
2	40癸 1甲9−1+比肩	11甲 2乙9−1+正財	39壬 3丙1+9−食神	10癸 4丁1+9−食神	40癸 5戊1+9−正官	11甲 6己1+9−食神
3	41甲 1甲9−1+印綬	12乙 2乙9−1+偏財	40癸 3丙1+9−傷官	11甲 4丁1+9−劫財	41甲 5戊1+9−偏財	12乙 6己1+9−傷官
4	42乙 1甲9−1+偏印	13丙 3丙0+1−食神	41甲 3丙1+9−比肩	12乙 4丁1+0−比肩	42乙 5戊1+0−正財	13丙 6己1+0−比肩
5	43丙 1甲0−1+正官	14丁 3丙0+1−傷官	42乙 3丙1+0−劫財	13丙 5戊0+1−印綬	43丙 5戊1+0−食神	14丁 6己1+0−劫財
6	44丁 2乙1−0+偏官	15戊 3丙9+1−比肩	43丙 4丁0+1−印綬	14丁 5戊0+1−偏印	44丁 6己0+1−傷官	15戊 7庚0+1−劫財
7	45戊 2乙1−9+正財	16己 3丙9+1−劫財	44丁 4丁0+1−偏印	15戊 5戊0+1−正官	45戊 6己0+1−比肩	16己 7庚0+1−比肩
8	46己 2乙1−9+偏財	17庚 3丙9+1−偏印	45戊 4丁9+1−正官	16己 5戊9+1−偏官	46己 6己0+1−劫財	17庚 7庚0+1−印綬
9	47庚 2乙1−9+傷官	18辛 3丙8+2−印綬	46己 4丁9+1−偏官	17庚 5戊9+1−正財	47庚 6己9+1−偏印	18辛 7庚9+1−偏印
10	48辛 2乙1−8+食神	19壬 3丙8+2−偏官	47庚 4丁9+1−正財	18辛 5戊9+2−偏財	48辛 6己9+1−印綬	19壬 7庚9+1−正官
11	49壬 2乙2−8+劫財	20癸 3丙8+2−正官	48辛 4丁8+2−偏財	19壬 5戊8+2−傷官	49壬 6己9+2−偏官	20癸 7庚9+2−偏官
12	50癸 2乙2−8+比肩	21甲 3丙7+3−食神	49壬 4丁8+2−傷官	20癸 5戊8+2−食神	50癸 6己8+2−印綬	21甲 7庚8+2−正財
13	51甲 2乙2−7+印綬	22乙 3丙7+3−傷官	50癸 4丁8+2−食神	21甲 5戊8+3−劫財	51甲 6己8+2−偏官	22乙 7庚8+2−偏財
14	52乙 2乙3−7+偏印	23丙 3丙7+3−比肩	51甲 4丁7+3−劫財	22乙 5戊7+3−比肩	52乙 6己8+3−正官	23丙 7庚8+3−傷官
15	53丙 2乙3−7+正官	24丁 3丙6+4−劫財	52乙 4丁7+3−比肩	23丙 5戊7+3−正官	53丙 6己7+3−偏財	24丁 7庚7+3−食神
16	54丁 2乙3−6+偏財	25戊 3丙6+4−偏印	53丙 4丁7+3−印綬	24丁 5戊7+4−偏官	54丁 6己7+3−正財	25戊 7庚7+3−劫財
17	55戊 2乙4−6+傷官	26己 3丙6+4−印綬	54丁 4丁6+4−偏印	25戊 5戊6+4−正財	55戊 6己7+4−食神	26己 7庚7+4−比肩
18	56己 2乙4−6+食神	27庚 3丙5+5−偏官	55戊 4丁6+4−正官	26己 5戊6+4−劫財	56己 6己6+4−傷官	27庚 7庚6+4−印綬
19	57庚 2乙4−5+印綬	28辛 3丙5+5−正財	56己 4丁6+4−偏官	27庚 5戊6+5−偏印	57庚 6己6+4−比肩	28辛 7庚6+4−偏印
20	58辛 2乙5−5+偏印	29壬 3丙5+5−食神	57庚 4丁5+5−正財	28辛 5戊5+5−印綬	58辛 6己6+5−劫財	29壬 7庚6+5−正官
21	59壬 2乙5−5+正官	30癸 3丙4+6−傷官	58辛 4丁5+5−偏財	29壬 5戊5+5−偏官	59壬 6己5+5−偏財	30癸 7庚5+5−偏官
22	60癸 2乙5−4+偏官	31甲 3丙4+6−比肩	59壬 4丁5+5−傷官	30癸 5戊5+6−正官	60癸 6己5+5−正財	31甲 7庚5+5−正財
23	1甲 2乙6−4+正財	32乙 3丙4+6−劫財	60癸 4丁4+6−食神	31甲 5戊4+6−偏財	1甲 6己5+6−食神	32乙 7庚5+6−偏財
24	2乙 2乙6−4+偏財	33丙 3丙3+7−偏印	1甲 4丁4+6−劫財	32乙 5戊4+6−正財	2乙 6己4+6−傷官	33丙 7庚4+6−傷官
25	3丙 2乙6−3+傷官	34丁 3丙3+7−印綬	2乙 4丁4+6−比肩	33丙 5戊4+7−食神	3丙 6己4+6−比肩	34丁 7庚4+6−食神
26	4丁 2乙7−3+食神	35戊 3丙3+7−偏官	3丙 4丁3+7−印綬	34丁 5戊3+7−傷官	4丁 6己4+7−劫財	35戊 7庚4+7−印綬
27	5戊 2乙7−3+劫財	36己 3丙2+8−正官	4丁 4丁3+7−偏印	35戊 5戊3+7−比肩	5戊 6己3+7−偏印	36己 7庚3+7−偏印
28	6己 2乙7−2+比肩	37庚 3丙2+8−偏財	5戊 4丁3+7−正官	36己 5戊3+8−劫財	6己 6己3+7−印綬	37庚 7庚3+7−正官
29	7庚 2乙8−2+印綬		6己 4丁2+8−偏官	37庚 5戊2+8−偏印	7庚 6己3+8−偏官	38辛 7庚3+8−偏官
30	8辛 2乙8−2+偏印		7庚 4丁2+8−正財	38辛 5戊2+8−印綬	8辛 6己2+8−正官	39壬 7庚2+8−正財
31	9壬 2乙8−1+正官		8辛 4丁2+8−偏財		9壬 6己2+8−偏財	

日	7月	8月	9月	10月	11月	12月
1	40癸 7庚2+8−偏財	11甲 8辛2+8−正財	42乙 9壬2+8−正官	12乙 10癸3+8−偏官	43丙 11甲2+8−食神	13丙 12乙2+8−偏官
2	41甲 7庚2+9−傷官	12乙 8辛2+9−偏財	43丙 9壬2+8−偏財	13丙 10癸2+8−正財	44丁 11甲2+8−傷官	14丁 12乙2+8−正官
3	42乙 7庚1+9−食神	13丙 8辛2+9−傷官	44丁 9壬2+9−正財	14丁 10癸2+8−偏財	45戊 11甲2+8−比肩	15戊 12乙1+8−偏財
4	43丙 7庚1+9−劫財	14丁 8辛1+9−食神	45戊 9壬1+9−食神	15戊 10癸2+9−傷官	46己 11甲1+9−劫財	16己 12乙1+9−正財
5	44丁 7庚1+0−比肩	15戊 8辛1+0−劫財	46己 9壬1+9−傷官	16己 10癸1+9−食神	47庚 11甲1+9−偏印	17庚 12乙1+9−食神
6	45戊 7庚1+0−印綬	16己 8辛1+0−比肩	47庚 9壬1+0−比肩	17庚 10癸1+9−劫財	48辛 11甲1+9−印綬	18辛 12乙1+9−傷官
7	46己 8辛0+1−偏印	17庚 8辛1+0−印綬	48辛 9壬1+0−劫財	18辛 10癸1+0−比肩	49壬 11甲1+0−偏官	19壬 13丙0+1−劫財
8	47庚 8辛0+1−正官	18辛 9壬0+1−印綬	49壬 10癸0+1−印綬	19壬 10癸1+0−印綬	50癸 12乙0+1−傷官	20癸 13丙0+1−比肩
9	48辛 8辛0+1−偏官	19壬 9壬0+1−偏官	50癸 10癸0+1−偏印	20癸 11甲0+1−偏印	51甲 12乙9+1−比肩	21甲 13丙9+1−印綬
10	49壬 8辛0+1−正財	20癸 9壬0+1−正官	51甲 10癸0+1−正官	21甲 11甲0+1−正官	52乙 12乙9+1−劫財	22乙 13丙9+1−偏印
11	50癸 8辛9+1−偏財	21甲 9壬9+1−偏財	52乙 10癸9+1−偏官	22乙 11甲9+1−偏官	53丙 12乙9+1−偏印	23丙 13丙9+1−正官
12	51甲 8辛9+2−傷官	22乙 9壬9+1−正財	53丙 10癸9+1−正財	23丙 11甲9+1−正財	54丁 12乙8+1−印綬	24丁 13丙8+2−偏官
13	52乙 8辛9+2−食神	23丙 9壬9+2−食神	54丁 10癸9+2−偏財	24丁 11甲9+1−偏財	55戊 12乙8+2−偏官	25戊 13丙8+2−正財
14	53丙 8辛8+2−劫財	24丁 9壬8+2−傷官	55戊 10癸8+2−傷官	25戊 11甲8+2−傷官	56己 12乙8+2−正官	26己 13丙8+2−偏財
15	54丁 8辛8+3−比肩	25戊 9壬8+2−比肩	56己 10癸8+2−食神	26己 11甲8+2−食神	57庚 12乙7+2−偏財	27庚 13丙7+3−傷官
16	55戊 8辛8+3−印綬	26己 9壬8+3−劫財	57庚 10癸8+3−劫財	27庚 11甲8+2−劫財	58辛 12乙7+3−正財	28辛 13丙7+3−食神
17	56己 8辛7+3−偏官	27庚 9壬7+3−偏印	58辛 10癸7+3−比肩	28辛 11甲7+3−比肩	59壬 12乙7+3−食神	29壬 13丙7+3−劫財
18	57庚 8辛7+4−正財	28辛 9壬7+3−印綬	59壬 10癸7+3−印綬	29壬 11甲7+3−印綬	60癸 12乙6+3−傷官	30癸 13丙6+4−比肩
19	58辛 8辛7+4−偏財	29壬 9壬7+4−比肩	60癸 10癸7+4−偏印	30癸 11甲7+3−偏財	1甲 12乙6+4−比肩	31甲 13丙6+4−印綬
20	59壬 8辛6+4−正官	30癸 9壬6+4−劫財	1甲 10癸6+4−正官	31甲 11甲6+4−傷官	2乙 12乙6+4−劫財	32乙 13丙6+4−偏印
21	60癸 8辛6+5−偏官	31甲 9壬6+4−偏印	2乙 10癸6+4−偏官	32乙 11甲6+4−食神	3丙 12乙5+4−偏官	33丙 13丙5+5−正官
22	1甲 8辛6+5−正財	32乙 9壬6+5−正官	3丙 10癸6+5−正財	33丙 11甲6+4−食神	4丁 12乙5+5−正官	34丁 13丙5+5−偏官
23	2乙 8辛5+5−偏財	33丙 9壬5+5−偏財	4丁 10癸5+5−偏財	34丁 11甲5+5−傷官	5戊 12乙5+5−偏財	35戊 13丙5+5−正財
24	3丙 8辛5+6−傷官	34丁 9壬5+5−正財	5戊 10癸5+5−傷官	35戊 11甲5+5−比肩	6己 12乙4+5−正財	36己 13丙4+6−偏財
25	4丁 8辛5+6−食神	35戊 9壬5+6−食神	6己 10癸5+6−食神	36己 11甲5+5−劫財	7庚 12乙4+6−食神	37庚 13丙4+6−傷官
26	5戊 8辛4+6−劫財	36己 9壬4+6−傷官	7庚 10癸4+6−劫財	37庚 11甲4+6−偏印	8辛 12乙4+6−傷官	38辛 13丙4+6−食神
27	6己 8辛4+7−比肩	37庚 9壬4+6−比肩	8辛 10癸4+6−比肩	38辛 11甲4+6−印綬	9壬 12乙3+6−比肩	39壬 13丙3+7−劫財
28	7庚 8辛4+7−印綬	38辛 9壬4+7−劫財	9壬 10癸4+7−印綬	39壬 11甲4+6−偏官	10癸 12乙3+7−劫財	40癸 13丙3+7−比肩
29	8辛 8辛3+7−偏印	39壬 9壬3+7−偏印	10癸 10癸3+7−偏印	40癸 11甲3+7−正官	11甲 12乙3+7−偏印	41甲 13丙3+7−印綬
30	9壬 8辛3+8−正官	40癸 9壬3+7−印綬	11甲 10癸3+7−正官	41甲 11甲3+7−偏財	12乙 12乙2+7−印綬	42乙 13丙2+8−偏印
31	10癸 8辛3+8−偏官	41甲 9壬3+8−偏官		42乙 11甲3+7−正財		43丙 13丙2+8−正官

1975年（昭和50年）生まれ　年干：52 乙（2/4～翌年2/4まで）

日	1月	2月	3月	4月	5月	6月	7月	8月	9月	10月	11月	12月
	日干 月干 立年男女 中心星	日干 月干 立年男女 中心星	日干 月干 立年男女 中心星	日干 月干 立年男女 中心星	日干 月干 立年男女 中心星	日干 月干 立年男女 中心星	日干 月干 立年男女 中心星	日干 月干 立年男女 中心星	日干 月干 立年男女 中心星	日干 月干 立年男女 中心星	日干 月干 立年男女 中心星	日干 月干 立年男女 中心星
1	44丁13丙2+8−偏官	15戊14丁1+9−劫財	43丙15戊8−2+偏印	14丁16己9−1+偏印	44丁17庚9−2+傷官	15戊18辛9−2+偏印	45戊19壬8−2+印綬	16己20癸8−2+比肩	47庚21甲8−2+比肩	17庚22乙8−3+劫財	48辛23丙8−2+印綬	18辛24丁8−2+傷官
2	45戊13丙1+9−正財	16己14丁1+9−比肩	44丁15戊9−1+印綬	15戊16己9−1+正官	45戊17庚9−1+比肩	16己18辛9−1+印綬	46己19壬9−2+偏印	17庚20癸8−2+印綬	48辛21甲8−2+劫財	18辛22乙8−2+比肩	49壬23丙8−2+偏官	19壬24丁8−2+比肩
3	46己13丙1+9−偏財	17庚14丁1+9−印綬	45戊15戊9−1+偏官	16己16己9−1+偏官	46己17庚9−1+劫財	17庚18辛9−1+偏官	47庚19壬9−2+正官	18辛20癸9−2+偏印	49壬21甲9−2+偏印	19壬22乙8−2+印綬	50癸23丙8−2+正官	20癸24丁8−2+劫財
4	47庚13丙1+9−傷官	18辛15戊1−0+印綬	46己15戊9−1+正官	17庚16己0−1+正財	47庚17庚0−1+偏印	18辛18辛0−1+正官	48辛19壬9−1+偏官	19壬20癸9−1+正官	50癸21甲9−1+印綬	20癸22乙9−2+偏印	51甲23丙9−1+偏財	21甲24丁9−1+偏印
5	48辛13丙1+0−食神	19壬15戊1−0+偏官	47庚15戊0−1+偏財	18辛17庚1−0+偏財	48辛17庚0−1+印綬	19壬18辛0−1+偏財	49壬19壬0−1+正財	20癸20癸9−1+偏官	51甲21甲9−1+偏官	21甲22乙9−1+正官	52乙23丙9−1+正財	22乙24丁9−1+印綬
6	49壬14丁0+1−劫財	20癸15戊1−9+正官	48辛16己1−0+偏財	19壬17庚1−0+傷官	49壬18辛1−0+偏官	20癸19壬1−0+偏官	50癸19壬0−1+偏財	21甲20癸0−1+正財	52乙21甲0−1+正官	22乙22乙9−1+偏官	53丙23丙9−1+食神	23丙24丁9−1+偏官
7	50癸14丁9+1−比肩	21甲15戊1−9+偏財	49壬16己1−0+傷官	20癸17庚1−0+食神	50癸18辛1−0+正官	21甲19壬1−0+正財	51甲19壬0−1+傷官	22乙20癸0−1+偏財	53丙21甲0−1+偏財	23丙22乙0−1+正財	54丁23丙0−1+傷官	24丁24丁0−1+正官
8	51甲14丁9+1−印綬	22乙15戊1−9+正財	50癸16己1−9+食神	21甲17庚1−9+劫財	51甲18辛1−0+偏財	22乙19壬1−0+偏財	52乙20癸1−0+食神	23丙21甲1−0+食神	54丁22乙1−0+偏財	24丁22乙0−1+偏財	55戊24丁1−0+偏官	25戊25戊1−0+正財
9	52乙14丁9+1−偏印	23丙15戊2−8+食神	51甲16己1−9+劫財	22乙17庚1−9+比肩	52乙18辛1−9+正財	23丙19壬1−0+傷官	53丙20癸1−0+劫財	24丁21甲1−0+傷官	55戊22乙1−0+傷官	25戊23丙1−0+偏財	56己24丁1−0+正官	26己25戊1−9+偏財
10	53丙14丁8+1−正官	24丁15戊2−8+傷官	52乙16己1−9+比肩	23丙17庚2−9+印綬	53丙18辛1−9+食神	24丁19壬1−9+食神	54丁20癸1−0+比肩	25戊21甲1−0+比肩	56己22乙1−0+食神	26己23丙1−0+食神	57庚24丁1−9+偏財	27庚25戊1−9+傷官
11	54丁14丁8+2−偏官	25戊15戊2−8+比肩	53丙16己2−8+印綬	24丁17庚2−8+偏印	54丁18辛2−9+傷官	25戊19壬2−9+劫財	55戊20癸1−9+印綬	26己21甲1−9+劫財	57庚22乙1−9+劫財	27庚23丙1−9+劫財	58辛24丁1−9+正財	28辛25戊1−9+食神
12	55戊14丁8+2−正財	26己15戊3−7+印綬	54丁16己2−8+偏印	25戊17庚2−8+正官	55戊18辛2−8+食神	26己19壬2−9+比肩	56己20癸1−9+偏印	27庚21甲1−9+偏印	58辛22乙1−9+比肩	28辛23丙1−9+比肩	59壬24丁1−9+食神	29壬25戊1−8+劫財
13	56己14丁7+2−偏財	27庚15戊3−7+偏官	55戊16己2−8+正官	26己17庚3−8+偏官	56己18辛2−8+傷官	27庚19壬2−8+印綬	57庚20癸2−9+正官	28辛21甲2−9+印綬	59壬22乙2−9+印綬	29壬23丙1−9+印綬	60癸24丁2−8+傷官	30癸25戊2−8+比肩
14	57庚14丁7+3−傷官	28辛15戊3−7+正官	56己16己3−7+偏官	27庚17庚3−7+正財	57庚18辛3−8+比肩	28辛19壬3−8+偏印	58辛20癸2−8+偏官	29壬21甲2−8+偏官	60癸22乙2−8+偏印	30癸23丙2−8+偏印	1甲24丁2−8+比肩	31甲25戊2−8+印綬
15	58辛14丁7+3−食神	29壬15戊4−6+偏財	57庚16己3−7+正財	28辛17庚3−7+食神	58辛18辛3−7+劫財	29壬19壬3−8+正官	59壬20癸2−8+正財	30癸21甲2−8+正官	1甲22乙2−8+正官	31甲23丙2−8+正官	2乙24丁2−8+劫財	32乙25戊2−7+偏印
16	59壬14丁6+3−印綬	30癸15戊4−6+正財	58辛16己3−7+偏財	29壬17庚4−7+劫財	59壬18辛3−7+偏印	30癸19壬3−7+偏官	60癸20癸3−8+偏財	31甲21甲3−8+偏財	2乙22乙3−8+偏官	32乙23丙2−8+偏官	3丙24丁3−7+偏印	33丙25戊3−7+正官
17	60癸14丁6+4−偏印	31甲15戊4−6+食神	59壬16己4−6+傷官	30癸17庚4−6+比肩	60癸18辛4−7+印綬	31甲19壬4−7+正財	1甲20癸3−7+傷官	32乙21甲3−7+正財	3丙22乙3−7+正財	33丙23丙3−7+正財	4丁24丁3−7+印綬	34丁25戊3−7+偏官
18	1甲14丁6+4−正官	32乙15戊5−5+傷官	60癸16己4−6+食神	31甲17庚4−6+偏財	1甲18辛4−6+偏官	32乙19壬4−7+偏財	2乙20癸3−7+比肩	33丙21甲3−7+食神	4丁22乙3−7+偏財	34丁23丙3−7+偏財	5戊24丁3−7+偏官	35戊25戊3−6+正財
19	2乙14丁5+4−偏財	33丙15戊5−5+偏印	1甲16己4−6+劫財	32乙17庚5−6+正財	2乙18辛4−6+正官	33丙19壬4−6+傷官	3丙20癸4−7+印綬	34丁21甲4−7+正官	5戊22乙4−7+傷官	35戊23丙3−7+印綬	6己24丁4−6+正官	36己25戊4−6+偏財
20	3丙14丁5+5−傷官	34丁15戊5−5+印綬	2乙16己5−5+比肩	33丙17庚5−5+食神	3丙18辛5−6+偏財	34丁19壬5−6+食神	4丁20癸4−6+偏印	35戊21甲4−6+偏財	6己22乙4−6+食神	36己23丙4−6+偏印	7庚24丁4−6+偏財	37庚25戊4−6+傷官
21	4丁14丁5+5−食神	35戊15戊6−4+偏官	3丙16己5−5+印綬	34丁17庚5−5+傷官	4丁18辛5−5+劫財	35戊19壬5−6+劫財	5戊20癸4−6+劫財	36己21甲4−6+正財	7庚22乙4−6+劫財	37庚23丙4−6+正官	8辛24丁4−6+傷官	38辛25戊4−5+食神
22	5戊14丁4+5−劫財	36己15戊6−4+正官	4丁16己5−5+偏印	35戊17庚6−5+比肩	5戊18辛5−5+偏印	36己19壬5−5+比肩	6己20癸5−6+比肩	37庚21甲5−6+比肩	8辛22乙5−6+比肩	38辛23丙4−6+印綬	9壬24丁5−5+比肩	39壬25戊5−5+劫財
23	6己14丁4+6−比肩	37庚15戊6−4+偏財	5戊16己6−4+正官	36己17庚6−4+劫財	6己18辛6−5+印綬	37庚19壬6−5+印綬	7庚20癸5−5+印綬	38辛21甲5−5+劫財	9壬22乙5−5+印綬	39壬23丙5−5+偏官	10癸24丁5−5+劫財	40癸25戊5−5+比肩
24	7庚14丁4+6−印綬	38辛15戊7−3+正財	6己16己6−4+偏官	37庚17庚6−4+偏印	7庚18辛6−4+偏官	38辛19壬6−5+偏印	8辛20癸5−5+偏印	39壬21甲5−5+偏印	10癸22乙5−5+偏印	40癸23丙5−5+正官	11甲24丁5−5+偏印	41甲25戊5−4+印綬
25	8辛14丁3+6−偏印	39壬15戊7−3+食神	7庚16己6−4+正財	38辛17庚7−4+印綬	8辛18辛6−4+正官	39壬19壬6−4+正官	9壬20癸6−5+正官	40癸21甲6−5+印綬	11甲22乙6−5+正官	41甲23丙5−5+偏財	12乙24丁6−4+印綬	42乙25戊6−4+偏印
26	9壬14丁3+7−正官	40癸15戊7−3+傷官	8辛16己7−3+偏財	39壬17庚7−3+偏官	9壬18辛7−4+偏財	40癸19壬7−4+偏財	10癸20癸6−4+偏官	41甲21甲6−4+偏官	12乙22乙6−4+偏官	42乙23丙6−4+正財	13丙24丁6−4+偏官	43丙25戊6−4+正官
27	10癸14丁3+7−偏官	41甲15戊8−2+比肩	9壬16己7−3+傷官	40癸17庚7−3+正官	10癸18辛7−3+正財	41甲19壬7−4+傷官	11甲20癸6−4+正財	42乙21甲6−4+正官	13丙22乙6−4+正財	43丙23丙6−4+食神	14丁24丁6−4+正官	44丁25戊6−3+偏官
28	11甲14丁2+7−正財	42乙15戊8−2+劫財	10癸16己7−3+食神	41甲17庚8−3+偏財	11甲18辛7−3+食神	42乙19壬7−3+食神	12乙20癸7−4+偏財	43丙21甲7−4+偏財	14丁22乙7−4+偏財	44丁23丙6−4+傷官	15戊24丁7−3+偏財	45戊25戊7−3+正財
29	12乙14丁2+8−偏財		11甲16己8−2+劫財	42乙17庚8−2+正財	12乙18辛8−3+傷官	43丙19壬8−3+劫財	13丙20癸7−3+傷官	44丁21甲7−3+正財	15戊22乙7−3+傷官	45戊23丙7−3+比肩	16己24丁7−3+正財	46己25戊7−3+偏財
30	13丙14丁2+8−傷官		12乙16己8−2+比肩	43丙17庚8−2+食神	13丙18辛8−2+比肩	44丁19壬8−3+比肩	14丁20癸7−3+食神	45戊21甲7−3+食神	16己22乙7−3+食神	46己23丙7−3+劫財	17庚24丁7−3+食神	47庚25戊7−2+傷官
31	14丁14丁1+8−食神		13丙16己8−2+印綬		14丁18辛8−2+劫財		15戊20癸8−3+劫財	46己21甲8−3+傷官		47庚23丙7−3+偏印		48辛25戊8−2+食神

1976年（昭和51年）生まれ　年干：53丙（2/5～翌年2/3まで）

日	1月 日干 月干 立年男女 中心星	2月 日干 月干 立年男女 中心星	3月 日干 月干 立年男女 中心星	4月 日干 月干 立年男女 中心星	5月 日干 月干 立年男女 中心星	6月 日干 月干 立年男女 中心星	7月 日干 月干 立年男女 中心星	8月 日干 月干 立年男女 中心星	9月 日干 月干 立年男女 中心星	10月 日干 月干 立年男女 中心星	11月 日干 月干 立年男女 中心星	12月 日干 月干 立年男女 中心星
1	49壬25戊8−2+劫財	20癸26己9−1+偏官	49壬27庚1+8−食神	20癸28辛1+9−食神	50癸29壬1+9−正官	21甲30癸1+9−食神	51甲31甲2+9−傷官	22乙32乙2+8−偏財	53丙33丙2+8−偏財	23丙34丁2+8−正財	54丁35戊2+8−傷官	24丁36己2+8−正官
2	50癸25戊8−1+比肩	21甲26己9−1+正財	50癸27庚1+9−傷官	21甲28辛1+9−劫財	51甲29壬1+9−偏財	22乙30癸1+9−傷官	52乙31甲2+9−食神	23丙32乙2+9−傷官	54丁33丙2+9−正財	24丁34丁2+8−偏財	55戊35戊2+8−比肩	25戊36己2+8−偏財
3	51甲25戊9−1+印綬	22乙26己9−1+偏財	51甲27庚1+9−比肩	22乙28辛1+0−比肩	52乙29壬1+9−正財	23丙30癸1+0−比肩	53丙31甲1+9−劫財	24丁32乙1+9−食神	55戊33丙1+9−食神	25戊34丁2+9−傷官	56己35戊1+9−劫財	26己36己1+9−正財
4	52乙25戊9−1+偏印	23丙26己0−1+傷官	52乙27庚1+9−劫財	23丙28辛1+0−印綬	53丙29壬1+0−食神	24丁30癸1+0−劫財	54丁31甲1+0−比肩	25戊32乙1+9−劫財	56己33丙1+9−傷官	26己34丁1+9−食神	57庚35戊1+9−偏印	27庚36己1+9−食神
5	53丙25戊9−1+正官	24丁27庚0+1−傷官	53丙28辛0+1−印綬	24丁29壬0+1−偏印	54丁30癸0+1−傷官	25戊31甲0+1−劫財	55戊31甲1+0−印綬	26己32乙1+0−比肩	57庚33丙1+0−比肩	27庚34丁1+9−劫財	58辛35戊1+9−印綬	28辛36己1+9−傷官
6	54丁26己1−0+偏官	25戊27庚9+1−比肩	54丁28辛0+1−偏印	25戊29壬0+1−正官	55戊30癸0+1−比肩	26己31甲0+1−比肩	56己31甲1+0−偏印	27庚32乙1+0−印綬	58辛33丙1+0−劫財	28辛34丁1+0−比肩	59壬35戊1+0−偏官	29壬36己1+0−比肩
7	55戊26己1−0+正財	26己27庚9+1−劫財	55戊28辛0+1−正官	26己29壬9+1−偏官	56己30癸0+1−劫財	27庚31甲0+1−印綬	57庚32乙0+1−正官	28辛33丙0+1−印綬	59壬34丁0+1−印綬	29壬34丁1+0−印綬	60癸36己0+1−傷官	30癸37庚0+1−比肩
8	56己26己1−9+偏財	27庚27庚9+1−偏印	56己28辛9+1−偏官	27庚29壬9+1−正財	57庚30癸9+1−偏印	28辛31甲0+1−偏印	58辛32乙0+1−偏官	29壬33丙0+1−偏官	60癸34丁0+1−偏印	30癸35戊0+1−偏印	1甲36己0+1−比肩	31甲37庚9+1−印綬
9	57庚26己1−9+傷官	28辛27庚8+1−印綬	57庚28辛9+1−正財	28辛29壬9+1−偏財	58辛30癸9+1−印綬	29壬31甲9+1−正官	59壬32乙0+1−正財	30癸33丙0+1−正官	1甲34丁0+1−正官	31甲35戊0+1−正官	2乙36己9+1−劫財	32乙37庚9+1−偏印
10	58辛26己1−9+食神	29壬27庚8+2−偏官	58辛28辛9+2−偏財	29壬29壬8+2−傷官	59壬30癸9+2−偏官	30癸31甲9+2−偏官	60癸32乙9+1−偏財	31甲33丙9+1−偏財	2乙34丁9+1−偏官	32乙35戊9+1−偏官	3丙36己9+1−偏印	33丙37庚9+1−正官
11	59壬26己2−8+劫財	30癸27庚8+2−正官	59壬28辛8+2−傷官	30癸29壬8+2−食神	60癸30癸8+2−印綬	31甲31甲9+2−正財	1甲32乙9+1−傷官	32乙33丙9+1−正財	3丙34丁9+1−正財	33丙35戊9+1−正財	4丁36己9+1−印綬	34丁37庚8+1−偏官
12	60癸26己2−8+比肩	31甲27庚7+2−偏財	60癸28辛8+2−食神	31甲29壬8+2−劫財	1甲30癸8+2−偏官	32乙31甲8+2−偏財	2乙32乙9+2−食神	33丙33丙9+2−食神	4丁34丁9+2−偏財	34丁35戊9+1−偏財	5戊36己8+2−偏官	35戊37庚8+2−正財
13	1甲26己2−8+印綬	32乙27庚7+3−傷官	1甲28辛8+3−劫財	32乙29壬7+3−比肩	2乙30癸8+3−正官	33丙31甲8+3−傷官	3丙32乙8+2−劫財	34丁33丙8+2−傷官	5戊34丁8+2−傷官	35戊35戊8+2−傷官	6己36己8+2−正官	36己37庚8+2−偏財
14	2乙26己3−7+偏印	33丙27庚7+3−比肩	2乙28辛7+3−比肩	33丙29壬7+3−印綬	3丙30癸7+3−偏財	34丁31甲8+3−食神	4丁32乙8+2−比肩	35戊33丙8+2−比肩	6己34丁8+2−食神	36己35戊8+2−食神	7庚36己8+2−偏財	37庚37庚7+2−傷官
15	3丙26己3−7+正官	34丁27庚6+3−劫財	3丙28辛7+3−印綬	34丁29壬7+3−偏官	4丁30癸7+3−正財	35戊31甲7+3−劫財	5戊32乙8+3−印綬	36己33丙8+3−劫財	7庚34丁8+3−劫財	37庚35戊8+2−劫財	8辛36己7+3−正財	38辛37庚7+3−食神
16	4丁26己3−7+偏財	35戊27庚6+4−偏印	4丁28辛7+4−偏印	35戊29壬6+4−正財	5戊30癸7+4−食神	36己31甲7+4−比肩	6己32乙7+3−偏印	37庚33丙7+3−偏印	8辛34丁7+3−比肩	38辛35戊7+3−比肩	9壬36己7+3−食神	39壬37庚7+3−劫財
17	5戊26己4−6+傷官	36己27庚6+4−印綬	5戊28辛6+4−正官	36己29壬6+4−偏財	6己30癸6+4−傷官	37庚31甲7+4−印綬	7庚32乙7+3−正財	38辛33丙7+3−印綬	9壬34丁7+3−印綬	39壬35戊7+3−印綬	10癸36己7+3−傷官	40癸37庚6+3−比肩
18	6己26己4−6+食神	37庚27庚5+4−偏官	6己28辛6+4−偏官	37庚29壬6+4−偏印	7庚30癸6+4−比肩	38辛31甲6+4−偏印	8辛32乙7+4−偏財	39壬33丙7+4−比肩	10癸34丁7+4−偏印	40癸35戊7+3−偏財	11甲36己6+4−比肩	41甲37庚6+4−印綬
19	7庚26己4−6+印綬	38辛27庚5+5−正官	7庚28辛6+5−正財	38辛29壬5+5−印綬	8辛30癸6+5−劫財	39壬31甲6+5−正官	9壬32乙6+4−傷官	40癸33丙6+4−劫財	11甲34丁6+4−正官	41甲35戊6+4−傷官	12乙36己6+4−劫財	42乙37庚6+4−偏印
20	8辛26己5−5+偏印	39壬27庚5+5−食神	8辛28辛5+5−偏財	39壬29壬5+5−偏官	9壬30癸5+5−偏財	40癸31甲6+5−偏官	10癸32乙6+4−偏官	41甲33丙6+4−偏印	12乙34丁6+4−偏官	42乙35戊6+4−食神	13丙36己6+4−偏官	43丙37庚5+4−正官
21	9壬26己5−5+正官	40癸27庚4+5−傷官	9壬28辛5+5−傷官	40癸29壬5+5−正官	10癸30癸5+5−正財	41甲31甲5+5−正財	11甲32乙6+5−正財	42乙33丙6+5−正官	13丙34丁6+5−正財	43丙35戊6+4−食神	14丁36己5+5−正官	44丁37庚5+5−偏官
22	10癸26己5−5+偏官	41甲27庚4+6−比肩	10癸28辛5+6−食神	41甲29壬4+6−偏財	11甲30癸5+6−食神	42乙31甲5+6−偏財	12乙32乙5+5−偏財	43丙33丙5+5−偏財	14丁34丁5+5−偏財	44丁35戊5+5−傷官	15戊36己5+5−偏財	45戊37庚5+5−正財
23	11甲26己6−4+正財	42乙27庚4+6−劫財	11甲28辛4+6−劫財	42乙29壬4+6−正財	12乙30癸4+6−傷官	43丙31甲5+6−傷官	13丙32乙5+5−傷官	44丁33丙5+5−正財	15戊34丁5+5−傷官	45戊35戊5+5−比肩	16己36己5+5−正財	46己37庚4+5−偏財
24	12乙26己6−4+偏財	43丙27庚3+6−偏印	12乙28辛4+6−比肩	43丙29壬4+6−食神	13丙30癸4+6−比肩	44丁31甲4+6−食神	14丁32乙5+6−食神	45戊33丙5+6−食神	16己34丁5+6−食神	46己35戊5+5−劫財	17庚36己4+6−食神	47庚37庚4+6−傷官
25	13丙26己6−4+傷官	44丁27庚3+7−印綬	13丙28辛4+7−印綬	44丁29壬3+7−傷官	14丁30癸4+7−劫財	45戊31甲4+7−印綬	15戊32乙4+6−劫財	46己33丙4+6−傷官	17庚34丁4+6−劫財	47庚35戊4+6−偏印	18辛36己4+6−傷官	48辛37庚4+6−食神
26	14丁26己7−3+食神	45戊27庚3+7−偏官	14丁28辛3+7−偏印	45戊29壬3+7−比肩	15戊30癸3+7−偏印	46己31甲4+7−偏印	16己32乙4+6−比肩	47庚33丙4+6−比肩	18辛34丁4+6−比肩	48辛35戊4+6−印綬	19壬36己4+6−比肩	49壬37庚3+6−劫財
27	15戊26己7−3+劫財	46己27庚2+7−正官	15戊28辛3+7−正官	46己29壬3+7−劫財	16己30癸3+7−印綬	47庚31甲3+7−正官	17庚32乙4+7−印綬	48辛33丙4+7−劫財	19壬34丁4+7−印綬	49壬35戊4+6−偏官	20癸36己3+7−劫財	50癸37庚3+7−比肩
28	16己26己7−3+比肩	47庚27庚2+8−偏財	16己28辛3+8−偏官	47庚29壬2+8−偏印	17庚30癸3+8−偏官	48辛31甲3+8−偏官	18辛32乙3+7−偏印	49壬33丙3+7−偏印	20癸34丁3+7−偏印	50癸35戊3+7−正官	21甲36己3+7−偏印	51甲37庚3+7−印綬
29	17庚26己8−2+印綬	48辛27庚2+8−正財	17庚28辛2+8−正財	48辛29壬2+8−印綬	18辛30癸2+8−正官	49壬31甲3+8−正財	19壬32乙3+7−正官	50癸33丙3+7−印綬	21甲34丁3+7−正官	51甲35戊3+7−偏財	22乙36己3+7−印綬	52乙37庚2+7−偏印
30	18辛26己8−2+偏印		18辛28辛2+8−偏財	49壬29壬2+8−偏官	19壬30癸2+8−偏財	50癸31甲2+8−偏財	20癸32乙3+8−偏官	51甲33丙3+8−偏官	22乙34丁3+8−偏官	52乙35戊3+7−正財	23丙36己2+8−偏官	53丙37庚2+8−正官
31	19壬26己8−2+正官		19壬28辛2+9−傷官		20癸30癸2+9−正財		21甲32乙2+8−正財	52乙33丙2+8−正官		53丙35戊2+8−食神		54丁37庚2+8−偏官

1977年（昭和52年）生まれ　年干：54丁（2/4～翌年2/3まで）

日	1月	2月	3月	4月	5月	6月	7月	8月	9月	10月	11月	12月
	日干 月干 立年男女 中心星	日干 月干 立年男女 中心星	日干 月干 立年男女 中心星	日干 月干 立年男女 中心星	日干 月干 立年男女 中心星	日干 月干 立年男女 中心星	日干 月干 立年男女 中心星	日干 月干 立年男女 中心星	日干 月干 立年男女 中心星	日干 月干 立年男女 中心星	日干 月干 立年男女 中心星	日干 月干 立年男女 中心星
1	55戊37庚1+8−正財	26己38辛1+9−比肩	54丁39壬8−2+印綬	25戊40癸9−1+正官	55戊41甲9−1+比肩	26己42乙9−2+印綬	56己43丙8−2+偏印	27庚44丁8−2+印綬	58辛45戊8−2+劫財	28辛46己8−2+比肩	59壬47庚8−2+偏官	29壬48辛8−2+比肩
2	56己37庚1+9−偏財	27庚38辛1+9−印綬	55戊39壬9−1+偏官	26己40癸9−1+偏官	56己41甲9−1+劫財	27庚42乙9−1+偏官	57庚43丙9−2+正官	28辛44丁9−2+偏印	59壬45戊8−2+偏印	29壬46己8−2+印綬	60癸47庚8−2+正官	30癸48辛8−2+劫財
3	57庚37庚1+9−傷官	28辛38辛1+0−偏印	56己39壬9−1+正官	27庚40癸9−1+正財	57庚41甲9−1+偏印	28辛42乙0−1+正官	58辛43丙9−1+偏官	29壬44丁9−2+正官	60癸45戊9−2+印綬	30癸46己8−2+偏印	1甲47庚9−1+偏財	31甲48辛9−1+偏印
4	58辛37庚1+9−食神	29壬39壬1−0+偏官	57庚39壬9−1+偏財	28辛40癸0−1+偏財	58辛41甲0−1+印綬	29壬42乙0−1+偏財	59壬43丙9−1+正財	30癸44丁9−1+偏官	1甲45戊9−1+偏官	31甲46己9−1+正官	2乙47庚9−1+正財	32乙48辛9−1+印綬
5	59壬38辛0+1−劫財	30癸39壬1−0+正官	58辛39壬0−1+正財	29壬41甲1−0+傷官	59壬42乙1−0+偏官	30癸42乙0−1+正財	60癸43丙0−1+偏財	31甲44丁0−1+正財	2乙45戊9−1+正官	32乙46己9−1+偏官	3丙47庚9−1+食神	33丙48辛9−1+偏官
6	60癸38辛0+1−比肩	31甲39壬1−9+偏財	59壬40癸1−0+傷官	30癸41甲1−0+食神	60癸42乙1−0+正官	31甲43丙1−0+正財	1甲43丙0−1+傷官	32乙44丁0−1+偏財	3丙45戊0−1+偏財	33丙46己9−1+正財	4丁47庚0−1+傷官	34丁48辛0−1+正官
7	1甲38辛9+1−印綬	32乙39壬1−9+正財	60癸40癸1−0+食神	31甲41甲1−9+劫財	1甲42乙1−0+偏財	32乙43丙1−0+偏財	2乙44丁1−0+食神	33丙44丁0−1+傷官	4丁45戊0−1+正財	34丁46己0−1+偏財	5戊48辛1−0+偏官	35戊49壬1−0+正財
8	2乙38辛9+1−偏印	33丙39壬1−9+食神	1甲40癸1−9+劫財	32乙41甲1−9+比肩	2乙42乙1−0+正財	33丙43丙1−0+傷官	3丙44丁1−0+劫財	34丁45戊1−0+傷官	5戊46己1−0+傷官	35戊47庚1−0+傷官	6己48辛1−0+正官	36己49壬1−0+偏財
9	3丙38辛9+1−正官	34丁39壬2−8+傷官	2乙40癸1−9+比肩	33丙41甲1−9+印綬	3丙42乙1−9+食神	34丁43丙1−9+食神	4丁44丁1−0+比肩	35戊45戊1−0+比肩	6己46己1−0+食神	36己47庚1−0+食神	7庚48辛1−9+偏財	37庚49壬1−9+傷官
10	4丁38辛8+2−偏官	35戊39壬2−8+比肩	3丙40癸1−9+印綬	34丁41甲2−8+偏印	4丁42乙2−9+傷官	35戊43丙1−9+劫財	5戊44丁1−0+印綬	36己45戊1−0+劫財	7庚46己1−9+劫財	37庚47庚1−9+劫財	8辛48辛1−9+正財	38辛49壬1−9+食神
11	5戊38辛8+2−正財	36己39壬2−8+劫財	4丁40癸2−8+偏印	35戊41甲2−8+正官	5戊42乙2−9+食神	36己43丙2−9+比肩	6己44丁1−9+偏印	37庚45戊1−9+偏印	8辛46己1−9+比肩	38辛47庚1−9+比肩	9壬48辛1−9+食神	39壬49壬1−9+劫財
12	6己38辛8+2−偏財	37庚39壬3−7+偏官	5戊40癸2−8+正官	36己41甲2−8+偏官	6己42乙2−8+傷官	37庚43丙2−8+印綬	7庚44丁2−9+正官	38辛45戊1−9+印綬	9壬46己1−9+印綬	39壬47庚1−9+印綬	10癸48辛2−8+傷官	40癸49壬2−8+比肩
13	7庚38辛7+3−傷官	38辛39壬3−7+正官	6己40癸2−8+偏官	37庚41甲3−7+正財	7庚42乙3−8+比肩	38辛43丙2−8+偏印	8辛44丁2−9+偏官	39壬45戊2−9+偏官	10癸46己2−8+偏印	40癸47庚2−8+偏印	11甲48辛2−8+比肩	41甲49壬2−8+印綬
14	8辛38辛7+3−食神	39壬39壬3−7+偏財	7庚40癸3−7+正財	38辛41甲3−7+偏財	8辛42乙3−8+劫財	39壬43丙3−8+正官	9壬44丁2−8+正財	40癸45戊2−8+正官	11甲46己2−8+正官	41甲47庚2−8+正官	12乙48辛2−8+劫財	42乙49壬2−8+偏印
15	9壬38辛7+3−印綬	40癸39壬4−6+正財	8辛40癸3−7+偏財	39壬41甲3−7+劫財	9壬42乙3−7+偏印	40癸43丙3−7+偏官	10癸44丁3−8+偏財	41甲45戊2−8+偏財	12乙46己2−8+偏官	42乙47庚2−8+偏官	13丙48辛3−7+偏印	43丙49壬3−7+正官
16	10癸38辛6+4−偏印	41甲39壬4−6+食神	9壬40癸3−7+偏官	40癸41甲4−6+比肩	10癸42乙4−7+印綬	41甲43丙3−7+正財	11甲44丁3−8+傷官	42乙45戊3−8+正財	13丙46己3−7+正財	43丙47庚3−7+正財	14丁48辛3−7+印綬	44丁49壬3−7+偏官
17	11甲38辛6+4−正官	42乙39壬4−6+傷官	10癸40癸4−6+食神	41甲41甲4−6+印綬	11甲42乙4−7+偏官	42乙43丙4−7+偏財	12乙44丁3−7+比肩	43丙45戊3−7+食神	14丁46己3−7+偏財	44丁47庚3−7+偏財	15戊48辛3−7+偏官	45戊49壬3−7+正財
18	12乙38辛6+4−偏財	43丙39壬5−5+比肩	11甲40癸4−6+劫財	42乙41甲4−6+正財	12乙42乙4−6+正官	43丙43丙4−6+傷官	13丙44丁4−7+印綬	44丁45戊3−7+傷官	15戊46己3−7+傷官	45戊47庚3−7+印綬	16己48辛4−6+正官	46己49壬4−6+偏財
19	13丙38辛5+5−傷官	44丁39壬5−5+印綬	12乙40癸4−6+比肩	43丙41甲5−5+食神	13丙42乙5−6+偏財	44丁43丙4−6+食神	14丁44丁4−7+偏印	45戊45戊4−7+偏財	16己46己4−6+食神	46己47庚4−6+偏印	17庚48辛4−6+偏財	47庚49壬4−6+傷官
20	14丁38辛5+5−食神	45戊39壬5−5+偏官	13丙40癸5−5+印綬	44丁41甲5−5+傷官	14丁42乙5−6+劫財	45戊43丙5−6+劫財	15戊44丁4−6+劫財	46己45戊4−6+正財	17庚46己4−6+劫財	47庚47庚4−6+正官	18辛48辛4−6+傷官	48辛49壬4−6+食神
21	15戊38辛5+5−劫財	46己39壬6−4+正官	14丁40癸5−5+偏印	45戊41甲5−5+比肩	15戊42乙5−5+偏印	46己43丙5−5+比肩	16己44丁5−6+比肩	47庚45戊4−6+食神	18辛46己4−6+比肩	48辛47庚4−6+印綬	19壬48辛5−5+比肩	49壬49壬5−5+劫財
22	16己38辛4+6−比肩	47庚39壬6−4+偏財	15戊40癸5−5+正官	46己41甲6−4+劫財	16己42乙6−5+印綬	47庚43丙5−5+印綬	17庚44丁5−6+印綬	48辛45戊5−6+劫財	19壬46己5−5+印綬	49壬47庚5−5+偏官	20癸48辛5−5+劫財	50癸49壬5−5+比肩
23	17庚38辛4+6−印綬	48辛39壬6−4+正財	16己40癸6−4+偏官	47庚41甲6−4+偏印	17庚42乙6−5+偏官	48辛43丙6−5+偏印	18辛44丁5−5+偏印	49壬45戊5−5+偏印	20癸46己5−5+偏印	50癸47庚5−5+正官	21甲48辛5−5+偏印	51甲49壬5−5+印綬
24	18辛38辛4+6−偏印	49壬39壬7−3+食神	17庚40癸6−4+正財	48辛41甲6−4+印綬	18辛42乙6−4+正官	49壬43丙6−4+正官	19壬44丁6−5+正官	50癸45戊5−5+印綬	21甲46己5−5+正官	51甲47庚5−5+偏財	22乙48辛6−4+印綬	52乙49壬6−4+偏印
25	19壬38辛3+7−正官	50癸39壬7−3+傷官	18辛40癸6−4+偏財	49壬41甲7−3+偏官	19壬42乙7−4+偏財	50癸43丙6−4+偏官	20癸44丁6−5+偏官	51甲45戊6−5+偏印	22乙46己6−4+偏官	52乙47庚6−4+正財	23丙48辛6−4+偏官	53丙49壬6−4+正官
26	20癸38辛3+7−偏官	51甲39壬7−3+比肩	19壬40癸7−3+傷官	50癸41甲7−3+正官	20癸42乙7−4+正財	51甲43丙7−4+傷官	21甲44丁6−4+正財	52乙45戊6−4+正官	23丙46己6−4+正財	53丙47庚6−4+食神	24丁48辛6−4+正官	54丁49壬6−4+偏官
27	21甲38辛3+7−正財	52乙39壬8−2+劫財	20癸40癸7−3+食神	51甲41甲7−3+偏財	21甲42乙7−3+食神	52乙43丙7−3+食神	22乙44丁7−4+偏財	53丙45戊6−4+偏財	24丁46己6−4+偏財	54丁47庚6−4+傷官	25戊48辛7−3+偏財	55戊49壬7−3+正財
28	22乙38辛2+8−偏財	53丙39壬8−2+偏印	21甲40癸7−3+劫財	52乙41甲8−2+正財	22乙42乙8−3+傷官	53丙43丙7−3+劫財	23丙44丁7−4+傷官	54丁45戊7−4+正財	25戊46己7−3+傷官	55戊47庚7−3+比肩	26己48辛7−3+正財	56己49壬7−3+偏財
29	23丙38辛2+8−傷官		22乙40癸8−2+比肩	53丙41甲8−2+食神	23丙42乙8−3+比肩	54丁43丙8−3+比肩	24丁44丁7−3+食神	55戊45戊7−3+食神	26己46己7−3+食神	56己47庚7−3+劫財	27庚48辛7−3+食神	57庚49壬7−3+傷官
30	24丁38辛2+8−食神		23丙40癸8−2+印綬	54丁41甲8−2+傷官	24丁42乙8−2+劫財	55戊43丙8−2+印綬	25戊44丁8−3+劫財	56己45戊7−3+傷官	27庚46己7−3+劫財	57庚47庚7−3+偏印	28辛48辛8−2+傷官	58辛49壬8−2+食神
31	25戊38辛1+9−劫財		24丁40癸8−2+偏印		25戊42乙9−2+偏印		26己44丁8−3+比肩	57庚45戊8−3+比肩		58辛47庚8−2+印綬		59壬49壬8−2+劫財

1978年（昭和53年）生まれ　年干：55戊（2/4～翌年2/3まで）

	1月	2月	3月	4月	5月	6月	7月	8月	9月	10月	11月	12月
日	日干 月干 立年 男 女 中心星	日干 月干 立年 男 女 中心星	日干 月干 立年 男 女 中心星	日干 月干 立年 男 女 中心星	日干 月干 立年 男 女 中心星	日干 月干 立年 男 女 中心星	日干 月干 立年 男 女 中心星	日干 月干 立年 男 女 中心星	日干 月干 立年 男 女 中心星	日干 月干 立年 男 女 中心星	日干 月干 立年 男 女 中心星	日干 月干 立年 男 女 中心星
1	60癸49壬8−2+比肩	31甲50癸9−1+正財	59壬51甲2+8−食神	30癸52乙1+9−食神	60癸53丙2+9−正官	31甲54丁2+9−食神	1甲55戊2+8−傷官	32乙56己2+8−偏財	3丙57庚2+8−偏財	33丙58辛3+8−正財	4丁59壬2+8−傷官	34丁60癸2+8−正官
2	1甲49壬9−1+印綬	32乙50癸9−1+偏財	60癸51甲1+9−傷官	31甲52乙1+9−劫財	1甲53丙1+9−偏財	32乙54丁1+9−傷官	2乙55戊2+9−食神	33丙56己2+9−傷官	4丁57庚2+8−正財	34丁58辛2+8−偏財	5戊59壬2+8−比肩	35戊60癸2+8−偏財
3	2乙49壬9−1+偏印	33丙50癸9−1+傷官	1甲51甲1+9−比肩	32乙52乙1+9−比肩	2乙53丙1+9−正財	33丙54丁1+9−比肩	3丙55戊1+9−劫財	34丁56己2+9−食神	5戊57庚2+9−食神	35戊58辛2+8−傷官	6己59壬2+8−劫財	36己60癸1+8−正財
4	3丙49壬9−1+正官	34丁51甲0+1−傷官	2乙51甲1+9−劫財	33丙52乙1+0−印綬	3丙53丙1+0−食神	34丁54丁1+0−劫財	4丁55戊1+9−比肩	35戊56己1+9−劫財	6己57庚1+9−傷官	36己58辛2+9−食神	7庚59壬1+9−偏印	37庚60癸1+9−食神
5	4丁49壬0−1+偏官	35戊51甲0+1−比肩	3丙51甲1+0−偏印	34丁53丙0+1−偏印	4丁53丙1+0−傷官	35戊54丁1+0−偏印	5戊55戊1+0−印綬	36己56己1+0−比肩	7庚57庚1+9−比肩	37庚58辛1+9−劫財	8辛59壬1+9−印綬	38辛60癸1+9−傷官
6	5戊50癸1−0+正財	36己51甲9+1−劫財	4丁52乙0+1−偏印	35戊53丙0+1−正官	5戊54丁0+1−比肩	36己55戊0+1−比肩	6己55戊1+0−偏印	37庚56己1+0−印綬	8辛57庚1+0−劫財	38辛58辛1+9−比肩	9壬59壬1+9−偏官	39壬60癸1+9−比肩
7	6己50癸1−9+偏財	37庚51甲9+1−偏印	5戊52乙0+1−正官	36己53丙0+1−偏官	6己54丁0+1−劫財	37庚55戊0+1−印綬	7庚56己0+1−正官	38辛56己1+0−偏印	9壬57庚1+0−偏印	39壬58辛1+0−印綬	10癸59壬1+0−正官	40癸 1甲0+1−比肩
8	7庚50癸1−9+傷官	38辛51甲9+1−印綬	6己52乙9+1−偏官	37庚53丙9+1−正財	7庚54丁0+1−偏印	38辛55戊0+1−偏印	8辛56己0+1−偏官	39壬57庚0+1−偏官	10癸58辛0+1−偏印	40癸58辛1+0−偏印	11甲60癸0+1−比肩	41甲 1甲0+1−印綬
9	8辛50癸1−9+食神	39壬51甲8+2−偏官	7庚52乙9+1−正財	38辛53丙9+1−偏財	8辛54丁9+1−印綬	39壬55戊9+1−正官	9壬56己0+1−正財	40癸57庚0+1−正官	11甲58辛0+1−正官	41甲59壬0+1−正官	12乙60癸9+1−劫財	42乙 1甲9+1−偏印
10	9壬50癸1−8+劫財	40癸51甲8+2−正官	8辛52乙9+1−偏財	39壬53丙9+2−傷官	9壬54丁9+1−偏官	40癸55戊9+1−偏官	10癸56己0+1−偏財	41甲57庚0+1−偏財	12乙58辛0+1−偏官	42乙59壬0+1−偏官	13丙60癸9+1−偏印	43丙 1甲9+1−正官
11	10癸50癸2−8+比肩	41甲51甲8+2−偏財	9壬52乙8+2−傷官	40癸53丙8+2−食神	10癸54丁9+2−正官	41甲55戊9+2−正財	11甲56己9+1−傷官	42乙57庚9+1−正財	13丙58辛9+1−正財	43丙59壬9+1−正財	14丁60癸9+1−印綬	44丁 1甲9+1−偏官
12	11甲50癸2−8+印綬	42乙51甲7+3−傷官	10癸52乙8+2−食神	41甲53丙8+2−劫財	11甲54丁8+2−偏官	42乙55戊8+2−偏財	12乙56己9+2−食神	43丙57庚9+1−食神	14丁58辛9+1−偏財	44丁59壬9+1−偏財	15戊60癸8+1−偏官	45戊 1甲8+2−正財
13	12乙50癸2−7+偏印	43丙51甲7+3−比肩	11甲52乙8+2−劫財	42乙53丙8+3−比肩	12乙54丁8+2−正官	43丙55戊8+2−傷官	13丙56己9+2−劫財	44丁57庚9+2−傷官	15戊58辛9+2−傷官	45戊59壬9+1−傷官	16己60癸8+2−正官	46己 1甲8+2−偏財
14	13丙50癸3−7+正官	44丁51甲7+3−劫財	12乙52乙7+3−比肩	43丙53丙7+3−印綬	13丙54丁8+3−偏財	44丁55戊8+3−食神	14丁56己8+2−比肩	45戊57庚8+2−比肩	16己58辛8+2−食神	46己59壬8+2−食神	17庚60癸8+2−偏財	47庚 1甲8+2−傷官
15	14丁50癸3−7+偏官	45戊51甲6+4−偏印	13丙52乙7+3−印綬	44丁53丙7+3−偏官	14丁54丁7+3−正財	45戊55戊7+3−劫財	15戊56己8+3−印綬	46己57庚8+2−劫財	17庚58辛8+2−劫財	47庚59壬8+2−劫財	18辛60癸7+2−正財	48辛 1甲7+3−食神
16	15戊50癸3−6+傷官	46己51甲6+4−印綬	14丁52乙7+3−偏印	45戊53丙7+4−正財	15戊54丁7+3−食神	46己55戊7+3−比肩	16己56己8+3−偏印	47庚57庚8+3−偏印	18辛58辛8+3−比肩	48辛59壬8+2−比肩	19壬60癸7+3−食神	49壬 1甲7+3−劫財
17	16己50癸4−6+食神	47庚51甲6+4−偏官	15戊52乙6+4−正官	46己53丙6+4−偏財	16己54丁7+4−傷官	47庚55戊7+4−印綬	17庚56己7+3−正財	48辛57庚7+3−印綬	19壬58辛7+3−印綬	49壬59壬7+3−印綬	20癸60癸7+3−傷官	50癸 1甲7+3−比肩
18	17庚50癸4−6+劫財	48辛51甲5+5−正官	16己52乙6+4−偏官	47庚53丙6+4−偏印	17庚54丁6+4−比肩	48辛55戊6+4−偏印	18辛56己7+4−偏財	49壬57庚7+3−偏官	20癸58辛7+3−偏印	50癸59壬7+3−偏印	21甲60癸6+3−比肩	51甲 1甲6+4−印綬
19	18辛50癸4−5+偏印	49壬51甲5+5−食神	17庚52乙6+4−正財	48辛53丙6+5−印綬	18辛54丁6+4−劫財	49壬55戊6+4−正官	19壬56己7+4−傷官	50癸57庚7+4−劫財	21甲58辛7+4−正官	51甲59壬7+3−傷官	22乙60癸6+4−劫財	52乙 1甲6+4−偏印
20	19壬50癸5−5+正官	50癸51甲5+5−傷官	18辛52乙5+5−偏財	49壬53丙5+5−偏官	19壬54丁6+5−偏印	50癸55戊6+5−偏官	20癸56己6+4−偏官	51甲57庚6+4−偏印	22乙58辛6+4−偏官	52乙59壬6+4−食神	23丙60癸6+4−偏印	53丙 1甲6+4−正官
21	20癸50癸5−5+偏官	51甲51甲4+6−比肩	19壬52乙5+5−傷官	50癸53丙5+5−正官	20癸54丁5+5−正財	51甲55戊5+5−正財	21甲56己6+5−正財	52乙57庚6+4−印綬	23丙58辛6+4−正財	53丙59壬6+4−劫財	24丁60癸5+4−正官	54丁 1甲5+5−偏官
22	21甲50癸5−4+正財	52乙51甲4+6−劫財	20癸52乙5+5−食神	51甲53丙5+6−偏財	21甲54丁5+5−食神	52乙55戊5+5−偏財	22乙56己6+5−偏財	53丙57庚6+5−偏財	24丁58辛6+5−偏財	54丁59壬6+4−傷官	25戊60癸5+5−偏財	55戊 1甲5+5−正財
23	22乙50癸6−4+偏財	53丙51甲4+6−偏印	21甲52乙4+6−劫財	52乙53丙4+6−正財	22乙54丁5+6−傷官	53丙55戊5+6−傷官	23丙56己5+5−傷官	54丁57庚5+5−正財	25戊58辛5+5−傷官	55戊59壬5+5−比肩	26己60癸5+5−正財	56己 1甲5+5−偏財
24	23丙50癸6−4+傷官	54丁51甲3+7−印綬	22乙52乙4+6−比肩	53丙53丙4+6−食神	23丙54丁4+6−比肩	54丁55戊4+6−食神	24丁56己5+6−食神	55戊57庚5+5−食神	26己58辛5+5−食神	56己59壬5+5−劫財	27庚60癸4+5−食神	57庚 1甲4+6−傷官
25	24丁50癸6−3+食神	55戊51甲3+7−偏官	23丙52乙4+6−印綬	54丁53丙4+7−傷官	24丁54丁4+6−劫財	55戊55戊4+6−劫財	25戊56己5+6−劫財	56己57庚5+6−傷官	27庚58辛5+6−劫財	57庚59壬5+5−偏印	28辛60癸4+6−傷官	58辛 1甲4+6−食神
26	25戊50癸7−3+劫財	56己51甲3+7−正官	24丁52乙3+7−偏印	55戊53丙3+7−比肩	25戊54丁4+7−偏印	56己55戊4+7−偏印	26己56己4+6−比肩	57庚57庚4+6−比肩	28辛58辛4+6−比肩	58辛59壬4+6−印綬	29壬60癸4+6−比肩	59壬 1甲4+6−劫財
27	26己50癸7−3+比肩	57庚51甲2+8−偏財	25戊52乙3+7−正官	56己53丙3+7−劫財	26己54丁3+7−印綬	57庚55戊3+7−正官	27庚56己4+7−印綬	58辛57庚4+6−劫財	29壬58辛4+6−印綬	59壬59壬4+6−偏官	30癸60癸3+6−劫財	60癸 1甲3+7−比肩
28	27庚50癸7−2+印綬	58辛51甲2+8−正財	26己52乙3+7−偏官	57庚53丙3+8−偏印	27庚54丁3+7−偏官	58辛55戊3+7−偏官	28辛56己4+7−偏印	59壬57庚4+7−偏印	30癸58辛4+7−偏印	60癸59壬4+6−正官	31甲60癸3+7−偏印	1甲 1甲3+7−印綬
29	28辛50癸8−2+偏印		27庚52乙2+8−正財	58辛53丙2+8−印綬	28辛54丁3+8−正官	59壬55戊3+8−正財	29壬56己3+7−正官	60癸57庚3+7−印綬	31甲58辛3+7−正官	1甲59壬3+7−偏財	32乙60癸3+7−印綬	2乙 1甲3+7−偏印
30	29壬50癸8−2+正官		28辛52乙2+8−偏財	59壬53丙2+8−偏官	29壬54丁2+8−偏財	60癸55戊2+8−偏財	30癸56己3+8−偏官	1甲57庚3+7−偏官	32乙58辛3+7−偏官	2乙59壬3+7−正財	33丙60癸2+7−偏官	3丙 1甲2+8−正官
31	30癸50癸8−1+偏官		29壬52乙2+8−傷官		30癸54丁2+8−正財		31甲56己3+8−正財	2乙57庚3+8−正官		3丙59壬3+7−食神		4丁 1甲2+8−偏官

1979年（昭和54年）生まれ　年干：56 己（2/4〜翌年2/4まで）

日	1月 日干	1月 月干	1月 立年 男 女	1月 中心星	2月 日干	2月 月干	2月 立年 男 女	2月 中心星	3月 日干	3月 月干	3月 立年 男 女	3月 中心星	4月 日干	4月 月干	4月 立年 男 女	4月 中心星
1	5戊	1甲	2+8−	正財	36己	2乙	1+9−	比肩	4丁	3丙	8−2+	印綬	35戊	4丁	9−1+	正官
2	6己	1甲	1+9−	偏財	37庚	2乙	1+9−	印綬	5戊	3丙	9−1+	偏官	36己	4丁	9−1+	偏官
3	7庚	1甲	1+9−	傷官	38辛	2乙	1+9−	偏印	6己	3丙	9−1+	正官	37庚	4丁	9−1+	正財
4	8辛	1甲	1+9−	食神	39壬	3丙	1−0+	偏官	7庚	3丙	9−1+	偏財	38辛	4丁	0−1+	偏財
5	9壬	1甲	1+0−	劫財	40癸	3丙	1−0+	正官	8辛	3丙	0−1+	正財	39壬	5戊	1−0+	傷官
6	10癸	2乙	0+1−	比肩	41甲	3丙	1−9+	偏財	9壬	4丁	1−0+	傷官	40癸	5戊	1−0+	食神
7	11甲	2乙	9+1−	印綬	42乙	3丙	1−9+	正財	10癸	4丁	1−0+	食神	41甲	5戊	1−0+	劫財
8	12乙	2乙	9+1−	偏印	43丙	3丙	1−9+	食神	11甲	4丁	1−9+	劫財	42乙	5戊	1−9+	比肩
9	13丙	2乙	9+1−	正官	44丁	3丙	2−8+	傷官	12乙	4丁	1−9+	比肩	43丙	5戊	1−9+	印綬
10	14丁	2乙	8+1−	偏官	45戊	3丙	2−8+	比肩	13丙	4丁	1−9+	印綬	44丁	5戊	2−9+	偏印
11	15戊	2乙	8+2−	正財	46己	3丙	2−8+	劫財	14丁	4丁	2−8+	偏印	45戊	5戊	2−8+	正官
12	16己	2乙	8+2−	偏財	47庚	3丙	3−7+	偏官	15戊	4丁	2−8+	正官	46己	5戊	2−8+	偏官
13	17庚	2乙	7+2−	傷官	48辛	3丙	3−7+	正官	16己	4丁	2−8+	偏官	47庚	5戊	3−8+	正財
14	18辛	2乙	7+3−	食神	49壬	3丙	3−7+	偏財	17庚	4丁	3−7+	正財	48辛	5戊	3−7+	偏財
15	19壬	2乙	7+3−	劫財	50癸	3丙	4−6+	正財	18辛	4丁	3−7+	偏財	49壬	5戊	3−7+	劫財
16	20癸	2乙	6+3−	偏印	51甲	3丙	4−6+	食神	19壬	4丁	3−7+	傷官	50癸	5戊	4−7+	比肩
17	21甲	2乙	6+4−	正官	52乙	3丙	4−6+	傷官	20癸	4丁	4−6+	食神	51甲	5戊	4−6+	印綬
18	22乙	2乙	6+4−	偏官	53丙	3丙	5−5+	比肩	21甲	4丁	4−6+	劫財	52乙	5戊	4−6+	正財
19	23丙	2乙	5+4−	傷官	54丁	3丙	5−5+	印綬	22乙	4丁	4−6+	比肩	53丙	5戊	5−6+	食神
20	24丁	2乙	5+5−	食神	55戊	3丙	5−5+	偏官	23丙	4丁	5−5+	印綬	54丁	5戊	5−5+	傷官
21	25戊	2乙	5+5−	劫財	56己	3丙	6−4+	正官	24丁	4丁	5−5+	偏印	55戊	5戊	5−5+	比肩
22	26己	2乙	4+5−	比肩	57庚	3丙	6−4+	偏財	25戊	4丁	5−5+	正官	56己	5戊	6−5+	劫財
23	27庚	2乙	4+6−	印綬	58辛	3丙	6−4+	正財	26己	4丁	6−4+	偏官	57庚	5戊	6−4+	偏印
24	28辛	2乙	4+6−	偏印	59壬	3丙	7−3+	食神	27庚	4丁	6−4+	正財	58辛	5戊	6−4+	印綬
25	29壬	2乙	3+6−	正官	60癸	3丙	7−3+	傷官	28辛	4丁	6−4+	偏財	59壬	5戊	7−4+	偏官
26	30癸	2乙	3+7−	偏官	1甲	3丙	7−3+	比肩	29壬	4丁	7−3+	傷官	60癸	5戊	7−3+	正官
27	31甲	2乙	3+7−	正財	2乙	3丙	8−2+	劫財	30癸	4丁	7−3+	食神	1甲	5戊	7−3+	偏財
28	32乙	2乙	2+7−	偏財	3丙	3丙	8−2+	偏印	31甲	4丁	7−3+	劫財	2乙	5戊	8−3+	正財
29	33丙	2乙	2+8−	傷官					32乙	4丁	8−2+	比肩	3丙	5戊	8−2+	食神
30	34丁	2乙	2+8−	食神					33丙	4丁	8−2+	印綬	4丁	5戊	8−2+	傷官
31	35戊	2乙	1+8−	劫財					34丁	4丁	8−2+	偏印				

日	5月 日干	5月 月干	5月 立年 男 女	5月 中心星	6月 日干	6月 月干	6月 立年 男 女	6月 中心星	7月 日干	7月 月干	7月 立年 男 女	7月 中心星	8月 日干	8月 月干	8月 立年 男 女	8月 中心星
1	5戊	5戊	9−2+	比肩	36己	6己	9−2+	印綬	6己	7庚	8−2+	偏印	37庚	8辛	8−2+	印綬
2	6己	5戊	9−1+	劫財	37庚	6己	9−1+	偏官	7庚	7庚	9−2+	正官	38辛	8辛	8−2+	偏印
3	7庚	5戊	9−1+	偏印	38辛	6己	9−1+	正官	8辛	7庚	9−2+	偏官	39壬	8辛	9−2+	正官
4	8辛	5戊	0−1+	印綬	39壬	6己	0−1+	偏財	9壬	7庚	9−1+	正財	40癸	8辛	9−1+	偏官
5	9壬	5戊	0−1+	偏官	40癸	6己	0−1+	正財	10癸	7庚	0−1+	偏財	41甲	8辛	9−1+	正財
6	10癸	6己	1−0+	正官	41甲	7庚	1−0+	正財	11甲	7庚	0−1+	傷官	42乙	8辛	0−1+	偏財
7	11甲	6己	1−0+	偏財	42乙	7庚	1−0+	偏財	12乙	7庚	0−1+	食神	43丙	8辛	0−1+	傷官
8	12乙	6己	1−0+	正財	43丙	7庚	1−0+	傷官	13丙	8辛	1−0+	劫財	44丁	9壬	1−0+	傷官
9	13丙	6己	1−9+	食神	44丁	7庚	1−0+	食神	14丁	8辛	1−0+	比肩	45戊	9壬	1−0+	比肩
10	14丁	6己	1−9+	傷官	45戊	7庚	1−9+	劫財	15戊	8辛	1−0+	印綬	46己	9壬	1−0+	劫財
11	15戊	6己	2−9+	比肩	46己	7庚	2−9+	比肩	16己	8辛	1−9+	偏印	47庚	9壬	1−9+	偏印
12	16己	6己	2−8+	傷官	47庚	7庚	2−9+	印綬	17庚	8辛	1−9+	正官	48辛	9壬	1−9+	印綬
13	17庚	6己	2−8+	比肩	48辛	7庚	2−8+	偏印	18辛	8辛	2−9+	偏官	49壬	9壬	2−9+	偏官
14	18辛	6己	3−8+	劫財	49壬	7庚	3−8+	正官	19壬	8辛	2−8+	正財	50癸	9壬	2−8+	正官
15	19壬	6己	3−7+	偏印	50癸	7庚	3−8+	偏官	20癸	8辛	2−8+	偏財	51甲	9壬	2−8+	偏財
16	20癸	6己	3−7+	印綬	51甲	7庚	3−7+	正財	21甲	8辛	3−8+	傷官	52乙	9壬	3−8+	正財
17	21甲	6己	4−7+	偏官	52乙	7庚	4−7+	偏財	22乙	8辛	3−7+	食神	53丙	9壬	3−7+	食神
18	22乙	6己	4−6+	正官	53丙	7庚	4−7+	傷官	23丙	8辛	3−7+	印綬	54丁	9壬	3−7+	傷官
19	23丙	6己	4−6+	偏財	54丁	7庚	4−6+	食神	24丁	8辛	4−7+	偏印	55戊	9壬	4−7+	偏財
20	24丁	6己	5−6+	正財	55戊	7庚	5−6+	劫財	25戊	8辛	4−6+	正官	56己	9壬	4−6+	正財
21	25戊	6己	5−5+	偏印	56己	7庚	5−6+	比肩	26己	8辛	4−6+	比肩	57庚	9壬	4−6+	食神
22	26己	6己	5−5+	印綬	57庚	7庚	5−5+	印綬	27庚	8辛	5−6+	印綬	58辛	9壬	5−6+	劫財
23	27庚	6己	6−5+	偏官	58辛	7庚	6−5+	偏印	28辛	8辛	5−5+	偏印	59壬	9壬	5−5+	偏印
24	28辛	6己	6−4+	正官	59壬	7庚	6−5+	正官	29壬	8辛	5−5+	正官	60癸	9壬	5−5+	印綬
25	29壬	6己	6−4+	偏財	60癸	7庚	6−4+	偏官	30癸	8辛	6−5+	偏官	1甲	9壬	6−5+	偏官
26	30癸	6己	7−4+	正財	1甲	7庚	7−4+	傷官	31甲	8辛	6−4+	正財	2乙	9壬	6−4+	正官
27	31甲	6己	7−3+	食神	2乙	7庚	7−4+	食神	32乙	8辛	6−4+	偏財	3丙	9壬	6−4+	偏財
28	32乙	6己	7−3+	傷官	3丙	7庚	7−3+	劫財	33丙	8辛	7−4+	傷官	4丁	9壬	7−4+	正財
29	33丙	6己	8−3+	比肩	4丁	7庚	8−3+	比肩	34丁	8辛	7−3+	食神	5戊	9壬	7−3+	食神
30	34丁	6己	8−2+	劫財	5戊	7庚	8−3+	印綬	35戊	8辛	7−3+	劫財	6己	9壬	7−3+	傷官
31	35戊	6己	8−2+	偏印					36己	8辛	8−3+	比肩	7庚	9壬	8−3+	比肩

日	9月 日干	9月 月干	9月 立年 男 女	9月 中心星	10月 日干	10月 月干	10月 立年 男 女	10月 中心星	11月 日干	11月 月干	11月 立年 男 女	11月 中心星	12月 日干	12月 月干	12月 立年 男 女	12月 中心星
1	8辛	9壬	8−2+	劫財	38辛	10癸	8−3+	比肩	9壬	11甲	8−2+	偏官	39壬	12乙	8−2+	比肩
2	9壬	9壬	8−2+	偏印	39壬	10癸	8−2+	印綬	10癸	11甲	8−2+	正官	40癸	12乙	8−2+	劫財
3	10癸	9壬	9−2+	印綬	40癸	10癸	8−2+	偏印	11甲	11甲	8−2+	偏財	41甲	12乙	8−2+	偏印
4	11甲	9壬	9−1+	偏官	41甲	10癸	9−2+	正官	12乙	11甲	9−1+	正財	42乙	12乙	9−1+	印綬
5	12乙	9壬	9−1+	正官	42乙	10癸	9−1+	偏官	13丙	11甲	9−1+	食神	43丙	12乙	9−1+	偏官
6	13丙	9壬	0−1+	偏財	43丙	10癸	9−1+	正財	14丁	11甲	9−1+	傷官	44丁	12乙	9−1+	正官
7	14丁	9壬	0−1+	正財	44丁	10癸	0−1+	偏財	15戊	11甲	0−1+	比肩	45戊	12乙	0−1+	偏財
8	15戊	10癸	1−0+	傷官	45戊	10癸	0−1+	傷官	16己	12乙	1−0+	正官	46己	13丙	1−0+	偏財
9	16己	10癸	1−0+	食神	46己	11甲	1−0+	食神	17庚	12乙	1−0+	偏財	47庚	13丙	1−9+	傷官
10	17庚	10癸	1−0+	劫財	47庚	11甲	1−0+	劫財	18辛	12乙	1−9+	正財	48辛	13丙	1−9+	食神
11	18辛	10癸	1−9+	比肩	48辛	11甲	1−9+	比肩	19壬	12乙	1−9+	食神	49壬	13丙	1−9+	劫財
12	19壬	10癸	1−9+	印綬	49壬	11甲	1−9+	印綬	20癸	12乙	1−9+	傷官	50癸	13丙	1−8+	比肩
13	20癸	10癸	2−9+	偏印	50癸	11甲	1−9+	偏印	21甲	12乙	2−8+	比肩	51甲	13丙	2−8+	印綬
14	21甲	10癸	2−8+	正官	51甲	11甲	2−8+	正官	22乙	12乙	2−8+	劫財	52乙	13丙	2−8+	偏印
15	22乙	10癸	2−8+	偏官	52乙	11甲	2−8+	偏官	23丙	12乙	2−8+	偏印	53丙	13丙	2−7+	正官
16	23丙	10癸	3−8+	正財	53丙	11甲	2−8+	正財	24丁	12乙	3−7+	印綬	54丁	13丙	3−7+	偏官
17	24丁	10癸	3−7+	偏財	54丁	11甲	3−7+	偏財	25戊	12乙	3−7+	偏官	55戊	13丙	3−7+	正財
18	25戊	10癸	3−7+	傷官	55戊	11甲	3−7+	傷官	26己	12乙	3−7+	正官	56己	13丙	3−6+	偏財
19	26己	10癸	4−7+	食神	56己	11甲	3−7+	偏印	27庚	12乙	4−6+	偏財	57庚	13丙	4−6+	傷官
20	27庚	10癸	4−6+	劫財	57庚	11甲	4−6+	正官	28辛	12乙	4−6+	正財	58辛	13丙	4−6+	食神
21	28辛	10癸	4−6+	比肩	58辛	11甲	4−6+	偏官	29壬	12乙	4−6+	比肩	59壬	13丙	4−5+	劫財
22	29壬	10癸	5−6+	印綬	59壬	11甲	4−6+	偏官	30癸	12乙	5−5+	劫財	60癸	13丙	5−5+	比肩
23	30癸	10癸	5−5+	偏印	60癸	11甲	5−5+	正官	31甲	12乙	5−5+	偏印	1甲	13丙	5−5+	印綬
24	31甲	10癸	5−5+	正官	1甲	11甲	5−5+	偏財	32乙	12乙	5−5+	印綬	2乙	13丙	5−4+	偏印
25	32乙	10癸	6−5+	偏官	2乙	11甲	5−5+	正財	33丙	12乙	6−4+	偏官	3丙	13丙	6−4+	正官
26	33丙	10癸	6−4+	正財	3丙	11甲	6−4+	食神	34丁	12乙	6−4+	正官	4丁	13丙	6−4+	偏官
27	34丁	10癸	6−4+	偏財	4丁	11甲	6−4+	傷官	35戊	12乙	6−4+	偏財	5戊	13丙	6−3+	正財
28	35戊	10癸	7−4+	傷官	5戊	11甲	6−4+	比肩	36己	12乙	7−3+	正財	6己	13丙	7−3+	偏財
29	36己	10癸	7−3+	食神	6己	11甲	7−3+	劫財	37庚	12乙	7−3+	食神	7庚	13丙	7−3+	傷官
30	37庚	10癸	7−3+	劫財	7庚	11甲	7−3+	偏印	38辛	12乙	7−3+	傷官	8辛	13丙	7−2+	食神
31					8辛	11甲	7−3+	印綬					9壬	13丙	8−2+	劫財

1980年（昭和55年）生まれ　年干：57 庚（2/5～翌年2/3まで）

日	1月	2月	3月	4月	5月	6月	7月	8月	9月	10月	11月	12月
日	日干 月干 立年 男 女 中心星	日干 月干 立年 男 女 中心星	日干 月干 立年 男 女 中心星	日干 月干 立年 男 女 中心星	日干 月干 立年 男 女 中心星	日干 月干 立年 男 女 中心星	日干 月干 立年 男 女 中心星	日干 月干 立年 男 女 中心星	日干 月干 立年 男 女 中心星	日干 月干 立年 男 女 中心星	日干 月干 立年 男 女 中心星	日干 月干 立年 男 女 中心星
1	10癸13丙8−2+比肩	41甲14丁9−1+正財	10癸15戊1+8−傷官	41甲16己1+9−劫財	11甲17庚1+9−偏財	42乙18辛1+9−傷官	12乙19壬2+9−食神	43丙20癸2+8−傷官	14丁21甲2+8−正財	44丁22乙2+8−偏財	15戊23丙2+8−比肩	45戊24丁2+8−偏財
2	11甲13丙8−1+印綬	42乙14丁9−1+偏財	11甲15戊1+9−比肩	42乙16己1+9−比肩	12乙17庚1+9−正財	43丙18辛1+9−比肩	13丙19壬2+9−劫財	44丁20癸2+9−食神	15戊21甲2+9−食神	45戊22乙2+8−傷官	16己23丙2+8−劫財	46己24丁2+8−正財
3	12乙13丙9−1+偏印	43丙14丁9−1+傷官	12乙15戊1+9−劫財	43丙16己1+0−印綬	13丙17庚1+0−食神	44丁18辛1+0−劫財	14丁19壬1+9−比肩	45戊20癸1+9−劫財	16己21甲1+9−傷官	46己22乙2+9−食神	17庚23丙1+9−偏印	47庚24丁1+9−食神
4	13丙13丙9−1+正官	44丁14丁0−1+食神	13丙15戊1+9−偏印	44丁17庚0+1−偏印	14丁17庚1+0−傷官	45戊18辛1+0−偏印	15戊19壬1+0−印綬	46己20癸1+9−比肩	17庚21甲1+9−比肩	47庚22乙1+9−劫財	18辛23丙1+9−印綬	48辛24丁1+9−傷官
5	14丁13丙9−1+偏官	45戊15戊0+1−比肩	14丁16己0+1−偏印	45戊17庚0+1−正官	15戊18辛0+1−比肩	46己19壬0+1−比肩	16己19壬1+0−偏印	47庚20癸1+0−印綬	18辛21甲1+0−劫財	48辛22乙1+9−比肩	19壬23丙1+9−偏官	49壬24丁1+9−比肩
6	15戊14丁1−0+正財	46己15戊9+1−劫財	15戊16己0+1−正官	46己17庚0+1−偏官	16己18辛0+1−劫財	47庚19壬0+1−印綬	17庚19壬1+0−正官	48辛20癸1+0−偏印	19壬21甲1+0−偏印	49壬22乙1+0−印綬	20癸23丙1+0−正官	50癸24丁1+0−劫財
7	16己14丁1−0+偏財	47庚15戊9+1−偏印	16己16己9+1−偏官	47庚17庚9+1−正財	17庚18辛0+1−偏印	48辛19壬0+1−偏印	18辛20癸0+1−偏官	49壬21甲0+1−偏官	20癸22乙0+1−偏印	50癸22乙1+0−偏印	21甲24丁0+1−比肩	51甲25戊0+1−印綬
8	17庚14丁1−9+傷官	48辛15戊9+1−印綬	17庚16己9+1−正財	48辛17庚9+1−偏財	18辛18辛9+1−印綬	49壬19壬0+1−正官	19壬20癸0+1−正財	50癸21甲0+1−正財	21甲22乙0+1−正官	51甲23丙0+1−正官	22乙24丁0+1−劫財	52乙25戊9+1−偏印
9	18辛14丁1−9+食神	49壬15戊8+1−偏官	18辛16己9+1−偏財	49壬17庚9+2−傷官	19壬18辛9+1−偏官	50癸19壬9+1−偏官	20癸20癸0+1−偏財	51甲21甲0+1−偏財	22乙22乙0+1−偏官	52乙23丙0+1−偏官	23丙24丁9+1−偏印	53丙25戊9+1−正官
10	19壬14丁1−9+劫財	50癸15戊8+2−正官	19壬16己8+2−傷官	50癸17庚8+2−食神	20癸18辛9+2−正官	51甲19壬9+2−正財	21甲20癸9+1−傷官	52乙21甲9+1−正財	23丙22乙9+1−正財	53丙23丙9+1−正財	24丁24丁9+1−印綬	54丁25戊9+1−偏官
11	20癸14丁2−8+比肩	51甲15戊8+2−偏財	20癸16己8+2−食神	51甲17庚8+2−劫財	21甲18辛8+2−偏官	52乙19壬9+2−偏財	22乙20癸9+1−食神	53丙21甲9+1−食神	24丁22乙9+1−偏財	54丁23丙9+1−偏財	25戊24丁9+1−偏官	55戊25戊8+1−正財
12	21甲14丁2−8+印綬	52乙15戊7+2−正財	21甲16己8+2−劫財	52乙17庚8+3−比肩	22乙18辛8+2−正官	53丙19壬8+2−傷官	23丙20癸9+2−劫財	54丁21甲9+2−傷官	25戊22乙9+2−傷官	55戊23丙9+1−傷官	26己24丁8+2−正官	56己25戊8+2−偏財
13	22乙14丁2−8+偏印	53丙15戊7+3−比肩	22乙16己7+3−比肩	53丙17庚7+3−印綬	23丙18辛8+3−偏財	54丁19壬8+3−食神	24丁20癸8+2−比肩	55戊21甲8+2−比肩	26己22乙8+2−食神	56己23丙8+2−食神	27庚24丁8+2−偏財	57庚25戊8+2−傷官
14	23丙14丁3−7+正官	54丁15戊7+3−劫財	23丙16己7+3−印綬	54丁17庚7+3−偏官	24丁18辛7+3−正財	55戊19壬8+3−劫財	25戊20癸8+2−印綬	56己21甲8+2−劫財	27庚22乙8+2−劫財	57庚23丙8+2−劫財	28辛24丁8+2−正財	58辛25戊7+2−食神
15	24丁14丁3−7+偏官	55戊15戊6+3−偏印	24丁16己7+3−偏印	55戊17庚7+4−正財	25戊18辛7+3−食神	56己19壬7+3−比肩	26己20癸8+3−偏印	57庚21甲8+3−偏印	28辛22乙8+3−比肩	58辛23丙8+2−比肩	29壬24丁7+3−食神	59壬25戊7+3−劫財
16	25戊14丁3−7+傷官	56己15戊6+4−印綬	25戊16己6+4−正官	56己17庚6+4−偏財	26己18辛7+4−傷官	57庚19壬7+4−印綬	27庚20癸7+3−正官	58辛21甲7+3−印綬	29壬22乙7+3−印綬	59壬23丙7+3−印綬	30癸24丁7+3−傷官	60癸25戊7+3−比肩
17	26己14丁4−6+食神	57庚15戊6+4−偏官	26己16己6+4−偏官	57庚17庚6+4−偏印	27庚18辛6+4−比肩	58辛19壬7+4−偏印	28辛20癸7+3−偏財	59壬21甲7+3−偏官	30癸22乙7+3−偏印	60癸23丙7+3−偏印	31甲24丁7+3−比肩	1甲25戊6+3−印綬
18	27庚14丁4−6+劫財	58辛15戊5+4−正官	27庚16己6+4−正財	58辛17庚6+5−印綬	28辛18辛6+4−劫財	59壬19壬6+4−正官	29壬20癸7+4−傷官	60癸21甲7+4−劫財	31甲22乙7+4−正官	1甲23丙7+3−傷官	32乙24丁6+4−劫財	2乙25戊6+4−偏印
19	28辛14丁4−6+偏印	59壬15戊5+5−偏財	28辛16己5+5−偏財	59壬17庚5+5−偏官	29壬18辛6+5−偏印	60癸19壬6+5−偏官	30癸20癸6+4−食神	1甲21甲6+4−偏印	32乙22乙6+4−偏官	2乙23丙6+4−食神	33丙24丁6+4−偏印	3丙25戊6+4−正官
20	29壬14丁5−5+正官	60癸15戊5+5−傷官	29壬16己5+5−傷官	60癸17庚5+5−正官	30癸18辛5+5−正財	1甲19壬6+5−正財	31甲20癸6+4−正財	2乙21甲6+4−印綬	33丙22乙6+4−正財	3丙23丙6+4−劫財	34丁24丁6+4−正官	4丁25戊5+4−偏官
21	30癸14丁5−5+偏官	1甲15戊4+5−比肩	30癸16己5+5−食神	1甲17庚5+6−偏財	31甲18辛5+5−食神	2乙19壬5+5−偏財	32乙20癸6+5−偏財	3丙21甲6+5−偏財	34丁22乙6+5−偏財	4丁23丙6+4−傷官	35戊24丁5+5−偏財	5戊25戊5+5−正財
22	31甲14丁5−5+正財	2乙15戊4+6−劫財	31甲16己4+6−劫財	2乙17庚4+6−正財	32乙18辛5+6−傷官	3丙19壬5+6−傷官	33丙20癸5+5−傷官	4丁21甲5+5−正財	35戊22乙5+5−傷官	5戊23丙5+5−比肩	36己24丁5+5−正財	6己25戊5+5−偏財
23	32乙14丁6−4+偏財	3丙15戊4+6−偏印	32乙16己4+6−比肩	3丙17庚4+6−食神	33丙18辛4+6−比肩	4丁19壬5+6−食神	34丁20癸5+5−食神	5戊21甲5+5−食神	36己22乙5+5−食神	6己23丙5+5−劫財	37庚24丁5+5−食神	7庚25戊4+5−傷官
24	33丙14丁6−4+傷官	4丁15戊3+6−印綬	33丙16己4+6−印綬	4丁17庚4+7−傷官	34丁18辛4+6−劫財	5戊19壬4+6−劫財	35戊20癸5+6−劫財	6己21甲5+6−傷官	37庚22乙5+6−劫財	7庚23丙5+5−偏印	38辛24丁4+6−傷官	8辛25戊4+6−食神
25	34丁14丁6−4+食神	5戊15戊3+7−偏官	34丁16己3+7−偏印	5戊17庚3+7−比肩	35戊18辛4+7−偏印	6己19壬4+7−偏印	36己20癸4+6−比肩	7庚21甲4+6−比肩	38辛22乙4+6−比肩	8辛23丙4+6−印綬	39壬24丁4+6−比肩	9壬25戊4+6−劫財
26	35戊14丁7−3+劫財	6己15戊3+7−正官	35戊16己3+7−正官	6己17庚3+7−劫財	36己18辛3+7−印綬	7庚19壬4+7−正官	37庚20癸4+6−印綬	8辛21甲4+6−劫財	39壬22乙4+6−印綬	9壬23丙4+6−偏官	40癸24丁4+6−劫財	10癸25戊3+6−比肩
27	36己14丁7−3+比肩	7庚15戊2+7−偏財	36己16己3+7−偏官	7庚17庚3+8−偏印	37庚18辛3+7−偏官	8辛19壬3+7−偏官	38辛20癸4+7−偏印	9壬21甲4+7−偏印	40癸22乙4+7−偏印	10癸23丙4+6−正官	41甲24丁3+7−偏印	11甲25戊3+7−印綬
28	37庚14丁7−3+印綬	8辛15戊2+8−正財	37庚16己2+8−正財	8辛17庚2+8−印綬	38辛18辛3+8−正官	9壬19壬3+8−正財	39壬20癸3+7−正官	10癸21甲3+7−印綬	41甲22乙3+7−正官	11甲23丙3+7−偏財	42乙24丁3+7−印綬	12乙25戊3+7−偏印
29	38辛14丁8−2+偏印	9壬15戊2+8−食神	38辛16己2+8−偏財	9壬17庚2+8−偏官	39壬18辛2+8−偏財	10癸19壬3+8−偏財	40癸20癸3+7−偏官	11甲21甲3+7−偏官	42乙22乙3+7−偏官	12乙23丙3+7−正財	43丙24丁3+7−偏官	13丙25戊2+7−正官
30	39壬14丁8−2+正官		39壬16己2+8−傷官	10癸17庚2+9−正官	40癸18辛2+8−正財	11甲19壬2+8−傷官	41甲20癸3+8−正財	12乙21甲3+8−正官	43丙22乙3+8−正財	13丙23丙3+7−食神	44丁24丁2+8−正官	14丁25戊2+8−偏官
31	40癸14丁8−2+偏官		40癸16己1+9−食神		41甲18辛2+9−食神		42乙20癸2+8−偏財	13丙21甲2+8−偏財		14丁23丙2+8−傷官		15戊25戊2+8−正財

1981年（昭和56年）生まれ　年干：58辛（2/4～翌年2/3まで）

日	1月	2月	3月	4月	5月	6月	7月	8月	9月	10月	11月	12月
	日干 月干 立年男女 中心星	日干 月干 立年男女 中心星	日干 月干 立年男女 中心星	日干 月干 立年男女 中心星	日干 月干 立年男女 中心星	日干 月干 立年男女 中心星	日干 月干 立年男女 中心星	日干 月干 立年男女 中心星	日干 月干 立年男女 中心星	日干 月干 立年男女 中心星	日干 月干 立年男女 中心星	日干 月干 立年男女 中心星
1	16己25戊1+8−偏財	47庚26己1+9−印綬	15戊27庚8−2+偏官	46己28辛9−1+偏官	16己29壬9−1+劫財	47庚30癸9−2+偏官	17庚31甲8−2+正官	48辛32乙8−2+偏印	19壬33丙8−2+偏印	49壬34丁8−2+印綬	20癸35戊8−2+正官	50癸36己8−2+劫財
2	17庚25戊1+9−傷官	48辛26己1+9−偏印	16己27庚9−1+正官	47庚28辛9−1+正財	17庚29壬9−1+偏印	48辛30癸9−1+正官	18辛31甲9−2+偏官	49壬32乙9−2+正官	20癸33丙9−2+印綬	50癸34丁8−2+偏印	21甲35戊8−2+偏財	51甲36己8−2+偏印
3	18辛25戊1+9−食神	49壬26己1+0−正官	17庚27庚9−1+偏財	48辛28辛9−1+偏財	18辛29壬9−1+印綬	49壬30癸0−1+偏財	19壬31甲9−1+正財	50癸32乙9−1+偏官	21甲33丙9−2+偏官	51甲34丁8−2+正官	22乙35戊9−1+正財	52乙36己9−1+印綬
4	19壬25戊1+9−劫財	50癸27庚1−0+正官	18辛27庚9−1+正財	49壬28辛0−1+傷官	19壬29壬0−1+偏官	50癸30癸0−1+正財	20癸31甲9−1+偏財	51甲32乙9−1+正財	22乙33丙9−1+正官	52乙34丁9−1+偏官	23丙35戊9−1+食神	53丙36己9−1+偏官
5	20癸26己0+1−比肩	51甲27庚1−0+偏財	19壬27庚0−1+食神	50癸29壬1−0+食神	20癸30癸1−0+正官	51甲30癸0−1+食神	21甲31甲0−1+傷官	52乙32乙0−1+偏財	23丙33丙0−1+偏財	53丙34丁9−1+正財	24丁35戊9−1+傷官	54丁36己9−1+正官
6	21甲26己0+1−印綬	52乙27庚1−9+正財	20癸28辛1−0+食神	51甲29壬1−0+劫財	21甲30癸1−0+偏財	52乙31甲1−0+偏財	22乙31甲0−1+食神	53丙32乙0−1+傷官	24丁33丙0−1+正財	54丁34丁9−1+偏財	25戊35戊0−1+比肩	55戊36己0−1+偏財
7	22乙26己9+1−偏印	53丙27庚1−9+食神	21甲28辛1−0+劫財	52乙29壬1−9+比肩	22乙30癸1−0+正財	53丙31甲1−0+傷官	23丙32乙1−0+劫財	54丁33丙1−0+傷官	25戊33丙0−1+食神	55戊34丁0−1+傷官	26己36己1−0+正官	56己37庚1−0+偏財
8	23丙26己9+1−正官	54丁27庚1−9+傷官	22乙28辛1−9+比肩	53丙29壬1−9+印綬	23丙30癸1−0+食神	54丁31甲1−0+食神	24丁32乙1−0+比肩	55戊33丙1−0+比肩	26己34丁1−0+食神	56己35戊1−0+食神	27庚36己1−0+偏財	57庚37庚1−0+傷官
9	24丁26己9+1−偏官	55戊27庚2−8+比肩	23丙28辛1−9+印綬	54丁29壬1−9+偏印	24丁30癸1−9+傷官	55戊31甲1−9+劫財	25戊32乙1−0+印綬	56己33丙1−0+劫財	27庚34丁1−0+劫財	57庚35戊1−0+劫財	28辛36己1−9+正財	58辛37庚1−9+食神
10	25戊26己8+2−正財	56己27庚2−8+劫財	24丁28辛1−9+偏印	55戊29壬2−8+正官	25戊30癸2−9+比肩	56己31甲1−9+比肩	26己32乙1−9+偏印	57庚33丙1−0+偏印	28辛34丁1−9+比肩	58辛35戊1−9+比肩	29壬36己1−9+食神	59壬37庚1−9+劫財
11	26己26己8+2−偏財	57庚27庚2−8+偏印	25戊28辛2−8+正官	56己29壬2−8+偏官	26己30癸2−9+傷官	57庚31甲2−9+印綬	27庚32乙1−9+正官	58辛33丙1−9+印綬	29壬34丁1−9+印綬	59壬35戊1−9+印綬	30癸36己1−9+傷官	60癸37庚1−9+比肩
12	27庚26己8+2−傷官	58辛27庚3−7+正官	26己28辛2−8+偏官	57庚29壬2−8+正財	27庚30癸2−8+比肩	58辛31甲2−8+偏印	28辛32乙2−9+偏官	59壬33丙2−9+偏官	30癸34丁1−9+偏印	60癸35戊1−9+偏印	31甲36己2−8+比肩	1甲37庚2−8+印綬
13	28辛26己7+3−食神	59壬27庚3−7+偏財	27庚28辛2−8+正財	58辛29壬3−7+偏財	28辛30癸3−8+劫財	59壬31甲2−8+正官	29壬32乙2−8+正財	60癸33丙2−9+正官	31甲34丁2−8+正官	1甲35戊2−8+正官	32乙36己2−8+劫財	2乙37庚2−8+偏印
14	29壬26己7+3−劫財	60癸27庚3−7+正財	28辛28辛3−7+偏財	59壬29壬3−7+傷官	29壬30癸3−8+偏印	60癸31甲3−8+偏官	30癸32乙2−8+偏財	1甲33丙2−8+偏財	32乙34丁2−8+偏官	2乙35戊2−8+偏官	33丙36己2−8+偏印	3丙37庚2−8+正官
15	30癸26己7+3−偏印	1甲27庚4−6+食神	29壬28辛3−7+傷官	60癸29壬3−7+比肩	30癸30癸3−7+印綬	1甲31甲3−7+正財	31甲32乙3−8+傷官	2乙33丙3−8+正財	33丙34丁2−8+正財	3丙35戊2−8+正財	34丁36己3−7+印綬	4丁37庚3−7+偏官
16	31甲26己6+4−正官	2乙27庚4−6+傷官	30癸28辛3−7+食神	1甲29壬4−6+印綬	31甲30癸4−7+偏官	2乙31甲3−7+偏財	32乙32乙3−7+食神	3丙33丙3−8+食神	34丁34丁3−7+偏財	4丁35戊3−7+偏財	35戊36己3−7+偏官	5戊37庚3−7+正財
17	32乙26己6+4−偏官	3丙27庚4−6+比肩	31甲28辛4−6+劫財	2乙29壬4−6+偏印	32乙30癸4−7+正官	3丙31甲4−7+傷官	33丙32乙3−7+印綬	4丁33丙3−7+傷官	35戊34丁3−7+傷官	5戊35戊3−7+傷官	36己36己3−7+正官	6己37庚3−7+偏財
18	33丙26己6+4−傷官	4丁27庚5−5+劫財	32乙28辛4−6+比肩	3丙29壬4−6+食神	33丙30癸4−6+偏財	4丁31甲4−6+食神	34丁32乙4−7+偏印	5戊33丙4−7+偏財	36己34丁3−7+食神	6己35戊3−7+偏印	37庚36己4−6+偏財	7庚37庚4−6+傷官
19	34丁26己5+5−食神	5戊27庚5−5+偏官	33丙28辛4−6+印綬	4丁29壬5−5+傷官	34丁30癸5−6+正財	5戊31甲4−6+劫財	35戊32乙4−6+正官	6己33丙4−7+正財	37庚34丁4−6+劫財	7庚35戊4−6+正官	38辛36己4−6+正財	8辛37庚4−6+食神
20	35戊26己5+5−劫財	6己27庚5−5+正官	34丁28辛5−5+偏印	5戊29壬5−5+比肩	35戊30癸5−6+偏印	6己31甲5−6+比肩	36己32乙4−6+比肩	7庚33丙4−6+食神	38辛34丁4−6+比肩	8辛35戊4−6+偏官	39壬36己4−6+比肩	9壬37庚4−6+劫財
21	36己26己5+5−比肩	7庚27庚6−4+偏財	35戊28辛5−5+正官	6己29壬5−5+劫財	36己30癸5−5+印綬	7庚31甲5−5+印綬	37庚32乙5−6+印綬	8辛33丙5−6+劫財	39壬34丁4−6+印綬	9壬35戊4−6+偏官	40癸36己5−5+劫財	10癸37庚5−5+比肩
22	37庚26己4+6−印綬	8辛27庚6−4+正財	36己28辛5−5+偏官	7庚29壬6−4+偏印	37庚30癸6−5+偏官	8辛31甲5−5+偏印	38辛32乙5−5+偏印	9壬33丙5−6+偏印	40癸34丁5−5+偏官	10癸35戊5−5+正官	41甲36己5−5+偏印	11甲37庚5−5+印綬
23	38辛26己4+6−偏印	9壬27庚6−4+食神	37庚28辛6−4+正財	8辛29壬6−4+印綬	38辛30癸6−5+正官	9壬31甲6−5+正官	39壬32乙5−5+正官	10癸33丙5−5+印綬	41甲34丁5−5+正官	11甲35戊5−5+偏財	42乙36己5−5+印綬	12乙37庚5−5+偏印
24	39壬26己4+6−正官	10癸27庚7−3+傷官	38辛28辛6−4+偏財	9壬29壬6−4+偏官	39壬30癸6−4+偏財	10癸31甲6−4+偏官	40癸32乙6−5+偏官	11甲33丙6−5+偏官	42乙34丁5−5+偏官	12乙35戊5−5+正財	43丙36己6−4+偏官	13丙37庚6−4+正官
25	40癸26己3+7−偏官	11甲27庚7−3+比肩	39壬28辛6−4+傷官	10癸29壬7−3+正官	40癸30癸7−4+正財	11甲31甲6−4+正財	41甲32乙6−4+正財	12乙33丙6−5+正官	43丙34丁6−4+正財	13丙35戊6−4+食神	44丁36己6−4+正官	14丁37庚6−4+偏官
26	41甲26己3+7−正財	12乙27庚7−3+劫財	40癸28辛7−3+食神	11甲29壬7−3+偏財	41甲30癸7−4+食神	12乙31甲7−4+食神	42乙32乙6−4+偏財	13丙33丙6−4+偏財	44丁34丁6−4+偏財	14丁35戊6−4+傷官	45戊36己6−4+偏財	15戊37庚6−4+正財
27	42乙26己3+7−偏財	13丙27庚8−2+偏印	41甲28辛7−3+劫財	12乙29壬7−3+正財	42乙30癸7−3+傷官	13丙31甲7−3+劫財	43丙32乙7−4+傷官	14丁33丙7−4+正財	45戊34丁6−4+傷官	15戊35戊6−4+比肩	46己36己7−3+正財	16己37庚7−3+偏財
28	43丙26己2+8−傷官	14丁27庚8−2+印綬	42乙28辛7−3+比肩	13丙29壬8−2+食神	43丙30癸8−3+比肩	14丁31甲7−3+比肩	44丁32乙7−3+食神	15戊33丙7−4+食神	46己34丁7−3+食神	16己35戊7−3+劫財	47庚36己7−3+食神	17庚37庚7−3+傷官
29	44丁26己2+8−食神		43丙28辛8−2+印綬	14丁29壬8−2+傷官	44丁30癸8−3+劫財	15戊31甲8−3+印綬	45戊32乙7−3+劫財	16己33丙7−3+傷官	47庚34丁7−3+劫財	17庚35戊7−3+偏印	48辛36己7−3+傷官	18辛37庚7−3+食神
30	45戊26己2+8−劫財		44丁28辛8−2+偏印	15戊29壬8−2+比肩	45戊30癸8−2+偏印	16己31甲8−2+偏印	46己32乙8−3+比肩	17庚33丙8−3+比肩	48辛34丁7−3+比肩	18辛35戊7−3+印綬	49壬36己8−2+比肩	19壬37庚8−2+劫財
31	46己26己1+9−比肩		45戊28辛8−2+正官		46己30癸9−2+印綬		47庚32乙8−2+印綬	18辛33丙8−3+劫財		19壬35戊8−2+偏官		20癸37庚8−2+比肩

1982年（昭和57年）生まれ　年干：59 壬（2/4～翌年2/3まで）

	1月	2月	3月	4月	5月	6月	7月	8月	9月	10月	11月	12月
日	日干 月干 立年男女 中心星	日干 月干 立年男女 中心星	日干 月干 立年男女 中心星	日干 月干 立年男女 中心星	日干 月干 立年男女 中心星	日干 月干 立年男女 中心星	日干 月干 立年男女 中心星	日干 月干 立年男女 中心星	日干 月干 立年男女 中心星	日干 月干 立年男女 中心星	日干 月干 立年男女 中心星	日干 月干 立年男女 中心星
1	21甲37庚8−2+印綬	52乙38辛9−1+偏財	20癸39壬2+8−傷官	51甲40癸1+9−劫財	21甲41甲2+9−偏財	52乙42乙2+9−傷官	22乙43丙2+8−食神	53丙44丁2+8−傷官	24丁45戊2+8−正財	54丁46己2+8−偏財	25戊47庚2+8−比肩	55戊48辛2+8−偏財
2	22乙37庚9−1+偏印	53丙38辛9−1+傷官	21甲39壬1+9−比肩	52乙40癸1+9−比肩	22乙41甲1+9−正財	53丙42乙1+9−比肩	23丙43丙2+9−劫財	54丁44丁2+9−食神	25戊45戊2+8−食神	55戊46己2+8−傷官	26己47庚2+8−劫財	56己48辛2+8−正財
3	23丙37庚9−1+正官	54丁38辛9−1+食神	22乙39壬1+9−劫財	53丙40癸1+9−印綬	23丙41甲1+9−食神	54丁42乙1+9−劫財	24丁43丙1+9−比肩	55戊44丁2+9−劫財	26己45戊2+9−傷官	56己46己2+8−食神	27庚47庚2+9−偏印	57庚48辛1+8−食神
4	24丁37庚9−1+偏官	55戊39壬0+1−比肩	23丙39壬1+9−偏印	54丁40癸1+0−偏印	24丁41甲1+0−傷官	55戊42乙1+0−偏印	25戊43丙1+9−印綬	56己44丁1+9−比肩	27庚45戊1+9−比肩	57庚46己1+9−劫財	28辛47庚1+9−印綬	58辛48辛1+9−傷官
5	25戊37庚0−1+正財	56己39壬0+1−劫財	24丁39壬1+0−印綬	55戊41甲0+1−正官	25戊41甲1+0−比肩	56己42乙1+0−印綬	26己43丙1+0−偏印	57庚44丁1+0−印綬	28辛45戊1+9−劫財	58辛46己1+9−比肩	29壬47庚1+9−偏官	59壬48辛1+9−比肩
6	26己38辛1−0+偏財	57庚39壬9+1−偏印	25戊40癸0+1−正官	56己41甲0+1−偏官	26己42乙0+1−劫財	57庚43丙0+1−印綬	27庚43丙1+0−正官	58辛44丁1+0−偏印	29壬45戊1+0−偏印	59壬46己1+9−印綬	30癸47庚1+0−正官	60癸48辛1+9−劫財
7	27庚38辛1−9+傷官	58辛39壬9+1−印綬	26己40癸0+1−偏官	57庚41甲0+1−正財	27庚42乙0+1−偏印	58辛43丙0+1−偏印	28辛44丁0+1−偏官	59壬44丁1+0−正官	30癸45戊1+0−印綬	60癸46己1+0−偏印	31甲47庚1+0−偏財	1甲49壬0+1−印綬
8	28辛38辛1−9+食神	59壬39壬9+1−偏官	27庚40癸9+1−正財	58辛41甲9+1−偏財	28辛42乙0+1−印綬	59壬43丙0+1−正官	29壬44丁0+1−正財	60癸45戊0+1−正官	31甲46己0+1−正官	1甲47庚0+1−正官	32乙48辛0+1−劫財	2乙49壬0+1−偏印
9	29壬38辛1−9+劫財	60癸39壬8+2−正官	28辛40癸9+1−偏財	59壬41甲9+1−傷官	29壬42乙9+1−偏官	60癸43丙9+1−偏官	30癸44丁0+1−偏財	1甲45戊0+1−偏財	32乙46己0+1−偏官	2乙47庚0+1−偏官	33丙48辛9+1−偏印	3丙49壬9+1−正官
10	30癸38辛1−8+比肩	1甲39壬8+2−偏財	29壬40癸9+1−偏官	60癸41甲9+2−食神	30癸42乙9+1−正官	1甲43丙9+1−正財	31甲44丁0+1−傷官	2乙45戊0+1−正財	33丙46己9+1−正財	3丙47庚0+1−正財	34丁48辛9+1−印綬	4丁49壬9+1−偏官
11	31甲38辛2−8+印綬	2乙39壬8+2−正財	30癸40癸8+2−食神	1甲41甲8+2−劫財	31甲42乙9+2−偏財	2乙43丙9+2−偏財	32乙44丁9+1−食神	3丙45戊9+1−食神	34丁46己9+1−偏財	4丁47庚9+1−偏財	35戊48辛9+1−偏官	5戊49壬9+1−正財
12	32乙38辛2−8+偏印	3丙39壬7+3−比肩	31甲40癸8+2−劫財	2乙41甲8+2−比肩	32乙42乙8+2−正官	3丙43丙8+2−傷官	33丙44丁9+2−劫財	4丁45戊9+1−傷官	35戊46己9+1−傷官	5戊47庚9+1−傷官	36己48辛8+1−正官	6己49壬8+2−偏財
13	33丙38辛2−7+正官	4丁39壬7+3−劫財	32乙40癸8+2−比肩	3丙41甲8+3−印綬	33丙42乙8+2−偏財	4丁43丙8+2−食神	34丁44丁9+2−比肩	5戊45戊9+2−比肩	36己46己8+2−食神	6己47庚9+2−食神	37庚48辛8+2−偏財	7庚49壬8+2−傷官
14	34丁38辛3−7+偏官	5戊39壬7+3−偏印	33丙40癸7+3−印綬	4丁41甲7+3−偏印	34丁42乙8+3−正財	5戊43丙8+3−劫財	35戊44丁8+2−印綬	6己45戊8+2−劫財	37庚46己8+2−劫財	7庚47庚8+2−劫財	38辛48辛8+2−正財	8辛49壬8+2−食神
15	35戊38辛3−7+正財	6己39壬6+4−印綬	34丁40癸7+3−偏印	5戊41甲7+3−正財	35戊42乙7+3−食神	6己43丙7+3−比肩	36己44丁8+3−偏印	7庚45戊8+2−偏印	38辛46己8+2−比肩	8辛47庚8+2−比肩	39壬48辛7+2−食神	9壬49壬7+3−劫財
16	36己38辛3−6+食神	7庚39壬6+4−偏官	35戊40癸7+3−正官	6己41甲7+4−偏財	36己42乙7+3−傷官	7庚43丙7+3−印綬	37庚44丁8+3−正官	8辛45戊8+3−印綬	39壬46己7+3−印綬	9壬47庚8+3−印綬	40癸48辛7+3−傷官	10癸49壬7+3−比肩
17	37庚38辛4−6+劫財	8辛39壬6+4−正官	36己40癸6+4−偏官	7庚41甲6+4−傷官	37庚42乙7+4−比肩	8辛43丙7+4−偏印	38辛44丁7+3−偏財	9壬45戊7+3−偏官	40癸46己7+3−偏印	10癸47庚7+3−偏印	41甲48辛7+3−比肩	11甲49壬7+3−印綬
18	38辛38辛4−6+比肩	9壬39壬5+5−偏財	37庚40癸6+4−正財	8辛41甲6+4−印綬	38辛42乙6+4−劫財	9壬43丙6+4−正官	39壬44丁7+4−傷官	10癸45戊7+3−正官	41甲46己7+3−正官	11甲47庚7+3−傷官	42乙48辛6+3−劫財	12乙49壬6+4−偏印
19	39壬38辛4−5+正官	10癸39壬5+5−傷官	38辛40癸6+4−偏財	9壬41甲6+5−偏官	39壬42乙6+4−偏印	10癸43丙6+4−偏官	40癸44丁7+4−食神	11甲45戊7+4−偏印	42乙46己6+4−偏官	12乙47庚7+4−食神	43丙48辛6+4−偏印	13丙49壬6+4−正官
20	40癸38辛5−5+偏官	11甲39壬5+5−比肩	39壬40癸5+5−傷官	10癸41甲5+5−正官	40癸42乙6+5−印綬	11甲43丙6+5−正財	41甲44丁6+4−正財	12乙45戊6+4−印綬	43丙46己6+4−正財	13丙47庚6+4−劫財	44丁48辛6+4−印綬	14丁49壬6+4−偏官
21	41甲38辛5−5+正財	12乙39壬4+6−劫財	40癸40癸5+5−食神	11甲41甲5+5−偏財	41甲42乙5+5−食神	12乙43丙5+5−偏財	42乙44丁6+5−偏財	13丙45戊6+4−偏官	44丁46己6+4−偏財	14丁47庚6+4−傷官	45戊48辛5+4−偏財	15戊49壬5+5−正財
22	42乙38辛5−4+偏財	13丙39壬4+6−偏印	41甲40癸5+5−劫財	12乙41甲5+6−正財	42乙42乙5+5−傷官	13丙43丙5+5−傷官	43丙44丁6+5−傷官	14丁45戊6+5−正財	45戊46己5+5−傷官	15戊47庚6+5−比肩	46己48辛5+5−正財	16己49壬5+5−偏財
23	43丙38辛6−4+傷官	14丁39壬4+6−印綬	42乙40癸4+6−比肩	13丙41甲4+6−食神	43丙42乙5+6−比肩	14丁43丙5+6−食神	44丁44丁5+5−食神	15戊45戊5+5−食神	46己46己5+5−食神	16己47庚5+5−劫財	47庚48辛5+5−食神	17庚49壬5+5−傷官
24	44丁38辛6−4+食神	15戊39壬3+7−偏官	43丙40癸4+6−印綬	14丁41甲4+6−傷官	44丁42乙4+6−劫財	15戊43丙4+6−劫財	45戊44丁5+6−劫財	16己45戊5+5−傷官	47庚46己5+5−劫財	17庚47庚5+5−偏印	48辛48辛4+5−傷官	18辛49壬4+6−食神
25	45戊38辛6−3+劫財	16己39壬3+7−正官	44丁40癸4+6−偏印	15戊41甲4+7−比肩	45戊42乙4+6−偏印	16己43丙4+6−比肩	46己44丁5+6−比肩	17庚45戊5+6−比肩	48辛46己4+6−比肩	18辛47庚5+6−印綬	49壬48辛4+6−比肩	19壬49壬4+6−劫財
26	46己38辛7−3+比肩	17庚39壬3+7−偏財	45戊40癸3+7−正官	16己41甲3+7−劫財	46己42乙4+7−印綬	17庚43丙4+7−正官	47庚44丁4+6−印綬	18辛45戊4+6−劫財	49壬46己4+6−印綬	19壬47庚4+6−偏官	50癸48辛4+6−劫財	20癸49壬4+6−比肩
27	47庚38辛7−3+印綬	18辛39壬2+8−正財	46己40癸3+7−偏官	17庚41甲3+7−偏印	47庚42乙3+7−偏官	18辛43丙3+7−偏官	48辛44丁4+7−偏印	19壬45戊4+6−偏印	50癸46己4+6−偏印	20癸47庚4+6−正官	51甲48辛3+6−偏印	21甲49壬3+7−印綬
28	48辛38辛7−2+偏印	19壬39壬2+8−食神	47庚40癸3+7−正財	18辛41甲3+8−印綬	48辛42乙3+7−正官	19壬43丙3+7−正財	49壬44丁4+7−正官	20癸45戊4+7−印綬	51甲46己3+7−正官	21甲47庚4+7−偏財	52乙48辛3+7−印綬	22乙49壬3+7−偏印
29	49壬38辛8−2+正官		48辛40癸2+8−偏財	19壬41甲2+8−偏官	49壬42乙3+8−偏財	20癸43丙3+8−偏財	50癸44丁3+7−偏官	21甲45戊3+7−偏官	52乙46己3+7−偏官	22乙47庚3+7−正財	53丙48辛3+7−偏官	23丙49壬3+7−正官
30	50癸38辛8−2+偏官		49壬40癸2+8−傷官	20癸41甲2+8−正官	50癸42乙2+8−正財	21甲43丙2+8−傷官	51甲44丁3+8−正財	22乙45戊3+7−正官	53丙46己3+7−正財	23丙47庚3+7−食神	54丁48辛2+7−正官	24丁49壬2+8−偏官
31	51甲38辛8−1+正財		50癸40癸2+8−食神		51甲42乙2+8−食神		52乙44丁3+8−偏財	23丙45戊3+8−偏財		24丁47庚3+8−傷官		25戊49壬2+8−正財

1983年（昭和58年）生まれ　年干：60 癸（2/4～翌年2/3まで）

日	1月	2月	3月	4月	5月	6月	7月	8月	9月	10月	11月	12月
	日干 月干 立年(男 女) 中心星	日干 月干 立年(男 女) 中心星	日干 月干 立年(男 女) 中心星	日干 月干 立年(男 女) 中心星	日干 月干 立年(男 女) 中心星	日干 月干 立年(男 女) 中心星	日干 月干 立年(男 女) 中心星	日干 月干 立年(男 女) 中心星	日干 月干 立年(男 女) 中心星	日干 月干 立年(男 女) 中心星	日干 月干 立年(男 女) 中心星	日干 月干 立年(男 女) 中心星
1	26己49壬2+8－偏財	57庚50癸1+9－印綬	25戊51甲8－2+偏官	56己52乙9－1+偏官	26己53丙9－2+劫財	57庚54丁9－2+偏官	27庚55戊8－2+正官	58辛56己8－2+偏印	29壬57庚8－2+印綬	59壬58辛8－3+印綬	30癸59壬8－2+正官	60癸60癸8－2+劫財
2	27庚49壬1+9－傷官	58辛50癸1+9－偏印	26己51甲9－1+正官	57庚52乙9－1+正財	27庚53丙9－1+偏印	58辛54丁9－1+正官	28辛55戊9－2+偏官	59壬56己8－2+正官	30癸57庚8－2+偏印	60癸58辛8－2+偏印	31甲59壬8－2+偏財	1甲60癸8－2+偏印
3	28辛49壬1+9－食神	59壬50癸1+9－正官	27庚51甲9－1+偏財	58辛52乙9－1+偏財	28辛53丙9－1+印綬	59壬54丁9－1+偏財	29壬55戊9－2+正財	60癸56己9－2+偏官	31甲57庚9－2+正官	1甲58辛8－2+正官	32乙59壬8－2+正財	2乙60癸8－1+印綬
4	29壬49壬1+9－劫財	60癸51甲1－0+正官	28辛51甲9－1+正財	59壬52乙0－1+傷官	29壬53丙0－1+偏官	60癸54丁0－1+正財	30癸55戊9－1+偏財	1甲56己9－1+正財	32乙57庚9－1+偏官	2乙58辛9－2+偏官	33丙59壬9－1+食神	3丙60癸9－1+偏官
5	30癸49壬1+0－比肩	1甲51甲1－0+偏財	29壬51甲0－1+食神	60癸53丙1－0+食神	30癸53丙0－1+正官	1甲54丁0－1+食神	31甲55戊0－1+傷官	2乙56己9－1+偏財	33丙57庚9－1+偏財	3丙58辛9－1+正財	34丁59壬9－1+傷官	4丁60癸9－1+正官
6	31甲50癸0+1－印綬	2乙51甲1－9+正財	30癸52乙1－0+食神	1甲53丙1－0+劫財	31甲54丁1－0+偏財	2乙55戊1－0+偏財	32乙55戊0－1+食神	3丙56己0－1+傷官	34丁57庚0－1+正財	4丁58辛9－1+偏財	35戊59壬9－1+比肩	5戊60癸9－1+偏財
7	32乙50癸9+1－偏印	3丙51甲1－9+食神	31甲52乙1－0+劫財	2乙53丙1－0+比肩	32乙54丁1－0+正財	3丙55戊1－0+傷官	33丙55戊0－1+劫財	4丁56己0－1+食神	35戊57庚0－1+食神	5戊58辛0－1+傷官	36己59壬0－1+劫財	6己 1甲1－0+偏財
8	33丙50癸9+1－正官	4丁51甲1－9+傷官	32乙52乙1－9+比肩	3丙53丙1－9+印綬	33丙54丁1－0+食神	4丁55戊1－0+食神	34丁56己1－0+比肩	5戊57庚1－0+比肩	36己58辛1－0+食神	6己58辛0－1+食神	37庚60癸1－0+偏財	7庚 1甲1－0+傷官
9	34丁50癸9+1－偏官	5戊51甲2－8+比肩	33丙52乙1－9+印綬	4丁53丙1－9+偏印	34丁54丁1－9+傷官	5戊55戊1－0+劫財	35戊56己1－0+印綬	6己57庚1－0+劫財	37庚58辛1－0+劫財	7庚59壬1－0+劫財	38辛60癸1－9+正財	8辛 1甲1－9+食神
10	35戊50癸8+1－正財	6己51甲2－8+劫財	34丁52乙1－9+偏印	5戊53丙2－9+正官	35戊54丁1－9+比肩	6己55戊1－9+比肩	36己56己1－0+偏印	7庚57庚1－0+偏印	38辛58辛1－0+比肩	8辛59壬1－0+比肩	39壬60癸1－9+食神	9壬 1甲1－9+劫財
11	36己50癸8+2－偏財	7庚51甲2－8+偏印	35戊52乙2－8+正官	6己53丙2－8+偏官	36己54丁2－9+劫財	7庚55戊2－9+印綬	37庚56己1－9+正官	8辛57庚1－9+印綬	39壬58辛1－9+印綬	9壬59壬1－9+印綬	40癸60癸1－9+傷官	10癸 1甲1－9+比肩
12	37庚50癸8+2－傷官	8辛51甲3－7+正官	36己52乙2－8+偏官	7庚53丙2－8+正財	37庚54丁2－8+比肩	8辛55戊2－9+偏印	38辛56己1－9+偏官	9壬57庚1－9+偏官	40癸58辛1－9+偏印	10癸59壬1－9+偏印	41甲60癸1－8+比肩	11甲 1甲2－8+印綬
13	38辛50癸7+2－食神	9壬51甲3－7+偏財	37庚52乙2－8+正財	8辛53丙3－8+偏財	38辛54丁2－8+劫財	9壬55戊2－8+正官	39壬56己2－9+正財	10癸57庚2－9+正官	41甲58辛2－9+正官	11甲59壬1－9+正官	42乙60癸2－8+劫財	12乙 1甲2－8+偏印
14	39壬50癸7+3－劫財	10癸51甲3－7+正財	38辛52乙3－7+偏財	9壬53丙3－7+傷官	39壬54丁3－8+偏印	10癸55戊3－8+偏官	40癸56己2－8+偏財	11甲57庚2－8+偏財	42乙58辛2－8+偏官	12乙59壬2－8+偏官	43丙60癸2－8+偏印	13丙 1甲2－8+正官
15	40癸50癸7+3－比肩	11甲51甲4－6+食神	39壬52乙3－7+傷官	10癸53丙3－7+比肩	40癸54丁3－7+印綬	11甲55戊3－8+正財	41甲56己2－8+傷官	12乙57庚2－8+正財	43丙58辛2－8+正財	13丙59壬2－8+正財	44丁60癸2－7+印綬	14丁 1甲3－7+偏官
16	41甲50癸6+3－正官	12乙51甲4－6+傷官	40癸52乙3－7+食神	11甲53丙4－7+印綬	41甲54丁3－7+偏官	12乙55戊3－7+偏財	42乙56己3－8+食神	13丙57庚3－8+食神	44丁58辛3－8+偏財	14丁59壬2－8+偏財	45戊60癸3－7+偏官	15戊 1甲3－7+正財
17	42乙50癸6+4－偏官	13丙51甲4－6+比肩	41甲52乙4－6+劫財	12乙53丙4－6+偏印	42乙54丁4－7+正官	13丙55戊4－7+傷官	43丙56己3－7+劫財	14丁57庚3－7+傷官	45戊58辛3－7+傷官	15戊59壬3－7+傷官	46己60癸3－7+正官	16己 1甲3－7+偏財
18	43丙50癸6+4－正財	14丁51甲5－5+劫財	42乙52乙4－6+比肩	13丙53丙4－6+食神	43丙54丁4－6+偏財	14丁55戊4－7+食神	44丁56己3－7+偏印	15戊57庚3－7+比肩	46己58辛3－7+食神	16己59壬3－7+食神	47庚60癸3－6+偏財	17庚 1甲4－6+傷官
19	44丁50癸5+4－食神	15戊51甲5－5+偏官	43丙52乙4－6+印綬	14丁53丙5－6+傷官	44丁54丁4－6+正財	15戊55戊4－6+劫財	45戊56己4－7+正官	16己57庚4－7+正財	47庚58辛4－7+劫財	17庚59壬3－7+正官	48辛60癸4－6+正財	18辛 1甲4－6+食神
20	45戊50癸5+5－劫財	16己51甲5－5+正官	44丁52乙5－5+偏印	15戊53丙5－5+比肩	45戊54丁5－6+食神	16己55戊5－6+比肩	46己56己4－6+偏官	17庚57庚4－6+食神	48辛58辛4－6+比肩	18辛59壬4－6+偏官	49壬60癸4－6+食神	19壬 1甲4－6+劫財
21	46己50癸5+5－比肩	17庚51甲6－4+偏財	45戊52乙5－5+正官	16己53丙5－5+劫財	46己54丁5－5+印綬	17庚55戊5－6+印綬	47庚56己4－6+印綬	18辛57庚4－6+傷官	49壬58辛4－6+印綬	19壬59壬4－6+正財	50癸60癸4－5+劫財	20癸 1甲5－5+比肩
22	47庚50癸4+5－印綬	18辛51甲6－4+正財	46己52乙5－5+偏官	17庚53丙6－5+偏印	47庚54丁5－5+傷官	18辛55戊5－5+偏印	48辛56己5－6+偏印	19壬57庚5－6+偏印	50癸58辛5－6+偏印	20癸59壬4－6+正官	51甲60癸5－5+偏印	21甲 1甲5－5+印綬
23	48辛50癸4+6－偏印	19壬51甲6－4+食神	47庚52乙6－4+正財	18辛53丙6－4+印綬	48辛54丁6－5+正官	19壬55戊6－5+正官	49壬56己5－5+正官	20癸57庚5－5+印綬	51甲58辛5－5+正官	21甲59壬5－5+偏財	52乙60癸5－5+印綬	22乙 1甲5－5+偏印
24	49壬50癸4+6－正官	20癸51甲7－3+傷官	48辛52乙6－4+偏財	19壬53丙6－4+偏官	49壬54丁6－4+偏財	20癸55戊6－5+偏官	50癸56己5－5+偏官	21甲57庚5－5+偏官	52乙58辛5－5+偏官	22乙59壬5－5+正財	53丙60癸5－4+偏官	23丙 1甲6－4+正官
25	50癸50癸3+6－偏官	21甲51甲7－3+比肩	49壬52乙6－4+傷官	20癸53丙7－4+正官	50癸54丁6－4+正財	21甲55戊6－4+正財	51甲56己6－5+正財	22乙57庚6－5+正官	53丙58辛6－5+正財	23丙59壬5－5+食神	54丁60癸6－4+正官	24丁 1甲6－4+偏官
26	51甲50癸3+7－正財	22乙51甲7－3+劫財	50癸52乙7－3+食神	21甲53丙7－3+偏財	51甲54丁7－4+食神	22乙55戊7－4+食神	52乙56己6－4+偏財	23丙57庚6－4+偏財	54丁58辛6－4+偏財	24丁59壬6－4+傷官	55戊60癸6－4+偏財	25戊 1甲6－4+正財
27	52乙50癸3+7－偏財	23丙51甲8－2+偏印	51甲52乙7－3+劫財	22乙53丙7－3+正財	52乙54丁7－3+傷官	23丙55戊7－4+劫財	53丙56己6－4+傷官	24丁57庚6－4+正財	55戊58辛6－4+傷官	25戊59壬6－4+比肩	56己60癸6－3+正財	26己 1甲7－3+偏財
28	53丙50癸2+7－傷官	24丁51甲8－2+印綬	52乙52乙7－3+比肩	23丙53丙8－3+食神	53丙54丁7－3+比肩	24丁55戊7－3+比肩	54丁56己7－4+食神	25戊57庚7－4+食神	56己58辛7－4+食神	26己59壬6－4+劫財	57庚60癸7－3+食神	27庚 1甲7－3+傷官
29	54丁50癸2+8－食神		53丙52乙8－2+印綬	24丁53丙8－2+傷官	54丁54丁8－3+劫財	25戊55戊8－3+印綬	55戊56己7－3+劫財	26己57庚7－3+傷官	57庚58辛7－3+劫財	27庚59壬7－3+偏印	58辛60癸7－3+傷官	28辛 1甲7－3+食神
30	55戊50癸2+8－劫財		54丁52乙8－2+偏印	25戊53丙8－2+比肩	55戊54丁8－2+偏印	26己55戊8－3+偏印	56己56己7－3+比肩	27庚57庚7－3+比肩	58辛58辛7－3+比肩	28辛59壬7－3+印綬	59壬60癸7－2+比肩	29壬 1甲8－2+劫財
31	56己50癸1+8－比肩		55戊52乙8－2+正官		56己54丁8－2+印綬		57庚56己8－3+印綬	28辛57庚8－3+劫財		29壬59壬7－3+偏官		30癸 1甲8－2+比肩

1984年（昭和59年）生まれ　年干：1甲（2/4〜翌年2/3まで）

	1月	2月	3月	4月	5月	6月	7月	8月	9月	10月	11月	12月
日	日干 月干 立年 男 女 中心星	日干 月干 立年 男 女 中心星	日干 月干 立年 男 女 中心星	日干 月干 立年 男 女 中心星	日干 月干 立年 男 女 中心星	日干 月干 立年 男 女 中心星	日干 月干 立年 男 女 中心星	日干 月干 立年 男 女 中心星	日干 月干 立年 男 女 中心星	日干 月干 立年 男 女 中心星	日干 月干 立年 男 女 中心星	日干 月干 立年 男 女 中心星
1	31甲 1甲8−2+印綬	2乙 2乙9−1+偏財	31甲 3丙1+9−比肩	2乙 4丁1+9−比肩	32乙 5戊1+9−正財	3丙 6己1+9−比肩	33丙 7庚2+9−劫財	4丁 8辛2+8−食神	35戊 9壬2+8−食神	5戊10癸2+8−傷官	36己11甲2+8−劫財	6己12乙2+8−正財
2	32乙 1甲9−1+偏印	3丙 2乙9−1+傷官	32乙 3丙1+9−劫財	3丙 4丁1+9−印綬	33丙 5戊1+9−食神	4丁 6己1+9−劫財	34丁 7庚2+9−比肩	5戊 8辛2+9−劫財	36己 9壬2+9−傷官	6己10癸2+8−食神	37庚11甲2+8−偏印	7庚12乙2+8−食神
3	33丙 1甲9−1+正官	4丁 2乙9−1+食神	33丙 3丙1+9−偏印	4丁 4丁1+0−偏印	34丁 5戊1+0−傷官	5戊 6己1+0−偏印	35戊 7庚1+9−印綬	6己 8辛1+9−比肩	37庚 9壬1+9−比肩	7庚10癸2+9−劫財	38辛11甲1+9−印綬	8辛12乙1+9−傷官
4	34丁 1甲9−1+偏官	5戊 3丙0+1−比肩	34丁 3丙1+0−印綬	5戊 5戊0+1−正官	35戊 5戊1+0−比肩	6己 6己1+0−印綬	36己 7庚1+0−偏印	7庚 8辛1+9−印綬	38辛 9壬1+9−劫財	8辛10癸1+9−比肩	39壬11甲1+9−偏官	9壬12乙1+9−比肩
5	35戊 1甲0−1+正財	6己 3丙0+1−劫財	35戊 4丁0+1−正官	6己 5戊0+1−偏官	36己 6己0+1−劫財	7庚 7庚0+1−印綬	37庚 7庚1+0−正官	8辛 8辛1+0−偏印	39壬 9壬1+0−偏印	9壬10癸1+9−印綬	40癸11甲1+9−正官	10癸12乙1+9−劫財
6	36己 2乙1−0+偏財	7庚 3丙9+1−偏印	36己 4丁0+1−偏官	7庚 5戊0+1−正財	37庚 6己0+1−偏印	8辛 7庚0+1−偏印	38辛 7庚1+0−偏官	9壬 8辛1+0−正官	40癸 9壬1+0−印綬	10癸10癸1+0−偏印	41甲11甲1+0−偏財	11甲12乙1+0−偏印
7	37庚 2乙1−9+傷官	8辛 3丙9+1−印綬	37庚 4丁9+1−正財	8辛 5戊9+1−偏財	38辛 6己0+1−印綬	9壬 7庚0+1−正官	39壬 8辛0+1−正財	10癸 9壬0+1−正官	41甲10癸0+1−正官	11甲10癸1+0−正官	42乙12乙0+1−劫財	12乙13丙0+1−偏印
8	38辛 2乙1−9+食神	9壬 3丙9+1−偏官	38辛 4丁9+1−偏財	9壬 5戊9+1−傷官	39壬 6己9+1−偏官	10癸 7庚0+1−偏官	40癸 8辛0+1−偏財	11甲 9壬0+1−偏財	42乙10癸0+1−偏官	12乙11甲0+1−偏官	43丙12乙0+1−偏印	13丙13丙9+1−正官
9	39壬 2乙1−9+劫財	10癸 3丙8+2−正官	39壬 4丁9+1−傷官	10癸 5戊9+2−食神	40癸 6己9+1−正官	11甲 7庚9+1−正財	41甲 8辛0+1−傷官	12乙 9壬0+1−正財	43丙10癸0+1−正財	13丙11甲0+1−正財	44丁12乙9+1−印綬	14丁13丙9+1−偏官
10	40癸 2乙1−8+比肩	11甲 3丙8+2−偏財	40癸 4丁8+2−食神	11甲 5戊8+2−劫財	41甲 6己9+2−偏財	12乙 7庚9+2−偏財	42乙 8辛9+1−食神	13丙 9壬9+1−食神	44丁10癸9+1−偏財	14丁11甲9+1−偏財	45戊12乙9+1−偏官	15戊13丙9+1−正財
11	41甲 2乙2−8+印綬	12乙 3丙8+2−正財	41甲 4丁8+2−劫財	12乙 5戊8+2−比肩	42乙 6己8+2−正官	13丙 7庚9+2−傷官	43丙 8辛9+1−劫財	14丁 9壬9+1−傷官	45戊10癸9+1−傷官	15戊11甲9+1−偏官	46己12乙9+1−正官	16己13丙8+1−偏財
12	42乙 2乙2−8+偏印	13丙 3丙7+3−比肩	42乙 4丁8+2−比肩	13丙 5戊8+3−印綬	43丙 6己8+2−偏財	14丁 7庚8+2−食神	44丁 8辛9+2−比肩	15戊 9壬9+2−比肩	46己10癸9+2−食神	16己11甲9+1−食神	47庚12乙8+2−偏財	17庚13丙8+2−傷官
13	43丙 2乙2−7+正官	14丁 3丙7+3−劫財	43丙 4丁7+3−印綬	14丁 5戊7+3−偏印	44丁 6己8+3−正財	15戊 7庚8+3−劫財	45戊 8辛8+2−印綬	16己 9壬8+2−劫財	47庚10癸8+2−劫財	17庚11甲8+2−偏印	48辛12乙8+2−正財	18辛13丙8+2−食神
14	44丁 2乙3−7+偏官	15戊 3丙7+3−偏印	44丁 4丁7+3−偏印	15戊 5戊7+3−正財	45戊 6己7+3−食神	16己 7庚8+3−比肩	46己 8辛8+2−偏印	17庚 9壬8+2−偏印	48辛10癸8+2−比肩	18辛11甲8+2−比肩	49壬12乙8+2−食神	19壬13丙7+2−劫財
15	45戊 2乙3−7+正財	16己 3丙6+4−印綬	45戊 4丁7+3−正官	16己 5戊7+4−偏財	46己 6己7+3−傷官	17庚 7庚7+3−印綬	47庚 8辛8+3−正官	18辛 9壬8+3−印綬	49壬10癸8+3−印綬	19壬11甲8+2−印綬	50癸12乙7+3−傷官	20癸13丙7+3−比肩
16	46己 2乙3−6+食神	17庚 3丙6+4−偏官	46己 4丁6+4−偏官	17庚 5戊6+4−傷官	47庚 6己7+4−比肩	18辛 7庚7+4−偏印	48辛 8辛7+3−偏官	19壬 9壬7+3−偏官	50癸10癸7+3−偏印	20癸11甲7+3−偏印	51甲12乙7+3−比肩	21甲13丙7+3−印綬
17	47庚 2乙4−6+劫財	18辛 3丙6+4−正官	47庚 4丁6+4−正財	18辛 5戊6+4−印綬	48辛 6己6+4−劫財	19壬 7庚7+4−正官	49壬 8辛7+3−傷官	20癸 9壬7+3−正官	51甲10癸7+3−正官	21甲11甲7+3−正官	52乙12乙7+3−劫財	22乙13丙6+3−偏印
18	48辛 2乙4−6+比肩	19壬 3丙5+5−偏財	48辛 4丁6+4−偏財	19壬 5戊6+5−偏官	49壬 6己6+4−偏印	20癸 7庚6+4−偏官	50癸 8辛7+4−食神	21甲 9壬7+4−偏印	52乙10癸7+4−偏官	22乙11甲7+3−食神	53丙12乙6+4−偏印	23丙13丙6+4−正官
19	49壬 2乙4−5+正官	20癸 3丙5+5−傷官	49壬 4丁5+5−傷官	20癸 5戊5+5−正官	50癸 6己6+5−印綬	21甲 7庚6+5−正財	51甲 8辛6+4−劫財	22乙 9壬6+4−印綬	53丙10癸6+4−正財	23丙11甲6+4−劫財	54丁12乙6+4−印綬	24丁13丙6+4−偏官
20	50癸 2乙5−5+偏官	21甲 3丙5+5−比肩	50癸 4丁5+5−食神	21甲 5戊5+5−偏財	51甲 6己5+5−食神	22乙 7庚6+5−偏財	52乙 8辛6+4−偏財	23丙 9壬6+4−偏官	54丁10癸6+4−偏財	24丁11甲6+4−比肩	55戊12乙6+4−偏財	25戊13丙5+4−正財
21	51甲 2乙5−5+正財	22乙 3丙4+6−劫財	51甲 4丁5+5−劫財	22乙 5戊5+6−正財	52乙 6己5+5−傷官	23丙 7庚5+5−傷官	53丙 8辛6+5−傷官	24丁 9壬6+5−正財	55戊10癸6+5−傷官	25戊11甲6+4−比肩	56己12乙5+5−正財	26己13丙5+5−偏財
22	52乙 2乙5−4+偏財	23丙 3丙4+6−偏印	52乙 4丁4+6−比肩	23丙 5戊4+6−食神	53丙 6己5+6−比肩	24丁 7庚5+6−食神	54丁 8辛5+5−食神	25戊 9壬5+5−食神	56己10癸5+5−食神	26己11甲5+5−劫財	57庚12乙5+5−食神	27庚13丙5+5−傷官
23	53丙 2乙6−4+傷官	24丁 3丙4+6−印綬	53丙 4丁4+6−印綬	24丁 5戊4+6−傷官	54丁 6己4+6−劫財	25戊 7庚5+6−劫財	55戊 8辛5+5−劫財	26己 9壬5+5−傷官	57庚10癸5+5−劫財	27庚11甲5+5−偏印	58辛12乙5+5−傷官	28辛13丙4+5−食神
24	54丁 2乙6−4+食神	25戊 3丙3+7−偏官	54丁 4丁4+6−偏印	25戊 5戊4+7−比肩	55戊 6己4+6−偏印	26己 7庚4+6−比肩	56己 8辛5+6−比肩	27庚 9壬5+6−比肩	58辛10癸5+6−比肩	28辛11甲5+5−印綬	59壬12乙4+6−比肩	29壬13丙4+6−劫財
25	55戊 2乙6−3+劫財	26己 3丙3+7−正官	55戊 4丁3+7−正官	26己 5戊3+7−劫財	56己 6己4+7−印綬	27庚 7庚4+7−正官	57庚 8辛4+6−印綬	28辛 9壬4+6−劫財	59壬10癸4+6−印綬	29壬11甲4+6−偏官	60癸12乙4+6−劫財	30癸13丙4+6−比肩
26	56己 2乙7−3+比肩	27庚 3丙3+7−偏財	56己 4丁3+7−偏官	27庚 5戊3+7−偏印	57庚 6己3+7−偏官	28辛 7庚4+7−偏官	58辛 8辛4+6−偏印	29壬 9壬4+6−偏印	60癸10癸4+6−偏印	30癸11甲4+6−正官	1甲12乙4+6−偏印	31甲13丙3+6−印綬
27	57庚 2乙7−3+印綬	28辛 3丙2+8−正財	57庚 4丁3+7−正財	28辛 5戊3+8−印綬	58辛 6己3+7−正官	29壬 7庚3+7−正財	59壬 8辛4+7−正官	30癸 9壬4+7−印綬	1甲10癸4+7−正官	31甲11甲4+6−偏財	2乙12乙3+7−印綬	32乙13丙3+7−偏印
28	58辛 2乙7−2+偏印	29壬 3丙2+8−食神	58辛 4丁2+8−偏財	29壬 5戊2+8−偏官	59壬 6己3+8−偏財	30癸 7庚3+8−偏財	60癸 8辛3+7−偏官	31甲 9壬3+7−偏官	2乙10癸3+7−偏官	32乙11甲3+7−正財	3丙12乙3+7−偏官	33丙13丙3+7−正官
29	59壬 2乙8−2+正官	30癸 3丙2+8−傷官	59壬 4丁2+8−傷官	30癸 5戊2+8−正官	60癸 6己2+8−正財	31甲 7庚3+8−傷官	1甲 8辛3+7−正財	32乙 9壬3+7−正官	3丙10癸3+7−正財	33丙11甲3+7−食神	4丁12乙3+7−正官	34丁13丙2+7−偏官
30	60癸 2乙8−2+偏官		60癸 4丁2+8−食神	31甲 5戊2+9−偏財	1甲 6己2+8−食神	32乙 7庚2+8−食神	2乙 8辛3+8−偏財	33丙 9壬3+8−偏財	4丁10癸3+8−偏財	34丁11甲3+7−傷官	5戊12乙2+8−偏財	35戊13丙2+8−正財
31	1甲 2乙8−1+正財		1甲 4丁1+9−劫財		2乙 6己2+9−傷官		3丙 8辛2+8−傷官	34丁 9壬2+8−正財		35戊11甲2+8−比肩		36己13丙2+8−偏財

1985年（昭和60年）生まれ　年干：2乙（2/4～翌年2/3まで）

日	1月	2月	3月	4月	5月	6月	7月	8月	9月	10月	11月	12月
	日干 月干 立年男女 中心星	日干 月干 立年男女 中心星	日干 月干 立年男女 中心星	日干 月干 立年男女 中心星	日干 月干 立年男女 中心星	日干 月干 立年男女 中心星	日干 月干 立年男女 中心星	日干 月干 立年男女 中心星	日干 月干 立年男女 中心星	日干 月干 立年男女 中心星	日干 月干 立年男女 中心星	日干 月干 立年男女 中心星
1	37庚13丙1+8−傷官	8辛14丁1+9−偏印	36己15戊8−1+正官	7庚16己9−1+正財	37庚17庚9−1+偏印	8辛18辛9−2+正官	38辛19壬8−2+偏官	9壬20癸8−2+正官	40癸21甲8−2+印綬	10癸22乙8−2+偏印	41甲23丙8−2+偏財	11甲24丁8−2+偏印
2	38辛13丙1+9−食神	9壬14丁1+9−正官	37庚15戊9−1+偏財	8辛16己9−1+偏財	38辛17庚9−1+印綬	9壬18辛9−1+偏財	39壬19壬9−2+正財	10癸20癸9−2+偏官	41甲21甲9−2+偏官	11甲22乙8−2+正官	42乙23丙8−2+正財	12乙24丁8−2+印綬
3	39壬13丙1+9−劫財	10癸14丁1+0−偏官	38辛15戊9−1+正財	9壬16己0−1+傷官	39壬17庚9−1+偏官	10癸18辛0−1+正財	40癸19壬9−1+偏財	11甲20癸9−1+正財	42乙21甲9−2+正官	12乙22乙8−2+偏官	43丙23丙9−1+食神	13丙24丁9−1+偏官
4	40癸13丙1+9−比肩	11甲15戊1−0+偏財	39壬15戊9−1+食神	10癸16己0−1+食神	40癸17庚0−1+正官	11甲18辛0−1+食神	41甲19壬9−1+傷官	12乙20癸9−1+偏財	43丙21甲9−1+偏財	13丙22乙9−1+正財	44丁23丙9−1+傷官	14丁24丁9−1+正官
5	41甲14丁0+1−印綬	12乙15戊1−9+正財	40癸16己1−0+食神	11甲17庚1−0+劫財	41甲18辛1−0+偏財	12乙18辛0−1+傷官	42乙19壬0−1+食神	13丙20癸0−1+傷官	44丁21甲0−1+正財	14丁22乙9−1+偏財	45戊23丙9−1+比肩	15戊24丁9−1+偏財
6	42乙14丁0+1−偏印	13丙15戊1−9+食神	41甲16己1−0+劫財	12乙17庚1−0+比肩	42乙18辛1−0+正財	13丙19壬1−0+傷官	43丙19壬0−1+劫財	14丁20癸0−1+食神	45戊21甲0−1+食神	15戊22乙9−1+傷官	46己23丙0−1+劫財	16己24丁0−1+正財
7	43丙14丁9+1−正官	14丁15戊1−9+傷官	42乙16己1−0+比肩	13丙17庚1−9+印綬	43丙18辛1−0+食神	14丁19壬1−0+食神	44丁20癸1−0+比肩	15戊21甲1−0+比肩	46己21甲0−1+傷官	16己22乙0−1+食神	47庚24丁1−0+偏財	17庚25戊1−0+傷官
8	44丁14丁9+1−偏官	15戊15戊1−8+比肩	43丙16己1−9+印綬	14丁17庚1−9+偏印	44丁18辛1−0+傷官	15戊19壬1−0+劫財	45戊20癸1−0+印綬	16己21甲1−0+劫財	47庚22乙1−0+劫財	17庚23丙1−0+劫財	48辛24丁1−0+正財	18辛25戊1−9+食神
9	45戊14丁9+1−正財	16己15戊2−8+劫財	44丁16己1−9+偏印	15戊17庚1−9+正官	45戊18辛1−9+比肩	16己19壬1−9+比肩	46己20癸1−0+偏印	17庚21甲1−0+偏印	48辛22乙1−0+比肩	18辛23丙1−0+偏財	49壬24丁1−9+食神	19壬25戊1−9+劫財
10	46己14丁8+2−偏財	17庚15戊2−8+偏印	45戊16己2−9+正官	16己17庚2−8+偏官	46己18辛2−9+劫財	17庚19壬1−9+印綬	47庚20癸1−9+正官	18辛21甲1−0+印綬	49壬22乙1−9+印綬	19壬23丙1−9+印綬	50癸24丁1−9+傷官	20癸25戊1−9+比肩
11	47庚14丁8+2−傷官	18辛15戊2−7+印綬	46己16己2−8+偏官	17庚17庚2−8+正財	47庚18辛2−9+比肩	18辛19壬2−9+偏印	48辛20癸1−9+偏官	19壬21甲1−9+偏官	50癸22乙1−9+偏印	20癸23丙1−9+偏印	51甲24丁1−9+比肩	21甲25戊1−8+印綬
12	48辛14丁8+2−食神	19壬15戊3−7+偏財	47庚16己2−8+正財	18辛17庚2−8+偏財	48辛18辛2−8+劫財	19壬19壬2−8+正官	49壬20癸2−9+正財	20癸21甲2−9+正官	51甲22乙1−9+正官	21甲23丙1−9+正官	52乙24丁2−8+劫財	22乙25戊2−8+偏印
13	49壬14丁7+3−劫財	20癸15戊3−7+正財	48辛16己3−8+偏財	19壬17庚3−7+傷官	49壬18辛3−8+偏印	20癸19壬2−8+偏官	50癸20癸2−8+偏財	21甲21甲2−9+偏財	52乙22乙2−8+偏官	22乙23丙2−8+偏官	53丙24丁2−8+偏印	23丙25戊2−8+正官
14	50癸14丁7+3−比肩	21甲15戊3−6+食神	49壬16己3−7+傷官	20癸17庚3−7+食神	50癸18辛3−8+印綬	21甲19壬3−8+正財	51甲20癸2−8+傷官	22乙21甲2−8+正財	53丙22乙2−8+正財	23丙23丙2−8+正財	54丁24丁2−8+印綬	24丁25戊2−7+偏官
15	51甲14丁7+3−正官	22乙15戊4−6+傷官	50癸16己3−7+食神	21甲17庚3−7+印綬	51甲18辛3−7+偏官	22乙19壬3−7+偏財	52乙20癸3−8+食神	23丙21甲3−8+食神	54丁22乙2−8+偏財	24丁23丙2−8+偏財	55戊24丁3−7+偏官	25戊25戊3−7+正財
16	52乙14丁6+4−偏官	23丙15戊4−6+比肩	51甲16己4−7+劫財	22乙17庚4−6+偏印	52乙18辛4−7+正官	23丙19壬3−7+傷官	53丙20癸3−7+劫財	24丁21甲3−8+傷官	55戊22乙3−7+傷官	25戊23丙3−7+傷官	56己24丁3−7+正官	26己25戊3−7+偏財
17	53丙14丁6+4−正財	24丁15戊4−5+劫財	52乙16己4−6+比肩	23丙17庚4−6+正官	53丙18辛4−7+偏財	24丁19壬4−7+食神	54丁20癸3−7+偏印	25戊21甲3−7+比肩	56己22乙3−7+食神	26己23丙3−7+食神	57庚24丁3−7+偏財	27庚25戊3−6+傷官
18	54丁14丁6+4−食神	25戊15戊5−5+偏印	53丙16己4−6+印綬	24丁17庚4−6+傷官	54丁18辛4−6+正財	25戊19壬4−6+劫財	55戊20癸4−7+正官	26己21甲4−7+正財	57庚22乙3−7+劫財	27庚23丙3−7+正官	58辛24丁4−6+正財	28辛25戊4−6+食神
19	55戊14丁5+5−劫財	26己15戊5−5+正官	54丁16己5−6+偏印	25戊17庚5−5+比肩	55戊18辛5−6+食神	26己19壬4−6+比肩	56己20癸4−6+偏官	27庚21甲4−7+食神	58辛22乙4−6+比肩	28辛23丙4−6+偏官	59壬24丁4−6+食神	29壬25戊4−6+劫財
20	56己14丁5+5−比肩	27庚15戊5−4+偏財	55戊16己5−5+正官	26己17庚5−5+劫財	56己18辛5−6+印綬	27庚19壬5−6+印綬	57庚20癸4−6+印綬	28辛21甲4−6+傷官	59壬22乙4−6+印綬	29壬23丙4−6+正財	60癸24丁4−6+劫財	30癸25戊4−5+比肩
21	57庚14丁5+5−印綬	28辛15戊6−4+正財	56己16己5−5+偏官	27庚17庚5−5+偏印	57庚18辛5−5+偏官	28辛19壬5−5+偏印	58辛20癸5−6+偏印	29壬21甲5−6+偏印	60癸22乙4−6+偏印	30癸23丙4−6+正官	1甲24丁5−5+偏印	31甲25戊5−5+印綬
22	58辛14丁4+6−偏印	29壬15戊6−4+食神	57庚16己6−5+正財	28辛17庚6−4+印綬	58辛18辛6−5+正官	29壬19壬5−5+正官	59壬20癸5−5+正官	30癸21甲5−6+印綬	1甲22乙5−5+正官	31甲23丙5−5+偏財	2乙24丁5−5+印綬	32乙25戊5−5+偏印
23	59壬14丁4+6−正官	30癸15戊6−3+傷官	58辛16己6−4+偏財	29壬17庚6−4+偏官	59壬18辛6−5+偏財	30癸19壬6−5+偏官	60癸20癸5−5+偏官	31甲21甲5−5+偏官	2乙22乙5−5+偏官	32乙23丙5−5+正財	3丙24丁5−5+偏官	33丙25戊5−4+正官
24	60癸14丁4+6−偏官	31甲15戊7−3+比肩	59壬16己6−4+傷官	30癸17庚6−4+正官	60癸18辛6−4+正財	31甲19壬6−4+正財	1甲20癸6−5+正財	32乙21甲6−5+正官	3丙22乙5−5+正財	33丙23丙5−5+食神	4丁24丁6−4+正官	34丁25戊6−4+偏官
25	1甲14丁3+7−正財	32乙15戊7−3+劫財	60癸16己7−4+食神	31甲17庚7−3+偏財	1甲18辛7−4+食神	32乙19壬6−4+偏財	2乙20癸6−4+偏財	33丙21甲6−5+偏財	4丁22乙6−4+偏財	34丁23丙6−4+傷官	5戊24丁6−4+偏財	35戊25戊6−4+正財
26	2乙14丁3+7−偏財	33丙15戊7−2+偏印	1甲16己7−3+劫財	32乙17庚7−3+正財	2乙18辛7−4+傷官	33丙19壬7−4+劫財	3丙20癸6−4+傷官	34丁21甲6−4+正財	5戊22乙6−4+傷官	35戊23丙6−4+比肩	6己24丁6−4+正財	36己25戊6−3+偏財
27	3丙14丁3+7−傷官	34丁15戊8−2+印綬	2乙16己7−3+比肩	33丙17庚7−3+食神	3丙18辛7−3+比肩	34丁19壬7−3+比肩	4丁20癸7−4+食神	35戊21甲7−4+食神	6己22乙6−4+食神	36己23丙6−4+劫財	7庚24丁7−3+食神	37庚25戊7−3+傷官
28	4丁14丁2+8−食神	35戊15戊8−2+偏官	3丙16己8−3+印綬	34丁17庚8−2+傷官	4丁18辛8−3+劫財	35戊19壬7−3+印綬	5戊20癸7−3+劫財	36己21甲7−4+傷官	7庚22乙7−3+劫財	37庚23丙7−3+偏印	8辛24丁7−3+傷官	38辛25戊7−3+食神
29	5戊14丁2+8−劫財		4丁16己8−2+偏印	35戊17庚8−2+比肩	5戊18辛8−3+偏印	36己19壬8−3+偏印	6己20癸7−3+比肩	37庚21甲7−3+比肩	8辛22乙7−3+比肩	38辛23丙7−3+印綬	9壬24丁7−3+比肩	39壬25戊7−2+劫財
30	6己14丁2+8−比肩		5戊16己8−2+正官	36己17庚8−2+劫財	6己18辛8−2+印綬	37庚19壬8−2+正官	7庚20癸8−3+印綬	38辛21甲8−3+劫財	9壬22乙7−3+印綬	39壬23丙7−3+偏官	10癸24丁8−2+劫財	40癸25戊8−2+比肩
31	7庚14丁1+9−印綬		6己16己9−2+偏官		7庚18辛9−2+偏官		8辛20癸8−2+偏印	39壬21甲8−3+偏印		40癸23丙8−2+正官		41甲25戊8−2+印綬

1986年（昭和61年）生まれ　年干：3丙（2/4～翌年2/3まで）

	1月	2月	3月	4月	5月	6月	7月	8月	9月	10月	11月	12月
日	日干 月干 立年 男 女 中心星	日干 月干 立年 男 女 中心星	日干 月干 立年 男 女 中心星	日干 月干 立年 男 女 中心星	日干 月干 立年 男 女 中心星	日干 月干 立年 男 女 中心星	日干 月干 立年 男 女 中心星	日干 月干 立年 男 女 中心星	日干 月干 立年 男 女 中心星	日干 月干 立年 男 女 中心星	日干 月干 立年 男 女 中心星	日干 月干 立年 男 女 中心星
1	42乙25戊8−1+偏印	13丙26己9−1+傷官	41甲27庚2+8−比肩	12乙28辛1+9−比肩	42乙29壬2+9−正財	13丙30癸2+9−比肩	43丙31甲2+8−劫財	14丁32乙2+8−食神	45戊33丙2+8−食神	15戊34丁2+8−傷官	46己35戊2+8−劫財	16己36己2+8−正財
2	43丙25戊9−1+正官	14丁26己9−1+食神	42乙27庚1+9−劫財	13丙28辛1+9−印綬	43丙29壬1+9−食神	14丁30癸1+9−劫財	44丁31甲2+9−比肩	15戊32乙2+9−劫財	46己33丙2+8−傷官	16己34丁2+8−食神	47庚35戊2+8−偏印	17庚36己2+8−食神
3	44丁25戊9−1+偏官	15戊26己0−1+劫財	43丙27庚1+9−偏印	14丁28辛1+9−偏印	44丁29壬1+9−傷官	15戊30癸1+9−偏印	45戊31甲1+9−印綬	16己32乙2+9−比肩	47庚33丙2+9−比肩	17庚34丁2+8−劫財	48辛35戊2+9−印綬	18辛36己1+8−傷官
4	45戊25戊9−1+正財	16己27庚0+1−劫財	44丁27庚1+9−印綬	15戊28辛1+0−正官	45戊29壬1+0−比肩	16己30癸1+0−印綬	46己31甲1+9−偏印	17庚32乙1+9−印綬	48辛33丙1+9−劫財	18辛34丁1+9−比肩	49壬35戊1+9−偏官	19壬36己1+9−比肩
5	46己26己1−0+偏財	17庚27庚0+1−偏印	45戊27庚1+0−偏官	16己29壬0+1−偏官	46己29壬1+0−劫財	17庚30癸1+0−偏官	47庚31甲1+0−正官	18辛32乙1+0−偏印	49壬33丙1+9−偏印	19壬34丁1+9−印綬	50癸35戊1+9−正官	20癸36己1+9−劫財
6	47庚26己1−0+傷官	18辛27庚9+1−印綬	46己28辛0+1−偏官	17庚29壬0+1−正財	47庚30癸0+1−偏印	18辛31甲0+1−偏印	48辛31甲1+0−偏官	19壬32乙1+0−正官	50癸33丙1+0−印綬	20癸34丁1+9−偏印	51甲35戊1+0−偏財	21甲36己1+9−偏印
7	48辛26己1−9+食神	19壬27庚9+1−偏官	47庚28辛0+1−正財	18辛29壬0+1−偏財	48辛30癸0+1−印綬	19壬31甲0+1−正官	49壬32乙0+1−正財	20癸32乙1+0−偏官	51甲33丙1+0−偏官	21甲34丁1+0−正官	52乙35戊1+0−正財	22乙37庚0+1−偏印
8	49壬26己1−9+劫財	20癸27庚9+1−正官	48辛28辛9+1−偏財	19壬29壬9+1−傷官	49壬30癸0+1−偏官	20癸31甲0+1−偏官	50癸32乙0+1−偏財	21甲33丙0+1−偏財	52乙34丁0+1−偏官	22乙35戊0+1−偏官	53丙36己0+1−偏印	23丙37庚0+1−正官
9	50癸26己1−9+比肩	21甲27庚8+2−偏財	49壬28辛9+1−傷官	20癸29壬9+1−食神	50癸30癸9+1−正官	21甲31甲9+1−正財	51甲32乙0+1−傷官	22乙33丙0+1−正財	53丙34丁0+1−正財	23丙35戊0+1−正財	54丁36己9+1−印綬	24丁37庚9+1−偏官
10	51甲26己2−8+印綬	22乙27庚8+2−正財	50癸28辛9+1−食神	21甲29壬9+2−劫財	51甲30癸9+1−偏財	22乙31甲9+1−偏財	52乙32乙0+1−食神	23丙33丙0+1−食神	54丁34丁9+1−偏財	24丁35戊0+1−偏財	55戊36己9+1−偏官	25戊37庚9+1−正財
11	52乙26己2−8+偏印	23丙27庚8+2−食神	51甲28辛8+2−劫財	22乙29壬8+2−比肩	52乙30癸9+2−正財	23丙31甲9+2−傷官	53丙32乙9+1−劫財	24丁33丙9+1−偏官	55戊34丁9+1−傷官	25戊35戊9+1−傷官	56己36己9+1−正官	26己37庚9+1−偏財
12	53丙26己2−8+正官	24丁27庚7+3−劫財	52乙28辛8+2−比肩	23丙29壬8+2−印綬	53丙30癸8+2−偏財	24丁31甲8+2−食神	54丁32乙9+2−比肩	25戊33丙9+1−比肩	56己34丁9+1−食神	26己35戊9+1−食神	57庚36己8+1−偏財	27庚37庚8+2−傷官
13	54丁26己3−7+偏官	25戊27庚7+3−偏印	53丙28辛8+2−印綬	24丁29壬8+3−偏印	54丁30癸8+2−正財	25戊31甲8+2−劫財	55戊32乙9+2−印綬	26己33丙9+2−劫財	57庚34丁8+2−劫財	27庚35戊9+2−劫財	58辛36己8+2−正財	28辛37庚8+2−食神
14	55戊26己3−7+正財	26己27庚7+3−印綬	54丁28辛7+3−偏印	25戊29壬7+3−正官	55戊30癸8+3−食神	26己31甲8+3−比肩	56己32乙8+2−偏印	27庚33丙8+2−偏印	58辛34丁8+2−比肩	28辛35戊8+2−比肩	59壬36己8+2−食神	29壬37庚8+2−劫財
15	56己26己3−7+食神	27庚27庚6+4−偏官	55戊28辛7+3−正官	26己29壬7+3−偏財	56己30癸7+3−傷官	27庚31甲7+3−印綬	57庚32乙8+3−正官	28辛33丙8+2−印綬	59壬34丁8+2−印綬	29壬35戊8+2−印綬	60癸36己7+2−傷官	30癸37庚7+3−比肩
16	57庚26己4−6+劫財	28辛27庚6+4−正官	56己28辛7+3−偏官	27庚29壬7+4−傷官	57庚30癸7+3−比肩	28辛31甲7+3−偏印	58辛32乙8+3−偏官	29壬33丙8+3−偏官	60癸34丁7+3−偏印	30癸35戊8+3−偏印	1甲36己7+3−比肩	31甲37庚7+3−印綬
17	58辛26己4−6+比肩	29壬27庚6+4−偏財	57庚28辛6+4−正財	28辛29壬6+4−食神	58辛30癸7+4−劫財	29壬31甲7+4−正官	59壬32乙7+3−傷官	30癸33丙7+3−正官	1甲34丁7+3−正官	31甲35戊7+3−正官	2乙36己7+3−劫財	32乙37庚7+3−偏印
18	59壬26己4−6+正官	30癸27庚5+5−正財	58辛28辛6+4−偏財	29壬29壬6+4−偏官	59壬30癸6+4−偏印	30癸31甲6+4−偏官	60癸32乙7+4−食神	31甲33丙7+3−偏財	2乙34丁7+3−偏官	32乙35戊7+3−食神	3丙36己6+3−偏印	33丙37庚6+4−正官
19	60癸26己5−5+偏官	31甲27庚5+5−比肩	59壬28辛6+4−傷官	30癸29壬6+5−正官	60癸30癸6+4−印綬	31甲31甲6+4−正財	1甲32乙7+4−劫財	32乙33丙7+4−印綬	3丙34丁6+4−正財	33丙35戊7+4−劫財	4丁36己6+4−印綬	34丁37庚6+4−偏官
20	1甲26己5−5+正財	32乙27庚5+5−劫財	60癸28辛5+5−食神	31甲29壬5+5−偏財	1甲30癸6+5−偏官	32乙31甲6+5−偏財	2乙32乙6+4−偏財	33丙33丙6+4−偏官	4丁34丁6+4−偏財	34丁35戊6+4−比肩	5戊36己6+4−偏官	35戊37庚6+4−正財
21	2乙26己5−5+偏財	33丙27庚4+6−偏印	1甲28辛5+5−劫財	32乙29壬5+5−正財	2乙30癸5+5−傷官	33丙31甲5+5−傷官	3丙32乙6+5−傷官	34丁33丙6+4−正官	5戊34丁6+4−傷官	35戊35戊6+4−比肩	6己36己5+4−正財	36己37庚5+5−偏財
22	3丙26己6−4+傷官	34丁27庚4+6−印綬	2乙28辛5+5−比肩	33丙29壬5+6−食神	3丙30癸5+5−比肩	34丁31甲5+5−食神	4丁32乙6+5−食神	35戊33丙6+5−食神	6己34丁5+5−食神	36己35戊6+5−劫財	7庚36己5+5−食神	37庚37庚5+5−傷官
23	4丁26己6−4+食神	35戊27庚4+6−偏官	3丙28辛4+6−印綬	34丁29壬4+6−傷官	4丁30癸5+6−劫財	35戊31甲5+6−劫財	5戊32乙5+5−劫財	36己33丙5+5−傷官	7庚34丁5+5−劫財	37庚35戊5+5−偏印	8辛36己5+5−傷官	38辛37庚5+5−食神
24	5戊26己6−4+劫財	36己27庚3+7−正官	4丁28辛4+6−偏印	35戊29壬4+6−比肩	5戊30癸4+6−偏印	36己31甲4+6−比肩	6己32乙5+6−比肩	37庚33丙5+5−比肩	8辛34丁5+5−比肩	38辛35戊5+5−印綬	9壬36己4+5−比肩	39壬37庚4+6−劫財
25	6己26己7−3+比肩	37庚27庚3+7−偏財	5戊28辛4+6−正官	36己29壬4+7−劫財	6己30癸4+6−印綬	37庚31甲4+6−印綬	7庚32乙5+6−印綬	38辛33丙5+6−劫財	9壬34丁4+6−印綬	39壬35戊5+6−偏官	10癸36己4+6−劫財	40癸37庚4+6−比肩
26	7庚26己7−3+印綬	38辛27庚3+7−正財	6己28辛3+7−偏官	37庚29壬3+7−偏印	7庚30癸4+7−偏官	38辛31甲4+7−偏官	8辛32乙4+6−偏印	39壬33丙4+6−偏印	10癸34丁4+6−偏印	40癸35戊4+6−正官	11甲36己4+6−偏印	41甲37庚4+6−印綬
27	8辛26己7−3+偏印	39壬27庚2+8−食神	7庚28辛3+7−正財	38辛29壬3+7−印綬	8辛30癸3+7−正官	39壬31甲3+7−正財	9壬32乙4+7−正官	40癸33丙4+6−印綬	11甲34丁4+6−正官	41甲35戊4+6−偏財	12乙36己3+6−印綬	42乙37庚3+7−偏印
28	9壬26己8−2+正官	40癸27庚2+8−傷官	8辛28辛3+7−偏財	39壬29壬3+8−偏官	9壬30癸3+7−偏財	40癸31甲3+7−偏財	10癸32乙4+7−偏官	41甲33丙4+7−偏官	12乙34丁3+7−偏官	42乙35戊4+7−正財	13丙36己3+7−偏官	43丙37庚3+7−正官
29	10癸26己8−2+偏官		9壬28辛2+8−傷官	40癸29壬2+8−正官	10癸30癸3+8−正財	41甲31甲3+8−傷官	11甲32乙3+7−正財	42乙33丙3+7−正官	13丙34丁3+7−正財	43丙35戊3+7−食神	14丁36己3+7−正官	44丁37庚3+7−偏官
30	11甲26己8−2+正財		10癸28辛2+8−食神	41甲29壬2+8−偏財	11甲30癸2+8−食神	42乙31甲2+8−食神	12乙32乙3+8−偏財	43丙33丙3+7−偏財	14丁34丁3+7−偏財	44丁35戊3+7−傷官	15戊36己2+7−偏財	45戊37庚2+8−正財
31	12乙26己9−1+偏財		11甲28辛2+8−劫財		12乙30癸2+8−傷官		13丙32乙3+8−傷官	44丁33丙3+8−正財		45戊35戊3+8−比肩		46己37庚2+8−偏財

1987年（昭和62年）生まれ　年干：4丁（2/4〜翌年2/3まで）

日	1月	2月	3月	4月	5月	6月	7月	8月	9月	10月	11月	12月
日	日干 月干 立年男女 中心星	日干 月干 立年男女 中心星	日干 月干 立年男女 中心星	日干 月干 立年男女 中心星	日干 月干 立年男女 中心星	日干 月干 立年男女 中心星	日干 月干 立年男女 中心星	日干 月干 立年男女 中心星	日干 月干 立年男女 中心星	日干 月干 立年男女 中心星	日干 月干 立年男女 中心星	日干 月干 立年男女 中心星
1	47庚37庚2+8−傷官	18辛38辛1+9−偏印	46己39壬8−2+正官	17庚40癸9−1+正財	47庚41甲9−2+偏印	18辛42乙9−2+正官	48辛43丙8−2+偏官	19壬44丁8−2+正官	50癸45戊8−2+印綬	20癸46己8−3+偏印	51甲47庚8−2+偏財	21甲48辛8−2+偏印
2	48辛37庚1+9−食神	19壬38辛1+9−正官	47庚39壬9−1+偏財	18辛40癸9−1+偏財	48辛41甲9−1+印綬	19壬42乙9−1+偏財	49壬43丙9−2+正財	20癸44丁8−2+偏官	51甲45戊8−2+偏官	21甲46己8−2+正官	52乙47庚8−2+正財	22乙48辛8−2+印綬
3	49壬37庚1+9−劫財	20癸38辛1+9−偏官	48辛39壬9−1+正財	19壬40癸9−1+傷官	49壬41甲9−1+偏官	20癸42乙9−1+正財	50癸43丙9−2+偏財	21甲44丁9−2+正財	52乙45戊9−2+正官	22乙46己8−2+偏官	53丙47庚8−2+食神	23丙48辛8−1+偏官
4	50癸37庚1+9−比肩	21甲39壬1−0+偏財	49壬39壬9−1+食神	20癸40癸0−1+食神	50癸41甲0−1+正官	21甲42乙0−1+食神	51甲43丙9−1+傷官	22乙44丁9−1+偏財	53丙45戊9−1+偏財	23丙46己9−2+正財	54丁47庚9−1+傷官	24丁48辛9−1+正官
5	51甲37庚1+0−印綬	22乙39壬1−0+正財	50癸39壬0−1+傷官	21甲41甲1−0+劫財	51甲41甲0−1+偏財	22乙42乙0−1+傷官	52乙43丙0−1+食神	23丙44丁9−1+傷官	54丁45戊9−1+正財	24丁46己9−1+偏財	55戊47庚9−1+比肩	25戊48辛9−1+偏財
6	52乙38辛0+1−偏印	23丙39壬1−9+食神	51甲40癸1−0+劫財	22乙41甲1−0+比肩	52乙42乙1−0+正財	23丙43丙1−0+傷官	53丙43丙0−1+劫財	24丁44丁0−1+食神	55戊45戊0−1+食神	25戊46己9−1+傷官	56己47庚9−1+劫財	26己48辛9−1+正財
7	53丙38辛9+1−正官	24丁39壬1−9+傷官	52乙40癸1−0+比肩	23丙41甲1−0+印綬	53丙42乙1−0+食神	24丁43丙1−0+食神	54丁43丙0−1+比肩	25戊44丁0−1+劫財	56己45戊0−1+傷官	26己46己0−1+食神	57庚47庚0−1+偏印	27庚49壬1−0+傷官
8	54丁38辛9+1−偏官	25戊39壬1−9+比肩	53丙40癸1−9+印綬	24丁41甲1−9+偏印	54丁42乙1−0+傷官	25戊43丙1−0+劫財	55戊44丁1−0+印綬	26己45戊1−0+劫財	57庚46己1−0+劫財	27庚46己0−1+劫財	58辛48辛1−0+正財	28辛49壬1−0+食神
9	55戊38辛9+1−正財	26己39壬2−8+劫財	54丁40癸1−9+偏印	25戊41甲1−9+正官	55戊42乙1−9+比肩	26己43丙1−0+比肩	56己44丁1−0+偏印	27庚45戊1−0+偏印	58辛46己1−0+比肩	28辛47庚1−0+比肩	59壬48辛1−9+食神	29壬49壬1−9+劫財
10	56己38辛8+1−偏財	27庚39壬2−8+偏印	55戊40癸1−9+正官	26己41甲2−9+偏官	56己42乙1−9+劫財	27庚43丙1−9+印綬	57庚44丁1−0+正官	28辛45戊1−0+印綬	59壬46己1−0+印綬	29壬47庚1−0+印綬	60癸48辛1−9+傷官	30癸49壬1−9+比肩
11	57庚38辛8+2−傷官	28辛39壬2−8+印綬	56己40癸2−8+偏官	27庚41甲2−8+正財	57庚42乙2−9+偏印	28辛43丙2−9+偏印	58辛44丁1−9+偏官	29壬45戊1−9+偏官	60癸46己1−9+偏印	30癸47庚1−9+偏印	1甲48辛1−9+比肩	31甲49壬1−9+印綬
12	58辛38辛8+2−食神	29壬39壬3−7+偏財	57庚40癸2−8+正財	28辛41甲2−8+偏財	58辛42乙2−8+劫財	29壬43丙2−9+正官	59壬44丁1−9+偏財	30癸45戊1−9+正官	1甲46己1−9+正官	31甲47庚1−9+正官	2乙48辛1−8+劫財	32乙49壬2−8+偏印
13	59壬38辛7+2−劫財	30癸39壬3−7+正財	58辛40癸2−8+偏財	29壬41甲3−8+傷官	59壬42乙2−8+偏印	30癸43丙2−8+偏官	60癸44丁2−9+偏財	31甲45戊2−9+偏財	2乙46己2−9+偏官	32乙47庚1−9+偏官	3丙48辛2−8+偏印	33丙49壬2−8+正官
14	60癸38辛7+3−比肩	31甲39壬3−7+食神	59壬40癸3−7+傷官	30癸41甲3−7+食神	60癸42乙3−8+印綬	31甲43丙3−8+正財	1甲44丁2−8+傷官	32乙45戊2−8+正財	3丙46己2−8+正財	33丙47庚2−8+正財	4丁48辛2−8+印綬	34丁49壬2−8+偏官
15	1甲38辛7+3−印綬	32乙39壬4−6+傷官	60癸40癸3−7+食神	31甲41甲3−7+印綬	1甲42乙3−7+偏官	32乙43丙3−8+偏財	2乙44丁2−8+食神	33丙45戊2−8+食神	4丁46己2−8+偏財	34丁47庚2−8+偏財	5戊48辛2−7+偏官	35戊49壬3−7+正財
16	2乙38辛6+3−偏官	33丙39壬4−6+比肩	1甲40癸3−7+劫財	32乙41甲4−7+偏印	2乙42乙3−7+正官	33丙43丙3−7+傷官	3丙44丁3−8+劫財	34丁45戊3−8+傷官	5戊46己3−8+傷官	35戊47庚2−8+傷官	6己48辛3−7+正官	36己49壬3−7+偏財
17	3丙38辛6+4−正財	34丁39壬4−6+劫財	2乙40癸4−6+比肩	33丙41甲4−6+正官	3丙42乙4−7+偏財	34丁43丙4−7+食神	4丁44丁3−7+比肩	35戊45戊3−7+比肩	6己46己3−7+食神	36己47庚3−7+食神	7庚48辛3−7+偏財	37庚49壬3−7+傷官
18	4丁38辛6+4−偏財	35戊39壬5−5+偏印	3丙40癸4−6+印綬	34丁41甲4−6+傷官	4丁42乙4−6+正財	35戊43丙4−7+劫財	5戊44丁3−7+正官	36己45戊3−7+劫財	7庚46己3−7+劫財	37庚47庚3−7+劫財	8辛48辛3−6+正財	38辛49壬4−6+食神
19	5戊38辛5+4−劫財	36己39壬5−5+正官	4丁40癸4−6+偏印	35戊41甲5−6+比肩	5戊42乙4−6+食神	36己43丙4−6+比肩	6己44丁4−7+偏官	37庚45戊4−7+食神	8辛46己4−7+比肩	38辛47庚3−7+偏官	9壬48辛4−6+食神	39壬49壬4−6+劫財
20	6己38辛5+5−比肩	37庚39壬5−5+偏財	5戊40癸5−5+正官	36己41甲5−5+劫財	6己42乙5−6+傷官	37庚43丙5−6+印綬	7庚44丁4−6+正財	38辛45戊4−6+傷官	9壬46己4−6+印綬	39壬47庚4−6+正財	10癸48辛4−6+傷官	40癸49壬4−6+比肩
21	7庚38辛5+5−印綬	38辛39壬6−4+正財	6己40癸5−5+偏官	37庚41甲5−5+偏印	7庚42乙5−5+偏官	38辛43丙5−6+偏印	8辛44丁4−6+偏印	39壬45戊4−6+比肩	10癸46己4−6+偏印	40癸47庚4−6+偏財	11甲48辛4−5+偏印	41甲49壬5−5+印綬
22	8辛38辛4+5−偏印	39壬39壬6−4+食神	7庚40癸5−5+正財	38辛41甲6−5+印綬	8辛42乙5−5+正官	39壬43丙5−5+正官	9壬44丁5−6+正官	40癸45戊5−6+印綬	11甲46己5−6+正官	41甲47庚4−6+偏財	12乙48辛5−5+印綬	42乙49壬5−5+偏印
23	9壬38辛4+6−正官	40癸39壬6−4+傷官	8辛40癸6−4+偏財	39壬41甲6−4+偏官	9壬42乙6−5+偏財	40癸43丙6−5+偏官	10癸44丁5−5+偏官	41甲45戊5−5+偏官	12乙46己5−5+偏官	42乙47庚5−5+正財	13丙48辛5−5+偏官	43丙49壬5−5+正官
24	10癸38辛4+6−偏官	41甲39壬7−3+比肩	9壬40癸6−4+傷官	40癸41甲6−4+正官	10癸42乙6−4+正財	41甲43丙6−5+正財	11甲44丁5−5+正財	42乙45戊5−5+正官	13丙46己5−5+正財	43丙47庚5−5+食神	14丁48辛5−4+正官	44丁49壬6−4+偏官
25	11甲38辛3+6−正財	42乙39壬7−3+劫財	10癸40癸6−4+食神	41甲41甲7−4+偏財	11甲42乙6−4+食神	42乙43丙6−4+偏財	12乙44丁6−5+偏財	43丙45戊6−5+偏財	14丁46己6−5+偏財	44丁47庚5−5+傷官	15戊48辛6−4+偏財	45戊49壬6−4+正財
26	12乙38辛3+7−偏財	43丙39壬7−3+偏印	11甲40癸7−3+劫財	42乙41甲7−3+正財	12乙42乙7−4+傷官	43丙43丙7−4+劫財	13丙44丁6−4+傷官	44丁45戊6−4+正財	15戊46己6−4+傷官	45戊47庚6−4+比肩	16己48辛6−4+正財	46己49壬6−4+偏財
27	13丙38辛3+7−傷官	44丁39壬8−2+印綬	12乙40癸7−3+比肩	43丙41甲7−3+食神	13丙42乙7−3+比肩	44丁43丙7−4+比肩	14丁44丁6−4+食神	45戊45戊6−4+食神	16己46己6−4+食神	46己47庚6−4+劫財	17庚48辛6−3+食神	47庚49壬7−3+傷官
28	14丁38辛2+7−食神	45戊39壬8−2+偏官	13丙40癸7−3+印綬	44丁41甲8−3+傷官	14丁42乙7−3+劫財	45戊43丙7−3+印綬	15戊44丁7−4+劫財	46己45戊7−4+傷官	17庚46己7−4+劫財	47庚47庚6−4+偏印	18辛48辛7−3+傷官	48辛49壬7−3+食神
29	15戊38辛2+8−劫財		14丁40癸8−2+偏印	45戊41甲8−2+比肩	15戊42乙8−3+偏印	46己43丙8−3+偏印	16己44丁7−3+比肩	47庚45戊7−3+比肩	18辛46己7−3+比肩	48辛47庚7−3+印綬	19壬48辛7−3+比肩	49壬49壬7−3+劫財
30	16己38辛2+8−比肩		15戊40癸8−2+正官	46己41甲8−2+劫財	16己42乙8−2+印綬	47庚43丙8−3+正官	17庚44丁7−3+印綬	48辛45戊7−3+劫財	19壬46己7−3+印綬	49壬47庚7−3+偏官	20癸48辛7−2+劫財	50癸49壬8−2+比肩
31	17庚38辛1+8−印綬		16己40癸8−2+偏官		17庚42乙8−2+偏官		18辛44丁8−3+偏印	49壬45戊8−3+偏印		50癸47庚7−3+正官		51甲49壬8−2+印綬

1988年（昭和63年）生まれ　年干：5戊（2/4～翌年2/3まで）

日	1月	2月	3月	4月	5月	6月
	日干 月干 立年 男 女 中心星	日干 月干 立年 男 女 中心星	日干 月干 立年 男 女 中心星	日干 月干 立年 男 女 中心星	日干 月干 立年 男 女 中心星	日干 月干 立年 男 女 中心星
1	52乙49壬8−2+偏印	23丙50癸9−1+傷官	52乙51甲1+9−劫財	23丙52乙1+9−印綬	53丙53丙1+9−食神	24丁54丁1+9−劫財
2	53丙49壬9−1+正官	24丁50癸9−1+食神	53丙51甲1+9−偏印	24丁52乙1+9−偏印	54丁53丙1+9−傷官	25戊54丁1+9−偏印
3	54丁49壬9−1+偏官	25戊50癸9−1+劫財	54丁51甲1+9−印綬	25戊52乙1+0−正官	55戊53丙1+0−比肩	26己54丁1+0−印綬
4	55戊49壬9−1+正財	26己51甲0+1−劫財	55戊51甲1+0−偏官	26己53丙0+1−偏官	56己53丙1+0−劫財	27庚54丁1+0−偏官
5	56己49壬0−1+偏財	27庚51甲0+1−偏印	56己52乙0+1−偏官	27庚53丙0+1−正財	57庚54丁0+1−偏印	28辛55戊0+1−偏印
6	57庚50癸1−0+傷官	28辛51甲9+1−印綬	57庚52乙0+1−正財	28辛53丙0+1−偏財	58辛54丁0+1−印綬	29壬55戊0+1−正官
7	58辛50癸1−9+食神	29壬51甲9+1−偏官	58辛52乙9+1−偏財	29壬53丙9+1−傷官	59壬54丁0+1−偏官	30癸55戊0+1−偏官
8	59壬50癸1−9+劫財	30癸51甲9+1−正官	59壬52乙9+1−傷官	30癸53丙9+1−食神	60癸54丁9+1−正官	31甲55戊0+1−正財
9	60癸50癸1−9+比肩	31甲51甲8+2−偏財	60癸52乙9+1−食神	31甲53丙9+2−劫財	1甲54丁9+1−偏財	32乙55戊9+1−偏財
10	1甲50癸1−8+印綬	32乙51甲8+2−正財	1甲52乙8+2−劫財	32乙53丙8+2−比肩	2乙54丁9+2−正財	33丙55戊9+2−傷官
11	2乙50癸2−8+偏印	33丙51甲8+2−食神	2乙52乙8+2−比肩	33丙53丙8+2−印綬	3丙54丁8+2−偏財	34丁55戊9+2−食神
12	3丙50癸2−8+正官	34丁51甲7+3−劫財	3丙52乙8+2−印綬	34丁53丙8+3−偏印	4丁54丁8+2−正財	35戊55戊8+2−劫財
13	4丁50癸2−7+偏官	35戊51甲7+3−偏印	4丁52乙7+3−偏印	35戊53丙7+3−正官	5戊54丁8+3−食神	36己55戊8+3−比肩
14	5戊50癸3−7+正財	36己51甲7+3−印綬	5戊52乙7+3−正官	36己53丙7+3−偏財	6己54丁7+3−傷官	37庚55戊8+3−印綬
15	6己50癸3−7+偏財	37庚51甲6+4−偏官	6己52乙7+3−偏官	37庚53丙7+4−傷官	7庚54丁7+3−比肩	38辛55戊7+3−偏印
16	7庚50癸3−6+劫財	38辛51甲6+4−正官	7庚52乙6+4−正財	38辛53丙6+4−食神	8辛54丁7+4−劫財	39壬55戊7+4−正官
17	8辛50癸4−6+比肩	39壬51甲6+4−偏財	8辛52乙6+4−偏財	39壬53丙6+4−偏官	9壬54丁6+4−偏印	40癸55戊7+4−偏官
18	9壬50癸4−6+印綬	40癸51甲5+5−正財	9壬52乙6+4−傷官	40癸53丙6+5−正官	10癸54丁6+4−印綬	41甲55戊6+4−正財
19	10癸50癸4−5+偏官	41甲51甲5+5−比肩	10癸52乙5+5−食神	41甲53丙5+5−偏財	11甲54丁6+5−偏官	42乙55戊6+5−偏財
20	11甲50癸5−5+正財	42乙51甲5+5−劫財	11甲52乙5+5−劫財	42乙53丙5+5−正財	12乙54丁5+5−傷官	43丙55戊6+5−傷官
21	12乙50癸5−5+偏財	43丙51甲4+6−偏印	12乙52乙5+5−比肩	43丙53丙5+6−食神	13丙54丁5+5−比肩	44丁55戊5+5−食神
22	13丙50癸5−4+傷官	44丁51甲4+6−印綬	13丙52乙4+6−印綬	44丁53丙4+6−傷官	14丁54丁5+6−劫財	45戊55戊5+6−劫財
23	14丁50癸6−4+食神	45戊51甲4+6−偏官	14丁52乙4+6−偏印	45戊53丙4+6−比肩	15戊54丁4+6−偏印	46己55戊5+6−比肩
24	15戊50癸6−4+劫財	46己51甲3+7−正官	15戊52乙4+6−正官	46己53丙4+7−劫財	16己54丁4+6−印綬	47庚55戊4+6−印綬
25	16己50癸6−3+比肩	47庚51甲3+7−偏財	16己52乙3+7−偏官	47庚53丙3+7−偏印	17庚54丁4+7−偏官	48辛55戊4+7−偏官
26	17庚50癸7−3+印綬	48辛51甲3+7−正財	17庚52乙3+7−正財	48辛53丙3+7−印綬	18辛54丁3+7−正官	49壬55戊4+7−正財
27	18辛50癸7−3+偏印	49壬51甲2+8−食神	18辛52乙3+7−偏財	49壬53丙3+8−偏官	19壬54丁3+7−偏財	50癸55戊3+7−偏財
28	19壬50癸7−2+正官	50癸51甲2+8−傷官	19壬52乙2+8−傷官	50癸53丙2+8−正官	20癸54丁3+8−正財	51甲55戊3+8−傷官
29	20癸50癸8−2+偏官	51甲51甲2+8−比肩	20癸52乙2+8−食神	51甲53丙2+8−偏財	21甲54丁2+8−食神	52乙55戊3+8−食神
30	21甲50癸8−2+正財		21甲52乙2+8−劫財	52乙53丙2+9−正財	22乙54丁2+8−傷官	53丙55戊2+8−劫財
31	22乙50癸8−1+偏財		22乙52乙1+9−比肩		23丙54丁2+9−比肩	

日	7月	8月	9月	10月	11月	12月
	日干 月干 立年 男 女 中心星	日干 月干 立年 男 女 中心星	日干 月干 立年 男 女 中心星	日干 月干 立年 男 女 中心星	日干 月干 立年 男 女 中心星	日干 月干 立年 男 女 中心星
1	54丁55戊2+9−比肩	25戊56己2+8−劫財	56己57庚2+8−傷官	26己58辛2+8−食神	57庚59壬2+8−偏印	27庚60癸2+8−食神
2	55戊55戊2+9−印綬	26己56己2+9−比肩	57庚57庚2+9−比肩	27庚58辛2+8−劫財	58辛59壬2+8−印綬	28辛60癸2+8−傷官
3	56己55戊1+9−偏印	27庚56己1+9−印綬	58辛57庚1+9−劫財	28辛58辛2+9−比肩	59壬59壬1+9−偏官	29壬60癸1+9−比肩
4	57庚55戊1+0−正官	28辛56己1+9−偏印	59壬57庚1+9−偏印	29壬58辛1+9−印綬	60癸59壬1+9−正官	30癸60癸1+9−劫財
5	58辛55戊1+0−偏官	29壬56己1+0−正官	60癸57庚1+0−印綬	30癸58辛1+9−偏印	1甲59壬1+9−偏財	31甲60癸1+9−偏印
6	59壬55戊1+0−正財	30癸56己1+0−偏官	1甲57庚1+0−偏官	31甲58辛1+0−正官	2乙59壬1+0−正財	32乙60癸1+0−印綬
7	60癸56己0+1−偏財	31甲57庚0+1−偏財	2乙58辛0+1−偏官	32乙58辛1+0−偏官	3丙60癸0+1−偏印	33丙 1甲0+1−正官
8	1甲56己0+1−傷官	32乙57庚0+1−正財	3丙58辛0+1−正財	33丙59壬0+1−正財	4丁60癸0+1−印綬	34丁 1甲9+1−偏官
9	2乙56己0+1−食神	33丙57庚0+1−食神	4丁58辛0+1−偏財	34丁59壬0+1−偏財	5戊60癸9+1−偏官	35戊 1甲9+1−正財
10	3丙56己9+1−劫財	34丁57庚9+1−傷官	5戊58辛9+1−傷官	35戊59壬9+1−傷官	6己60癸9+1−正官	36己 1甲9+1−偏財
11	4丁56己9+1−比肩	35戊57庚9+1−比肩	6己58辛9+1−食神	36己59壬9+1−食神	7庚60癸9+1−偏財	37庚 1甲8+1−傷官
12	5戊56己9+2−印綬	36己57庚9+2−劫財	7庚58辛9+2−劫財	37庚59壬9+1−劫財	8辛60癸8+2−正財	38辛 1甲8+2−食神
13	6己56己8+2−偏印	37庚57庚8+2−偏印	8辛58辛8+2−比肩	38辛59壬8+2−比肩	9壬60癸8+2−食神	39壬 1甲8+2−劫財
14	7庚56己8+2−正官	38辛57庚8+2−印綬	9壬58辛8+2−印綬	39壬59壬8+2−印綬	10癸60癸8+2−傷官	40癸 1甲7+2−比肩
15	8辛56己8+3−偏官	39壬57庚8+3−偏官	10癸58辛8+3−偏印	40癸59壬8+2−偏印	11甲60癸7+3−比肩	41甲 1甲7+3−印綬
16	9壬56己7+3−正財	40癸57庚7+3−正官	11甲58辛7+3−正官	41甲59壬7+3−正官	12乙60癸7+3−劫財	42乙 1甲7+3−偏印
17	10癸56己7+3−食神	41甲57庚7+3−偏財	12乙58辛7+3−偏官	42乙59壬7+3−偏官	13丙60癸7+3−偏印	43丙 1甲6+3−正官
18	11甲56己7+4−劫財	42乙57庚7+4−印綬	13丙58辛7+4−正財	43丙59壬7+3−劫財	14丁60癸6+4−印綬	44丁 1甲6+4−偏官
19	12乙56己6+4−比肩	43丙57庚6+4−偏官	14丁58辛6+4−偏財	44丁59壬6+4−比肩	15戊60癸6+4−偏官	45戊 1甲6+4−正財
20	13丙56己6+4−傷官	44丁57庚6+4−正官	15戊58辛6+4−傷官	45戊59壬6+4−印綬	16己60癸6+4−正財	46己 1甲5+4−偏財
21	14丁56己6+5−食神	45戊57庚6+5−食神	16己58辛6+5−食神	46己59壬6+4−劫財	17庚60癸5+5−食神	47庚 1甲5+5−傷官
22	15戊56己5+5−劫財	46己57庚5+5−傷官	17庚58辛5+5−劫財	47庚59壬5+5−偏印	18辛60癸5+5−傷官	48辛 1甲5+5−食神
23	16己56己5+5−比肩	47庚57庚5+5−比肩	18辛58辛5+5−比肩	48辛59壬5+5−印綬	19壬60癸5+5−比肩	49壬 1甲4+5−劫財
24	17庚56己5+6−印綬	48辛57庚5+6−劫財	19壬58辛5+6−印綬	49壬59壬5+5−偏官	20癸60癸4+6−劫財	50癸 1甲4+6−比肩
25	18辛56己4+6−偏印	49壬57庚4+6−偏印	20癸58辛4+6−偏印	50癸59壬4+6−正官	21甲60癸4+6−偏印	51甲 1甲4+6−印綬
26	19壬56己4+6−正官	50癸57庚4+6−印綬	21甲58辛4+6−正官	51甲59壬4+6−偏財	22乙60癸4+6−印綬	52乙 1甲3+6−偏印
27	20癸56己4+7−偏官	51甲57庚4+7−偏官	22乙58辛4+7−偏官	52乙59壬4+6−正財	23丙60癸3+7−偏官	53丙 1甲3+7−正官
28	21甲56己3+7−正財	52乙57庚3+7−正官	23丙58辛3+7−正財	53丙59壬3+7−食神	24丁60癸3+7−正官	54丁 1甲3+7−偏官
29	22乙56己3+7−偏財	53丙57庚3+7−偏財	24丁58辛3+7−偏財	54丁59壬3+7−傷官	25戊60癸3+7−偏財	55戊 1甲2+7−正財
30	23丙56己3+8−傷官	54丁57庚3+8−正財	25戊58辛3+8−傷官	55戊59壬3+7−比肩	26己60癸2+8−正財	56己 1甲2+8−偏財
31	24丁56己2+8−食神	55戊57庚2+8−食神		56己59壬2+8−劫財		57庚 1甲2+8−傷官

1989年（昭和64年／平成元年）生まれ　年干：6己（2/4～翌年2/3まで）

日	1月	2月	3月	4月	5月	6月	7月	8月	9月	10月	11月	12月
	日干 月干 立年(男 女) 中心星	日干 月干 立年(男 女) 中心星	日干 月干 立年(男 女) 中心星	日干 月干 立年(男 女) 中心星	日干 月干 立年(男 女) 中心星	日干 月干 立年(男 女) 中心星	日干 月干 立年(男 女) 中心星	日干 月干 立年(男 女) 中心星	日干 月干 立年(男 女) 中心星	日干 月干 立年(男 女) 中心星	日干 月干 立年(男 女) 中心星	日干 月干 立年(男 女) 中心星
1	58辛 1甲1+8−食神	29壬 2乙1+9−正官	57庚 3丙8−1+偏財	28辛 4丁9−1+偏財	58辛 5戊9−1+印綬	29壬 6己9−2+偏財	59壬 7庚8−2+正財	30癸 8辛8−2+偏官	1甲 9壬8−2+偏官	31甲10癸8−2+正官	2乙11甲8−2+正財	32乙12乙8−2+印綬
2	59壬 1甲1+9−劫財	30癸 2乙1+9−偏官	58辛 3丙9−1+正財	29壬 4丁9−1+傷官	59壬 5戊9−1+偏官	30癸 6己9−1+正財	60癸 7庚9−2+偏財	31甲 8辛9−2+正財	2乙 9壬9−2+正官	32乙10癸8−2+偏官	3丙11甲8−2+食神	33丙12乙8−2+偏官
3	60癸 1甲1+9−比肩	31甲 2乙1+0−正財	59壬 3丙9−1+食神	30癸 4丁0−1+食神	60癸 5戊9−1+正官	31甲 6己0−1+食神	1甲 7庚9−1+傷官	32乙 8辛9−1+偏財	3丙 9壬9−2+偏財	33丙10癸8−2+正財	4丁11甲9−1+傷官	34丁12乙9−1+正官
4	1甲 1甲1+9−印綬	32乙 3丙1−0+正財	60癸 3丙9−1+傷官	31甲 4丁0−1+劫財	1甲 5戊0−1+偏財	32乙 6己0−1+傷官	2乙 7庚9−1+食神	33丙 8辛9−1+傷官	4丁 9壬9−1+正財	34丁10癸9−1+偏財	5戊11甲9−1+比肩	35戊12乙9−1+偏財
5	2乙 2乙0+1−偏印	33丙 3丙1−9+食神	1甲 4丁1−0+劫財	32乙 5戊1−0+比肩	2乙 6己1−0+正財	33丙 6己0−1+比肩	3丙 7庚0−1+劫財	34丁 8辛0−1+食神	5戊 9壬0−1+食神	35戊10癸9−1+傷官	6己11甲9−1+劫財	36己12乙9−1+正財
6	3丙 2乙0+1−正官	34丁 3丙1−9+傷官	2乙 4丁1−0+比肩	33丙 5戊1−0+印綬	3丙 6己1−0+食神	34丁 7庚1−0+食神	4丁 7庚0−1+比肩	35戊 8辛0−1+劫財	6己 9壬0−1+傷官	36己10癸9−1+食神	7庚11甲0−1+偏印	37庚12乙0−1+食神
7	4丁 2乙9+1−偏官	35戊 3丙1−9+比肩	3丙 4丁1−0+印綬	34丁 5戊1−9+偏印	4丁 6己1−0+傷官	35戊 7庚1−0+劫財	5戊 8辛1−0+印綬	36己 9壬1−0+劫財	7庚 9壬0−1+比肩	37庚10癸0−1+劫財	8辛12乙1−0+正財	38辛13丙1−0+食神
8	5戊 2乙9+1−正財	36己 3丙1−8+劫財	4丁 4丁1−9+偏印	35戊 5戊1−9+正官	5戊 6己1−0+比肩	36己 7庚1−0+比肩	6己 8辛1−0+偏印	37庚 9壬1−0+偏印	8辛10癸1−0+比肩	38辛11甲1−0+比肩	9壬12乙1−0+食神	39壬13丙1−9+劫財
9	6己 2乙9+1−偏財	37庚 3丙2−8+偏印	5戊 4丁1−9+正官	36己 5戊1−9+偏官	6己 6己1−9+劫財	37庚 7庚1−9+印綬	7庚 8辛1−0+正官	38辛 9壬1−0+印綬	9壬10癸1−0+印綬	39壬11甲1−0+印綬	10癸12乙1−9+傷官	40癸13丙1−9+比肩
10	7庚 2乙8+2−傷官	38辛 3丙2−8+印綬	6己 4丁2−9+偏官	37庚 5戊2−8+正財	7庚 6己2−9+偏印	38辛 7庚1−9+偏印	8辛 8辛1−9+偏官	39壬 9壬1−0+偏官	10癸10癸1−9+偏印	40癸11甲1−9+偏印	11甲12乙1−9+比肩	41甲13丙1−9+印綬
11	8辛 2乙8+2−食神	39壬 3丙2−7+偏官	7庚 4丁2−8+正財	38辛 5戊2−8+偏財	8辛 6己2−9+劫財	39壬 7庚2−9+正官	9壬 8辛1−9+正財	40癸 9壬1−9+正官	11甲10癸1−9+正官	41甲11甲1−9+正官	12乙12乙1−9+劫財	42乙13丙1−8+偏印
12	9壬 2乙8+2−劫財	40癸 3丙3−7+正財	8辛 4丁2−8+偏財	39壬 5戊2−8+傷官	9壬 6己2−8+偏印	40癸 7庚2−8+偏官	10癸 8辛2−9+偏財	41甲 9壬2−9+偏財	12乙10癸1−9+偏官	42乙11甲1−9+偏官	13丙12乙2−8+偏印	43丙13丙2−8+正官
13	10癸 2乙7+3−比肩	41甲 3丙3−7+食神	9壬 4丁3−8+傷官	40癸 5戊3−7+食神	10癸 6己3−8+印綬	41甲 7庚2−8+正財	11甲 8辛2−8+傷官	42乙 9壬2−9+正財	13丙10癸2−8+正財	43丙11甲2−8+正財	14丁12乙2−8+印綬	44丁13丙2−8+偏官
14	11甲 2乙7+3−印綬	42乙 3丙3−6+傷官	10癸 4丁3−7+食神	41甲 5戊3−7+劫財	11甲 6己3−8+偏官	42乙 7庚3−8+偏財	12乙 8辛2−8+食神	43丙 9壬2−8+食神	14丁10癸2−8+偏財	44丁11甲2−8+偏財	15戊12乙2−8+偏官	45戊13丙2−7+正財
15	12乙 2乙7+3−偏官	43丙 3丙4−6+比肩	11甲 4丁3−7+劫財	42乙 5戊3−7+偏印	12乙 6己3−7+正官	43丙 7庚3−7+傷官	13丙 8辛3−8+劫財	44丁 9壬3−8+傷官	15戊10癸2−8+傷官	45戊11甲2−8+傷官	16己12乙3−7+正官	46己13丙3−7+偏財
16	13丙 2乙6+4−正財	44丁 3丙4−6+劫財	12乙 4丁4−7+比肩	43丙 5戊4−6+正官	13丙 6己4−7+偏財	44丁 7庚3−7+食神	14丁 8辛3−7+比肩	45戊 9壬3−8+比肩	16己10癸3−7+食神	46己11甲3−7+食神	17庚12乙3−7+偏財	47庚13丙3−7+傷官
17	14丁 2乙6+4−偏財	45戊 3丙4−5+偏印	13丙 4丁4−6+印綬	44丁 5戊4−6+偏官	14丁 6己4−7+正財	45戊 7庚4−7+劫財	15戊 8辛3−7+正官	46己 9壬3−7+劫財	17庚10癸3−7+劫財	47庚11甲3−7+劫財	18辛12乙3−7+正財	48辛13丙3−6+食神
18	15戊 2乙6+4−劫財	46己 3丙5−5+印綬	14丁 4丁4−6+偏印	45戊 5戊4−6+比肩	15戊 6己4−6+食神	46己 7庚4−6+比肩	16己 8辛4−7+偏官	47庚 9壬4−7+食神	18辛10癸3−7+比肩	48辛11甲3−7+偏官	19壬12乙4−6+食神	49壬13丙4−6+劫財
19	16己 2乙5+5−比肩	47庚 3丙5−5+偏財	15戊 4丁5−6+正官	46己 5戊5−5+劫財	16己 6己5−6+傷官	47庚 7庚4−6+印綬	17庚 8辛4−6+正財	48辛 9壬4−7+傷官	19壬10癸4−6+印綬	49壬11甲4−6+正財	20癸12乙4−6+傷官	50癸13丙4−6+比肩
20	17庚 2乙5+5−印綬	48辛 3丙5−4+正財	16己 4丁5−5+偏官	47庚 5戊5−5+偏印	17庚 6己5−6+偏官	48辛 7庚5−6+偏印	18辛 8辛4−6+偏印	49壬 9壬4−6+比肩	20癸10癸4−6+偏印	50癸11甲4−6+偏財	21甲12乙4−6+偏印	51甲13丙4−5+印綬
21	18辛 2乙5+5−偏印	49壬 3丙6−4+食神	17庚 4丁5−5+正財	48辛 5戊5−5+印綬	18辛 6己5−5+正官	49壬 7庚5−5+正官	19壬 8辛5−6+正官	50癸 9壬5−6+印綬	21甲10癸4−6+正官	51甲11甲4−6+偏財	22乙12乙5−5+印綬	52乙13丙5−5+偏印
22	19壬 2乙4+6−正官	50癸 3丙6−4+傷官	18辛 4丁6−5+偏財	49壬 5戊6−4+偏官	19壬 6己6−5+偏財	50癸 7庚5−5+偏官	20癸 8辛5−5+偏官	51甲 9壬5−6+偏官	22乙10癸5−5+偏官	52乙11甲5−5+正財	23丙12乙5−5+偏官	53丙13丙5−5+正官
23	20癸 2乙4+6−偏官	51甲 3丙6−3+比肩	19壬 4丁6−4+傷官	50癸 5戊6−4+正官	20癸 6己6−5+正財	51甲 7庚6−5+正財	21甲 8辛5−5+正財	52乙 9壬5−5+正官	23丙10癸5−5+正財	53丙11甲5−5+食神	24丁12乙5−5+正官	54丁13丙5−4+偏官
24	21甲 2乙4+6−正財	52乙 3丙7−3+劫財	20癸 4丁6−4+食神	51甲 5戊6−4+偏財	21甲 6己6−4+食神	52乙 7庚6−4+偏財	22乙 8辛6−5+偏財	53丙 9壬6−5+偏財	24丁10癸5−5+偏財	54丁11甲5−5+傷官	25戊12乙6−4+偏財	55戊13丙6−4+正財
25	22乙 2乙3+7−偏財	53丙 3丙7−3+偏印	21甲 4丁7−4+劫財	52乙 5戊7−3+正財	22乙 6己7−4+傷官	53丙 7庚6−4+傷官	23丙 8辛6−4+傷官	54丁 9壬6−5+正財	25戊10癸6−4+傷官	55戊11甲6−4+比肩	26己12乙6−4+正財	56己13丙6−4+偏財
26	23丙 2乙3+7−傷官	54丁 3丙7−2+印綬	22乙 4丁7−3+比肩	53丙 5戊7−3+食神	23丙 6己7−4+比肩	54丁 7庚7−4+比肩	24丁 8辛6−4+食神	55戊 9壬6−4+食神	26己10癸6−4+食神	56己11甲6−4+劫財	27庚12乙6−4+食神	57庚13丙6−3+傷官
27	24丁 2乙3+7−食神	55戊 3丙8−2+偏官	23丙 4丁7−3+印綬	54丁 5戊7−3+傷官	24丁 6己7−3+劫財	55戊 7庚7−3+印綬	25戊 8辛7−4+劫財	56己 9壬7−4+傷官	27庚10癸6−4+劫財	57庚11甲6−4+偏印	28辛12乙7−3+傷官	58辛13丙7−3+食神
28	25戊 2乙2+8−劫財	56己 3丙8−2+正官	24丁 4丁8−3+偏印	55戊 5戊8−2+比肩	25戊 6己8−3+偏印	56己 7庚7−3+偏印	26己 8辛7−3+比肩	57庚 9壬7−4+比肩	28辛10癸7−3+比肩	58辛11甲7−3+印綬	29壬12乙7−3+比肩	59壬13丙7−3+劫財
29	26己 2乙2+8−比肩		25戊 4丁8−2+正官	56己 5戊8−2+劫財	26己 6己8−3+印綬	57庚 7庚8−3+正官	27庚 8辛7−3+印綬	58辛 9壬7−3+劫財	29壬10癸7−3+印綬	59壬11甲7−3+偏官	30癸12乙7−3+劫財	60癸13丙7−2+比肩
30	27庚 2乙2+8−印綬		26己 4丁8−2+偏官	57庚 5戊8−2+偏印	27庚 6己8−2+偏官	58辛 7庚8−2+偏官	28辛 8辛8−3+偏印	59壬 9壬8−3+偏印	30癸10癸7−3+偏印	60癸11甲7−3+正官	31甲12乙8−2+偏印	1甲13丙8−2+印綬
31	28辛 2乙1+9−偏印		27庚 4丁9−2+正財		28辛 6己9−2+正官		29壬 8辛8−2+正官	60癸 9壬8−3+印綬		1甲11甲8−2+偏財		2乙13丙8−2+偏印

1990年（平成2年）生まれ　年干：7庚（2/4〜翌年2/3まで）

日	1月 日干 月干 立年男女 中心星	2月 日干 月干 立年男女 中心星	3月 日干 月干 立年男女 中心星	4月 日干 月干 立年男女 中心星	5月 日干 月干 立年男女 中心星	6月 日干 月干 立年男女 中心星	7月 日干 月干 立年男女 中心星	8月 日干 月干 立年男女 中心星	9月 日干 月干 立年男女 中心星	10月 日干 月干 立年男女 中心星	11月 日干 月干 立年男女 中心星	12月 日干 月干 立年男女 中心星
1	3丙13丙8−1+正官	34丁14丁9−1+食神	2乙15戊2+8−劫財	33丙16己1+9−印綬	3丙17庚2+9−食神	34丁18辛2+9−劫財	4丁19壬2+8−比肩	35戊20癸2+8−劫財	6己21甲2+8−傷官	36己22乙3+8−食神	7庚23丙2+8−偏印	37庚24丁2+8−食神
2	4丁13丙9−1+偏官	35戊14丁9−1+劫財	3丙15戊1+9−偏印	34丁16己1+9−偏印	4丁17庚1+9−傷官	35戊18辛1+9−偏印	5戊19壬2+9−印綬	36己20癸2+9−比肩	7庚21甲2+8−比肩	37庚22乙2+8−劫財	8辛23丙2+8−印綬	38辛24丁2+8−傷官
3	5戊13丙9−1+正財	36己14丁0−1+比肩	4丁15戊1+9−印綬	35戊16己1+9−正官	5戊17庚1+9−比肩	36己18辛1+9−印綬	6己19壬1+9−偏印	37庚20癸2+9−印綬	8辛21甲2+9−劫財	38辛22乙2+8−比肩	9壬23丙2+8−偏官	39壬24丁1+8−比肩
4	6己13丙9−1+偏財	37庚15戊0+1−偏印	5戊15戊1+9−偏官	36己16己1+0−偏官	6己17庚1+0−劫財	37庚18辛1+0−偏官	7庚19壬1+9−正官	38辛20癸1+9−偏印	9壬21甲1+9−偏印	39壬22乙2+9−印綬	10癸23丙1+9−正官	40癸24丁1+9−劫財
5	7庚14丁1−0+傷官	38辛15戊0+1−印綬	6己15戊1+0−正官	37庚17庚0+1−正財	7庚17庚1+0−偏印	38辛18辛1+0−正官	8辛19壬1+0−偏官	39壬20癸1+0−正官	10癸21甲1+9−印綬	40癸22乙1+9−偏印	11甲23丙1+9−偏財	41甲24丁1+9−偏印
6	8辛14丁1−0+食神	39壬15戊9+1−偏官	7庚16己0+1−正財	38辛17庚0+1−偏財	8辛18辛0+1−印綬	39壬19壬0+1−正官	9壬19壬1+0−正財	40癸20癸1+0−偏官	11甲21甲1+0−偏官	41甲22乙1+9−正官	12乙23丙1+9−正財	42乙24丁1+9−印綬
7	9壬14丁1−9+劫財	40癸15戊9+1−正官	8辛16己0+1−偏財	39壬17庚0+1−傷官	9壬18辛0+1−偏官	40癸19壬0+1−偏官	10癸20癸0+1−偏財	41甲20癸1+0−正財	12乙21甲1+0−正官	42乙22乙1+0−偏官	13丙23丙1+0−食神	43丙25戊0+1−正官
8	10癸14丁1−9+比肩	41甲15戊9+1−偏財	9壬16己9+1−傷官	40癸17庚9+1−食神	10癸18辛0+1−正官	41甲19壬0+1−正財	11甲20癸0+1−傷官	42乙21甲0+1−正財	13丙22乙0+1−正財	43丙22乙1+0−正財	14丁24丁0+1−印綬	44丁25戊0+1−偏官
9	11甲14丁1−9+印綬	42乙15戊8+2−正財	10癸16己9+1−食神	41甲17庚9+1−劫財	11甲18辛9+1−偏財	42乙19壬9+1−偏財	12乙20癸0+1−食神	43丙21甲0+1−食神	14丁22乙0+1−偏財	44丁23丙0+1−偏財	15戊24丁9+1−偏官	45戊25戊9+1−正財
10	12乙14丁2−8+偏印	43丙15戊8+2−食神	11甲16己9+1−劫財	42乙17庚9+2−比肩	12乙18辛9+1−正財	43丙19壬9+1−傷官	13丙20癸0+1−劫財	44丁21甲0+1−傷官	15戊22乙0+1−傷官	45戊23丙0+1−傷官	16己24丁9+1−正官	46己25戊9+1−偏財
11	13丙14丁2−8+正官	44丁15戊8+2−傷官	12乙16己8+2−比肩	43丙17庚8+2−印綬	13丙18辛9+2−食神	44丁19壬9+2−食神	14丁20癸9+1−比肩	45戊21甲9+1−比肩	16己22乙9+1−食神	46己23丙9+1−食神	17庚24丁9+1−偏財	47庚25戊9+1−傷官
12	14丁14丁2−8+偏官	45戊15戊7+3−偏印	13丙16己8+2−印綬	44丁17庚8+2−偏印	14丁18辛8+2−正財	45戊19壬8+2−劫財	15戊20癸9+2−印綬	46己21甲9+1−劫財	17庚22乙9+1−劫財	47庚23丙9+1−劫財	18辛24丁8+1−正財	48辛25戊8+2−食神
13	15戊14丁3−7+正財	46己15戊7+3−印綬	14丁16己8+2−偏印	45戊17庚8+3−正官	15戊18辛8+2−食神	46己19壬8+2−比肩	16己20癸9+2−偏印	47庚21甲9+2−偏印	18辛22乙9+2−比肩	48辛23丙9+1−比肩	19壬24丁8+2−食神	49壬25戊8+2−劫財
14	16己14丁3−7+偏財	47庚15戊7+3−偏官	15戊16己7+3−正官	46己17庚7+3−偏官	16己18辛8+3−傷官	47庚19壬8+3−印綬	17庚20癸8+2−正官	48辛21甲8+2−印綬	19壬22乙8+2−印綬	49壬23丙8+2−印綬	20癸24丁8+2−傷官	50癸25戊8+2−比肩
15	17庚14丁3−7+劫財	48辛15戊6+4−正官	16己16己7+3−偏官	47庚17庚7+3−傷官	17庚18辛7+3−比肩	48辛19壬7+3−偏印	18辛20癸8+3−偏官	49壬21甲8+2−偏官	20癸22乙8+2−偏印	50癸23丙8+2−偏印	21甲24丁7+2−比肩	51甲25戊7+3−印綬
16	18辛14丁4−6+比肩	49壬15戊6+4−偏財	17庚16己7+3−正財	48辛17庚7+4−食神	18辛18辛7+3−劫財	49壬19壬7+3−正官	19壬20癸8+3−正財	50癸21甲8+3−正官	21甲22乙8+3−正官	51甲23丙8+2−正官	22乙24丁7+3−劫財	52乙25戊7+3−偏印
17	19壬14丁4−6+印綬	50癸15戊6+4−正財	18辛16己6+4−偏財	49壬17庚6+4−劫財	19壬18辛7+4−偏印	50癸19壬7+4−偏官	20癸20癸7+3−食神	51甲21甲7+3−偏財	22乙22乙7+3−偏官	52乙23丙7+3−偏官	23丙24丁7+3−偏印	53丙25戊7+3−正官
18	20癸14丁4−6+偏官	51甲15戊5+5−食神	19壬16己6+4−傷官	50癸17庚6+4−正官	20癸18辛6+4−印綬	51甲19壬6+4−正財	21甲20癸7+4−劫財	52乙21甲7+3−正財	23丙22乙7+3−正財	53丙23丙7+3−正財	24丁24丁6+3−印綬	54丁25戊6+4−偏官
19	21甲14丁5−5+正財	52乙15戊5+5−劫財	20癸16己6+4−食神	51甲17庚6+5−偏財	21甲18辛6+4−偏官	52乙19壬6+4−偏財	22乙20癸7+4−比肩	53丙21甲7+4−偏官	24丁22乙7+4−偏財	54丁23丙7+3−比肩	25戊24丁6+4−偏官	55戊25戊6+4−正財
20	22乙14丁5−5+偏財	53丙15戊5+5−偏印	21甲16己5+5−劫財	52乙17庚5+5−正財	22乙18辛6+5−正官	53丙19壬6+5−傷官	23丙20癸6+4−傷官	54丁21甲6+4−正官	25戊22乙6+4−傷官	55戊23丙6+4−印綬	26己24丁6+4−正官	56己25戊6+4−偏財
21	23丙14丁5−5+傷官	54丁15戊4+6−印綬	22乙16己5+5−比肩	53丙17庚5+5−食神	23丙18辛5+5−比肩	54丁19壬5+5−食神	24丁20癸6+5−食神	55戊21甲6+4−偏財	26己22乙6+4−食神	56己23丙6+4−偏印	27庚24丁5+4−食神	57庚25戊5+5−傷官
22	24丁14丁6−4+食神	55戊15戊4+6−偏官	23丙16己5+5−印綬	54丁17庚5+6−傷官	24丁18辛5+5−劫財	55戊19壬5+5−劫財	25戊20癸6+5−劫財	56己21甲6+5−傷官	27庚22乙6+5−劫財	57庚23丙6+4−偏印	28辛24丁5+5−傷官	58辛25戊5+5−食神
23	25戊14丁6−4+劫財	56己15戊4+6−正官	24丁16己4+6−偏印	55戊17庚4+6−比肩	25戊18辛5+6−偏印	56己19壬5+6−比肩	26己20癸5+5−比肩	57庚21甲5+5−比肩	28辛22乙5+5−比肩	58辛23丙5+5−印綬	29壬24丁5+5−比肩	59壬25戊5+5−劫財
24	26己14丁6−4+比肩	57庚15戊3+7−偏財	25戊16己4+6−正官	56己17庚4+6−劫財	26己18辛4+6−印綬	57庚19壬4+6−印綬	27庚20癸5+6−印綬	58辛21甲5+5−劫財	29壬22乙5+5−印綬	59壬23丙5+5−偏官	30癸24丁4+5−劫財	60癸25戊4+6−比肩
25	27庚14丁7−3+印綬	58辛15戊3+7−正財	26己16己4+6−偏官	57庚17庚4+7−偏印	27庚18辛4+6−偏官	58辛19壬4+6−偏印	28辛20癸5+6−偏印	59壬21甲5+6−偏印	30癸22乙5+6−偏印	60癸23丙5+5−正官	31甲24丁4+6−偏印	1甲25戊4+6−印綬
26	28辛14丁7−3+偏印	59壬15戊3+7−食神	27庚16己3+7−正財	58辛17庚3+7−印綬	28辛18辛4+7−正官	59壬19壬4+7−正財	29壬20癸4+6−正官	60癸21甲4+6−印綬	31甲22乙4+6−正官	1甲23丙4+6−偏財	32乙24丁4+6−印綬	2乙25戊4+6−偏印
27	29壬14丁7−3+正官	60癸15戊2+8−傷官	28辛16己3+7−偏財	59壬17庚3+7−偏官	29壬18辛3+7−偏財	60癸19壬3+7−偏財	30癸20癸4+7−偏官	1甲21甲4+6−偏官	32乙22乙4+6−偏官	2乙23丙4+6−正財	33丙24丁3+6−偏官	3丙25戊3+7−正官
28	30癸14丁8−2+偏官	1甲15戊2+8−比肩	29壬16己3+7−傷官	60癸17庚3+8−正官	30癸18辛3+7−正財	1甲19壬3+7−傷官	31甲20癸4+7−正財	2乙21甲4+7−正官	33丙22乙4+7−正財	3丙23丙4+6−食神	34丁24丁3+7−正官	4丁25戊3+7−偏官
29	31甲14丁8−2+正財		30癸16己2+8−食神	1甲17庚2+8−偏財	31甲18辛3+8−食神	2乙19壬3+8−食神	32乙20癸3+7−偏財	3丙21甲3+7−偏財	34丁22乙3+7−偏財	4丁23丙3+7−傷官	35戊24丁3+7−偏財	5戊25戊3+7−正財
30	32乙14丁8−2+偏財		31甲16己2+8−劫財	2乙17庚2+8−正財	32乙18辛2+8−傷官	3丙19壬2+8−劫財	33丙20癸3+8−傷官	4丁21甲3+7−正財	35戊22乙3+7−傷官	5戊23丙3+7−比肩	36己24丁2+7−正財	6己25戊2+8−偏財
31	33丙14丁9−1+傷官		32乙16己2+8−比肩		33丙18辛2+8−比肩		34丁20癸3+8−食神	5戊21甲3+8−食神		6己23丙3+7−劫財		7庚25戊2+8−傷官

1991年(平成3年)生まれ　年干：8辛(2/4～翌年2/3まで)

日	1月	2月	3月	4月	5月	6月	7月	8月	9月	10月	11月	12月
日	日干 月干 立年男女 中心星	日干 月干 立年男女 中心星	日干 月干 立年男女 中心星	日干 月干 立年男女 中心星	日干 月干 立年男女 中心星	日干 月干 立年男女 中心星	日干 月干 立年男女 中心星	日干 月干 立年男女 中心星	日干 月干 立年男女 中心星	日干 月干 立年男女 中心星	日干 月干 立年男女 中心星	日干 月干 立年男女 中心星
1	8辛25戊2+8−食神	39壬26己1+9−正官	7庚27庚8−2+偏財	38辛28辛9−1+偏財	8辛29壬9−2+印綬	39壬30癸9−2+偏財	9壬31甲8−2+正財	40癸32乙8−2+偏官	11甲33丙8−2+偏官	41甲34丁8−3+正官	12乙35戊8−2+正財	42乙36己8−2+印綬
2	9壬25戊1+9−劫財	40癸26己1+9−偏官	8辛27庚9−1+正財	39壬28辛9−1+傷官	9壬29壬9−1+偏官	40癸30癸9−1+正財	10癸31甲9−2+偏財	41甲32乙9−2+正財	12乙33丙8−2+正官	42乙34丁8−2+偏官	13丙35戊8−2+食神	43丙36己8−2+偏官
3	10癸25戊1+9−比肩	41甲26己1+9−正財	9壬27庚9−1+食神	40癸28辛9−1+食神	10癸29壬9−1+正官	41甲30癸9−1+食神	11甲31甲9−1+傷官	42乙32乙9−2+偏財	13丙33丙9−2+偏財	43丙34丁8−2+正財	14丁35戊8−2+傷官	44丁36己8−1+正官
4	11甲25戊1+9−印綬	42乙27庚1−0+正財	10癸27庚9−1+傷官	41甲28辛0−1+劫財	11甲29壬0−1+偏財	42乙30癸0−1+傷官	12乙31甲9−1+食神	43丙32乙9−1+傷官	14丁33丙9−1+正財	44丁34丁9−2+偏財	15戊35戊9−1+比肩	45戊36己9−1+偏財
5	12乙25戊1+0−偏印	43丙27庚1−0+食神	11甲27庚0−1+比肩	42乙29壬1−0+比肩	12乙29壬0−1+正財	43丙30癸0−1+比肩	13丙31甲0−1+劫財	44丁32乙0−1+食神	15戊33丙9−1+食神	45戊34丁9−1+傷官	16己35戊9−1+劫財	46己36己9−1+正財
6	13丙26己0+1−正官	44丁27庚1−9+傷官	12乙28辛1−0+比肩	43丙29壬1−0+印綬	13丙30癸1−0+食神	44丁31甲1−0+食神	14丁31甲0−1+比肩	45戊32乙0−1+劫財	16己33丙0−1+傷官	46己34丁9−1+食神	17庚35戊9−1+偏印	47庚36己9−1+食神
7	14丁26己9+1−偏官	45戊27庚1−9+比肩	13丙28辛1−0+印綬	44丁29壬1−0+偏印	14丁30癸1−0+傷官	45戊31甲1−0+劫財	15戊32乙1−0+印綬	46己32乙0−1+比肩	17庚33丙0−1+比肩	47庚34丁0−1+劫財	18辛35戊0−1+印綬	48辛37庚1−0+食神
8	15戊26己9+1−正財	46己27庚1−9+劫財	14丁28辛1−9+偏印	45戊29壬1−9+正官	15戊30癸1−0+比肩	46己31甲1−0+比肩	16己32乙1−0+偏印	47庚33丙1−0+偏印	18辛34丁1−0+比肩	48辛34丁0−1+比肩	19壬36己1−0+食神	49壬37庚1−0+劫財
9	16己26己9+1−偏財	47庚27庚2−8+偏印	15戊28辛1−9+正官	46己29壬1−9+偏官	16己30癸1−9+劫財	47庚31甲1−9+印綬	17庚32乙1−0+正官	48辛33丙1−0+印綬	19壬34丁1−0+印綬	49壬35戊1−0+印綬	20癸36己1−9+傷官	50癸37庚1−9+比肩
10	17庚26己8+1−傷官	48辛27庚2−8+印綬	16己28辛1−9+偏官	47庚29壬2−9+正財	17庚30癸1−9+偏印	48辛31甲1−9+偏印	18辛32乙1−0+偏官	49壬33丙1−0+偏官	20癸34丁1−0+偏印	50癸35戊1−0+偏印	21甲36己1−9+比肩	51甲37庚1−9+印綬
11	18辛26己8+2−食神	49壬27庚2−8+偏官	17庚28辛2−8+正財	48辛29壬2−8+偏財	18辛30癸2−9+印綬	49壬31甲2−9+正官	19壬32乙1−9+正財	50癸33丙1−9+正官	21甲34丁1−9+正官	51甲35戊1−9+正官	22乙36己1−9+劫財	52乙37庚1−9+偏印
12	19壬26己8+2−劫財	50癸27庚3−7+正財	18辛28辛2−8+偏財	49壬29壬2−8+傷官	19壬30癸2−8+偏印	50癸31甲2−8+偏官	20癸32乙2−9+偏財	51甲33丙1−9+偏財	22乙34丁1−9+偏官	52乙35戊1−9+偏官	23丙36己1−8+偏印	53丙37庚2−8+正官
13	20癸26己7+2−比肩	51甲27庚3−7+食神	19壬28辛2−8+傷官	50癸29壬3−8+食神	20癸30癸2−8+印綬	51甲31甲2−8+正財	21甲32乙2−9+傷官	52乙33丙2−9+正財	23丙34丁2−9+正財	53丙35戊1−9+正財	24丁36己2−8+印綬	54丁37庚2−8+偏官
14	21甲26己7+3−印綬	52乙27庚3−7+傷官	20癸28辛3−7+食神	51甲29壬3−7+劫財	21甲30癸3−8+偏官	52乙31甲3−8+偏財	22乙32乙2−8+食神	53丙33丙2−8+食神	24丁34丁2−8+偏財	54丁35戊2−8+偏財	25戊36己2−8+偏官	55戊37庚2−8+正財
15	22乙26己7+3−偏印	53丙27庚4−6+比肩	21甲28辛3−7+劫財	52乙29壬3−7+偏印	22乙30癸3−7+正官	53丙31甲3−7+傷官	23丙32乙3−8+劫財	54丁33丙2−8+傷官	25戊34丁2−8+傷官	55戊35戊2−8+傷官	26己36己2−7+正官	56己37庚3−7+偏財
16	23丙26己6+3−正財	54丁27庚4−6+劫財	22乙28辛3−7+比肩	53丙29壬4−7+正官	23丙30癸3−7+偏財	54丁31甲3−7+食神	24丁32乙3−8+比肩	55戊33丙3−8+比肩	26己34丁3−8+食神	56己35戊2−8+食神	27庚36己3−7+偏財	57庚37庚3−7+傷官
17	24丁26己6+4−偏財	55戊27庚4−6+偏印	23丙28辛4−6+印綬	54丁29壬4−6+偏官	24丁30癸4−7+正財	55戊31甲4−7+劫財	25戊32乙3−7+正官	56己33丙3−7+劫財	27庚34丁3−7+劫財	57庚35戊3−7+劫財	28辛36己3−7+正財	58辛37庚3−7+食神
18	25戊26己6+4−傷官	56己27庚5−5+印綬	24丁28辛4−6+偏印	55戊29壬4−6+比肩	25戊30癸4−6+食神	56己31甲4−6+比肩	26己32乙4−7+偏官	57庚33丙3−7+偏印	28辛34丁3−7+比肩	58辛35戊3−7+比肩	29壬36己3−6+食神	59壬37庚4−6+劫財
19	26己26己5+4−比肩	57庚27庚5−5+偏財	25戊28辛4−6+正官	56己29壬5−6+劫財	26己30癸4−6+傷官	57庚31甲4−6+印綬	27庚32乙4−7+正財	58辛33丙4−7+傷官	29壬34丁4−7+印綬	59壬35戊3−7+正財	30癸36己4−6+傷官	60癸37庚4−6+比肩
20	27庚26己5+5−印綬	58辛27庚5−5+正財	26己28辛5−5+偏官	57庚29壬5−5+偏印	27庚30癸5−6+比肩	58辛31甲5−6+偏印	28辛32乙4−6+偏印	59壬33丙4−6+比肩	30癸34丁4−6+偏印	60癸35戊4−6+偏財	31甲36己4−6+比肩	1甲37庚4−6+印綬
21	28辛26己5+5−偏印	59壬27庚6−4+食神	27庚28辛5−5+正財	58辛29壬5−5+印綬	28辛30癸5−5+正官	59壬31甲5−5+正官	29壬32乙5−6+正官	60癸33丙4−6+劫財	31甲34丁4−6+正官	1甲35戊4−6+傷官	32乙36己4−5+印綬	2乙37庚5−5+偏印
22	29壬26己4+5−正官	60癸27庚6−4+傷官	28辛28辛5−5+偏財	59壬29壬6−5+偏官	29壬30癸5−5+偏財	60癸31甲5−5+偏官	30癸32乙5−6+偏官	1甲33丙5−6+偏官	32乙34丁5−6+偏官	2乙35戊4−6+正財	33丙36己5−5+偏官	3丙37庚5−5+正官
23	30癸26己4+6−偏官	1甲27庚6−4+比肩	29壬28辛6−4+傷官	60癸29壬6−4+正官	30癸30癸6−5+正財	1甲31甲6−5+正財	31甲32乙5−5+正財	2乙33丙5−5+正官	33丙34丁5−5+正財	3丙35戊5−5+食神	34丁36己5−5+正官	4丁37庚5−5+偏官
24	31甲26己4+6−正財	2乙27庚7−3+劫財	30癸28辛6−4+食神	1甲29壬6−4+偏財	31甲30癸6−4+食神	2乙31甲6−4+偏財	32乙32乙6−5+偏財	3丙33丙5−5+偏財	34丁34丁5−5+偏財	4丁35戊5−5+傷官	35戊36己5−4+偏財	5戊37庚6−4+正財
25	32乙26己3+6−偏財	3丙27庚7−3+偏印	31甲28辛6−4+劫財	2乙29壬7−4+正財	32乙30癸6−4+傷官	3丙31甲6−4+傷官	33丙32乙6−5+傷官	4丁33丙6−5+正財	35戊34丁6−5+傷官	5戊35戊5−5+比肩	36己36己6−4+正財	6己37庚6−4+偏財
26	33丙26己3+7−傷官	4丁27庚7−3+印綬	32乙28辛7−3+比肩	3丙29壬7−3+食神	33丙30癸7−4+比肩	4丁31甲7−4+比肩	34丁32乙6−4+食神	5戊33丙6−4+食神	36己34丁6−4+食神	6己35戊6−4+劫財	37庚36己6−4+食神	7庚37庚6−4+傷官
27	34丁26己3+7−食神	5戊27庚8−2+偏官	33丙28辛7−3+印綬	4丁29壬7−3+傷官	34丁30癸7−3+劫財	5戊31甲7−3+印綬	35戊32乙7−4+劫財	6己33丙6−4+傷官	37庚34丁6−4+劫財	7庚35戊6−4+偏印	38辛36己6−3+傷官	8辛37庚7−3+食神
28	35戊26己2+7−劫財	6己27庚8−2+正官	34丁28辛7−3+偏印	5戊29壬8−3+比肩	35戊30癸7−3+偏印	6己31甲7−3+偏印	36己32乙7−4+比肩	7庚33丙7−4+比肩	38辛34丁7−4+比肩	8辛35戊6−4+印綬	39壬36己7−3+比肩	9壬37庚7−3+劫財
29	36己26己2+8−比肩		35戊28辛8−2+正官	6己29壬8−2+劫財	36己30癸8−3+印綬	7庚31甲8−3+正官	37庚32乙7−3+印綬	8辛33丙7−3+劫財	39壬34丁7−3+印綬	9壬35戊7−3+偏官	40癸36己7−3+劫財	10癸37庚7−3+比肩
30	37庚26己2+8−印綬		36己28辛8−2+偏官	7庚29壬8−2+偏印	37庚30癸8−2+偏官	8辛31甲8−2+偏官	38辛32乙8−3+偏印	9壬33丙7−3+偏印	40癸34丁7−3+偏印	10癸35戊7−3+正官	41甲36己7−2+偏印	11甲37庚8−2+印綬
31	38辛26己1+8−偏印		37庚28辛8−2+正財		38辛30癸8−2+正官		39壬32乙8−3+正官	10癸33丙8−3+印綬		11甲35戊7−3+偏財		12乙37庚8−2+偏印

1992年（平成4年）生まれ　　年干：9壬（2/4〜翌年2/3まで）

日	1月	2月	3月	4月	5月	6月	7月	8月	9月	10月	11月	12月
	日干 月干 立年 男 女 中心星	日干 月干 立年 男 女 中心星	日干 月干 立年 男 女 中心星	日干 月干 立年 男 女 中心星	日干 月干 立年 男 女 中心星	日干 月干 立年 男 女 中心星	日干 月干 立年 男 女 中心星	日干 月干 立年 男 女 中心星	日干 月干 立年 男 女 中心星	日干 月干 立年 男 女 中心星	日干 月干 立年 男 女 中心星	日干 月干 立年 男 女 中心星
1	13丙37庚8−2+正官	44丁38辛9−1+食神	13丙39壬1+9−偏印	44丁40癸1+9−偏印	14丁41甲1+9−傷官	45戊42乙1+9−偏印	15戊43丙2+9−印綬	46己44丁2+8−比肩	17庚45戊2+8−比肩	47庚46己2+8−劫財	18辛47庚2+8−印綬	48辛48辛2+8−傷官
2	14丁37庚9−1+偏官	45戊38辛9−1+劫財	14丁39壬1+9−印綬	45戊40癸1+9−正官	15戊41甲1+9−比肩	46己42乙1+9−印綬	16己43丙2+9−偏印	47庚44丁2+9−印綬	18辛45戊2+9−劫財	48辛46己2+8−比肩	19壬47庚2+8−偏官	49壬48辛2+8−比肩
3	15戊37庚9−1+正財	46己38辛9−1+比肩	15戊39壬1+9−偏官	46己40癸1+0−偏官	16己41甲1+0−劫財	47庚42乙1+0−偏官	17庚43丙1+9−正官	48辛44丁1+9−偏印	19壬45戊1+9−偏印	49壬46己2+9−印綬	20癸47庚1+9−正官	50癸48辛1+9−劫財
4	16己37庚9−1+偏財	47庚39壬0+1−偏印	16己39壬1+0−正官	47庚41甲0+1−正財	17庚41甲1+0−偏印	48辛42乙1+0−正官	18辛43丙1+0−偏官	49壬44丁1+9−正官	20癸45戊1+9−印綬	50癸46己1+9−偏印	21甲47庚1+9−偏財	51甲48辛1+9−偏印
5	17庚37庚0−1+傷官	48辛39壬0+1−印綬	17庚40癸0+1−正財	48辛41甲0+1−偏財	18辛42乙0+1−印綬	49壬43丙0+1−正官	19壬43丙1+0−正財	50癸44丁1+0−偏官	21甲45戊1+0−偏官	51甲46己1+9−正官	22乙47庚1+9−正財	52乙48辛1+9−印綬
6	18辛38辛1−0+食神	49壬39壬9+1−偏官	18辛40癸0+1−偏財	49壬41甲0+1−傷官	19壬42乙0+1−偏官	50癸43丙0+1−偏官	20癸43丙1+0−偏財	51甲44丁1+0−正財	22乙45戊1+0−正官	52乙46己1+0−偏官	23丙47庚1+0−食神	53丙48辛1+0−偏官
7	19壬38辛1−9+劫財	50癸39壬9+1−正官	19壬40癸9+1−傷官	50癸41甲9+1−食神	20癸42乙0+1−正官	51甲43丙0+1−正財	21甲44丁0+1−傷官	52乙45戊0+1−正財	23丙46己0+1−正財	53丙46己1+0−正財	24丁48辛0+1−印綬	54丁49壬0+1−偏官
8	20癸38辛1−9+比肩	51甲39壬9+1−偏財	20癸40癸9+1−食神	51甲41甲9+1−劫財	21甲42乙9+1−偏財	52乙43丙0+1−偏財	22乙44丁0+1−食神	53丙45戊0+1−食神	24丁46己0+1−偏財	54丁47庚0+1−偏財	25戊48辛0+1−偏官	55戊49壬9+1−正財
9	21甲38辛1−9+印綬	52乙39壬8+2−正財	21甲40癸9+1−劫財	52乙41甲9+2−比肩	22乙42乙9+1−正財	53丙43丙9+1−傷官	23丙44丁0+1−劫財	54丁45戊0+1−傷官	25戊46己0+1−傷官	55戊47庚0+1−傷官	26己48辛9+1−正官	56己49壬9+1−偏財
10	22乙38辛1−8+偏印	53丙39壬8+2−食神	22乙40癸8+2−比肩	53丙41甲8+2−印綬	23丙42乙9+2−食神	54丁43丙9+2−食神	24丁44丁9+1−比肩	55戊45戊9+1−比肩	26己46己9+1−食神	56己47庚9+1−食神	27庚48辛9+1−偏財	57庚49壬9+1−傷官
11	23丙38辛2−8+正官	54丁39壬8+2−傷官	23丙40癸8+2−印綬	54丁41甲8+2−偏印	24丁42乙8+2−正財	55戊43丙9+2−劫財	25戊44丁9+1−印綬	56己45戊9+1−劫財	27庚46己9+1−劫財	57庚47庚9+1−劫財	28辛48辛9+1−正財	58辛49壬8+1−食神
12	24丁38辛2−8+偏官	55戊39壬7+3−偏印	24丁40癸8+2−偏印	55戊41甲8+3−正官	25戊42乙8+2−食神	56己43丙8+2−比肩	26己44丁9+2−偏印	57庚45戊9+2−偏印	28辛46己9+2−比肩	58辛47庚9+1−比肩	29壬48辛8+2−食神	59壬49壬8+2−劫財
13	25戊38辛2−7+正財	56己39壬7+3−印綬	25戊40癸7+3−正官	56己41甲7+3−偏官	26己42乙8+3−傷官	57庚43丙8+3−印綬	27庚44丁8+2−正官	58辛45戊8+2−印綬	29壬46己8+2−印綬	59壬47庚8+2−印綬	30癸48辛8+2−傷官	60癸49壬8+2−比肩
14	26己38辛3−7+偏財	57庚39壬7+3−偏官	26己40癸7+3−偏官	57庚41甲7+3−傷官	27庚42乙7+3−比肩	58辛43丙8+3−偏印	28辛44丁8+2−偏官	59壬45戊8+2−偏官	30癸46己8+2−偏印	60癸47庚8+2−偏印	31甲48辛8+2−比肩	1甲49壬7+2−印綬
15	27庚38辛3−7+傷官	58辛39壬6+4−正官	27庚40癸7+3−正財	58辛41甲7+4−食神	28辛42乙7+3−劫財	59壬43丙7+3−正官	29壬44丁8+3−正財	60癸45戊8+3−正官	31甲46己8+3−正官	1甲47庚8+2−正官	32乙48辛7+3−劫財	2乙49壬7+3−偏印
16	28辛38辛3−6+比肩	59壬39壬6+4−偏財	28辛40癸6+4−偏財	59壬41甲6+4−劫財	29壬42乙7+4−偏印	60癸43丙7+4−偏官	30癸44丁7+3−偏財	1甲45戊7+3−偏財	32乙46己7+3−偏官	2乙47庚7+3−偏官	33丙48辛7+3−偏印	3丙49壬7+3−正官
17	29壬38辛4−6+印綬	60癸39壬6+4−正財	29壬40癸6+4−傷官	60癸41甲6+4−正官	30癸42乙6+4−印綬	1甲43丙7+4−正財	31甲44丁7+3−劫財	2乙45戊7+3−正財	33丙46己7+3−正財	3丙47庚7+3−正財	34丁48辛7+3−印綬	4丁49壬6+3−偏官
18	30癸38辛4−6+偏印	1甲39壬5+5−食神	30癸40癸6+4−食神	1甲41甲6+5−偏財	31甲42乙6+4−偏官	2乙43丙6+4−偏財	32乙44丁7+4−比肩	3丙45戊7+4−偏官	34丁46己7+4−偏財	4丁47庚7+3−比肩	35戊48辛6+4−偏官	5戊49壬6+4−正財
19	31甲38辛4−5+正財	2乙39壬5+5−劫財	31甲40癸5+5−劫財	2乙41甲5+5−正財	32乙42乙6+5−正官	3丙43丙6+5−傷官	33丙44丁6+4−印綬	4丁45戊6+4−正官	35戊46己6+4−傷官	5戊47庚6+4−印綬	36己48辛6+4−正官	6己49壬6+4−偏財
20	32乙38辛5−5+偏財	3丙39壬5+5−偏印	32乙40癸5+5−比肩	3丙41甲5+5−食神	33丙42乙5+5−比肩	4丁43丙6+5−食神	34丁44丁6+4−食神	5戊45戊6+4−偏財	36己46己6+4−食神	6己47庚6+4−偏印	37庚48辛6+4−食神	7庚49壬5+4−傷官
21	33丙38辛5−5+傷官	4丁39壬4+6−印綬	33丙40癸5+5−印綬	4丁41甲5+6−傷官	34丁42乙5+5−劫財	5戊43丙5+5−劫財	35戊44丁6+5−劫財	6己45戊6+5−傷官	37庚46己6+5−劫財	7庚47庚6+4−偏財	38辛48辛5+5−傷官	8辛49壬5+5−食神
22	34丁38辛5−4+食神	5戊39壬4+6−偏官	34丁40癸4+6−偏印	5戊41甲4+6−比肩	35戊42乙5+6−偏印	6己43丙5+6−比肩	36己44丁5+5−比肩	7庚45戊5+5−比肩	38辛46己5+5−比肩	8辛47庚5+5−印綬	39壬48辛5+5−比肩	9壬49壬5+5−劫財
23	35戊38辛6−4+劫財	6己39壬4+6−正官	35戊40癸4+6−正官	6己41甲4+6−劫財	36己42乙4+6−印綬	7庚43丙5+6−印綬	37庚44丁5+5−印綬	8辛45戊5+5−劫財	39壬46己5+5−印綬	9壬47庚5+5−偏官	40癸48辛5+5−劫財	10癸49壬4+5−比肩
24	36己38辛6−4+比肩	7庚39壬3+7−偏財	36己40癸4+6−偏官	7庚41甲4+7−偏印	37庚42乙4+6−偏官	8辛43丙4+6−偏印	38辛44丁5+6−偏印	9壬45戊5+6−偏印	40癸46己5+6−偏印	10癸47庚5+5−正官	41甲48辛4+6−偏印	11甲49壬4+6−印綬
25	37庚38辛6−3+印綬	8辛39壬3+7−正財	37庚40癸3+7−正財	8辛41甲3+7−印綬	38辛42乙4+7−正官	9壬43丙4+7−正財	39壬44丁4+6−正官	10癸45戊4+6−印綬	41甲46己4+6−正官	11甲47庚4+6−偏財	42乙48辛4+6−印綬	12乙49壬4+6−偏印
26	38辛38辛7−3+偏印	9壬39壬3+7−食神	38辛40癸3+7−偏財	9壬41甲3+7−偏官	39壬42乙3+7−偏財	10癸43丙4+7−偏財	40癸44丁4+6−偏官	11甲45戊4+6−偏官	42乙46己4+6−偏官	12乙47庚4+6−正財	43丙48辛4+6−偏官	13丙49壬3+6−正官
27	39壬38辛7−3+正官	10癸39壬2+8−傷官	39壬40癸3+7−傷官	10癸41甲3+8−正官	40癸42乙3+7−正財	11甲43丙3+7−傷官	41甲44丁4+7−正財	12乙45戊4+7−正官	43丙46己4+7−正財	13丙47庚4+6−食神	44丁48辛3+7−正官	14丁49壬3+7−偏官
28	40癸38辛7−2+偏官	11甲39壬2+8−比肩	40癸40癸2+8−食神	11甲41甲2+8−偏財	41甲42乙3+8−食神	12乙43丙3+8−食神	42乙44丁3+7−偏財	13丙45戊3+7−偏財	44丁46己3+7−偏財	14丁47庚3+7−傷官	45戊48辛3+7−偏財	15戊49壬3+7−正財
29	41甲38辛8−2+正財	12乙39壬2+8−劫財	41甲40癸2+8−劫財	12乙41甲2+8−正財	42乙42乙2+8−傷官	13丙43丙3+8−劫財	43丙44丁3+7−傷官	14丁45戊3+7−正財	45戊46己3+7−傷官	15戊47庚3+7−比肩	46己48辛3+7−正財	16己49壬2+7−偏財
30	42乙38辛8−2+偏財		42乙40癸2+8−比肩	13丙41甲2+9−食神	43丙42乙2+8−比肩	14丁43丙2+8−比肩	44丁44丁3+8−食神	15戊45戊3+8−食神	46己46己3+8−食神	16己47庚3+7−劫財	47庚48辛2+8−食神	17庚49壬2+8−傷官
31	43丙38辛8−1+傷官		43丙40癸1+9−印綬		44丁42乙2+9−劫財		45戊44丁2+8−劫財	16己45戊2+8−傷官		17庚47庚2+8−偏印		18辛49壬2+8−食神

1993年（平成5年）生まれ

年干：10癸（2/4～翌年2/3まで）

日	1月	2月	3月	4月	5月	6月	7月	8月	9月	10月	11月	12月
	日干 月干 立年男女 中心星	日干 月干 立年男女 中心星	日干 月干 立年男女 中心星	日干 月干 立年男女 中心星	日干 月干 立年男女 中心星	日干 月干 立年男女 中心星	日干 月干 立年男女 中心星	日干 月干 立年男女 中心星	日干 月干 立年男女 中心星	日干 月干 立年男女 中心星	日干 月干 立年男女 中心星	日干 月干 立年男女 中心星
1	19壬49壬1+8−劫財	50癸50癸1+9−偏官	18辛51甲8−1+正財	49壬52乙9−1+傷官	19壬53丙9−1+偏官	50癸54丁9−2+正財	20癸55戊8−2+偏財	51甲56己8−2+正財	22乙57庚8−2+正官	52乙58辛8−2+偏官	23丙59壬8−2+食神	53丙60癸8−2+偏官
2	20癸49壬1+9−比肩	51甲50癸1+9−正財	19壬51甲9−1+食神	50癸52乙9−1+食神	20癸53丙9−1+正官	51甲54丁9−1+食神	21甲55戊9−2+傷官	52乙56己9−2+偏財	23丙57庚9−2+偏財	53丙58辛8−2+正財	24丁59壬8−2+傷官	54丁60癸8−2+正官
3	21甲49壬1+9−印綬	52乙50癸1+0−偏財	20癸51甲9−1+傷官	51甲52乙0−1+劫財	21甲53丙9−1+偏財	52乙54丁0−1+傷官	22乙55戊9−1+食神	53丙56己9−1+傷官	24丁57庚9−2+正財	54丁58辛8−2+偏財	25戊59壬9−1+比肩	55戊60癸9−1+偏財
4	22乙49壬1+9−偏印	53丙51甲1−0+食神	21甲51甲9−1+比肩	52乙52乙0−1+比肩	22乙53丙0−1+正財	53丙54丁0−1+比肩	23丙55戊9−1+劫財	54丁56己9−1+食神	25戊57庚9−1+食神	55戊58辛9−1+傷官	26己59壬9−1+劫財	56己60癸9−1+正財
5	23丙50癸0+1−正官	54丁51甲1−9+傷官	22乙52乙1−0+比肩	53丙53丙1−0+印綬	23丙54丁1−0+食神	54丁54丁0−1+劫財	24丁55戊0−1+比肩	55戊56己0−1+劫財	26己57庚0−1+傷官	56己58辛9−1+食神	27庚59壬9−1+偏印	57庚60癸9−1+食神
6	24丁50癸0+1−偏官	55戊51甲1−9+比肩	23丙52乙1−0+印綬	54丁53丙1−0+偏印	24丁54丁1−0+傷官	55戊55戊1−0+劫財	25戊55戊0−1+印綬	56己56己0−1+比肩	27庚57庚0−1+比肩	57庚58辛9−1+劫財	28辛59壬0−1+印綬	58辛60癸0−1+傷官
7	25戊50癸9+1−正財	56己51甲1−9+劫財	24丁52乙1−0+偏印	55戊53丙1−9+正官	25戊54丁1−0+比肩	56己55戊1−0+比肩	26己56己1−0+偏印	57庚57庚1−0+偏印	28辛57庚0−1+劫財	58辛58辛0−1+比肩	29壬60癸1−0+食神	59壬 1甲1−0+劫財
8	26己50癸9+1−偏財	57庚51甲1−8+偏印	25戊52乙1−9+正官	56己53丙1−9+偏官	26己54丁1−0+劫財	57庚55戊1−0+印綬	27庚56己1−0+正官	58辛57庚1−0+印綬	29壬58辛1−0+印綬	59壬59壬1−0+印綬	30癸60癸1−0+傷官	60癸 1甲1−9+比肩
9	27庚50癸9+1−傷官	58辛51甲2−8+印綬	26己52乙1−9+偏官	57庚53丙1−9+正財	27庚54丁1−9+偏印	58辛55戊1−9+偏印	28辛56己1−0+偏官	59壬57庚1−0+偏官	30癸58辛1−0+偏印	60癸59壬1−0+偏印	31甲60癸1−9+比肩	1甲 1甲1−9+印綬
10	28辛50癸8+2−食神	59壬51甲2−8+偏官	27庚52乙2−9+正財	58辛53丙2−8+偏財	28辛54丁2−9+印綬	59壬55戊1−9+正官	29壬56己1−9+正財	60癸57庚1−0+正官	31甲58辛1−9+正官	1甲59壬1−9+正官	32乙60癸1−9+劫財	2乙 1甲1−9+偏印
11	29壬50癸8+2−劫財	60癸51甲2−7+正官	28辛52乙2−8+偏財	59壬53丙2−8+傷官	29壬54丁2−9+偏印	60癸55戊2−9+偏官	30癸56己1−9+偏財	1甲57庚1−9+偏財	32乙58辛1−9+偏官	2乙59壬1−9+偏官	33丙60癸1−9+偏印	3丙 1甲1−8+正官
12	30癸50癸8+2−比肩	1甲51甲3−7+食神	29壬52乙2−8+傷官	60癸53丙2−8+食神	30癸54丁2−8+印綬	1甲55戊2−8+正財	31甲56己2−9+傷官	2乙57庚2−9+正財	33丙58辛1−9+正財	3丙59壬1−9+正財	34丁60癸2−8+印綬	4丁 1甲2−8+偏官
13	31甲50癸7+3−印綬	2乙51甲3−7+傷官	30癸52乙3−8+食神	1甲53丙3−7+劫財	31甲54丁3−8+偏官	2乙55戊2−8+偏財	32乙56己2−8+食神	3丙57庚2−9+食神	34丁58辛2−8+偏財	4丁59壬2−8+偏財	35戊60癸2−8+偏官	5戊 1甲2−8+正財
14	32乙50癸7+3−偏印	3丙51甲3−6+比肩	31甲52乙3−7+劫財	2乙53丙3−7+比肩	32乙54丁3−8+正官	3丙55戊3−8+傷官	33丙56己2−8+劫財	4丁57庚2−8+傷官	35戊58辛2−8+傷官	5戊59壬2−8+傷官	36己60癸2−8+正官	6己 1甲2−7+偏財
15	33丙50癸7+3−正財	4丁51甲4−6+劫財	32乙52乙3−7+比肩	3丙53丙3−7+正官	33丙54丁3−7+偏財	4丁55戊3−7+食神	34丁56己3−8+比肩	5戊57庚3−8+比肩	36己58辛2−8+食神	6己59壬2−8+食神	37庚60癸3−7+偏財	7庚 1甲3−7+傷官
16	34丁50癸6+4−偏財	5戊51甲4−6+偏印	33丙52乙4−7+印綬	4丁53丙4−6+偏官	34丁54丁4−7+正財	5戊55戊3−7+劫財	35戊56己3−7+印綬	6己57庚3−8+劫財	37庚58辛3−7+劫財	7庚59壬3−7+劫財	38辛60癸3−7+正財	8辛 1甲3−7+食神
17	35戊50癸6+4−傷官	6己51甲4−5+印綬	34丁52乙4−6+偏印	5戊53丙4−6+正財	35戊54丁4−7+食神	6己55戊4−7+比肩	36己56己3−7+偏官	7庚57庚3−7+偏印	38辛58辛3−7+比肩	8辛59壬3−7+比肩	39壬60癸3−7+食神	9壬 1甲3−6+劫財
18	36己50癸6+4−比肩	7庚51甲5−5+偏官	35戊52乙4−6+正官	6己53丙4−6+劫財	36己54丁4−6+傷官	7庚55戊4−6+印綬	37庚56己4−7+正財	8辛57庚4−7+傷官	39壬58辛3−7+印綬	9壬59壬3−7+正財	40癸60癸4−6+傷官	10癸 1甲4−6+比肩
19	37庚50癸5+5−印綬	8辛51甲5−5+正財	36己52乙5−6+偏官	7庚53丙5−5+偏印	37庚54丁5−6+比肩	8辛55戊4−6+偏印	38辛56己4−6+偏財	9壬57庚4−7+比肩	40癸58辛4−6+偏印	10癸59壬4−6+偏財	41甲60癸4−6+比肩	11甲 1甲4−6+印綬
20	38辛50癸5+5−偏印	9壬51甲5−4+食神	37庚52乙5−5+正財	8辛53丙5−5+印綬	38辛54丁5−6+正官	9壬55戊5−6+正官	39壬56己4−6+正官	10癸57庚4−6+劫財	41甲58辛4−6+正官	11甲59壬4−6+傷官	42乙60癸4−6+印綬	12乙 1甲4−5+偏印
21	39壬50癸5+5−正官	10癸51甲6−4+傷官	38辛52乙5−5+偏財	9壬53丙5−5+偏官	39壬54丁5−5+偏財	10癸55戊5−5+偏官	40癸56己5−6+偏官	11甲57庚5−6+偏官	42乙58辛4−6+偏官	12乙59壬4−6+正財	43丙60癸5−5+偏官	13丙 1甲5−5+正官
22	40癸50癸4+6−偏官	11甲51甲6−4+比肩	39壬52乙6−5+傷官	10癸53丙6−4+正官	40癸54丁6−5+正財	11甲55戊5−5+正財	41甲56己5−5+正財	12乙57庚5−6+正官	43丙58辛5−5+正財	13丙59壬5−5+食神	44丁60癸5−5+正官	14丁 1甲5−5+偏官
23	41甲50癸4+6−正財	12乙51甲6−3+劫財	40癸52乙6−4+食神	11甲53丙6−4+偏財	41甲54丁6−5+食神	12乙55戊6−5+偏財	42乙56己5−5+偏財	13丙57庚5−5+偏財	44丁58辛5−5+偏財	14丁59壬5−5+傷官	45戊60癸5−5+偏財	15戊 1甲5−4+正財
24	42乙50癸4+6−偏財	13丙51甲7−3+偏印	41甲52乙6−4+劫財	12乙53丙6−4+正財	42乙54丁6−4+傷官	13丙55戊6−4+傷官	43丙56己6−5+傷官	14丁57庚6−5+正財	45戊58辛5−5+傷官	15戊59壬5−5+比肩	46己60癸6−4+正財	16己 1甲6−4+偏財
25	43丙50癸3+7−傷官	14丁51甲7−3+印綬	42乙52乙7−4+比肩	13丙53丙7−3+食神	43丙54丁7−4+比肩	14丁55戊6−4+食神	44丁56己6−4+食神	15戊57庚6−5+食神	46己58辛6−4+食神	16己59壬6−4+劫財	47庚60癸6−4+食神	17庚 1甲6−4+傷官
26	44丁50癸3+7−食神	15戊51甲7−2+偏官	43丙52乙7−3+印綬	14丁53丙7−3+傷官	44丁54丁7−4+劫財	15戊55戊7−4+印綬	45戊56己6−4+劫財	16己57庚6−4+傷官	47庚58辛6−4+劫財	17庚59壬6−4+偏印	48辛60癸6−4+傷官	18辛 1甲6−3+食神
27	45戊50癸3+7−劫財	16己51甲8−2+正官	44丁52乙7−3+偏印	15戊53丙7−3+比肩	45戊54丁7−3+偏印	16己55戊7−3+偏印	46己56己7−4+比肩	17庚57庚7−4+比肩	48辛58辛6−4+比肩	18辛59壬6−4+印綬	49壬60癸7−3+比肩	19壬 1甲7−3+劫財
28	46己50癸2+8−比肩	17庚51甲8−2+偏財	45戊52乙8−3+正官	16己53丙8−2+劫財	46己54丁8−3+印綬	17庚55戊7−3+正官	47庚56己7−3+印綬	18辛57庚7−4+劫財	49壬58辛7−3+印綬	19壬59壬7−3+偏官	50癸60癸7−3+劫財	20癸 1甲7−3+比肩
29	47庚50癸2+8−印綬		46己52乙8−2+偏官	17庚53丙8−2+偏印	47庚54丁8−3+偏官	18辛55戊8−3+偏官	48辛56己7−3+偏印	19壬57庚7−3+偏印	50癸58辛7−3+偏印	20癸59壬7−3+正官	51甲60癸7−3+偏印	21甲 1甲7−2+印綬
30	48辛50癸2+8−偏印		47庚52乙8−2+正財	18辛53丙8−2+印綬	48辛54丁8−2+正官	19壬55戊8−2+正財	49壬56己8−3+正官	20癸57庚8−3+印綬	51甲58辛7−3+正官	21甲59壬7−3+偏財	52乙60癸8−2+印綬	22乙 1甲8−2+偏印
31	49壬50癸1+9−正官		48辛52乙9−2+偏財		49壬54丁9−2+偏財		50癸56己8−2+偏官	21甲57庚8−3+偏官		22乙59壬8−2+正財		23丙 1甲8−2+正官

1994年（平成6年）生まれ　年干：11甲（2/4～翌年2/3まで）

日	1月	2月	3月	4月	5月	6月	7月	8月	9月	10月	11月	12月
	日干 月干 立年(男 女) 中心星	日干 月干 立年(男 女) 中心星	日干 月干 立年(男 女) 中心星	日干 月干 立年(男 女) 中心星	日干 月干 立年(男 女) 中心星	日干 月干 立年(男 女) 中心星	日干 月干 立年(男 女) 中心星	日干 月干 立年(男 女) 中心星	日干 月干 立年(男 女) 中心星	日干 月干 立年(男 女) 中心星	日干 月干 立年(男 女) 中心星	日干 月干 立年(男 女) 中心星
1	24丁 1甲8−1+偏官	55戊 2乙9−1+劫財	23丙 3丙2+8−偏印	54丁 4丁1+9−偏印	24丁 5戊2+9−傷官	55戊 6己2+9−偏印	25戊 7庚2+8−印綬	56己 8辛2+8−比肩	27庚 9壬2+8−比肩	57庚10癸2+8−劫財	28辛11甲2+8−印綬	58辛12乙2+8−傷官
2	25戊 1甲9−1+正財	56己 2乙9−1+比肩	24丁 3丙1+9−印綬	55戊 4丁1+9−正官	25戊 5戊1+9−比肩	56己 6己1+9−印綬	26己 7庚2+9−偏印	57庚 8辛2+9−印綬	28辛 9壬2+8−劫財	58辛10癸2+8−比肩	29壬11甲2+8−偏官	59壬12乙2+8−比肩
3	26己 1甲9−1+偏財	57庚 2乙0−1+印綬	25戊 3丙1+9−偏官	56己 4丁1+9−偏官	26己 5戊1+9−劫財	57庚 6己1+9−偏官	27庚 7庚1+9−正官	58辛 8辛2+9−偏印	29壬 9壬2+9−偏印	59壬10癸2+8−印綬	30癸11甲1+9−正官	60癸12乙1+9−劫財
4	27庚 1甲9−1+傷官	58辛 3丙0+1−印綬	26己 3丙1+9−正官	57庚 4丁1+0−正財	27庚 5戊1+0−偏印	58辛 6己1+0−正官	28辛 7庚1+9−偏官	59壬 8辛1+9−正官	30癸 9壬1+9−印綬	60癸10癸1+9−偏印	31甲11甲1+9−偏財	1甲12乙1+9−偏印
5	28辛 2乙1−0+食神	59壬 3丙0+1−偏官	27庚 3丙1+0−偏財	58辛 5戊0+1−偏財	28辛 5戊1+0−印綬	59壬 6己1+0−偏財	29壬 7庚1+0−正財	60癸 8辛1+0−偏官	31甲 9壬1+9−偏官	1甲10癸1+9−正官	32乙11甲1+9−正財	2乙12乙1+9−印綬
6	29壬 2乙1−0+劫財	60癸 3丙9+1−正官	28辛 4丁0+1−偏財	59壬 5戊0+1−傷官	29壬 6己0+1−偏官	60癸 7庚0+1−偏官	30癸 7庚1+0−偏財	1甲 8辛1+0−正財	32乙 9壬1+0−正官	2乙10癸1+9−偏官	33丙11甲1+0−食神	3丙12乙1+0−偏官
7	30癸 2乙1−9+比肩	1甲 3丙9+1−偏財	29壬 4丁0+1−傷官	60癸 5戊0+1−食神	30癸 6己0+1−正官	1甲 7庚0+1−正財	31甲 8辛0+1−傷官	2乙 8辛1+0−偏財	33丙 9壬1+0−偏財	3丙10癸1+0−正財	34丁12乙0+1−印綬	4丁13丙0+1−偏官
8	31甲 2乙1−9+印綬	2乙 3丙9+1−正財	30癸 4丁9+1−食神	1甲 5戊9+1−劫財	31甲 6己0+1−偏財	2乙 7庚0+1−偏財	32乙 8辛0+1−食神	3丙 9壬0+1−食神	34丁10癸0+1−偏財	4丁11甲0+1−偏財	35戊12乙0+1−偏官	5戊13丙0+1−正財
9	32乙 2乙1−9+偏印	3丙 3丙8+2−食神	31甲 4丁9+1−劫財	2乙 5戊9+1−比肩	32乙 6己9+1−正財	3丙 7庚9+1−傷官	33丙 8辛0+1−劫財	4丁 9壬0+1−傷官	35戊10癸0+1−傷官	5戊11甲0+1−偏官	36己12乙9+1−正官	6己13丙9+1−偏財
10	33丙 2乙2−8+正官	4丁 3丙8+2−傷官	32乙 4丁9+1−比肩	3丙 5戊9+2−印綬	33丙 6己9+1−食神	4丁 7庚9+1−食神	34丁 8辛0+1−比肩	5戊 9壬0+1−比肩	36己10癸9+1−食神	6己11甲9+1−食神	37庚12乙9+1−偏財	7庚13丙9+1−傷官
11	34丁 2乙2−8+偏官	5戊 3丙8+2−比肩	33丙 4丁8+2−印綬	4丁 5戊8+2−偏印	34丁 6己9+2−傷官	5戊 7庚9+2−劫財	35戊 8辛9+1−印綬	6己 9壬9+1−劫財	37庚10癸9+1−劫財	7庚11甲9+1−劫財	38辛12乙9+1−正財	8辛13丙9+1−食神
12	35戊 2乙2−8+正財	6己 3丙7+3−印綬	34丁 4丁8+2−偏印	5戊 5戊8+2−正官	35戊 6己8+2−食神	6己 7庚8+2−比肩	36己 8辛9+2−偏印	7庚 9壬9+1−偏印	38辛10癸9+1−比肩	8辛11甲9+1−比肩	39壬12乙8+2−食神	9壬13丙8+2−劫財
13	36己 2乙3−7+偏財	7庚 3丙7+3−偏官	35戊 4丁8+2−正官	6己 5戊8+3−偏官	36己 6己8+2−傷官	7庚 7庚8+2−印綬	37庚 8辛9+2−正官	8辛 9壬9+2−印綬	39壬10癸8+2−印綬	9壬11甲8+2−印綬	40癸12乙8+2−傷官	10癸13丙8+2−比肩
14	37庚 2乙3−7+傷官	8辛 3丙7+3−正官	36己 4丁7+3−偏官	7庚 5戊7+3−正財	37庚 6己8+3−比肩	8辛 7庚8+3−偏印	38辛 8辛8+2−偏官	9壬 9壬8+2−偏官	40癸10癸8+2−偏印	10癸11甲8+2−偏印	41甲12乙8+2−比肩	11甲13丙8+2−印綬
15	38辛 2乙3−7+比肩	9壬 3丙6+4−偏財	37庚 4丁7+3−正財	8辛 5戊7+3−食神	38辛 6己7+3−劫財	9壬 7庚7+3−正官	39壬 8辛8+3−正財	10癸 9壬8+2−正官	41甲10癸8+2−正官	11甲11甲8+2−正官	42乙12乙7+3−劫財	12乙13丙7+3−偏印
16	39壬 2乙4−6+印綬	10癸 3丙6+4−正財	38辛 4丁7+3−偏財	9壬 5戊7+4−劫財	39壬 6己7+3−偏印	10癸 7庚7+3−偏官	40癸 8辛8+3−偏財	11甲 9壬8+3−偏財	42乙10癸7+3−偏官	12乙11甲7+3−偏官	43丙12乙7+3−偏印	13丙13丙7+3−正官
17	40癸 2乙4−6+偏印	11甲 3丙6+4−食神	39壬 4丁6+4−傷官	10癸 5戊6+4−比肩	40癸 6己7+4−印綬	11甲 7庚7+4−正財	41甲 8辛7+3−劫財	12乙 9壬7+3−正財	43丙10癸7+3−正財	13丙11甲7+3−正財	44丁12乙7+3−印綬	14丁13丙7+3−偏官
18	41甲 2乙4−6+正財	12乙 3丙5+5−傷官	40癸 4丁6+4−食神	11甲 5戊6+4−偏財	41甲 6己6+4−偏官	12乙 7庚6+4−偏財	42乙 8辛7+4−比肩	13丙 9壬7+3−食神	44丁10癸7+3−偏財	14丁11甲7+3−比肩	45戊12乙6+4−偏官	15戊13丙6+4−正財
19	42乙 2乙5−5+偏財	13丙 3丙5+5−偏印	41甲 4丁6+4−劫財	12乙 5戊6+5−正財	42乙 6己6+4−正官	13丙 7庚6+4−傷官	43丙 8辛7+4−印綬	14丁 9壬7+4−正官	45戊10癸6+4−傷官	15戊11甲6+4−印綬	46己12乙6+4−正官	16己13丙6+4−偏財
20	43丙 2乙5−5+傷官	14丁 3丙5+5−印綬	42乙 4丁5+5−比肩	13丙 5戊5+5−食神	43丙 6己6+5−偏財	14丁 7庚6+5−食神	44丁 8辛6+4−食神	15戊 9壬6+4−偏財	46己10癸6+4−食神	16己11甲6+4−偏印	47庚12乙6+4−食神	17庚13丙6+4−傷官
21	44丁 2乙5−5+食神	15戊 3丙4+6−偏官	43丙 4丁5+5−印綬	14丁 5戊5+5−傷官	44丁 6己5+5−劫財	15戊 7庚5+5−劫財	45戊 8辛6+5−劫財	16己 9壬6+4−正財	47庚10癸6+4−劫財	17庚11甲6+4−印綬	48辛12乙5+5−傷官	18辛13丙5+5−食神
22	45戊 2乙6−4+劫財	16己 3丙4+6−正官	44丁 4丁5+5−偏印	15戊 5戊5+6−比肩	45戊 6己5+5−偏印	16己 7庚5+5−比肩	46己 8辛6+5−比肩	17庚 9壬6+5−偏財	48辛10癸5+5−比肩	18辛11甲5+5−印綬	49壬12乙5+5−比肩	19壬13丙5+5−劫財
23	46己 2乙6−4+比肩	17庚 3丙4+6−偏財	45戊 4丁4+6−正官	16己 5戊4+6−劫財	46己 6己5+6−印綬	17庚 7庚5+6−印綬	47庚 8辛5+5−印綬	18辛 9壬5+5−劫財	49壬10癸5+5−印綬	19壬11甲5+5−偏官	50癸12乙5+5−劫財	20癸13丙5+5−比肩
24	47庚 2乙6−4+印綬	18辛 3丙3+7−正財	46己 4丁4+6−偏官	17庚 5戊4+6−偏印	47庚 6己4+6−偏官	18辛 7庚4+6−偏印	48辛 8辛5+6−偏印	19壬 9壬5+5−偏印	50癸10癸5+5−偏印	20癸11甲5+5−正官	51甲12乙4+6−偏印	21甲13丙4+6−印綬
25	48辛 2乙7−3+偏印	19壬 3丙3+7−食神	47庚 4丁4+6−正財	18辛 5戊4+7−印綬	48辛 6己4+6−正官	19壬 7庚4+6−正官	49壬 8辛5+6−正官	20癸 9壬5+6−印綬	51甲10癸4+6−正官	21甲11甲4+6−偏財	52乙12乙4+6−印綬	22乙13丙4+6−偏印
26	49壬 2乙7−3+正官	20癸 3丙3+7−傷官	48辛 4丁3+7−偏財	19壬 5戊3+7−偏官	49壬 6己4+7−偏財	20癸 7庚4+7−偏財	50癸 8辛4+6−偏官	21甲 9壬4+6−偏官	52乙10癸4+6−偏官	22乙11甲4+6−正財	53丙12乙4+6−偏官	23丙13丙4+6−正官
27	50癸 2乙7−3+偏官	21甲 3丙2+8−比肩	49壬 4丁3+7−傷官	20癸 5戊3+7−正官	50癸 6己3+7−正財	21甲 7庚3+7−傷官	51甲 8辛4+7−正財	22乙 9壬4+6−正官	53丙10癸4+6−正財	23丙11甲4+6−食神	54丁12乙3+7−正官	24丁13丙3+7−偏官
28	51甲 2乙8−2+正財	22乙 3丙2+8−劫財	50癸 4丁3+7−食神	21甲 5戊3+8−偏財	51甲 6己3+7−食神	22乙 7庚3+7−食神	52乙 8辛4+7−偏財	23丙 9壬4+7−偏財	54丁10癸3+7−偏財	24丁11甲3+7−傷官	55戊12乙3+7−偏財	25戊13丙3+7−正財
29	52乙 2乙8−2+偏財		51甲 4丁2+8−劫財	22乙 5戊2+8−正財	52乙 6己3+8−傷官	23丙 7庚3+8−劫財	53丙 8辛3+7−傷官	24丁 9壬3+7−正財	55戊10癸3+7−傷官	25戊11甲3+7−比肩	56己12乙3+7−正財	26己13丙3+7−偏財
30	53丙 2乙8−2+傷官		52乙 4丁2+8−比肩	23丙 5戊2+8−食神	53丙 6己2+8−比肩	24丁 7庚2+8−比肩	54丁 8辛3+8−食神	25戊 9壬3+7−食神	56己10癸3+7−食神	26己11甲3+7−劫財	57庚12乙2+8−食神	27庚13丙2+8−傷官
31	54丁 2乙9−1+食神		53丙 4丁2+8−印綬		54丁 6己2+8−劫財		55戊 8辛3+8−劫財	26己 9壬3+8−傷官		27庚11甲2+8−偏印		28辛13丙2+8−食神

1995年（平成7年）生まれ

年干：12乙（2/4〜翌年2/3まで）

日	1月	2月	3月	4月	5月	6月	7月	8月	9月	10月	11月	12月
	日干 月干 立年(男 女) 中心星	日干 月干 立年(男 女) 中心星	日干 月干 立年(男 女) 中心星	日干 月干 立年(男 女) 中心星	日干 月干 立年(男 女) 中心星	日干 月干 立年(男 女) 中心星	日干 月干 立年(男 女) 中心星	日干 月干 立年(男 女) 中心星	日干 月干 立年(男 女) 中心星	日干 月干 立年(男 女) 中心星	日干 月干 立年(男 女) 中心星	日干 月干 立年(男 女) 中心星
1	29壬13丙2+8−劫財	60癸14丁1+9−偏官	28辛15戊8−2+正財	59壬16己9−1+傷官	29壬17庚9−2+偏官	60癸18辛9−2+正財	30癸19壬8−2+偏財	1甲20癸8−2+正財	32乙21甲8−2+正官	2乙22乙8−3+偏官	33丙23丙8−2+食神	3丙24丁8−2+偏官
2	30癸13丙1+9−比肩	1甲14丁1+9−正財	29壬15戊9−1+食神	60癸16己9−1+食神	30癸17庚9−1+正官	1甲18辛9−1+食神	31甲19壬9−2+傷官	2乙20癸9−2+偏財	33丙21甲8−2+偏財	3丙22乙8−2+正財	34丁23丙8−2+傷官	4丁24丁8−2+正官
3	31甲13丙1+9−印綬	2乙14丁1+9−偏財	30癸15戊9−1+傷官	1甲16己9−1+劫財	31甲17庚9−1+偏財	2乙18辛9−1+傷官	32乙19壬9−1+食神	3丙20癸9−2+傷官	34丁21甲9−2+正財	4丁22乙8−2+偏財	35戊23丙8−2+比肩	5戊24丁8−1+偏財
4	32乙13丙1+9−偏印	3丙15戊1−0+食神	31甲15戊9−1+比肩	2乙16己0−1+比肩	32乙17庚0−1+正財	3丙18辛0−1+比肩	33丙19壬9−1+劫財	4丁20癸9−1+食神	35戊21甲9−1+食神	5戊22乙9−2+傷官	36己23丙9−1+劫財	6己24丁9−1+正財
5	33丙13丙1+0−正官	4丁15戊1−0+傷官	32乙15戊0−1+劫財	3丙17庚1−0+印綬	33丙17庚0−1+食神	4丁18辛0−1+劫財	34丁19壬0−1+比肩	5戊20癸0−1+劫財	36己21甲9−1+傷官	6己22乙9−1+食神	37庚23丙9−1+偏印	7庚24丁9−1+食神
6	34丁14丁0+1−偏官	5戊15戊1−9+比肩	33丙16己1−0+印綬	4丁17庚1−0+偏印	34丁18辛1−0+傷官	5戊19壬1−0+劫財	35戊19壬0−1+印綬	6己20癸0−1+比肩	37庚21甲0−1+比肩	7庚22乙9−1+劫財	38辛23丙9−1+印綬	8辛24丁9−1+傷官
7	35戊14丁9+1−正財	6己15戊1−9+劫財	34丁16己1−0+偏印	5戊17庚1−0+正官	35戊18辛1−0+比肩	6己19壬1−0+比肩	36己20癸1−0+偏印	7庚20癸0−1+印綬	38辛21甲0−1+劫財	8辛22乙0−1+比肩	39壬23丙0−1+偏官	9壬25戊1−0+劫財
8	36己14丁9+1−偏財	7庚15戊1−9+偏印	35戊16己1−9+正官	6己17庚1−9+偏官	36己18辛1−0+劫財	7庚19壬1−0+印綬	37庚20癸1−0+正官	8辛21甲1−0+印綬	39壬22乙1−0+印綬	9壬22乙0−1+印綬	40癸24丁1−0+傷官	10癸25戊1−0+比肩
9	37庚14丁9+1−傷官	8辛15戊2−8+印綬	36己16己1−9+偏官	7庚17庚1−9+正財	37庚18辛1−9+偏印	8辛19壬1−9+偏印	38辛20癸1−0+偏官	9壬21甲1−0+偏官	40癸22乙1−0+偏印	10癸23丙1−0+偏印	41甲24丁1−9+比肩	11甲25戊1−9+印綬
10	38辛14丁8+1−食神	9壬15戊2−8+偏官	37庚16己1−9+正財	8辛17庚2−9+偏財	38辛18辛1−9+印綬	9壬19壬1−9+正官	39壬20癸1−0+正財	10癸21甲1−0+正官	41甲22乙1−0+正官	11甲23丙1−0+正官	42乙24丁1−9+劫財	12乙25戊1−9+偏印
11	39壬14丁8+2−劫財	10癸15戊2−8+正官	38辛16己2−8+偏財	9壬17庚2−8+傷官	39壬18辛2−9+偏官	10癸19壬2−9+偏官	40癸20癸1−9+偏財	11甲21甲1−9+偏財	42乙22乙1−9+偏官	12乙23丙1−9+偏官	43丙24丁1−9+偏印	13丙25戊1−9+正官
12	40癸14丁8+2−比肩	11甲15戊3−7+食神	39壬16己2−8+傷官	10癸17庚2−8+食神	40癸18辛2−8+印綬	11甲19壬2−8+正財	41甲20癸2−9+傷官	12乙21甲1−9+正財	43丙22乙1−9+正財	13丙23丙1−9+正財	44丁24丁1−8+印綬	14丁25戊2−8+偏官
13	41甲14丁7+2−印綬	12乙15戊3−7+傷官	40癸16己2−8+食神	11甲17庚3−8+劫財	41甲18辛2−8+偏官	12乙19壬2−8+偏財	42乙20癸2−9+食神	13丙21甲2−9+食神	44丁22乙2−9+偏財	14丁23丙1−9+偏財	45戊24丁2−8+偏官	15戊25戊2−8+正財
14	42乙14丁7+3−偏印	13丙15戊3−7+比肩	41甲16己3−7+劫財	12乙17庚3−7+比肩	42乙18辛3−8+正官	13丙19壬3−8+傷官	43丙20癸2−8+劫財	14丁21甲2−8+傷官	45戊22乙2−8+傷官	15戊23丙2−8+傷官	46己24丁2−8+正官	16己25戊2−8+偏財
15	43丙14丁7+3−正官	14丁15戊4−6+劫財	42乙16己3−7+比肩	13丙17庚3−7+正官	43丙18辛3−7+偏財	14丁19壬3−7+食神	44丁20癸3−8+比肩	15戊21甲2−8+比肩	46己22乙2−8+食神	16己23丙2−8+食神	47庚24丁2−7+偏財	17庚25戊3−7+傷官
16	44丁14丁6+3−偏財	15戊15戊4−6+偏印	43丙16己3−7+印綬	14丁17庚4−7+偏官	44丁18辛3−7+正財	15戊19壬3−7+劫財	45戊20癸3−8+印綬	16己21甲3−8+劫財	47庚22乙3−8+劫財	17庚23丙2−8+劫財	48辛24丁3−7+正財	18辛25戊3−7+食神
17	45戊14丁6+4−傷官	16己15戊4−6+印綬	44丁16己4−6+偏印	15戊17庚4−6+正財	45戊18辛4−7+食神	16己19壬4−7+比肩	46己20癸3−7+偏官	17庚21甲3−7+偏印	48辛22乙3−7+比肩	18辛23丙3−7+比肩	49壬24丁3−7+食神	19壬25戊3−7+劫財
18	46己14丁6+4−食神	17庚15戊5−5+偏官	45戊16己4−6+正官	16己17庚4−6+劫財	46己18辛4−6+傷官	17庚19壬4−6+印綬	47庚20癸4−7+正財	18辛21甲3−7+印綬	49壬22乙3−7+印綬	19壬23丙3−7+印綬	50癸24丁3−6+傷官	20癸25戊4−6+比肩
19	47庚14丁5+4−印綬	18辛15戊5−5+正財	46己16己4−6+偏官	17庚17庚5−6+偏印	47庚18辛4−6+比肩	18辛19壬4−6+偏印	48辛20癸4−7+偏財	19壬21甲4−7+比肩	50癸22乙4−7+偏印	20癸23丙3−7+偏財	51甲24丁4−6+比肩	21甲25戊4−6+印綬
20	48辛14丁5+5−偏印	19壬15戊5−5+食神	47庚16己5−5+正財	18辛17庚5−5+印綬	48辛18辛5−6+劫財	19壬19壬5−6+正官	49壬20癸4−6+正官	20癸21甲4−6+劫財	51甲22乙4−6+正官	21甲23丙4−6+傷官	52乙24丁4−6+劫財	22乙25戊4−6+偏印
21	49壬14丁5+5−正官	20癸15戊6−4+傷官	48辛16己5−5+偏財	19壬17庚5−5+偏官	49壬18辛5−5+偏財	20癸19壬5−5+偏官	50癸20癸5−6+偏官	21甲21甲4−6+偏印	52乙22乙4−6+偏官	22乙23丙4−6+食神	53丙24丁4−5+偏官	23丙25戊5−5+正官
22	50癸14丁4+5−偏官	21甲15戊6−4+比肩	49壬16己5−5+傷官	20癸17庚6−5+正官	50癸18辛5−5+正財	21甲19壬5−5+正財	51甲20癸5−6+正財	22乙21甲5−6+正官	53丙22乙5−6+正財	23丙23丙4−6+食神	54丁24丁5−5+正官	24丁25戊5−5+偏官
23	51甲14丁4+6−正財	22乙15戊6−4+劫財	50癸16己6−4+食神	21甲17庚6−4+偏財	51甲18辛6−5+食神	22乙19壬6−5+偏財	52乙20癸5−5+偏財	23丙21甲5−5+偏財	54丁22乙5−5+偏財	24丁23丙5−5+傷官	55戊24丁5−5+偏財	25戊25戊5−5+正財
24	52乙14丁4+6−偏財	23丙15戊7−3+偏印	51甲16己6−4+劫財	22乙17庚6−4+正財	52乙18辛6−4+傷官	23丙19壬6−4+傷官	53丙20癸6−5+傷官	24丁21甲5−5+正財	55戊22乙5−5+傷官	25戊23丙5−5+比肩	56己24丁5−4+正財	26己25戊6−4+偏財
25	53丙14丁3+6−傷官	24丁15戊7−3+印綬	52乙16己6−4+比肩	23丙17庚7−4+食神	53丙18辛6−4+比肩	24丁19壬6−4+食神	54丁20癸6−5+食神	25戊21甲6−5+食神	56己22乙6−5+食神	26己23丙5−5+劫財	57庚24丁6−4+食神	27庚25戊6−4+傷官
26	54丁14丁3+7−食神	25戊15戊7−3+偏官	53丙16己7−3+印綬	24丁17庚7−3+傷官	54丁18辛7−4+劫財	25戊19壬7−4+印綬	55戊20癸6−4+劫財	26己21甲6−4+傷官	57庚22乙6−4+劫財	27庚23丙6−4+偏印	58辛24丁6−4+傷官	28辛25戊6−4+食神
27	55戊14丁3+7−劫財	26己15戊8−2+正官	54丁16己7−3+偏印	25戊17庚7−3+比肩	55戊18辛7−3+偏印	26己19壬7−3+偏印	56己20癸7−4+比肩	27庚21甲6−4+比肩	58辛22乙6−4+比肩	28辛23丙6−4+印綬	59壬24丁6−3+比肩	29壬25戊7−3+劫財
28	56己14丁2+7−比肩	27庚15戊8−2+偏財	55戊16己7−3+正官	26己17庚8−3+劫財	56己18辛7−3+印綬	27庚19壬7−3+正官	57庚20癸7−4+印綬	28辛21甲7−4+劫財	59壬22乙7−4+印綬	29壬23丙6−4+偏官	60癸24丁7−3+劫財	30癸25戊7−3+比肩
29	57庚14丁2+8−印綬		56己16己8−2+偏官	27庚17庚8−2+偏印	57庚18辛8−3+偏官	28辛19壬8−3+偏官	58辛20癸7−3+偏印	29壬21甲7−3+偏印	60癸22乙7−3+偏印	30癸23丙7−3+正官	1甲24丁7−3+偏印	31甲25戊7−3+印綬
30	58辛14丁2+8−偏印		57庚16己8−2+正財	28辛17庚8−2+印綬	58辛18辛8−2+正官	29壬19壬8−2+正財	59壬20癸8−3+正官	30癸21甲7−3+印綬	1甲22乙7−3+正官	31甲23丙7−3+偏財	2乙24丁7−2+印綬	32乙25戊8−2+偏印
31	59壬14丁1+8−正官		58辛16己8−2+偏財		59壬18辛8−2+偏財		60癸20癸8−3+偏官	31甲21甲8−3+偏官		32乙23丙7−3+正財		33丙25戊8−2+正官

1996年（平成8年）生まれ　年干：13丙（2/4〜翌年2/3まで）

日	1月	2月	3月	4月	5月	6月	7月	8月	9月	10月	11月	12月
	日干 月干 立年男女 中心星	日干 月干 立年男女 中心星	日干 月干 立年男女 中心星	日干 月干 立年男女 中心星	日干 月干 立年男女 中心星	日干 月干 立年男女 中心星	日干 月干 立年男女 中心星	日干 月干 立年男女 中心星	日干 月干 立年男女 中心星	日干 月干 立年男女 中心星	日干 月干 立年男女 中心星	日干 月干 立年男女 中心星
1	34丁25戊8−2+偏官	5戊26己9−1+劫財	34丁27庚1+9−印綬	5戊28辛1+9−正官	35戊29壬1+9−比肩	6己30癸1+9−印綬	36己31甲2+9−偏印	7庚32乙2+8−印綬	38辛33丙2+8−劫財	8辛34丁2+8−比肩	39壬35戊2+8−偏官	9壬36己2+8−比肩
2	35戊25戊9−1+正財	6己26己9−1+比肩	35戊27庚1+9−偏官	6己28辛1+9−偏官	36己29壬1+9−劫財	7庚30癸1+9−偏官	37庚31甲2+9−正官	8辛32乙2+9−偏印	39壬33丙2+8−偏印	9壬34丁2+8−印綬	40癸35戊2+8−正官	10癸36己2+8−劫財
3	36己25戊9−1+偏財	7庚26己9−1+印綬	36己27庚1+9−正官	7庚28辛1+0−正財	37庚29壬1+0−偏印	8辛30癸1+0−正官	38辛31甲1+9−偏官	9壬32乙1+9−正官	40癸33丙1+9−印綬	10癸34丁2+9−偏印	41甲35戊1+9−偏財	11甲36己1+9−偏印
4	37庚25戊9−1+傷官	8辛27庚0+1−印綬	37庚27庚1+0−偏財	8辛29壬0+1−偏財	38辛29壬1+0−印綬	9壬30癸1+0−偏財	39壬31甲1+0−正財	10癸32乙1+9−偏官	41甲33丙1+9−偏官	11甲34丁1+9−正官	42乙35戊1+9−正財	12乙36己1+9−印綬
5	38辛25戊0−1+食神	9壬27庚0+1−偏官	38辛28辛0+1−偏財	9壬29壬0+1−傷官	39壬30癸0+1−偏官	10癸31甲0+1−偏官	40癸31甲1+0−偏財	11甲32乙1+0−正財	42乙33丙1+0−正官	12乙34丁1+9−偏官	43丙35戊1+9−食神	13丙36己1+9−偏官
6	39壬26己1−0+劫財	10癸27庚9+1−正官	39壬28辛0+1−傷官	10癸29壬0+1−食神	40癸30癸0+1−正官	11甲31甲0+1−正財	41甲31甲1+0−傷官	12乙32乙1+0−偏財	43丙33丙1+0−偏財	13丙34丁1+0−正財	44丁35戊1+0−傷官	14丁36己1+0−正官
7	40癸26己1−9+比肩	11甲27庚9+1−偏財	40癸28辛9+1−食神	11甲29壬9+1−劫財	41甲30癸0+1−偏財	12乙31甲0+1−偏財	42乙32乙0+1−食神	13丙33丙0+1−食神	44丁34丁0+1−偏財	14丁34丁1+0−偏財	45戊36己0+1−偏官	15戊37庚0+1−正財
8	41甲26己1−9+印綬	12乙27庚9+1−正財	41甲28辛9+1−劫財	12乙29壬9+1−比肩	42乙30癸9+1−正財	13丙31甲0+1−傷官	43丙32乙0+1−劫財	14丁33丙0+1−傷官	45戊34丁0+1−傷官	15戊35戊0+1−偏官	46己36己0+1−正官	16己37庚9+1−偏財
9	42乙26己1−9+偏印	13丙27庚8+2−食神	42乙28辛9+1−比肩	13丙29壬9+2−印綬	43丙30癸9+1−食神	14丁31甲9+1−食神	44丁32乙0+1−比肩	15戊33丙0+1−比肩	46己34丁0+1−食神	16己35戊0+1−食神	47庚36己9+1−偏財	17庚37庚9+1−傷官
10	43丙26己1−8+正官	14丁27庚8+2−傷官	43丙28辛8+2−印綬	14丁29壬8+2−偏印	44丁30癸9+2−傷官	15戊31甲9+2−劫財	45戊32乙9+1−印綬	16己33丙9+1−劫財	47庚34丁9+1−劫財	17庚35戊9+1−劫財	48辛36己9+1−正財	18辛37庚9+1−食神
11	44丁26己2−8+偏官	15戊27庚8+2−比肩	44丁28辛8+2−偏印	15戊29壬8+2−正官	45戊30癸8+2−食神	16己31甲9+2−比肩	46己32乙9+1−偏印	17庚33丙9+1−偏印	48辛34丁9+1−比肩	18辛35戊9+1−比肩	49壬36己9+1−食神	19壬37庚8+1−劫財
12	45戊26己2−8+正財	16己27庚7+3−印綬	45戊28辛8+2−正官	16己29壬8+3−偏官	46己30癸8+2−傷官	17庚31甲8+2−印綬	47庚32乙9+2−正官	18辛33丙9+2−印綬	49壬34丁9+2−印綬	19壬35戊9+1−印綬	50癸36己8+2−傷官	20癸37庚8+2−比肩
13	46己26己2−7+偏財	17庚27庚7+3−偏官	46己28辛7+3−偏官	17庚29壬7+3−正財	47庚30癸8+3−比肩	18辛31甲8+3−偏印	48辛32乙8+2−偏官	19壬33丙8+2−偏官	50癸34丁8+2−偏印	20癸35戊8+2−偏印	51甲36己8+2−比肩	21甲37庚8+2−印綬
14	47庚26己3−7+傷官	18辛27庚7+3−正官	47庚28辛7+3−正財	18辛29壬7+3−食神	48辛30癸7+3−劫財	19壬31甲8+3−正官	49壬32乙8+2−正財	20癸33丙8+2−正官	51甲34丁8+2−正官	21甲35戊8+2−正官	52乙36己8+2−劫財	22乙37庚7+2−偏印
15	48辛26己3−7+食神	19壬27庚6+4−偏財	48辛28辛7+3−偏財	19壬29壬7+4−劫財	49壬30癸7+3−偏印	20癸31甲7+3−偏官	50癸32乙8+3−偏財	21甲33丙8+3−偏財	52乙34丁8+3−偏官	22乙35戊8+2−偏官	53丙36己7+3−偏印	23丙37庚7+3−正官
16	49壬26己3−6+印綬	20癸27庚6+4−正財	49壬28辛6+4−傷官	20癸29壬6+4−比肩	50癸30癸7+4−印綬	21甲31甲7+4−正財	51甲32乙7+3−傷官	22乙33丙7+3−正財	53丙34丁7+3−正財	23丙35戊7+3−正財	54丁36己7+3−印綬	24丁37庚7+3−偏官
17	50癸26己4−6+偏印	21甲27庚6+4−食神	50癸28辛6+4−食神	21甲29壬6+4−偏財	51甲30癸6+4−偏官	22乙31甲7+4−偏財	52乙32乙7+3−比肩	23丙33丙7+3−食神	54丁34丁7+3−偏財	24丁35戊7+3−偏財	55戊36己7+3−偏官	25戊37庚6+3−正財
18	51甲26己4−6+正官	22乙27庚5+5−傷官	51甲28辛6+4−劫財	22乙29壬6+5−正財	52乙30癸6+4−正官	23丙31甲6+4−傷官	53丙32乙7+4−印綬	24丁33丙7+4−正官	55戊34丁7+4−傷官	25戊35戊7+3−印綬	56己36己6+4−正官	26己37庚6+4−偏財
19	52乙26己4−5+偏財	23丙27庚5+5−偏印	52乙28辛5+5−比肩	23丙29壬5+5−食神	53丙30癸6+5−偏財	24丁31甲6+5−食神	54丁32乙6+4−偏印	25戊33丙6+4−偏財	56己34丁6+4−食神	26己35戊6+4−偏印	57庚36己6+4−偏財	27庚37庚6+4−傷官
20	53丙26己5−5+傷官	24丁27庚5+5−印綬	53丙28辛5+5−印綬	24丁29壬5+5−傷官	54丁30癸5+5−劫財	25戊31甲6+5−劫財	55戊32乙6+4−劫財	26己33丙6+4−正財	57庚34丁6+4−劫財	27庚35戊6+4−正官	58辛36己6+4−傷官	28辛37庚5+4−食神
21	54丁26己5−5+食神	25戊27庚4+6−偏官	54丁28辛5+5−偏印	25戊29壬5+6−比肩	55戊30癸5+5−偏印	26己31甲5+5−比肩	56己32乙6+5−比肩	27庚33丙6+5−比肩	58辛34丁6+5−比肩	28辛35戊6+4−印綬	59壬36己5+5−比肩	29壬37庚5+5−劫財
22	55戊26己5−4+劫財	26己27庚4+6−正官	55戊28辛4+6−正官	26己29壬4+6−劫財	56己30癸5+6−印綬	27庚31甲5+6−印綬	57庚32乙5+5−印綬	28辛33丙5+5−劫財	59壬34丁5+5−印綬	29壬35戊5+5−偏官	60癸36己5+5−劫財	30癸37庚5+5−比肩
23	56己26己6−4+比肩	27庚27庚4+6−偏財	56己28辛4+6−偏官	27庚29壬4+6−偏印	57庚30癸4+6−偏官	28辛31甲5+6−偏印	58辛32乙5+5−偏印	29壬33丙5+5−偏印	60癸34丁5+5−偏印	30癸35戊5+5−正官	1甲36己5+5−偏印	31甲37庚4+5−印綬
24	57庚26己6−4+印綬	28辛27庚3+7−正財	57庚28辛4+6−正財	28辛29壬4+7−印綬	58辛30癸4+6−正官	29壬31甲4+6−正官	59壬32乙5+6−正官	30癸33丙5+6−印綬	1甲34丁5+6−正官	31甲35戊5+5−偏財	2乙36己4+6−印綬	32乙37庚4+6−偏印
25	58辛26己6−3+偏印	29壬27庚3+7−食神	58辛28辛3+7−偏財	29壬29壬3+7−偏官	59壬30癸4+7−偏財	30癸31甲4+7−偏財	60癸32乙4+6−偏官	31甲33丙4+6−偏官	2乙34丁4+6−偏官	32乙35戊4+6−正財	3丙36己4+6−偏官	33丙37庚4+6−正官
26	59壬26己7−3+正官	30癸27庚3+7−傷官	59壬28辛3+7−傷官	30癸29壬3+7−正官	60癸30癸3+7−正財	31甲31甲4+7−傷官	1甲32乙4+6−正財	32乙33丙4+6−正官	3丙34丁4+6−正財	33丙35戊4+6−食神	4丁36己4+6−正官	34丁37庚3+6−偏官
27	60癸26己7−3+偏官	31甲27庚2+8−比肩	60癸28辛3+7−食神	31甲29壬3+8−偏財	1甲30癸3+7−食神	32乙31甲3+7−食神	2乙32乙4+7−偏財	33丙33丙4+7−偏財	4丁34丁4+7−偏財	34丁35戊4+6−傷官	5戊36己3+7−偏財	35戊37庚3+7−正財
28	1甲26己7−2+正財	32乙27庚2+8−劫財	1甲28辛2+8−劫財	32乙29壬2+8−正財	2乙30癸3+8−傷官	33丙31甲3+8−劫財	3丙32乙3+7−傷官	34丁33丙3+7−正財	5戊34丁3+7−傷官	35戊35戊3+7−比肩	6己36己3+7−正財	36己37庚3+7−偏財
29	2乙26己8−2+偏財	33丙27庚2+8−偏印	2乙28辛2+8−比肩	33丙29壬2+8−食神	3丙30癸2+8−比肩	34丁31甲3+8−比肩	4丁32乙3+7−食神	35戊33丙3+7−食神	6己34丁3+7−食神	36己35戊3+7−劫財	7庚36己3+7−食神	37庚37庚2+7−傷官
30	3丙26己8−2+傷官		3丙28辛2+8−印綬	34丁29壬2+9−傷官	4丁30癸2+8−劫財	35戊31甲2+8−印綬	5戊32乙3+8−劫財	36己33丙3+8−傷官	7庚34丁3+8−劫財	37庚35戊3+7−偏印	8辛36己2+8−傷官	38辛37庚2+8−食神
31	4丁26己8−1+食神		4丁28辛1+9−偏印		5戊30癸2+9−偏印		6己32乙2+8−比肩	37庚33丙2+8−比肩		38辛35戊2+8−印綬		39壬37庚2+8−劫財

1997年（平成9年）生まれ　年干：14丁（2/4～翌年2/3まで）

日	1月	2月	3月	4月	5月	6月	7月	8月	9月	10月	11月	12月
日	日干 月干 立年男女 中心星	日干 月干 立年男女 中心星	日干 月干 立年男女 中心星	日干 月干 立年男女 中心星	日干 月干 立年男女 中心星	日干 月干 立年男女 中心星	日干 月干 立年男女 中心星	日干 月干 立年男女 中心星	日干 月干 立年男女 中心星	日干 月干 立年男女 中心星	日干 月干 立年男女 中心星	日干 月干 立年男女 中心星
1	40癸37庚1+8−比肩	11甲38辛1+9−正財	39壬39壬8−1+食神	10癸40癸9−1+食神	40癸41甲9−1+正官	11甲42乙9−2+食神	41甲43丙8−2+傷官	12乙44丁8−2+偏財	43丙45戊8−2+傷官	13丙46己8−2+正財	44丁47庚8−2+傷官	14丁48辛8−2+正官
2	41甲37庚1+9−印綬	12乙38辛1+9−偏財	40癸39壬9−1+傷官	11甲40癸9−1+劫財	41甲41甲9−1+偏財	12乙42乙9−1+傷官	42乙43丙9−2+食神	13丙44丁9−2+傷官	44丁45戊9−2+正財	14丁46己8−2+偏財	45戊47庚8−2+比肩	15戊48辛8−2+偏財
3	42乙37庚1+9−偏印	13丙38辛1+0−傷官	41甲39壬9−1+比肩	12乙40癸0−1+比肩	42乙41甲9−1+正財	13丙42乙0−1+比肩	43丙43丙9−1+劫財	14丁44丁9−1+食神	45戊45戊9−1+食神	15戊46己9−2+傷官	46己47庚9−1+劫財	16己48辛9−1+正財
4	43丙37庚1+9−正官	14丁39壬1−0+傷官	42乙39壬9−1+劫財	13丙40癸0−1+印綬	43丙41甲0−1+食神	14丁42乙0−1+劫財	44丁43丙9−1+比肩	15戊44丁9−1+劫財	46己45戊9−1+傷官	16己46己9−1+食神	47庚47庚9−1+偏印	17庚48辛9−1+食神
5	44丁38辛0+1−偏官	15戊39壬1−9+比肩	43丙40癸1−0+印綬	14丁41甲1−0+偏印	44丁42乙1−0+傷官	15戊42乙0−1+偏印	45戊43丙0−1+印綬	16己44丁0−1+比肩	47庚45戊0−1+比肩	17庚46己9−1+劫財	48辛47庚9−1+印綬	18辛48辛9−1+傷官
6	45戊38辛0+1−正財	16己39壬1−9+劫財	44丁40癸1−0+偏印	15戊41甲1−0+正官	45戊42乙1−0+比肩	16己43丙1−0+比肩	46己43丙0−1+偏印	17庚44丁0−1+印綬	48辛45戊0−1+劫財	18辛46己0−1+比肩	49壬47庚0−1+偏官	19壬48辛0−1+比肩
7	46己38辛9+1−偏財	17庚39壬1−9+偏印	45戊40癸1−0+正官	16己41甲1−9+偏官	46己42乙1−0+劫財	17庚43丙1−0+印綬	47庚44丁1−0+正官	18辛45戊1−0+印綬	49壬46己1−0+印綬	19壬46己0−1+印綬	50癸48辛1−0+傷官	20癸49壬1−0+比肩
8	47庚38辛9+1−傷官	18辛39壬1−8+印綬	46己40癸1−9+偏官	17庚41甲1−9+正財	47庚42乙1−0+偏印	18辛43丙1−0+偏印	48辛44丁1−0+偏官	19壬45戊1−0+偏官	50癸46己1−0+偏印	20癸47庚1−0+偏印	51甲48辛1−0+比肩	21甲49壬1−9+印綬
9	48辛38辛9+1−食神	19壬39壬2−8+偏官	47庚40癸1−9+正財	18辛41甲1−9+偏財	48辛42乙1−9+印綬	19壬43丙1−9+正官	49壬44丁1−0+正財	20癸45戊1−0+正官	51甲46己1−0+正官	21甲47庚1−0+正官	52乙48辛1−9+劫財	22乙49壬1−9+偏印
10	49壬38辛8+2−劫財	20癸39壬2−8+正官	48辛40癸2−9+偏財	19壬41甲2−8+傷官	49壬42乙2−9+偏官	20癸43丙1−9+偏官	50癸44丁1−9+偏財	21甲45戊1−9+偏財	52乙46己1−9+偏官	22乙47庚1−9+偏官	53丙48辛1−9+偏印	23丙49壬1−9+正官
11	50癸38辛8+2−比肩	21甲39壬2−7+偏財	49壬40癸2−8+傷官	20癸41甲2−8+食神	50癸42乙2−9+印綬	21甲43丙2−9+正財	51甲44丁1−9+傷官	22乙45戊1−9+正財	53丙46己1−9+正財	23丙47庚1−9+正財	54丁48辛1−9+印綬	24丁49壬1−8+偏官
12	51甲38辛8+2−印綬	22乙39壬3−7+傷官	50癸40癸2−8+食神	21甲41甲2−8+劫財	51甲42乙2−8+偏官	22乙43丙2−8+偏財	52乙44丁2−9+食神	23丙45戊2−9+食神	54丁46己2−9+偏財	24丁47庚1−9+偏財	55戊48辛2−8+偏官	25戊49壬2−8+正財
13	52乙38辛7+3−偏印	23丙39壬3−7+比肩	51甲40癸3−8+劫財	22乙41甲3−7+比肩	52乙42乙3−8+正官	23丙43丙2−8+傷官	53丙44丁2−8+劫財	24丁45戊2−8+傷官	55戊46己2−8+傷官	25戊47庚2−8+傷官	56己48辛2−8+正官	26己49壬2−8+偏財
14	53丙38辛7+3−正官	24丁39壬3−6+劫財	52乙40癸3−7+比肩	23丙41甲3−7+印綬	53丙42乙3−8+偏財	24丁43丙3−8+食神	54丁44丁2−8+比肩	25戊45戊2−8+比肩	56己46己2−8+食神	26己47庚2−8+食神	57庚48辛2−8+偏財	27庚49壬2−7+傷官
15	54丁38辛7+3−偏財	25戊39壬4−6+偏印	53丙40癸3−7+印綬	24丁41甲3−7+偏官	54丁42乙3−7+正財	25戊43丙3−7+劫財	55戊44丁3−8+印綬	26己45戊3−8+劫財	57庚46己3−8+劫財	27庚47庚2−8+劫財	58辛48辛3−7+正財	28辛49壬3−7+食神
16	55戊38辛6+4−傷官	26己39壬4−6+印綬	54丁40癸4−7+偏印	25戊41甲4−6+正財	55戊42乙4−7+食神	26己43丙3−7+比肩	56己44丁3−7+偏印	27庚45戊3−7+偏印	58辛46己3−7+比肩	28辛47庚3−7+比肩	59壬48辛3−7+食神	29壬49壬3−7+劫財
17	56己38辛6+4−食神	27庚39壬4−5+偏官	55戊40癸4−6+正官	26己41甲4−6+偏財	56己42乙4−7+傷官	27庚43丙4−7+印綬	57庚44丁3−7+正財	28辛45戊3−7+印綬	59壬46己3−7+印綬	29壬47庚3−7+印綬	60癸48辛3−7+傷官	30癸49壬3−6+比肩
18	57庚38辛6+4−印綬	28辛39壬5−5+正官	56己40癸4−6+偏官	27庚41甲4−6+偏印	57庚42乙4−6+比肩	28辛43丙4−6+偏印	58辛44丁4−7+偏財	29壬45戊4−7+比肩	60癸46己4−7+偏印	30癸47庚3−7+偏財	1甲48辛4−6+比肩	31甲49壬4−6+印綬
19	58辛38辛5+5−偏印	29壬39壬5−5+食神	57庚40癸5−6+正財	28辛41甲5−5+印綬	58辛42乙5−6+劫財	29壬43丙4−6+正官	59壬44丁4−6+傷官	30癸45戊4−6+劫財	1甲46己4−6+正官	31甲47庚4−6+傷官	2乙48辛4−6+劫財	32乙49壬4−6+偏印
20	59壬38辛5+5−正官	30癸39壬5−4+傷官	58辛40癸5−5+偏財	29壬41甲5−5+偏官	59壬42乙5−6+偏財	30癸43丙5−6+偏官	60癸44丁4−6+偏官	31甲45戊4−6+偏印	2乙46己4−6+偏官	32乙47庚4−6+食神	3丙48辛4−6+偏官	33丙49壬4−5+正官
21	60癸38辛5+5−偏官	31甲39壬6−4+比肩	59壬40癸5−5+傷官	30癸41甲5−5+正官	60癸42乙5−5+正財	31甲43丙5−5+正財	1甲44丁5−6+正財	32乙45戊5−6+正官	3丙46己5−6+正財	33丙47庚4−6+食神	4丁48辛5−5+正官	34丁49壬5−5+偏官
22	1甲38辛4+6−正財	32乙39壬6−4+劫財	60癸40癸6−5+食神	31甲41甲6−4+偏財	1甲42乙6−5+食神	32乙43丙5−5+偏財	2乙44丁5−5+偏財	33丙45戊5−5+偏財	4丁46己5−5+偏財	34丁47庚5−5+傷官	5戊48辛5−5+偏財	35戊49壬5−5+正財
23	2乙38辛4+6−偏財	33丙39壬6−3+偏印	1甲40癸6−4+劫財	32乙41甲6−4+正財	2乙42乙6−5+傷官	33丙43丙6−5+傷官	3丙44丁5−5+傷官	34丁45戊5−5+正財	5戊46己5−5+傷官	35戊47庚5−5+比肩	6己48辛5−5+正財	36己49壬5−4+偏財
24	3丙38辛4+6−傷官	34丁39壬7−3+印綬	2乙40癸6−4+比肩	33丙41甲6−4+食神	3丙42乙6−4+比肩	34丁43丙6−4+食神	4丁44丁6−5+食神	35戊45戊6−5+食神	6己46己6−5+食神	36己47庚5−5+劫財	7庚48辛6−4+食神	37庚49壬6−4+傷官
25	4丁38辛3+7−食神	35戊39壬7−3+偏官	3丙40癸7−4+印綬	34丁41甲7−3+傷官	4丁42乙7−4+劫財	35戊43丙6−4+劫財	5戊44丁6−4+劫財	36己45戊6−4+傷官	7庚46己6−4+劫財	37庚47庚6−4+偏印	8辛48辛6−4+傷官	38辛49壬6−4+食神
26	5戊38辛3+7−劫財	36己39壬7−2+正官	4丁40癸7−3+偏印	35戊41甲7−3+比肩	5戊42乙7−4+偏印	36己43丙7−4+偏印	6己44丁6−4+比肩	37庚45戊6−4+比肩	8辛46己6−4+比肩	38辛47庚6−4+印綬	9壬48辛6−4+比肩	39壬49壬6−3+劫財
27	6己38辛3+7−比肩	37庚39壬8−2+偏財	5戊40癸7−3+正官	36己41甲7−3+劫財	6己42乙7−3+印綬	37庚43丙7−3+正官	7庚44丁7−4+印綬	38辛45戊7−4+劫財	9壬46己7−4+印綬	39壬47庚6−4+偏官	10癸48辛7−3+劫財	40癸49壬7−3+比肩
28	7庚38辛2+8−印綬	38辛39壬8−2+正財	6己40癸8−3+偏官	37庚41甲8−2+偏印	7庚42乙8−3+偏官	38辛43丙7−3+偏官	8辛44丁7−3+偏印	39壬45戊7−3+偏印	10癸46己7−3+偏印	40癸47庚7−3+正官	11甲48辛7−3+偏印	41甲49壬7−3+印綬
29	8辛38辛2+8−偏印		7庚40癸8−2+正財	38辛41甲8−2+印綬	8辛42乙8−3+正官	39壬43丙8−3+正財	9壬44丁7−3+正官	40癸45戊7−3+印綬	11甲46己7−3+正官	41甲47庚7−3+偏財	12乙48辛7−3+印綬	42乙49壬7−2+偏印
30	9壬38辛2+8−正官		8辛40癸8−2+偏財	39壬41甲8−2+偏官	9壬42乙8−2+偏財	40癸43丙8−2+偏財	10癸44丁8−3+偏官	41甲45戊8−3+偏官	12乙46己8−3+偏官	42乙47庚7−3+正財	13丙48辛8−2+偏官	43丙49壬8−2+正官
31	10癸38辛1+9−偏官		9壬40癸9−2+傷官		10癸42乙9−2+正財		11甲44丁8−2+正財	42乙45戊8−2+正官		43丙47庚8−2+食神		44丁49壬8−2+偏官

1998年（平成10年）生まれ　年干：15戊（2/4～翌年2/3まで）

日	1月	2月	3月	4月	5月	6月	7月	8月	9月	10月	11月	12月
	日干 月干 立年 男 女 中心星	日干 月干 立年 男 女 中心星	日干 月干 立年 男 女 中心星	日干 月干 立年 男 女 中心星	日干 月干 立年 男 女 中心星	日干 月干 立年 男 女 中心星	日干 月干 立年 男 女 中心星	日干 月干 立年 男 女 中心星	日干 月干 立年 男 女 中心星	日干 月干 立年 男 女 中心星	日干 月干 立年 男 女 中心星	日干 月干 立年 男 女 中心星
1	45戊49壬8−1+正財	16己50癸9−1+比肩	44丁51甲2+8−印綬	15戊52乙1+9−正官	45戊53丙2+9−比肩	16己54丁2+9−印綬	46己55戊2+8−偏印	17庚56己2+8−印綬	48辛57庚2+8−劫財	18辛58辛2+8−比肩	49壬59壬2+8−偏官	19壬60癸2+8−比肩
2	46己49壬9−1+偏財	17庚50癸9−1+印綬	45戊51甲1+9−偏官	16己52乙1+9−偏官	46己53丙1+9−劫財	17庚54丁1+9−偏官	47庚55戊2+9−正官	18辛56己2+9−偏印	49壬57庚2+8−偏印	19壬58辛2+8−印綬	50癸59壬2+8−正官	20癸60癸2+8−劫財
3	47庚49壬9−1+傷官	18辛50癸0−1+偏印	46己51甲1+9−正官	17庚52乙1+9−正財	47庚53丙1+9−偏印	18辛54丁1+9−正官	48辛55戊1+9−偏官	19壬56己2+9−正官	50癸57庚2+9−印綬	20癸58辛2+8−偏印	51甲59壬1+9−偏財	21甲60癸1+9−偏印
4	48辛49壬9−1+食神	19壬51甲0+1−偏官	47庚51甲1+9−偏財	18辛52乙1+0−偏財	48辛53丙1+0−印綬	19壬54丁1+0−偏財	49壬55戊1+9−正財	20癸56己1+9−偏官	51甲57庚1+9−偏官	21甲58辛1+9−正官	52乙59壬1+9−正財	22乙60癸1+9−印綬
5	49壬50癸1−0+劫財	20癸51甲0+1−正官	48辛51甲1+0−正財	19壬53丙0+1−傷官	49壬53丙1+0−偏官	20癸54丁1+0−正財	50癸55戊1+0−偏財	21甲56己1+0−正財	52乙57庚1+9−正官	22乙58辛1+9−偏官	53丙59壬1+9−食神	23丙60癸1+9−偏官
6	50癸50癸1−0+比肩	21甲51甲9+1−偏財	49壬52乙0+1−傷官	20癸53丙0+1−食神	50癸54丁0+1−正官	21甲55戊0+1−正財	51甲55戊1+0−傷官	22乙56己1+0−偏財	53丙57庚1+0−偏財	23丙58辛1+9−正財	54丁59壬1+0−傷官	24丁60癸1+0−正官
7	51甲50癸1−9+印綬	22乙51甲9+1−正財	50癸52乙0+1−食神	21甲53丙0+1−劫財	51甲54丁0+1−偏財	22乙55戊0+1−偏財	52乙56己0+1−食神	23丙56己1+0−傷官	54丁57庚1+0−正財	24丁58辛1+0−偏財	55戊60癸0+1−偏官	25戊 1甲0+1−正財
8	52乙50癸1−9+偏印	23丙51甲9+1−食神	51甲52乙9+1−劫財	22乙53丙9+1−比肩	52乙54丁0+1−正財	23丙55戊0+1−傷官	53丙56己0+1−劫財	24丁57庚0+1−傷官	55戊58辛0+1−傷官	25戊59壬0+1−傷官	56己60癸0+1−正官	26己 1甲0+1−偏財
9	53丙50癸1−9+正官	24丁51甲8+2−傷官	52乙52乙9+1−比肩	23丙53丙9+1−印綬	53丙54丁9+1−食神	24丁55戊9+1−食神	54丁56己0+1−比肩	25戊57庚0+1−比肩	56己58辛0+1−食神	26己59壬0+1−食神	57庚60癸9+1−偏財	27庚 1甲9+1−傷官
10	54丁50癸2−8+偏官	25戊51甲8+2−比肩	53丙52乙9+1−印綬	24丁53丙9+2−偏印	54丁54丁9+1−傷官	25戊55戊9+1−劫財	55戊56己0+1−印綬	26己57庚0+1−劫財	57庚58辛9+1−劫財	27庚59壬9+1−劫財	58辛60癸9+1−正財	28辛 1甲9+1−食神
11	55戊50癸2−8+正財	26己51甲8+2−劫財	54丁52乙8+2−偏印	25戊53丙8+2−正官	55戊54丁9+2−比肩	26己55戊9+2−比肩	56己56己9+1−偏印	27庚57庚9+1−偏印	58辛58辛9+1−比肩	28辛59壬9+1−比肩	59壬60癸9+1−食神	29壬 1甲9+1−劫財
12	56己50癸2−8+偏財	27庚51甲7+3−偏官	55戊52乙8+2−正官	26己53丙8+2−偏官	56己54丁8+2−傷官	27庚55戊8+2−印綬	57庚56己9+2−正官	28辛57庚9+1−印綬	59壬58辛9+1−印綬	29壬59壬9+1−印綬	60癸60癸8+2−傷官	30癸 1甲8+2−比肩
13	57庚50癸3−7+傷官	28辛51甲7+3−正官	56己52乙8+2−偏官	27庚53丙8+3−正財	57庚54丁8+2−比肩	28辛55戊8+2−偏印	58辛56己9+2−偏官	29壬57庚9+2−偏官	60癸58辛8+2−偏印	30癸59壬8+2−偏印	1甲60癸8+2−比肩	31甲 1甲8+2−印綬
14	58辛50癸3−7+食神	29壬51甲7+3−偏財	57庚52乙7+3−正財	28辛53丙7+3−偏財	58辛54丁8+3−劫財	29壬55戊8+3−正官	59壬56己8+2−正財	30癸57庚8+2−正官	1甲58辛8+2−正官	31甲59壬8+2−正官	2乙60癸8+2−劫財	32乙 1甲8+2−偏印
15	59壬50癸3−7+印綬	30癸51甲6+4−正財	58辛52乙7+3−偏財	29壬53丙7+3−劫財	59壬54丁7+3−偏印	30癸55戊7+3−偏官	60癸56己8+3−偏財	31甲57庚8+2−偏財	2乙58辛8+2−偏官	32乙59壬8+2−偏官	3丙60癸7+3−偏印	33丙 1甲7+3−正官
16	60癸50癸4−6+偏印	31甲51甲6+4−食神	59壬52乙7+3−傷官	30癸53丙7+4−比肩	60癸54丁7+3−印綬	31甲55戊7+3−正財	1甲56己8+3−傷官	32乙57庚8+3−正財	3丙58辛7+3−正財	33丙59壬7+3−正財	4丁60癸7+3−印綬	34丁 1甲7+3−偏官
17	1甲50癸4−6+正官	32乙51甲6+4−傷官	60癸52乙6+4−食神	31甲53丙6+4−印綬	1甲54丁7+4−偏官	32乙55戊7+4−偏財	2乙56己7+3−比肩	33丙57庚7+3−食神	4丁58辛7+3−偏財	34丁59壬7+3−偏財	5戊60癸7+3−偏官	35戊 1甲7+3−正財
18	2乙50癸4−6+偏財	33丙51甲5+5−比肩	1甲52乙6+4−劫財	32乙53丙6+4−正財	2乙54丁6+4−正官	33丙55戊6+4−傷官	3丙56己7+4−印綬	34丁57庚7+3−傷官	5戊58辛7+3−傷官	35戊59壬7+3−印綬	6己60癸6+4−正官	36己 1甲6+4−偏財
19	3丙50癸5−5+傷官	34丁51甲5+5−印綬	2乙52乙6+4−比肩	33丙53丙6+5−食神	3丙54丁6+4−偏財	34丁55戊6+4−食神	4丁56己7+4−偏印	35戊57庚7+4−偏財	6己58辛6+4−食神	36己59壬6+4−偏印	7庚60癸6+4−偏財	37庚 1甲6+4−傷官
20	4丁50癸5−5+食神	35戊51甲5+5−偏官	3丙52乙5+5−印綬	34丁53丙5+5−傷官	4丁54丁6+5−正財	35戊55戊6+5−劫財	5戊56己6+4−劫財	36己57庚6+4−正財	7庚58辛6+4−劫財	37庚59壬6+4−正官	8辛60癸6+4−傷官	38辛 1甲6+4−食神
21	5戊50癸5−5+劫財	36己51甲4+6−正官	4丁52乙5+5−偏印	35戊53丙5+5−比肩	5戊54丁5+5−偏印	36己55戊5+5−比肩	6己56己6+5−比肩	37庚57庚6+4−食神	8辛58辛6+4−比肩	38辛59壬6+4−印綬	9壬60癸5+5−比肩	39壬 1甲5+5−劫財
22	6己50癸6−4+比肩	37庚51甲4+6−偏財	5戊52乙5+5−正官	36己53丙5+6−劫財	6己54丁5+5−印綬	37庚55戊5+5−印綬	7庚56己6+5−印綬	38辛57庚6+5−劫財	9壬58辛5+5−印綬	39壬59壬5+5−偏官	10癸60癸5+5−劫財	40癸 1甲5+5−比肩
23	7庚50癸6−4+印綬	38辛51甲4+6−正財	6己52乙4+6−偏官	37庚53丙4+6−偏印	7庚54丁5+6−偏官	38辛55戊5+6−偏印	8辛56己5+5−偏印	39壬57庚5+5−偏印	10癸58辛5+5−偏印	40癸59壬5+5−正官	11甲60癸5+5−偏印	41甲 1甲5+5−印綬
24	8辛50癸6−4+偏印	39壬51甲3+7−食神	7庚52乙4+6−正財	38辛53丙4+6−印綬	8辛54丁4+6−正官	39壬55戊4+6−正官	9壬56己5+6−正官	40癸57庚5+5−印綬	11甲58辛5+5−正官	41甲59壬5+5−偏財	12乙60癸4+6−印綬	42乙 1甲4+6−偏印
25	9壬50癸7−3+正官	40癸51甲3+7−傷官	8辛52乙4+6−偏財	39壬53丙4+7−偏官	9壬54丁4+6−偏財	40癸55戊4+6−偏官	10癸56己5+6−偏官	41甲57庚5+6−偏官	12乙58辛4+6−偏官	42乙59壬4+6−正財	13丙60癸4+6−偏官	43丙 1甲4+6−正官
26	10癸50癸7−3+偏官	41甲51甲3+7−比肩	9壬52乙3+7−傷官	40癸53丙3+7−正官	10癸54丁4+7−正財	41甲55戊4+7−傷官	11甲56己4+6−正財	42乙57庚4+6−正官	13丙58辛4+6−正財	43丙59壬4+6−食神	14丁60癸4+6−正官	44丁 1甲4+6−偏官
27	11甲50癸7−3+正財	42乙51甲2+8−劫財	10癸52乙3+7−食神	41甲53丙3+7−偏財	11甲54丁3+7−食神	42乙55戊3+7−食神	12乙56己4+7−偏財	43丙57庚4+6−偏財	14丁58辛4+6−偏財	44丁59壬4+6−傷官	15戊60癸3+7−偏財	45戊 1甲3+7−正財
28	12乙50癸8−2+偏財	43丙51甲2+8−偏印	11甲52乙3+7−劫財	42乙53丙3+8−正財	12乙54丁3+7−傷官	43丙55戊3+7−劫財	13丙56己4+7−傷官	44丁57庚4+7−正財	15戊58辛3+7−傷官	45戊59壬3+7−比肩	16己60癸3+7−正財	46己 1甲3+7−偏財
29	13丙50癸8−2+傷官		12乙52乙2+8−比肩	43丙53丙2+8−食神	13丙54丁3+8−比肩	44丁55戊3+8−比肩	14丁56己3+7−食神	45戊57庚3+7−食神	16己58辛3+7−食神	46己59壬3+7−劫財	17庚60癸3+7−食神	47庚 1甲3+7−傷官
30	14丁50癸8−2+食神		13丙52乙2+8−印綬	44丁53丙2+8−傷官	14丁54丁2+8−劫財	45戊55戊2+8−印綬	15戊56己3+8−劫財	46己57庚3+7−傷官	17庚58辛3+7−劫財	47庚59壬3+7−偏印	18辛60癸2+8−傷官	48辛 1甲2+8−食神
31	15戊50癸9−1+劫財		14丁52乙2+8−偏印		15戊54丁2+8−偏印		16己56己3+8−比肩	47庚57庚3+8−比肩		48辛59壬2+8−印綬		49壬 1甲2+8−劫財

1999年(平成11年)生まれ　年干：16己(2/4～翌年2/3まで)

日	1月 日干	月干	立年 男女	中心星	2月 日干	月干	立年 男女	中心星	3月 日干	月干	立年 男女	中心星	4月 日干	月干	立年 男女	中心星
1	50癸	1甲	2+8−	比肩	21甲	2乙	1+9−	正財	49壬	3丙	8−2+	食神	20癸	4丁	9−1+	食神
2	51甲	1甲	1+9−	印綬	22乙	2乙	1+9−	偏財	50癸	3丙	9−1+	傷官	21甲	4丁	9−1+	劫財
3	52乙	1甲	1+9−	偏印	23丙	2乙	1+9−	傷官	51甲	3丙	9−1+	比肩	22乙	4丁	9−1+	比肩
4	53丙	1甲	1+9−	正官	24丁	3丙	1−0+	傷官	52乙	3丙	9−1+	劫財	23丙	4丁	0−1+	印綬
5	54丁	1甲	1+0−	偏官	25戊	3丙	1−0+	比肩	53丙	3丙	0−1+	偏印	24丁	5戊	1−0+	偏印
6	55戊	2乙	0+1−	正財	26己	3丙	1−9+	劫財	54丁	4丁	1−0+	偏印	25戊	5戊	1−0+	正官
7	56己	2乙	9+1−	偏財	27庚	3丙	1−9+	偏印	55戊	4丁	1−0+	正官	26己	5戊	1−0+	偏官
8	57庚	2乙	9+1−	傷官	28辛	3丙	1−9+	印綬	56己	4丁	1−9+	偏官	27庚	5戊	1−9+	正財
9	58辛	2乙	9+1−	食神	29壬	3丙	2−8+	偏官	57庚	4丁	1−9+	正財	28辛	5戊	1−9+	偏財
10	59壬	2乙	8+1−	劫財	30癸	3丙	2−8+	正官	58辛	4丁	1−9+	偏財	29壬	5戊	2−9+	傷官
11	60癸	2乙	8+2−	比肩	31甲	3丙	2−8+	偏財	59壬	4丁	2−8+	傷官	30癸	5戊	2−8+	食神
12	1甲	2乙	8+2−	印綬	32乙	3丙	3−7+	傷官	60癸	4丁	2−8+	食神	31甲	5戊	2−8+	劫財
13	2乙	2乙	7+2−	偏印	33丙	3丙	3−7+	比肩	1甲	4丁	2−8+	劫財	32乙	5戊	3−8+	比肩
14	3丙	2乙	7+3−	正官	34丁	3丙	3−7+	劫財	2乙	4丁	3−7+	比肩	33丙	5戊	3−7+	印綬
15	4丁	2乙	7+3−	偏官	35戊	3丙	4−6+	偏印	3丙	4丁	3−7+	印綬	34丁	5戊	3−7+	偏官
16	5戊	2乙	6+3−	傷官	36己	3丙	4−6+	印綬	4丁	4丁	3−7+	偏印	35戊	5戊	4−7+	正財
17	6己	2乙	6+4−	食神	37庚	3丙	4−6+	偏官	5戊	4丁	4−6+	正官	36己	5戊	4−6+	偏財
18	7庚	2乙	6+4−	劫財	38辛	3丙	5−5+	正官	6己	4丁	4−6+	偏官	37庚	5戊	4−6+	偏印
19	8辛	2乙	5+4−	偏印	39壬	3丙	5−5+	食神	7庚	4丁	4−6+	正財	38辛	5戊	5−6+	印綬
20	9壬	2乙	5+5−	正官	40癸	3丙	5−5+	傷官	8辛	4丁	5−5+	偏財	39壬	5戊	5−5+	偏官
21	10癸	2乙	5+5−	偏官	41甲	3丙	6−4+	比肩	9壬	4丁	5−5+	傷官	40癸	5戊	5−5+	正官
22	11甲	2乙	4+5−	正財	42乙	3丙	6−4+	劫財	10癸	4丁	5−5+	食神	41甲	5戊	6−5+	偏財
23	12乙	2乙	4+6−	偏財	43丙	3丙	6−4+	偏印	11甲	4丁	6−4+	劫財	42乙	5戊	6−4+	正財
24	13丙	2乙	4+6−	傷官	44丁	3丙	7−3+	印綬	12乙	4丁	6−4+	比肩	43丙	5戊	6−4+	食神
25	14丁	2乙	3+6−	食神	45戊	3丙	7−3+	偏官	13丙	4丁	6−4+	印綬	44丁	5戊	7−4+	傷官
26	15戊	2乙	3+7−	劫財	46己	3丙	7−3+	正官	14丁	4丁	7−3+	偏印	45戊	5戊	7−3+	比肩
27	16己	2乙	3+7−	比肩	47庚	3丙	8−2+	偏財	15戊	4丁	7−3+	正官	46己	5戊	7−3+	劫財
28	17庚	2乙	2+7−	印綬	48辛	3丙	8−2+	正財	16己	4丁	7−3+	偏官	47庚	5戊	8−3+	偏印
29	18辛	2乙	2+8−	偏印					17庚	4丁	8−2+	正財	48辛	5戊	8−2+	印綬
30	19壬	2乙	2+8−	正官					18辛	4丁	8−2+	偏財	49壬	5戊	8−2+	偏官
31	20癸	2乙	1+8−	偏官					19壬	4丁	8−2+	傷官				

日	5月 日干	月干	立年 男女	中心星	6月 日干	月干	立年 男女	中心星	7月 日干	月干	立年 男女	中心星	8月 日干	月干	立年 男女	中心星
1	50癸	5戊	9−2+	正官	21甲	6己	9−2+	食神	51甲	7庚	8−2+	傷官	22乙	8辛	8−2+	偏財
2	51甲	5戊	9−1+	偏財	22乙	6己	9−1+	傷官	52乙	7庚	9−2+	食神	23丙	8辛	9−2+	傷官
3	52乙	5戊	9−1+	正財	23丙	6己	9−1+	比肩	53丙	7庚	9−1+	劫財	24丁	8辛	9−2+	食神
4	53丙	5戊	0−1+	食神	24丁	6己	0−1+	劫財	54丁	7庚	9−1+	比肩	25戊	8辛	9−1+	劫財
5	54丁	5戊	0−1+	傷官	25戊	6己	0−1+	偏印	55戊	7庚	0−1+	印綬	26己	8辛	0−1+	比肩
6	55戊	6己	1−0+	比肩	26己	7庚	1−0+	比肩	56己	7庚	0−1+	偏印	27庚	8辛	0−1+	印綬
7	56己	6己	1−0+	劫財	27庚	7庚	1−0+	印綬	57庚	8辛	1−0+	正官	28辛	8辛	0−1+	偏印
8	57庚	6己	1−0+	偏印	28辛	7庚	1−0+	偏印	58辛	8辛	1−0+	偏官	29壬	9壬	1−0+	偏官
9	58辛	6己	1−9+	印綬	29壬	7庚	1−9+	正官	59壬	8辛	1−0+	正財	30癸	9壬	1−0+	正官
10	59壬	6己	1−9+	偏官	30癸	7庚	1−9+	偏官	60癸	8辛	1−0+	偏財	31甲	9壬	1−0+	偏財
11	60癸	6己	2−9+	正官	31甲	7庚	2−9+	正財	1甲	8辛	1−9+	傷官	32乙	9壬	1−9+	正財
12	1甲	6己	2−8+	偏官	32乙	7庚	2−8+	偏財	2乙	8辛	2−9+	食神	33丙	9壬	1−9+	食神
13	2乙	6己	2−8+	正官	33丙	7庚	2−8+	傷官	3丙	8辛	2−9+	劫財	34丁	9壬	2−9+	傷官
14	3丙	6己	3−8+	偏財	34丁	7庚	3−8+	食神	4丁	8辛	2−8+	比肩	35戊	9壬	2−8+	比肩
15	4丁	6己	3−7+	正財	35戊	7庚	3−7+	劫財	5戊	8辛	3−8+	印綬	36己	9壬	2−8+	劫財
16	5戊	6己	3−7+	食神	36己	7庚	3−7+	比肩	6己	8辛	3−8+	偏印	37庚	9壬	3−8+	偏印
17	6己	6己	4−7+	傷官	37庚	7庚	4−7+	印綬	7庚	8辛	3−7+	正財	38辛	9壬	3−7+	印綬
18	7庚	6己	4−6+	比肩	38辛	7庚	4−6+	偏印	8辛	8辛	4−7+	偏財	39壬	9壬	3−7+	偏官
19	8辛	6己	4−6+	劫財	39壬	7庚	4−6+	正官	9壬	8辛	4−7+	傷官	40癸	9壬	4−7+	劫財
20	9壬	6己	5−6+	偏印	40癸	7庚	5−6+	偏官	10癸	8辛	4−6+	偏官	41甲	9壬	4−6+	偏印
21	10癸	6己	5−5+	正財	41甲	7庚	5−5+	正財	11甲	8辛	5−6+	正財	42乙	9壬	4−6+	印綬
22	11甲	6己	5−5+	食神	42乙	7庚	5−5+	偏財	12乙	8辛	5−6+	偏財	43丙	9壬	5−6+	偏財
23	12乙	6己	6−5+	傷官	43丙	7庚	6−5+	傷官	13丙	8辛	5−5+	傷官	44丁	9壬	5−5+	正財
24	13丙	6己	6−4+	比肩	44丁	7庚	6−4+	食神	14丁	8辛	6−5+	食神	45戊	9壬	5−5+	食神
25	14丁	6己	6−4+	劫財	45戊	7庚	6−4+	劫財	15戊	8辛	6−5+	劫財	46己	9壬	6−5+	傷官
26	15戊	6己	7−4+	偏印	46己	7庚	7−4+	偏印	16己	8辛	6−4+	比肩	47庚	9壬	6−4+	比肩
27	16己	6己	7−3+	印綬	47庚	7庚	7−3+	正官	17庚	8辛	7−4+	印綬	48辛	9壬	6−4+	劫財
28	17庚	6己	7−3+	偏官	48辛	7庚	7−3+	偏官	18辛	8辛	7−4+	偏印	49壬	9壬	7−4+	偏印
29	18辛	6己	8−3+	正官	49壬	7庚	8−3+	正財	19壬	8辛	7−3+	正官	50癸	9壬	7−3+	印綬
30	19壬	6己	8−2+	偏財	50癸	7庚	8−2+	偏財	20癸	8辛	8−3+	偏官	51甲	9壬	7−3+	偏官
31	20癸	6己	8−2+	正財					21甲	8辛	8−3+	正財	52乙	9壬	8−3+	正官

日	9月 日干	月干	立年 男女	中心星	10月 日干	月干	立年 男女	中心星	11月 日干	月干	立年 男女	中心星	12月 日干	月干	立年 男女	中心星
1	53丙	9壬	8−2+	偏財	23丙	10癸	8−3+	正財	54丁	11甲	8−2+	傷官	24丁	12乙	8−2+	正官
2	54丁	9壬	8−2+	正財	24丁	10癸	8−2+	偏財	55戊	11甲	8−2+	比肩	25戊	12乙	8−2+	偏財
3	55戊	9壬	9−2+	食神	25戊	10癸	8−2+	傷官	56己	11甲	8−2+	劫財	26己	12乙	8−1+	正財
4	56己	9壬	9−1+	傷官	26己	10癸	9−2+	食神	57庚	11甲	9−1+	偏印	27庚	12乙	9−1+	食神
5	57庚	9壬	9−1+	比肩	27庚	10癸	9−1+	劫財	58辛	11甲	9−1+	印綬	28辛	12乙	9−1+	傷官
6	58辛	9壬	0−1+	劫財	28辛	10癸	9−1+	比肩	59壬	11甲	9−1+	偏官	29壬	12乙	9−1+	比肩
7	59壬	9壬	0−1+	偏印	29壬	10癸	0−1+	印綬	60癸	11甲	0−1+	正官	30癸	13丙	1−0+	比肩
8	60癸	10癸	1−0+	偏印	30癸	10癸	0−1+	偏印	1甲	12乙	1−0+	比肩	31甲	13丙	1−0+	印綬
9	1甲	10癸	1−0+	正官	31甲	11甲	1−0+	正官	2乙	12乙	1−9+	劫財	32乙	13丙	1−9+	偏印
10	2乙	10癸	1−0+	偏官	32乙	11甲	1−0+	偏官	3丙	12乙	1−9+	偏印	33丙	13丙	1−9+	正官
11	3丙	10癸	1−9+	正財	33丙	11甲	1−9+	正財	4丁	12乙	1−9+	印綬	34丁	13丙	1−9+	偏官
12	4丁	10癸	1−9+	偏財	34丁	11甲	1−9+	偏財	5戊	12乙	1−8+	偏官	35戊	13丙	2−8+	正財
13	5戊	10癸	2−9+	傷官	35戊	11甲	1−9+	傷官	6己	12乙	2−8+	正官	36己	13丙	2−8+	偏財
14	6己	10癸	2−8+	食神	36己	11甲	2−8+	食神	7庚	12乙	2−8+	偏財	37庚	13丙	2−8+	傷官
15	7庚	10癸	2−8+	劫財	37庚	11甲	2−8+	劫財	8辛	12乙	2−7+	正財	38辛	13丙	3−7+	食神
16	8辛	10癸	3−8+	比肩	38辛	11甲	2−8+	比肩	9壬	12乙	3−7+	食神	39壬	13丙	3−7+	劫財
17	9壬	10癸	3−7+	印綬	39壬	11甲	3−7+	印綬	10癸	12乙	3−7+	傷官	40癸	13丙	3−7+	比肩
18	10癸	10癸	3−7+	偏印	40癸	11甲	3−7+	偏印	11甲	12乙	3−6+	比肩	41甲	13丙	4−6+	印綬
19	11甲	10癸	4−7+	正官	41甲	11甲	3−7+	傷官	12乙	12乙	4−6+	劫財	42乙	13丙	4−6+	偏印
20	12乙	10癸	4−6+	偏官	42乙	11甲	4−6+	食神	13丙	12乙	4−6+	偏印	43丙	13丙	4−6+	正官
21	13丙	10癸	4−6+	正財	43丙	11甲	4−6+	劫財	14丁	12乙	4−5+	正官	44丁	13丙	5−5+	偏官
22	14丁	10癸	5−6+	偏財	44丁	11甲	4−6+	傷官	15戊	12乙	5−5+	偏財	45戊	13丙	5−5+	正財
23	15戊	10癸	5−5+	傷官	45戊	11甲	5−5+	比肩	16己	12乙	5−5+	正財	46己	13丙	5−5+	偏財
24	16己	10癸	5−5+	食神	46己	11甲	5−5+	劫財	17庚	12乙	5−4+	食神	47庚	13丙	6−4+	傷官
25	17庚	10癸	6−5+	劫財	47庚	11甲	5−5+	偏印	18辛	12乙	6−4+	傷官	48辛	13丙	6−4+	食神
26	18辛	10癸	6−4+	比肩	48辛	11甲	6−4+	印綬	19壬	12乙	6−4+	比肩	49壬	13丙	6−4+	劫財
27	19壬	10癸	6−4+	印綬	49壬	11甲	6−4+	偏官	20癸	12乙	6−3+	劫財	50癸	13丙	7−3+	比肩
28	20癸	10癸	7−4+	偏印	50癸	11甲	6−4+	正官	21甲	12乙	7−3+	偏印	51甲	13丙	7−3+	印綬
29	21甲	10癸	7−3+	正官	51甲	11甲	7−3+	偏財	22乙	12乙	7−3+	印綬	52乙	13丙	7−3+	偏印
30	22乙	10癸	7−3+	偏官	52乙	11甲	7−3+	正財	23丙	12乙	7−2+	偏官	53丙	13丙	8−2+	正官
31					53丙	11甲	7−3+	食神					54丁	13丙	8−2+	偏官

2000年（平成12年）生まれ　年干：17 庚（2/4～翌年2/3まで）

日	1月	2月	3月	4月	5月	6月	7月	8月	9月	10月	11月	12月
	日干 月干 立年 男 女 中心星	日干 月干 立年 男 女 中心星	日干 月干 立年 男 女 中心星	日干 月干 立年 男 女 中心星	日干 月干 立年 男 女 中心星	日干 月干 立年 男 女 中心星	日干 月干 立年 男 女 中心星	日干 月干 立年 男 女 中心星	日干 月干 立年 男 女 中心星	日干 月干 立年 男 女 中心星	日干 月干 立年 男 女 中心星	日干 月干 立年 男 女 中心星
1	55戊13丙8−2+正財	26己14丁9−1+比肩	55戊15戊1+9−偏官	26己16己1+9−偏官	56己17庚1+9−劫財	27庚18辛1+9−偏官	57庚19壬2+9−正官	28辛20癸2+8−偏印	59壬21甲2+8−偏印	29壬22乙2+8−印綬	60癸23丙2+8−正官	30癸24丁2+8−劫財
2	56己13丙9−1+偏財	27庚14丁9−1+印綬	56己15戊1+9−正官	27庚16己1+9−正財	57庚17庚1+9−偏印	28辛18辛1+9−正官	58辛19壬2+9−偏官	29壬20癸2+9−正官	60癸21甲2+9−印綬	30癸22乙2+8−偏印	1甲23丙2+8−偏財	31甲24丁2+8−偏印
3	57庚13丙9−1+傷官	28辛14丁9−1+偏印	57庚15戊1+9−偏財	28辛16己1+0−偏財	58辛17庚1+0−印綬	29壬18辛1+0−偏財	59壬19壬1+9−正財	30癸20癸1+9−偏官	1甲21甲1+9−偏官	31甲22乙2+9−正官	2乙23丙1+9−正財	32乙24丁1+9−印綬
4	58辛13丙9−1+食神	29壬15戊0+1−偏官	58辛15戊1+0−正財	29壬17庚0+1−傷官	59壬17庚1+0−偏官	30癸18辛1+0−正財	60癸19壬1+0−偏財	31甲20癸1+9−正財	2乙21甲1+9−正官	32乙22乙1+9−偏官	3丙23丙1+9−食神	33丙24丁1+9−偏官
5	59壬13丙0−1+劫財	30癸15戊0+1−正官	59壬16己0+1−傷官	30癸17庚0+1−食神	60癸18辛0+1−正官	31甲19壬0+1−正財	1甲19壬1+0−傷官	32乙20癸1+0−偏財	3丙21甲1+0−偏財	33丙22乙1+9−正財	4丁23丙1+9−傷官	34丁24丁1+9−正官
6	60癸14丁1−0+比肩	31甲15戊9+1−偏財	60癸16己0+1−食神	31甲17庚0+1−劫財	1甲18辛0+1−偏財	32乙19壬0+1−偏財	2乙19壬1+0−食神	33丙20癸1+0−傷官	4丁21甲1+0−正財	34丁22乙1+0−偏財	5戊23丙1+0−比肩	35戊24丁1+0−偏財
7	1甲14丁1−9+印綬	32乙15戊9+1−正財	1甲16己9+1−劫財	32乙17庚9+1−比肩	2乙18辛0+1−正財	33丙19壬0+1−傷官	3丙20癸0+1−劫財	34丁21甲0+1−傷官	5戊22乙0+1−傷官	35戊22乙1+0−傷官	6己24丁0+1−正官	36己25戊0+1−偏財
8	2乙14丁1−9+偏印	33丙15戊9+1−食神	2乙16己9+1−比肩	33丙17庚9+1−印綬	3丙18辛9+1−食神	34丁19壬0+1−食神	4丁20癸0+1−比肩	35戊21甲0+1−比肩	6己22乙0+1−食神	36己23丙0+1−食神	7庚24丁0+1−偏財	37庚25戊9+1−傷官
9	3丙14丁1−9+正官	34丁15戊8+2−傷官	3丙16己9+1−印綬	34丁17庚9+2−偏印	4丁18辛9+1−傷官	35戊19壬9+1−劫財	5戊20癸0+1−印綬	36己21甲0+1−劫財	7庚22乙0+1−劫財	37庚23丙0+1−劫財	8辛24丁9+1−正財	38辛25戊9+1−食神
10	4丁14丁1−8+偏官	35戊15戊8+2−比肩	4丁16己8+2−偏印	35戊17庚8+2−正官	5戊18辛9+2−比肩	36己19壬9+2−比肩	6己20癸9+1−偏印	37庚21甲9+1−偏印	8辛22乙9+1−比肩	38辛23丙9+1−比肩	9壬24丁9+1−食神	39壬25戊9+1−劫財
11	5戊14丁2−8+正財	36己15戊8+2−劫財	5戊16己8+2−正官	36己17庚8+2−偏官	6己18辛8+2−傷官	37庚19壬9+2−印綬	7庚20癸9+1−正官	38辛21甲9+1−印綬	9壬22乙9+1−印綬	39壬23丙9+1−印綬	10癸24丁9+1−傷官	40癸25戊8+1−比肩
12	6己14丁2−8+偏財	37庚15戊7+3−偏官	6己16己8+2−偏官	37庚17庚8+3−正財	7庚18辛8+2−比肩	38辛19壬8+2−偏印	8辛20癸9+2−偏官	39壬21甲9+2−偏官	10癸22乙9+2−偏印	40癸23丙9+1−偏印	11甲24丁8+2−比肩	41甲25戊8+2−印綬
13	7庚14丁2−7+傷官	38辛15戊7+3−正官	7庚16己7+3−正財	38辛17庚7+3−偏財	8辛18辛8+3−劫財	39壬19壬8+3−正官	9壬20癸8+2−正財	40癸21甲8+2−正官	11甲22乙8+2−正官	41甲23丙8+2−正官	12乙24丁8+2−劫財	42乙25戊8+2−偏印
14	8辛14丁3−7+食神	39壬15戊7+3−偏財	8辛16己7+3−偏財	39壬17庚7+3−劫財	9壬18辛7+3−偏印	40癸19壬8+3−偏官	10癸20癸8+2−偏財	41甲21甲8+2−偏財	12乙22乙8+2−偏官	42乙23丙8+2−偏官	13丙24丁8+2−偏印	43丙25戊7+2−正官
15	9壬14丁3−7+劫財	40癸15戊6+4−正財	9壬16己7+3−傷官	40癸17庚7+4−比肩	10癸18辛7+3−印綬	41甲19壬7+3−正財	11甲20癸8+3−傷官	42乙21甲8+3−正財	13丙22乙8+3−正財	43丙23丙8+2−偏財	14丁24丁7+3−印綬	44丁25戊7+3−偏官
16	10癸14丁3−6+偏印	41甲15戊6+4−食神	10癸16己6+4−食神	41甲17庚6+4−印綬	11甲18辛7+4−偏官	42乙19壬7+4−偏財	12乙20癸7+3−食神	43丙21甲7+3−食神	14丁22乙7+3−偏財	44丁23丙7+3−偏財	15戊24丁7+3−偏官	45戊25戊7+3−正財
17	11甲14丁4−6+正官	42乙15戊6+4−傷官	11甲16己6+4−劫財	42乙17庚6+4−正財	12乙18辛6+4−正官	43丙19壬7+4−傷官	13丙20癸7+3−印綬	44丁21甲7+3−傷官	15戊22乙7+3−傷官	45戊23丙7+3−傷官	16己24丁7+3−正官	46己25戊6+3−偏財
18	12乙14丁4−6+偏官	43丙15戊5+5−比肩	12乙16己6+4−比肩	43丙17庚6+5−食神	13丙18辛6+4−偏財	44丁19壬6+4−食神	14丁20癸7+4−偏印	45戊21甲7+4−偏財	16己22乙7+4−食神	46己23丙7+3−偏印	17庚24丁6+4−偏財	47庚25戊6+4−傷官
19	13丙14丁4−5+傷官	44丁15戊5+5−印綬	13丙16己5+5−印綬	44丁17庚5+5−傷官	14丁18辛6+5−正財	45戊19壬6+5−劫財	15戊20癸6+4−正官	46己21甲6+4−正財	17庚22乙6+4−劫財	47庚23丙6+4−正官	18辛24丁6+4−正財	48辛25戊6+4−食神
20	14丁14丁5−5+食神	45戊15戊5+5−偏官	14丁16己5+5−偏印	45戊17庚5+5−比肩	15戊18辛5+5−偏印	46己19壬6+5−比肩	16己20癸6+4−比肩	47庚21甲6+4−食神	18辛22乙6+4−比肩	48辛23丙6+4−偏官	19壬24丁6+4−比肩	49壬25戊5+4−劫財
21	15戊14丁5−5+劫財	46己15戊4+6−正官	15戊16己5+5−正官	46己17庚5+6−劫財	16己18辛5+5−印綬	47庚19壬5+5−印綬	17庚20癸6+5−印綬	48辛21甲6+5−劫財	19壬22乙6+5−印綬	49壬23丙6+4−偏官	20癸24丁5+5−劫財	50癸25戊5+5−比肩
22	16己14丁5−4+比肩	47庚15戊4+6−偏財	16己16己4+6−偏官	47庚17庚4+6−偏印	17庚18辛5+6−偏官	48辛19壬5+6−偏印	18辛20癸5+5−偏印	49壬21甲5+5−偏印	20癸22乙5+5−偏印	50癸23丙5+5−正官	21甲24丁5+5−偏印	51甲25戊5+5−印綬
23	17庚14丁6−4+印綬	48辛15戊4+6−正財	17庚16己4+6−正財	48辛17庚4+6−印綬	18辛18辛4+6−正官	49壬19壬5+6−正官	19壬20癸5+5−正官	50癸21甲5+5−印綬	21甲22乙5+5−正官	51甲23丙5+5−偏財	22乙24丁5+5−印綬	52乙25戊4+5−偏印
24	18辛14丁6−4+偏印	49壬15戊3+7−食神	18辛16己4+6−偏財	49壬17庚4+7−偏官	19壬18辛4+6−偏財	50癸19壬4+6−偏官	20癸20癸5+6−偏官	51甲21甲5+6−傷官	21甲22乙5+6−偏官	52乙23丙5+5−正財	23丙24丁4+6−偏官	53丙25戊4+6−正官
25	19壬14丁6−3+正官	50癸15戊3+7−傷官	19壬16己3+7−傷官	50癸17庚3+7−正官	20癸18辛4+7−正財	51甲19壬4+7−傷官	21甲20癸4+6−正財	52乙21甲4+6−正官	23丙22乙4+6−正財	53丙23丙4+6−食神	24丁24丁4+6−正官	54丁25戊4+6−偏官
26	20癸14丁7−3+偏官	51甲15戊3+7−比肩	20癸16己3+7−食神	51甲17庚3+7−偏財	21甲18辛3+7−食神	52乙19壬4+7−食神	22乙20癸4+6−偏財	53丙21甲4+6−偏財	24丁22乙4+6−偏財	54丁23丙4+6−傷官	25戊24丁4+6−偏財	55戊25戊3+6−正財
27	21甲14丁7−3+正財	52乙15戊2+8−劫財	21甲16己3+7−劫財	52乙17庚3+8−正財	22乙18辛3+7−傷官	53丙19壬3+7−劫財	23丙20癸4+7−傷官	54丁21甲4+7−正財	25戊22乙4+7−傷官	55戊23丙4+6−比肩	26己24丁3+7−正財	56己25戊3+7−偏財
28	22乙14丁7−2+偏財	53丙15戊2+8−偏印	22乙16己2+8−比肩	53丙17庚2+8−食神	23丙18辛3+8−比肩	54丁19壬3+8−比肩	24丁20癸3+7−食神	55戊21甲3+7−食神	26己22乙3+7−食神	56己23丙3+7−劫財	27庚24丁3+7−食神	57庚25戊3+7−傷官
29	23丙14丁8−2+傷官	54丁15戊2+8−印綬	23丙16己2+8−印綬	54丁17庚2+8−傷官	24丁18辛2+8−劫財	55戊19壬3+8−印綬	25戊20癸3+7−劫財	56己21甲3+7−傷官	27庚22乙3+7−劫財	57庚23丙3+7−偏印	28辛24丁3+7−傷官	58辛25戊2+7−食神
30	24丁14丁8−2+食神		24丁16己2+8−偏印	55戊17庚2+9−比肩	25戊18辛2+8−偏印	56己19壬2+8−偏印	26己20癸3+8−比肩	57庚21甲3+8−比肩	28辛22乙3+8−比肩	58辛23丙3+7−印綬	29壬24丁2+8−比肩	59壬25戊2+8−劫財
31	25戊14丁8−1+劫財		25戊16己1+9−正官		26己18辛2+9−印綬		27庚20癸2+8−印綬	58辛21甲2+8−劫財		59壬23丙2+8−偏官		60癸25戊2+8−比肩

2001年（平成13年）生まれ　年干：18辛（2/4～翌年2/3まで）

日	1月	2月	3月	4月	5月	6月	7月	8月	9月	10月	11月	12月
	日干 月干 立年男女 中心星	日干 月干 立年男女 中心星	日干 月干 立年男女 中心星	日干 月干 立年男女 中心星	日干 月干 立年男女 中心星	日干 月干 立年男女 中心星	日干 月干 立年男女 中心星	日干 月干 立年男女 中心星	日干 月干 立年男女 中心星	日干 月干 立年男女 中心星	日干 月干 立年男女 中心星	日干 月干 立年男女 中心星
1	1甲25戊1+8−印綬	32乙26己1+9−偏財	60癸27庚8−1+傷官	31甲28辛9−1+劫財	1甲29壬9−1+偏財	32乙30癸9−1+傷官	2乙31甲9−2+食神	33丙32乙8−2+傷官	4丁33丙8−2+正財	34丁34丁8−2+偏財	5戊35戊8−2+比肩	35戊36己8−2+偏財
2	2乙25戊1+9−偏印	33丙26己1+9−傷官	1甲27庚9−1+比肩	32乙28辛9−1+比肩	2乙29壬9−1+正財	33丙30癸9−1+比肩	3丙31甲9−2+劫財	34丁32乙9−2+食神	5戊33丙9−2+食神	35戊34丁8−2+傷官	6己35戊8−2+劫財	36己36己8−2+正財
3	3丙25戊1+9−正官	34丁26己1+0−食神	2乙27庚9−1+劫財	33丙28辛0−1+印綬	3丙29壬9−1+食神	34丁30癸0−1+劫財	4丁31甲9−1+比肩	35戊32乙9−1+劫財	6己33丙9−1+傷官	36己34丁9−2+食神	7庚35戊9−1+偏印	37庚36己9−1+食神
4	4丁25戊1+9−偏官	35戊27庚1−0+比肩	3丙27庚9−1+偏印	34丁28辛0−1+偏印	4丁29壬0−1+傷官	35戊30癸0−1+偏印	5戊31甲0−1+印綬	36己32乙9−1+比肩	7庚33丙9−1+比肩	37庚34丁9−1+劫財	8辛35戊9−1+印綬	38辛36己9−1+傷官
5	5戊26己0+1−正財	36己27庚1−9+劫財	4丁28辛1−0+偏印	35戊29壬1−0+正官	5戊30癸1−0+比肩	36己31甲1−0+比肩	6己31甲0−1+偏印	37庚32乙0−1+印綬	8辛33丙0−1+劫財	38辛34丁9−1+比肩	9壬35戊9−1+偏官	39壬36己9−1+比肩
6	6己26己0+1−偏財	37庚27庚1−9+偏印	5戊28辛1−0+正官	36己29壬1−0+偏官	6己30癸1−0+劫財	37庚31甲1−0+印綬	7庚31甲0−1+正官	38辛32乙0−1+偏印	9壬33丙0−1+偏印	39壬34丁0−1+印綬	10癸35戊0−1+正官	40癸36己0−1+劫財
7	7庚26己9+1−傷官	38辛27庚1−9+印綬	6己28辛1−0+偏官	37庚29壬1−9+正財	7庚30癸1−0+偏印	38辛31甲1−0+偏印	8辛32乙1−0+偏官	39壬33丙1−0+偏官	10癸34丁1−0+偏印	40癸34丁0−1+偏印	11甲36己1−0+比肩	41甲37庚1−0+印綬
8	8辛26己9+1−食神	39壬27庚1−8+偏官	7庚28辛1−9+正財	38辛29壬1−9+偏財	8辛30癸1−9+印綬	39壬31甲1−0+正官	9壬32乙1−0+正財	40癸33丙1−0+正官	11甲34丁1−0+正官	41甲35戊1−0+正官	12乙36己1−0+劫財	42乙37庚1−9+偏印
9	9壬26己9+1−劫財	40癸27庚2−8+正官	8辛28辛1−9+偏財	39壬29壬1−9+傷官	9壬30癸1−9+偏官	40癸31甲1−9+偏官	10癸32乙1−0+偏財	41甲33丙1−0+偏財	12乙34丁1−0+偏官	42乙35戊1−0+偏官	13丙36己1−9+偏印	43丙37庚1−9+正官
10	10癸26己8+2−比肩	41甲27庚2−8+偏財	9壬28辛2−9+傷官	40癸29壬2−8+食神	10癸30癸2−9+正官	41甲31甲2−9+正財	11甲32乙1−9+傷官	42乙33丙1−9+正財	13丙34丁1−9+正財	43丙35戊1−9+正財	14丁36己1−9+印綬	44丁37庚1−9+偏官
11	11甲26己8+2−印綬	42乙27庚2−7+正財	10癸28辛2−8+食神	41甲29壬2−8+劫財	11甲30癸2−8+偏官	42乙31甲2−9+偏財	12乙32乙1−9+食神	43丙33丙1−9+食神	14丁34丁1−9+偏財	44丁35戊1−9+偏財	15戊36己1−9+偏官	45戊37庚1−8+正財
12	12乙26己8+2−偏印	43丙27庚3−7+比肩	11甲28辛2−8+劫財	42乙29壬2−8+比肩	12乙30癸2−8+正官	43丙31甲2−8+傷官	13丙32乙2−9+劫財	44丁33丙2−9+傷官	15戊34丁2−9+傷官	45戊35戊1−9+傷官	16己36己2−8+正官	46己37庚2−8+偏財
13	13丙26己7+3−正官	44丁27庚3−7+劫財	12乙28辛3−8+比肩	43丙29壬3−7+印綬	13丙30癸3−8+偏財	44丁31甲3−8+食神	14丁32乙2−8+比肩	45戊33丙2−8+比肩	16己34丁2−8+食神	46己35戊2−8+食神	17庚36己2−8+偏財	47庚37庚2−8+傷官
14	14丁26己7+3−偏官	45戊27庚3−6+偏印	13丙28辛3−7+印綬	44丁29壬3−7+偏印	14丁30癸3−7+正財	45戊31甲3−8+劫財	15戊32乙2−8+印綬	46己33丙2−8+劫財	17庚34丁2−8+劫財	47庚35戊2−8+劫財	18辛36己2−8+正財	48辛37庚2−7+食神
15	15戊26己7+3−傷官	46己27庚4−6+印綬	14丁28辛3−7+偏印	45戊29壬3−7+正財	15戊30癸3−7+食神	46己31甲3−7+比肩	16己32乙3−8+偏印	47庚33丙3−8+偏印	18辛34丁3−8+比肩	48辛35戊2−8+比肩	19壬36己3−7+食神	49壬37庚3−7+劫財
16	16己26己6+4−食神	47庚27庚4−6+偏官	15戊28辛4−7+正官	46己29壬4−6+偏財	16己30癸4−7+傷官	47庚31甲4−7+印綬	17庚32乙3−7+正官	48辛33丙3−7+印綬	19壬34丁3−7+印綬	49壬35戊3−7+印綬	20癸36己3−7+傷官	50癸37庚3−7+比肩
17	17庚26己6+4−劫財	48辛27庚4−5+正官	16己28辛4−6+偏官	47庚29壬4−6+傷官	17庚30癸4−6+比肩	48辛31甲4−7+偏印	18辛32乙3−7+偏財	49壬33丙3−7+偏官	20癸34丁3−7+偏印	50癸35戊3−7+偏印	21甲36己3−7+比肩	51甲37庚3−6+印綬
18	18辛26己6+4−偏印	49壬27庚5−5+偏財	17庚28辛4−6+正財	48辛29壬4−6+印綬	18辛30癸4−6+劫財	49壬31甲4−6+正官	19壬32乙4−7+傷官	50癸33丙4−7+劫財	21甲34丁4−7+正官	51甲35戊3−7+傷官	22乙36己4−6+劫財	52乙37庚4−6+偏印
19	19壬26己5+5−正官	50癸27庚5−5+傷官	18辛28辛5−6+偏財	49壬29壬5−5+偏官	19壬30癸5−6+偏印	50癸31甲5−6+偏官	20癸32乙4−6+食神	51甲33丙4−6+偏印	22乙34丁4−6+偏官	52乙35戊4−6+食神	23丙36己4−6+偏印	53丙37庚4−6+正官
20	20癸26己5+5−偏官	51甲27庚5−4+比肩	19壬28辛5−5+傷官	50癸29壬5−5+正官	20癸30癸5−5+正財	51甲31甲5−6+正財	21甲32乙4−6+正財	52乙33丙4−6+印綬	23丙34丁4−6+正財	53丙35戊4−6+劫財	24丁36己4−6+正官	54丁37庚4−5+偏官
21	21甲26己5+5−正財	52乙27庚6−4+劫財	20癸28辛5−5+食神	51甲29壬5−5+偏財	21甲30癸5−5+食神	52乙31甲5−5+偏財	22乙32乙5−6+偏財	53丙33丙5−6+偏財	24丁34丁5−6+偏財	54丁35戊4−6+傷官	25戊36己5−5+偏財	55戊37庚5−5+正財
22	22乙26己4+6−偏財	53丙27庚6−4+偏印	21甲28辛6−5+劫財	52乙29壬6−4+正財	22乙30癸6−5+傷官	53丙31甲6−5+傷官	23丙32乙5−5+傷官	54丁33丙5−5+正財	25戊34丁5−5+傷官	55戊35戊5−5+比肩	26己36己5−5+正財	56己37庚5−5+偏財
23	23丙26己4+6−傷官	54丁27庚6−3+印綬	22乙28辛6−4+比肩	53丙29壬6−4+食神	23丙30癸6−4+比肩	54丁31甲6−5+食神	24丁32乙5−5+食神	55戊33丙5−5+食神	26己34丁5−5+食神	56己35戊5−5+劫財	27庚36己5−5+食神	57庚37庚5−4+傷官
24	24丁26己4+6−食神	55戊27庚7−3+偏官	23丙28辛6−4+印綬	54丁29壬6−4+傷官	24丁30癸6−4+劫財	55戊31甲6−4+劫財	25戊32乙6−5+劫財	56己33丙6−5+傷官	27庚34丁6−5+劫財	57庚35戊5−5+偏印	28辛36己6−4+傷官	58辛37庚6−4+食神
25	25戊26己3+7−劫財	56己27庚7−3+正官	24丁28辛7−4+偏印	55戊29壬7−3+比肩	25戊30癸7−4+偏印	56己31甲7−4+偏印	26己32乙6−4+比肩	57庚33丙6−4+比肩	28辛34丁6−4+比肩	58辛35戊6−4+印綬	29壬36己6−4+比肩	59壬37庚6−4+劫財
26	26己26己3+7−比肩	57庚27庚7−2+偏財	25戊28辛7−3+正官	56己29壬7−3+劫財	26己30癸7−3+印綬	57庚31甲7−4+正官	27庚32乙6−4+印綬	58辛33丙6−4+劫財	29壬34丁6−4+印綬	59壬35戊6−4+偏官	30癸36己6−4+劫財	60癸37庚6−3+比肩
27	27庚26己3+7−印綬	58辛27庚8−2+正財	26己28辛7−3+偏官	57庚29壬7−3+偏印	27庚30癸7−3+偏官	58辛31甲7−3+偏官	28辛32乙7−4+偏印	59壬33丙7−4+偏印	30癸34丁7−4+偏印	60癸35戊6−4+正官	31甲36己7−3+偏印	1甲37庚7−3+印綬
28	28辛26己2+8−偏印	59壬27庚8−2+食神	27庚28辛8−3+正財	58辛29壬8−2+印綬	28辛30癸8−3+正官	59壬31甲8−3+正財	29壬32乙7−3+正官	60癸33丙7−3+印綬	31甲34丁7−3+正官	1甲35戊7−3+偏財	32乙36己7−3+印綬	2乙37庚7−3+偏印
29	29壬26己2+8−正官		28辛28辛8−2+偏財	59壬29壬8−2+偏官	29壬30癸8−2+偏財	60癸31甲8−3+偏財	30癸32乙7−3+偏官	1甲33丙7−3+偏官	32乙34丁7−3+偏官	2乙35戊7−3+正財	33丙36己7−3+偏官	3丙37庚7−2+正官
30	30癸26己2+8−偏官		29壬28辛8−2+傷官	60癸29壬8−2+正官	30癸30癸8−2+正財	1甲31甲8−2+傷官	31甲32乙8−3+正財	2乙33丙8−3+正官	33丙34丁8−3+正財	3丙35戊7−3+食神	34丁36己8−2+正官	4丁37庚8−2+偏官
31	31甲26己1+9−正財		30癸28辛9−2+食神		31甲30癸9−2+食神		32乙32乙8−2+偏財	3丙33丙8−2+偏財		4丁35戊8−2+傷官		5戊37庚8−2+正財

2002年（平成14年）生まれ　年干：19壬（2/4～翌年2/3まで）

日	1月	2月	3月	4月	5月	6月	7月	8月	9月	10月	11月	12月
日	日干 月干 立年男女 中心星	日干 月干 立年男女 中心星	日干 月干 立年男女 中心星	日干 月干 立年男女 中心星	日干 月干 立年男女 中心星	日干 月干 立年男女 中心星	日干 月干 立年男女 中心星	日干 月干 立年男女 中心星	日干 月干 立年男女 中心星	日干 月干 立年男女 中心星	日干 月干 立年男女 中心星	日干 月干 立年男女 中心星
1	6己37庚8−1+偏財	37庚38辛9−1+印綬	5戊39壬2+8−偏官	36己40癸1+9−傷官	6己41甲2+9−劫財	37庚42乙2+9−偏官	7庚43丙2+8−正官	38辛44丁2+8−偏印	9壬45戊2+8−偏印	39壬46己2+8−印綬	10癸47庚2+8−正官	40癸48辛2+8−劫財
2	7庚37庚9−1+傷官	38辛38辛9−1+偏印	6己39壬1+9−正官	37庚40癸1+9−正財	7庚41甲1+9−偏印	38辛42乙1+9−正官	8辛43丙2+9−偏官	39壬44丁2+9−正官	10癸45戊2+8−印綬	40癸46己2+8−偏印	11甲47庚2+8−偏財	41甲48辛2+8−偏印
3	8辛37庚9−1+食神	39壬38辛0−1+正官	7庚39壬1+9−偏財	38辛40癸1+9−偏財	8辛41甲1+9−印綬	39壬42乙1+9−偏財	9壬43丙1+9−正財	40癸44丁2+9−偏官	11甲45戊2+9−偏官	41甲46己2+8−正官	12乙47庚1+9−正財	42乙48辛1+9−印綬
4	9壬37庚9−1+劫財	40癸39壬0+1−正官	8辛39壬1+9−正財	39壬40癸1+0−傷官	9壬41甲1+0−偏官	40癸42乙1+0−正財	10癸43丙1+9−偏財	41甲44丁1+9−正財	12乙45戊1+9−正官	42乙46己1+9−偏官	13丙47庚1+9−食神	43丙48辛1+9−偏官
5	10癸38辛1−0+比肩	41甲39壬0+1−偏財	9壬39壬1+0−食神	40癸41甲0+1−食神	10癸41甲1+0−正官	41甲42乙1+0−食神	11甲43丙1+0−傷官	42乙44丁1+0−偏財	13丙45戊1+9−偏財	43丙46己1+9−正財	14丁47庚1+9−傷官	44丁48辛1+9−正官
6	11甲38辛1−0+印綬	42乙39壬9+1−正財	10癸40癸0+1−食神	41甲41甲0+1−劫財	11甲42乙0+1−偏財	42乙43丙0+1−偏財	12乙43丙1+0−食神	43丙44丁1+0−傷官	14丁45戊1+0−正財	44丁46己1+9−偏財	15戊47庚1+0−比肩	45戊48辛1+0−偏財
7	12乙38辛1−9+偏印	43丙39壬9+1−食神	11甲40癸0+1−劫財	42乙41甲0+1−比肩	12乙42乙0+1−正財	43丙43丙0+1−傷官	13丙44丁0+1−劫財	44丁44丁1+0−食神	15戊45戊1+0−食神	45戊46己1+0−傷官	16己48辛0+1−正官	46己49壬0+1−偏財
8	13丙38辛1−9+正官	44丁39壬9+1−傷官	12乙40癸9+1−比肩	43丙41甲9+1−印綬	13丙42乙0+1−食神	44丁43丙0+1−偏財	14丁44丁0+1−比肩	45戊45戊0+1−比肩	16己46己0+1−食神	46己47庚0+1−食神	17庚48辛0+1−偏財	47庚49壬0+1−傷官
9	14丁38辛1−9+偏官	45戊39壬8+2−比肩	13丙40癸9+1−印綬	44丁41甲9+1−偏印	14丁42乙9+1−傷官	45戊43丙9+1−劫財	15戊44丁0+1−印綬	46己45戊0+1−劫財	17庚46己0+1−劫財	47庚47庚0+1−劫財	18辛48辛9+1−正財	48辛49壬9+1−食神
10	15戊38辛2−8+正財	46己39壬8+2−劫財	14丁40癸9+1−偏印	45戊41甲9+2−正官	15戊42乙9+1−比肩	46己43丙9+1−比肩	16己44丁0+1−偏印	47庚45戊0+1−偏印	18辛46己9+1−比肩	48辛47庚9+1−比肩	19壬48辛9+1−食神	49壬49壬9+1−劫財
11	16己38辛2−8+偏財	47庚39壬8+2−偏印	15戊40癸8+2−正官	46己41甲8+2−偏官	16己42乙9+2−劫財	47庚43丙9+2−印綬	17庚44丁9+1−正官	48辛45戊9+1−印綬	19壬46己9+1−印綬	49壬47庚9+1−印綬	20癸48辛9+1−傷官	50癸49壬9+1−比肩
12	17庚38辛2−8+傷官	48辛39壬7+3−正官	16己40癸8+2−偏官	47庚41甲8+2−正財	17庚42乙8+2−比肩	48辛43丙8+2−偏印	18辛44丁9+2−偏官	49壬45戊9+1−偏官	20癸46己9+1−偏印	50癸47庚9+1−偏印	21甲48辛8+2−比肩	51甲49壬8+2−印綬
13	18辛38辛3−7+食神	49壬39壬7+3−偏財	17庚40癸8+2−正財	48辛41甲8+3−偏財	18辛42乙8+2−劫財	49壬43丙8+2−正官	19壬44丁9+2−正財	50癸45戊9+2−正官	21甲46己8+2−正官	51甲47庚8+2−正官	22乙48辛8+2−劫財	52乙49壬8+2−偏印
14	19壬38辛3−7+劫財	50癸39壬7+3−正財	18辛40癸7+3−偏財	49壬41甲7+3−傷官	19壬42乙8+3−偏印	50癸43丙8+3−偏官	20癸44丁8+2−偏財	51甲45戊8+2−偏財	22乙46己8+2−偏官	52乙47庚8+2−偏官	23丙48辛8+2−偏印	53丙49壬8+2−正官
15	20癸38辛3−7+偏印	51甲39壬6+4−食神	19壬40癸7+3−傷官	50癸41甲7+3−比肩	20癸42乙7+3−印綬	51甲43丙7+3−正財	21甲44丁8+3−傷官	52乙45戊8+2−正財	23丙46己8+2−正財	53丙47庚8+2−正財	24丁48辛7+3−印綬	54丁49壬7+3−偏官
16	21甲38辛4−6+正官	52乙39壬6+4−傷官	20癸40癸7+3−食神	51甲41甲7+4−印綬	21甲42乙7+3−偏官	52乙43丙7+3−偏財	22乙44丁8+3−食神	53丙45戊8+3−食神	24丁46己7+3−偏財	54丁47庚7+3−偏財	25戊48辛7+3−偏官	55戊49壬7+3−正財
17	22乙38辛4−6+偏官	53丙39壬6+4−比肩	21甲40癸6+4−劫財	52乙41甲6+4−偏印	22乙42乙7+4−正官	53丙43丙7+4−傷官	23丙44丁7+3−印綬	54丁45戊7+3−傷官	25戊46己7+3−傷官	55戊47庚7+3−傷官	26己48辛7+3−正官	56己49壬7+3−偏財
18	23丙38辛4−6+傷官	54丁39壬5+5−劫財	22乙40癸6+4−比肩	53丙41甲6+4−食神	23丙42乙6+4−偏財	54丁43丙6+4−食神	24丁44丁7+4−偏印	55戊45戊7+3−比肩	26己46己7+3−食神	56己47庚7+3−偏印	27庚48辛6+4−偏財	57庚49壬6+4−傷官
19	24丁38辛5−5+食神	55戊39壬5+5−偏官	23丙40癸6+4−印綬	54丁41甲6+5−傷官	24丁42乙6+4−正財	55戊43丙6+4−劫財	25戊44丁7+4−正官	56己45戊7+4−正財	27庚46己6+4−劫財	57庚47庚6+4−正官	28辛48辛6+4−正財	58辛49壬6+4−食神
20	25戊38辛5−5+劫財	56己39壬5+5−正官	24丁40癸5+5−偏印	55戊41甲5+5−比肩	25戊42乙6+5−食神	56己43丙6+5−比肩	26己44丁6+4−比肩	57庚45戊6+4−食神	28辛46己6+4−比肩	58辛47庚6+4−偏官	29壬48辛6+4−比肩	59壬49壬6+4−劫財
21	26己38辛5−5+比肩	57庚39壬4+6−偏財	25戊40癸5+5−正官	56己41甲5+5−劫財	26己42乙5+5−印綬	57庚43丙5+5−印綬	27庚44丁6+5−印綬	58辛45戊6+4−傷官	29壬46己6+4−印綬	59壬47庚6+4−偏官	30癸48辛5+5−劫財	60癸49壬5+5−比肩
22	27庚38辛6−4+印綬	58辛39壬4+6−正財	26己40癸5+5−偏官	57庚41甲5+6−偏印	27庚42乙5+5−偏官	58辛43丙5+5−偏印	28辛44丁6+5−偏印	59壬45戊6+5−偏印	30癸46己5+5−偏印	60癸47庚5+5−正官	31甲48辛5+5−偏印	1甲49壬5+5−印綬
23	28辛38辛6−4+偏印	59壬39壬4+6−食神	27庚40癸4+6−正財	58辛41甲4+6−印綬	28辛42乙5+6−正官	59壬43丙5+6−正官	29壬44丁5+5−正官	60癸45戊5+5−印綬	31甲46己5+5−正官	1甲47庚5+5−偏財	32乙48辛5+5−印綬	2乙49壬5+5−偏印
24	29壬38辛6−4+正官	60癸39壬3+7−傷官	28辛40癸4+6−偏財	59壬41甲4+6−偏官	29壬42乙4+6−偏財	60癸43丙4+6−偏官	30癸44丁5+6−偏官	1甲45戊5+5−偏官	32乙46己5+5−偏官	2乙47庚5+5−正財	33丙48辛4+6−偏官	3丙49壬4+6−正官
25	30癸38辛7−3+偏官	1甲39壬3+7−比肩	29壬40癸4+6−傷官	60癸41甲4+7−正官	30癸42乙4+6−正財	1甲43丙4+6−正財	31甲44丁5+6−正財	2乙45戊5+6−正官	33丙46己4+6−正財	3丙47庚4+6−食神	34丁48辛4+6−正官	4丁49壬4+6−偏官
26	31甲38辛7−3+正財	2乙39壬3+7−劫財	30癸40癸3+7−食神	1甲41甲3+7−偏財	31甲42乙4+7−食神	2乙43丙4+7−食神	32乙44丁4+6−偏財	3丙45戊4+6−偏財	34丁46己4+6−偏財	4丁47庚4+6−傷官	35戊48辛4+6−偏財	5戊49壬4+6−正財
27	32乙38辛7−3+偏財	3丙39壬2+8−偏印	31甲40癸3+7−劫財	2乙41甲3+7−正財	32乙42乙3+7−傷官	3丙43丙3+7−劫財	33丙44丁4+7−傷官	4丁45戊4+6−正財	35戊46己4+6−傷官	5戊47庚4+6−比肩	36己48辛3+7−正財	6己49壬3+7−偏財
28	33丙38辛8−2+傷官	4丁39壬2+8−印綬	32乙40癸3+7−比肩	3丙41甲3+8−食神	33丙42乙3+7−比肩	4丁43丙3+7−比肩	34丁44丁4+7−食神	5戊45戊4+7−食神	36己46己3+7−食神	6己47庚3+7−劫財	37庚48辛3+7−食神	7庚49壬3+7−傷官
29	34丁38辛8−2+食神		33丙40癸2+8−印綬	4丁41甲2+8−傷官	34丁42乙3+8−劫財	5戊43丙3+8−印綬	35戊44丁3+7−劫財	6己45戊3+7−傷官	37庚46己3+7−劫財	7庚47庚3+7−偏印	38辛48辛3+7−傷官	8辛49壬3+7−食神
30	35戊38辛8−2+劫財		34丁40癸2+8−偏印	5戊41甲2+8−比肩	35戊42乙2+8−偏印	6己43丙2+8−偏印	36己44丁3+8−比肩	7庚45戊3+7−比肩	38辛46己3+7−比肩	8辛47庚3+7−印綬	39壬48辛2+8−比肩	9壬49壬2+8−劫財
31	36己38辛9−1+比肩		35戊40癸2+8−正官		36己42乙2+8−印綬		37庚44丁3+8−印綬	8辛45戊3+8−劫財		9壬47庚2+8−偏官		10癸49壬2+8−比肩

2003年（平成15年）生まれ　年干：20癸（2/4〜翌年2/3まで）

日	1月	2月	3月	4月	5月	6月	7月	8月	9月	10月	11月	12月
	日干 月干 立年男女 中心星	日干 月干 立年男女 中心星	日干 月干 立年男女 中心星	日干 月干 立年男女 中心星	日干 月干 立年男女 中心星	日干 月干 立年男女 中心星	日干 月干 立年男女 中心星	日干 月干 立年男女 中心星	日干 月干 立年男女 中心星	日干 月干 立年男女 中心星	日干 月干 立年男女 中心星	日干 月干 立年男女 中心星
1	11甲 49壬 2+ 8− 印綬	42乙 50癸 1+ 9− 偏財	10癸 51甲 8− 2+ 傷官	41甲 52乙 9− 1+ 劫財	11甲 53丙 9− 2+ 偏財	42乙 54丁 9− 2+ 傷官	12乙 55戊 8− 2+ 食神	43丙 56己 8− 2+ 傷官	14丁 57庚 8− 2+ 正財	44丁 58辛 8− 3+ 偏財	15戊 59壬 8− 2+ 比肩	45戊 60癸 8− 2+ 偏財
2	12乙 49壬 1+ 9− 偏印	43丙 50癸 1+ 9− 傷官	11甲 51甲 9− 1+ 比肩	42乙 52乙 9− 1+ 比肩	12乙 53丙 9− 1+ 正財	43丙 54丁 9− 1+ 比肩	13丙 55戊 9− 2+ 劫財	44丁 56己 9− 2+ 食神	15戊 57庚 8− 2+ 食神	45戊 58辛 8− 2+ 傷官	16己 59壬 8− 2+ 劫財	46己 60癸 8− 2+ 正財
3	13丙 49壬 1+ 9− 正官	44丁 50癸 1+ 9− 食神	12乙 51甲 9− 1+ 劫財	43丙 52乙 9− 1+ 印綬	13丙 53丙 9− 1+ 食神	44丁 54丁 9− 1+ 劫財	14丁 55戊 9− 1+ 比肩	45戊 56己 9− 2+ 劫財	16己 57庚 9− 2+ 傷官	46己 58辛 8− 2+ 食神	17庚 59壬 8− 2+ 偏印	47庚 60癸 8− 1+ 食神
4	14丁 49壬 1+ 9− 偏官	45戊 51甲 1− 0+ 比肩	13丙 51甲 9− 1+ 偏印	44丁 52乙 0− 1+ 偏印	14丁 53丙 0− 1+ 傷官	45戊 54丁 0− 1+ 偏印	15戊 55戊 9− 1+ 印綬	46己 56己 9− 1+ 比肩	17庚 57庚 9− 1+ 比肩	47庚 58辛 9− 2+ 劫財	18辛 59壬 9− 1+ 印綬	48辛 60癸 9− 1+ 傷官
5	15戊 49壬 1+ 0− 正財	46己 51甲 1− 0+ 劫財	14丁 51甲 0− 1+ 印綬	45戊 53丙 1− 0+ 正官	15戊 53丙 0− 1+ 比肩	46己 54丁 0− 1+ 印綬	16己 55戊 0− 1+ 偏印	47庚 56己 0− 1+ 印綬	18辛 57庚 9− 1+ 劫財	48辛 58辛 9− 1+ 比肩	19壬 59壬 9− 1+ 偏官	49壬 60癸 9− 1+ 比肩
6	16己 50癸 0+ 1− 偏財	47庚 51甲 1− 9+ 偏印	15戊 52乙 1− 0+ 正官	46己 53丙 1− 0+ 偏官	16己 54丁 1− 0+ 劫財	47庚 55戊 1− 0+ 印綬	17庚 55戊 0− 1+ 正官	48辛 56己 0− 1+ 偏印	19壬 57庚 0− 1+ 偏印	49壬 58辛 9− 1+ 印綬	20癸 59壬 9− 1+ 正官	50癸 60癸 9− 1+ 劫財
7	17庚 50癸 9+ 1− 傷官	48辛 51甲 1− 9+ 印綬	16己 52乙 1− 0+ 偏官	47庚 53丙 1− 0+ 正財	17庚 54丁 1− 0+ 偏印	48辛 55戊 1− 0+ 偏印	18辛 56己 1− 0+ 偏官	49壬 56己 0− 1+ 正官	20癸 57庚 0− 1+ 印綬	50癸 58辛 0− 1+ 偏印	21甲 59壬 0− 1+ 偏財	51甲 1甲 1− 0+ 印綬
8	18辛 50癸 9+ 1− 食神	49壬 51甲 1− 9+ 偏官	17庚 52乙 1− 9+ 正財	48辛 53丙 1− 9+ 偏財	18辛 54丁 1− 0+ 印綬	49壬 55戊 1− 0+ 正官	19壬 56己 1− 0+ 正財	50癸 57庚 1− 0+ 正官	21甲 58辛 1− 0+ 正官	51甲 58辛 0− 1+ 正官	22乙 60癸 1− 0+ 劫財	52乙 1甲 1− 0+ 偏印
9	19壬 50癸 9+ 1− 劫財	50癸 51甲 2− 8+ 正官	18辛 52乙 1− 9+ 偏財	49壬 53丙 1− 9+ 傷官	19壬 54丁 1− 9+ 偏官	50癸 55戊 1− 9+ 偏官	20癸 56己 1− 0+ 偏財	51甲 57庚 1− 0+ 偏財	22乙 58辛 1− 0+ 偏官	52乙 59壬 1− 0+ 偏官	23丙 60癸 1− 9+ 偏印	53丙 1甲 1− 9+ 正官
10	20癸 50癸 8+ 1− 比肩	51甲 51甲 2− 8+ 偏財	19壬 52乙 1− 9+ 傷官	50癸 53丙 2− 9+ 食神	20癸 54丁 1− 9+ 正官	51甲 55戊 1− 9+ 正財	21甲 56己 1− 0+ 傷官	52乙 57庚 1− 0+ 正財	23丙 58辛 1− 0+ 正財	53丙 59壬 1− 0+ 正財	24丁 60癸 1− 9+ 印綬	54丁 1甲 1− 9+ 偏官
11	21甲 50癸 8+ 2− 印綬	52乙 51甲 2− 8+ 正財	20癸 52乙 2− 8+ 食神	51甲 53丙 2− 8+ 劫財	21甲 54丁 2− 9+ 偏財	52乙 55戊 2− 9+ 偏財	22乙 56己 1− 9+ 食神	53丙 57庚 1− 9+ 食神	24丁 58辛 1− 9+ 偏財	54丁 59壬 1− 9+ 偏財	25戊 60癸 1− 9+ 偏官	55戊 1甲 1− 9+ 正財
12	22乙 50癸 8+ 2− 偏印	53丙 51甲 3− 7+ 比肩	21甲 52乙 2− 8+ 劫財	52乙 53丙 2− 8+ 比肩	22乙 54丁 2− 8+ 正官	53丙 55戊 2− 8+ 傷官	23丙 56己 2− 9+ 劫財	54丁 57庚 1− 9+ 傷官	25戊 58辛 1− 9+ 傷官	55戊 59壬 1− 9+ 傷官	26己 60癸 1− 8+ 正官	56己 1甲 2− 8+ 偏財
13	23丙 50癸 7+ 2− 正官	54丁 51甲 3− 7+ 劫財	22乙 52乙 2− 8+ 比肩	53丙 53丙 3− 8+ 印綬	23丙 54丁 2− 8+ 偏財	54丁 55戊 2− 8+ 食神	24丁 56己 2− 9+ 比肩	55戊 57庚 2− 9+ 比肩	26己 58辛 2− 9+ 食神	56己 59壬 1− 9+ 食神	27庚 60癸 2− 8+ 偏財	57庚 1甲 2− 8+ 傷官
14	24丁 50癸 7+ 3− 偏官	55戊 51甲 3− 7+ 偏印	23丙 52乙 3− 7+ 印綬	54丁 53丙 3− 7+ 偏印	24丁 54丁 3− 8+ 正財	55戊 55戊 3− 8+ 劫財	25戊 56己 2− 8+ 印綬	56己 57庚 2− 8+ 劫財	27庚 58辛 2− 8+ 劫財	57庚 59壬 2− 8+ 劫財	28辛 60癸 2− 8+ 正財	58辛 1甲 2− 8+ 食神
15	25戊 50癸 7+ 3− 正財	56己 51甲 4− 6+ 印綬	24丁 52乙 3− 7+ 偏印	55戊 53丙 3− 7+ 正財	25戊 54丁 3− 7+ 食神	56己 55戊 3− 7+ 比肩	26己 56己 3− 8+ 偏印	57庚 57庚 2− 8+ 偏印	28辛 58辛 2− 8+ 比肩	58辛 59壬 2− 8+ 比肩	29壬 60癸 2− 7+ 食神	59壬 1甲 3− 7+ 劫財
16	26己 50癸 6+ 3− 食神	57庚 51甲 4− 6+ 偏官	25戊 52乙 3− 7+ 正官	56己 53丙 4− 7+ 偏財	26己 54丁 3− 7+ 傷官	57庚 55戊 3− 7+ 印綬	27庚 56己 3− 8+ 正官	58辛 57庚 3− 8+ 印綬	29壬 58辛 3− 8+ 印綬	59壬 59壬 2− 8+ 印綬	30癸 60癸 3− 7+ 傷官	60癸 1甲 3− 7+ 比肩
17	27庚 50癸 6+ 4− 劫財	58辛 51甲 4− 6+ 正官	26己 52乙 4− 6+ 偏官	57庚 53丙 4− 6+ 傷官	27庚 54丁 4− 7+ 比肩	58辛 55戊 4− 7+ 偏印	28辛 56己 3− 7+ 偏財	59壬 57庚 3− 7+ 偏官	30癸 58辛 3− 7+ 偏印	60癸 59壬 3− 7+ 偏印	31甲 60癸 3− 7+ 比肩	1甲 1甲 3− 7+ 印綬
18	28辛 50癸 6+ 4− 比肩	59壬 51甲 5− 5+ 偏財	27庚 52乙 4− 6+ 正財	58辛 53丙 4− 6+ 印綬	28辛 54丁 4− 6+ 劫財	59壬 55戊 4− 6+ 正官	29壬 56己 4− 7+ 傷官	60癸 57庚 3− 7+ 正官	31甲 58辛 3− 7+ 正官	1甲 59壬 3− 7+ 正官	32乙 60癸 3− 6+ 劫財	2乙 1甲 4− 6+ 偏印
19	29壬 50癸 5+ 4− 正官	60癸 51甲 5− 5+ 傷官	28辛 52乙 4− 6+ 偏財	59壬 53丙 5− 6+ 偏官	29壬 54丁 4− 6+ 偏印	60癸 55戊 4− 6+ 偏官	30癸 56己 4− 7+ 食神	1甲 57庚 4− 7+ 偏印	32乙 58辛 4− 7+ 偏官	2乙 59壬 3− 7+ 食神	33丙 60癸 4− 6+ 偏印	3丙 1甲 4− 6+ 正官
20	30癸 50癸 5+ 5− 偏官	1甲 51甲 5− 5+ 比肩	29壬 52乙 5− 5+ 傷官	60癸 53丙 5− 5+ 正官	30癸 54丁 5− 6+ 印綬	1甲 55戊 5− 6+ 正財	31甲 56己 4− 6+ 正財	2乙 57庚 4− 6+ 印綬	33丙 58辛 4− 6+ 正財	3丙 59壬 4− 6+ 劫財	34丁 60癸 4− 6+ 印綬	4丁 1甲 4− 6+ 偏官
21	31甲 50癸 5+ 5− 正財	2乙 51甲 6− 4+ 劫財	30癸 52乙 5− 5+ 食神	1甲 53丙 5− 5+ 偏財	31甲 54丁 5− 5+ 食神	2乙 55戊 5− 5+ 偏財	32乙 56己 5− 6+ 偏財	3丙 57庚 4− 6+ 偏官	34丁 58辛 4− 6+ 偏財	4丁 59壬 4− 6+ 比肩	35戊 60癸 4− 5+ 偏財	5戊 1甲 5− 5+ 正財
22	32乙 50癸 4+ 5− 偏財	3丙 51甲 6− 4+ 偏印	31甲 52乙 5− 5+ 劫財	2乙 53丙 6− 5+ 正財	32乙 54丁 5− 5+ 傷官	3丙 55戊 5− 5+ 傷官	33丙 56己 5− 6+ 傷官	4丁 57庚 5− 6+ 正財	35戊 58辛 5− 6+ 傷官	5戊 59壬 4− 6+ 比肩	36己 60癸 5− 5+ 正財	6己 1甲 5− 5+ 偏財
23	33丙 50癸 4+ 6− 傷官	4丁 51甲 6− 4+ 印綬	32乙 52乙 6− 4+ 比肩	3丙 53丙 6− 4+ 食神	33丙 54丁 6− 5+ 比肩	4丁 55戊 6− 5+ 食神	34丁 56己 5− 5+ 食神	5戊 57庚 5− 5+ 食神	36己 58辛 5− 5+ 食神	6己 59壬 5− 5+ 劫財	37庚 60癸 5− 5+ 食神	7庚 1甲 5− 5+ 傷官
24	34丁 50癸 4+ 6− 食神	5戊 51甲 7− 3+ 偏官	33丙 52乙 6− 4+ 印綬	4丁 53丙 6− 4+ 傷官	34丁 54丁 6− 4+ 劫財	5戊 55戊 6− 4+ 劫財	35戊 56己 5− 5+ 劫財	6己 57庚 5− 5+ 傷官	37庚 58辛 5− 5+ 劫財	7庚 59壬 5− 5+ 偏印	38辛 60癸 5− 4+ 傷官	8辛 1甲 6− 4+ 食神
25	35戊 50癸 3+ 6− 劫財	6己 51甲 7− 3+ 正官	34丁 52乙 6− 4+ 偏印	5戊 53丙 7− 4+ 比肩	35戊 54丁 6− 4+ 偏印	6己 55戊 6− 4+ 比肩	36己 56己 5− 5+ 比肩	7庚 57庚 6− 5+ 比肩	38辛 58辛 6− 5+ 比肩	8辛 59壬 5− 5+ 印綬	39壬 60癸 6− 4+ 比肩	9壬 1甲 6− 4+ 劫財
26	36己 50癸 3+ 7− 比肩	7庚 51甲 7− 3+ 偏財	35戊 52乙 7− 3+ 正官	6己 53丙 7− 3+ 劫財	36己 54丁 7− 4+ 印綬	7庚 55戊 7− 4+ 正官	37庚 56己 6− 4+ 印綬	8辛 57庚 6− 4+ 劫財	39壬 58辛 6− 4+ 印綬	9壬 59壬 6− 4+ 偏官	40癸 60癸 6− 4+ 劫財	10癸 1甲 6− 4+ 比肩
27	37庚 50癸 3+ 7− 印綬	8辛 51甲 8− 2+ 正財	36己 52乙 7− 3+ 偏官	7庚 53丙 7− 3+ 偏印	37庚 54丁 7− 3+ 偏官	8辛 55戊 7− 3+ 偏官	38辛 56己 7− 4+ 偏印	9壬 57庚 6− 4+ 偏印	40癸 58辛 6− 4+ 偏印	10癸 59壬 6− 4+ 正官	41甲 60癸 6− 3+ 偏印	11甲 1甲 7− 3+ 印綬
28	38辛 50癸 2+ 7− 偏印	9壬 51甲 8− 2+ 食神	37庚 52乙 7− 3+ 正財	8辛 53丙 8− 3+ 印綬	38辛 54丁 7− 3+ 正官	9壬 55戊 7− 3+ 正財	39壬 56己 7− 4+ 正官	10癸 57庚 7− 4+ 印綬	41甲 58辛 7− 4+ 正官	11甲 59壬 6− 4+ 偏財	42乙 60癸 7− 3+ 印綬	12乙 1甲 7− 3+ 偏印
29	39壬 50癸 2+ 8− 正官		38辛 52乙 8− 2+ 偏財	9壬 53丙 8− 2+ 傷官	39壬 54丁 8− 3+ 偏財	10癸 55戊 8− 3+ 偏財	40癸 56己 7− 3+ 偏官	11甲 57庚 7− 3+ 偏官	42乙 58辛 7− 3+ 偏官	12乙 59壬 7− 3+ 正財	43丙 60癸 7− 3+ 偏官	13丙 1甲 7− 3+ 正官
30	40癸 50癸 2+ 8− 偏官		39壬 52乙 8− 2+ 傷官	10癸 53丙 8− 2+ 正官	40癸 54丁 8− 2+ 正財	11甲 55戊 8− 2+ 傷官	41甲 56己 8− 3+ 正財	12乙 57庚 7− 3+ 正官	43丙 58辛 7− 3+ 正財	13丙 59壬 7− 3+ 食神	44丁 60癸 7− 2+ 正官	14丁 1甲 8− 2+ 偏官
31	41甲 50癸 1+ 8− 正財		40癸 52乙 8− 2+ 食神		41甲 54丁 8− 2+ 食神		42乙 56己 8− 3+ 偏財	13丙 57庚 8− 3+ 偏財		14丁 59壬 7− 3+ 傷官		15戊 1甲 8− 2+ 正財

2004年(平成16年)生まれ　年干：21甲(2/4～翌年2/3まで)

日	1月 日干	1月 月干	1月 立年 男	1月 立年 女	1月 中心星	2月 日干	2月 月干	2月 立年 男	2月 立年 女	2月 中心星	3月 日干	3月 月干	3月 立年 男	3月 立年 女	3月 中心星
1	16己	1甲	8−	2+	偏財	47庚	2乙	9+	1−	印綬	16己	3丙	1+	9−	正官
2	17庚	1甲	9−	1+	傷官	48辛	2乙	9+	1−	偏印	17庚	3丙	1+	9−	偏財
3	18辛	1甲	9−	1+	食神	49壬	2乙	9+	1−	正官	18辛	3丙	1+	9−	正財
4	19壬	1甲	9−	1+	劫財	50癸	3丙	0+	1−	正官	19壬	3丙	1+	0−	食神
5	20癸	1甲	0−	1+	比肩	51甲	3丙	0+	1−	偏財	20癸	4丁	0+	1−	食神
6	21甲	2乙	1−	0+	印綬	52乙	3丙	9+	1−	正財	21甲	4丁	0+	1−	劫財
7	22乙	2乙	1−	9+	偏印	53丙	3丙	9+	1−	食神	22乙	4丁	9+	1−	比肩
8	23丙	2乙	1−	9+	正官	54丁	3丙	9+	1−	傷官	23丙	4丁	9+	1−	印綬
9	24丁	2乙	1−	9+	偏官	55戊	3丙	8+	2−	比肩	24丁	4丁	9+	1−	偏印
10	25戊	2乙	1−	8+	正財	56己	3丙	8+	2−	劫財	25戊	4丁	8+	2−	正官
11	26己	2乙	2−	8+	偏財	57庚	3丙	8+	2−	偏印	26己	4丁	8+	2−	偏官
12	27庚	2乙	2−	8+	傷官	58辛	3丙	7+	3−	正官	27庚	4丁	8+	2−	正財
13	28辛	2乙	2−	7+	食神	59壬	3丙	7+	3−	偏財	28辛	4丁	7+	3−	偏財
14	29壬	2乙	3−	7+	劫財	60癸	3丙	7+	3−	正財	29壬	4丁	7+	3−	傷官
15	30癸	2乙	3−	7+	比肩	1甲	3丙	6+	4−	食神	30癸	4丁	7+	3−	食神
16	31甲	2乙	3−	6+	正官	2乙	3丙	6+	4−	傷官	31甲	4丁	6+	4−	劫財
17	32乙	2乙	4−	6+	偏官	3丙	3丙	6+	4−	比肩	32乙	4丁	6+	4−	比肩
18	33丙	2乙	4−	6+	正財	4丁	3丙	5+	5−	劫財	33丙	4丁	6+	4−	印綬
19	34丁	2乙	4−	5+	食神	5戊	3丙	5+	5−	偏官	34丁	4丁	5+	5−	偏印
20	35戊	2乙	5−	5+	劫財	6己	3丙	5+	5−	正官	35戊	4丁	5+	5−	正官
21	36己	2乙	5−	5+	比肩	7庚	3丙	4+	6−	偏財	36己	4丁	5+	5−	偏官
22	37庚	2乙	5−	4+	印綬	8辛	3丙	4+	6−	正財	37庚	4丁	4+	6−	正財
23	38辛	2乙	6−	4+	偏印	9壬	3丙	4+	6−	食神	38辛	4丁	4+	6−	偏財
24	39壬	2乙	6−	4+	正官	10癸	3丙	3+	7−	傷官	39壬	4丁	4+	6−	傷官
25	40癸	2乙	6−	3+	偏官	11甲	3丙	3+	7−	比肩	40癸	4丁	3+	7−	食神
26	41甲	2乙	7−	3+	正財	12乙	3丙	3+	7−	劫財	41甲	4丁	3+	7−	劫財
27	42乙	2乙	7−	3+	偏財	13丙	3丙	2+	8−	偏印	42乙	4丁	3+	7−	比肩
28	43丙	2乙	7−	2+	傷官	14丁	3丙	2+	8−	印綬	43丙	4丁	2+	8−	印綬
29	44丁	2乙	8−	2+	食神	15戊	3丙	2+	8−	偏官	44丁	4丁	2+	8−	偏印
30	45戊	2乙	8−	2+	劫財						45戊	4丁	2+	8−	正官
31	46己	2乙	8−	1+	比肩						46己	4丁	1+	9−	偏官

日	4月 日干	4月 月干	4月 立年 男	4月 立年 女	4月 中心星	5月 日干	5月 月干	5月 立年 男	5月 立年 女	5月 中心星	6月 日干	6月 月干	6月 立年 男	6月 立年 女	6月 中心星
1	47庚	4丁	1+	9−	正財	17庚	5戊	1+	9−	偏印	48辛	6己	1+	9−	正官
2	48辛	4丁	1+	9−	偏財	18辛	5戊	1+	9−	印綬	49壬	6己	1+	9−	偏財
3	49壬	4丁	1+	0−	傷官	19壬	5戊	1+	0−	偏官	50癸	6己	1+	0−	正財
4	50癸	5戊	0+	1−	食神	20癸	5戊	1+	0−	正官	51甲	6己	1+	0−	食神
5	51甲	5戊	0+	1−	劫財	21甲	6己	0+	1−	偏財	52乙	7庚	0+	1−	偏財
6	52乙	5戊	0+	1−	比肩	22乙	6己	0+	1−	正財	53丙	7庚	0+	1−	傷官
7	53丙	5戊	9+	1−	印綬	23丙	6己	0+	1−	食神	54丁	7庚	0+	1−	食神
8	54丁	5戊	9+	1−	偏印	24丁	6己	9+	1−	傷官	55戊	7庚	0+	1−	劫財
9	55戊	5戊	9+	2−	正官	25戊	6己	9+	1−	比肩	56己	7庚	9+	1−	比肩
10	56己	5戊	8+	2−	偏官	26己	6己	9+	2−	劫財	57庚	7庚	9+	2−	印綬
11	57庚	5戊	8+	2−	正財	27庚	6己	8+	2−	比肩	58辛	7庚	9+	2−	偏印
12	58辛	5戊	8+	3−	偏財	28辛	6己	8+	2−	劫財	59壬	7庚	8+	2−	正官
13	59壬	5戊	7+	3−	傷官	29壬	6己	8+	3−	偏印	60癸	7庚	8+	3−	偏官
14	60癸	5戊	7+	3−	比肩	30癸	6己	7+	3−	印綬	1甲	7庚	8+	3−	正財
15	1甲	5戊	7+	4−	印綬	31甲	6己	7+	3−	偏官	2乙	7庚	7+	3−	偏財
16	2乙	5戊	6+	4−	偏印	32乙	6己	7+	4−	正官	3丙	7庚	7+	4−	傷官
17	3丙	5戊	6+	4−	食神	33丙	6己	6+	4−	偏財	4丁	7庚	7+	4−	食神
18	4丁	5戊	6+	5−	傷官	34丁	6己	6+	4−	正財	5戊	7庚	6+	4−	劫財
19	5戊	5戊	5+	5−	比肩	35戊	6己	6+	5−	食神	6己	7庚	6+	5−	比肩
20	6己	5戊	5+	5−	劫財	36己	6己	5+	5−	印綬	7庚	7庚	6+	5−	印綬
21	7庚	5戊	5+	6−	偏印	37庚	6己	5+	5−	偏官	8辛	7庚	5+	5−	偏印
22	8辛	5戊	4+	6−	印綬	38辛	6己	5+	6−	正官	9壬	7庚	5+	6−	正官
23	9壬	5戊	4+	6−	偏官	39壬	6己	4+	6−	偏財	10癸	7庚	5+	6−	偏官
24	10癸	5戊	4+	7−	正官	40癸	6己	4+	6−	正財	11甲	7庚	4+	6−	正財
25	11甲	5戊	3+	7−	偏財	41甲	6己	4+	7−	食神	12乙	7庚	4+	7−	食神
26	12乙	5戊	3+	7−	正財	42乙	6己	3+	7−	傷官	13丙	7庚	4+	7−	劫財
27	13丙	5戊	3+	8−	食神	43丙	6己	3+	7−	比肩	14丁	7庚	3+	7−	比肩
28	14丁	5戊	2+	8−	傷官	44丁	6己	3+	8−	劫財	15戊	7庚	3+	8−	印綬
29	15戊	5戊	2+	8−	比肩	45戊	6己	2+	8−	偏印	16己	7庚	3+	8−	偏印
30	16己	5戊	2+	9−	劫財	46己	6己	2+	8−	印綬	17庚	7庚	2+	8−	正官
31						47庚	6己	2+	9−	偏官					

日	7月 日干	7月 月干	7月 立年 男	7月 立年 女	7月 中心星	8月 日干	8月 月干	8月 立年 男	8月 立年 女	8月 中心星	9月 日干	9月 月干	9月 立年 男	9月 立年 女	9月 中心星
1	18辛	7庚	2+	9−	偏官	49壬	8辛	2+	8−	正官	20癸	9壬	2+	8−	印綬
2	19壬	7庚	2+	9−	正財	50癸	8辛	2+	9−	偏官	21甲	9壬	2+	9−	偏官
3	20癸	7庚	1+	9−	偏財	51甲	8辛	1+	9−	正財	22乙	9壬	1+	9−	正官
4	21甲	7庚	1+	0−	傷官	52乙	8辛	1+	9−	偏財	23丙	9壬	1+	9−	偏財
5	22乙	7庚	1+	0−	食神	53丙	8辛	1+	0−	傷官	24丁	9壬	1+	0−	正財
6	23丙	7庚	1+	0−	劫財	54丁	8辛	1+	0−	食神	25戊	9壬	1+	0−	食神
7	24丁	8辛	0+	1−	比肩	55戊	9壬	0+	1−	比肩	26己	10癸	0+	1−	食神
8	25戊	8辛	0+	1−	印綬	56己	9壬	0+	1−	劫財	27庚	10癸	0+	1−	劫財
9	26己	8辛	0+	1−	偏印	57庚	9壬	0+	1−	偏印	28辛	10癸	0+	1−	比肩
10	27庚	8辛	9+	1−	正官	58辛	9壬	9+	1−	印綬	29壬	10癸	9+	1−	印綬
11	28辛	8辛	9+	1−	偏官	59壬	9壬	9+	1−	偏官	30癸	10癸	9+	1−	偏印
12	29壬	8辛	9+	2−	正財	60癸	9壬	9+	2−	正官	31甲	10癸	9+	2−	正官
13	30癸	8辛	8+	2−	偏財	1甲	9壬	8+	2−	偏財	32乙	10癸	8+	2−	偏官
14	31甲	8辛	8+	2−	傷官	2乙	9壬	8+	2−	正財	33丙	10癸	8+	2−	正財
15	32乙	8辛	8+	3−	食神	3丙	9壬	8+	3−	食神	34丁	10癸	8+	3−	偏財
16	33丙	8辛	7+	3−	劫財	4丁	9壬	7+	3−	傷官	35戊	10癸	7+	3−	傷官
17	34丁	8辛	7+	3−	偏印	5戊	9壬	7+	3−	比肩	36己	10癸	7+	3−	食神
18	35戊	8辛	7+	4−	正官	6己	9壬	7+	4−	正財	37庚	10癸	7+	4−	劫財
19	36己	8辛	6+	4−	偏官	7庚	9壬	6+	4−	食神	38辛	10癸	6+	4−	比肩
20	37庚	8辛	6+	4−	印綬	8辛	9壬	6+	4−	傷官	39壬	10癸	6+	4−	印綬
21	38辛	8辛	6+	5−	偏印	9壬	9壬	6+	5−	偏印	40癸	10癸	6+	5−	偏印
22	39壬	8辛	5+	5−	正官	10癸	9壬	5+	5−	印綬	41甲	10癸	5+	5−	正官
23	40癸	8辛	5+	5−	偏官	11甲	9壬	5+	5−	偏官	42乙	10癸	5+	5−	偏官
24	41甲	8辛	5+	6−	正財	12乙	9壬	5+	6−	正官	43丙	10癸	5+	6−	正財
25	42乙	8辛	4+	6−	偏財	13丙	9壬	4+	6−	偏財	44丁	10癸	4+	6−	偏財
26	43丙	8辛	4+	6−	傷官	14丁	9壬	4+	6−	正財	45戊	10癸	4+	6−	傷官
27	44丁	8辛	4+	7−	食神	15戊	9壬	4+	7−	食神	46己	10癸	4+	7−	食神
28	45戊	8辛	3+	7−	劫財	16己	9壬	3+	7−	傷官	47庚	10癸	3+	7−	劫財
29	46己	8辛	3+	7−	比肩	17庚	9壬	3+	7−	比肩	48辛	10癸	3+	7−	比肩
30	47庚	8辛	3+	8−	印綬	18辛	9壬	3+	8−	劫財	49壬	10癸	3+	8−	印綬
31	48辛	8辛	2+	8−	偏印	19壬	9壬	2+	8−	偏印					

日	10月 日干	10月 月干	10月 立年 男	10月 立年 女	10月 中心星	11月 日干	11月 月干	11月 立年 男	11月 立年 女	11月 中心星	12月 日干	12月 月干	12月 立年 男	12月 立年 女	12月 中心星
1	50癸	10癸	2+	8−	偏印	21甲	11甲	2+	8−	偏財	51甲	12乙	2+	8−	偏印
2	51甲	10癸	2+	8−	正官	22乙	11甲	2+	8−	正財	52乙	12乙	2+	8−	印綬
3	52乙	10癸	2+	9−	偏官	23丙	11甲	1+	9−	食神	53丙	12乙	1+	9−	偏官
4	53丙	10癸	1+	9−	正財	24丁	11甲	1+	9−	傷官	54丁	12乙	1+	9−	正官
5	54丁	10癸	1+	9−	偏財	25戊	11甲	1+	9−	比肩	55戊	12乙	1+	9−	偏財
6	55戊	10癸	1+	0−	傷官	26己	11甲	1+	0−	劫財	56己	12乙	1+	0−	正財
7	56己	10癸	1+	0−	食神	27庚	12乙	0+	1−	偏財	57庚	13丙	0+	1−	傷官
8	57庚	11甲	0+	1−	劫財	28辛	12乙	0+	1−	正財	58辛	13丙	9+	1−	食神
9	58辛	11甲	0+	1−	比肩	29壬	12乙	9+	1−	食神	59壬	13丙	9+	1−	劫財
10	59壬	11甲	9+	1−	印綬	30癸	12乙	9+	1−	傷官	60癸	13丙	9+	1−	比肩
11	60癸	11甲	9+	1−	偏印	31甲	12乙	9+	1−	比肩	1甲	13丙	8+	1−	印綬
12	1甲	11甲	9+	1−	正官	32乙	12乙	8+	2−	劫財	2乙	13丙	8+	2−	偏印
13	2乙	11甲	8+	2−	偏官	33丙	12乙	8+	2−	偏印	3丙	13丙	8+	2−	正官
14	3丙	11甲	8+	2−	正財	34丁	12乙	8+	2−	印綬	4丁	13丙	7+	2−	偏官
15	4丁	11甲	8+	2−	偏財	35戊	12乙	7+	3−	偏官	5戊	13丙	7+	3−	正財
16	5戊	11甲	7+	3−	傷官	36己	12乙	7+	3−	正官	6己	13丙	7+	3−	偏財
17	6己	11甲	7+	3−	食神	37庚	12乙	7+	3−	偏財	7庚	13丙	6+	3−	傷官
18	7庚	11甲	7+	3−	正官	38辛	12乙	6+	4−	正財	8辛	13丙	6+	4−	食神
19	8辛	11甲	6+	4−	偏官	39壬	12乙	6+	4−	食神	9壬	13丙	6+	4−	劫財
20	9壬	11甲	6+	4−	正財	40癸	12乙	6+	4−	劫財	10癸	13丙	5+	4−	比肩
21	10癸	11甲	6+	4−	正官	41甲	12乙	5+	5−	偏印	11甲	13丙	5+	5−	印綬
22	11甲	11甲	5+	5−	偏財	42乙	12乙	5+	5−	印綬	12乙	13丙	5+	5−	偏印
23	12乙	11甲	5+	5−	正財	43丙	12乙	5+	5−	偏官	13丙	13丙	4+	5−	正官
24	13丙	11甲	5+	5−	食神	44丁	12乙	4+	6−	正官	14丁	13丙	4+	6−	偏官
25	14丁	11甲	4+	6−	傷官	45戊	12乙	4+	6−	偏財	15戊	13丙	4+	6−	正財
26	15戊	11甲	4+	6−	比肩	46己	12乙	4+	6−	正財	16己	13丙	3+	6−	偏財
27	16己	11甲	4+	6−	劫財	47庚	12乙	3+	7−	食神	17庚	13丙	3+	7−	傷官
28	17庚	11甲	3+	7−	偏印	48辛	12乙	3+	7−	傷官	18辛	13丙	3+	7−	食神
29	18辛	11甲	3+	7−	印綬	49壬	12乙	3+	7−	比肩	19壬	13丙	2+	7−	劫財
30	19壬	11甲	3+	7−	偏官	50癸	12乙	2+	8−	劫財	20癸	13丙	2+	8−	比肩
31	20癸	11甲	2+	8−	正官						21甲	13丙	2+	8−	印綬

2005年（平成17年）生まれ　年干：22乙（2/4～翌年2/3まで）

日	1月	2月	3月	4月	5月	6月	7月	8月	9月	10月	11月	12月
	日干 月干 立年男女 中心星	日干 月干 立年男女 中心星	日干 月干 立年男女 中心星	日干 月干 立年男女 中心星	日干 月干 立年男女 中心星	日干 月干 立年男女 中心星	日干 月干 立年男女 中心星	日干 月干 立年男女 中心星	日干 月干 立年男女 中心星	日干 月干 立年男女 中心星	日干 月干 立年男女 中心星	日干 月干 立年男女 中心星
1	22乙13丙1+8−偏印	53丙14丁1+9−傷官	21甲15戊8−1+比肩	52乙16己9−1+比肩	22乙17庚9−1+正財	53丙18辛9−1+比肩	23丙19壬9−2+劫財	54丁20癸8−2+食神	25戊21甲8−2+食神	55戊22乙8−2+傷官	26己23丙8−2+劫財	56己24丁8−2+正財
2	23丙13丙1+9−正官	54丁14丁1+9−食神	22乙15戊9−1+劫財	53丙16己9−1+印綬	23丙17庚9−1+食神	54丁18辛9−1+劫財	24丁19壬9−2+比肩	55戊20癸9−2+劫財	26己21甲9−2+傷官	56己22乙8−2+食神	27庚23丙8−2+偏印	57庚24丁8−2+食神
3	24丁13丙1+9−偏官	55戊14丁1+0−劫財	23丙15戊9−1+偏印	54丁16己0−1+偏印	24丁17庚9−1+傷官	55戊18辛0−1+偏印	25戊19壬9−1+印綬	56己20癸9−1+比肩	27庚21甲9−1+比肩	57庚22乙9−2+劫財	28辛23丙9−1+印綬	58辛24丁9−1+傷官
4	25戊13丙1+9−正財	56己15戊1−0+劫財	24丁15戊9−1+印綬	55戊16己0−1+正官	25戊17庚0−1+比肩	56己18辛0−1+印綬	26己19壬0−1+偏印	57庚20癸9−1+印綬	28辛21甲9−1+劫財	58辛22乙9−1+比肩	29壬23丙9−1+偏官	59壬24丁9−1+比肩
5	26己14丁0+1−偏財	57庚15戊1−9+偏印	25戊16己1−0+正官	56己17庚1−0+偏官	26己18辛1−0+劫財	57庚19壬1−0+印綬	27庚19壬0−1+正官	58辛20癸0−1+偏印	29壬21甲0−1+偏印	59壬22乙9−1+印綬	30癸23丙9−1+正官	60癸24丁9−1+劫財
6	27庚14丁0+1−傷官	58辛15戊1−9+印綬	26己16己1−0+偏官	57庚17庚1−0+正財	27庚18辛1−0+偏印	58辛19壬1−0+偏印	28辛19壬0−1+偏官	59壬20癸0−1+正官	30癸21甲0−1+印綬	60癸22乙0−1+偏印	31甲23丙0−1+偏財	1甲24丁0−1+偏印
7	28辛14丁9+1−食神	59壬15戊1−9+偏官	27庚16己1−0+正財	58辛17庚1−9+偏財	28辛18辛1−0+印綬	59壬19壬1−0+正官	29壬20癸1−0+正財	60癸21甲1−0+正官	31甲22乙1−0+正官	1甲22乙0−1+正官	32乙24丁1−0+劫財	2乙25戊1−0+偏印
8	29壬14丁9+1−劫財	60癸15戊1−8+正官	28辛16己1−9+偏財	59壬17庚1−9+傷官	29壬18辛1−9+偏官	60癸19壬1−0+偏官	30癸20癸1−0+偏財	1甲21甲1−0+偏財	32乙22乙1−0+偏官	2乙23丙1−0+偏官	33丙24丁1−0+偏印	3丙25戊1−9+正官
9	30癸14丁9+1−比肩	1甲15戊2−8+偏財	29壬16己1−9+傷官	60癸17庚1−9+食神	30癸18辛1−9+正官	1甲19壬1−9+正財	31甲20癸1−0+傷官	2乙21甲1−0+正財	33丙22乙1−0+正財	3丙23丙1−0+正財	34丁24丁1−9+印綬	4丁25戊1−9+偏官
10	31甲14丁8+2−印綬	2乙15戊2−8+正財	30癸16己2−9+食神	1甲17庚2−8+劫財	31甲18辛2−9+偏財	2乙19壬2−9+偏財	32乙20癸1−9+食神	3丙21甲1−9+食神	34丁22乙1−9+偏財	4丁23丙1−9+偏財	35戊24丁1−9+偏官	5戊25戊1−9+正財
11	32乙14丁8+2−偏印	3丙15戊2−7+食神	31甲16己2−8+劫財	2乙17庚2−8+比肩	32乙18辛2−8+正官	3丙19壬2−9+傷官	33丙20癸1−9+劫財	4丁21甲1−9+傷官	35戊22乙1−9+傷官	5戊23丙1−9+傷官	36己24丁1−9+正官	6己25戊1−8+偏財
12	33丙14丁8+2−正官	4丁15戊3−7+劫財	32乙16己2−8+比肩	3丙17庚2−8+印綬	33丙18辛2−8+偏財	4丁19壬2−8+食神	34丁20癸2−9+比肩	5戊21甲2−9+比肩	36己22乙2−9+食神	6己23丙1−9+食神	37庚24丁2−8+偏財	7庚25戊2−8+傷官
13	34丁14丁7+3−偏官	5戊15戊3−7+偏印	33丙16己3−8+印綬	4丁17庚3−7+偏印	34丁18辛3−8+正財	5戊19壬3−8+劫財	35戊20癸2−8+印綬	6己21甲2−8+劫財	37庚22乙2−8+劫財	7庚23丙2−8+劫財	38辛24丁2−8+正財	8辛25戊2−8+食神
14	35戊14丁7+3−正財	6己15戊3−6+印綬	34丁16己3−7+偏印	5戊17庚3−7+正官	35戊18辛3−7+食神	6己19壬3−8+比肩	36己20癸2−8+偏印	7庚21甲2−8+偏印	38辛22乙2−8+比肩	8辛23丙2−8+比肩	39壬24丁2−8+食神	9壬25戊2−7+劫財
15	36己14丁7+3−食神	7庚15戊4−6+偏官	35戊16己3−7+正官	6己17庚3−7+偏財	36己18辛3−7+傷官	7庚19壬3−7+印綬	37庚20癸3−8+正官	8辛21甲3−8+印綬	39壬22乙3−8+印綬	9壬23丙2−8+印綬	40癸24丁3−7+傷官	10癸25戊3−7+比肩
16	37庚14丁6+4−劫財	8辛15戊4−6+正官	36己16己4−7+偏官	7庚17庚4−6+傷官	37庚18辛4−7+比肩	8辛19壬4−7+偏印	38辛20癸3−7+偏官	9壬21甲3−7+偏官	40癸22乙3−7+偏印	10癸23丙3−7+偏印	41甲24丁3−7+比肩	11甲25戊3−7+印綬
17	38辛14丁6+4−比肩	9壬15戊4−5+偏財	37庚16己4−6+正財	8辛17庚4−6+食神	38辛18辛4−6+劫財	9壬19壬4−7+正官	39壬20癸3−7+傷官	10癸21甲3−7+正官	41甲22乙3−7+正官	11甲23丙3−7+正官	42乙24丁3−7+劫財	12乙25戊3−6+偏印
18	39壬14丁6+4−正官	10癸15戊5−5+正財	38辛16己4−6+偏財	9壬17庚4−6+偏官	39壬18辛4−6+偏印	10癸19壬4−6+偏官	40癸20癸4−7+食神	11甲21甲4−7+偏印	42乙22乙4−7+偏官	12乙23丙3−7+食神	43丙24丁4−6+偏印	13丙25戊4−6+正官
19	40癸14丁5+5−偏官	11甲15戊5−5+比肩	39壬16己5−6+傷官	10癸17庚5−5+正官	40癸18辛5−6+印綬	11甲19壬5−6+正財	41甲20癸4−6+劫財	12乙21甲4−6+印綬	43丙22乙4−6+正財	13丙23丙4−6+劫財	44丁24丁4−6+印綬	14丁25戊4−6+偏官
20	41甲14丁5+5−正財	12乙15戊5−4+劫財	40癸16己5−5+食神	11甲17庚5−5+偏財	41甲18辛5−5+食神	12乙19壬5−6+偏財	42乙20癸4−6+偏財	13丙21甲4−6+偏官	44丁22乙4−6+偏財	14丁23丙4−6+比肩	45戊24丁4−6+偏財	15戊25戊4−5+正財
21	42乙14丁5+5−偏財	13丙15戊6−4+偏印	41甲16己5−5+劫財	12乙17庚5−5+正財	42乙18辛5−5+傷官	13丙19壬5−5+傷官	43丙20癸5−6+傷官	14丁21甲5−6+正財	45戊22乙5−6+傷官	15戊23丙4−6+比肩	46己24丁5−5+正財	16己25戊5−5+偏財
22	43丙14丁4+6−傷官	14丁15戊6−4+印綬	42乙16己6−5+比肩	13丙17庚6−4+食神	43丙18辛6−5+比肩	14丁19壬6−5+食神	44丁20癸5−5+食神	15戊21甲5−5+食神	46己22乙5−5+食神	16己23丙5−5+劫財	47庚24丁5−5+食神	17庚25戊5−5+傷官
23	44丁14丁4+6−食神	15戊15戊6−3+偏官	43丙16己6−4+印綬	14丁17庚6−4+傷官	44丁18辛6−4+劫財	15戊19壬6−5+劫財	45戊20癸5−5+劫財	16己21甲5−5+傷官	47庚22乙5−5+劫財	17庚23丙5−5+偏印	48辛24丁5−5+傷官	18辛25戊5−4+食神
24	45戊14丁4+6−劫財	16己15戊7−3+正官	44丁16己6−4+偏印	15戊17庚6−4+比肩	45戊18辛6−4+偏印	16己19壬6−4+比肩	46己20癸6−5+比肩	17庚21甲6−5+比肩	48辛22乙6−5+比肩	18辛23丙5−5+印綬	49壬24丁6−4+比肩	19壬25戊6−4+劫財
25	46己14丁3+7−比肩	17庚15戊7−3+偏財	45戊16己7−4+正官	16己17庚7−3+劫財	46己18辛7−4+印綬	17庚19壬7−4+正官	47庚20癸6−4+印綬	18辛21甲6−4+劫財	49壬22乙6−4+印綬	19壬23丙6−4+偏官	50癸24丁6−4+劫財	20癸25戊6−4+比肩
26	47庚14丁3+7−印綬	18辛15戊7−2+正財	46己16己7−3+偏官	17庚17庚7−3+偏印	47庚18辛7−3+偏官	18辛19壬7−4+偏官	48辛20癸6−4+偏印	19壬21甲6−4+偏印	50癸22乙6−4+偏印	20癸23丙6−4+正官	51甲24丁6−4+偏印	21甲25戊6−3+印綬
27	48辛14丁3+7−偏印	19壬15戊8−2+食神	47庚16己7−3+正財	18辛17庚7−3+印綬	48辛18辛7−3+正官	19壬19壬7−3+正財	49壬20癸7−4+正官	20癸21甲7−4+印綬	51甲22乙7−4+正官	21甲23丙6−4+偏財	52乙24丁7−3+印綬	22乙25戊7−3+偏印
28	49壬14丁2+8−正官	20癸15戊8−2+傷官	48辛16己8−3+偏財	19壬17庚8−2+偏官	49壬18辛8−3+偏財	20癸19壬8−3+偏財	50癸20癸7−3+偏官	21甲21甲7−3+偏官	52乙22乙7−3+偏官	22乙23丙7−3+正財	53丙24丁7−3+偏官	23丙25戊7−3+正官
29	50癸14丁2+8−偏官		49壬16己8−2+傷官	20癸17庚8−2+正官	50癸18辛8−2+正財	21甲19壬8−3+傷官	51甲20癸7−3+正財	22乙21甲7−3+正官	53丙22乙7−3+正財	23丙23丙7−3+食神	54丁24丁7−3+正官	24丁25戊7−2+偏官
30	51甲14丁2+8−正財		50癸16己8−2+食神	21甲17庚8−2+偏財	51甲18辛8−2+食神	22乙19壬8−2+食神	52乙20癸8−3+偏財	23丙21甲8−3+偏財	54丁22乙8−3+偏財	24丁23丙7−3+傷官	55戊24丁8−2+偏財	25戊25戊8−2+正財
31	52乙14丁1+9−偏財		51甲16己9−2+劫財		52乙18辛9−2+傷官		53丙20癸8−2+傷官	24丁21甲8−2+正財		25戊23丙8−2+比肩		26己25戊8−2+偏財

2006年（平成18年）生まれ　年干：23丙（2/4～翌年2/3まで）

日	1月	2月	3月	4月	5月	6月	7月	8月	9月	10月	11月	12月
日	日干 月干 立年 男 女 中心星	日干 月干 立年 男 女 中心星	日干 月干 立年 男 女 中心星	日干 月干 立年 男 女 中心星	日干 月干 立年 男 女 中心星	日干 月干 立年 男 女 中心星	日干 月干 立年 男 女 中心星	日干 月干 立年 男 女 中心星	日干 月干 立年 男 女 中心星	日干 月干 立年 男 女 中心星	日干 月干 立年 男 女 中心星	日干 月干 立年 男 女 中心星
1	27庚25戊8−1+傷官	58辛26己9−1+偏印	26己27庚2+8−正官	57庚28辛1+9−正財	27庚29壬2+9−偏印	58辛30癸2+9−正官	28辛31甲2+8−偏官	59壬32乙2+8−正官	30癸33丙2+8−印綬	60癸34丁2+8−偏印	31甲35戊2−8−偏財	1甲36己2+8−偏印
2	28辛25戊9−1+食神	59壬26己9−1+正官	27庚27庚1+9−偏財	58辛28辛1+9−偏財	28辛29壬1+9−印綬	59壬30癸1+9−偏財	29壬31甲2+9−正財	60癸32乙2+9−偏官	31甲33丙2+8−偏官	1甲34丁2+8−正官	32乙35戊2+8−正財	2乙36己2+8−印綬
3	29壬25戊9−1+劫財	60癸26己0−1+偏官	28辛27庚1+9−正財	59壬28辛1+9−傷官	29壬29壬1+9−偏官	60癸30癸1+9−正財	30癸31甲1+9−偏財	1甲32乙2+9−正財	32乙33丙2+9−正官	2乙34丁2+8−偏官	33丙35戊1+9−食神	3丙36己1+9−偏官
4	30癸25戊9−1+比肩	1甲27庚0+1−偏財	29壬27庚1+9−食神	60癸28辛1+0−食神	31癸29壬1+0−正官	1甲30癸1+0−食神	31甲31甲1+9−傷官	2乙32乙1+9−偏財	33丙33丙1+9−偏財	3丙34丁1+9−正財	34丁35戊1+9−傷官	4丁36己1+9−正官
5	31甲26己1−0+印綬	2乙27庚0+1−正財	30癸27庚1+0−傷官	1甲29壬0+1−劫財	31甲29壬1+0−偏財	2乙30癸1+0−傷官	32乙31甲1+0−食神	3丙32乙1+0−傷官	34丁33丙1+9−正財	4丁34丁1+9−偏財	35戊35戊1+9−比肩	5戊36己1+9−偏財
6	32乙26己1−0+偏印	3丙27庚9+1−食神	31甲28辛0+1−劫財	2乙29壬0+1−比肩	32乙30癸0+1−正財	3丙31甲0+1−傷官	33丙31甲1+0−劫財	4丁32乙1+0−食神	35戊33丙1+0−食神	5戊34丁1+9−傷官	36己35戊1+0−劫財	6己36己1+0−正財
7	33丙26己1−9+正官	4丁27庚9+1−傷官	32乙28辛0+1−比肩	3丙29壬0+1−印綬	33丙30癸0+1−食神	4丁31甲0+1−食神	34丁32乙0+1−比肩	5戊32乙1+0−劫財	36己33丙1+0−傷官	6己34丁1+0−食神	37庚36己0+1−偏財	7庚37庚0+1−傷官
8	34丁26己1−9+偏官	5戊27庚9+1−比肩	33丙28辛9+1−印綬	4丁29壬9+1−偏印	34丁30癸0+1−傷官	5戊31甲0+1−劫財	35戊32乙0+1−印綬	6己33丙0+1−劫財	37庚34丁0+1−劫財	7庚35戊0+1−劫財	38辛36己0+1−正財	8辛37庚0+1−食神
9	35戊26己1−9+正財	6己27庚8+2−劫財	34丁28辛9+1−偏印	5戊29壬9+1−正官	35戊30癸9+1−比肩	6己31甲9+1−比肩	36己32乙0+1−偏印	7庚33丙0+1−偏印	38辛34丁0+1−比肩	8辛35戊0+1−比肩	39壬36己9+1−食神	9壬37庚9+1−劫財
10	36己26己2−8+偏財	7庚27庚8+2−偏印	35戊28辛9+1−正官	6己29壬9+2−偏官	36己30癸9+1−劫財	7庚31甲9+1−印綬	37庚32乙0+1−正官	8辛33丙0+1−印綬	39壬34丁9+1−印綬	9壬35戊9+1−印綬	40癸36己9+1−傷官	10癸37庚9+1−比肩
11	37庚26己2−8+傷官	8辛27庚8+2−印綬	36己28辛8+2−偏官	7庚29壬8+2−正財	37庚30癸9+2−偏印	8辛31甲9+2−偏印	38辛32乙9+1−偏官	9壬33丙9+1−偏官	40癸34丁9+1−偏印	10癸35戊9+1−偏印	41甲36己9+1−比肩	11甲37庚9+1−印綬
12	38辛26己2−8+食神	9壬27庚7+3−偏財	37庚28辛8+2−正財	8辛29壬8+2−偏財	38辛30癸8+2−劫財	9壬31甲8+2−正官	39壬32乙9+2−正財	10癸33丙9+1−正官	41甲34丁9+1−正官	11甲35戊9+1−正官	42乙36己8+2−劫財	12乙37庚8+2−偏印
13	39壬26己3−7+劫財	10癸27庚7+3−正財	38辛28辛8+2−偏財	9壬29壬8+3−傷官	39壬30癸8+2−偏印	10癸31甲8+2−偏官	40癸32乙9+2−偏財	11甲33丙9+2−偏財	42乙34丁8+2−偏官	12乙35戊8+2−偏官	43丙36己8+2−偏印	13丙37庚8+2−正官
14	40癸26己3−7+比肩	11甲27庚7+3−食神	39壬28辛7+3−傷官	10癸29壬7+3−食神	40癸30癸8+3−印綬	11甲31甲8+3−正財	41甲32乙8+2−傷官	12乙33丙8+2−正財	43丙34丁8+2−正財	13丙35戊8+2−正財	44丁36己8+2−印綬	14丁37庚8+2−偏官
15	41甲26己3−7+正官	12乙27庚6+4−傷官	40癸28辛7+3−食神	11甲29壬7+3−印綬	41甲30癸7+3−偏官	12乙31甲7+3−偏財	42乙32乙8+3−食神	13丙33丙8+2−食神	44丁34丁8+2−偏財	14丁35戊8+2−偏財	45戊36己7+3−偏官	15戊37庚7+3−正財
16	42乙26己4−6+偏官	13丙27庚6+4−比肩	41甲28辛7+3−劫財	12乙29壬7+4−偏印	42乙30癸7+3−正官	13丙31甲7+3−傷官	43丙32乙8+3−劫財	14丁33丙8+3−傷官	45戊34丁7+3−傷官	15戊35戊7+3−傷官	46己36己7+3−正官	16己37庚7+3−偏財
17	43丙26己4−6+正財	14丁27庚6+4−劫財	42乙28辛6+4−比肩	13丙29壬6+4−正官	43丙30癸7+4−偏財	14丁31甲7+4−食神	44丁32乙7+3−偏印	15戊33丙7+3−比肩	46己34丁7+3−食神	16己35戊7+3−食神	47庚36己7+3−偏財	17庚37庚7+3−傷官
18	44丁26己4−6+食神	15戊27庚5+5−偏印	43丙28辛6+4−印綬	14丁29壬6+4−傷官	44丁30癸6+4−正財	15戊31甲6+4−劫財	45戊32乙7+4−正官	16己33丙7+3−劫財	47庚34丁7+3−劫財	17庚35戊7+3−正官	48辛36己6+4−正財	18辛37庚6+4−食神
19	45戊26己5−5+劫財	16己27庚5+5−正官	44丁28辛6+4−偏印	15戊29壬6+5−比肩	45戊30癸6+4−食神	16己31甲6+4−比肩	46己32乙7+4−偏官	17庚33丙7+4−食神	48辛34丁6+4−比肩	18辛35戊6+4−偏官	49壬36己6+4−食神	19壬37庚6+4−劫財
20	46己26己5−5+比肩	17庚27庚5+5−偏財	45戊28辛5+5−正官	16己29壬5+5−劫財	46己30癸6+5−傷官	17庚31甲6+5−印綬	47庚32乙6+4−印綬	18辛33丙6+4−傷官	49壬34丁6+4−印綬	19壬35戊6+4−正財	50癸36己6+4−劫財	20癸37庚6+4−比肩
21	47庚26己5−5+印綬	18辛27庚4+6−正財	46己28辛5+5−偏官	17庚29壬5+5−偏印	47庚30癸5+5−偏官	18辛31甲5+5−偏印	48辛32乙6+5−偏印	19壬33丙6+4−比肩	50癸34丁6+4−偏印	20癸35戊6+4−正官	51甲36己5+5−偏印	21甲37庚5+5−印綬
22	48辛26己6−4+偏印	19壬27庚4+6−食神	47庚28辛5+5−正財	18辛29壬5+6−印綬	48辛30癸5+5−正官	19壬31甲5+5−正官	49壬32乙6+5−正官	20癸33丙6+5−印綬	51甲34丁5+5−正官	21甲35戊5+5−偏財	52乙36己5+5−印綬	22乙37庚5+5−偏印
23	49壬26己6−4+正官	20癸27庚4+6−傷官	48辛28辛4+6−偏財	19壬29壬4+6−偏官	49壬30癸5+6−偏財	20癸31甲5+6−偏官	50癸32乙5+5−偏官	21甲33丙5+5−偏官	52乙34丁5+5−偏官	22乙35戊5+5−正財	53丙36己5+5−偏官	23丙37庚5+5−正官
24	50癸26己6−4+偏官	21甲27庚3+7−比肩	49壬28辛4+6−傷官	20癸29壬4+6−正官	50癸30癸4+6−正財	21甲31甲4+6−正財	51甲32乙5+6−正財	22乙33丙5+5−正官	53丙34丁5+5−正財	23丙35戊5+5−食神	54丁36己4+6−正官	24丁37庚4+6−偏官
25	51甲26己7−3+正財	22乙27庚3+7−劫財	50癸28辛4+6−食神	21甲29壬4+7−偏財	51甲30癸4+6−食神	22乙31甲4+6−偏財	52乙32乙5+6−偏財	23丙33丙5+6−偏財	54丁34丁4+6−偏財	24丁35戊4+6−傷官	55戊36己4+6−偏財	25戊37庚4+6−正財
26	52乙26己7−3+偏財	23丙27庚3+7−偏印	51甲28辛3+7−劫財	22乙29壬3+7−正財	52乙30癸4+7−傷官	23丙31甲4+7−劫財	53丙32乙4+6−傷官	24丁33丙4+6−正財	55戊34丁4+6−傷官	25戊35戊4+6−比肩	56己36己4+6−正財	26己37庚4+6−偏財
27	53丙26己7−3+傷官	24丁27庚2+8−印綬	52乙28辛3+7−比肩	23丙29壬3+7−食神	53丙30癸3+7−比肩	24丁31甲3+7−比肩	54丁32乙4+7−食神	25戊33丙4+6−食神	56己34丁4+6−食神	26己35戊4+6−劫財	57庚36己3+7−食神	27庚37庚3+7−傷官
28	54丁26己8−2+食神	25戊27庚2+8−偏官	53丙28辛3+7−印綬	24丁29壬3+8−傷官	54丁30癸3+7−劫財	25戊31甲3+7−印綬	55戊32乙4+7−劫財	26己33丙4+7−傷官	57庚34丁3+7−劫財	27庚35戊3+7−偏印	58辛36己3+7−傷官	28辛37庚3+7−食神
29	55戊26己8−2+劫財		54丁28辛2+8−偏印	25戊29壬2+8−比肩	55戊30癸3+8−偏印	26己31甲3+8−偏印	56己32乙3+7−比肩	27庚33丙3+7−比肩	58辛34丁3+7−比肩	28辛35戊3+7−印綬	59壬36己3+7−比肩	29壬37庚3+7−劫財
30	56己26己8−2+比肩		55戊28辛2+8−正官	26己29壬2+8−劫財	56己30癸2+8−印綬	27庚31甲2+8−正官	57庚32乙3+8−印綬	28辛33丙3+7−劫財	59壬34丁3+7−印綬	29壬35戊3+7−偏官	60癸36己2+8−劫財	30癸37庚2+8−比肩
31	57庚26己9−1+印綬		56己28辛2+8−偏官		57庚30癸2+8−偏官		58辛32乙3+8−偏印	29壬33丙3+8−偏印		30癸35戊2+8−正官		31甲37庚2+8−印綬

2007年（平成19年）生まれ　年干：24 丁（2/4～翌年2/3まで）

日	1月 日干 月干 立年男女 中心星	2月 日干 月干 立年男女 中心星	3月 日干 月干 立年男女 中心星	4月 日干 月干 立年男女 中心星	5月 日干 月干 立年男女 中心星	6月 日干 月干 立年男女 中心星	7月 日干 月干 立年男女 中心星	8月 日干 月干 立年男女 中心星	9月 日干 月干 立年男女 中心星	10月 日干 月干 立年男女 中心星	11月 日干 月干 立年男女 中心星	12月 日干 月干 立年男女 中心星
1	32乙37庚2+8−偏印	3丙38辛1+9−傷官	31甲39壬8−2+比肩	2乙40癸9−1+比肩	32乙41甲9−2+正財	3丙42乙9−2+比肩	33丙43丙8−2+劫財	4丁44丁8−2+食神	35戊45戊8−2+食神	5戊46己8−3+傷官	36己47庚8−2+劫財	6己48辛8−2+正財
2	33丙37庚1+9−正官	4丁38辛1+9−食神	32乙39壬9−1+劫財	3丙40癸9−1+印綬	33丙41甲9−1+食神	4丁42乙9−1+劫財	34丁43丙9−2+比肩	5戊44丁9−2+劫財	36己45戊8−2+傷官	6己46己8−2+食神	37庚47庚8−2+偏印	7庚48辛8−2+食神
3	34丁37庚1+9−偏官	5戊38辛1+9−劫財	33丙39壬9−1+偏印	4丁40癸9−1+偏印	34丁41甲9−1+傷官	5戊42乙9−1+偏印	35戊43丙9−1+印綬	6己44丁9−2+比肩	37庚45戊9−2+比肩	7庚46己8−2+劫財	38辛47庚8−2+印綬	8辛48辛8−1+傷官
4	35戊37庚1+9−正財	6己39壬1−0+劫財	34丁39壬9−1+印綬	5戊40癸0−1+正官	35戊41甲0−1+比肩	6己42乙0−1+印綬	36己43丙9−1+偏印	7庚44丁9−1+印綬	38辛45戊9−1+劫財	8辛46己9−2+比肩	39壬47庚9−1+偏官	9壬48辛9−1+比肩
5	36己37庚1+0−偏財	7庚39壬1−0+偏印	35戊39壬0−1+偏官	6己41甲1−0+偏官	36己41甲0−1+劫財	7庚42乙0−1+偏官	37庚43丙0−1+正官	8辛44丁0−1+偏印	39壬45戊9−1+偏印	9壬46己9−1+印綬	40癸47庚9−1+正官	10癸48辛9−1+劫財
6	37庚38辛0+1−傷官	8辛39壬1−9+印綬	36己40癸1−0+偏官	7庚41甲1−0+正財	37庚42乙1−0+偏印	8辛43丙1−0+偏印	38辛43丙0−1+偏官	9壬44丁0−1+正官	40癸45戊0−1+印綬	10癸46己9−1+偏印	41甲47庚9−1+偏財	11甲48辛9−1+偏印
7	38辛38辛9+1−食神	9壬39壬1−9+偏官	37庚40癸1−0+正財	8辛41甲1−0+偏財	38辛42乙1−0+印綬	9壬43丙1−0+正官	39壬44丁1−0+正財	10癸44丁0−1+偏官	41甲45戊0−1+偏官	11甲46己0−1+正官	42乙47庚0−1+正財	12乙49壬1−0+偏印
8	39壬38辛9+1−劫財	10癸39壬1−9+正官	38辛40癸1−9+偏財	9壬41甲1−9+傷官	39壬42乙1−0+偏官	10癸43丙1−0+偏官	40癸44丁1−0+偏財	11甲45戊1−0+偏財	42乙46己1−0+偏官	12乙46己0−1+偏官	43丙48辛1−0+偏印	13丙49壬1−0+正官
9	40癸38辛9+1−比肩	11甲39壬2−8+偏財	39壬40癸1−9+傷官	10癸41甲1−9+食神	40癸42乙1−9+正官	11甲43丙1−9+正財	41甲44丁1−0+傷官	12乙45戊1−0+正財	43丙46己1−0+正財	13丙47庚1−0+正財	44丁48辛1−9+印綬	14丁49壬1−9+偏官
10	41甲38辛8+1−印綬	12乙39壬2−8+正財	40癸40癸1−9+食神	11甲41甲2−9+劫財	41甲42乙1−9+偏財	12乙43丙1−9+偏財	42乙44丁1−0+食神	13丙45戊1−0+食神	44丁46己1−0+偏財	14丁47庚1−0+偏財	45戊48辛1−9+偏官	15戊49壬1−9+正財
11	42乙38辛8+2−偏印	13丙39壬2−8+食神	41甲40癸2−8+劫財	12乙41甲2−8+比肩	42乙42乙2−9+正財	13丙43丙2−9+傷官	43丙44丁1−9+劫財	14丁45戊1−9+傷官	45戊46己1−9+傷官	15戊47庚1−9+傷官	46己48辛1−9+正官	16己49壬1−9+偏財
12	43丙38辛8+2−正官	14丁39壬3−7+劫財	42乙40癸2−8+比肩	13丙41甲2−8+印綬	43丙42乙2−8+偏財	14丁43丙2−8+食神	44丁44丁2−9+比肩	15戊45戊1−9+比肩	46己46己1−9+食神	16己47庚1−9+食神	47庚48辛1−8+偏財	17庚49壬2−8+傷官
13	44丁38辛7+2−偏官	15戊39壬3−7+偏印	43丙40癸2−8+印綬	14丁41甲3−8+偏印	44丁42乙2−8+正財	15戊43丙2−8+劫財	45戊44丁2−9+印綬	16己45戊2−9+劫財	47庚46己2−9+劫財	17庚47庚1−9+劫財	48辛48辛2−8+正財	18辛49壬2−8+食神
14	45戊38辛7+3−正財	16己39壬3−7+印綬	44丁40癸3−7+偏印	15戊41甲3−7+正官	45戊42乙3−8+食神	16己43丙3−8+比肩	46己44丁2−8+偏印	17庚45戊2−8+偏印	48辛46己2−8+比肩	18辛47庚2−8+比肩	49壬48辛2−8+食神	19壬49壬2−8+劫財
15	46己38辛7+3−偏財	17庚39壬4−6+偏官	45戊40癸3−7+正官	16己41甲3−7+偏財	46己42乙3−7+傷官	17庚43丙3−7+印綬	47庚44丁3−8+正官	18辛45戊2−8+印綬	49壬46己2−8+印綬	19壬47庚2−8+印綬	50癸48辛2−7+傷官	20癸49壬3−7+比肩
16	47庚38辛6+3−劫財	18辛39壬4−6+正官	46己40癸3−7+偏官	17庚41甲4−7+傷官	47庚42乙3−7+比肩	18辛43丙3−7+偏印	48辛44丁3−8+偏官	19壬45戊3−8+偏官	50癸46己3−8+偏印	20癸47庚2−8+偏印	51甲48辛3−7+比肩	21甲49壬3−7+印綬
17	48辛38辛6+4−比肩	19壬39壬4−6+偏財	47庚40癸4−6+正財	18辛41甲4−6+食神	48辛42乙4−7+劫財	19壬43丙4−7+正官	49壬44丁3−7+傷官	20癸45戊3−7+正官	51甲46己3−7+正官	21甲47庚3−7+正官	52乙48辛3−7+劫財	22乙49壬3−7+偏印
18	49壬38辛6+4−印綬	20癸39壬5−5+正財	48辛40癸4−6+偏財	19壬41甲4−6+偏官	49壬42乙4−6+偏印	20癸43丙4−6+偏官	50癸44丁4−7+食神	21甲45戊3−7+偏財	52乙46己3−7+偏官	22乙47庚3−7+偏官	53丙48辛3−6+偏印	23丙49壬4−6+正官
19	50癸38辛5+4−偏官	21甲39壬5−5+比肩	49壬40癸4−6+傷官	20癸41甲5−6+正官	50癸42乙4−6+印綬	21甲43丙4−6+正財	51甲44丁4−7+劫財	22乙45戊4−7+印綬	53丙46己4−7+正財	23丙47庚3−7+劫財	54丁48辛4−6+印綬	24丁49壬4−6+偏官
20	51甲38辛5+5−正財	22乙39壬5−5+劫財	50癸40癸5−5+食神	21甲41甲5−5+偏財	51甲42乙5−6+偏官	22乙43丙5−6+偏財	52乙44丁4−6+偏財	23丙45戊4−6+偏官	54丁46己4−6+偏財	24丁47庚4−6+比肩	55戊48辛4−6+偏官	25戊49壬4−6+正財
21	52乙38辛5+5−偏財	23丙39壬6−4+偏印	51甲40癸5−5+劫財	22乙41甲5−5+正財	52乙42乙5−5+傷官	23丙43丙5−5+傷官	53丙44丁5−6+傷官	24丁45戊4−6+正官	55戊46己4−6+傷官	25戊47庚4−6+印綬	56己48辛4−5+正財	26己49壬5−5+偏財
22	53丙38辛4+5−傷官	24丁39壬6−4+印綬	52乙40癸5−5+比肩	23丙41甲6−5+食神	53丙42乙5−5+比肩	24丁43丙5−5+食神	54丁44丁5−6+食神	25戊45戊5−6+食神	56己46己5−6+食神	26己47庚4−6+劫財	57庚48辛5−5+食神	27庚49壬5−5+傷官
23	54丁38辛4+6−食神	25戊39壬6−4+偏官	53丙40癸6−4+印綬	24丁41甲6−4+傷官	54丁42乙6−5+劫財	25戊43丙6−5+劫財	55戊44丁5−5+劫財	26己45戊5−5+傷官	57庚46己5−5+劫財	27庚47庚5−5+偏印	58辛48辛5−5+傷官	28辛49壬5−5+食神
24	55戊38辛4+6−劫財	26己39壬7−3+正官	54丁40癸6−4+偏印	25戊41甲6−4+比肩	55戊42乙6−4+偏印	26己43丙6−4+比肩	56己44丁6−5+比肩	27庚45戊5−5+比肩	58辛46己5−5+比肩	28辛47庚5−5+印綬	59壬48辛5−4+比肩	29壬49壬6−4+劫財
25	56己38辛3+6−比肩	27庚39壬7−3+偏財	55戊40癸6−4+正官	26己41甲7−4+劫財	56己42乙6−4+印綬	27庚43丙6−4+印綬	57庚44丁6−5+印綬	28辛45戊6−5+劫財	59壬46己6−5+印綬	29壬47庚5−5+偏官	60癸48辛6−4+劫財	30癸49壬6−4+比肩
26	57庚38辛3+7−印綬	28辛39壬7−3+正財	56己40癸7−3+偏官	27庚41甲7−3+偏印	57庚42乙7−4+偏官	28辛43丙7−4+偏官	58辛44丁6−4+偏印	29壬45戊6−4+偏印	60癸46己6−4+偏印	30癸47庚6−4+正官	1甲48辛6−4+偏印	31甲49壬6−4+印綬
27	58辛38辛3+7−偏印	29壬39壬8−2+食神	57庚40癸7−3+正財	28辛41甲7−3+印綬	58辛42乙7−3+正官	29壬43丙7−3+正財	59壬44丁7−4+正官	30癸45戊6−4+印綬	1甲46己6−4+正官	31甲47庚6−4+偏財	2乙48辛6−3+印綬	32乙49壬7−3+偏印
28	59壬38辛2+7−正官	30癸39壬8−2+傷官	58辛40癸7−3+偏財	29壬41甲8−3+偏官	59壬42乙7−3+偏財	30癸43丙7−3+偏財	60癸44丁7−4+偏官	31甲45戊7−4+偏官	2乙46己7−4+偏官	32乙47庚6−4+正財	3丙48辛7−3+偏官	33丙49壬7−3+正官
29	60癸38辛2+8−偏官		59壬40癸8−2+傷官	30癸41甲8−2+正官	60癸42乙8−3+正財	31甲43丙8−3+傷官	1甲44丁7−3+正財	32乙45戊7−3+正官	3丙46己7−3+正財	33丙47庚7−3+食神	4丁48辛7−3+正官	34丁49壬7−3+偏官
30	1甲38辛2+8−正財		60癸40癸8−2+食神	31甲41甲8−2+偏財	1甲42乙8−2+食神	32乙43丙8−2+食神	2乙44丁8−3+偏財	33丙45戊7−3+偏財	4丁46己7−3+偏財	34丁47庚7−3+傷官	5戊48辛7−2+偏財	35戊49壬8−2+正財
31	2乙38辛1+8−偏財		1甲40癸8−2+劫財		2乙42乙8−2+傷官		3丙44丁8−3+傷官	34丁45戊8−3+正財		35戊47庚7−3+比肩		36己49壬8−2+偏財

2008年（平成20年）生まれ　年干：25 戊（2/4～翌年2/3まで）

日	1月	2月	3月	4月	5月	6月	7月	8月	9月	10月	11月	12月
	日干 月干 立年男 女 中心星	日干 月干 立年男 女 中心星	日干 月干 立年男 女 中心星	日干 月干 立年男 女 中心星	日干 月干 立年男 女 中心星	日干 月干 立年男 女 中心星	日干 月干 立年男 女 中心星	日干 月干 立年男 女 中心星	日干 月干 立年男 女 中心星	日干 月干 立年男 女 中心星	日干 月干 立年男 女 中心星	日干 月干 立年男 女 中心星
1	37庚49壬8−2+傷官	8辛50癸9−1+偏印	37庚51甲1+9−偏財	8辛52乙1+9−偏財	38辛53丙1+9−印綬	9壬54丁1+9−偏財	39壬55戊2+9−正財	10癸56己2+8−偏官	41甲57庚2+8−偏官	11甲58辛2+8−正官	42乙59壬2+8−正財	12乙60癸2+8−印綬
2	38辛49壬9−1+食神	9壬50癸9−1+正官	38辛51甲1+9−正財	9壬52乙1+9−傷官	39壬53丙1+9−偏官	10癸54丁1+9−正財	40癸55戊2+9−偏財	11甲56己2+9−正財	42乙57庚2+9−正官	12乙58辛2+8−偏官	43丙59壬2+8−食神	13丙60癸2+8−偏官
3	39壬49壬9−1+劫財	10癸50癸9−1+偏官	39壬51甲1+9−食神	10癸52乙1+0−食神	40癸53丙1+0−正官	11甲54丁1+0−食神	41甲55戊1+9−傷官	12乙56己1+9−偏財	43丙57庚1+9−偏財	13丙58辛2+9−正財	44丁59壬1+9−傷官	14丁60癸1+9−正官
4	40癸49壬9−1+比肩	11甲51甲0+1−偏財	40癸51甲1+0−傷官	11甲53丙0+1−劫財	41甲53丙1+0−偏財	12乙54丁1+0−傷官	42乙55戊1+0−食神	13丙56己1+9−傷官	44丁57庚1+9−正財	14丁58辛1+9−偏財	45戊59壬1+9−比肩	15戊60癸1+9−偏財
5	41甲49壬0−1+印綬	12乙51甲0+1−正財	41甲52乙0+1−劫財	12乙53丙0+1−比肩	42乙54丁0+1−正財	13丙55戊0+1−傷官	43丙55戊1+0−劫財	14丁56己1+0−食神	45戊57庚1+0−食神	15戊58辛1+9−傷官	46己59壬1+9−劫財	16己60癸1+9−正財
6	42乙50癸1−0+偏印	13丙51甲9+1−食神	42乙52乙0+1−比肩	13丙53丙0+1−印綬	43丙54丁0+1−食神	14丁55戊0+1−食神	44丁55戊1+0−比肩	15戊56己1+0−劫財	46己57庚1+0−傷官	16己58辛1+0−食神	47庚59壬1+0−偏印	17庚60癸1+0−食神
7	43丙50癸1−9+正官	14丁51甲9+1−傷官	43丙52乙9+1−印綬	14丁53丙9+1−偏印	44丁54丁0+1−傷官	15戊55戊0+1−劫財	45戊56己0+1−印綬	16己57庚0+1−劫財	47庚58辛0+1−劫財	17庚58辛1+0−劫財	48辛60癸0+1−正財	18辛 1甲0+1−食神
8	44丁50癸1−9+偏官	15戊51甲9+1−比肩	44丁52乙9+1−偏印	15戊53丙9+1−正官	45戊54丁9+1−比肩	16己55戊0+1−比肩	46己56己0+1−偏印	17庚57庚0+1−偏印	48辛58辛0+1−比肩	18辛59壬0+1−比肩	49壬60癸0+1−食神	19壬 1甲9+1−劫財
9	45戊50癸1−9+正財	16己51甲8+2−劫財	45戊52乙9+1−正官	16己53丙9+2−偏官	46己54丁9+1−劫財	17庚55戊9+1−印綬	47庚56己0+1−正官	18辛57庚0+1−印綬	49壬58辛0+1−印綬	19壬59壬0+1−印綬	50癸60癸9+1−傷官	20癸 1甲9+1−比肩
10	46己50癸1−8+偏財	17庚51甲8+2−偏印	46己52乙8+2−偏官	17庚53丙8+2−正財	47庚54丁9+2−偏印	18辛55戊9+2−偏印	48辛56己9+1−偏官	19壬57庚9+1−偏官	50癸58辛9+1−偏印	20癸59壬9+1−偏印	51甲60癸9+1−比肩	21甲 1甲9+1−印綬
11	47庚50癸2−8+傷官	18辛51甲8+2−印綬	47庚52乙8+2−正財	18辛53丙8+2−偏財	48辛54丁8+2−劫財	19壬55戊9+2−正官	49壬56己9+1−正財	20癸57庚9+1−正官	51甲58辛9+1−正官	21甲59壬9+1−正官	52乙60癸9+1−劫財	22乙 1甲8+1−偏印
12	48辛50癸2−8+食神	19壬51甲7+3−偏財	48辛52乙8+2−偏財	19壬53丙8+3−傷官	49壬54丁8+2−偏印	20癸55戊8+2−偏官	50癸56己9+2−偏財	21甲57庚9+2−偏財	52乙58辛9+2−偏官	22乙59壬9+1−偏官	53丙60癸8+2−偏印	23丙 1甲8+2−正官
13	49壬50癸2−7+劫財	20癸51甲7+3−正財	49壬52乙7+3−傷官	20癸53丙7+3−食神	50癸54丁8+3−印綬	21甲55戊8+3−正財	51甲56己8+2−傷官	22乙57庚8+2−正財	53丙58辛8+2−正財	23丙59壬8+2−正財	54丁60癸8+2−印綬	24丁 1甲8+2−偏官
14	50癸50癸3−7+比肩	21甲51甲7+3−食神	50癸52乙7+3−食神	21甲53丙7+3−印綬	51甲54丁7+3−偏官	22乙55戊8+3−偏財	52乙56己8+2−食神	23丙57庚8+2−食神	54丁58辛8+2−偏財	24丁59壬8+2−偏財	55戊60癸8+2−偏官	25戊 1甲7+2−正財
15	51甲50癸3−7+印綬	22乙51甲6+4−傷官	51甲52乙7+3−劫財	22乙53丙7+4−偏印	52乙54丁7+3−正官	23丙55戊7+3−傷官	53丙56己8+3−劫財	24丁57庚8+3−傷官	55戊58辛8+3−傷官	25戊59壬8+2−偏官	56己60癸7+3−正官	26己 1甲7+3−偏財
16	52乙50癸3−6+偏官	23丙51甲6+4−比肩	52乙52乙6+4−比肩	23丙53丙6+4−正官	53丙54丁7+4−偏財	24丁55戊7+4−食神	54丁56己7+3−比肩	25戊57庚7+3−比肩	56己58辛7+3−食神	26己59壬7+3−食神	57庚60癸7+3−偏財	27庚 1甲7+3−傷官
17	53丙50癸4−6+正財	24丁51甲6+4−劫財	53丙52乙6+4−印綬	24丁53丙6+4−傷官	54丁54丁6+4−正財	25戊55戊7+4−劫財	55戊56己7+3−正官	26己57庚7+3−劫財	57庚58辛7+3−劫財	27庚59壬7+3−劫財	58辛60癸7+3−正財	28辛 1甲6+3−食神
18	54丁50癸4−6+偏財	25戊51甲5+5−偏印	54丁52乙6+4−偏印	25戊53丙6+5−比肩	55戊54丁6+4−食神	26己55戊6+4−比肩	56己56己7+4−偏官	27庚57庚7+4−食神	58辛58辛7+4−比肩	28辛59壬7+3−偏官	59壬60癸6+4−食神	29壬 1甲6+4−劫財
19	55戊50癸4−5+劫財	26己51甲5+5−正官	55戊52乙5+5−正官	26己53丙5+5−劫財	56己54丁6+5−傷官	27庚55戊6+5−印綬	57庚56己6+4−正財	28辛57庚6+4−傷官	59壬58辛6+4−印綬	29壬59壬6+4−正財	60癸60癸6+4−傷官	30癸 1甲6+4−比肩
20	56己50癸5−5+比肩	27庚51甲5+5−偏財	56己52乙5+5−偏官	27庚53丙5+5−偏印	57庚54丁5+5−偏官	28辛55戊6+5−偏印	58辛56己6+4−偏印	29壬57庚6+4−比肩	60癸58辛6+4−偏印	30癸59壬6+4−偏財	1甲60癸6+4−偏印	31甲 1甲5+4−印綬
21	57庚50癸5−5+印綬	28辛51甲4+6−正財	57庚52乙5+5−正財	28辛53丙5+6−印綬	58辛54丁5+5−正官	29壬55戊5+5−正官	59壬56己6+5−正官	30癸57庚6+5−印綬	1甲58辛6+5−正官	31甲59壬6+4−偏財	2乙60癸5+5−印綬	32乙 1甲5+5−偏印
22	58辛50癸5−4+偏印	29壬51甲4+6−食神	58辛52乙4+6−偏財	29壬53丙4+6−偏官	59壬54丁5+6−偏財	30癸55戊5+6−偏官	60癸56己5+5−偏官	31甲57庚5+5−偏官	2乙58辛5+5−偏官	32乙59壬5+5−正財	3丙60癸5+5−偏官	33丙 1甲5+5−正官
23	59壬50癸6−4+正官	30癸51甲4+6−傷官	59壬52乙4+6−傷官	30癸53丙4+6−正官	60癸54丁4+6−正財	31甲55戊5+6−正財	1甲56己5+5−正財	32乙57庚5+5−正官	3丙58辛5+5−正財	33丙59壬5+5−食神	4丁60癸5+5−正官	34丁 1甲4+5−偏官
24	60癸50癸6−4+偏官	31甲51甲3+7−比肩	60癸52乙4+6−食神	31甲53丙4+7−偏財	1甲54丁4+6−食神	32乙55戊4+6−偏財	2乙56己5+6−偏財	33丙57庚5+6−偏財	4丁58辛5+6−偏財	34丁59壬5+5−傷官	5戊60癸4+6−偏財	35戊 1甲4+6−正財
25	1甲50癸6−3+正財	32乙51甲3+7−劫財	1甲52乙3+7−劫財	32乙53丙3+7−正財	2乙54丁4+7−傷官	33丙55戊4+7−劫財	3丙56己4+6−傷官	34丁57庚4+6−正財	5戊58辛4+6−傷官	35戊59壬4+6−比肩	6己60癸4+6−正財	36己 1甲4+6−偏財
26	2乙50癸7−3+偏財	33丙51甲3+7−偏印	2乙52乙3+7−比肩	33丙53丙3+7−食神	3丙54丁3+7−比肩	34丁55戊4+7−比肩	4丁56己4+6−食神	35戊57庚4+6−食神	6己58辛4+6−食神	36己59壬4+6−劫財	7庚60癸4+6−食神	37庚 1甲3+6−傷官
27	3丙50癸7−3+傷官	34丁51甲2+8−印綬	3丙52乙3+7−印綬	34丁53丙3+8−傷官	4丁54丁3+7−劫財	35戊55戊3+7−印綬	5戊56己4+7−劫財	36己57庚4+7−傷官	7庚58辛4+7−劫財	37庚59壬4+6−偏印	8辛60癸3+7−傷官	38辛 1甲3+7−食神
28	4丁50癸7−2+食神	35戊51甲2+8−偏官	4丁52乙2+8−偏印	35戊53丙2+8−比肩	5戊54丁3+8−偏印	36己55戊3+8−偏印	6己56己3+7−比肩	37庚57庚3+7−比肩	8辛58辛3+7−比肩	38辛59壬3+7−印綬	9壬60癸3+7−比肩	39壬 1甲3+7−劫財
29	5戊50癸8−2+劫財	36己51甲2+8−正官	5戊52乙2+8−正官	36己53丙2+8−劫財	6己54丁2+8−印綬	37庚55戊3+8−正官	7庚56己3+7−印綬	38辛57庚3+7−劫財	9壬58辛3+7−印綬	39壬59壬3+7−偏官	10癸60癸3+7−劫財	40癸 1甲2+7−比肩
30	6己50癸8−2+比肩		6己52乙2+8−偏官	37庚53丙2+9−偏印	7庚54丁2+8−偏官	38辛55戊2+8−偏官	8辛56己3+8−偏印	39壬57庚3+8−偏印	10癸58辛3+8−偏印	40癸59壬3+7−正官	11甲60癸2+8−偏印	41甲 1甲2+8−印綬
31	7庚50癸8−1+印綬		7庚52乙1+9−正財		8辛54丁2+9−正官		9壬56己2+8−正官	40癸57庚2+8−印綬		41甲59壬2+8−偏財		42乙 1甲2+8−偏印

2009年（平成21年）生まれ　年干：26 己（2/4～翌年2/3まで）

日	1月 日干	月干	立年 男 女	中心星	2月 日干	月干	立年 男 女	中心星	3月 日干	月干	立年 男 女	中心星
1	43丙	1甲	1+8−	正官	14丁	2乙	1+9−	食神	42乙	3丙	8−1+	劫財
2	44丁	1甲	1+9−	偏官	15戊	2乙	1+9−	劫財	43丙	3丙	9−1+	偏印
3	45戊	1甲	1+9−	正財	16己	2乙	1+0−	比肩	44丁	3丙	9−1+	印綬
4	46己	1甲	1+9−	偏財	17庚	3丙	1−0+	偏印	45戊	3丙	9−1+	偏官
5	47庚	2乙	0+1−	傷官	18辛	3丙	1−9+	印綬	46己	4丁	1−0+	偏官
6	48辛	2乙	0+1−	食神	19壬	3丙	1−9+	偏官	47庚	4丁	1−0+	正財
7	49壬	2乙	9+1−	劫財	20癸	3丙	1−9+	正官	48辛	4丁	1−0+	偏財
8	50癸	2乙	9+1−	比肩	21甲	3丙	1−8+	偏財	49壬	4丁	1−9+	傷官
9	51甲	2乙	9+1−	印綬	22乙	3丙	2−8+	正財	50癸	4丁	1−9+	食神
10	52乙	2乙	8+2−	偏印	23丙	3丙	2−8+	食神	51甲	4丁	2−9+	劫財
11	53丙	2乙	8+2−	正官	24丁	3丙	2−7+	傷官	52乙	4丁	2−8+	比肩
12	54丁	2乙	8+2−	偏官	25戊	3丙	3−7+	偏印	53丙	4丁	2−8+	印綬
13	55戊	2乙	7+3−	正財	26己	3丙	3−7+	印綬	54丁	4丁	3−8+	偏印
14	56己	2乙	7+3−	偏財	27庚	3丙	3−6+	偏官	55戊	4丁	3−7+	正官
15	57庚	2乙	7+3−	劫財	28辛	3丙	4−6+	正官	56己	4丁	3−7+	偏官
16	58辛	2乙	6+4−	比肩	29壬	3丙	4−6+	偏財	57庚	4丁	4−7+	正財
17	59壬	2乙	6+4−	印綬	30癸	3丙	4−5+	正財	58辛	4丁	4−6+	偏財
18	60癸	2乙	6+4−	偏官	31甲	3丙	5−5+	食神	59壬	4丁	4−6+	傷官
19	1甲	2乙	5+5−	正財	32乙	3丙	5−5+	劫財	60癸	4丁	5−6+	食神
20	2乙	2乙	5+5−	偏財	33丙	3丙	5−4+	偏印	1甲	4丁	5−5+	劫財
21	3丙	2乙	5+5−	傷官	34丁	3丙	6−4+	印綬	2乙	4丁	5−5+	比肩
22	4丁	2乙	4+6−	食神	35戊	3丙	6−4+	偏官	3丙	4丁	6−5+	印綬
23	5戊	2乙	4+6−	劫財	36己	3丙	6−3+	正官	4丁	4丁	6−4+	偏印
24	6己	2乙	4+6−	比肩	37庚	3丙	7−3+	偏財	5戊	4丁	6−4+	正官
25	7庚	2乙	3+7−	印綬	38辛	3丙	7−3+	正財	6己	4丁	7−4+	偏官
26	8辛	2乙	3+7−	偏印	39壬	3丙	7−2+	食神	7庚	4丁	7−3+	正財
27	9壬	2乙	3+7−	正官	40癸	3丙	8−2+	傷官	8辛	4丁	7−3+	偏財
28	10癸	2乙	2+8−	偏官	41甲	3丙	8−2+	比肩	9壬	4丁	8−3+	傷官
29	11甲	2乙	2+8−	正財					10癸	4丁	8−2+	食神
30	12乙	2乙	2+8−	偏財					11甲	4丁	8−2+	劫財
31	13丙	2乙	1+9−	傷官					12乙	4丁	9−2+	比肩

日	4月 日干	月干	立年 男 女	中心星	5月 日干	月干	立年 男 女	中心星	6月 日干	月干	立年 男 女	中心星
1	13丙	4丁	9−1+	印綬	43丙	5戊	9−1+	食神	14丁	6己	9−1+	劫財
2	14丁	4丁	9−1+	偏印	44丁	5戊	9−1+	傷官	15戊	6己	9−1+	偏印
3	15戊	4丁	0−1+	正官	45戊	5戊	9−1+	比肩	16己	6己	0−1+	印綬
4	16己	4丁	0−1+	偏官	46己	5戊	0−1+	劫財	17庚	6己	0−1+	偏官
5	17庚	5戊	1−0+	正財	47庚	6己	1−0+	偏印	18辛	7庚	1−0+	偏印
6	18辛	5戊	1−0+	偏財	48辛	6己	1−0+	印綬	19壬	7庚	1−0+	正官
7	19壬	5戊	1−9+	傷官	49壬	6己	1−0+	偏官	20癸	7庚	1−0+	偏官
8	20癸	5戊	1−9+	食神	50癸	6己	1−9+	正官	21甲	7庚	1−0+	正財
9	21甲	5戊	1−9+	劫財	51甲	6己	1−9+	偏財	22乙	7庚	1−9+	偏財
10	22乙	5戊	2−8+	比肩	52乙	6己	2−9+	正財	23丙	7庚	2−9+	傷官
11	23丙	5戊	2−8+	印綬	53丙	6己	2−8+	偏財	24丁	7庚	2−9+	食神
12	24丁	5戊	2−8+	偏印	54丁	6己	2−8+	正財	25戊	7庚	2−8+	劫財
13	25戊	5戊	3−7+	正官	55戊	6己	3−8+	食神	26己	7庚	3−8+	比肩
14	26己	5戊	3−7+	偏官	56己	6己	3−7+	傷官	27庚	7庚	3−8+	印綬
15	27庚	5戊	3−7+	傷官	57庚	6己	3−7+	比肩	28辛	7庚	3−7+	偏印
16	28辛	5戊	4−6+	食神	58辛	6己	4−7+	劫財	29壬	7庚	4−7+	正官
17	29壬	5戊	4−6+	劫財	59壬	6己	4−6+	偏印	30癸	7庚	4−7+	偏官
18	30癸	5戊	4−6+	正官	60癸	6己	4−6+	印綬	31甲	7庚	4−6+	正財
19	31甲	5戊	5−5+	偏財	1甲	6己	5−6+	偏官	32乙	7庚	5−6+	偏財
20	32乙	5戊	5−5+	正財	2乙	6己	5−5+	傷官	33丙	7庚	5−6+	傷官
21	33丙	5戊	5−5+	食神	3丙	6己	5−5+	比肩	34丁	7庚	5−5+	食神
22	34丁	5戊	6−4+	傷官	4丁	6己	6−5+	劫財	35戊	7庚	6−5+	劫財
23	35戊	5戊	6−4+	比肩	5戊	6己	6−4+	偏印	36己	7庚	6−5+	比肩
24	36己	5戊	6−4+	劫財	6己	6己	6−4+	印綬	37庚	7庚	6−4+	印綬
25	37庚	5戊	7−3+	偏印	7庚	6己	7−4+	偏官	38辛	7庚	7−4+	偏官
26	38辛	5戊	7−3+	印綬	8辛	6己	7−3+	正官	39壬	7庚	7−4+	正財
27	39壬	5戊	7−3+	偏官	9壬	6己	7−3+	偏財	40癸	7庚	7−3+	偏財
28	40癸	5戊	8−2+	正官	10癸	6己	8−3+	正財	41甲	7庚	8−3+	傷官
29	41甲	5戊	8−2+	偏財	11甲	6己	8−2+	食神	42乙	7庚	8−3+	食神
30	42乙	5戊	8−2+	正財	12乙	6己	8−2+	傷官	43丙	7庚	8−2+	劫財
31					13丙	6己	9−2+	比肩				

日	7月 日干	月干	立年 男 女	中心星	8月 日干	月干	立年 男 女	中心星	9月 日干	月干	立年 男 女	中心星
1	44丁	7庚	9−2+	比肩	15戊	8辛	8−2+	劫財	46己	9壬	8−2+	傷官
2	45戊	7庚	9−2+	印綬	16己	8辛	9−2+	比肩	47庚	9壬	9−2+	比肩
3	46己	7庚	9−1+	偏印	17庚	8辛	9−1+	印綬	48辛	9壬	9−1+	劫財
4	47庚	7庚	0−1+	正官	18辛	8辛	9−1+	偏印	49壬	9壬	9−1+	偏印
5	48辛	7庚	0−1+	偏官	19壬	8辛	0−1+	正官	50癸	9壬	0−1+	印綬
6	49壬	7庚	0−1+	正財	20癸	8辛	0−1+	偏官	51甲	9壬	0−1+	偏官
7	50癸	8辛	1−0+	偏財	21甲	9壬	1−0+	偏財	52乙	10癸	1−0+	偏官
8	51甲	8辛	1−0+	傷官	22乙	9壬	1−0+	正財	53丙	10癸	1−0+	正財
9	52乙	8辛	1−0+	食神	23丙	9壬	1−0+	食神	54丁	10癸	1−0+	偏財
10	53丙	8辛	1−9+	劫財	24丁	9壬	1−9+	傷官	55戊	10癸	1−9+	傷官
11	54丁	8辛	1−9+	比肩	25戊	9壬	1−9+	比肩	56己	10癸	1−9+	食神
12	55戊	8辛	2−9+	印綬	26己	9壬	2−9+	劫財	57庚	10癸	2−9+	劫財
13	56己	8辛	2−8+	偏印	27庚	9壬	2−8+	偏印	58辛	10癸	2−8+	比肩
14	57庚	8辛	2−8+	正官	28辛	9壬	2−8+	印綬	59壬	10癸	2−8+	印綬
15	58辛	8辛	3−8+	偏官	29壬	9壬	3−8+	偏官	60癸	10癸	3−8+	偏印
16	59壬	8辛	3−7+	正財	30癸	9壬	3−7+	正官	1甲	10癸	3−7+	正官
17	60癸	8辛	3−7+	食神	31甲	9壬	3−7+	偏財	2乙	10癸	3−7+	偏官
18	1甲	8辛	4−7+	劫財	32乙	9壬	4−7+	印綬	3丙	10癸	4−7+	正財
19	2乙	8辛	4−6+	比肩	33丙	9壬	4−6+	偏官	4丁	10癸	4−6+	偏財
20	3丙	8辛	4−6+	傷官	34丁	9壬	4−6+	正官	5戊	10癸	4−6+	傷官
21	4丁	8辛	5−6+	食神	35戊	9壬	5−6+	食神	6己	10癸	5−6+	食神
22	5戊	8辛	5−5+	劫財	36己	9壬	5−5+	傷官	7庚	10癸	5−5+	劫財
23	6己	8辛	5−5+	比肩	37庚	9壬	5−5+	比肩	8辛	10癸	5−5+	比肩
24	7庚	8辛	6−5+	印綬	38辛	9壬	6−5+	劫財	9壬	10癸	6−5+	印綬
25	8辛	8辛	6−4+	偏印	39壬	9壬	6−4+	偏印	10癸	10癸	6−4+	偏印
26	9壬	8辛	6−4+	正官	40癸	9壬	6−4+	印綬	11甲	10癸	6−4+	正官
27	10癸	8辛	7−4+	偏官	41甲	9壬	7−4+	偏官	12乙	10癸	7−4+	偏官
28	11甲	8辛	7−3+	正財	42乙	9壬	7−3+	正官	13丙	10癸	7−3+	正財
29	12乙	8辛	7−3+	偏財	43丙	9壬	7−3+	偏財	14丁	10癸	7−3+	偏財
30	13丙	8辛	8−3+	傷官	44丁	9壬	8−3+	正財	15戊	10癸	8−3+	傷官
31	14丁	8辛	8−2+	食神	45戊	9壬	8−2+	食神				

日	10月 日干	月干	立年 男 女	中心星	11月 日干	月干	立年 男 女	中心星	12月 日干	月干	立年 男 女	中心星
1	16己	10癸	8−2+	食神	47庚	11甲	8−2+	偏印	17庚	12乙	8−2+	食神
2	17庚	10癸	8−2+	劫財	48辛	11甲	8−2+	印綬	18辛	12乙	8−2+	傷官
3	18辛	10癸	9−2+	比肩	49壬	11甲	9−1+	偏官	19壬	12乙	9−1+	比肩
4	19壬	10癸	9−1+	印綬	50癸	11甲	9−1+	正官	20癸	12乙	9−1+	劫財
5	20癸	10癸	9−1+	偏印	51甲	11甲	9−1+	偏財	21甲	12乙	9−1+	偏印
6	21甲	10癸	0−1+	正官	52乙	11甲	0−1+	正財	22乙	12乙	0−1+	印綬
7	22乙	10癸	0−1+	偏官	53丙	12乙	1−0+	偏印	23丙	13丙	1−0+	正官
8	23丙	11甲	1−0+	偏官	54丁	12乙	1−0+	印綬	24丁	13丙	1−9+	偏官
9	24丁	11甲	1−0+	偏財	55戊	12乙	1−9+	偏官	25戊	13丙	1−9+	正財
10	25戊	11甲	1−9+	傷官	56己	12乙	1−9+	正官	26己	13丙	1−9+	偏財
11	26己	11甲	1−9+	食神	57庚	12乙	1−9+	偏財	27庚	13丙	1−8+	食神
12	27庚	11甲	1−9+	劫財	58辛	12乙	2−8+	正財	28辛	13丙	2−8+	傷官
13	28辛	11甲	2−8+	比肩	59壬	12乙	2−8+	食神	29壬	13丙	2−8+	劫財
14	29壬	11甲	2−8+	印綬	60癸	12乙	2−8+	傷官	30癸	13丙	2−7+	比肩
15	30癸	11甲	2−8+	偏印	1甲	12乙	3−7+	比肩	31甲	13丙	3−7+	印綬
16	31甲	11甲	3−7+	正官	2乙	12乙	3−7+	劫財	32乙	13丙	3−7+	偏印
17	32乙	11甲	3−7+	偏官	3丙	12乙	3−7+	偏印	33丙	13丙	3−6+	正官
18	33丙	11甲	3−7+	劫財	4丁	12乙	4−6+	印綬	34丁	13丙	4−6+	偏官
19	34丁	11甲	4−6+	比肩	5戊	12乙	4−6+	偏官	35戊	13丙	4−6+	正財
20	35戊	11甲	4−6+	印綬	6己	12乙	4−6+	正財	36己	13丙	4−5+	偏財
21	36己	11甲	4−6+	劫財	7庚	12乙	5−5+	食神	37庚	13丙	5−5+	傷官
22	37庚	11甲	5−5+	偏印	8辛	12乙	5−5+	傷官	38辛	13丙	5−5+	食神
23	38辛	11甲	5−5+	印綬	9壬	12乙	5−5+	比肩	39壬	13丙	5−4+	劫財
24	39壬	11甲	5−5+	偏官	10癸	12乙	6−4+	劫財	40癸	13丙	6−4+	比肩
25	40癸	11甲	6−4+	正官	11甲	12乙	6−4+	偏印	41甲	13丙	6−4+	印綬
26	41甲	11甲	6−4+	偏財	12乙	12乙	6−4+	印綬	42乙	13丙	6−3+	偏印
27	42乙	11甲	6−4+	正財	13丙	12乙	7−3+	偏官	43丙	13丙	7−3+	正官
28	43丙	11甲	7−3+	食神	14丁	12乙	7−3+	正官	44丁	13丙	7−3+	偏官
29	44丁	11甲	7−3+	傷官	15戊	12乙	7−3+	偏財	45戊	13丙	7−2+	正財
30	45戊	11甲	7−3+	比肩	16己	12乙	8−2+	正財	46己	13丙	8−2+	偏財
31	46己	11甲	8−2+	劫財					47庚	13丙	8−2+	傷官

2010年（平成22年）生まれ　年干：27 庚（2/4～翌年2/3まで）

日	1月	2月	3月	4月	5月	6月	7月	8月	9月	10月	11月	12月
	日干 月干 立年 男女 中心星	日干 月干 立年 男女 中心星	日干 月干 立年 男女 中心星	日干 月干 立年 男女 中心星	日干 月干 立年 男女 中心星	日干 月干 立年 男女 中心星	日干 月干 立年 男女 中心星	日干 月干 立年 男女 中心星	日干 月干 立年 男女 中心星	日干 月干 立年 男女 中心星	日干 月干 立年 男女 中心星	日干 月干 立年 男女 中心星
1	48辛13丙8−1+食神	19壬14丁9−1+正官	47庚15戊2+8−偏財	18辛16己1+9−偏財	48辛17辰1+9−印綬	19壬18辛2+9−偏財	49壬19壬2+8−正財	20癸20癸2+8−偏官	51甲21甲2+8−偏官	21甲22乙2+8−正官	52乙23丙2+8−正財	22乙24丁2+8−印綬
2	49壬13丙9−1+劫財	20癸14丁9−1+偏官	48辛15戊1+9−正財	19壬16己1+9−傷官	49壬17辰1+9−偏官	20癸18辛1+9−正財	50癸19壬2+9−偏財	21甲20癸2+9−正財	52乙21甲2+9−正官	22乙22乙2+8−偏官	53丙23丙2+8−食神	23丙24丁2+8−偏官
3	50癸13丙9−1+比肩	21甲14丁0−1+正財	49壬15戊1+9−食神	20癸16己1+9−食神	50癸17辰1+9−正官	21甲18辛1+0−食神	51甲19壬1+9−傷官	22乙20癸1+9−偏財	53丙21甲2+9−偏財	23丙22乙2+8−正財	54丁23丙1+9−傷官	24丁24丁1+9−正官
4	51甲13丙9−1+印綬	22乙15戊0+1−正財	50癸15戊1+9−傷官	21甲16己1+0−劫財	51甲17辰1+0−偏財	22乙18辛1+0−傷官	52乙19壬1+9−食神	23丙20癸1+9−傷官	54丁21甲1+9−正財	24丁22乙1+9−偏財	55戊23丙1+9−比肩	25戊24丁1+9−偏財
5	52乙14丁1−0+偏印	23丙15戊0+1−食神	51甲15戊1+0−比肩	22乙17庚0+1−比肩	52乙18辛0+1−正財	23丙18辛1+0−比肩	53丙19壬1+0−劫財	24丁20癸1+0−食神	55戊21甲1+0−食神	25戊22乙1+9−傷官	56己23丙1+9−劫財	26己24丁1+9−正財
6	53丙14丁1−0+正官	24丁15戊9+1−傷官	52乙16己0+1−比肩	23丙17庚0+1−印綬	53丙18辛0+1−食神	24丁19壬0+1−食神	54丁19壬1+0−比肩	25戊20癸1+0−劫財	56己21甲1+0−傷官	26己22乙1+9−食神	57庚23丙1+0−偏印	27庚24丁1+0−食神
7	54丁14丁1−9+偏官	25戊15戊9+1−比肩	53丙16己0+1−印綬	24丁17庚9+1−偏印	54丁18辛0+1−傷官	25戊19壬0+1−劫財	55戊20癸0+1−印綬	26己21甲0+1−劫財	57庚21甲1+0−比肩	27庚22乙1+0−劫財	58辛24丁0+1−正財	28辛25戊0+1−食神
8	55戊14丁1−9+正財	26己15戊9+1−劫財	54丁16己9+1−偏印	25戊17庚9+1−正官	55戊18辛0+1−比肩	26己19壬0+1−比肩	56己20癸0+1−偏印	27庚21甲0+1−偏印	58辛22乙0+1−比肩	28辛23丙0+1−比肩	59壬24丁0+1−食神	29壬25戊0+1−劫財
9	56己14丁1−9+偏財	27庚15戊8+2−偏印	55戊16己9+1−正官	26己17庚9+1−偏官	56己18辛9+1−劫財	27庚19壬9+1−印綬	57庚20癸0+1−正官	28辛21甲0+1−印綬	59壬22乙0+1−印綬	29壬23丙0+1−印綬	60癸24丁9+1−傷官	30癸25戊9+1−比肩
10	57庚14丁2−8+傷官	28辛15戊8+2−印綬	56己16己9+1−偏官	27庚17庚8+2−正財	57庚18辛9+2−偏印	28辛19壬9+1−偏印	58辛20癸9+1−偏官	29壬21甲0+1−偏官	60癸22乙9+1−偏印	30癸23丙9+1−偏印	1甲24丁9+1−比肩	31甲25戊9+1−印綬
11	58辛14丁2−8+食神	29壬15戊8+2−偏官	57庚16己8+2−正財	28辛17庚8+2−偏財	58辛18辛9+2−劫財	29壬19壬9+2−正官	59壬20癸9+1−正財	30癸21甲9+1−正官	1甲22乙9+1−正官	31甲23丙9+1−正官	2乙24丁9+1−劫財	32乙25戊9+1−偏印
12	59壬14丁2−8+劫財	30癸15戊7+3−正財	58辛16己8+2−偏財	29壬17庚8+2−傷官	59壬18辛8+2−偏印	30癸19壬8+2−偏官	60癸20癸9+2−偏財	31甲21甲9+2−偏財	2乙22乙9+1−偏官	32乙23丙9+1−偏官	3丙24丁8+2−偏印	33丙25戊8+2−正官
13	60癸14丁3−7+比肩	31甲15戊7+3−食神	59壬16己8+2−傷官	30癸17庚7+3−食神	60癸18辛8+3−印綬	31甲19壬8+2−正財	1甲20癸8+2−傷官	32乙21甲9+2−正財	3丙22乙8+2−正財	33丙23丙8+2−正財	4丁24丁8+2−印綬	34丁25戊8+2−偏官
14	1甲14丁3−7+印綬	32乙15戊7+3−傷官	60癸16己7+3−食神	31甲17庚7+3−劫財	1甲18辛8+3−偏官	32乙19壬8+3−偏財	2乙20癸8+2−食神	33丙21甲8+2−食神	4丁22乙8+2−偏財	34丁23丙8+2−偏財	5戊24丁8+2−偏官	35戊25戊8+2−正財
15	2乙14丁3−7+偏官	33丙15戊6+4−比肩	1甲16己7+3−劫財	32乙17庚7+3−偏印	2乙18辛7+3−正官	33丙19壬7+3−傷官	3丙20癸8+3−劫財	34丁21甲8+3−傷官	5戊22乙8+2−傷官	35戊23丙8+2−傷官	6己24丁7+3−正官	36己25戊7+3−偏財
16	3丙14丁4−6+正財	34丁15戊6+4−劫財	2乙16己7+3−比肩	33丙17庚6+4−正官	3丙18辛7+4−偏財	34丁19壬7+3−食神	4丁20癸7+3−比肩	35戊21甲8+3−比肩	6己22乙7+3−食神	36己23丙7+3−食神	7庚24丁7+3−偏財	37庚25戊7+3−傷官
17	4丁14丁4−6+偏財	35戊15戊6+4−偏印	3丙16己6+4−印綬	34丁17庚6+4−偏官	4丁18辛7+4−正財	35戊19壬7+4−劫財	5戊20癸7+3−正官	36己21甲7+3−劫財	7庚22乙7+3−劫財	37庚23丙7+3−劫財	8辛24丁7+3−正財	38辛25戊7+3−食神
18	5戊14丁4−6+劫財	36己15戊5+5−印綬	4丁16己6+4−偏印	35戊17庚6+4−比肩	5戊18辛6+4−食神	36己19壬6+4−比肩	6己20癸7+4−偏官	37庚21甲7+4−食神	8辛22乙7+3−比肩	38辛23丙7+3−偏官	9壬24丁6+4−食神	39壬25戊6+4−劫財
19	6己14丁5−5+比肩	37庚15戊5+5−偏財	5戊16己6+4−正官	36己17庚5+5−劫財	6己18辛6+5−傷官	37庚19壬6+4−印綬	7庚20癸6+4−正財	38辛21甲7+4−傷官	9壬22乙6+4−印綬	39壬23丙6+4−正財	10癸24丁6+4−傷官	40癸25戊6+4−比肩
20	7庚14丁5−5+印綬	38辛15戊5+5−正財	6己16己5+5−偏官	37庚17庚5+5−偏印	7庚18辛6+5−偏官	38辛19壬6+5−偏印	8辛20癸6+4−偏印	39壬21甲6+4−比肩	10癸22乙6+4−偏印	40癸23丙6+4−偏財	11甲24丁6+4−偏印	41甲25戊6+4−印綬
21	8辛14丁5−5+偏印	39壬15戊4+6−食神	7庚16己5+5−正財	38辛17庚5+5−印綬	8辛18辛5+5−正官	39壬19壬5+5−正官	9壬20癸6+5−正官	40癸21甲6+5−印綬	11甲22乙6+4−正官	41甲23丙6+4−偏財	12乙24丁5+5−印綬	42乙25戊5+5−偏印
22	9壬14丁6−4+正官	40癸15戊4+6−傷官	8辛16己5+5−偏財	39壬17庚4+6−偏官	9壬18辛5+6−偏財	40癸19壬5+5−偏官	10癸20癸5+5−偏官	41甲21甲6+5−偏官	12乙22乙5+5−偏官	42乙23丙5+5−正財	13丙24丁5+5−偏官	43丙25戊5+5−正官
23	10癸14丁6−4+偏官	41甲15戊4+6−比肩	9壬16己4+6−傷官	40癸17庚4+6−正官	10癸18辛5+6−正財	41甲19壬5+6−正財	11甲20癸5+5−正財	42乙21甲5+5−正官	13丙22乙5+5−正財	43丙23丙5+5−食神	14丁24丁5+5−正官	44丁25戊5+5−偏官
24	11甲14丁6−4+正財	42乙15戊3+7−劫財	10癸16己4+6−食神	41甲17庚4+6−偏財	11甲18辛4+6−食神	42乙19壬4+6−偏財	12乙20癸5+6−偏財	43丙21甲5+6−偏財	14丁22乙5+5−偏財	44丁23丙5+5−傷官	15戊24丁4+6−偏財	45戊25戊4+6−正財
25	12乙14丁7−3+偏財	43丙15戊3+7−偏印	11甲16己4+6−劫財	42乙17庚3+7−正財	12乙18辛4+7−傷官	43丙19壬4+6−傷官	13丙20癸4+6−傷官	44丁21甲5+6−正財	15戊22乙4+6−傷官	45戊23丙4+6−比肩	16己24丁4+6−正財	46己25戊4+6−偏財
26	13丙14丁7−3+傷官	44丁15戊3+7−印綬	12乙16己3+7−比肩	43丙17庚3+7−食神	13丙18辛4+7−比肩	44丁19壬4+7−比肩	14丁20癸4+6−食神	45戊21甲4+6−食神	16己22乙4+6−食神	46己23丙4+6−劫財	17庚24丁4+6−食神	47庚25戊4+6−傷官
27	14丁14丁7−3+食神	45戊15戊2+8−偏官	13丙16己3+7−印綬	44丁17庚3+7−傷官	14丁18辛3+7−劫財	45戊19壬3+7−印綬	15戊20癸4+7−劫財	46己21甲4+7−傷官	17庚22乙4+6−劫財	47庚23丙4+6−偏印	18辛24丁3+7−傷官	48辛25戊3+7−食神
28	15戊14丁8−2+劫財	46己15戊2+8−正官	14丁16己3+7−偏印	45戊17庚2+8−比肩	15戊18辛3+8−偏印	46己19壬3+7−偏印	16己20癸3+7−比肩	47庚21甲4+7−比肩	18辛22乙3+7−比肩	48辛23丙3+7−印綬	19壬24丁3+7−比肩	49壬25戊3+7−劫財
29	16己14丁8−2+比肩		15戊16己2+8−正官	46己17庚2+8−劫財	16己18辛3+8−印綬	47庚19壬3+8−正官	17庚20癸3+7−印綬	48辛21甲3+7−劫財	19壬22乙3+7−印綬	49壬23丙3+7−偏官	20癸24丁3+7−劫財	50癸25戊3+7−比肩
30	17庚14丁8−2+印綬		16己16己2+8−偏官	47庚17庚2+8−偏印	17庚18辛2+8−偏官	48辛19壬2+8−偏官	18辛20癸3+8−偏印	49壬21甲3+8−偏印	20癸22乙3+7−偏印	50癸23丙3+7−正官	21甲24丁2+8−偏印	51甲25戊2+8−印綬
31	18辛14丁9−1+偏印		17庚16己2+8−正財		18辛18辛2+9−正官		19壬20癸2+8−正官	50癸21甲3+8−印綬		51甲23丙2+8−偏財		52乙25戊2+8−偏印

2011年（平成23年）生まれ　年干：28 辛（2/4〜翌年2/3まで）

日	1月	2月	3月	4月	5月	6月	7月	8月	9月	10月	11月	12月
	日干 月干 立年 男 女 中心星	日干 月干 立年 男 女 中心星	日干 月干 立年 男 女 中心星	日干 月干 立年 男 女 中心星	日干 月干 立年 男 女 中心星	日干 月干 立年 男 女 中心星	日干 月干 立年 男 女 中心星	日干 月干 立年 男 女 中心星	日干 月干 立年 男 女 中心星	日干 月干 立年 男 女 中心星	日干 月干 立年 男 女 中心星	日干 月干 立年 男 女 中心星
1	53丙25戊2+8−正官	24丁26己1+9−食神	52乙27庚8−2+劫財	23丙28辛9−1+印綬	53丙29壬9−2+食神	24丁30癸9−2+劫財	54丁31甲8−2+比肩	25戊32乙8−2+劫財	56己33丙8−2+傷官	26己34丁8−3+食神	57庚35戊8−2+偏印	27庚36己8−2+食神
2	54丁25戊1+9−偏官	25戊26己1+9−劫財	53丙27庚9−1+偏印	24丁28辛9−1+偏印	54丁29壬9−1+傷官	25戊30癸9−1+偏印	55戊31甲9−2+印綬	26己32乙9−2+比肩	57庚33丙8−2+比肩	27庚34丁8−2+劫財	58辛35戊8−2+印綬	28辛36己8−2+傷官
3	55戊25戊1+9−正財	26己26己1+9−比肩	54丁27庚9−1+印綬	25戊28辛9−1+正官	55戊29壬9−1+比肩	26己30癸9−1+印綬	56己31甲9−1+偏印	27庚32乙9−2+印綬	58辛33丙9−2+劫財	28辛34丁8−2+比肩	59壬35戊8−2+偏官	29壬36己8−1+比肩
4	56己25戊1+9−偏財	27庚27庚1−0+偏印	55戊27庚9−1+偏官	26己28辛0−1+偏官	56己29壬0−1+劫財	27庚30癸0−1+偏官	57庚31甲9−1+正官	28辛32乙9−1+偏印	59壬33丙9−1+偏印	29壬34丁9−2+印綬	60癸35戊9−1+正官	30癸36己9−1+劫財
5	57庚25戊1+0−傷官	28辛27庚1−0+印綬	56己27庚0−1+正官	27庚29壬1−0+正財	57庚29壬0−1+偏印	28辛30癸0−1+正官	58辛31甲0−1+偏官	29壬32乙0−1+正官	60癸33丙9−1+印綬	30癸34丁9−1+偏印	1甲35戊9−1+偏財	31甲36己9−1+偏印
6	58辛26己0+1−食神	29壬27庚1−9+偏官	57庚28辛1−0+正財	28辛29壬1−0+偏財	58辛30癸1−0+印綬	29壬31甲1−0+正官	59壬31甲0−1+正財	30癸32乙0−1+偏官	1甲33丙0−1+偏官	31甲34丁9−1+正官	2乙35戊9−1+正財	32乙36己9−1+印綬
7	59壬26己9+1−劫財	30癸27庚1−9+正官	58辛28辛1−0+偏財	29壬29壬1−0+傷官	59壬30癸1−0+偏官	30癸31甲1−0+偏官	60癸32乙1−0+偏財	31甲32乙0−1+正財	2乙33丙0−1+正官	32乙34丁0−1+偏官	3丙35戊0−1+食神	33丙37庚1−0+正官
8	60癸26己9+1−比肩	31甲27庚1−9+偏財	59壬28辛1−9+傷官	30癸29壬1−9+食神	60癸30癸1−0+正官	31甲31甲1−0+正財	1甲32乙1−0+傷官	32乙33丙1−0+正財	3丙34丁1−0+正財	33丙34丁0−1+正財	4丁36己1−0+印綬	34丁37庚1−0+偏官
9	1甲26己9+1−印綬	32乙27庚2−8+正財	60癸28辛1−9+食神	31甲29壬1−9+劫財	1甲30癸1−9+偏財	32乙31甲1−9+偏財	2乙32乙1−0+食神	33丙33丙1−0+食神	4丁34丁1−0+偏財	34丁35戊1−0+偏財	5戊36己1−9+偏官	35戊37庚1−9+正財
10	2乙26己8+1−偏印	33丙27庚2−8+食神	1甲28辛1−9+劫財	32乙29壬2−9+比肩	2乙30癸1−9+正財	33丙31甲1−9+傷官	3丙32乙1−0+劫財	34丁33丙1−0+傷官	5戊34丁1−0+傷官	35戊35戊1−0+偏官	6己36己1−9+正官	36己37庚1−9+偏財
11	3丙26己8+2−正官	34丁27庚2−8+傷官	2乙28辛2−8+比肩	33丙29壬2−8+印綬	3丙30癸2−9+食神	34丁31甲2−9+食神	4丁32乙1−9+比肩	35戊33丙1−9+比肩	6己34丁1−9+食神	36己35戊1−9+食神	7庚36己1−9+偏財	37庚37庚1−9+傷官
12	4丁26己8+2−偏官	35戊27庚3−7+偏印	3丙28辛2−8+印綬	34丁29壬2−8+偏印	4丁30癸2−8+正財	35戊31甲2−8+劫財	5戊32乙2−9+印綬	36己33丙1−9+劫財	7庚34丁1−9+劫財	37庚35戊1−9+劫財	8辛36己1−8+正財	38辛37庚2−8+食神
13	5戊26己7+2−正財	36己27庚3−7+印綬	4丁28辛2−8+偏印	35戊29壬3−8+正官	5戊30癸2−8+食神	36己31甲2−8+比肩	6己32乙2−9+偏印	37庚33丙2−9+偏印	8辛34丁2−9+比肩	38辛35戊1−9+比肩	9壬36己2−8+食神	39壬37庚2−8+劫財
14	6己26己7+3−偏財	37庚27庚3−7+偏官	5戊28辛3−7+正官	36己29壬3−7+偏官	6己30癸3−8+傷官	37庚31甲3−8+印綬	7庚32乙2−8+正官	38辛33丙2−8+印綬	9壬34丁2−8+印綬	39壬35戊2−8+印綬	10癸36己2−8+傷官	40癸37庚2−8+比肩
15	7庚26己7+3−傷官	38辛27庚4−6+正官	6己28辛3−7+偏官	37庚29壬3−7+傷官	7庚30癸3−7+比肩	38辛31甲3−7+偏印	8辛32乙3−8+偏官	39壬33丙2−8+偏官	10癸34丁2−8+偏印	40癸35戊2−8+偏印	11甲36己2−7+比肩	41甲37庚3−7+印綬
16	8辛26己6+3−比肩	39壬27庚4−6+偏財	7庚28辛3−7+正財	38辛29壬4−7+食神	8辛30癸3−7+劫財	39壬31甲3−7+正官	9壬32乙3−8+正財	40癸33丙3−8+正官	11甲34丁3−8+正官	41甲35戊2−8+正官	12乙36己3−7+劫財	42乙37庚3−7+偏印
17	9壬26己6+4−印綬	40癸27庚4−6+正財	8辛28辛4−6+偏財	39壬29壬4−6+劫財	9壬30癸4−7+偏印	40癸31甲4−7+偏官	10癸32乙3−7+食神	41甲33丙3−7+偏財	12乙34丁3−7+偏官	42乙35戊3−7+偏官	13丙36己3−7+偏印	43丙37庚3−7+正官
18	10癸26己6+4−偏印	41甲27庚5−5+食神	9壬28辛4−6+傷官	40癸29壬4−6+正官	10癸30癸4−6+印綬	41甲31甲4−6+正財	11甲32乙4−7+劫財	42乙33丙3−7+正財	13丙34丁3−7+正財	43丙35戊3−7+正財	14丁36己3−6+印綬	44丁37庚4−6+偏官
19	11甲26己5+4−正財	42乙27庚5−5+劫財	10癸28辛4−6+食神	41甲29壬5−6+偏財	11甲30癸4−6+偏官	42乙31甲4−6+偏財	12乙32乙4−7+比肩	43丙33丙4−7+偏官	14丁34丁4−7+偏財	44丁35戊3−7+比肩	15戊36己4−6+偏官	45戊37庚4−6+正財
20	12乙26己5+5−偏財	43丙27庚5−5+偏印	11甲28辛5−5+劫財	42乙29壬5−5+正財	12乙30癸5−6+正官	43丙31甲5−6+傷官	13丙32乙4−6+傷官	44丁33丙4−6+正官	15戊34丁4−6+傷官	45戊35戊4−6+印綬	16己36己4−6+正官	46己37庚4−6+偏財
21	13丙26己5+5−傷官	44丁27庚6−4+印綬	12乙28辛5−5+比肩	43丙29壬5−5+食神	13丙30癸5−5+比肩	44丁31甲5−5+食神	14丁32乙5−6+食神	45戊33丙4−6+偏財	16己34丁4−6+食神	46己35戊4−6+偏印	17庚36己4−5+食神	47庚37庚5−5+傷官
22	14丁26己4+5−食神	45戊27庚6−4+偏官	13丙28辛5−5+印綬	44丁29壬6−5+傷官	14丁30癸5−5+劫財	45戊31甲5−5+劫財	15戊32乙5−6+劫財	46己33丙5−6+傷官	17庚34丁5−6+劫財	47庚35戊4−6+偏印	18辛36己5−5+傷官	48辛37庚5−5+食神
23	15戊26己4+6−劫財	46己27庚6−4+正官	14丁28辛6−4+偏印	45戊29壬6−4+比肩	15戊30癸6−5+偏印	46己31甲6−5+比肩	16己32乙5−5+比肩	47庚33丙5−5+比肩	18辛34丁5−5+比肩	48辛35戊5−5+印綬	19壬36己5−5+比肩	49壬37庚5−5+劫財
24	16己26己4+6−比肩	47庚27庚7−3+偏財	15戊28辛6−4+正官	46己29壬6−4+劫財	16己30癸6−4+印綬	47庚31甲6−4+印綬	17庚32乙6−5+印綬	48辛33丙5−5+劫財	19壬34丁5−5+印綬	49壬35戊5−5+偏官	20癸36己5−4+劫財	50癸37庚6−4+比肩
25	17庚26己3+6−印綬	48辛27庚7−3+正財	16己28辛6−4+偏官	47庚29壬7−4+偏印	17庚30癸6−4+偏官	48辛31甲6−4+偏印	18辛32乙6−5+偏印	49壬33丙6−5+偏印	20癸34丁6−5+偏印	50癸35戊5−5+正官	21甲36己6−4+偏印	51甲37庚6−4+印綬
26	18辛26己3+7−偏印	49壬27庚7−3+食神	17庚28辛7−3+正財	48辛29壬7−3+印綬	18辛30癸7−4+正官	49壬31甲7−4+正財	19壬32乙6−4+正官	50癸33丙6−4+印綬	21甲34丁6−4+正官	51甲35戊6−4+偏財	22乙36己6−4+印綬	52乙37庚6−4+偏印
27	19壬26己3+7−正官	50癸27庚8−2+傷官	18辛28辛7−3+偏財	49壬29壬7−3+偏官	19壬30癸7−3+偏財	50癸31甲7−3+偏財	20癸32乙7−4+偏官	51甲33丙6−4+偏官	22乙34丁6−4+偏官	52乙35戊6−4+正財	23丙36己6−3+偏官	53丙37庚7−3+正官
28	20癸26己2+7−偏官	51甲27庚8−2+比肩	19壬28辛7−3+傷官	50癸29壬8−3+正官	20癸30癸7−3+正財	51甲31甲7−3+傷官	21甲32乙7−4+正財	52乙33丙7−4+正官	23丙34丁7−4+正財	53丙35戊6−4+食神	24丁36己7−3+正官	54丁37庚7−3+偏官
29	21甲26己2+8−正財		20癸28辛8−2+食神	51甲29壬8−2+偏財	21甲30癸8−3+食神	52乙31甲8−3+食神	22乙32乙7−3+偏財	53丙33丙7−3+偏財	24丁34丁7−3+偏財	54丁35戊7−3+傷官	25戊36己7−3+偏財	55戊37庚7−3+正財
30	22乙26己2+8−偏財		21甲28辛8−2+劫財	52乙29壬8−2+正財	22乙30癸8−2+傷官	53丙31甲8−2+劫財	23丙32乙8−3+傷官	54丁33丙7−3+正財	25戊34丁7−3+傷官	55戊35戊7−3+比肩	26己36己7−2+正財	56己37庚8−2+偏財
31	23丙26己1+8−傷官		22乙28辛8−2+比肩		23丙30癸8−2+比肩		24丁32乙8−3+食神	55戊33丙8−3+食神		56己35戊7−3+劫財		57庚37庚8−2+傷官

2012年（平成24年）生まれ　年干：29 壬（2/4～翌年2/3まで）

日	1月	2月	3月	4月	5月	6月	7月	8月	9月	10月	11月	12月
	日干 月干 立年男女 中心星	日干 月干 立年男女 中心星	日干 月干 立年男女 中心星	日干 月干 立年男女 中心星	日干 月干 立年男女 中心星	日干 月干 立年男女 中心星	日干 月干 立年男女 中心星	日干 月干 立年男女 中心星	日干 月干 立年男女 中心星	日干 月干 立年男女 中心星	日干 月干 立年男女 中心星	日干 月干 立年男女 中心星
1	58辛37庚8−2+食神	29壬38辛9−1+正官	58辛39壬1+9−正財	29壬40癸1+9−傷官	59壬41甲1+9−偏官	30癸42乙1+9−正財	60癸43丙2+9−偏財	31甲44丁2+8−正財	2乙45戊2+8−正官	32乙46己2+8−偏官	3丙47庚2+8−食神	33丙48辛2+8−偏官
2	59壬37庚9−1+劫財	30癸38辛9−1+偏官	59壬39壬1+9−食神	30癸40癸1+9−食神	60癸41甲1+9−正官	31甲42乙1+9−食神	1甲43丙2+9−傷官	32乙44丁2+9−偏財	3丙45戊2+9−偏財	33丙46己2+8−正財	4丁47庚2+8−傷官	34丁48辛2+8−正官
3	60癸37庚9−1+比肩	31甲38辛9−1+正財	60癸39壬1+9−傷官	31甲40癸1+0−劫財	1甲41甲1+0−偏財	32乙42乙1+0−傷官	2乙43丙1+9−食神	33丙44丁1+9−傷官	4丁45戊1+9−正財	34丁46己2+9−偏財	5戊47庚1+9−比肩	35戊48辛1+9−偏財
4	1甲37庚9−1+印綬	32乙39壬0+1−正財	1甲39壬1+0−比肩	32乙41甲0+1−比肩	2乙41甲1+0−正財	33丙42乙1+0−比肩	3丙43丙1+0−劫財	34丁44丁1+9−食神	5戊45戊1+9−食神	35戊46己1+9−傷官	6己47庚1+9−劫財	36己48辛1+9−正財
5	2乙37庚0−1+偏印	33丙39壬0+1−食神	2乙40癸0+1−比肩	33丙41甲0+1−印綬	3丙42乙0+1−食神	34丁43丙0+1−食神	4丁43丙1+0−比肩	35戊44丁1+0−劫財	6己45戊1+0−傷官	36己46己1+9−食神	7庚47庚1+9−偏印	37庚48辛1+9−食神
6	3丙38辛1−0+正官	34丁39壬9+1−傷官	3丙40癸0+1−印綬	34丁41甲0+1−偏印	4丁42乙0+1−傷官	35戊43丙0+1−劫財	5戊43丙1+0−印綬	36己44丁1+0−比肩	7庚45戊1+0−比肩	37庚46己1+0−劫財	8辛47庚1+0−印綬	38辛48辛1+0−傷官
7	4丁38辛1−9+偏官	35戊39壬9+1−比肩	4丁40癸9+1−偏印	35戊41甲9+1−正官	5戊42乙0+1−比肩	36己43丙0+1−比肩	6己44丁0+1−偏印	37庚45戊0+1−偏印	8辛46己0+1−比肩	38辛46己1+0−比肩	9壬48辛0+1−食神	39壬49壬0+1−劫財
8	5戊38辛1−9+正財	36己39壬9+1−劫財	5戊40癸9+1−正官	36己41甲9+1−偏官	6己42乙9+1−劫財	37庚43丙0+1−印綬	7庚44丁0+1−正官	38辛45戊0+1−印綬	9壬46己0+1−印綬	39壬47庚0+1−印綬	10癸48辛0+1−傷官	40癸49壬9+1−比肩
9	6己38辛1−9+偏財	37庚39壬8+2−偏印	6己40癸9+1−偏官	37庚41甲9+2−正財	7庚42乙9+1−偏印	38辛43丙9+1−偏印	8辛44丁0+1−偏官	39壬45戊0+1−偏官	10癸46己0+1−偏印	40癸47庚0+1−偏印	11甲48辛9+1−比肩	41甲49壬9+1−印綬
10	7庚38辛1−8+傷官	38辛39壬8+2−印綬	7庚40癸8+2−正財	38辛41甲8+2−偏財	8辛42乙9+2−印綬	39壬43丙9+2−正官	9壬44丁9+1−正財	40癸45戊9+1−正官	11甲46己9+1−正官	41甲47庚9+1−正官	12乙48辛9+1−劫財	42乙49壬9+1−偏印
11	8辛38辛2−8+食神	39壬39壬8+2−偏官	8辛40癸8+2−偏財	39壬41甲8+2−傷官	9壬42乙8+2−偏印	40癸43丙9+2−偏官	10癸44丁9+1−偏財	41甲45戊9+1−偏財	12乙46己9+1−偏官	42乙47庚9+1−偏官	13丙48辛9+1−偏印	43丙49壬8+1−正官
12	9壬38辛2−8+劫財	40癸39壬7+3−正財	9壬40癸8+2−偏官	40癸41甲8+3−食神	10癸42乙8+2−印綬	41甲43丙8+2−正財	11甲44丁9+2−傷官	42乙45戊9+2−正財	13丙46己9+2−正財	43丙47庚9+1−正財	14丁48辛8+2−印綬	44丁49壬8+2−偏官
13	10癸38辛2−7+比肩	41甲39壬7+3−食神	10癸40癸7+3−食神	41甲41甲7+3−劫財	11甲42乙8+3−偏官	42乙43丙8+3−偏財	12乙44丁8+2−食神	43丙45戊8+2−食神	14丁46己8+2−偏財	44丁47庚8+2−偏財	15戊48辛8+2−偏官	45戊49壬8+2−正財
14	11甲38辛3−7+印綬	42乙39壬7+3−傷官	11甲40癸7+3−劫財	42乙41甲7+3−偏印	12乙42乙7+3−正官	43丙43丙8+3−傷官	13丙44丁8+2−劫財	44丁45戊8+2−傷官	15戊46己8+2−傷官	45戊47庚8+2−傷官	16己48辛8+2−正官	46己49壬7+2−偏財
15	12乙38辛3−7+偏印	43丙39壬6+4−比肩	12乙40癸7+3−比肩	43丙41甲7+4−正官	13丙42乙7+3−偏財	44丁43丙7+3−食神	14丁44丁8+3−比肩	45戊45戊8+3−比肩	16己46己8+3−食神	46己47庚8+2−食神	17庚48辛7+3−偏財	47庚49壬7+3−傷官
16	13丙38辛3−6+正財	44丁39壬6+4−劫財	13丙40癸6+4−印綬	44丁41甲6+4−偏官	14丁42乙7+4−正財	45戊43丙7+4−劫財	15戊44丁7+3−印綬	46己45戊7+3−劫財	17庚46己7+3−劫財	47庚47庚7+3−劫財	18辛48辛7+3−正財	48辛49壬7+3−食神
17	14丁38辛4−6+偏財	45戊39壬6+4−偏印	14丁40癸6+4−偏印	45戊41甲6+4−比肩	15戊42乙6+4−食神	46己43丙7+4−比肩	16己44丁7+3−偏官	47庚45戊7+3−偏印	18辛46己7+3−比肩	48辛47庚7+3−比肩	19壬48辛7+3−食神	49壬49壬6+3−劫財
18	15戊38辛4−6+傷官	46己39壬5+5−印綬	15戊40癸6+4−正官	46己41甲6+5−劫財	16己42乙6+4−傷官	47庚43丙6+4−印綬	17庚44丁7+4−正財	48辛45戊7+4−傷官	19壬46己7+4−印綬	49壬47庚7+3−正財	20癸48辛6+4−傷官	50癸49壬6+4−比肩
19	16己38辛4−5+比肩	47庚39壬5+5−偏財	16己40癸5+5−偏官	47庚41甲5+5−偏印	17庚42乙6+5−比肩	48辛43丙6+5−偏印	18辛44丁6+4−偏財	49壬45戊6+4−比肩	20癸46己6+4−偏印	50癸47庚6+4−偏財	21甲48辛6+4−比肩	51甲49壬6+4−印綬
20	17庚38辛5−5+印綬	48辛39壬5+5−正財	17庚40癸5+5−正財	48辛41甲5+5−印綬	18辛42乙5+5−正官	49壬43丙6+5−正官	19壬44丁6+4−正官	50癸45戊6+4−劫財	21甲46己6+4−正官	51甲47庚6+4−傷官	22乙48辛6+4−印綬	52乙49壬5+4−偏印
21	18辛38辛5−5+偏印	49壬39壬4+6−食神	18辛40癸5+5−偏財	49壬41甲5+6−偏官	19壬42乙5+5−偏財	50癸43丙5+5−偏官	20癸44丁6+5−偏官	51甲45戊6+5−偏官	22乙46己6+5−偏官	52乙47庚6+4−正財	23丙48辛5+5−偏官	53丙49壬5+5−正官
22	19壬38辛5−4+正官	50癸39壬4+6−傷官	19壬40癸4+6−傷官	50癸41甲4+6−正官	20癸42乙5+6−正財	51甲43丙5+6−正財	21甲44丁5+5−正財	52乙45戊5+5−正官	23丙46己5+5−正財	53丙47庚5+5−食神	24丁48辛5+5−正官	54丁49壬5+5−偏官
23	20癸38辛6−4+偏官	51甲39壬4+6−比肩	20癸40癸4+6−食神	51甲41甲4+6−偏財	21甲42乙4+6−食神	52乙43丙5+6−偏財	22乙44丁5+5−偏財	53丙45戊5+5−偏財	24丁46己5+5−偏財	54丁47庚5+5−傷官	25戊48辛5+5−偏財	55戊49壬4+5−正財
24	21甲38辛6−4+正財	52乙39壬3+7−劫財	21甲40癸4+6−劫財	52乙41甲4+7−正財	22乙42乙4+6−傷官	53丙43丙4+6−傷官	23丙44丁5+6−傷官	54丁45戊5+6−正財	25戊46己5+6−傷官	55戊47庚5+5−比肩	26己48辛4+6−正財	56己49壬4+6−偏財
25	22乙38辛6−3+偏財	53丙39壬3+7−偏印	22乙40癸3+7−比肩	53丙41甲3+7−食神	23丙42乙4+7−比肩	54丁43丙4+7−比肩	24丁44丁4+6−食神	55戊45戊4+6−食神	26己46己4+6−食神	56己47庚4+6−劫財	27庚48辛4+6−食神	57庚49壬4+6−傷官
26	23丙38辛7−3+傷官	54丁39壬3+7−印綬	23丙40癸3+7−印綬	54丁41甲3+7−傷官	24丁42乙3+7−劫財	55戊43丙4+7−印綬	25戊44丁4+6−劫財	56己45戊4+6−傷官	27庚46己4+6−劫財	57庚47庚4+6−偏印	28辛48辛4+6−傷官	58辛49壬3+6−食神
27	24丁38辛7−3+食神	55戊39壬2+8−偏官	24丁40癸3+7−偏印	55戊41甲3+8−比肩	25戊42乙3+7−偏印	56己43丙3+7−偏印	26己44丁4+7−比肩	57庚45戊4+7−偏印	28辛46己4+7−比肩	58辛47庚4+6−印綬	29壬48辛3+7−比肩	59壬49壬3+7−劫財
28	25戊38辛7−2+劫財	56己39壬2+8−正官	25戊40癸2+8−正官	56己41甲2+8−劫財	26己42乙3+8−印綬	57庚43丙3+8−正官	27庚44丁3+7−印綬	58辛45戊3+7−劫財	29壬46己3+7−印綬	59壬47庚3+7−偏官	30癸48辛3+7−劫財	60癸49壬3+7−比肩
29	26己38辛8−2+比肩	57庚39壬2+8−偏財	26己40癸2+8−偏官	57庚41甲2+8−偏印	27庚42乙2+8−偏官	58辛43丙3+8−偏官	28辛44丁3+7−偏印	59壬45戊3+7−偏印	30癸46己3+7−偏印	60癸47庚3+7−正官	31甲48辛3+7−偏印	1甲49壬2+7−印綬
30	27庚38辛8−2+印綬		27庚40癸2+8−正財	58辛41甲2+9−印綬	28辛42乙2+8−正官	59壬43丙2+8−正財	29壬44丁3+8−正官	60癸45戊3+8−印綬	31甲46己3+8−正官	1甲47庚3+7−偏財	32乙48辛2+8−印綬	2乙49壬2+8−偏印
31	28辛38辛8−1+偏印		28辛40癸1+9−偏財		29壬42乙2+9−偏財		30癸44丁2+8−偏官	1甲45戊2+8−偏官		2乙47庚2+8−正財		3丙49壬2+8−正官

2013年(平成25年)生まれ　年干：30 癸(2/4～翌年2/3まで)

日	1月	2月	3月	4月	5月	6月	7月	8月	9月	10月	11月	12月
	日干 月干 立年 男 女 中心星	日干 月干 立年 男 女 中心星	日干 月干 立年 男 女 中心星	日干 月干 立年 男 女 中心星	日干 月干 立年 男 女 中心星	日干 月干 立年 男 女 中心星	日干 月干 立年 男 女 中心星	日干 月干 立年 男 女 中心星	日干 月干 立年 男 女 中心星	日干 月干 立年 男 女 中心星	日干 月干 立年 男 女 中心星	日干 月干 立年 男 女 中心星
1	4丁49壬1+8−偏官	35戊50癸1+9−劫財	3丙51甲8−1+偏印	34丁52乙9−1+偏印	4丁53丙9−1+傷官	35戊54丁9−1+偏印	5戊55戊9−2+印綬	36己56己8−2+比肩	7庚57庚8−2+比肩	37庚58辛8−2+劫財	8辛59壬8−2+印綬	38辛60癸8−2+傷官
2	5戊49壬1+9−正財	36己50癸1+9−比肩	4丁51甲9−1+印綬	35戊52乙9−1+正官	5戊53丙9−1+比肩	36己54丁9−1+印綬	6己55戊9−2+偏印	37庚56己9−2+印綬	8辛57庚9−2+劫財	38辛58辛8−2+比肩	9壬59壬8−2+偏官	39壬60癸8−2+比肩
3	6己49壬1+9−偏財	37庚50癸1+0−印綬	5戊51甲9−1+偏官	36己52乙0−1+偏官	6己53丙9−1+劫財	37庚54丁0−1+偏官	7庚55戊9−1+正官	38辛56己9−1+偏印	9壬57庚9−1+偏印	39壬58辛9−2+印綬	10癸59壬9−1+正官	40癸60癸9−1+劫財
4	7庚49壬1+9−傷官	38辛51甲1−0+印綬	6己51甲9−1+正官	37庚52乙0−1+正財	7庚53丙0−1+偏印	38辛54丁0−1+正官	8辛55戊0−1+偏官	39壬56己9−1+正官	10癸57庚9−1+印綬	40癸58辛9−1+偏印	11甲59壬9−1+偏財	41甲60癸9−1+偏印
5	8辛50癸0+1−食神	39壬51甲1−9+偏官	7庚52乙1−0+正財	38辛53丙1−0+偏財	8辛54丁1−0+印綬	39壬55戊1−0+正官	9壬55戊0−1+正財	40癸56己0−1+偏官	11甲57庚0−1+偏官	41甲58辛9−1+正官	12乙59壬9−1+正財	42乙60癸9−1+印綬
6	9壬50癸0+1−劫財	40癸51甲1−9+正官	8辛52乙1−0+偏財	39壬53丙1−0+傷官	9壬54丁1−0+偏官	40癸55戊1−0+偏官	10癸55戊0−1+偏財	41甲56己0−1+正財	12乙57庚0−1+正官	42乙58辛0−1+偏財	13丙59壬0−1+食神	43丙60癸0−1+偏官
7	10癸50癸9+1−比肩	41甲51甲1−9+偏財	9壬52乙1−0+傷官	40癸53丙1−9+食神	10癸54丁1−0+正官	41甲55戊1−0+正財	11甲56己1−0+傷官	42乙57庚1−0+正財	13丙58辛1−0+正財	43丙58辛0−1+正財	14丁60癸1−0+印綬	44丁 1甲1−0+偏官
8	11甲50癸9+1−印綬	42乙51甲1−8+正財	10癸52乙1−9+食神	41甲53丙1−9+劫財	11甲54丁1−9+偏財	42乙55戊1−0+偏財	12乙56己1−0+食神	43丙57庚1−0+食神	14丁58辛1−0+偏財	44丁59壬1−0+偏財	15戊60癸1−0+偏官	45戊 1甲1−9+正財
9	12乙50癸9+1−偏印	43丙51甲2−8+食神	11甲52乙1−9+劫財	42乙53丙1−9+比肩	12乙54丁1−9+正財	43丙55戊1−9+傷官	13丙56己1−0+劫財	44丁57庚1−0+傷官	15戊58辛1−0+傷官	45戊59壬1−0+偏官	16己60癸1−9+正官	46己 1甲1−9+偏財
10	13丙50癸8+2−正官	44丁51甲2−8+傷官	12乙52乙2−9+比肩	43丙53丙2−8+印綬	13丙54丁2−9+食神	44丁55戊2−9+食神	14丁56己1−9+比肩	45戊57庚1−9+比肩	16己58辛1−9+食神	46己59壬1−9+食神	17庚60癸1−9+偏財	47庚 1甲1−9+傷官
11	14丁50癸8+2−偏官	45戊51甲2−7+比肩	13丙52乙2−8+印綬	44丁53丙2−8+偏印	14丁54丁2−8+正財	45戊55戊2−9+劫財	15戊56己1−9+印綬	46己57庚1−9+劫財	17庚58辛1−9+劫財	47庚59壬1−9+劫財	18辛60癸1−9+正財	48辛 1甲1−8+食神
12	15戊50癸8+2−正財	46己51甲3−7+印綬	14丁52乙2−8+偏印	45戊53丙2−8+正官	15戊54丁2−8+食神	46己55戊2−8+比肩	16己56己2−9+偏印	47庚57庚2−9+偏印	18辛58辛2−9+比肩	48辛59壬1−9+比肩	19壬60癸2−8+食神	49壬 1甲2−8+劫財
13	16己50癸7+3−偏財	47庚51甲3−7+偏官	15戊52乙3−8+正官	46己53丙3−7+偏官	16己54丁3−8+傷官	47庚55戊3−8+印綬	17庚56己2−8+正官	48辛57庚2−8+印綬	19壬58辛2−8+印綬	49壬59壬2−8+印綬	20癸60癸2−8+傷官	50癸 1甲2−8+比肩
14	17庚50癸7+3−傷官	48辛51甲3−6+正官	16己52乙3−7+偏官	47庚53丙3−7+正財	17庚54丁3−7+比肩	48辛55戊3−8+偏印	18辛56己2−8+偏官	49壬57庚2−8+偏官	20癸58辛2−8+偏印	50癸59壬2−8+偏印	21甲60癸2−8+比肩	51甲 1甲2−7+印綬
15	18辛50癸7+3−比肩	49壬51甲4−6+偏財	17庚52乙3−7+正財	48辛53丙3−7+食神	18辛54丁3−7+劫財	49壬55戊3−7+正官	19壬56己3−8+正財	50癸57庚3−8+正官	21甲58辛3−8+正官	51甲59壬2−8+正官	22乙60癸3−7+劫財	52乙 1甲3−7+偏印
16	19壬50癸6+4−印綬	50癸51甲4−6+正財	18辛52乙4−7+偏財	49壬53丙4−6+劫財	19壬54丁4−7+偏印	50癸55戊4−7+偏官	20癸56己3−7+偏財	51甲57庚3−7+偏財	22乙58辛3−7+偏官	52乙59壬3−7+偏官	23丙60癸3−7+偏印	53丙 1甲3−7+正官
17	20癸50癸6+4−偏印	51甲51甲4−5+食神	19壬52乙4−6+傷官	50癸53丙4−6+比肩	20癸54丁4−6+印綬	51甲55戊4−7+正財	21甲56己3−7+劫財	52乙57庚3−7+正財	23丙58辛3−7+正財	53丙59壬3−7+正財	24丁60癸3−7+印綬	54丁 1甲3−6+偏官
18	21甲50癸6+4−正財	52乙51甲5−5+傷官	20癸52乙4−6+食神	51甲53丙4−6+偏財	21甲54丁4−6+偏官	52乙55戊4−6+偏財	22乙56己4−7+比肩	53丙57庚4−7+偏官	24丁58辛4−7+偏財	54丁59壬3−7+比肩	25戊60癸4−6+偏官	55戊 1甲4−6+正財
19	22乙50癸5+5−偏財	53丙51甲5−5+偏印	21甲52乙5−6+劫財	52乙53丙5−5+正財	22乙54丁5−6+正官	53丙55戊5−6+傷官	23丙56己4−6+印綬	54丁57庚4−6+正官	25戊58辛4−6+傷官	55戊59壬4−6+印綬	26己60癸4−6+正官	56己 1甲4−6+偏財
20	23丙50癸5+5−傷官	54丁51甲5−4+印綬	22乙52乙5−5+比肩	53丙53丙5−5+食神	23丙54丁5−5+比肩	54丁55戊5−6+食神	24丁56己4−6+食神	55戊57庚4−6+偏財	26己58辛4−6+食神	56己59壬4−6+偏印	27庚60癸4−6+食神	57庚 1甲4−5+傷官
21	24丁50癸5+5−食神	55戊51甲6−4+偏官	23丙52乙5−5+印綬	54丁53丙5−5+傷官	24丁54丁5−5+劫財	55戊55戊5−5+劫財	25戊56己5−6+劫財	56己57庚5−6+傷官	27庚58辛5−6+劫財	57庚59壬4−6+偏印	28辛60癸5−5+傷官	58辛 1甲5−5+食神
22	25戊50癸4+6−劫財	56己51甲6−4+正官	24丁52乙6−5+偏印	55戊53丙6−4+比肩	25戊54丁6−5+偏印	56己55戊6−5+比肩	26己56己5−5+比肩	57庚57庚5−5+比肩	28辛58辛5−5+比肩	58辛59壬5−5+印綬	29壬60癸5−5+比肩	59壬 1甲5−5+劫財
23	26己50癸4+6−比肩	57庚51甲6−3+偏財	25戊52乙6−4+正官	56己53丙6−4+劫財	26己54丁6−4+印綬	57庚55戊6−5+印綬	27庚56己5−5+印綬	58辛57庚5−5+劫財	29壬58辛5−5+印綬	59壬59壬5−5+偏官	30癸60癸5−5+劫財	60癸 1甲5−4+比肩
24	27庚50癸4+6−印綬	58辛51甲7−3+正財	26己52乙6−4+偏官	57庚53丙6−4+偏印	27庚54丁6−4+偏官	58辛55戊6−4+偏印	28辛56己6−5+偏印	59壬57庚6−5+偏印	30癸58辛6−5+偏印	60癸59壬5−5+正官	31甲60癸6−4+偏印	1甲 1甲6−4+印綬
25	28辛50癸3+7−偏印	59壬51甲7−3+食神	27庚52乙7−4+正財	58辛53丙7−3+印綬	28辛54丁7−4+正官	59壬55戊7−4+正財	29壬56己6−4+正官	60癸57庚6−4+印綬	31甲58辛6−4+正官	1甲59壬6−4+偏財	32乙60癸6−4+印綬	2乙 1甲6−4+偏印
26	29壬50癸3+7−正官	60癸51甲7−2+傷官	28辛52乙7−3+偏財	59壬53丙7−3+偏官	29壬54丁7−3+偏財	60癸55戊7−4+偏財	30癸56己6−4+偏官	1甲57庚6−4+偏官	32乙58辛6−4+偏官	2乙59壬6−4+正財	33丙60癸6−4+偏官	3丙 1甲6−3+正官
27	30癸50癸3+7−偏官	1甲51甲8−2+比肩	29壬52乙7−3+傷官	60癸53丙7−3+正官	30癸54丁7−3+正財	1甲55戊7−3+傷官	31甲56己7−4+正財	2乙57庚7−4+正官	33丙58辛7−4+正財	3丙59壬6−4+食神	34丁60癸7−3+正官	4丁 1甲7−3+偏官
28	31甲50癸2+8−正財	2乙51甲8−2+劫財	30癸52乙8−3+食神	1甲53丙8−2+偏財	31甲54丁8−3+食神	2乙55戊8−3+食神	32乙56己7−3+偏財	3丙57庚7−3+偏財	34丁58辛7−3+偏財	4丁59壬7−3+傷官	35戊60癸7−3+偏財	5戊 1甲7−3+正財
29	32乙50癸2+8−偏財		31甲52乙8−2+劫財	2乙53丙8−2+正財	32乙54丁8−2+傷官	3丙55戊8−3+劫財	33丙56己7−3+傷官	4丁57庚7−3+正財	35戊58辛7−3+傷官	5戊59壬7−3+比肩	36己60癸7−3+正財	6己 1甲7−2+偏財
30	33丙50癸2+8−傷官		32乙52乙8−2+比肩	3丙53丙8−2+食神	33丙54丁8−2+比肩	4丁55戊8−2+比肩	34丁56己8−3+食神	5戊57庚8−3+食神	36己58辛8−3+食神	6己59壬7−3+劫財	37庚60癸8−2+食神	7庚 1甲8−2+傷官
31	34丁50癸1+9−食神		33丙52乙9−2+印綬		34丁54丁9−2+劫財		35戊56己8−2+劫財	6己57庚8−2+傷官		7庚59壬8−2+偏印		8辛 1甲8−2+食神

2014年（平成26年）生まれ　年干：31 甲（2/4～翌年2/3まで）

	1月				2月				3月				4月			
日	日干	月干	立年 男 女	中心星	日干	月干	立年 男 女	中心星	日干	月干	立年 男 女	中心星	日干	月干	立年 男 女	中心星
1	9壬	1甲	8−1+	劫財	40癸	2乙	9−1+	偏官	8辛	3丙	2+8−	正財	39壬	4丁	1+9−	傷官
2	10癸	1甲	9−1+	比肩	41甲	2乙	9−1+	正財	9壬	3丙	1+9−	食神	40癸	4丁	1+9−	食神
3	11甲	1甲	9−1+	印綬	42乙	2乙	0−1+	偏財	10癸	3丙	1+9−	傷官	41甲	4丁	1+9−	劫財
4	12乙	1甲	9−1+	偏印	43丙	3丙	0+1−	食神	11甲	3丙	1+9−	比肩	42乙	4丁	1+0−	比肩
5	13丙	2乙	1−0+	正官	44丁	3丙	0+1−	傷官	12乙	3丙	1+0−	劫財	43丙	5戊	0+1−	印綬
6	14丁	2乙	1−0+	偏官	45戊	3丙	9+1−	比肩	13丙	4丁	0+1−	印綬	44丁	5戊	0+1−	偏印
7	15戊	2乙	1−9+	正財	46己	3丙	9+1−	劫財	14丁	4丁	0+1−	偏印	45戊	5戊	9+1−	正官
8	16己	2乙	1−9+	偏財	47庚	3丙	9+1−	偏印	15戊	4丁	9+1−	正官	46己	5戊	9+1−	偏官
9	17庚	2乙	1−9+	傷官	48辛	3丙	8+2−	印綬	16己	4丁	9+1−	偏官	47庚	5戊	9+1−	正財
10	18辛	2乙	2−8+	食神	49壬	3丙	8+2−	偏官	17庚	4丁	9+1−	正財	48辛	5戊	8+2−	偏財
11	19壬	2乙	2−8+	劫財	50癸	3丙	8+2−	正官	18辛	4丁	8+2−	偏財	49壬	5戊	8+2−	傷官
12	20癸	2乙	2−8+	比肩	51甲	3丙	7+3−	食神	19壬	4丁	8+2−	傷官	50癸	5戊	8+2−	食神
13	21甲	2乙	3−7+	印綬	52乙	3丙	7+3−	傷官	20癸	4丁	8+2−	食神	51甲	5戊	7+3−	劫財
14	22乙	2乙	3−7+	偏印	53丙	3丙	7+3−	比肩	21甲	4丁	7+3−	劫財	52乙	5戊	7+3−	比肩
15	23丙	2乙	3−7+	正財	54丁	3丙	6+4−	劫財	22乙	4丁	7+3−	比肩	53丙	5戊	7+3−	正官
16	24丁	2乙	4−6+	偏財	55戊	3丙	6+4−	偏印	23丙	4丁	7+3−	印綬	54丁	5戊	6+4−	偏官
17	25戊	2乙	4−6+	傷官	56己	3丙	6+4−	印綬	24丁	4丁	6+4−	偏印	55戊	5戊	6+4−	正財
18	26己	2乙	4−6+	比肩	57庚	3丙	5+5−	偏官	25戊	4丁	6+4−	正官	56己	5戊	6+4−	劫財
19	27庚	2乙	5−5+	印綬	58辛	3丙	5+5−	正財	26己	4丁	6+4−	偏官	57庚	5戊	5+5−	偏印
20	28辛	2乙	5−5+	偏印	59壬	3丙	5+5−	食神	27庚	4丁	5+5−	正財	58辛	5戊	5+5−	印綬
21	29壬	2乙	5−5+	正官	60癸	3丙	4+6−	傷官	28辛	4丁	5+5−	偏財	59壬	5戊	5+5−	偏官
22	30癸	2乙	6−4+	偏官	1甲	3丙	4+6−	比肩	29壬	4丁	5+5−	傷官	60癸	5戊	4+6−	正官
23	31甲	2乙	6−4+	正財	2乙	3丙	4+6−	劫財	30癸	4丁	4+6−	食神	1甲	5戊	4+6−	偏財
24	32乙	2乙	6−4+	偏財	3丙	3丙	3+7−	偏印	31甲	4丁	4+6−	劫財	2乙	5戊	4+6−	正財
25	33丙	2乙	7−3+	傷官	4丁	3丙	3+7−	印綬	32乙	4丁	4+6−	比肩	3丙	5戊	3+7−	食神
26	34丁	2乙	7−3+	食神	5戊	3丙	3+7−	偏官	33丙	4丁	3+7−	印綬	4丁	5戊	3+7−	傷官
27	35戊	2乙	7−3+	劫財	6己	3丙	2+8−	正官	34丁	4丁	3+7−	偏印	5戊	5戊	3+7−	比肩
28	36己	2乙	8−2+	比肩	7庚	3丙	2+8−	偏財	35戊	4丁	3+7−	正官	6己	5戊	2+8−	劫財
29	37庚	2乙	8−2+	印綬					36己	4丁	2+8−	偏官	7庚	5戊	2+8−	偏印
30	38辛	2乙	8−2+	偏印					37庚	4丁	2+8−	正財	8辛	5戊	2+8−	印綬
31	39壬	2乙	9−1+	正官					38辛	4丁	2+8−	偏財				

	5月				6月				7月				8月			
日	日干	月干	立年 男 女	中心星	日干	月干	立年 男 女	中心星	日干	月干	立年 男 女	中心星	日干	月干	立年 男 女	中心星
1	9壬	5戊	1+9−	偏官	40癸	6己	2+9−	正財	10癸	7庚	2+8−	偏財	41甲	8辛	2+8−	正財
2	10癸	5戊	1+9−	正官	41甲	6己	1+9−	食神	11甲	7庚	2+9−	傷官	42乙	8辛	2+9−	偏財
3	11甲	5戊	1+9−	偏財	42乙	6己	1+0−	傷官	12乙	7庚	1+9−	食神	43丙	8辛	1+9−	傷官
4	12乙	5戊	1+0−	正財	43丙	6己	1+0−	比肩	13丙	7庚	1+9−	劫財	44丁	8辛	1+9−	食神
5	13丙	6己	0+1−	食神	44丁	6己	1+0−	劫財	14丁	7庚	1+0−	比肩	45戊	8辛	1+0−	劫財
6	14丁	6己	0+1−	傷官	45戊	7庚	0+1−	劫財	15戊	7庚	1+0−	印綬	46己	8辛	1+0−	比肩
7	15戊	6己	0+1−	比肩	46己	7庚	0+1−	比肩	16己	8辛	0+1−	偏印	47庚	9壬	0+1−	偏印
8	16己	6己	0+1−	劫財	47庚	7庚	0+1−	印綬	17庚	8辛	0+1−	正官	48辛	9壬	0+1−	印綬
9	17庚	6己	9+1−	偏印	48辛	7庚	9+1−	偏印	18辛	8辛	0+1−	偏官	49壬	9壬	0+1−	偏官
10	18辛	6己	9+2−	印綬	49壬	7庚	9+1−	正官	19壬	8辛	9+1−	正財	50癸	9壬	0+1−	正官
11	19壬	6己	9+2−	偏印	50癸	7庚	9+2−	偏官	20癸	8辛	9+1−	偏財	51甲	9壬	9+1−	偏財
12	20癸	6己	8+2−	印綬	51甲	7庚	8+2−	正財	21甲	8辛	9+2−	傷官	52乙	9壬	9+2−	正財
13	21甲	6己	8+3−	偏官	52乙	7庚	8+2−	偏財	22乙	8辛	8+2−	食神	53丙	9壬	9+2−	食神
14	22乙	6己	8+3−	正官	53丙	7庚	8+3−	傷官	23丙	8辛	8+2−	劫財	54丁	9壬	8+2−	傷官
15	23丙	6己	7+3−	偏財	54丁	7庚	7+3−	食神	24丁	8辛	8+3−	比肩	55戊	9壬	8+3−	比肩
16	24丁	6己	7+4−	正財	55戊	7庚	7+3−	劫財	25戊	8辛	7+3−	印綬	56己	9壬	8+3−	劫財
17	25戊	6己	7+4−	食神	56己	7庚	7+4−	比肩	26己	8辛	7+3−	偏官	57庚	9壬	7+3−	偏印
18	26己	6己	6+4−	傷官	57庚	7庚	6+4−	印綬	27庚	8辛	7+4−	正財	58辛	9壬	7+4−	傷官
19	27庚	6己	6+5−	比肩	58辛	7庚	6+4−	偏印	28辛	8辛	6+4−	偏財	59壬	9壬	7+4−	比肩
20	28辛	6己	6+5−	正官	59壬	7庚	6+5−	正官	29壬	8辛	6+4−	正官	60癸	9壬	6+4−	劫財
21	29壬	6己	5+5−	偏財	60癸	7庚	5+5−	偏官	30癸	8辛	6+5−	偏官	1甲	9壬	6+5−	偏官
22	30癸	6己	5+6−	正財	1甲	7庚	5+5−	正財	31甲	8辛	5+5−	正財	2乙	9壬	6+5−	正官
23	31甲	6己	5+6−	食神	2乙	7庚	5+6−	偏財	32乙	8辛	5+5−	偏財	3丙	9壬	5+5−	偏財
24	32乙	6己	4+6−	傷官	3丙	7庚	4+6−	傷官	33丙	8辛	5+6−	傷官	4丁	9壬	5+6−	正財
25	33丙	6己	4+7−	比肩	4丁	7庚	4+6−	食神	34丁	8辛	4+6−	食神	5戊	9壬	5+6−	食神
26	34丁	6己	4+7−	劫財	5戊	7庚	4+7−	印綬	35戊	8辛	4+6−	劫財	6己	9壬	4+6−	傷官
27	35戊	6己	3+7−	偏印	6己	7庚	3+7−	偏印	36己	8辛	4+7−	比肩	7庚	9壬	4+7−	比肩
28	36己	6己	3+8−	印綬	7庚	7庚	3+7−	正官	37庚	8辛	3+7−	印綬	8辛	9壬	4+7−	劫財
29	37庚	6己	3+8−	偏官	8辛	7庚	3+8−	偏官	38辛	8辛	3+7−	偏印	9壬	9壬	3+7−	偏印
30	38辛	6己	2+8−	正官	9壬	7庚	2+8−	正財	39壬	8辛	3+8−	正官	10癸	9壬	3+8−	印綬
31	39壬	6己	2+9−	偏財					40癸	8辛	2+8−	偏官	11甲	9壬	3+8−	偏官

	9月				10月				11月				12月			
日	日干	月干	立年 男 女	中心星	日干	月干	立年 男 女	中心星	日干	月干	立年 男 女	中心星	日干	月干	立年 男 女	中心星
1	12乙	9壬	2+8−	正官	42乙	10癸	2+8−	偏官	13丙	11甲	2+8−	食神	43丙	12乙	2+8−	偏官
2	13丙	9壬	2+9−	偏財	43丙	10癸	2+8−	正財	14丁	11甲	2+8−	傷官	44丁	12乙	2+8−	正官
3	14丁	9壬	2+9−	正財	44丁	10癸	2+8−	偏財	15戊	11甲	1+9−	比肩	45戊	12乙	1+9−	偏財
4	15戊	9壬	1+9−	食神	45戊	10癸	1+9−	傷官	16己	11甲	1+9−	劫財	46己	12乙	1+9−	正財
5	16己	9壬	1+0−	傷官	46己	10癸	1+9−	食神	17庚	11甲	1+9−	偏印	47庚	12乙	1+9−	食神
6	17庚	9壬	1+0−	比肩	47庚	10癸	1+9−	劫財	18辛	11甲	1+0−	印綬	48辛	12乙	1+0−	傷官
7	18辛	9壬	1+0−	劫財	48辛	10癸	1+0−	比肩	19壬	12乙	0+1−	食神	49壬	13丙	0+1−	劫財
8	19壬	10癸	0+1−	印綬	49壬	11甲	0+1−	印綬	20癸	12乙	0+1−	傷官	50癸	13丙	0+1−	比肩
9	20癸	10癸	0+1−	偏印	50癸	11甲	0+1−	偏印	21甲	12乙	9+1−	比肩	51甲	13丙	9+1−	印綬
10	21甲	10癸	9+1−	正官	51甲	11甲	9+1−	正官	22乙	12乙	9+1−	劫財	52乙	13丙	9+1−	偏印
11	22乙	10癸	9+1−	偏官	52乙	11甲	9+1−	偏官	23丙	12乙	9+1−	偏印	53丙	13丙	9+1−	正官
12	23丙	10癸	9+1−	正財	53丙	11甲	9+1−	正財	24丁	12乙	8+2−	印綬	54丁	13丙	8+2−	偏官
13	24丁	10癸	8+2−	偏財	54丁	11甲	8+2−	偏財	25戊	12乙	8+2−	偏官	55戊	13丙	8+2−	正財
14	25戊	10癸	8+2−	傷官	55戊	11甲	8+2−	傷官	26己	12乙	8+2−	正官	56己	13丙	8+2−	偏財
15	26己	10癸	8+2−	食神	56己	11甲	8+2−	食神	27庚	12乙	7+3−	偏財	57庚	13丙	7+3−	傷官
16	27庚	10癸	7+3−	劫財	57庚	11甲	7+3−	劫財	28辛	12乙	7+3−	正財	58辛	13丙	7+3−	食神
17	28辛	10癸	7+3−	比肩	58辛	11甲	7+3−	比肩	29壬	12乙	7+3−	食神	59壬	13丙	7+3−	劫財
18	29壬	10癸	7+3−	印綬	59壬	11甲	7+3−	正財	30癸	12乙	6+4−	傷官	60癸	13丙	6+4−	比肩
19	30癸	10癸	6+4−	偏印	60癸	11甲	6+4−	偏財	31甲	12乙	6+4−	比肩	1甲	13丙	6+4−	印綬
20	31甲	10癸	6+4−	正官	1甲	11甲	6+4−	傷官	32乙	12乙	6+4−	印綬	2乙	13丙	6+4−	偏印
21	32乙	10癸	6+4−	偏官	2乙	11甲	6+4−	正財	33丙	12乙	5+5−	偏官	3丙	13丙	5+5−	正官
22	33丙	10癸	5+5−	正財	3丙	11甲	5+5−	食神	34丁	12乙	5+5−	正官	4丁	13丙	5+5−	偏官
23	34丁	10癸	5+5−	偏財	4丁	11甲	5+5−	傷官	35戊	12乙	5+5−	偏財	5戊	13丙	5+5−	正財
24	35戊	10癸	5+5−	傷官	5戊	11甲	5+5−	比肩	36己	12乙	4+6−	正財	6己	13丙	4+6−	偏財
25	36己	10癸	4+6−	食神	6己	11甲	4+6−	劫財	37庚	12乙	4+6−	食神	7庚	13丙	4+6−	傷官
26	37庚	10癸	4+6−	劫財	7庚	11甲	4+6−	偏印	38辛	12乙	4+6−	傷官	8辛	13丙	4+6−	食神
27	38辛	10癸	4+6−	比肩	8辛	11甲	4+6−	印綬	39壬	12乙	3+7−	比肩	9壬	13丙	3+7−	劫財
28	39壬	10癸	3+7−	印綬	9壬	11甲	3+7−	偏官	40癸	12乙	3+7−	劫財	10癸	13丙	3+7−	比肩
29	40癸	10癸	3+7−	偏印	10癸	11甲	3+7−	正官	41甲	12乙	3+7−	偏印	11甲	13丙	3+7−	印綬
30	41甲	10癸	3+7−	正官	11甲	11甲	3+7−	偏財	42乙	12乙	2+8−	印綬	12乙	13丙	2+8−	偏印
31					12乙	11甲	2+8−	正財					13丙	13丙	2+8−	正官

2015年（平成27年）生まれ　年干：32乙（2/4～翌年2/3まで）

	1月	2月	3月	4月	5月	6月	7月	8月	9月	10月	11月	12月
日	日干 月干 立年(男 女) 中心星	日干 月干 立年(男 女) 中心星	日干 月干 立年(男 女) 中心星	日干 月干 立年(男 女) 中心星	日干 月干 立年(男 女) 中心星	日干 月干 立年(男 女) 中心星	日干 月干 立年(男 女) 中心星	日干 月干 立年(男 女) 中心星	日干 月干 立年(男 女) 中心星	日干 月干 立年(男 女) 中心星	日干 月干 立年(男 女) 中心星	日干 月干 立年(男 女) 中心星
1	14丁13丙2+8−偏官	45戊14丁1+9−劫財	13丙15戊8−2+偏印	44丁16己9−1+偏印	14丁17庚9−2+傷官	45戊18辛9−2+偏印	15戊19壬8−2+印綬	46己20癸8−2+比肩	17庚21甲8−2+比肩	47庚22乙8−2+劫財	18辛23丙8−2+印綬	48辛24丁8−2+傷官
2	15戊13丙1+9−正財	46己14丁1+9−比肩	14丁15戊9−1+印綬	45戊16己9−1+正官	15戊17庚9−1+比肩	46己18辛9−1+印綬	16己19壬9−2+偏印	47庚20癸9−2+印綬	18辛21甲8−2+劫財	48辛22乙8−2+比肩	19壬23丙8−2+偏官	49壬24丁8−2+比肩
3	16己13丙1+9−偏財	47庚14丁1+9−印綬	15戊15戊9−1+偏官	46己16己9−1+偏官	16己17庚9−1+劫財	47庚18辛9−1+偏官	17庚19壬9−1+正官	48辛20癸9−2+偏印	19壬21甲9−2+偏印	49壬22乙8−2+印綬	20癸23丙9−2+正官	50癸24丁8−1+劫財
4	17庚13丙1+9−傷官	48辛15戊1−0+印綬	16己15戊9−1+正官	47庚16己0−1+正財	17庚17庚0−1+偏印	48辛18辛0−1+正官	18辛19壬9−1+偏官	49壬20癸9−1+正官	20癸21甲9−1+印綬	50癸22乙9−1+偏印	21甲23丙9−1+偏財	51甲24丁9−1+偏印
5	18辛13丙1+0−食神	49壬15戊1−0+偏官	17庚15戊0−1+偏財	48辛17庚1−0+偏財	18辛17庚0−1+印綬	49壬18辛0−1+偏財	19壬19壬[illegible]−1+正財	50癸20癸0−1+偏官	21甲21甲9−1+偏官	51甲22乙9−1+正官	22乙23丙9−1+正財	52乙24丁9−1+印綬
6	19壬14丁0+1−劫財	50癸15戊1−9+正官	18辛16己1−0+偏財	49壬17庚1−0+傷官	19壬18辛1−0+偏官	50癸19壬1−0+偏官	20癸19壬[illegible]−1+偏財	51甲20癸0−1+正財	22乙21甲0−1+正官	52乙22乙9−1+偏官	23丙23丙0−1+食神	53丙24丁9−1+偏官
7	20癸14丁9+1−比肩	51甲15戊1−9+偏財	19壬16己1−0+傷官	50癸17庚1−0+食神	20癸18辛1−0+正官	51甲19壬1−0+正財	21甲20癸[illegible]−0+傷官	52乙20癸0−1+偏財	23丙21甲0−1+偏財	53丙22乙0−1+正財	24丁23丙0−1+傷官	54丁25戊1−0+偏官
8	21甲14丁9+1−印綬	52乙15戊1−9+正財	20癸16己1−9+食神	51甲17庚1−9+劫財	21甲18辛1−0+偏財	52乙19壬1−0+偏財	22乙20癸1−0+食神	53丙21甲1−0+偏財	24丁22乙1−0+偏財	54丁23丙1−0+偏財	25戊24丁1−0+偏官	55戊25戊1−0+正財
9	22乙14丁9+1−偏印	53丙15戊2−8+食神	21甲16己1−9+劫財	52乙17庚1−9+比肩	22乙18辛1−9+正財	53丙19壬1−9+傷官	23丙20癸1−0+劫財	54丁21甲1−0+傷官	25戊22乙1−0+傷官	55戊23丙1−0+偏官	26己24丁1−9+正官	56己25戊1−9+偏財
10	23丙14丁8+1−正官	54丁15戊2−8+傷官	22乙16己1−9+比肩	53丙17庚2−9+印綬	23丙18辛1−9+食神	54丁19壬1−9+食神	24丁20癸1−0+比肩	55戊21甲1−0+偏官	26己22乙1−9+食神	56己23丙1−0+食神	27庚24丁1−9+偏財	57庚25戊1−9+傷官
11	24丁14丁8+2−偏官	55戊15戊2−8+比肩	23丙16己2−8+印綬	54丁17庚2−8+偏印	24丁18辛2−9+傷官	55戊19壬2−9+劫財	25戊20癸1−9+印綬	56己21甲1−9+劫財	27庚22乙1−9+劫財	57庚23丙1−9+劫財	28辛24丁1−9+正財	58辛25戊1−9+食神
12	25戊14丁8+2−正財	56己15戊3−7+印綬	24丁16己2−8+偏印	55戊17庚2−8+正官	25戊18辛2−8+食神	56己19壬2−8+比肩	26己20癸2−9+偏印	57庚21甲1−9+偏印	28辛22乙1−9+比肩	58辛23丙1−9+比肩	29壬24丁1−8+食神	59壬25戊2−8+劫財
13	26己14丁7+2−偏財	57庚15戊3−7+偏官	25戊16己2−8+正官	56己17庚3−8+偏官	26己18辛2−8+傷官	57庚19壬2−8+印綬	27庚20癸2−9+正官	58辛21甲2−9+印綬	29壬22乙2−8+印綬	59壬23丙2−9+印綬	30癸24丁2−8+傷官	60癸25戊2−8+比肩
14	27庚14丁7+3−傷官	58辛15戊3−7+正官	26己16己3−7+偏官	57庚17庚3−7+正財	27庚18辛3−8+比肩	58辛19壬3−8+偏印	28辛20癸2−8+偏官	59壬21甲2−8+偏官	30癸22乙2−8+偏印	60癸23丙2−8+偏印	31甲24丁2−8+比肩	1甲 25戊2−8+印綬
15	28辛14丁7+3−食神	59壬15戊4−6+偏財	27庚16己3−7+正財	58辛17庚3−7+食神	28辛18辛3−7+劫財	59壬19壬3−7+正官	29壬20癸3−8+正財	60癸21甲2−8+正官	31甲22乙2−8+正官	1甲 23丙2−8+正官	32乙24丁2−7+劫財	2乙 25戊3−7+偏印
16	29壬14丁6+3−印綬	60癸15戊4−6+正財	28辛16己3−7+偏財	59壬17庚4−7+劫財	29壬18辛3−7+偏印	60癸19壬3−7+偏官	30癸20癸3−8+偏財	1甲 21甲3−8+偏財	32乙22乙3−7+偏官	2乙 23丙3−8+偏官	33丙24丁3−7+偏印	3丙 25戊3−7+正官
17	30癸14丁6+4−偏印	1甲 15戊4−6+食神	29壬16己4−6+傷官	60癸17庚4−6+比肩	30癸18辛4−7+印綬	1甲 19壬4−7+正財	31甲20癸3−7+劫財	2乙 21甲3−7+正財	33丙22乙3−7+正財	3丙 23丙3−7+正財	34丁24丁3−7+印綬	4丁 25戊3−7+偏官
18	31甲14丁6+4−正官	2乙 15戊5−5+傷官	30癸16己4−6+食神	1甲 17庚4−6+偏財	31甲18辛4−6+偏官	2乙 19壬4−6+偏財	32乙20癸4−7+比肩	3丙 21甲3−7+食神	34丁22乙3−7+偏財	4丁 23丙3−7+比肩	35戊24丁3−6+偏官	5戊 25戊4−6+正財
19	32乙14丁5+4−偏財	3丙 15戊5−5+偏印	31甲16己4−6+劫財	2乙 17庚5−6+正財	32乙18辛4−6+正官	3丙 19壬4−6+傷官	33丙20癸4−7+印綬	4丁 21甲4−7+正官	35戊22乙4−6+傷官	5戊 23丙4−7+印綬	36己24丁4−6+正官	6己 25戊4−6+偏財
20	33丙14丁5+5−傷官	4丁 15戊5−5+印綬	32乙16己5−5+比肩	3丙 17庚5−5+食神	33丙18辛5−6+偏財	4丁 19壬5−6+食神	34丁20癸4−6+食神	5戊 21甲4−6+偏財	36己22乙4−6+食神	6己 23丙4−6+偏印	37庚24丁4−6+偏財	7庚 25戊4−6+傷官
21	34丁14丁5+5−食神	5戊 15戊6−4+偏官	33丙16己5−5+印綬	4丁 17庚5−5+傷官	34丁18辛5−5+劫財	5戊 19壬5−5+劫財	35戊20癸5−6+劫財	6己 21甲4−6+正財	37庚22乙4−6+劫財	7庚 23丙4−6+偏印	38辛24丁4−5+傷官	8辛 25戊5−5+食神
22	35戊14丁4+5−劫財	6己 15戊6−4+正官	34丁16己5−5+偏印	5戊 17庚6−5+比肩	35戊18辛5−5+偏印	6己 19壬5−5+比肩	36己20癸5−6+比肩	7庚 21甲5−6+比肩	38辛22乙5−5+比肩	8辛 23丙5−6+印綬	39壬24丁5−5+比肩	9壬 25戊5−5+劫財
23	36己14丁4+6−比肩	7庚 15戊6−4+偏財	35戊16己6−4+正官	6己 17庚6−4+劫財	36己18辛6−5+印綬	7庚 19壬6−5+印綬	37庚20癸5−5+印綬	8辛 21甲5−5+劫財	39壬22乙5−5+印綬	9壬 23丙5−5+偏官	40癸24丁5−5+劫財	10癸25戊5−5+比肩
24	37庚14丁4+6−印綬	8辛 15戊7−3+正財	36己16己6−4+偏官	7庚 17庚6−4+偏印	37庚18辛6−4+偏官	8辛 19壬6−4+偏印	38辛20癸6−5+偏印	9壬 21甲5−5+偏印	40癸22乙5−5+偏印	10癸23丙5−5+正官	41甲24丁5−4+偏印	11甲25戊6−4+印綬
25	38辛14丁3+6−偏印	9壬 15戊7−3+食神	37庚16己6−4+正財	8辛 17庚7−4+印綬	38辛18辛6−4+正官	9壬 19壬6−4+正官	39壬20癸6−5+正官	10癸21甲6−5+印綬	41甲22乙6−4+正官	11甲23丙6−5+偏財	42乙24丁6−4+印綬	12乙25戊6−4+偏印
26	39壬14丁3+7−正官	10癸15戊7−3+傷官	38辛16己7−3+偏財	9壬 17庚7−3+偏官	39壬18辛7−4+偏財	10癸19壬7−4+偏財	40癸20癸6−4+偏官	11甲21甲6−4+偏官	42乙22乙6−4+偏官	12乙23丙6−4+正財	43丙24丁6−4+偏官	13丙25戊6−4+正官
27	40癸14丁3+7−偏官	11甲15戊8−2+比肩	39壬16己7−3+傷官	10癸17庚7−3+正官	40癸18辛7−3+正財	11甲19壬7−3+傷官	41甲20癸7−4+正財	12乙21甲6−4+正官	43丙22乙6−4+正財	13丙23丙6−4+食神	44丁24丁6−3+正官	14丁25戊7−3+偏官
28	41甲14丁2+7−正財	12乙15戊8−2+劫財	40癸16己7−3+食神	11甲17庚8−3+偏財	41甲18辛7−3+食神	12乙19壬7−3+食神	42乙20癸7−4+偏財	13丙21甲7−4+偏財	44丁22乙7−3+偏財	14丁23丙7−4+傷官	45戊24丁7−3+偏財	15戊25戊7−3+正財
29	42乙14丁2+8−偏財		41甲16己8−2+劫財	12乙17庚8−2+正財	42乙18辛8−3+傷官	13丙19壬8−3+劫財	43丙20癸7−3+傷官	14丁21甲7−3+正財	45戊22乙7−3+傷官	15戊23丙7−3+比肩	46己24丁7−3+正財	16己25戊7−3+偏財
30	43丙14丁2+8−傷官		42乙16己8−2+比肩	13丙17庚8−2+食神	43丙18辛8−2+比肩	14丁19壬8−2+比肩	44丁20癸8−3+食神	15戊21甲7−3+食神	46己22乙7−3+食神	16己23丙7−3+劫財	47庚24丁7−2+食神	17庚25戊8−2+傷官
31	44丁14丁1+8−食神		43丙16己8−2+印綬		44丁18辛8−2+劫財		45戊20癸8−3+劫財	16己21甲8−3+傷官		17庚23丙8−3+偏印		18辛25戊8−2+食神

2016年（平成28年）生まれ　年干：33丙（2/4～翌年2/3まで）

	1月	2月	3月	4月	5月	6月	7月	8月	9月	10月	11月	12月
日	日干 月干 立年男女 中心星	日干 月干 立年男女 中心星	日干 月干 立年男女 中心星	日干 月干 立年男女 中心星	日干 月干 立年男女 中心星	日干 月干 立年男女 中心星	日干 月干 立年男女 中心星	日干 月干 立年男女 中心星	日干 月干 立年男女 中心星	日干 月干 立年男女 中心星	日干 月干 立年男女 中心星	日干 月干 立年男女 中心星
1	19壬25戊8−2+劫財	50癸26己9−1+偏官	19壬27庚1+9−食神	50癸28辛1+9−食神	20癸29壬1+9−正官	51甲30癸1+9−食神	21甲31甲2+9−傷官	52乙32乙2+8−偏財	23丙33丙2+8−偏財	53丙34丁2+8−正財	24丁35戊2+8−傷官	54丁36己2+8−正官
2	20癸25戊9−1+比肩	51甲26己9−1+正財	20癸27庚1+9−傷官	51甲28辛1+9−劫財	21甲29壬1+9−偏財	52乙30癸1+9−傷官	22乙31甲2+9−食神	53丙32乙2+9−傷官	24丁33丙2+9−正財	54丁34丁2+8−偏財	25戊35戊2+8−比肩	55戊36己2+8−偏財
3	21甲25戊9−1+印綬	52乙26己9−1+偏財	21甲27庚1+9−比肩	52乙28辛1+0−比肩	22乙29壬1+0−正財	53丙30癸1+0−比肩	23丙31甲1+9−劫財	54丁32乙1+9−食神	25戊33丙1+9−食神	55戊34丁2+9−傷官	26己35戊1+9−劫財	56己36己1+9−正財
4	22乙25戊9−1+偏印	53丙27庚0+1−食神	22乙27庚1+0−劫財	53丙29壬0+1−印綬	23丙29壬1+0−食神	54丁30癸1+0−劫財	24丁31甲1+0−比肩	55戊32乙1+9−劫財	26己33丙1+9−傷官	56己34丁1+9−食神	27庚35戊1+9−偏印	57庚36己1+9−食神
5	23丙25戊0−1+正官	54丁27庚0+1−傷官	23丙28辛0+1−印綬	54丁29壬0+1−偏印	24丁30癸0+1−傷官	55戊31甲0+1−劫財	25戊31甲1+0−印綬	56己32乙1+0−比肩	27庚33丙1+0−比肩	57庚34丁1+9−劫財	28辛35戊1+9−印綬	58辛36己1+9−傷官
6	24丁26己1−0+偏官	55戊27庚9+1−比肩	24丁28辛0+1−偏印	55戊29壬0+1−正官	25戊30癸0+1−比肩	56己31甲0+1−比肩	26己31甲1+0−偏印	57庚32乙1+0−印綬	28辛33丙1+0−劫財	58辛34丁1+0−比肩	29壬35戊1+0−偏官	59壬36己1+0−比肩
7	25戊26己1−9+正財	56己27庚9+1−劫財	25戊28辛9+1−正官	56己29壬9+1−偏官	26己30癸0+1−劫財	57庚31甲0+1−印綬	27庚32乙0+1−正官	58辛33丙0+1−印綬	29壬34丁0+1−印綬	59壬34丁1+0−印綬	30癸36己0+1−傷官	60癸37庚0+1−比肩
8	26己26己1−9+偏財	57庚27庚9+1−偏印	26己28辛9+1−偏官	57庚29壬9+1−正財	27庚30癸9+1−偏印	58辛31甲0+1−偏印	28辛32乙0+1−偏官	59壬33丙0+1−偏官	30癸34丁0+1−偏印	60癸35戊0+1−偏印	31甲36己0+1−比肩	1甲37庚9+1−印綬
9	27庚26己1−9+傷官	58辛27庚8+2−印綬	27庚28辛9+1−正財	58辛29壬9+2−偏財	28辛30癸9+1−印綬	59壬31甲9+1−正官	29壬32乙0+1−正財	60癸33丙0+1−正官	31甲34丁0+1−正官	1甲35戊0+1−正官	32乙36己9+1−劫財	2乙37庚9+1−偏印
10	28辛26己1−8+食神	59壬27庚8+2−偏官	28辛28辛8+2−偏財	59壬29壬8+2−傷官	29壬30癸9+2−偏官	60癸31甲9+2−偏官	30癸32乙9+1−偏財	1甲33丙9+1−偏財	32乙34丁9+1−偏官	2乙35戊9+1−偏官	33丙36己9+1−偏印	3丙37庚9+1−正官
11	29壬26己2−8+劫財	60癸27庚8+2−正官	29壬28辛8+2−傷官	60癸29壬8+2−食神	30癸30癸8+2−印綬	1甲31甲9+2−正財	31甲32乙9+1−傷官	2乙33丙9+1−正財	33丙34丁9+1−正財	3丙35戊9+1−正財	34丁36己9+1−印綬	4丁37庚8+1−偏官
12	30癸26己2−8+比肩	1甲27庚7+3−食神	30癸28辛8+2−食神	1甲29壬8+3−劫財	31甲30癸8+2−偏官	2乙31甲8+2−偏財	32乙32乙9+2−食神	3丙33丙9+2−食神	34丁34丁9+2−偏財	4丁35戊9+1−偏財	35戊36己8+2−偏官	5戊37庚8+2−正財
13	31甲26己2−7+印綬	2乙27庚7+3−傷官	31甲28辛7+3−劫財	2乙29壬7+3−比肩	32乙30癸8+3−正官	3丙31甲8+3−傷官	33丙32乙8+2−劫財	4丁33丙8+2−傷官	35戊34丁8+2−傷官	5戊35戊8+2−傷官	36己36己8+2−正官	6己37庚8+2−偏財
14	32乙26己3−7+偏印	3丙27庚7+3−比肩	32乙28辛7+3−比肩	3丙29壬7+3−正官	33丙30癸7+3−偏財	4丁31甲8+3−食神	34丁32乙8+2−比肩	5戊33丙8+2−比肩	36己34丁8+2−食神	6己35戊8+2−食神	37庚36己8+2−偏財	7庚37庚7+2−傷官
15	33丙26己3−7+正官	4丁27庚6+4−劫財	33丙28辛7+3−印綬	4丁29壬7+4−偏官	34丁30癸7+3−正財	5戊31甲7+3−劫財	35戊32乙8+3−印綬	6己33丙8+3−劫財	37庚34丁8+3−劫財	7庚35戊8+2−劫財	38辛36己7+3−正財	8辛37庚7+3−食神
16	34丁26己3−6+偏財	5戊27庚6+4−偏印	34丁28辛6+4−偏印	5戊29壬6+4−正財	35戊30癸7+4−食神	6己31甲7+4−比肩	36己32乙7+3−偏印	7庚33丙7+3−偏印	38辛34丁7+3−比肩	8辛35戊7+3−比肩	39壬36己7+3−食神	9壬37庚7+3−劫財
17	35戊26己4−6+傷官	6己27庚6+4−印綬	35戊28辛6+4−正官	6己29壬6+4−劫財	36己30癸6+4−傷官	7庚31甲7+4−印綬	37庚32乙7+3−正財	8辛33丙7+3−印綬	39壬34丁7+3−印綬	9壬35戊7+3−印綬	40癸36己7+3−傷官	10癸37庚6+3−比肩
18	36己26己4−6+食神	7庚27庚5+5−偏官	36己28辛6+4−偏官	7庚29壬6+5−偏印	37庚30癸6+4−比肩	8辛31甲6+4−偏印	38辛32乙7+4−偏財	9壬33丙7+4−比肩	40癸34丁7+4−偏印	10癸35戊7+3−偏財	41甲36己6+4−比肩	11甲37庚6+4−印綬
19	37庚26己4−5+印綬	8辛27庚5+5−正財	37庚28辛5+5−正財	8辛29壬5+5−印綬	38辛30癸6+5−劫財	9壬31甲6+5−正官	39壬32乙6+4−傷官	10癸33丙6+4−劫財	41甲34丁6+4−正官	11甲35戊6+4−傷官	42乙36己6+4−劫財	12乙37庚6+4−偏印
20	38辛26己5−5+偏印	9壬27庚5+5−食神	38辛28辛5+5−偏財	9壬29壬5+5−偏官	39壬30癸5+5−偏財	10癸31甲6+5−偏官	40癸32乙6+4−偏官	11甲33丙6+4−偏印	42乙34丁6+4−偏官	12乙35戊6+4−食神	43丙36己6+4−偏官	13丙37庚5+4−正官
21	39壬26己5−5+正官	10癸27庚4+6−傷官	39壬28辛5+5−傷官	10癸29壬5+6−正官	40癸30癸5+5−正財	11甲31甲5+5−正財	41甲32乙6+5−正財	12乙33丙6+5−正官	43丙34丁6+5−正財	13丙35戊6+4−食神	44丁36己5+5−正官	14丁37庚5+5−偏官
22	40癸26己5−4+偏官	11甲27庚4+6−比肩	40癸28辛4+6−食神	11甲29壬4+6−偏財	41甲30癸5+6−食神	12乙31甲5+6−偏財	42乙32乙5+5−偏財	13丙33丙5+5−偏財	44丁34丁5+5−偏財	14丁35戊5+5−傷官	45戊36己5+5−偏財	15戊37庚5+5−正財
23	41甲26己6−4+正財	12乙27庚4+6−劫財	41甲28辛4+6−劫財	12乙29壬4+6−正財	42乙30癸4+6−傷官	13丙31甲5+6−傷官	43丙32乙5+5−傷官	14丁33丙5+5−正財	45戊34丁5+5−傷官	15戊35戊5+5−比肩	46己36己5+5−正財	16己37庚4+5−偏財
24	42乙26己6−4+偏財	13丙27庚3+7−偏印	42乙28辛4+6−比肩	13丙29壬4+7−食神	43丙30癸4+6−比肩	14丁31甲4+6−食神	44丁32乙5+6−食神	15戊33丙5+6−食神	46己34丁5+6−食神	16己35戊5+5−劫財	47庚36己4+6−食神	17庚37庚4+6−傷官
25	43丙26己6−3+傷官	14丁27庚3+7−印綬	43丙28辛3+7−印綬	14丁29壬3+7−傷官	44丁30癸4+7−劫財	15戊31甲4+7−印綬	45戊32乙4+6−劫財	16己33丙4+6−傷官	47庚34丁4+6−劫財	17庚35戊4+6−偏印	48辛36己4+6−傷官	18辛37庚4+6−食神
26	44丁26己7−3+食神	15戊27庚3+7−偏官	44丁28辛3+7−偏印	15戊29壬3+7−比肩	45戊30癸3+7−偏印	16己31甲4+7−偏印	46己32乙4+6−比肩	17庚33丙4+6−比肩	48辛34丁4+6−比肩	18辛35戊4+6−印綬	49壬36己4+6−比肩	19壬37庚3+6−劫財
27	45戊26己7−3+劫財	16己27庚2+8−正官	45戊28辛3+7−正官	16己29壬3+8−劫財	46己30癸3+7−印綬	17庚31甲3+7−正官	47庚32乙4+7−印綬	18辛33丙4+7−劫財	49壬34丁4+7−印綬	19壬35戊4+6−偏官	50癸36己3+7−劫財	20癸37庚3+7−比肩
28	46己26己7−2+比肩	17庚27庚2+8−偏財	46己28辛2+8−偏官	17庚29壬2+8−偏印	47庚30癸3+8−偏官	18辛31甲3+8−偏官	48辛32乙3+7−偏印	19壬33丙3+7−偏印	50癸34丁3+7−偏印	20癸35戊3+7−正官	51甲36己3+7−偏印	21甲37庚3+7−印綬
29	47庚26己8−2+印綬	18辛27庚2+8−正財	47庚28辛2+8−正財	18辛29壬2+8−印綬	48辛30癸2+8−正官	19壬31甲3+8−正財	49壬32乙3+7−正官	20癸33丙3+7−印綬	51甲34丁3+7−正官	21甲35戊3+7−偏財	52乙36己3+7−印綬	22乙37庚2+7−偏印
30	48辛26己8−2+偏印		48辛28辛2+8−偏財	19壬29壬2+9−偏官	49壬30癸2+8−偏財	20癸31甲2+8−偏財	50癸32乙3+8−偏官	21甲33丙3+8−偏官	52乙34丁3+8−偏官	22乙35戊3+7−正財	53丙36己2+8−偏官	23丙37庚2+8−正官
31	49壬26己8−1+正官		49壬28辛1+9−傷官		50癸30癸2+9−正財		51甲32乙2+8−正財	22乙33丙2+8−正官		23丙35戊2+8−食神		24丁37庚2+8−偏官

2017年（平成29年）生まれ　年干：34丁（2/4～翌年2/3まで）

日	1月	2月	3月	4月	5月	6月	7月	8月	9月	10月	11月	12月
	日干 月干 立年 男 女 中心星	日干 月干 立年 男 女 中心星	日干 月干 立年 男 女 中心星	日干 月干 立年 男 女 中心星	日干 月干 立年 男 女 中心星	日干 月干 立年 男 女 中心星	日干 月干 立年 男 女 中心星	日干 月干 立年 男 女 中心星	日干 月干 立年 男 女 中心星	日干 月干 立年 男 女 中心星	日干 月干 立年 男 女 中心星	日干 月干 立年 男 女 中心星
1	25戊37庚1+8−正財	56己38辛1+9−比肩	24丁39壬8−1+印綬	55戊40癸9−1+正官	25戊41甲9−1+比肩	56己42乙9−1+印綬	26己43丙9−2+偏印	57庚44丁8−2+印綬	28辛45戊8−2+劫財	58辛46己8−2+比肩	29壬47庚8−2+偏官	59壬48辛8−2+比肩
2	26己37庚1+9−偏財	57庚38辛1+9−印綬	25戊39壬9−1+偏官	56己40癸9−1+偏官	26己41甲9−1+劫財	57庚42乙9−1+偏官	27庚43丙9−2+正官	58辛44丁9−2+偏印	29壬45戊9−2+偏印	59壬46己8−2+印綬	30癸47庚8−2+正官	60癸48辛8−2+劫財
3	27庚37庚1+9−傷官	58辛38辛1+0−偏印	26己39壬9−1+正官	57庚40癸0−1+正財	27庚41甲0−1+偏印	58辛42乙0−1+正官	28辛43丙9−1+偏官	59壬44丁9−1+正官	30癸45戊9−1+印綬	60癸46己9−2+偏印	31甲47庚9−1+偏財	1甲48辛9−1+偏印
4	28辛37庚1+9−食神	59壬39壬1−0+偏官	27庚39壬9−1+偏財	58辛41甲1−0+偏財	28辛41甲0−1+印綬	59壬42乙0−1+偏財	29壬43丙0−1+正財	60癸44丁9−1+偏官	31甲45戊9−1+偏官	1甲46己9−1+正官	32乙47庚9−1+正財	2乙48辛9−1+印綬
5	29壬38辛0+1−劫財	60癸39壬1−9+正官	28辛40癸1−0+偏財	59壬41甲1−0+傷官	29壬42乙1−0+偏官	60癸43丙1−0+偏官	30癸43丙0−1+偏財	1甲44丁0−1+正財	32乙45戊0−1+正官	2乙46己9−1+偏官	33丙47庚9−1+食神	3丙48辛9−1+偏官
6	30癸38辛0+1−比肩	1甲39壬1−9+偏財	29壬40癸1−0+傷官	60癸41甲1−0+食神	30癸42乙1−0+正官	1甲43丙1−0+正財	31甲43丙0−1+傷官	2乙44丁0−1+偏財	33丙45戊0−1+偏財	3丙46己0−1+正財	34丁47庚0−1+傷官	4丁48辛0−1+正官
7	31甲38辛9+1−印綬	2乙39壬1−9+正財	30癸40癸1−9+食神	1甲41甲1−9+劫財	31甲42乙1−0+偏財	2乙43丙1−0+偏財	32乙44丁1−0+食神	3丙45戊1−0+食神	34丁46己1−0+偏財	4丁46己0−1+偏財	35戊48辛1−0+偏官	5戊49壬1−0+正財
8	32乙38辛9+1−偏印	3丙39壬1−8+食神	31甲40癸1−9+劫財	2乙41甲1−9+比肩	32乙42乙1−9+正財	3丙43丙1−0+傷官	33丙44丁1−0+劫財	4丁45戊1−0+傷官	35戊46己1−0+傷官	5戊47庚1−0+傷官	36己48辛1−0+正官	6己49壬1−9+偏財
9	33丙38辛9+1−正官	4丁39壬2−8+傷官	32乙40癸1−9+比肩	3丙41甲2−9+印綬	33丙42乙1−9+食神	4丁43丙1−9+食神	34丁44丁1−0+比肩	5戊45戊1−0+比肩	36己46己1−0+食神	6己47庚1−0+食神	37庚48辛1−9+偏財	7庚49壬1−9+傷官
10	34丁38辛8+2−偏官	5戊39壬2−8+比肩	33丙40癸2−8+印綬	4丁41甲2−8+偏印	34丁42乙2−9+傷官	5戊43丙2−9+劫財	35戊44丁1−9+印綬	6己45戊1−9+劫財	37庚46己1−9+劫財	7庚47庚1−9+劫財	38辛48辛1−9+正財	8辛49壬1−9+食神
11	35戊38辛8+2−正財	6己39壬2−7+劫財	34丁40癸2−8+偏印	5戊41甲2−8+正官	35戊42乙2−8+食神	6己43丙2−9+比肩	36己44丁1−9+偏印	7庚45戊1−9+偏印	38辛46己1−9+比肩	8辛47庚1−9+比肩	39壬48辛1−9+食神	9壬49壬1−8+劫財
12	36己38辛8+2−偏財	7庚39壬3−7+偏官	35戊40癸2−8+正官	6己41甲3−8+偏官	36己42乙2−8+傷官	7庚43丙2−8+印綬	37庚44丁2−9+正官	8辛45戊2−9+印綬	39壬46己2−9+印綬	9壬47庚1−9+印綬	40癸48辛2−8+傷官	10癸49壬2−8+比肩
13	37庚38辛7+3−傷官	8辛39壬3−7+正官	36己40癸3−7+偏官	7庚41甲3−7+正財	37庚42乙3−8+比肩	8辛43丙3−8+偏印	38辛44丁2−8+偏官	9壬45戊2−8+偏官	40癸46己2−8+偏印	10癸47庚2−8+偏印	41甲48辛2−8+比肩	11甲49壬2−8+印綬
14	38辛38辛7+3−食神	9壬39壬3−6+偏財	37庚40癸3−7+正財	8辛41甲3−7+食神	38辛42乙3−7+劫財	9壬43丙3−8+正官	39壬44丁2−8+正財	10癸45戊2−8+正官	41甲46己2−8+正官	11甲47庚2−8+正官	42乙48辛2−8+劫財	12乙49壬2−7+偏印
15	39壬38辛7+3−印綬	10癸39壬4−6+正財	38辛40癸3−7+偏財	9壬41甲4−7+劫財	39壬42乙3−7+偏印	10癸43丙3−7+偏官	40癸44丁3−8+偏財	11甲45戊3−8+偏財	42乙46己3−8+偏官	12乙47庚2−8+偏官	43丙48辛3−7+偏印	13丙49壬3−7+正官
16	40癸38辛6+4−偏印	11甲39壬4−6+食神	39壬40癸4−6+傷官	10癸41甲4−6+比肩	40癸42乙4−7+印綬	11甲43丙4−7+正財	41甲44丁3−7+傷官	12乙45戊3−7+正財	43丙46己3−7+正財	13丙47庚3−7+正財	44丁48辛3−7+印綬	14丁49壬3−7+偏官
17	41甲38辛6+4−正官	12乙39壬4−5+傷官	40癸40癸4−6+食神	11甲41甲4−6+偏財	41甲42乙4−6+偏官	12乙43丙4−7+偏財	42乙44丁3−7+比肩	13丙45戊3−7+食神	44丁46己3−7+偏財	14丁47庚3−7+偏財	45戊48辛3−7+偏官	15戊49壬3−6+正財
18	42乙38辛6+4−偏財	13丙39壬5−5+比肩	41甲40癸4−6+劫財	12乙41甲5−6+正財	42乙42乙4−6+正官	13丙43丙4−6+傷官	43丙44丁4−7+印綬	14丁45戊4−7+正官	45戊46己4−7+傷官	15戊47庚3−7+印綬	46己48辛4−6+正官	16己49壬4−6+偏財
19	43丙38辛5+5−傷官	14丁39壬5−5+印綬	42乙40癸5−5+比肩	13丙41甲5−5+食神	43丙42乙5−6+偏財	14丁43丙5−6+食神	44丁44丁4−6+偏印	15戊45戊4−6+偏財	46己46己4−6+食神	16己47庚4−6+偏印	47庚48辛4−6+偏財	17庚49壬4−6+傷官
20	44丁38辛5+5−食神	15戊39壬5−4+偏官	43丙40癸5−5+印綬	14丁41甲5−5+傷官	44丁42乙5−5+劫財	15戊43丙5−6+劫財	45戊44丁4−6+劫財	16己45戊4−6+正財	47庚46己4−6+劫財	17庚47庚4−6+正官	48辛48辛4−6+傷官	18辛49壬4−5+食神
21	45戊38辛5+5−劫財	16己39壬6−4+正官	44丁40癸5−5+偏印	15戊41甲6−5+比肩	45戊42乙5−5+偏印	16己43丙5−5+比肩	46己44丁5−6+比肩	17庚45戊5−6+比肩	48辛46己5−6+比肩	18辛47庚4−6+印綬	49壬48辛5−5+比肩	19壬49壬5−5+劫財
22	46己38辛4+6−比肩	17庚39壬6−4+偏財	45戊40癸6−4+正官	16己41甲6−4+劫財	46己42乙6−5+印綬	17庚43丙6−5+印綬	47庚44丁5−5+印綬	18辛45戊5−5+劫財	49壬46己5−5+印綬	19壬47庚5−5+偏官	50癸48辛5−5+劫財	20癸49壬5−5+比肩
23	47庚38辛4+6−印綬	18辛39壬6−3+正財	46己40癸6−4+偏官	17庚41甲6−4+偏印	47庚42乙6−4+偏官	18辛43丙6−5+偏印	48辛44丁5−5+偏印	19壬45戊5−5+偏印	50癸46己5−5+偏印	20癸47庚5−5+正官	51甲48辛5−5+偏印	21甲49壬5−4+印綬
24	48辛38辛4+6−偏印	19壬39壬7−3+食神	47庚40癸6−4+正財	18辛41甲7−4+印綬	48辛42乙6−4+正官	19壬43丙6−4+正官	49壬44丁6−5+正官	20癸45戊6−5+印綬	51甲46己6−5+正官	21甲47庚5−5+偏財	52乙48辛6−4+印綬	22乙49壬6−4+偏印
25	49壬38辛3+7−正官	20癸39壬7−3+傷官	48辛40癸7−3+偏財	19壬41甲7−3+偏官	49壬42乙7−4+偏財	20癸43丙7−4+偏財	50癸44丁6−4+偏官	21甲45戊6−4+偏官	52乙46己6−4+偏官	22乙47庚6−4+正財	53丙48辛6−4+偏官	23丙49壬6−4+正官
26	50癸38辛3+7−偏官	21甲39壬7−2+比肩	49壬40癸7−3+傷官	20癸41甲7−3+正官	50癸42乙7−3+正財	21甲43丙7−4+傷官	51甲44丁6−4+正財	22乙45戊6−4+正官	53丙46己6−4+正財	23丙47庚6−4+食神	54丁48辛6−4+正官	24丁49壬6−3+傷官
27	51甲38辛3+7−正財	22乙39壬8−2+劫財	50癸40癸7−3+食神	21甲41甲8−3+偏財	51甲42乙7−3+食神	22乙43丙7−3+食神	52乙44丁7−4+偏財	23丙45戊7−4+偏財	54丁46己7−4+偏財	24丁47庚6−4+傷官	55戊48辛7−3+偏財	25戊49壬7−3+正財
28	52乙38辛2+8−偏財	23丙39壬8−2+偏印	51甲40癸8−2+劫財	22乙41甲8−2+正財	52乙42乙8−3+傷官	23丙43丙8−3+劫財	53丙44丁7−3+傷官	24丁45戊7−3+正財	55戊46己7−3+傷官	25戊47庚7−3+比肩	56己48辛7−3+正財	26己49壬7−3+偏財
29	53丙38辛2+8−傷官		52乙40癸8−2+比肩	23丙41甲8−2+食神	53丙42乙8−2+比肩	24丁43丙8−3+比肩	54丁44丁7−3+食神	25戊45戊7−3+食神	56己46己7−3+食神	26己47庚7−3+劫財	57庚48辛7−3+食神	27庚49壬7−2+傷官
30	54丁38辛2+8−食神		53丙40癸8−2+印綬	24丁41甲9−2+傷官	54丁42乙8−2+劫財	25戊43丙8−2+印綬	55戊44丁8−3+劫財	26己45戊8−3+傷官	57庚46己8−3+劫財	27庚47庚7−3+偏印	58辛48辛8−2+傷官	28辛49壬8−2+食神
31	55戊38辛1+9−劫財		54丁40癸9−1+偏印		55戊42乙9−2+偏印		56己44丁8−2+比肩	27庚45戊8−2+比肩		28辛47庚8−2+印綬		29壬49壬8−2+劫財

2018年（平成30年）生まれ　年干：35戊（2/4～翌年2/3まで）

日	1月	2月	3月	4月	5月	6月	7月	8月	9月	10月	11月	12月
日	日干 月干 立年男女 中心星	日干 月干 立年男女 中心星	日干 月干 立年男女 中心星	日干 月干 立年男女 中心星	日干 月干 立年男女 中心星	日干 月干 立年男女 中心星	日干 月干 立年男女 中心星	日干 月干 立年男女 中心星	日干 月干 立年男女 中心星	日干 月干 立年男女 中心星	日干 月干 立年男女 中心星	日干 月干 立年男女 中心星
1	30癸49壬8−1+比肩	1甲50癸9−1+正財	29壬51甲2+8−食神	60癸52乙1+9−食神	30癸53丙1+9−正官	1甲54丁2+9−食神	31甲55戊2+8−傷官	2乙56己2+8−偏財	33丙57庚2+8−偏財	3丙58辛2+8−正財	34丁59壬2+8−傷官	4丁60癸2+8−正官
2	31甲49壬9−1+印綬	2乙50癸9−1+偏財	30癸51甲1+9−傷官	1甲52乙1+9−劫財	31甲53丙1+9−偏財	2乙54丁1+9−傷官	32乙55戊2+9−食神	3丙56己2+9−傷官	34丁57庚2+9−正財	4丁58辛2+8−偏財	35戊59壬2+8−比肩	5戊60癸2+8−偏財
3	32乙49壬9−1+偏印	3丙50癸0−1+傷官	31甲51甲1+9−比肩	2乙52乙1+9−比肩	32乙53丙1+9−正財	3丙54丁1+0−比肩	33丙55戊1+9−劫財	4丁56己1+9−食神	35戊57庚2+9−食神	5戊58辛2+8−傷官	36己59壬1+9−劫財	6己60癸1+9−正財
4	33丙49壬9−1+正官	4丁51甲0+1−傷官	32乙51甲1+9−劫財	3丙52乙1+0−印綬	33丙53丙1+0−食神	4丁54丁1+0−劫財	34丁55戊1+9−比肩	5戊56己1+9−劫財	36己57庚1+9−傷官	6己58辛1+9−食神	37庚59壬1+9−偏印	7庚60癸1+9−食神
5	34丁50癸1−0+偏官	5戊51甲0+1−比肩	33丙51甲1+0−偏印	4丁53丙0+1−偏印	34丁54丁0+1−傷官	5戊54丁1+0−偏印	35戊55戊1+0−印綬	6己56己1+0−比肩	37庚57庚1+0−比肩	7庚58辛1+9−劫財	38辛59壬1−9−印綬	8辛60癸1+9−傷官
6	35戊50癸1−0+正財	6己51甲9+1−劫財	34丁52乙0+1−偏印	5戊53丙0+1−正官	35戊54丁0+1−比肩	6己55戊0+1−比肩	36己55戊1+0−偏印	7庚56己1+0−印綬	38辛57庚1+0−劫財	8辛58辛1+9−比肩	39壬59壬1−0−偏官	9壬60癸1+0−比肩
7	36己50癸1−9+偏財	7庚51甲9+1−偏印	35戊52乙0+1−正官	6己53丙9+1−偏官	36己54丁0+1−劫財	7庚55戊0+1−印綬	37庚56己0+1−正官	8辛57庚0+1−印綬	39壬57庚1+0−偏印	9壬58辛1+0−印綬	40癸60癸0−1−傷官	10癸 1甲0+1−比肩
8	37庚50癸1−9+傷官	8辛51甲9+1−印綬	36己52乙9+1−偏官	7庚53丙9+1−正財	37庚54丁0+1−偏印	8辛55戊0+1−偏印	38辛56己0+1−偏官	9壬57庚0+1−偏官	40癸58辛0+1−偏印	10癸59壬0+1−偏印	41甲60癸0+1−比肩	11甲 1甲0+1−印綬
9	38辛50癸1−9+食神	9壬51甲8+2−偏官	37庚52乙9+1−正財	8辛53丙9+1−偏財	38辛54丁9+1−印綬	9壬55戊9+1−正官	39壬56己0+1−正財	10癸57庚0+1−正官	41甲58辛0+1−正官	11甲59壬0+1−正官	42乙60癸9+1−劫財	12乙 1甲9+1−偏印
10	39壬50癸2−8+劫財	10癸51甲8+2−正官	38辛52乙9+1−偏財	9壬53丙8+2−傷官	39壬54丁9+2−偏官	10癸55戊9+1−偏官	40癸56己9+1−偏財	11甲57庚0+1−偏財	42乙58辛9+1−偏官	12乙59壬9+1−偏官	43丙60癸9+1−偏印	13丙 1甲9+1−正官
11	40癸50癸2−8+比肩	11甲51甲8+2−偏財	39壬52乙8+2−傷官	10癸53丙8+2−食神	40癸54丁9+2−印綬	11甲55戊9+2−正財	41甲56己9+1−傷官	12乙57庚9+1−正財	43丙58辛9+1−正財	13丙59壬9+1−正財	44丁60癸9+1−印綬	14丁 1甲9+1−偏官
12	41甲50癸2−8+印綬	12乙51甲7+3−傷官	40癸52乙8+2−食神	11甲53丙8+2−劫財	41甲54丁8+2−偏官	12乙55戊8+2−偏財	42乙56己9+2−食神	13丙57庚9+2−食神	44丁58辛9+1−偏財	14丁59壬9+1−偏財	45戊60癸8+2−偏官	15戊 1甲8+2−正財
13	42乙50癸3−7+偏印	13丙51甲7+3−比肩	41甲52乙8+2−劫財	12乙53丙7+3−比肩	42乙54丁8+3−正官	13丙55戊8+2−傷官	43丙56己8+2−劫財	14丁57庚9+2−傷官	45戊58辛8+2−傷官	15戊59壬8+2−傷官	46己60癸8+2−正官	16己 1甲8+2−偏財
14	43丙50癸3−7+正官	14丁51甲7+3−劫財	42乙52乙7+3−比肩	13丙53丙7+3−印綬	43丙54丁8+3−偏財	14丁55戊8+3−食神	44丁56己8+2−比肩	15戊57庚8+2−比肩	46己58辛8+2−食神	16己59壬8+2−食神	47庚60癸8+2−偏財	17庚 1甲8+2−傷官
15	44丁50癸3−7+偏財	15戊51甲6+4−偏印	43丙52乙7+3−印綬	14丁53丙7+3−偏官	44丁54丁7+3−正財	15戊55戊7+3−劫財	45戊56己8+3−印綬	16己57庚8+3−劫財	47庚58辛8+2−劫財	17庚59壬8+2−劫財	48辛60癸7+3−正財	18辛 1甲7+3−食神
16	45戊50癸4−6+傷官	16己51甲6+4−印綬	44丁52乙7+3−偏印	15戊53丙6+4−正財	45戊54丁7+4−食神	16己55戊7+3−比肩	46己56己7+3−偏印	17庚57庚8+3−偏印	48辛58辛7+3−比肩	18辛59壬7+3−比肩	49壬60癸7+3−食神	19壬 1甲7+3−劫財
17	46己50癸4−6+食神	17庚51甲6+4−偏官	45戊52乙6+4−正官	16己53丙6+4−偏財	46己54丁7+4−傷官	17庚55戊7+4−印綬	47庚56己7+3−正財	18辛57庚7+3−印綬	49壬58辛7+3−印綬	19壬59壬7+3−印綬	50癸60癸7+3−傷官	20癸 1甲7+3−比肩
18	47庚50癸4−6+印綬	18辛51甲5+5−正官	46己52乙6+4−偏官	17庚53丙6+4−偏印	47庚54丁6+4−比肩	18辛55戊6+4−偏印	48辛56己7+4−偏財	19壬57庚7+4−比肩	50癸58辛7+3−偏印	20癸59壬7+3−偏財	51甲60癸6+4−比肩	21甲 1甲6+4−印綬
19	48辛50癸5−5+偏印	19壬51甲5+5−食神	47庚52乙6+4−正財	18辛53丙5+5−印綬	48辛54丁6+5−劫財	19壬55戊6+4−正官	49壬56己6+4−傷官	20癸57庚7+4−劫財	51甲58辛6+4−正官	21甲59壬6+4−傷官	52乙60癸6+4−劫財	22乙 1甲6+4−偏印
20	49壬50癸5−5+正官	20癸51甲5+5−傷官	48辛52乙5+5−偏財	19壬53丙5+5−偏官	49壬54丁6+5−偏財	20癸55戊6+5−偏官	50癸56己6+4−偏官	21甲57庚6+4−偏印	52乙58辛6+4−偏官	22乙59壬6+4−食神	53丙60癸6+4−偏官	23丙 1甲6+4−正官
21	50癸50癸5−5+偏官	21甲51甲4+6−比肩	49壬52乙5+5−傷官	20癸53丙5+5−正官	50癸54丁5+5−正財	21甲55戊5+5−正財	51甲56己6+5−正財	22乙57庚6+5−正官	53丙58辛6+4−正財	23丙59壬6+4−食神	54丁60癸5+5−正官	24丁 1甲5+5−偏官
22	51甲50癸6−4+正財	22乙51甲4+6−劫財	50癸52乙5+5−食神	21甲53丙4+6−偏財	51甲54丁5+6−食神	22乙55戊5+5−偏財	52乙56己5+5−偏財	23丙57庚6+5−偏財	54丁58辛5+5−偏財	24丁59壬5+5−傷官	55戊60癸5+5−偏財	25戊 1甲5+5−正財
23	52乙50癸6−4+偏財	23丙51甲4+6−偏印	51甲52乙4+6−劫財	22乙53丙4+6−正財	52乙54丁5+6−傷官	23丙55戊5+6−傷官	53丙56己5+5−傷官	24丁57庚5+5−正財	55戊58辛5+5−傷官	25戊59壬5+5−比肩	56己60癸5+5−正財	26己 1甲5+5−偏財
24	53丙50癸6−4+傷官	24丁51甲3+7−印綬	52乙52乙4+6−比肩	23丙53丙4+6−食神	53丙54丁4+6−比肩	24丁55戊4+6−食神	54丁56己5+6−食神	25戊57庚5+6−食神	56己58辛5+5−食神	26己59壬5+5−劫財	57庚60癸4+6−食神	27庚 1甲4+6−傷官
25	54丁50癸7−3+食神	25戊51甲3+7−偏官	53丙52乙4+6−印綬	24丁53丙3+7−傷官	54丁54丁4+7−劫財	25戊55戊4+6−劫財	55戊56己4+6−劫財	26己57庚5+6−傷官	57庚58辛4+6−劫財	27庚59壬4+6−偏印	58辛60癸4+6−傷官	28辛 1甲4+6−食神
26	55戊50癸7−3+劫財	26己51甲3+7−正官	54丁52乙3+7−偏印	25戊53丙3+7−比肩	55戊54丁4+7−偏印	26己55戊4+7−偏印	56己56己4+6−比肩	27庚57庚4+6−比肩	58辛58辛4+6−比肩	28辛59壬4+6−印綬	59壬60癸4+6−比肩	29壬 1甲4+6−劫財
27	56己50癸7−3+比肩	27庚51甲2+8−偏財	55戊52乙3+7−正官	26己53丙3+7−劫財	56己54丁3+7−印綬	27庚55戊3+7−正官	57庚56己4+7−印綬	28辛57庚4+7−劫財	59壬58辛4+6−印綬	29壬59壬4+6−偏官	60癸60癸3+7−劫財	30癸 1甲3+7−比肩
28	57庚50癸8−2+印綬	28辛51甲2+8−正財	56己52乙3+7−偏官	27庚53丙2+8−偏印	57庚54丁3+8−偏官	28辛55戊3+7−偏官	58辛56己3+7−偏印	29壬57庚4+7−偏印	60癸58辛3+7−偏印	30癸59壬3+7−正官	1甲60癸3+7−偏印	31甲 1甲3+7−印綬
29	58辛50癸8−2+偏印		57庚52乙2+8−正財	28辛53丙2+8−印綬	58辛54丁3+8−正官	29壬55戊3+8−正財	59壬56己3+7−正官	30癸57庚3+7−印綬	1甲58辛3+7−正官	31甲59壬3+7−偏財	2乙60癸3+7−印綬	32乙 1甲3+7−偏印
30	59壬50癸8−2+正官		58辛52乙2+8−偏財	29壬53丙2+8−偏官	59壬54丁2+8−偏財	30癸55戊2+8−偏財	60癸56己3+8−偏官	31甲57庚3+8−偏官	2乙58辛3+7−偏官	32乙59壬3+7−正財	3丙60癸2+8−偏官	33丙 1甲2+8−正官
31	60癸50癸9−1+偏官		59壬52乙2+8−傷官		60癸54丁2+9−正財		1甲56己2+8−正財	32乙57庚3+8−正官		33丙59壬2+8−食神		34丁 1甲2+8−偏官

2019年（平成31年／令和元年）生まれ

年干：36己（2/4～翌年2/3まで）

日	1月	2月	3月	4月	5月	6月	7月	8月	9月	10月	11月	12月
	日干 月干 立年男女 中心星	日干 月干 立年男女 中心星	日干 月干 立年男女 中心星	日干 月干 立年男女 中心星	日干 月干 立年男女 中心星	日干 月干 立年男女 中心星	日干 月干 立年男女 中心星	日干 月干 立年男女 中心星	日干 月干 立年男女 中心星	日干 月干 立年男女 中心星	日干 月干 立年男女 中心星	日干 月干 立年男女 中心星
1	35戊 1甲 2+8−正財	6己 2乙 1+9−比肩	34丁 3丙 8−2+印綬	5戊 4丁 9−1+正官	35戊 5戊 9−2+比肩	6己 6己 9−2+印綬	36己 7庚 8−2+偏印	7庚 8辛 8−2+印綬	38辛 9壬 8−2+劫財	8辛 10癸 8−2+比肩	39壬 11甲 8−2+傷官	9壬 12乙 8−2+比肩
2	36己 1甲 1+9−偏財	7庚 2乙 1+9−印綬	35戊 3丙 9−1+偏官	6己 4丁 9−1+偏官	36己 5戊 9−1+劫財	7庚 6己 9−1+偏官	37庚 7庚 9−2+正官	8辛 8辛 9−2+偏印	39壬 9壬 8−2+偏印	9壬 10癸 8−2+印綬	40癸 11甲 8−2+正官	10癸 12乙 8−2+劫財
3	37庚 1甲 1+9−傷官	8辛 2乙 1+9−偏印	36己 3丙 9−1+正官	7庚 4丁 9−1+正財	37庚 5戊 9−1+偏印	8辛 6己 9−1+正官	38辛 7庚 9−1+偏官	9壬 8辛 9−2+正官	40癸 9壬 9−2+印綬	10癸 10癸 8−2+偏印	41甲 11甲 9−2+偏財	11甲 12乙 8−1+偏印
4	38辛 1甲 1+9−食神	9壬 3丙 1−0+偏官	37庚 3丙 9−1+偏財	8辛 4丁 0−1+偏財	38辛 5戊 0−1+印綬	9壬 6己 0−1+偏財	39壬 7庚 9−1+正財	10癸 8辛 9−1+偏官	41甲 9壬 9−1+偏官	11甲 10癸 9−1+正官	42乙 11甲 9−1+正財	12乙 12乙 9−1+印綬
5	39壬 1甲 1+0−劫財	10癸 3丙 1−0+正官	38辛 3丙 0−1+正財	9壬 5戊 1−0+傷官	39壬 5戊 0−1+偏官	10癸 6己 0−1+正財	40癸 7庚 0−1+偏財	11甲 8辛 0−1+正財	42乙 9壬 9−1+正官	12乙 10癸 9−1+偏官	43丙 11甲 9−1+食神	13丙 12乙 9−1+偏官
6	40癸 2乙 0+1−比肩	11甲 3丙 1−9+偏財	39壬 4丁 1−0+傷官	10癸 5戊 1−0+食神	40癸 6己 1−0+正官	11甲 7庚 1−0+正財	41甲 7庚 0−1+傷官	12乙 8辛 0−1+偏財	43丙 9壬 0−1+偏財	13丙 10癸 9−1+正財	44丁 11甲 0−1+傷官	14丁 12乙 9−1+正官
7	41甲 2乙 9+1−印綬	12乙 3丙 1−9+正財	40癸 4丁 1−0+食神	11甲 5戊 1−0+劫財	41甲 6己 1−0+偏財	12乙 7庚 1−0+偏財	42乙 8辛 1−0+食神	13丙 8辛 0−1+傷官	44丁 9壬 0−1+正財	14丁 10癸 0−1+偏財	45戊 11甲 0−1+比肩	15戊 13丙 1−0+正財
8	42乙 2乙 9+1−偏印	13丙 3丙 1−9+食神	41甲 4丁 1−9+劫財	12乙 5戊 1−9+比肩	42乙 6己 1−0+正財	13丙 7庚 1−0+傷官	43丙 8辛 1−0+劫財	14丁 9壬 1−0+傷官	45戊 10癸 1−0+傷官	15戊 11甲 1−0+傷官	46己 12乙 1−0+正官	16己 13丙 1−0+偏財
9	43丙 2乙 9+1−正官	14丁 3丙 2−8+傷官	42乙 4丁 1−9+比肩	13丙 5戊 1−9+印綬	43丙 6己 1−9+食神	14丁 7庚 1−9+食神	44丁 8辛 1−0+比肩	15戊 9壬 1−0+比肩	46己 10癸 1−0+食神	16己 11甲 1−0+食神	47庚 12乙 1−9+偏財	17庚 13丙 1−9+傷官
10	44丁 2乙 8+1−偏官	15戊 3丙 2−8+比肩	43丙 4丁 1−9+印綬	14丁 5戊 2−9+偏印	44丁 6己 1−9+傷官	15戊 7庚 1−9+劫財	45戊 8辛 1−0+印綬	16己 9壬 1−0+劫財	47庚 10癸 1−9+劫財	17庚 11甲 1−0+劫財	48辛 12乙 1−9+正財	18辛 13丙 1−9+食神
11	45戊 2乙 8+2−正財	16己 3丙 2−8+劫財	44丁 4丁 2−8+偏印	15戊 5戊 2−8+正官	45戊 6己 2−9+比肩	16己 7庚 2−9+比肩	46己 8辛 1−9+偏印	17庚 9壬 1−9+偏印	48辛 10癸 1−9+比肩	18辛 11甲 1−9+比肩	49壬 12乙 1−9+食神	19壬 13丙 1−9+劫財
12	46己 2乙 8+2−偏財	17庚 3丙 3−7+偏官	45戊 4丁 2−8+正官	16己 5戊 2−8+偏官	46己 6己 2−8+傷官	17庚 7庚 2−8+印綬	47庚 8辛 2−9+正官	18辛 9壬 1−9+印綬	49壬 10癸 1−9+印綬	19壬 11甲 1−9+印綬	50癸 12乙 1−8+傷官	20癸 13丙 2−8+比肩
13	47庚 2乙 7+2−傷官	18辛 3丙 3−7+正官	46己 4丁 2−8+偏官	17庚 5戊 3−8+正財	47庚 6己 2−8+比肩	18辛 7庚 2−8+偏印	48辛 8辛 2−9+偏官	19壬 9壬 2−9+偏官	50癸 10癸 2−8+偏印	20癸 11甲 2−9+偏印	51甲 12乙 2−8+比肩	21甲 13丙 2−8+印綬
14	48辛 2乙 7+3−食神	19壬 3丙 3−7+偏財	47庚 4丁 3−7+正財	18辛 5戊 3−7+偏財	48辛 6己 3−8+劫財	19壬 7庚 3−8+正官	49壬 8辛 2−8+正財	20癸 9壬 2−8+正官	51甲 10癸 2−8+正官	21甲 11甲 2−8+正官	52乙 12乙 2−8+劫財	22乙 13丙 2−8+偏印
15	49壬 2乙 7+3−劫財	20癸 3丙 4−6+正財	48辛 4丁 3−7+偏財	19壬 5戊 3−7+劫財	49壬 6己 3−7+偏印	20癸 7庚 3−7+偏官	50癸 8辛 3−8+偏財	21甲 9壬 2−8+偏財	52乙 10癸 2−8+偏官	22乙 11甲 2−8+偏官	53丙 12乙 2−7+偏印	23丙 13丙 3−7+正官
16	50癸 2乙 6+3−偏印	21甲 3丙 4−6+食神	49壬 4丁 3−7+傷官	20癸 5戊 4−7+比肩	50癸 6己 3−7+印綬	21甲 7庚 3−7+正財	51甲 8辛 3−8+傷官	22乙 9壬 3−8+正財	53丙 10癸 3−7+正財	23丙 11甲 3−8+正財	54丁 12乙 3−7+印綬	24丁 13丙 3−7+偏官
17	51甲 2乙 6+4−正官	22乙 3丙 4−6+傷官	50癸 4丁 4−6+食神	21甲 5戊 4−6+印綬	51甲 6己 4−7+偏官	22乙 7庚 4−7+偏財	52乙 8辛 3−7+比肩	23丙 9壬 3−7+食神	54丁 10癸 3−7+偏財	24丁 11甲 3−7+偏財	55戊 12乙 3−7+偏官	25戊 13丙 3−7+正財
18	52乙 2乙 6+4−偏官	23丙 3丙 5−5+比肩	51甲 4丁 4−6+劫財	22乙 5戊 4−6+正財	52乙 6己 4−6+正官	23丙 7庚 4−6+傷官	53丙 8辛 4−7+印綬	24丁 9壬 3−7+傷官	55戊 10癸 3−7+傷官	25戊 11甲 3−7+印綬	56己 12乙 3−6+正官	26己 13丙 4−6+偏財
19	53丙 2乙 5+4−傷官	24丁 3丙 5−5+印綬	52乙 4丁 4−6+比肩	23丙 5戊 5−6+食神	53丙 6己 4−6+偏財	24丁 7庚 4−6+食神	54丁 8辛 4−7+偏印	25戊 9壬 4−7+偏財	56己 10癸 4−6+食神	26己 11甲 4−7+偏印	57庚 12乙 4−6+偏財	27庚 13丙 4−6+傷官
20	54丁 2乙 5+5−食神	25戊 3丙 5−5+偏官	53丙 4丁 5−5+印綬	24丁 5戊 5−5+傷官	54丁 6己 5−6+正財	25戊 7庚 5−6+劫財	55戊 8辛 4−6+劫財	26己 9壬 4−6+正財	57庚 10癸 4−6+劫財	27庚 11甲 4−6+正官	58辛 12乙 4−6+正財	28辛 13丙 4−6+食神
21	55戊 2乙 5+5−劫財	26己 3丙 6−4+正官	54丁 4丁 5−5+偏印	25戊 5戊 5−5+比肩	55戊 6己 5−5+偏印	26己 7庚 5−5+比肩	56己 8辛 5−6+比肩	27庚 9壬 4−6+食神	58辛 10癸 4−6+比肩	28辛 11甲 4−6+印綬	59壬 12乙 4−5+比肩	29壬 13丙 5−5+劫財
22	56己 2乙 4+5−比肩	27庚 3丙 6−4+偏財	55戊 4丁 5−5+正官	26己 5戊 6−5+劫財	56己 6己 5−5+印綬	27庚 7庚 5−5+印綬	57庚 8辛 5−6+印綬	28辛 9壬 5−6+劫財	59壬 10癸 5−5+印綬	29壬 11甲 5−6+偏官	60癸 12乙 5−5+劫財	30癸 13丙 5−5+比肩
23	57庚 2乙 4+6−印綬	28辛 3丙 6−4+正財	56己 4丁 6−4+偏官	27庚 5戊 6−4+偏印	57庚 6己 6−5+偏官	28辛 7庚 6−5+偏印	58辛 8辛 5−5+偏印	29壬 9壬 5−5+偏印	60癸 10癸 5−5+偏印	30癸 11甲 5−5+正官	1甲 12乙 5−5+偏印	31甲 13丙 5−5+印綬
24	58辛 2乙 4+6−偏印	29壬 3丙 7−3+食神	57庚 4丁 6−4+正財	28辛 5戊 6−4+印綬	58辛 6己 6−4+正官	29壬 7庚 6−4+正官	59壬 8辛 6−5+正官	30癸 9壬 5−5+印綬	1甲 10癸 5−5+正官	31甲 11甲 5−5+偏財	2乙 12乙 5−4+印綬	32乙 13丙 6−4+偏印
25	59壬 2乙 3+6−正官	30癸 3丙 7−3+傷官	58辛 4丁 6−4+偏財	29壬 5戊 7−4+偏官	59壬 6己 6−4+偏財	30癸 7庚 6−4+偏官	60癸 8辛 6−5+偏官	31甲 9壬 6−5+偏官	2乙 10癸 6−4+偏官	32乙 11甲 6−5+正財	3丙 12乙 6−4+偏官	33丙 13丙 6−4+正官
26	60癸 2乙 3+7−偏官	31甲 3丙 7−3+比肩	59壬 4丁 7−3+傷官	30癸 5戊 7−3+正官	60癸 6己 7−4+正財	31甲 7庚 7−4+傷官	1甲 8辛 6−4+正財	32乙 9壬 6−4+正官	3丙 10癸 6−4+正財	33丙 11甲 6−4+食神	4丁 12乙 6−4+正官	34丁 13丙 6−4+偏官
27	1甲 2乙 3+7−正財	32乙 3丙 8−2+劫財	60癸 4丁 7−3+食神	31甲 5戊 7−3+偏財	1甲 6己 7−3+食神	32乙 7庚 7−3+食神	2乙 8辛 7−4+偏財	33丙 9壬 6−4+偏財	4丁 10癸 6−4+偏財	34丁 11甲 6−4+傷官	5戊 12乙 6−3+偏財	35戊 13丙 7−3+正財
28	2乙 2乙 2+7−偏財	33丙 3丙 8−2+偏印	1甲 4丁 7−3+劫財	32乙 5戊 8−3+正財	2乙 6己 7−3+傷官	33丙 7庚 7−3+劫財	3丙 8辛 7−4+傷官	34丁 9壬 7−4+正財	5戊 10癸 7−3+傷官	35戊 11甲 7−4+比肩	6己 12乙 7−3+正財	36己 13丙 7−3+偏財
29	3丙 2乙 2+8−傷官		2乙 4丁 8−2+比肩	33丙 5戊 8−2+食神	3丙 6己 8−3+比肩	34丁 7庚 8−3+比肩	4丁 8辛 7−3+食神	35戊 9壬 7−3+食神	6己 10癸 7−3+食神	36己 11甲 7−3+劫財	7庚 12乙 7−3+食神	37庚 13丙 7−3+傷官
30	4丁 2乙 2+8−食神		3丙 4丁 8−2+印綬	34丁 5戊 8−2+傷官	4丁 6己 8−2+劫財	35戊 7庚 8−2+印綬	5戊 8辛 8−3+劫財	36己 9壬 7−3+傷官	7庚 10癸 7−3+劫財	37庚 11甲 7−3+偏印	8辛 12乙 7−2+傷官	38辛 13丙 8−2+食神
31	5戊 2乙 1+8−劫財		4丁 4丁 8−2+偏印		5戊 6己 8−2+偏印		6己 8辛 8−3+比肩	37庚 9壬 8−3+比肩		38辛 11甲 8−3+印綬		39壬 13丙 8−2+劫財

2020年（令和2年）生まれ　年干：37 庚（2/4～翌年2/2まで）

日	1月 日干 月干 立年男女 中心星	2月 日干 月干 立年男女 中心星	3月 日干 月干 立年男女 中心星	4月 日干 月干 立年男女 中心星	5月 日干 月干 立年男女 中心星	6月 日干 月干 立年男女 中心星	7月 日干 月干 立年男女 中心星	8月 日干 月干 立年男女 中心星	9月 日干 月干 立年男女 中心星	10月 日干 月干 立年男女 中心星	11月 日干 月干 立年男女 中心星	12月 日干 月干 立年男女 中心星
1	40癸13丙8−2+比肩	11甲14丁9−1+正財	40癸15戊1+9−傷官	11甲16己1+9−劫財	41甲17庚1+9−偏財	12乙18辛1+9−傷官	42乙19壬2+9−食神	13丙20癸2+8−傷官	44丁21甲2+8−正財	14丁22乙2+8−偏財	45戊23丙2+8−比肩	15戊24丁2+8−偏財
2	41甲13丙9−1+印綬	12乙14丁9−1+偏財	41甲15戊1+9−比肩	12乙16己1+9−比肩	42乙17庚1+9−正財	13丙18辛1+9−比肩	43丙19壬2+9−劫財	14丁20癸2+9−食神	45戊21甲2+9−食神	15戊22乙2+8−傷官	46己23丙2+8−劫財	16己24丁2+8−正財
3	42乙13丙9−1+偏印	13丙14丁9−1+傷官	42乙15戊1+9−劫財	13丙16己1+0−印綬	43丙17庚1+0−食神	14丁18辛1+0−劫財	44丁19壬1+9−比肩	15戊20癸1+9−劫財	46己21甲1+9−傷官	16己22乙2+9−食神	47庚23丙1−9−偏印	17庚24丁1+9−食神
4	43丙13丙9−1+正官	14丁15戊0+1−傷官	43丙15戊1+0−偏印	14丁17庚0+1−偏印	44丁17庚1+0−傷官	15戊18辛1+0−偏印	45戊19壬1+0−印綬	16己20癸1+9−比肩	47庚21甲1+9−比肩	17庚22乙1+9−劫財	48辛23丙1+9−印綬	18辛24丁1+9−傷官
5	44丁13丙0−1+偏官	15戊15戊0+1−比肩	44丁16己0+1−偏印	15戊17庚0+1−正官	45戊18辛0+1−比肩	16己19壬0+1−比肩	46己19壬1+0−偏印	17庚20癸1+0−印綬	48辛21甲1+0−劫財	18辛22乙1+9−比肩	49壬23丙1+9−偏官	19壬24丁1+9−比肩
6	45戊14丁1−0+正財	16己15戊9+1−劫財	45戊16己0+1−正官	16己17庚0+1−偏官	46己18辛0+1−劫財	17庚19壬0+1−印綬	47庚19壬1+0−正官	18辛20癸1+0−偏印	49壬21甲1+0−偏印	19壬22乙1+0−印綬	50癸23丙1+0−正官	20癸24丁1+0−劫財
7	46己14丁1−9+偏財	17庚15戊9+1−偏印	46己16己9+1−偏官	17庚17庚9+1−正財	47庚18辛0+1−偏印	18辛19壬0+1−偏印	48辛20癸0+1−偏官	19壬21甲0+1−偏官	50癸22乙0+1−偏印	20癸22乙1+0−偏印	51甲24丁0+1−比肩	21甲25戊0+1−印綬
8	47庚14丁1−9+傷官	18辛15戊9+1−印綬	47庚16己9+1−正財	18辛17庚9+1−偏財	48辛18辛9+1−印綬	19壬19壬0+1−正官	49壬20癸0+1−正財	20癸21甲0+1−正官	51甲22乙0+1−正官	21甲23丙0+1−正官	52乙24丁0+1−劫財	22乙25戊9+1−偏印
9	48辛14丁1−9+食神	19壬15戊8+2−偏官	48辛16己9+1−偏財	19壬17庚9+2−傷官	49壬18辛9+1−偏官	20癸19壬9+1−偏官	50癸20癸0+1−偏財	21甲21甲0+1−偏財	52乙22乙0+1−偏官	22乙23丙0+1−偏官	53丙24丁9+1−偏印	23丙25戊9+1−正官
10	49壬14丁1−8+劫財	20癸15戊8+2−正官	49壬16己8+2−傷官	20癸17庚8+2−食神	50癸18辛9+2−正官	21甲19壬9+2−正財	51甲20癸9+1−傷官	22乙21甲9+1−正財	53丙22乙9+1−正財	23丙23丙9+1−正財	54丁24丁9+1−印綬	24丁25戊9+1−偏官
11	50癸14丁2−8+比肩	21甲15戊8+2−偏財	50癸16己8+2−食神	21甲17庚8+2−劫財	51甲18辛8+2−偏官	22乙19壬9+2−偏財	52乙20癸9+1−食神	23丙21甲9+1−食神	54丁22乙9+1−偏財	24丁23丙9+1−偏財	55戊24丁9+1−偏官	25戊25戊8+1−正財
12	51甲14丁2−8+印綬	22乙15戊7+3−傷官	51甲16己8+2−劫財	22乙17庚8+3−比肩	52乙18辛8+2−正官	23丙19壬8+2−傷官	53丙20癸9+2−劫財	24丁21甲9+2−傷官	55戊22乙9+2−傷官	25戊23丙9+1−傷官	56己24丁8+2−正官	26己25戊8+2−偏財
13	52乙14丁2−7+偏印	23丙15戊7+3−比肩	52乙16己7+3−比肩	23丙17庚7+3−印綬	53丙18辛8+3−偏財	24丁19壬8+3−食神	54丁20癸8+2−比肩	25戊21甲8+2−比肩	56己22乙8+2−食神	26己23丙8+2−食神	57庚24丁8+2−偏財	27庚25戊8+2−傷官
14	53丙14丁3−7+正官	24丁15戊7+3−劫財	53丙16己7+3−印綬	24丁17庚7+3−偏官	54丁18辛7+3−正財	25戊19壬8+3−劫財	55戊20癸8+2−印綬	26己21甲8+2−劫財	57庚22乙8+2−劫財	27庚23丙8+2−劫財	58辛24丁8+2−正財	28辛25戊7+2−食神
15	54丁14丁3−7+偏官	25戊15戊6+4−偏印	54丁16己7+3−偏印	25戊17庚7+4−正財	55戊18辛7+3−食神	26己19壬7+3−比肩	56己20癸8+3−偏印	27庚21甲8+3−偏印	58辛22乙8+3−比肩	28辛23丙8+2−比肩	59壬24丁7+3−食神	29壬25戊7+3−劫財
16	55戊14丁3−6+傷官	26己15戊6+4−印綬	55戊16己6+4−正官	26己17庚6+4−偏財	56己18辛7+4−傷官	27庚19壬7+4−印綬	57庚20癸7+3−正官	28辛21甲7+3−印綬	59壬22乙7+3−印綬	29壬23丙7+3−印綬	60癸24丁7+3−傷官	30癸25戊7+3−比肩
17	56己14丁4−6+食神	27庚15戊6+4−偏官	56己16己6+4−偏官	27庚17庚6+4−偏印	57庚18辛6+4−比肩	28辛19壬7+4−偏印	58辛20癸7+3−偏財	29壬21甲7+3−偏官	60癸22乙7+3−偏印	30癸23丙7+3−偏印	1甲24丁7+3−比肩	31甲25戊6+3−印綬
18	57庚14丁4−6+劫財	28辛15戊5+5−正官	57庚16己6+4−正財	28辛17庚6+5−印綬	58辛18辛6+4−劫財	29壬19壬6+4−正官	59壬20癸7+4−傷官	30癸21甲7+4−劫財	1甲22乙7+4−正官	31甲23丙7+3−傷官	2乙24丁6+4−劫財	32乙25戊6+4−偏印
19	58辛14丁4−5+偏印	29壬15戊5+5−食神	58辛16己5+5−偏財	29壬17庚5+5−偏官	59壬18辛6+5−偏印	30癸19壬6+5−偏官	60癸20癸6+4−食神	31甲21甲6+4−偏印	2乙22乙6+4−偏官	32乙23丙6+4−食神	3丙24丁6+4−偏印	33丙25戊6+4−正官
20	59壬14丁5−5+正官	30癸15戊5+5−傷官	59壬16己5+5−傷官	30癸17庚5+5−正官	60癸18辛5+5−正財	31甲19壬6+5−正財	1甲20癸6+4−正財	32乙21甲6+4−印綬	3丙22乙6+4−正財	33丙23丙6+4−劫財	4丁24丁6+4−正官	34丁25戊5+4−偏官
21	60癸14丁5−5+偏官	31甲15戊4+6−比肩	60癸16己5+5−食神	31甲17庚5+6−偏財	1甲18辛5+5−食神	32乙19壬5+5−偏財	2乙20癸6+5−偏財	33丙21甲6+5−偏財	4丁22乙6+5−偏財	34丁23丙6+4−傷官	5戊24丁5+5−偏財	35戊25戊5+5−正財
22	1甲14丁5−4+正財	32乙15戊4+6−劫財	1甲16己4+6−劫財	32乙17庚4+6−正財	2乙18辛5+6−傷官	33丙19壬5+6−傷官	3丙20癸5+5−傷官	34丁21甲5+5−正財	5戊22乙5+5−傷官	35戊23丙5+5−比肩	6己24丁5+5−正財	36己25戊5+5−偏財
23	2乙14丁6−4+偏財	33丙15戊4+6−偏印	2乙16己4+6−比肩	33丙17庚4+6−食神	3丙18辛4+6−比肩	34丁19壬5+6−食神	4丁20癸5+5−食神	35戊21甲5+5−食神	6己22乙5+5−食神	36己23丙5+5−劫財	7庚24丁5+5−食神	37庚25戊4+5−傷官
24	3丙14丁6−4+傷官	34丁15戊3+7−印綬	3丙16己4+6−印綬	34丁17庚4+7−傷官	4丁18辛4+6−劫財	35戊19壬4+6−劫財	5戊20癸5+6−劫財	36己21甲5+6−傷官	7庚22乙5+6−劫財	37庚23丙5+5−偏印	8辛24丁4+6−傷官	38辛25戊4+6−食神
25	4丁14丁6−3+食神	35戊15戊3+7−偏官	4丁16己3+7−偏印	35戊17庚3+7−比肩	5戊18辛4+7−偏印	36己19壬4+7−偏印	6己20癸4+6−比肩	37庚21甲4+6−比肩	8辛22乙4+6−比肩	38辛23丙4+6−印綬	9壬24丁4+6−比肩	39壬25戊4+6−劫財
26	5戊14丁7−3+劫財	36己15戊3+7−正官	5戊16己3+7−正官	36己17庚3+7−劫財	6己18辛3+7−印綬	37庚19壬4+7−正官	7庚20癸4+6−印綬	38辛21甲4+6−劫財	9壬22乙4+6−印綬	39壬23丙4+6−偏官	10癸24丁4+6−劫財	40癸25戊3+6−比肩
27	6己14丁7−3+比肩	37庚15戊2+8−偏財	6己16己3+7−偏官	37庚17庚3+8−偏印	7庚18辛3+7−偏官	38辛19壬3+7−偏官	8辛20癸4+7−偏印	39壬21甲4+7−偏印	10癸22乙4+7−偏印	40癸23丙4+6−正官	11甲24丁3+7−偏印	41甲25戊3+7−印綬
28	7庚14丁7−2+印綬	38辛15戊2+8−正財	7庚16己2+8−正財	38辛17庚2+8−印綬	8辛18辛3+8−正官	39壬19壬3+8−正財	9壬20癸3+7−正官	40癸21甲3+7−印綬	11甲22乙3+7−正官	41甲23丙3+7−偏財	12乙24丁3+7−印綬	42乙25戊3+7−偏印
29	8辛14丁8−2+偏印	39壬15戊2+8−食神	8辛16己2+8−偏財	39壬17庚2+8−偏官	9壬18辛2+8−偏財	40癸19壬3+8−偏財	10癸20癸3+7−偏官	41甲21甲3+7−偏官	12乙22乙3+7−偏官	42乙23丙3+7−正財	13丙24丁3+7−偏官	43丙25戊2+7−正官
30	9壬14丁8−2+正官		9壬16己2+8−傷官	40癸17庚2+9−正官	10癸18辛2+8−正財	41甲19壬2+8−傷官	11甲20癸3+8−正財	42乙21甲3+8−正官	13丙22乙3+8−正財	43丙23丙3+7−食神	14丁24丁2+8−正官	44丁25戊2+8−偏官
31	10癸14丁8−1+偏官		10癸16己1+9−食神		11甲18辛2+9−食神		12乙20癸2+8−偏財	43丙21甲2+8−偏財		44丁23丙2+8−傷官		45戊25戊2+8−正財

2021年（令和3年）生まれ

年干：38 辛（2/3～翌年2/3まで）

日	1月	2月	3月	4月	5月	6月	7月	8月	9月	10月	11月	12月
	日干 月干 立年 男 女 中心星	日干 月干 立年 男 女 中心星	日干 月干 立年 男 女 中心星	日干 月干 立年 男 女 中心星	日干 月干 立年 男 女 中心星	日干 月干 立年 男 女 中心星	日干 月干 立年 男 女 中心星	日干 月干 立年 男 女 中心星	日干 月干 立年 男 女 中心星	日干 月干 立年 男 女 中心星	日干 月干 立年 男 女 中心星	日干 月干 立年 男 女 中心星
1	46己25戊1+8−偏財	17庚26己1+9−印綬	45戊27庚9−1+偏官	16己28辛9−1+偏官	46己29壬9−1+劫財	17庚30癸9−1+偏官	47庚31甲9−2+正官	18辛32乙8−2+偏印	49壬33丙8−2+偏印	19壬34丁8−2+印綬	50癸35戊8−2+正官	20癸36己8−2+劫財
2	47庚25戊1+9−傷官	18辛26己1+9−偏印	46己27庚9−1+正官	17庚28辛9−1+正財	47庚29壬9−1+偏印	18辛30癸9−1+正官	48辛31甲9−2+偏官	19壬32乙9−2+正官	50癸33丙9−2+印綬	20癸34丁8−2+偏印	51甲35戊8−2+偏財	21甲36己8−2+偏印
3	48辛25戊1+9−食神	19壬27庚1−0+偏官	47庚27庚9−1+偏財	18辛28辛0−1+偏財	48辛29壬0−1+印綬	19壬30癸0−1+偏財	49壬31甲9−1+正財	20癸32乙9−1+偏官	51甲33丙9−1+偏官	21甲34丁9−2+正官	52乙35戊9−1+正財	22乙36己9−1+印綬
4	49壬25戊1+9−劫財	20癸27庚1−0+正官	48辛27庚0−1+正財	19壬29壬1−0+傷官	49壬29壬0−1+偏官	20癸30癸0−1+正財	50癸31甲0−1+偏財	21甲32乙9−1+正財	52乙33丙9−1+正官	22乙34丁9−1+偏官	53丙35戊9−1+食神	23丙36己9−1+偏官
5	50癸26己0+1−比肩	21甲27庚1−9+偏財	49壬28辛1−0+傷官	20癸29壬1−0+食神	50癸30癸1−0+正官	21甲31甲1−0+正財	51甲31甲0−1+傷官	22乙32乙0−1+偏財	53丙33丙0−1+偏財	23丙34丁9−1+正財	54丁35戊9−1+傷官	24丁36己9−1+正官
6	51甲26己9+1−印綬	22乙27庚1−9+正財	50癸28辛1−0+食神	21甲29壬1−0+劫財	51甲30癸1−0+偏財	22乙31甲1−0+偏財	52乙31甲0−1+食神	23丙32乙0−1+傷官	54丁33丙0−1+正財	24丁34丁0−1+偏財	55戊35戊0−1+比肩	25戊36己0−1+偏財
7	52乙26己9+1−偏印	23丙27庚1−9+食神	51甲28辛1−9+劫財	22乙29壬1−9+比肩	52乙30癸1−0+正財	23丙31甲1−0+傷官	53丙32乙[illegible]−0+劫財	24丁33丙1−0+傷官	55戊34丁1−0+傷官	25戊34丁0−1+傷官	56己36己1−0+正官	26己37庚1−0+偏財
8	53丙26己9+1−正官	24丁27庚2−8+傷官	52乙28辛1−9+比肩	23丙29壬1−9+印綬	53丙30癸1−9+食神	24丁31甲1−0+食神	54丁32乙[illegible]−0+比肩	25戊33丙1−0+比肩	56己34丁1−0+食神	26己35戊1−0+食神	57庚36己1−0+偏財	27庚37庚1−9+傷官
9	54丁26己8+1−偏官	25戊27庚2−8+比肩	53丙28辛1−9+印綬	24丁29壬2−9+偏印	54丁30癸1−9+傷官	25戊31甲1−9+劫財	55戊32乙[illegible]−0+印綬	26己33丙1−0+劫財	57庚34丁1−0+劫財	27庚35戊1−0+劫財	58辛36己1−9+正財	28辛37庚1−9+食神
10	55戊26己8+2−正財	26己27庚2−8+劫財	54丁28辛2−8+偏印	25戊29壬2−8+正官	55戊30癸2−9+比肩	26己31甲2−9+比肩	56己32乙[illegible]−9+偏印	27庚33丙1−9+偏印	58辛34丁1−9+比肩	28辛35戊1−9+比肩	59壬36己1−9+食神	29壬37庚1−9+劫財
11	56己26己8+2−偏財	27庚27庚3−7+偏官	55戊28辛2−8+正官	26己29壬2−8+偏官	56己30癸2−8+傷官	27庚31甲2−9+印綬	57庚32乙1−9+正官	28辛33丙1−9+印綬	59壬34丁1−9+印綬	29壬35戊1−9+印綬	60癸36己1−9+傷官	30癸37庚1−8+比肩
12	57庚26己7+2−傷官	28辛27庚3−7+正官	56己28辛2−8+偏官	27庚29壬3−8+正財	57庚30癸2−8+比肩	28辛31甲2−8+偏印	58辛32乙2−9+偏官	29壬33丙2−9+偏官	60癸34丁2−9+偏印	30癸35戊1−9+偏印	1甲36己2−8+比肩	31甲37庚2−8+印綬
13	58辛26己7+3−食神	29壬27庚3−7+偏財	57庚28辛3−7+正財	28辛29壬3−7+偏財	58辛30癸3−8+劫財	29壬31甲3−8+正官	59壬32乙2−8+正財	30癸33丙2−8+正官	1甲34丁2−8+正官	31甲35戊2−8+正官	2乙36己2−8+劫財	32乙37庚2−8+偏印
14	59壬26己7+3−劫財	30癸27庚4−6+正財	58辛28辛3−7+偏財	29壬29壬3−7+劫財	59壬30癸3−7+偏印	30癸31甲3−8+偏官	60癸32乙2−8+偏財	31甲33丙2−8+偏財	2乙34丁2−8+偏官	32乙35戊2−8+偏官	3丙36己2−8+偏印	33丙37庚2−7+正官
15	60癸26己6+3−偏印	31甲27庚4−6+食神	59壬28辛3−7+傷官	30癸29壬4−7+比肩	60癸30癸3−7+印綬	31甲31甲3−7+正財	1甲32乙3−8+傷官	32乙33丙3−8+正財	3丙34丁3−8+正財	33丙35戊2−8+正財	4丁36己3−7+印綬	34丁37庚3−7+偏官
16	1甲26己6+4−正官	32乙27庚4−6+傷官	60癸28辛4−6+食神	31甲29壬4−6+印綬	1甲30癸4−7+偏官	32乙31甲4−7+偏財	2乙32乙3−7+食神	33丙33丙3−7+食神	4丁34丁3−7+偏財	34丁35戊3−7+偏財	5戊36己3−7+偏官	35戊37庚3−7+正財
17	2乙26己6+4−偏官	33丙27庚5−5+比肩	1甲28辛4−6+劫財	32乙29壬4−6+正財	2乙30癸4−6+正官	33丙31甲4−7+傷官	3丙32乙3−7+印綬	34丁33丙3−7+傷官	5戊34丁3−7+傷官	35戊35戊3−7+傷官	6己36己3−7+正官	36己37庚3−6+偏財
18	3丙26己5+4−傷官	34丁27庚5−5+印綬	2乙28辛4−6+比肩	33丙29壬5−6+食神	3丙30癸4−6+偏財	34丁31甲4−6+食神	4丁32乙4−7+偏印	35戊33丙4−7+偏財	6己34丁4−7+食神	36己35戊3−7+偏印	7庚36己4−6+偏財	37庚37庚4−6+傷官
19	4丁26己5+5−食神	35戊27庚5−5+偏官	3丙28辛5−5+印綬	34丁29壬5−5+傷官	4丁30癸5−6+正財	35戊31甲5−6+劫財	5戊32乙4−6+正官	36己33丙4−6+正財	7庚34丁4−6+劫財	37庚35戊4−6+正官	8辛36己4−6+正財	38辛37庚4−6+食神
20	5戊26己5+5−劫財	36己27庚6−4+正官	4丁28辛5−5+偏印	35戊29壬5−5+比肩	5戊30癸5−5+偏印	36己31甲5−6+比肩	6己32乙4−6+比肩	37庚33丙4−6+食神	8辛34丁4−6+比肩	38辛35戊4−6+偏官	9壬36己4−6+比肩	39壬37庚4−5+劫財
21	6己26己4+5−比肩	37庚27庚6−4+偏財	5戊28辛5−5+正官	36己29壬6−5+劫財	6己30癸5−5+印綬	37庚31甲5−5+印綬	7庚32乙5−6+印綬	38辛33丙5−6+劫財	9壬34丁5−6+印綬	39壬35戊4−6+偏官	10癸36己5−5+劫財	40癸37庚5−5+比肩
22	7庚26己4+6−印綬	38辛27庚6−4+正財	6己28辛6−4+偏官	37庚29壬6−4+偏印	7庚30癸6−5+偏官	38辛31甲6−5+偏印	8辛32乙5−5+偏印	39壬33丙5−5+偏印	10癸34丁5−5+偏印	40癸35戊5−5+正官	11甲36己5−5+偏印	41甲37庚5−5+印綬
23	8辛26己4+6−偏印	39壬27庚7−3+食神	7庚28辛6−4+正財	38辛29壬6−4+印綬	8辛30癸6−4+正官	39壬31甲6−5+正官	9壬32乙5−5+正官	40癸33丙5−5+印綬	11甲34丁5−5+正官	41甲35戊5−5+偏財	12乙36己5−5+印綬	42乙37庚5−4+偏印
24	9壬26己3+6−正官	40癸27庚7−3+傷官	8辛28辛6−4+偏財	39壬29壬7−4+偏官	9壬30癸6−4+偏財	40癸31甲6−4+偏官	10癸32乙6−5+偏官	41甲33丙6−5+偏官	12乙34丁6−5+偏官	42乙35戊5−5+正財	13丙36己6−4+偏官	43丙37庚6−4+正官
25	10癸26己3+7−偏官	41甲27庚7−3+比肩	9壬 28辛7−3+傷官	40癸29壬7−3+正官	10癸30癸7−4+正財	41甲31甲7−4+傷官	11甲32乙6−4+正財	42乙33丙6−4+正官	13丙34丁6−4+正財	43丙35戊6−4+食神	14丁36己6−4+正官	44丁37庚6−4+偏官
26	11甲26己3+7−正財	42乙27庚8−2+劫財	10癸28辛7−3+食神	41甲29壬7−3+偏財	11甲30癸7−3+食神	42乙31甲7−4+食神	12乙32乙6−4+偏財	43丙33丙6−4+偏財	14丁34丁6−4+偏財	44丁35戊6−4+傷官	15戊36己6−4+偏財	45戊37庚6−3+正財
27	12乙26己2+7−偏財	43丙27庚8−2+偏印	11甲28辛7−3+劫財	42乙29壬8−3+正財	12乙30癸7−3+傷官	43丙31甲7−3+劫財	13丙32乙7−4+傷官	44丁33丙7−4+正財	15戊34丁7−4+傷官	45戊35戊6−4+比肩	16己36己7−3+正財	46己37庚7−3+偏財
28	13丙26己2+8−傷官	44丁27庚8−2+印綬	12乙28辛8−2+比肩	43丙29壬8−2+食神	13丙30癸8−3+比肩	44丁31甲8−3+比肩	14丁32乙7−3+食神	45戊33丙7−3+食神	16己34丁7−3+食神	46己35戊7−3+劫財	17庚36己7−3+食神	47庚37庚7−3+傷官
29	14丁26己2+8−食神		13丙28辛8−2+印綬	44丁29壬8−2+傷官	14丁30癸8−2+劫財	45戊31甲8−3+印綬	15戊32乙7−3+劫財	46己33丙7−3+傷官	17庚34丁7−3+劫財	47庚35戊7−3+偏印	18辛36己7−3+傷官	48辛37庚7−2+食神
30	15戊26己1+8−劫財		14丁28辛8−2+偏印	45戊29壬9−2+比肩	15戊30癸8−2+偏印	46己31甲8−2+偏印	16己32乙8−3+比肩	47庚33丙8−3+比肩	18辛34丁8−3+比肩	48辛35戊7−3+印綬	19壬36己8−2+比肩	49壬37庚8−2+劫財
31	16己26己1+9−比肩		15戊28辛9−1+正官		16己30癸9−2+印綬		17庚32乙8−2+印綬	48辛33丙8−2+劫財		49壬35戊8−2+偏官		50癸37庚8−2+比肩

2022年（令和4年）生まれ

年干：39 壬（2/4～翌年2/3まで）

日	1月	2月	3月	4月	5月	6月	7月	8月	9月	10月	11月	12月
	日干 月干 立年男女 中心星	日干 月干 立年男女 中心星	日干 月干 立年男女 中心星	日干 月干 立年男女 中心星	日干 月干 立年男女 中心星	日干 月干 立年男女 中心星	日干 月干 立年男女 中心星	日干 月干 立年男女 中心星	日干 月干 立年男女 中心星	日干 月干 立年男女 中心星	日干 月干 立年男女 中心星	日干 月干 立年男女 中心星
1	51甲37庚8−1+印綬	22乙38辛9−1+偏財	50癸39壬1+8−傷官	21甲40癸1+9−劫財	51甲41甲1+9−偏財	22乙42乙2+9−傷官	52乙43丙2+8−食神	23丙44丁2+8−傷官	54丁45戊2+8−正財	24丁46己2+8−偏財	55戊47庚2−8−比肩	25戊48辛2+8−偏財
2	52乙37庚9−1+偏印	23丙38辛9−1+傷官	51甲39壬1+9−比肩	22乙40癸1+9−比肩	52乙41甲1+9−正財	23丙42乙1+9−比肩	53丙43丙2+9−劫財	24丁44丁2+9−食神	55戊45戊2+9−食神	25戊46己2+8−傷官	56己47庚2+8−劫財	26己48辛2+8−正財
3	53丙37庚9−1+正官	24丁38辛0−1+食神	52乙39壬1+9−劫財	23丙40癸1+0−印綬	53丙41甲1+9−食神	24丁42乙1+0−劫財	54丁43丙1+9−比肩	25戊44丁1+9−劫財	56己45戊2+9−傷官	26己46己2+8−食神	57庚47庚1+9−偏印	27庚48辛1+9−食神
4	54丁37庚9−1+偏官	25戊39壬0+1−比肩	53丙39壬1+9−偏印	24丁40癸1+0−偏印	54丁41甲1+0−傷官	25戊42乙1+0−偏印	55戊43丙1+9−印綬	26己44丁1+9−比肩	57庚45戊1+9−比肩	27庚46己1+9−劫財	58辛47庚1+9−印綬	28辛48辛1+9−傷官
5	55戊38辛1−0+正財	26己39壬9+1−劫財	54丁40癸0+1−偏印	25戊41甲0+1−正官	55戊42乙0+1−比肩	26己42乙1+0−印綬	56己43丙1+0−偏印	27庚44丁1+0−印綬	58辛45戊1+0−劫財	28辛46己1+9−比肩	59壬47庚1+9−偏官	29壬48辛1+9−比肩
6	56己38辛1−0+偏財	27庚39壬9+1−偏印	55戊40癸0+1−正官	26己41甲0+1−偏官	56己42乙0+1−劫財	27庚43丙0+1−印綬	57庚43丙1+0−正官	28辛44丁1+0−偏印	59壬45戊1+0−偏印	29壬46己1+9−印綬	60癸47庚1+0−正官	30癸48辛1+0−劫財
7	57庚38辛1−9+傷官	28辛39壬9+1−印綬	56己40癸0+1−偏官	27庚41甲9+1−正財	57庚42乙0+1−偏印	28辛43丙0+1−偏印	58辛44丁0+1−偏官	29壬45戊0+1−偏官	60癸45戊1+0−印綬	30癸46己1+0−偏印	1甲48辛0+1−比肩	31甲49壬0+1−印綬
8	58辛38辛1−9+食神	29壬39壬8+1−偏官	57庚40癸9+1−正財	28辛41甲9+1−偏財	58辛42乙0+1−印綬	29壬43丙0+1−正官	59壬44丁0+1−正財	30癸45戊0+1−正官	1甲46己0+1−正官	31甲47庚0+1−正官	2乙48辛0+1−劫財	32乙49壬0+1−偏印
9	59壬38辛1−9+劫財	30癸39壬8+2−正官	58辛40癸9+1−偏財	29壬41甲9+1−傷官	59壬42乙9+1−偏官	30癸43丙9+1−偏官	60癸44丁0+1−偏財	31甲45戊0+1−偏財	2乙46己0+1−偏官	32乙47庚0+1−偏官	3丙48辛9+1−偏印	33丙49壬9+1−正官
10	60癸38辛2−8+比肩	31甲39壬8+2−偏財	59壬40癸9+2−傷官	30癸41甲8+2−食神	60癸42乙9+2−正官	31甲43丙9+1−正財	1甲44丁9+1−傷官	32乙45戊0+1−正財	3丙46己9+1−正財	33丙47庚9+1−正財	4丁48辛9+1−印綬	34丁49壬9+1−偏官
11	1甲38辛2−8+印綬	32乙39壬7+2−正財	60癸40癸8+2−食神	31甲41甲8+2−劫財	1甲42乙9+2−偏官	32乙43丙9+2−偏財	2乙44丁9+1−食神	33丙45戊9+1−食神	4丁46己9+1−偏財	34丁47庚9+1−偏財	5戊48辛9+1−偏官	35戊49壬9+1−正財
12	2乙38辛2−8+偏印	33丙39壬7+3−比肩	1甲40癸8+2−劫財	32乙41甲8+2−比肩	2乙42乙8+2−正官	33丙43丙8+2−傷官	3丙44丁9+2−劫財	34丁45戊9+2−傷官	5戊46己9+1−傷官	35戊47庚9+1−傷官	6己48辛8+2−正官	36己49壬8+2−偏財
13	3丙38辛3−7+正官	34丁39壬7+3−劫財	2乙40癸8+3−比肩	33丙41甲7+3−印綬	3丙42乙8+3−偏財	34丁43丙8+2−食神	4丁44丁8+2−比肩	35戊45戊9+2−比肩	6己46己8+2−食神	36己47庚8+2−食神	7庚48辛8+2−偏財	37庚49壬8+2−傷官
14	4丁38辛3−7+偏官	35戊39壬6+3−偏印	3丙40癸7+3−印綬	34丁41甲7+3−偏印	4丁42乙8+3−正財	35戊43丙8+3−劫財	5戊44丁8+2−印綬	36己45戊8+2−劫財	7庚46己8+2−劫財	37庚47庚8+2−劫財	8辛48辛8+2−正財	38辛49壬8+2−食神
15	5戊38辛3−7+傷官	36己39壬6+4−印綬	4丁40癸7+3−偏印	35戊41甲7+3−正財	5戊42乙7+3−食神	36己43丙7+3−比肩	6己44丁8+3−偏印	37庚45戊8+3−偏印	8辛46己8+2−比肩	38辛47庚8+2−比肩	9壬48辛7+3−食神	39壬49壬7+3−劫財
16	6己38辛4−6+食神	37庚39壬6+4−偏官	5戊40癸7+4−正官	36己41甲6+4−偏財	6己42乙7+4−傷官	37庚43丙7+3−印綬	7庚44丁7+3−正官	38辛45戊8+3−印綬	9壬46己7+3−印綬	39壬47庚7+3−印綬	10癸48辛7+3−傷官	40癸49壬7+3−比肩
17	7庚38辛4−6+劫財	38辛39壬5+4−正官	6己40癸6+4−偏官	37庚41甲6+4−傷官	7庚42乙7+4−比肩	38辛43丙7+4−偏印	8辛44丁7+3−偏財	39壬45戊7+3−傷官	10癸46己7+3−偏印	40癸47庚7+3−偏印	11甲48辛7+3−比肩	41甲49壬7+3−印綬
18	8辛38辛4−6+偏印	39壬39壬5+5−偏財	7庚40癸6+4−正財	38辛41甲6+4−印綬	8辛42乙6+4−劫財	39壬43丙6+4−正官	9壬44丁7+4−傷官	40癸45戊7+4−劫財	11甲46己7+3−正官	41甲47庚7+3−傷官	12乙48辛6+4−劫財	42乙49壬6+4−偏印
19	9壬38辛5−5+正官	40癸39壬5+5−傷官	8辛40癸6+5−偏財	39壬41甲5+5−偏官	9壬42乙6+5−偏印	40癸43丙6+4−偏官	10癸44丁6+4−食神	41甲45戊7+4−偏印	12乙46己6+4−偏官	42乙47庚6+4−食神	13丙48辛6+4−偏印	43丙49壬6+4−正官
20	10癸38辛5−5+偏官	41甲39壬4+5−比肩	9壬40癸5+5−傷官	40癸41甲5+5−正官	10癸42乙6+5−正財	41甲43丙6+5−正財	11甲44丁6+4−正財	42乙45戊6+4−印綬	13丙46己6+4−正財	43丙47庚6+4−劫財	14丁48辛6+4−正官	44丁49壬6+4−偏官
21	11甲38辛5−5+正財	42乙39壬4+6−劫財	10癸40癸5+5−食神	41甲41甲5+5−偏財	11甲42乙5+5−食神	42乙43丙5+5−偏財	12乙44丁6+5−偏財	43丙45戊6+5−偏財	14丁46己6+4−偏財	44丁47庚6+4−傷官	15戊48辛5+5−偏財	45戊49壬5+5−正財
22	12乙38辛6−4+偏財	43丙39壬4+6−偏印	11甲40癸5+6−劫財	42乙41甲4+6−正財	12乙42乙5+6−傷官	43丙43丙5+5−傷官	13丙44丁5+5−傷官	44丁45戊6+5−正財	15戊46己5+5−傷官	45戊47庚5+5−比肩	16己48辛5+5−正財	46己49壬5+5−偏財
23	13丙38辛6−4+傷官	44丁39壬3+6−印綬	12乙40癸4+6−比肩	43丙41甲4+6−食神	13丙42乙5+6−比肩	44丁43丙5+6−食神	14丁44丁5+5−食神	45戊45戊5+5−食神	16己46己5+5−食神	46己47庚5+5−劫財	17庚48辛5+5−食神	47庚49壬5+5−傷官
24	14丁38辛6−4+食神	45戊39壬3+7−偏官	13丙40癸4+6−印綬	44丁41甲4+6−傷官	14丁42乙4+6−劫財	45戊43丙4+6−劫財	15戊44丁5+6−劫財	46己45戊5+6−傷官	17庚46己5+5−劫財	47庚47庚5+5−偏印	18辛48辛4+6−傷官	48辛49壬4+6−食神
25	15戊38辛7−3+劫財	46己39壬3+7−正官	14丁40癸4+7−偏印	45戊41甲3+7−比肩	15戊42乙4+7−偏印	46己43丙4+6−比肩	16己44丁4+6−比肩	47庚45戊5+6−比肩	18辛46己4+6−比肩	48辛47庚4+6−印綬	19壬48辛4+6−比肩	49壬49壬4+6−劫財
26	16己38辛7−3+比肩	47庚39壬2+7−偏財	15戊40癸3+7−正官	46己41甲3+7−劫財	16己42乙4+7−印綬	47庚43丙4+7−正官	17庚44丁4+6−印綬	48辛45戊4+6−劫財	19壬46己4+6−印綬	49壬47庚4+6−偏官	20癸48辛4+6−劫財	50癸49壬4+6−比肩
27	17庚38辛7−3+印綬	48辛39壬2+8−正財	16己40癸3+7−偏官	47庚41甲3+7−偏印	17庚42乙3+7−偏官	48辛43丙3+7−偏官	18辛44丁4+7−偏印	49壬45戊4+7−偏印	20癸46己4+6−偏印	50癸47庚4+6−正官	21甲48辛3+7−偏印	51甲49壬3+7−印綬
28	18辛38辛8−2+偏印	49壬39壬2+8−食神	17庚40癸3+8−正財	48辛41甲2+8−印綬	18辛42乙3+8−正官	49壬43丙3+7−正財	19壬44丁3+7−正官	50癸45戊4+7−印綬	21甲46己3+7−正官	51甲47庚3+7−偏財	22乙48辛3+7−印綬	52乙49壬3+7−偏印
29	19壬38辛8−2+正官		18辛40癸2+8−偏財	49壬41甲2+8−偏官	19壬42乙3+8−偏財	50癸43丙3+8−偏財	20癸44丁3+7−偏官	51甲45戊3+7−偏官	22乙46己3+7−偏官	52乙47庚3+7−正財	23丙48辛3+7−偏官	53丙49壬3+7−正官
30	20癸38辛8−2+偏官		19壬40癸2+8−傷官	50癸41甲2+8−正官	20癸42乙2+8−正財	51甲43丙2+8−傷官	21甲44丁3+8−正財	52乙45戊3+8−正官	23丙46己3+7−正財	53丙47庚3+7−食神	24丁48辛2+8−正官	54丁49壬2+8−偏官
31	21甲38辛9−1+正財		20癸40癸2+9−食神		21甲42乙2+9−食神		22乙44丁2+8−偏財	53丙45戊3+8−偏財		54丁47庚2+8−傷官		55戊49壬2+8−正財

2023年（令和5年）生まれ　年干：40 癸（2/4～翌年2/3まで）

日	1月	2月	3月	4月	5月	6月	7月	8月	9月	10月	11月	12月
	日干 月干 立年男女 中心星	日干 月干 立年男女 中心星	日干 月干 立年男女 中心星	日干 月干 立年男女 中心星	日干 月干 立年男女 中心星	日干 月干 立年男女 中心星	日干 月干 立年男女 中心星	日干 月干 立年男女 中心星	日干 月干 立年男女 中心星	日干 月干 立年男女 中心星	日干 月干 立年男女 中心星	日干 月干 立年男女 中心星
1	56己49壬2+8−偏財	27庚50癸1+9−印綬	55戊51甲8−2+偏官	26己52乙9−1+偏官	56己53丙9−2+劫財	27庚54丁9−2+偏官	57庚55戊8−2+正官	28辛56己8−2+偏印	59壬57庚8−2+偏印	29壬58辛8−2+印綬	60癸59壬8−2+正官	30癸60癸8−2+劫財
2	57庚49壬1+9−傷官	28辛50癸1+9−偏印	56己51甲9−1+正官	27庚52乙9−1+正財	57庚53丙9−1+偏印	28辛54丁9−1+正官	58辛55戊9−2+偏官	29壬56己9−2+正官	60癸57庚8−2+印綬	30癸58辛8−2+偏印	1甲59壬8−2+偏財	31甲60癸8−2+偏印
3	58辛49壬1+9−食神	29壬50癸1+9−正官	57庚51甲9−1+偏財	28辛52乙9−1+偏財	58辛53丙9−1+印綬	29壬54丁9−1+偏財	59壬55戊9−1+正財	30癸56己9−2+偏官	1甲57庚9−2+偏官	31甲58辛8−2+正官	2乙59壬9−2+正財	32乙60癸8−1+印綬
4	59壬49壬1+9−劫財	30癸51甲1−0+正官	58辛51甲9−1+正財	29壬52乙0−1+傷官	59壬53丙0−1+偏官	30癸54丁0−1+正財	60癸55戊9−1+偏財	31甲56己9−1+正財	2乙57庚9−1+正官	32乙58辛9−1+偏官	3丙59壬9−1+食神	33丙60癸9−1+偏官
5	60癸49壬1+0−比肩	31甲51甲1−0+偏財	59壬51甲0−1+食神	30癸53丙1−0+食神	60癸53丙0−1+正官	31甲54丁0−1+食神	1甲55戊0−1+傷官	32乙56己0−1+偏財	3丙57庚9−1+偏財	33丙58辛9−1+正財	4丁59壬9−1+傷官	34丁60癸9−1+正官
6	1甲50癸0+1−印綬	32乙51甲1−9+正財	60癸52乙1−0+食神	31甲53丙1−0+劫財	1甲54丁1−0+偏財	32乙55戊1−0+偏財	2乙55戊0−1+食神	33丙56己0−1+傷官	4丁57庚0−1+正財	34丁58辛9−1+偏財	5戊59壬0−1+比肩	35戊60癸9−1+偏財
7	2乙50癸9+1−偏印	33丙51甲1−9+食神	1甲52乙1−0+劫財	32乙53丙1−0+比肩	2乙54丁1−0+正財	33丙55戊1−0+傷官	3丙56己1−0+劫財	34丁56己0−1+食神	5戊57庚0−1+食神	35戊58辛0−1+傷官	6己59壬0−1+劫財	36己 1甲1−0+偏財
8	3丙50癸9+1−正官	34丁51甲1−9+傷官	2乙52乙1−9+比肩	33丙53丙1−9+印綬	3丙54丁1−0+食神	34丁55戊1−0+食神	4丁56己1−0+比肩	35戊57庚1−0+比肩	6己58辛1−0+食神	36己59壬1−0+食神	7庚60癸1−0+偏財	37庚 1甲1−0+傷官
9	4丁50癸9+1−偏官	35戊51甲2−8+比肩	3丙52乙1−9+印綬	34丁53丙1−9+偏印	4丁54丁1−9+傷官	35戊55戊1−9+劫財	5戊56己1−0+印綬	36己57庚1−0+劫財	7庚58辛1−0+劫財	37庚59壬1−0+劫財	8辛60癸1−9+正財	38辛 1甲1−9+食神
10	5戊50癸8+1−正財	36己51甲2−8+劫財	4丁52乙1−9+偏印	35戊53丙2−9+正官	5戊54丁1−9+比肩	36己55戊1−9+比肩	6己56己1−0+偏印	37庚57庚1−0+偏印	8辛58辛1−9+比肩	38辛59壬1−0+比肩	9壬60癸1−9+食神	39壬 1甲1−9+劫財
11	6己50癸8+2−偏財	37庚51甲2−8+偏印	5戊52乙2−8+正官	36己53丙2−8+偏官	6己54丁2−9+劫財	37庚55戊2−9+印綬	7庚56己1−9+正官	38辛57庚1−9+印綬	9壬58辛1−9+印綬	39壬59壬1−9+印綬	10癸60癸1−9+傷官	40癸 1甲1−9+比肩
12	7庚50癸8+2−傷官	38辛51甲3−7+正官	6己52乙2−8+偏官	37庚53丙2−8+正財	7庚54丁2−8+比肩	38辛55戊2−8+偏印	8辛56己2−9+偏官	39壬57庚1−9+偏官	10癸58辛1−9+偏印	40癸59壬1−9+偏印	11甲60癸1−8+比肩	41甲 1甲2−8+印綬
13	8辛50癸7+2−食神	39壬51甲3−7+偏財	7庚52乙2−8+正財	38辛53丙3−8+偏財	8辛54丁2−8+劫財	39壬55戊2−8+正官	9壬56己2−9+正財	40癸57庚2−9+正官	11甲58辛2−8+正官	41甲59壬2−9+正官	12乙60癸2−8+劫財	42乙 1甲2−8+偏印
14	9壬50癸7+3−劫財	40癸51甲3−7+正財	8辛52乙3−7+偏財	39壬53丙3−7+傷官	9壬54丁3−8+偏印	40癸55戊3−8+偏官	10癸56己2−8+偏財	41甲57庚2−8+偏財	12乙58辛2−8+偏官	42乙59壬2−8+偏官	13丙60癸2−8+偏印	43丙 1甲2−8+正官
15	10癸50癸7+3−比肩	41甲51甲4−6+食神	9壬52乙3−7+傷官	40癸53丙3−7+比肩	10癸54丁3−7+印綬	41甲55戊3−7+正財	11甲56己3−8+傷官	42乙57庚2−8+正財	13丙58辛2−8+正財	43丙59壬2−8+偏財	14丁60癸2−7+印綬	44丁 1甲3−7+偏官
16	11甲50癸6+3−正官	42乙51甲4−6+傷官	10癸52乙3−7+食神	41甲53丙4−7+印綬	11甲54丁3−7+偏官	42乙55戊3−7+偏財	12乙56己3−8+食神	43丙57庚3−8+食神	14丁58辛3−7+偏財	44丁59壬3−8+偏財	15戊60癸3−7+偏官	45戊 1甲3−7+正財
17	12乙50癸6+4−偏官	43丙51甲4−6+比肩	11甲52乙4−6+劫財	42乙53丙4−6+偏印	12乙54丁4−7+正官	43丙55戊4−7+傷官	13丙56己3−7+印綬	44丁57庚3−7+傷官	15戊58辛3−7+傷官	45戊59壬3−7+傷官	16己60癸3−7+正官	46己 1甲3−7+偏財
18	13丙50癸6+4−正財	44丁51甲5−5+劫財	12乙52乙4−6+比肩	43丙53丙4−6+食神	13丙54丁4−6+偏財	44丁55戊4−6+食神	14丁56己4−7+偏印	45戊57庚3−7+比肩	16己58辛3−7+食神	46己59壬3−7+偏印	17庚60癸3−6+偏財	47庚 1甲4−6+傷官
19	14丁50癸5+4−食神	45戊51甲5−5+偏官	13丙52乙4−6+印綬	44丁53丙5−6+傷官	14丁54丁4−6+正財	45戊55戊4−6+劫財	15戊56己4−7+正官	46己57庚4−7+正財	17庚58辛4−6+劫財	47庚59壬4−7+正官	18辛60癸4−6+正財	48辛 1甲4−6+食神
20	15戊50癸5+5−劫財	46己51甲5−5+正官	14丁52乙5−5+偏印	45戊53丙5−5+比肩	15戊54丁5−6+食神	46己55戊5−6+比肩	16己56己4−6+比肩	47庚57庚4−6+食神	18辛58辛4−6+比肩	48辛59壬4−6+偏官	19壬60癸4−6+食神	49壬 1甲4−6+劫財
21	16己50癸5+5−比肩	47庚51甲6−4+偏財	15戊52乙5−5+正官	46己53丙5−5+劫財	16己54丁5−5+印綬	47庚55戊5−5+印綬	17庚56己5−6+印綬	48辛57庚4−6+傷官	19壬58辛4−6+印綬	49壬59壬4−6+偏官	20癸60癸4−5+劫財	50癸 1甲5−5+比肩
22	17庚50癸4+5−印綬	48辛51甲6−4+正財	16己52乙5−5+偏官	47庚53丙6−5+偏印	17庚54丁5−5+偏官	48辛55戊5−5+偏印	18辛56己5−6+偏印	49壬57庚5−6+偏印	20癸58辛5−5+偏印	50癸59壬5−6+正官	21甲60癸5−5+偏印	51甲 1甲5−5+印綬
23	18辛50癸4+6−偏印	49壬51甲6−4+食神	17庚52乙6−4+正財	48辛53丙6−4+印綬	18辛54丁6−5+正官	49壬55戊6−5+正官	19壬56己5−5+正官	50癸57庚5−5+印綬	21甲58辛5−5+正官	51甲59壬5−5+偏財	22乙60癸5−5+印綬	52乙 1甲5−5+偏印
24	19壬50癸4+6−正官	50癸51甲7−3+傷官	18辛52乙6−4+偏財	49壬53丙6−4+偏官	19壬54丁6−4+偏財	50癸55戊6−4+偏官	20癸56己6−5+偏官	51甲57庚5−5+偏官	22乙58辛5−5+偏官	52乙59壬5−5+正財	23丙60癸5−4+偏官	53丙 1甲6−4+正官
25	20癸50癸3+6−偏官	51甲51甲7−3+比肩	19壬52乙6−4+傷官	50癸53丙7−4+正官	20癸54丁6−4+正財	51甲55戊6−4+正財	21甲56己6−5+正財	52乙57庚6−5+正官	23丙58辛6−4+正財	53丙59壬6−5+食神	24丁60癸6−4+正官	54丁 1甲6−4+偏官
26	21甲50癸3+7−正財	52乙51甲7−3+劫財	20癸52乙7−3+食神	51甲53丙7−3+偏財	21甲54丁7−4+食神	52乙55戊7−4+食神	22乙56己6−4+偏財	53丙57庚6−4+偏財	24丁58辛6−4+偏財	54丁59壬6−4+傷官	25戊60癸6−4+偏財	55戊 1甲6−4+正財
27	22乙50癸3+7−偏財	53丙51甲8−2+偏印	21甲52乙7−3+劫財	52乙53丙7−3+正財	22乙54丁7−3+傷官	53丙55戊7−3+劫財	23丙56己7−4+傷官	54丁57庚6−4+正財	25戊58辛6−4+傷官	55戊59壬6−4+比肩	26己60癸6−3+正財	56己 1甲7−3+偏財
28	23丙50癸2+7−傷官	54丁51甲8−2+印綬	22乙52乙7−3+比肩	53丙53丙8−3+食神	23丙54丁7−3+比肩	54丁55戊7−3+比肩	24丁56己7−4+食神	55戊57庚7−4+食神	26己58辛7−3+食神	56己59壬7−4+劫財	27庚60癸7−3+食神	57庚 1甲7−3+傷官
29	24丁50癸2+8−食神		23丙52乙8−2+印綬	54丁53丙8−2+傷官	24丁54丁8−3+劫財	55戊55戊8−3+印綬	25戊56己7−3+劫財	56己57庚7−3+傷官	27庚58辛7−3+劫財	57庚59壬7−3+偏印	28辛60癸7−3+傷官	58辛 1甲7−3+食神
30	25戊50癸2+8−劫財		24丁52乙8−2+偏印	55戊53丙8−2+比肩	25戊54丁8−2+偏印	56己55戊8−2+偏印	26己56己8−3+比肩	57庚57庚7−3+比肩	28辛58辛7−3+比肩	58辛59壬7−3+印綬	29壬60癸7−2+比肩	59壬 1甲8−2+劫財
31	26己50癸1+8−比肩		25戊52乙8−2+正官		26己54丁8−2+印綬		27庚56己8−3+印綬	58辛57庚8−3+劫財		59壬59壬8−3+偏官		60癸 1甲8−2+比肩

2024年（令和6年）生まれ

年干：41甲（2/4～翌年2/2まで）

日	1月 日干	1月 月干	1月 立年 男 女	1月 中心星	2月 日干	2月 月干	2月 立年 男 女	2月 中心星	3月 日干	3月 月干	3月 立年 男 女	3月 中心星	4月 日干	4月 月干	4月 立年 男 女	4月 中心星
1	1甲	1甲	8−2+	印綬	32乙	2乙	9−1+	偏財	1甲	3丙	1+9−	比肩	32乙	4丁	1+9−	比肩
2	2乙	1甲	9−1+	偏印	33丙	2乙	9−1+	傷官	2乙	3丙	1+9−	劫財	33丙	4丁	1+9−	印綬
3	3丙	1甲	9−1+	正官	34丁	2乙	9−1+	食神	3丙	3丙	1+9−	偏印	34丁	4丁	1+0−	偏印
4	4丁	1甲	9−1+	偏官	35戊	3丙	0+1−	比肩	4丁	3丙	1+0−	印綬	35戊	5戊	0+1−	正官
5	5戊	1甲	0−1+	正財	36己	3丙	0+1−	劫財	5戊	4丁	0+1−	正官	36己	5戊	0+1−	偏官
6	6己	2乙	1−0+	偏財	37庚	3丙	9+1−	偏印	6己	4丁	0+1−	偏官	37庚	5戊	0+1−	正財
7	7庚	2乙	1−9+	傷官	38辛	3丙	9+1−	印綬	7庚	4丁	9+1−	正財	38辛	5戊	9+1−	偏財
8	8辛	2乙	1−9+	食神	39壬	3丙	9+1−	偏官	8辛	4丁	9+1−	偏財	39壬	5戊	9+1−	傷官
9	9壬	2乙	1−9+	劫財	40癸	3丙	8+2−	正官	9壬	4丁	9+1−	傷官	40癸	5戊	9+2−	食神
10	10癸	2乙	1−8+	比肩	41甲	3丙	8+2−	偏財	10癸	4丁	8+2−	食神	41甲	5戊	8+2−	劫財
11	11甲	2乙	2−8+	印綬	42乙	3丙	8+2−	正財	11甲	4丁	8+2−	劫財	42乙	5戊	8+2−	比肩
12	12乙	2乙	2−8+	偏印	43丙	3丙	7+3−	比肩	12乙	4丁	8+2−	比肩	43丙	5戊	8+3−	印綬
13	13丙	2乙	2−7+	正官	44丁	3丙	7+3−	劫財	13丙	4丁	7+3−	印綬	44丁	5戊	7+3−	偏印
14	14丁	2乙	3−7+	偏官	45戊	3丙	7+3−	偏印	14丁	4丁	7+3−	偏印	45戊	5戊	7+3−	正財
15	15戊	2乙	3−7+	正財	46己	3丙	6+4−	印綬	15戊	4丁	7+3−	正官	46己	5戊	7+4−	偏財
16	16己	2乙	3−6+	食神	47庚	3丙	6+4−	偏官	16己	4丁	6+4−	偏官	47庚	5戊	6+4−	傷官
17	17庚	2乙	4−6+	劫財	48辛	3丙	6+4−	正官	17庚	4丁	6+4−	正財	48辛	5戊	6+4−	印綬
18	18辛	2乙	4−6+	比肩	49壬	3丙	5+5−	偏財	18辛	4丁	6+4−	偏財	49壬	5戊	6+5−	偏官
19	19壬	2乙	4−5+	正官	50癸	3丙	5+5−	傷官	19壬	4丁	5+5−	傷官	50癸	5戊	5+5−	正官
20	20癸	2乙	5−5+	偏官	51甲	3丙	5+5−	比肩	20癸	4丁	5+5−	食神	51甲	5戊	5+5−	偏財
21	21甲	2乙	5−5+	正財	52乙	3丙	4+6−	劫財	21甲	4丁	5+5−	劫財	52乙	5戊	5+6−	正財
22	22乙	2乙	5−4+	偏財	53丙	3丙	4+6−	偏印	22乙	4丁	4+6−	比肩	53丙	5戊	4+6−	食神
23	23丙	2乙	6−4+	傷官	54丁	3丙	4+6−	印綬	23丙	4丁	4+6−	印綬	54丁	5戊	4+6−	傷官
24	24丁	2乙	6−4+	食神	55戊	3丙	3+7−	偏官	24丁	4丁	4+6−	偏印	55戊	5戊	4+7−	比肩
25	25戊	2乙	6−3+	劫財	56己	3丙	3+7−	正官	25戊	4丁	3+7−	正官	56己	5戊	3+7−	劫財
26	26己	2乙	7−3+	比肩	57庚	3丙	3+7−	偏財	26己	4丁	3+7−	偏官	57庚	5戊	3+7−	偏印
27	27庚	2乙	7−3+	印綬	58辛	3丙	2+8−	正財	27庚	4丁	3+7−	正財	58辛	5戊	3+8−	印綬
28	28辛	2乙	7−2+	偏印	59壬	3丙	2+8−	食神	28辛	4丁	2+8−	偏財	59壬	5戊	2+8−	偏官
29	29壬	2乙	8−2+	正官	60癸	3丙	2+8−	傷官	29壬	4丁	2+8−	傷官	60癸	5戊	2+8−	正官
30	30癸	2乙	8−2+	偏官					30癸	4丁	2+8−	食神	1甲	5戊	2+9−	偏財
31	31甲	2乙	8−1+	正財					31甲	4丁	1+9−	劫財				

日	5月 日干	5月 月干	5月 立年 男 女	5月 中心星	6月 日干	6月 月干	6月 立年 男 女	6月 中心星	7月 日干	7月 月干	7月 立年 男 女	7月 中心星	8月 日干	8月 月干	8月 立年 男 女	8月 中心星
1	2乙	5戊	1+9−	正財	33丙	6己	1+9−	比肩	3丙	7庚	2+9−	劫財	34丁	8辛	2+9−	食神
2	3丙	5戊	1+9−	食神	34丁	6己	1+9−	劫財	4丁	7庚	1+9−	比肩	35戊	8辛	2+9−	劫財
3	4丁	5戊	1+0−	傷官	35戊	6己	1+0−	偏印	5戊	7庚	1+9−	印綬	36己	8辛	1+9−	比肩
4	5戊	5戊	1+0−	比肩	36己	6己	1+0−	印綬	6己	7庚	1+0−	偏印	37庚	8辛	1+0−	印綬
5	6己	6己	0+1−	劫財	37庚	7庚	0+1−	印綬	7庚	7庚	1+0−	正官	38辛	8辛	1+0−	偏印
6	7庚	6己	0+1−	偏印	38辛	7庚	0+1−	偏印	8辛	8辛	0+1−	偏官	39壬	8辛	1+0−	正官
7	8辛	6己	0+1−	印綬	39壬	7庚	0+1−	正官	9壬	8辛	0+1−	正財	40癸	9壬	0+1−	正官
8	9壬	6己	9+1−	偏官	40癸	7庚	9+1−	偏官	10癸	8辛	0+1−	偏財	41甲	9壬	0+1−	偏財
9	10癸	6己	9+1−	正官	41甲	7庚	9+1−	正財	11甲	8辛	0+1−	傷官	42乙	9壬	0+1−	正財
10	11甲	6己	9+2−	偏財	42乙	7庚	9+2−	偏財	12乙	8辛	9+1−	食神	43丙	9壬	9+1−	食神
11	12乙	6己	8+2−	正官	43丙	7庚	8+2−	傷官	13丙	8辛	9+2−	劫財	44丁	9壬	9+1−	傷官
12	13丙	6己	8+2−	偏財	44丁	7庚	8+2−	食神	14丁	8辛	9+2−	比肩	45戊	9壬	9+2−	比肩
13	14丁	6己	8+3−	正財	45戊	7庚	8+3−	劫財	15戊	8辛	8+2−	印綬	46己	9壬	8+2−	劫財
14	15戊	6己	7+3−	食神	46己	7庚	7+3−	比肩	16己	8辛	8+3−	偏印	47庚	9壬	8+2−	偏印
15	16己	6己	7+3−	傷官	47庚	7庚	7+3−	印綬	17庚	8辛	8+3−	正官	48辛	9壬	8+3−	印綬
16	17庚	6己	7+4−	比肩	48辛	7庚	7+4−	偏印	18辛	8辛	7+3−	偏財	49壬	9壬	7+3−	偏官
17	18辛	6己	6+4−	劫財	49壬	7庚	6+4−	正官	19壬	8辛	7+4−	傷官	50癸	9壬	7+3−	正官
18	19壬	6己	6+4−	偏印	50癸	7庚	6+4−	偏官	20癸	8辛	7+4−	食神	51甲	9壬	7+4−	偏印
19	20癸	6己	6+5−	印綬	51甲	7庚	6+5−	正財	21甲	8辛	6+4−	正財	52乙	9壬	6+4−	印綬
20	21甲	6己	5+5−	食神	52乙	7庚	5+5−	偏財	22乙	8辛	6+5−	偏財	53丙	9壬	6+4−	偏官
21	22乙	6己	5+5−	傷官	53丙	7庚	5+5−	傷官	23丙	8辛	6+5−	傷官	54丁	9壬	6+5−	正財
22	23丙	6己	5+6−	比肩	54丁	7庚	5+6−	食神	24丁	8辛	5+5−	食神	55戊	9壬	5+5−	食神
23	24丁	6己	4+6−	劫財	55戊	7庚	4+6−	劫財	25戊	8辛	5+6−	劫財	56己	9壬	5+5−	傷官
24	25戊	6己	4+6−	偏印	56己	7庚	4+6−	比肩	26己	8辛	5+6−	比肩	57庚	9壬	5+6−	比肩
25	26己	6己	4+7−	印綬	57庚	7庚	4+7−	正官	27庚	8辛	4+6−	印綬	58辛	9壬	4+6−	劫財
26	27庚	6己	3+7−	偏官	58辛	7庚	3+7−	偏官	28辛	8辛	4+7−	偏印	59壬	9壬	4+6−	偏印
27	28辛	6己	3+7−	正官	59壬	7庚	3+7−	正財	29壬	8辛	4+7−	正官	60癸	9壬	4+7−	印綬
28	29壬	6己	3+8−	偏財	60癸	7庚	3+8−	偏財	30癸	8辛	3+7−	偏官	1甲	9壬	3+7−	偏官
29	30癸	6己	2+8−	正財	1甲	7庚	2+8−	傷官	31甲	8辛	3+8−	正財	2乙	9壬	3+7−	正官
30	31甲	6己	2+8−	食神	2乙	7庚	2+8−	食神	32乙	8辛	3+8−	偏財	3丙	9壬	3+8−	偏財
31	32乙	6己	2+9−	傷官					33丙	8辛	2+8−	傷官	4丁	9壬	2+8−	正財

日	9月 日干	9月 月干	9月 立年 男 女	9月 中心星	10月 日干	10月 月干	10月 立年 男 女	10月 中心星	11月 日干	11月 月干	11月 立年 男 女	11月 中心星	12月 日干	12月 月干	12月 立年 男 女	12月 中心星
1	5戊	9壬	2+8−	食神	35戊	10癸	2+8−	傷官	6己	11甲	2+8−	劫財	36己	12乙	2+8−	正財
2	6己	9壬	2+9−	傷官	36己	10癸	2+8−	食神	7庚	11甲	2+8−	偏印	37庚	12乙	2+8−	食神
3	7庚	9壬	1+9−	比肩	37庚	10癸	2+9−	劫財	8辛	11甲	1+9−	印綬	38辛	12乙	1+9−	傷官
4	8辛	9壬	1+9−	劫財	38辛	10癸	1+9−	比肩	9壬	11甲	1+9−	偏官	39壬	12乙	1+9−	比肩
5	9壬	9壬	1+0−	偏印	39壬	10癸	1+9−	印綬	10癸	11甲	1+9−	正官	40癸	12乙	1+9−	劫財
6	10癸	9壬	1+0−	印綬	40癸	10癸	1+0−	偏印	11甲	11甲	1+0−	偏財	41甲	12乙	1+0−	偏印
7	11甲	10癸	0+1−	正官	41甲	10癸	1+0−	正官	12乙	12乙	0+1−	劫財	42乙	13丙	0+1−	偏印
8	12乙	10癸	0+1−	偏官	42乙	11甲	0+1−	偏官	13丙	12乙	0+1−	偏印	43丙	13丙	9+1−	正官
9	13丙	10癸	0+1−	正財	43丙	11甲	0+1−	正財	14丁	12乙	9+1−	印綬	44丁	13丙	9+1−	偏官
10	14丁	10癸	9+1−	偏財	44丁	11甲	9+1−	偏財	15戊	12乙	9+1−	偏官	45戊	13丙	9+1−	正財
11	15戊	10癸	9+1−	傷官	45戊	11甲	9+1−	傷官	16己	12乙	9+1−	正官	46己	13丙	8+1−	偏財
12	16己	10癸	9+2−	食神	46己	11甲	9+1−	食神	17庚	12乙	8+2−	偏財	47庚	13丙	8+2−	傷官
13	17庚	10癸	8+2−	劫財	47庚	11甲	8+2−	劫財	18辛	12乙	8+2−	正財	48辛	13丙	8+2−	食神
14	18辛	10癸	8+2−	比肩	48辛	11甲	8+2−	比肩	19壬	12乙	8+2−	食神	49壬	13丙	7+2−	劫財
15	19壬	10癸	8+3−	印綬	49壬	11甲	8+2−	印綬	20癸	12乙	7+3−	傷官	50癸	13丙	7+3−	比肩
16	20癸	10癸	7+3−	偏印	50癸	11甲	7+3−	偏印	21甲	12乙	7+3−	比肩	51甲	13丙	7+3−	印綬
17	21甲	10癸	7+3−	正官	51甲	11甲	7+3−	正官	22乙	12乙	7+3−	劫財	52乙	13丙	6+3−	偏印
18	22乙	10癸	7+4−	偏官	52乙	11甲	7+3−	食神	23丙	12乙	6+4−	偏印	53丙	13丙	6+4−	正官
19	23丙	10癸	6+4−	正財	53丙	11甲	6+4−	劫財	24丁	12乙	6+4−	印綬	54丁	13丙	6+4−	偏官
20	24丁	10癸	6+4−	偏財	54丁	11甲	6+4−	比肩	25戊	12乙	6+4−	偏財	55戊	13丙	5+4−	正財
21	25戊	10癸	6+5−	傷官	55戊	11甲	6+4−	比肩	26己	12乙	5+5−	正財	56己	13丙	5+5−	偏財
22	26己	10癸	5+5−	食神	56己	11甲	5+5−	劫財	27庚	12乙	5+5−	食神	57庚	13丙	5+5−	傷官
23	27庚	10癸	5+5−	劫財	57庚	11甲	5+5−	偏印	28辛	12乙	5+5−	傷官	58辛	13丙	4+5−	食神
24	28辛	10癸	5+6−	比肩	58辛	11甲	5+5−	印綬	29壬	12乙	4+6−	比肩	59壬	13丙	4+6−	劫財
25	29壬	10癸	4+6−	印綬	59壬	11甲	4+6−	偏官	30癸	12乙	4+6−	劫財	60癸	13丙	4+6−	比肩
26	30癸	10癸	4+6−	偏印	60癸	11甲	4+6−	正官	31甲	12乙	4+6−	偏印	1甲	13丙	3+6−	印綬
27	31甲	10癸	4+7−	正官	1甲	11甲	4+6−	偏財	32乙	12乙	3+7−	印綬	2乙	13丙	3+7−	偏印
28	32乙	10癸	3+7−	偏官	2乙	11甲	3+7−	正財	33丙	12乙	3+7−	偏官	3丙	13丙	3+7−	正官
29	33丙	10癸	3+7−	正財	3丙	11甲	3+7−	食神	34丁	12乙	3+7−	正官	4丁	13丙	2+7−	偏官
30	34丁	10癸	3+8−	偏財	4丁	11甲	3+7−	傷官	35戊	12乙	2+8−	偏財	5戊	13丙	2+8−	正財
31					5戊	11甲	2+8−	比肩					6己	13丙	2+8−	偏財

2025年（令和7年）生まれ　年干：42乙（2/3～翌年2/3まで）

日	1月	2月	3月	4月	5月	6月	7月	8月	9月	10月	11月	12月
	日干 月干 立年男女 中心星	日干 月干 立年男女 中心星	日干 月干 立年男女 中心星	日干 月干 立年男女 中心星	日干 月干 立年男女 中心星	日干 月干 立年男女 中心星	日干 月干 立年男女 中心星	日干 月干 立年男女 中心星	日干 月干 立年男女 中心星	日干 月干 立年男女 中心星	日干 月干 立年男女 中心星	日干 月干 立年男女 中心星
1	7庚13丙1+8−傷官	38辛14丁1+9−偏印	6己15戊9−1+正官	37庚16己9−1+正財	7庚17庚9−1+偏印	38辛18辛9−1+正官	8辛19壬9−2+偏官	39壬20癸8−2+正官	10癸21甲8−2+印綬	40癸22乙8−2+偏印	11甲23丙8−2+偏財	41甲24丁8−2+偏印
2	8辛13丙1+9−食神	39壬14丁1+9−正官	7庚15戊9−1+偏財	38辛16己9−1+偏財	8辛17庚9−1+印綬	39壬18辛9−1+偏財	9壬19壬9−2+正財	40癸20癸9−2+偏官	11甲21甲9−2+偏官	41甲22乙8−2+正官	12乙23丙8−2+正財	42乙24丁8−2+印綬
3	9壬13丙1+9−劫財	40癸15戊1−0+正官	8辛15戊9−1+正財	39壬16己0−1+傷官	9壬17庚0−1+偏官	40癸18辛0−1+正財	10癸19壬9−1+偏財	41甲20癸9−1+正財	12乙21甲9−1+正官	42乙22乙9−2+偏官	13丙23丙9−1+食神	43丙24丁9−1+偏官
4	10癸13丙1+9−比肩	41甲15戊1−0+偏財	9壬15戊0−1+食神	40癸17庚1−0+食神	10癸17庚0−1+正官	41甲18辛0−1+食神	11甲19壬0−1+傷官	42乙20癸9−1+偏財	13丙21甲9−1+偏財	43丙22乙9−1+正財	14丁23丙9−1+傷官	44丁24丁9−1+正官
5	11甲14丁0+1−印綬	42乙15戊1−9+正財	10癸16己1−0+食神	41甲17庚1−0+劫財	11甲18辛1−0+偏財	42乙19壬1−0+偏財	12乙19壬0−1+食神	43丙20癸0−1+傷官	14丁21甲0−1+正財	44丁22乙9−1+偏財	15戊23丙9−1+比肩	45戊24丁9−1+偏財
6	12乙14丁9+1−偏印	43丙15戊1−9+食神	11甲16己1−0+劫財	42乙17庚1−0+比肩	12乙18辛1−0+正財	43丙19壬1−0+傷官	13丙19壬0−1+劫財	44丁20癸0−1+食神	15戊21甲0−1+食神	45戊22乙0−1+傷官	16己23丙0−1+劫財	46己24丁0−1+正財
7	13丙14丁9+1−正官	44丁15戊1−9+傷官	12乙16己1−9+比肩	43丙17庚1−9+印綬	13丙18辛1−0+食神	44丁19壬1−0+食神	14丁20癸1−0+比肩	45戊21甲1−0+比肩	16己22乙1−0+食神	46己22乙0−1+食神	17庚24丁1−0+偏財	47庚25戊1−0+傷官
8	14丁14丁9+1−偏官	45戊15戊2−8+比肩	13丙16己1−9+印綬	44丁17庚1−9+偏印	14丁18辛1−9+傷官	45戊19壬1−0+劫財	15戊20癸1−0+印綬	46己21甲1−0+劫財	17庚22乙1−0+劫財	47庚23丙1−0+劫財	18辛24丁1−0+正財	48辛25戊1−9+食神
9	15戊14丁8+1−正財	46己15戊2−8+劫財	14丁16己1−9+偏印	45戊17庚2−9+正官	15戊18辛1−9+比肩	46己19壬1−9+比肩	16己20癸1−0+偏印	47庚21甲1−0+偏印	18辛22乙1−0+比肩	48辛23丙1−0+比肩	19壬24丁1−9+食神	49壬25戊1−9+劫財
10	16己14丁8+2−偏財	47庚15戊2−8+偏印	15戊16己2−8+正官	46己17庚2−8+偏官	16己18辛2−9+劫財	47庚19壬2−9+印綬	17庚20癸1−9+正官	48辛21甲1−9+印綬	19壬22乙1−9+印綬	49壬23丙1−9+印綬	20癸24丁1−9+傷官	50癸25戊1−9+比肩
11	17庚14丁8+2−傷官	48辛15戊3−7+正官	16己16己2−8+偏官	47庚17庚2−8+正財	17庚18辛2−8+比肩	48辛19壬2−9+偏印	18辛20癸1−9+偏官	49壬21甲1−9+偏官	20癸22乙1−9+偏印	50癸23丙1−9+偏印	21甲24丁1−9+比肩	51甲25戊1−8+印綬
12	18辛14丁7+2−食神	49壬15戊3−7+偏財	17庚16己2−8+正財	48辛17庚3−8+偏財	18辛18辛2−8+劫財	49壬19壬2−8+正官	19壬20癸2−9+正財	50癸21甲2−9+正官	21甲22乙2−9+正官	51甲23丙1−9+正官	22乙24丁2−8+劫財	52乙25戊2−8+偏印
13	19壬14丁7+3−劫財	50癸15戊3−7+正財	18辛16己3−7+偏財	49壬17庚3−7+傷官	19壬18辛3−8+偏印	50癸19壬3−8+偏官	20癸20癸2−8+偏財	51甲21甲2−8+偏財	22乙22乙2−8+偏官	52乙23丙2−8+偏官	23丙24丁2−8+偏印	53丙25戊2−8+正官
14	20癸14丁7+3−比肩	51甲15戊4−6+食神	19壬16己3−7+傷官	50癸17庚3−7+比肩	20癸18辛3−7+印綬	51甲19壬3−8+正財	21甲20癸2−8+傷官	52乙21甲2−8+正財	23丙22乙2−8+正財	53丙23丙2−8+正財	24丁24丁2−8+印綬	54丁25戊2−7+偏官
15	21甲14丁6+3−正官	52乙15戊4−6+傷官	20癸16己3−7+食神	51甲17庚4−7+印綬	21甲18辛3−7+偏官	52乙19壬3−7+偏財	22乙20癸3−8+食神	53丙21甲3−8+食神	24丁22乙3−8+偏財	54丁23丙2−8+偏財	25戊24丁3−7+偏官	55戊25戊3−7+正財
16	22乙14丁6+4−偏官	53丙15戊4−6+比肩	21甲16己4−6+劫財	52乙17庚4−6+偏印	22乙18辛4−7+正官	53丙19壬4−7+傷官	23丙20癸3−7+劫財	54丁21甲3−7+傷官	25戊22乙3−7+傷官	55戊23丙3−7+傷官	26己24丁3−7+正官	56己25戊3−7+偏財
17	23丙14丁6+4−正財	54丁15戊5−5+劫財	22乙16己4−6+比肩	53丙17庚4−6+食神	23丙18辛4−6+偏財	54丁19壬4−7+食神	24丁20癸3−7+偏印	55戊21甲3−7+比肩	26己22乙3−7+食神	56己23丙3−7+食神	27庚24丁3−7+偏財	57庚25戊3−6+傷官
18	24丁14丁5+4−食神	55戊15戊5−5+偏官	23丙16己4−6+印綬	54丁17庚5−6+傷官	24丁18辛4−6+正財	55戊19壬4−6+劫財	25戊20癸4−7+正官	56己21甲4−7+正財	27庚22乙4−7+劫財	57庚23丙3−7+正官	28辛24丁4−6+正財	58辛25戊4−6+食神
19	25戊14丁5+5−劫財	56己15戊5−5+正官	24丁16己5−5+偏印	55戊17庚5−5+比肩	25戊18辛5−6+食神	56己19壬5−6+比肩	26己20癸4−6+偏官	57庚21甲4−6+食神	28辛22乙4−6+比肩	58辛23丙4−6+偏官	29壬24丁4−6+食神	59壬25戊4−6+劫財
20	26己14丁5+5−比肩	57庚15戊6−4+偏財	25戊16己5−5+正官	56己17庚5−5+劫財	26己18辛5−5+印綬	57庚19壬5−6+印綬	27庚20癸4−6+印綬	58辛21甲4−6+傷官	29壬22乙4−6+印綬	59壬23丙4−6+正財	30癸24丁4−6+劫財	60癸25戊4−5+比肩
21	27庚14丁4+5−印綬	58辛15戊6−4+正財	26己16己5−5+偏官	57庚17庚6−5+偏印	27庚18辛5−5+偏官	58辛19壬5−5+偏印	28辛20癸5−6+偏印	59壬21甲5−6+偏印	30癸22乙5−6+偏印	60癸23丙4−6+正官	31甲24丁5−5+偏印	1甲25戊5−5+印綬
22	28辛14丁4+6−偏印	59壬15戊6−4+食神	27庚16己6−4+正財	58辛17庚6−4+印綬	28辛18辛6−5+正官	59壬19壬6−5+正官	29壬20癸5−5+正官	60癸21甲5−5+印綬	31甲22乙5−5+正官	1甲23丙5−5+偏財	32乙24丁5−5+印綬	2乙25戊5−5+偏印
23	29壬14丁4+6−正官	60癸15戊7−3+傷官	28辛16己6−4+偏財	59壬17庚6−4+偏官	29壬18辛6−4+偏財	60癸19壬6−5+偏官	30癸20癸5−5+偏官	1甲21甲5−5+偏官	32乙22乙5−5+偏官	2乙23丙5−5+正財	33丙24丁5−5+偏官	3丙25戊5−4+正官
24	30癸14丁3+6−偏官	1甲15戊7−3+比肩	29壬16己6−4+傷官	60癸17庚7−4+正官	30癸18辛6−4+正財	1甲19壬6−4+正財	31甲20癸6−5+正財	2乙21甲6−5+正官	33丙22乙6−5+正財	3丙23丙5−5+食神	34丁24丁6−4+正官	4丁25戊6−4+偏官
25	31甲14丁3+7−正財	2乙15戊7−3+劫財	30癸16己7−3+食神	1甲17庚7−3+偏財	31甲18辛7−4+食神	2乙19壬7−4+食神	32乙20癸6−4+偏財	3丙21甲6−4+偏財	34丁22乙6−4+偏財	4丁23丙6−4+傷官	35戊24丁6−4+偏財	5戊25戊6−4+正財
26	32乙14丁3+7−偏財	3丙15戊8−2+偏印	31甲16己7−3+劫財	2乙17庚7−3+正財	32乙18辛7−3+傷官	3丙19壬7−4+劫財	33丙20癸6−4+傷官	4丁21甲6−4+正財	35戊22乙6−4+傷官	5戊23丙6−4+比肩	36己24丁6−4+正財	6己25戊6−3+偏財
27	33丙14丁2+7−傷官	4丁15戊8−2+印綬	32乙16己7−3+比肩	3丙17庚8−3+食神	33丙18辛7−3+比肩	4丁19壬7−3+比肩	34丁20癸7−4+食神	5戊21甲7−4+食神	36己22乙7−4+食神	6己23丙6−4+劫財	37庚24丁7−3+食神	7庚25戊7−3+傷官
28	34丁14丁2+8−食神	5戊15戊8−2+偏官	33丙16己8−2+印綬	4丁17庚8−2+傷官	34丁18辛8−3+劫財	5戊19壬8−3+印綬	35戊20癸7−3+劫財	6己21甲7−3+傷官	37庚22乙7−3+劫財	7庚23丙7−3+偏印	38辛24丁7−3+傷官	8辛25戊7−3+食神
29	35戊14丁2+8−劫財		34丁16己8−2+偏印	5戊17庚8−2+比肩	35戊18辛8−2+偏印	6己19壬8−3+偏印	36己20癸7−3+比肩	7庚21甲7−3+比肩	38辛22乙7−3+比肩	8辛23丙7−3+印綬	39壬24丁7−3+比肩	9壬25戊7−2+劫財
30	36己14丁1+8−比肩		35戊16己8−2+正官	6己17庚9−2+劫財	36己18辛8−2+印綬	7庚19壬8−2+正官	37庚20癸8−3+印綬	8辛21甲8−3+劫財	39壬22乙8−3+印綬	9壬23丙7−3+偏官	40癸24丁8−2+劫財	10癸25戊8−2+比肩
31	37庚14丁1+9−印綬		36己16己9−1+偏官		37庚18辛9−2+偏官		38辛20癸8−2+偏印	9壬21甲8−2+偏印		10癸23丙8−2+正官		11甲25戊8−2+印綬

2026年（令和8年）生まれ　年干：43丙（2/4～翌年2/3まで）

各欄：日干 月干 立年（男 女） 中心星

日	1月	2月	3月	4月	5月	6月	7月	8月	9月	10月	11月	12月
1	12乙25戊8−1+偏印	43丙26己9−1+傷官	11甲27庚1+8−比肩	42乙28辛1+9−比肩	12乙29壬1+9−正財	43丙30癸2+9−比肩	13丙31甲2+8−劫財	44丁32乙2+8−食神	15戊33丙2+8−食神	45戊34丁2+8−傷官	16己35戊2+8−劫財	46己36己2+8−正財
2	13丙25戊9−1+正官	44丁26己9−1+食神	12乙27庚1+9−劫財	43丙28辛1+9−印綬	13丙29壬1+9−食神	44丁30癸1+9−劫財	14丁31甲2+9−比肩	45戊32乙2+9−劫財	16己33丙2+9−傷官	46己34丁2+8−食神	17庚35戊2+8−偏印	47庚36己2+8−食神
3	14丁25戊9−1+偏官	45戊26己0−1+劫財	13丙27庚1+9−偏印	44丁28辛1+0−偏印	14丁29壬1+9−傷官	45戊30癸1+0−偏印	15戊31甲1+9−印綬	46己32乙1+9−比肩	17庚33丙1+9−比肩	47庚34丁2+9−劫財	18辛35戊1+9−印綬	48辛36己1+9−傷官
4	15戊25戊9−1+正財	46己27庚0+1−劫財	14丁27庚1+9−印綬	45戊28辛1+0−正官	15戊29壬1+0−比肩	46己30癸1+0−印綬	16己31甲1+9−偏印	47庚32乙1+9−印綬	18辛33丙1+9−劫財	48辛34丁1+9−比肩	19壬35戊1+9−偏官	49壬36己1+9−比肩
5	16己26己1−0+偏財	47庚27庚9+1−偏印	15戊28辛0+1−正官	46己29壬0+1−偏官	16己30癸0+1−劫財	47庚30癸1+0−偏官	17庚31甲1+0−正官	48辛32乙1+0−偏印	19壬33丙1+0−偏印	49壬34丁1+9−印綬	20癸35戊1+9−正官	50癸36己1+9−劫財
6	17庚26己1−0+傷官	48辛27庚9+1−印綬	16己28辛0+1−偏官	47庚29壬0+1−正財	17庚30癸0+1−偏印	48辛31甲0+1−偏印	18辛31甲1+0−偏官	49壬32乙1+0−正官	20癸33丙1+0−印綬	50癸34丁1+0−偏印	21甲35戊1+0−偏財	51甲36己1+0−偏印
7	18辛26己1−9+食神	49壬27庚9+1−偏官	17庚28辛0+1−正財	48辛29壬9+1−偏財	18辛30癸0+1−印綬	49壬31甲0+1−正官	19壬32乙0+1−正財	50癸33丙0+1−正官	21甲34丁0+1−正官	51甲34丁1+0−正官	22乙36己0+1−劫財	52乙37庚0+1−偏印
8	19壬26己1−9+劫財	50癸27庚8+1−正官	18辛28辛9+1−偏財	49壬29壬9+1−傷官	19壬30癸0+1−偏官	50癸31甲0+1−偏官	20癸32乙0+1−偏財	51甲33丙0+1−偏財	22乙34丁0+1−偏官	52乙35戊0+1−偏官	23丙36己0+1−偏印	53丙37庚9+1−正官
9	20癸26己1−9+比肩	51甲27庚8+2−偏財	19壬28辛9+1−傷官	50癸29壬9+1−食神	20癸30癸9+1−正官	51甲31甲9+1−正財	21甲32乙0+1−傷官	52乙33丙0+1−正財	23丙34丁0+1−正財	53丙35戊0+1−正財	24丁36己9+1−印綬	54丁37庚9+1−偏官
10	21甲26己2−8+印綬	52乙27庚8+2−正財	20癸28辛9+2−食神	51甲29壬8+2−劫財	21甲30癸9+2−偏財	52乙31甲9+1−偏財	22乙32乙9+1−食神	53丙33丙9+1−食神	24丁34丁9+1−偏財	54丁35戊9+1−偏財	25戊36己9−1−偏官	55戊37庚9+1−正財
11	22乙26己2−8+偏印	53丙27庚7+2−食神	21甲28辛8+2−劫財	52乙29壬8+2−比肩	22乙30癸9+2−正官	53丙31甲9+2−傷官	23丙32乙9+1−劫財	54丁33丙9+1−傷官	25戊34丁9+1−傷官	55戊35戊9+1−偏官	26己36己9+1−正官	56己37庚8+1−偏財
12	23丙26己2−8+正官	54丁27庚7+3−劫財	22乙28辛8+2−比肩	53丙29壬8+2−印綬	23丙30癸8+2−偏財	54丁31甲8+2−食神	24丁32乙9+2−比肩	55戊33丙9+2−比肩	26己34丁9+2−食神	56己35戊9+1−食神	27庚36己8+2−偏財	57庚37庚8+2−傷官
13	24丁26己3−7+偏官	55戊27庚7+3−偏印	23丙28辛8+3−印綬	54丁29壬7+3−偏印	24丁30癸8+3−正財	55戊31甲8+2−劫財	25戊32乙8+2−印綬	56己33丙8+2−劫財	27庚34丁8+2−劫財	57庚35戊8+2−劫財	28辛36己8+2−正財	58辛37庚8+2−食神
14	25戊26己3−7+正財	56己27庚6+3−印綬	24丁28辛7+3−偏印	55戊29壬7+3−正官	25戊30癸8+3−食神	56己31甲8+3−比肩	26己32乙8+2−偏印	57庚33丙8+2−偏印	28辛34丁8+2−比肩	58辛35戊8+2−比肩	29壬36己8+2−食神	59壬37庚7+2−劫財
15	26己26己3−7+食神	57庚27庚6+4−偏官	25戊28辛7+3−正官	56己29壬7+3−偏財	26己30癸7+3−傷官	57庚31甲7+3−印綬	27庚32乙8+3−正官	58辛33丙8+3−印綬	29壬34丁8+3−印綬	59壬35戊8+2−印綬	30癸36己7+3−傷官	60癸37庚7+3−比肩
16	27庚26己4−6+劫財	58辛27庚6+4−正官	26己28辛7+4−偏官	57庚29壬6+4−傷官	27庚30癸7+4−比肩	58辛31甲7+3−偏印	28辛32乙7+3−偏官	59壬33丙7+3−偏官	30癸34丁7+3−偏印	60癸35戊7+3−偏印	31甲36己7+3−比肩	1甲37庚7+3−印綬
17	28辛26己4−6+比肩	59壬27庚5+4−偏財	27庚28辛6+4−正財	58辛29壬6+4−食神	28辛30癸7+4−劫財	59壬31甲7+4−正官	29壬32乙7+3−傷官	60癸33丙7+3−正官	31甲34丁7+3−正官	1甲35戊7+3−正官	32乙36己7+3−劫財	2乙37庚6+3−偏印
18	29壬26己4−6+正官	60癸27庚5+5−正財	28辛28辛6+4−偏財	59壬29壬6+4−偏官	29壬30癸6+4−偏印	60癸31甲6+4−偏官	30癸32乙7+4−食神	1甲33丙7+4−偏印	32乙34丁7+4−偏官	2乙35戊7+3−食神	33丙36己6+4−偏印	3丙37庚6+4−正官
19	30癸26己5−5+偏官	1甲27庚5+5−比肩	29壬28辛6+5−傷官	60癸29壬5+5−正官	30癸30癸6+5−印綬	1甲31甲6+4−正財	31甲32乙6+4−劫財	2乙33丙6+4−印綬	33丙34丁6+4−正財	3丙35戊6+4−劫財	34丁36己6+4−印綬	4丁37庚6+4−偏官
20	31甲26己5−5+正財	2乙27庚4+5−劫財	30癸28辛5+5−食神	1甲29壬5+5−偏財	31甲30癸6+5−食神	2乙31甲6+5−偏財	32乙32乙6+4−偏財	3丙33丙6+4−偏官	34丁34丁6+4−偏財	4丁35戊6+4−比肩	35戊36己6+4−偏財	5戊37庚5+4−正財
21	32乙26己5−5+偏財	3丙27庚4+6−偏印	31甲28辛5+5−劫財	2乙29壬5+5−正財	32乙30癸5+5−傷官	3丙31甲5+5−傷官	33丙32乙6+5−傷官	4丁33丙6+5−正財	35戊34丁6+5−傷官	5戊35戊6+4−比肩	36己36己5+5−正財	6己37庚5+5−偏財
22	33丙26己6−4+傷官	4丁27庚4+6−印綬	32乙28辛5+6−比肩	3丙29壬4+6−食神	33丙30癸5+6−比肩	4丁31甲5+5−食神	34丁32乙5+5−食神	5戊33丙5+5−食神	36己34丁5+5−食神	6己35戊5+5−劫財	37庚36己5+5−食神	7庚37庚5+5−傷官
23	34丁26己6−4+食神	5戊27庚3+6−偏官	33丙28辛4+6−印綬	4丁29壬4+6−傷官	34丁30癸5+6−劫財	5戊31甲5+6−劫財	35戊32乙5+5−劫財	6己33丙5+5−傷官	37庚34丁5+5−劫財	7庚35戊5+5−偏印	38辛36己5+5−傷官	8辛37庚4+5−食神
24	35戊26己6−4+劫財	6己27庚3+7−正官	34丁28辛4+6−偏印	5戊29壬4+6−比肩	35戊30癸4+6−偏印	6己31甲4+6−比肩	36己32乙5+6−比肩	7庚33丙5+6−比肩	38辛34丁5+6−比肩	8辛35戊5+5−印綬	39壬36己4+6−比肩	9壬37庚4+6−劫財
25	36己26己7−3+比肩	7庚27庚3+7−偏財	35戊28辛4+7−正官	6己29壬3+7−劫財	36己30癸4+7−印綬	7庚31甲4+6−印綬	37庚32乙4+6−印綬	8辛33丙4+6−劫財	39壬34丁4+6−印綬	9壬35戊4+6−偏官	40癸36己4+6−劫財	10癸37庚4+6−比肩
26	37庚26己7−3+印綬	8辛27庚2+7−正財	36己28辛3+7−偏官	7庚29壬3+7−偏印	37庚30癸4+7−偏官	8辛31甲4+7−偏官	38辛32乙4+6−偏印	9壬33丙4+6−偏印	40癸34丁4+6−偏印	10癸35戊4+6−正官	41甲36己4+6−偏印	11甲37庚3+6−印綬
27	38辛26己7−3+偏印	9壬27庚2+8−食神	37庚28辛3+7−正財	8辛29壬3+7−印綬	38辛30癸3+7−正官	9壬31甲3+7−正財	39壬32乙4+7−正官	10癸33丙4+7−印綬	41甲34丁4+7−正官	11甲35戊4+6−偏財	42乙36己3+7−印綬	12乙37庚3+7−偏印
28	39壬26己8−2+正官	10癸27庚2+8−傷官	38辛28辛3+8−偏財	9壬29壬2+8−偏官	39壬30癸3+8−偏財	10癸31甲3+7−偏財	40癸32乙3+7−偏官	11甲33丙3+7−偏官	42乙34丁3+7−偏官	12乙35戊3+7−正財	43丙36己3+7−偏官	13丙37庚3+7−正官
29	40癸26己8−2+偏官		39壬28辛2+8−傷官	10癸29壬2+8−正官	40癸30癸3+8−正財	11甲31甲3+8−傷官	41甲32乙3+7−正財	12乙33丙3+7−正官	43丙34丁3+7−正財	13丙35戊3+7−食神	44丁36己3+7−正官	14丁37庚2+7−偏官
30	41甲26己8−2+正財		40癸28辛2+8−食神	11甲29壬2+8−偏財	41甲30癸2+8−食神	12乙31甲2+8−食神	42乙32乙3+8−偏財	13丙33丙3+8−偏財	44丁34丁3+8−偏財	14丁35戊3+7−傷官	45戊36己2+8−偏財	15戊37庚2+8−正財
31	42乙26己9−1+偏財		41甲28辛2+9−劫財		42乙30癸2+9−傷官		43丙32乙2+8−傷官	14丁33丙2+8−正財		15戊35戊2+8−比肩		16己37庚2+8−偏財

2027年（令和9年）生まれ　年干：44丁（2/4～翌年2/3まで）

日干・月干・立年（男・女）・中心星

日	1月	2月	3月	4月	5月	6月	7月	8月	9月	10月	11月	12月
1	17庚37庚1+8−傷官	48辛38辛1+9−偏印	16己39壬8−2+正官	47庚40癸9−1+正財	17庚41甲9−2+偏印	48辛42乙9−2+正官	18辛43丙8−2+偏官	49壬44丁8−2+正官	20癸45戊8−2+印綬	50癸46己8−2+偏印	21甲47庚8−2+偏財	51甲48辛8−2+偏印
2	18辛37庚1+9−食神	49壬38辛1+9−正官	17庚39壬9−1+偏財	48辛40癸9−1+偏財	18辛41甲9−1+印綬	49壬42乙9−1+偏財	19壬43丙9−2+正財	50癸44丁9−2+偏官	21甲45戊8−2+偏官	51甲46己8−2+正官	22乙47庚8−2+正財	52乙48辛8−2+印綬
3	19壬37庚1+9−劫財	50癸38辛1+0−偏官	18辛39壬9−1+正財	49壬40癸9−1+傷官	19壬41甲9−1+偏官	50癸42乙9−1+正財	20癸43丙9−1+偏財	51甲44丁9−2+正財	22乙45戊9−2+正官	52乙46己8−2+偏財	23丙47庚9−2+食神	53丙48辛8−1+偏官
4	20癸37庚1+9−比肩	51甲39壬1−0+偏財	19壬39壬9−1+食神	50癸40癸0−1+食神	20癸41甲0−1+正官	51甲42乙0−1+食神	21甲43丙9−1+傷官	52乙44丁9−1+偏財	23丙45戊9−1+偏財	53丙46己9−1+正財	24丁47庚9−1+傷官	54丁48辛9−1+正官
5	21甲38辛0+1−印綬	52乙39壬1−0+正財	20癸39壬0−1+傷官	51甲41甲1−0+劫財	21甲41甲0−1+偏財	52乙42乙0−1+傷官	22乙43丙0−1+食神	53丙44丁0−1+傷官	24丁45戊9−1+正財	54丁46己9−1+偏財	25戊47庚9−1+比肩	55戊48辛9−1+偏財
6	22乙38辛0+1−偏印	53丙39壬1−9+食神	21甲40癸1−0+劫財	52乙41甲1−0+比肩	22乙42乙1−0+正財	53丙43丙1−0+傷官	23丙43丙0−1+劫財	54丁44丁0−1+食神	25戊45戊0−1+食神	55戊46己9−1+傷官	26己47庚0−1+劫財	56己48辛9−1+正財
7	23丙38辛9+1−正官	54丁39壬1−9+傷官	22乙40癸1−0+比肩	53丙41甲1−0+印綬	23丙42乙1−0+食神	54丁43丙1−0+食神	24丁44丁1−0+比肩	55戊44丁0−1+劫財	26己45戊0−1+傷官	56己46己0−1+食神	27庚47庚0−1+偏印	57庚49壬1−0+傷官
8	24丁38辛9+1−偏官	55戊39壬1−9+比肩	23丙40癸1−9+印綬	54丁41甲1−9+偏印	24丁42乙1−0+傷官	55戊43丙1−0+劫財	25戊44丁1−0+印綬	56己45戊1−0+劫財	27庚46己1−0+劫財	57庚47庚1−0+劫財	28辛48辛1−0+正財	58辛49壬1−0+食神
9	25戊38辛9+1−正財	56己39壬2−8+劫財	24丁40癸1−9+偏印	55戊41甲1−9+正官	25戊42乙1−9+比肩	56己43丙1−9+比肩	26己44丁1−0+偏印	57庚45戊1−0+偏印	28辛46己1−0+比肩	58辛47庚1−0+比肩	29壬48辛1−9+食神	59壬49壬1−9+劫財
10	26己38辛8+2−偏財	57庚39壬2−8+偏印	25戊40癸1−9+正官	56己41甲2−9+偏官	26己42乙1−9+劫財	57庚43丙1−9+印綬	27庚44丁1−0+正官	58辛45戊1−0+印綬	29壬46己1−9+印綬	59壬47庚1−0+印綬	30癸48辛1−9+傷官	60癸49壬1−9+比肩
11	27庚38辛8+2−傷官	58辛39壬2−8+印綬	26己40癸2−8+偏官	57庚41甲2−8+正財	27庚42乙2−9+偏印	58辛43丙2−9+偏印	28辛44丁1−9+偏官	59壬45戊1−9+偏官	30癸46己1−9+偏印	60癸47庚1−9+偏印	31甲48辛1−9+比肩	1甲49壬1−9+印綬
12	28辛38辛8+2−食神	59壬39壬3−7+偏財	27庚40癸2−8+正財	58辛41甲2−8+偏財	28辛42乙2−8+劫財	59壬43丙2−8+正官	29壬44丁2−9+正財	60癸45戊1−9+正官	31甲46己1−9+正官	1甲47庚1−9+正官	32乙48辛1−8+劫財	2乙49壬2−8+偏印
13	29壬38辛7+3−劫財	60癸39壬3−7+正財	28辛40癸2−8+偏財	59壬41甲3−8+傷官	29壬42乙2−8+偏印	60癸43丙2−8+偏官	30癸44丁2−9+偏財	1甲45戊2−9+偏財	32乙46己2−8+偏官	2乙47庚2−9+偏官	33丙48辛2−8+偏印	3丙49壬2−8+正官
14	30癸38辛7+3−比肩	1甲39壬3−7+食神	29壬40癸3−7+傷官	60癸41甲3−7+食神	30癸42乙3−8+印綬	1甲43丙3−8+正財	31甲44丁2−8+傷官	2乙45戊2−8+正財	33丙46己2−8+正財	3丙47庚2−8+正財	34丁48辛2−8+印綬	4丁49壬2−8+偏官
15	31甲38辛7+3−正官	2乙39壬4−6+傷官	30癸40癸3−7+食神	1甲41甲3−7+印綬	31甲42乙3−7+偏官	2乙43丙3−7+偏財	32乙44丁3−8+食神	3丙45戊2−8+食神	34丁46己2−8+偏財	4丁47庚2−8+偏財	35戊48辛2−7+偏官	5戊49壬3−7+正財
16	32乙38辛6+4−偏官	3丙39壬4−6+比肩	31甲40癸3−7+劫財	2乙41甲4−7+偏印	32乙42乙3−7+正官	3丙43丙3−7+傷官	33丙44丁3−8+劫財	4丁45戊3−8+傷官	35戊46己3−7+傷官	5戊47庚3−8+傷官	36己48辛3−7+正官	6己49壬3−7+偏財
17	33丙38辛6+4−正財	4丁39壬4−6+劫財	32乙40癸4−6+比肩	3丙41甲4−6+正官	33丙42乙4−7+偏財	4丁43丙4−7+食神	34丁44丁3−7+偏印	5戊45戊3−7+比肩	36己46己3−7+食神	6己47庚3−7+食神	37庚48辛3−7+偏財	7庚49壬3−7+傷官
18	34丁38辛6+4−食神	5戊39壬5−5+偏印	33丙40癸4−6+印綬	4丁41甲4−6+傷官	34丁42乙4−6+正財	5戊43丙4−6+劫財	35戊44丁4−7+正官	6己45戊3−7+劫財	37庚46己3−7+劫財	7庚47庚3−7+正官	38辛48辛3−6+正財	8辛49壬4−6+食神
19	35戊38辛5+5−劫財	6己39壬5−5+正官	34丁40癸4−6+偏印	5戊41甲5−6+比肩	35戊42乙4−6+食神	6己43丙4−6+比肩	36己44丁4−7+偏官	7庚45戊4−7+食神	38辛46己4−6+比肩	8辛47庚4−7+偏官	39壬48辛4−6+食神	9壬49壬4−6+劫財
20	36己38辛5+5−比肩	7庚39壬5−5+偏財	35戊40癸5−5+正官	6己41甲5−5+劫財	36己42乙5−6+傷官	7庚43丙5−6+印綬	37庚44丁4−6+印綬	8辛45戊4−6+傷官	39壬46己4−6+印綬	9壬47庚4−6+正財	40癸48辛4−6+傷官	10癸49壬4−6+比肩
21	37庚38辛5+5−印綬	8辛39壬6−4+正財	36己40癸5−5+偏官	7庚41甲5−5+偏印	37庚42乙5−5+偏官	8辛43丙5−5+偏印	38辛44丁5−6+偏印	9壬45戊4−6+比肩	40癸46己4−6+偏印	10癸47庚4−6+正官	41甲48辛4−5+偏印	11甲49壬5−5+印綬
22	38辛38辛4+6−偏印	9壬39壬6−4+食神	37庚40癸5−5+正財	8辛41甲6−5+印綬	38辛42乙5−5+正官	9壬43丙5−5+正官	39壬44丁5−6+正官	10癸45戊5−6+印綬	41甲46己5−5+正官	11甲47庚5−6+偏財	42乙48辛5−5+印綬	12乙49壬5−5+偏印
23	39壬38辛4+6−正官	10癸39壬6−4+傷官	38辛40癸6−4+偏財	9壬41甲6−4+偏官	39壬42乙6−5+偏財	10癸43丙6−5+偏官	40癸44丁5−5+偏官	11甲45戊5−5+偏官	42乙46己5−5+偏官	12乙47庚5−5+正財	43丙48辛5−5+偏官	13丙49壬5−5+正官
24	40癸38辛4+6−偏官	11甲39壬7−3+比肩	39壬40癸6−4+傷官	10癸41甲6−4+正官	40癸42乙6−4+正財	11甲43丙6−4+正財	41甲44丁6−5+正財	12乙45戊5−5+正官	43丙46己5−5+正財	13丙47庚5−5+食神	44丁48辛5−4+正官	14丁49壬6−4+偏官
25	41甲38辛3+7−正財	12乙39壬7−3+劫財	40癸40癸6−4+食神	11甲41甲7−4+偏財	41甲42乙6−4+食神	12乙43丙6−4+偏財	42乙44丁6−5+偏財	13丙45戊6−5+偏財	44丁46己6−4+偏財	14丁47庚6−5+傷官	45戊48辛6−4+偏財	15戊49壬6−4+正財
26	42乙38辛3+7−偏財	13丙39壬7−3+偏印	41甲40癸7−3+劫財	12乙41甲7−3+正財	42乙42乙7−4+傷官	13丙43丙7−4+劫財	43丙44丁6−4+傷官	14丁45戊6−4+正財	45戊46己6−4+傷官	15戊47庚6−4+比肩	46己48辛6−4+正財	16己49壬6−4+偏財
27	43丙38辛3+7−傷官	14丁39壬8−2+印綬	42乙40癸7−3+比肩	13丙41甲7−3+食神	43丙42乙7−3+比肩	14丁43丙7−3+比肩	44丁44丁7−4+食神	15戊45戊6−4+食神	46己46己6−4+食神	16己47庚6−4+劫財	47庚48辛6−3+食神	17庚49壬7−3+傷官
28	44丁38辛2+8−食神	15戊39壬8−2+偏官	43丙40癸7−3+印綬	14丁41甲8−3+傷官	44丁42乙7−3+劫財	15戊43丙7−3+印綬	45戊44丁7−4+劫財	16己45戊7−4+傷官	47庚46己7−3+劫財	17庚47庚7−4+偏印	48辛48辛7−3+傷官	18辛49壬7−3+食神
29	45戊38辛2+8−劫財		44丁40癸8−2+偏印	15戊41甲8−2+比肩	45戊42乙8−3+偏印	16己43丙8−3+偏印	46己44丁7−3+比肩	17庚45戊7−3+比肩	48辛46己7−3+比肩	18辛47庚7−3+印綬	49壬48辛7−3+比肩	19壬49壬7−3+劫財
30	46己38辛2+8−比肩		45戊40癸8−2+正官	16己41甲8−2+劫財	46己42乙8−2+印綬	17庚43丙8−2+正官	47庚44丁8−3+印綬	18辛45戊7−3+劫財	49壬46己7−3+印綬	19壬47庚7−3+偏官	50癸48辛7−2+劫財	20癸49壬8−2+比肩
31	47庚38辛1+9−印綬		46己40癸8−2+偏官		47庚42乙8−2+偏官		48辛44丁8−3+偏印	19壬45戊8−3+偏印		20癸47庚8−3+正官		21甲49壬8−2+印綬

2028年（令和10年）生まれ　年干：45戊（2/4～翌年2/2まで）

日	1月	2月	3月	4月	5月	6月	7月	8月	9月	10月	11月	12月
	日干 月干 立年 男 女 中心星	日干 月干 立年 男 女 中心星	日干 月干 立年 男 女 中心星	日干 月干 立年 男 女 中心星	日干 月干 立年 男 女 中心星	日干 月干 立年 男 女 中心星	日干 月干 立年 男 女 中心星	日干 月干 立年 男 女 中心星	日干 月干 立年 男 女 中心星	日干 月干 立年 男 女 中心星	日干 月干 立年 男 女 中心星	日干 月干 立年 男 女 中心星
1	22乙49壬8−2+偏印	53丙50癸9−1+傷官	22乙51甲1+9−劫財	53丙52乙1+9−印綬	23丙53丙1+9−食神	54丁54丁1+9−劫財	24丁55戊2+9−比肩	55戊56己2+9−劫財	26己57庚2+8−傷官	56己58辛2+8−食神	27庚59壬2+8−偏印	57庚60癸2+8−食神
2	23丙49壬9−1+正官	54丁50癸9−1+食神	23丙51甲1+9−偏印	54丁52乙1+9−偏印	24丁53丙1+9−傷官	55戊54丁1+9−偏印	25戊55戊1+9−印綬	56己56己2+9−比肩	27庚57庚2+9−比肩	57庚58辛2+8−劫財	28辛59壬2+8−印綬	58辛60癸1+8−傷官
3	24丁49壬9−1+偏官	55戊50癸9−1+劫財	24丁51甲1+9−印綬	55戊52乙1+0−正官	25戊53丙1+0−比肩	56己54丁1+0−印綬	26己55戊1+9−偏印	57庚56己1+9−印綬	28辛57庚1+9−劫財	58辛58辛2+9−比肩	29壬59壬1+9−偏官	59壬60癸1+9−比肩
4	25戊49壬9−1+正財	56己51甲0+1−劫財	25戊51甲1+0−偏官	56己53丙0+1−偏官	26己53丙1+0−劫財	57庚54丁1+0−偏官	27庚55戊1+0−正官	58辛56己1+0−偏印	29壬57庚1+9−偏印	59壬58辛1+9−印綬	30癸59壬1+9−正官	60癸60癸1+9−劫財
5	26己49壬0−1+偏財	57庚51甲0+1−偏印	26己52乙0+1−偏官	57庚53丙0+1−正財	27庚54丁0+1−偏印	58辛55戊0+1−偏印	28辛55戊1+0−偏官	59壬56己1+0−正官	30癸57庚1+0−印綬	60癸58辛1+9−偏印	31甲59壬1−9−偏財	1甲60癸1+9−偏印
6	27庚50癸1−0+傷官	58辛51甲9+1−印綬	27庚52乙0+1−正財	58辛53丙0+1−偏財	28辛54丁0+1−印綬	59壬55戊0+1−正官	29壬56己0+1−正財	60癸56己1+0−偏官	31甲57庚1+0−偏官	1甲58辛1+0−正官	32乙59壬1−0−正財	2乙 1甲0+1−偏印
7	28辛50癸1−9+食神	59壬51甲9+1−偏官	28辛52乙9+1−偏財	59壬53丙9+1−傷官	29壬54丁0+1−偏官	60癸55戊0+1−偏官	30癸56己0+1−偏財	1甲57庚0+1−偏財	32乙58辛0+1−偏官	2乙58辛1+0−偏官	33丙60癸0−1−偏印	3丙 1甲0+1−正官
8	29壬50癸1−9+劫財	60癸51甲9+1−正官	29壬52乙9+1−傷官	60癸53丙9+1−食神	30癸54丁9+1−正官	1甲55戊9+1−正財	31甲56己0+1−傷官	2乙57庚0+1−正財	33丙58辛0+1−正財	3丙59壬0+1−正財	34丁60癸9+1−印綬	4丁 1甲9+1−偏官
9	30癸50癸1−9+比肩	1甲51甲8+2−偏財	30癸52乙9+1−食神	1甲53丙9+2−劫財	31甲54丁9+1−偏財	2乙55戊9+1−偏財	32乙56己0+1−食神	3丙57庚0+1−食神	34丁58辛0+1−偏財	4丁59壬0+1−偏財	35戊60癸9+1−偏官	5戊 1甲9+1−正財
10	31甲50癸1−8+印綬	2乙51甲8+2−正財	31甲52乙8+2−劫財	2乙53丙8+2−比肩	32乙54丁9+2−正財	3丙55戊9+2−傷官	33丙56己9+1−劫財	4丁57庚9+1−傷官	35戊58辛9+1−傷官	5戊59壬9+1−傷官	36己60癸9+1−正官	6己 1甲9+1−偏財
11	32乙50癸2−8+偏印	3丙51甲8+2−食神	32乙52乙8+2−比肩	3丙53丙8+2−印綬	33丙54丁8+2−偏財	4丁55戊8+2−食神	34丁56己9+2−比肩	5戊57庚9+1−比肩	36己58辛9+1−食神	6己59壬9+1−食神	37庚60癸8+1−偏財	7庚 1甲8+2−傷官
12	33丙50癸2−8+正官	4丁51甲7+3−劫財	33丙52乙8+2−印綬	4丁53丙8+3−偏印	34丁54丁8+2−正財	5戊55戊8+2−劫財	35戊56己9+2−印綬	6己57庚9+2−劫財	37庚58辛9+2−劫財	7庚59壬9+1−劫財	38辛60癸8+2−正財	8辛 1甲8+2−食神
13	34丁50癸2−7+偏官	5戊51甲7+3−偏印	34丁52乙7+3−偏印	5戊53丙7+3−正官	35戊54丁8+3−食神	6己55戊8+3−比肩	36己56己8+2−偏印	7庚57庚8+2−偏印	38辛58辛8+2−比肩	8辛59壬8+2−比肩	39壬60癸8+2−食神	9壬 1甲8+2−劫財
14	35戊50癸3−7+正財	6己51甲7+3−印綬	35戊52乙7+3−正官	6己53丙7+3−偏財	36己54丁7+3−傷官	7庚55戊7+3−印綬	37庚56己8+3−正官	8辛57庚8+2−印綬	39壬58辛8+2−印綬	9壬59壬8+2−印綬	40癸60癸7+2−傷官	10癸 1甲7+3−比肩
15	36己50癸3−7+偏財	7庚51甲6+4−偏官	36己52乙7+3−偏官	7庚53丙7+4−傷官	37庚54丁7+3−比肩	8辛55戊7+3−偏印	38辛56己8+3−偏官	9壬57庚8+3−偏官	40癸58辛8+3−偏印	10癸59壬8+2−偏印	41甲60癸7+3−比肩	11甲 1甲7+3−印綬
16	37庚50癸3−6+劫財	8辛51甲6+4−正官	37庚52乙6+4−正財	8辛53丙6+4−食神	38辛54丁7+4−劫財	9壬55戊7+4−正官	39壬56己7+3−傷官	10癸57庚7+3−正官	41甲58辛7+3−正官	11甲59壬7+3−正官	42乙60癸7+3−劫財	12乙 1甲7+3−偏印
17	38辛50癸4−6+比肩	9壬51甲6+4−偏財	38辛52乙6+4−偏財	9壬53丙6+4−偏官	39壬54丁6+4−偏印	10癸55戊6+4−偏官	40癸56己7+4−食神	11甲57庚7+3−偏財	42乙58辛7+3−偏官	12乙59壬7+3−偏官	43丙60癸6+3−偏印	13丙 1甲6+4−正官
18	39壬50癸4−6+印綬	10癸51甲5+5−正財	39壬52乙6+4−傷官	10癸53丙6+5−正官	40癸54丁6+4−印綬	11甲55戊6+4−正財	41甲56己7+4−劫財	12乙57庚7+4−印綬	43丙58辛7+4−正財	13丙59壬7+3−劫財	44丁60癸6+4−印綬	14丁 1甲6+4−偏官
19	40癸50癸4−5+偏官	11甲51甲5+5−比肩	40癸52乙5+5−食神	11甲53丙5+5−偏財	41甲54丁6+5−偏官	12乙55戊6+5−偏財	42乙56己6+4−偏財	13丙57庚6+4−偏官	44丁58辛6+4−偏財	14丁59壬6+4−比肩	45戊60癸6+4−偏官	15戊 1甲6+4−正財
20	41甲50癸5−5+正財	12乙51甲5+5−劫財	41甲52乙5+5−劫財	12乙53丙5+5−正財	42乙54丁5+5−傷官	13丙55戊5+5−傷官	43丙56己6+5−傷官	14丁57庚6+4−正官	45戊58辛6+4−傷官	15戊59壬6+4−印綬	46己60癸5+4−正財	16己 1甲5+5−偏財
21	42乙50癸5−5+偏財	13丙51甲4+6−偏印	42乙52乙5+5−比肩	13丙53丙5+6−食神	43丙54丁5+5−比肩	14丁55戊5+5−食神	44丁56己6+5−食神	15戊57庚6+5−食神	46己58辛6+5−食神	16己59壬6+4−劫財	47庚60癸5+5−食神	17庚 1甲5+5−傷官
22	43丙50癸5−4+傷官	14丁51甲4+6−印綬	43丙52乙4+6−印綬	14丁53丙4+6−傷官	44丁54丁5+6−劫財	15戊55戊5+6−劫財	45戊56己5+5−劫財	16己57庚5+5−傷官	47庚58辛5+5−劫財	17庚59壬5+5−偏印	48辛60癸5+5−傷官	18辛 1甲5+5−食神
23	44丁50癸6−4+食神	15戊51甲4+6−偏官	44丁52乙4+6−偏印	15戊53丙4+6−比肩	45戊54丁4+6−偏印	16己55戊4+6−比肩	46己56己5+6−比肩	17庚57庚5+5−比肩	48辛58辛5+5−比肩	18辛59壬5+5−印綬	49壬60癸4+5−比肩	19壬 1甲4+6−劫財
24	45戊50癸6−4+劫財	16己51甲3+7−正官	45戊52乙4+6−正官	16己53丙4+7−劫財	46己54丁4+6−印綬	17庚55戊4+6−印綬	47庚56己5+6−印綬	18辛57庚5+6−劫財	49壬58辛5+6−印綬	19壬59壬5+5−偏官	50癸60癸4+6−劫財	20癸 1甲4+6−比肩
25	46己50癸6−3+比肩	17庚51甲3+7−偏財	46己52乙3+7−偏官	17庚53丙3+7−偏印	47庚54丁4+7−偏官	18辛55戊4+7−偏官	48辛56己4+6−偏印	19壬57庚4+6−偏印	50癸58辛4+6−偏印	20癸59壬4+6−正官	51甲60癸4+6−偏印	21甲 1甲4+6−印綬
26	47庚50癸7−3+印綬	18辛51甲3+7−正財	47庚52乙3+7−正財	18辛53丙3+7−印綬	48辛54丁3+7−正官	19壬55戊3+7−正財	49壬56己4+7−正官	20癸57庚4+6−印綬	51甲58辛4+6−正官	21甲59壬4+6−偏財	52乙60癸3+6−印綬	22乙 1甲3+7−偏印
27	48辛50癸7−3+偏印	19壬51甲2+8−食神	48辛52乙3+7−偏財	19壬53丙3+8−偏官	49壬54丁3+7−偏財	20癸55戊3+7−偏財	50癸56己4+7−偏官	21甲57庚4+7−偏官	52乙58辛4+7−偏官	22乙59壬4+6−正財	53丙60癸3+7−偏官	23丙 1甲3+7−正官
28	49壬50癸7−2+正官	20癸51甲2+8−傷官	49壬52乙2+8−傷官	20癸53丙2+8−正官	50癸54丁3+8−正財	21甲55戊3+8−傷官	51甲56己3+7−正財	22乙57庚3+7−正官	53丙58辛3+7−正財	23丙59壬3+7−食神	54丁60癸3+7−正官	24丁 1甲3+7−偏官
29	50癸50癸8−2+偏官	21甲51甲2+8−比肩	50癸52乙2+8−食神	21甲53丙2+8−偏財	51甲54丁2+8−食神	22乙55戊2+8−食神	52乙56己3+8−偏財	23丙57庚3+7−偏財	54丁58辛3+7−偏財	24丁59壬3+7−傷官	55戊60癸2+7−偏財	25戊 1甲2+8−正財
30	51甲50癸8−2+正財		51甲52乙2+8−劫財	22乙53丙2+9−正財	52乙54丁2+8−傷官	23丙55戊2+8−劫財	53丙56己3+8−傷官	24丁57庚3+8−正財	55戊58辛3+8−傷官	25戊59壬3+7−比肩	56己60癸2+8−正財	26己 1甲2+8−偏財
31	52乙50癸8−1+偏財		52乙52乙1+9−比肩		53丙54丁2+9−比肩		54丁56己2+8−食神	25戊57庚2+8−食神		26己59壬2+8−劫財		27庚 1甲2+8−傷官

2029年（令和11年）生まれ　年干：46己（2/3〜翌年2/3まで）

日	1月 日干 月干 立年男女 中心星	2月 日干 月干 立年男女 中心星	3月 日干 月干 立年男女 中心星	4月 日干 月干 立年男女 中心星	5月 日干 月干 立年男女 中心星	6月 日干 月干 立年男女 中心星
1	28辛 1甲1+9−食神	59壬 2乙1+9−正官	27庚 3丙9−1+偏財	58辛 4丁9−1+偏財	28辛 5戊9−1+印綬	59壬 6己9−1+偏財
2	29壬 1甲1+9−劫財	60癸 2乙1+9−偏官	28辛 3丙9−1+正財	59壬 4丁9−1+傷官	29壬 5戊9−1+偏官	60癸 6己9−1+正財
3	30癸 1甲1+9−比肩	1甲 3丙1−0+偏財	29壬 3丙9−1+食神	60癸 4丁0−1+食神	30癸 5戊0−1+正官	1甲 6己0−1+食神
4	31甲 1甲1+0−印綬	2乙 3丙1−0+正財	30癸 3丙0−1+傷官	1甲 5戊1−0+劫財	31甲 5戊0−1+偏財	2乙 6己0−1+傷官
5	32乙 2乙0+1−偏印	3丙 3丙1−9+食神	31甲 4丁1−0+劫財	2乙 5戊1−0+比肩	32乙 6己1−0+正財	3丙 7庚1−0+傷官
6	33丙 2乙9+1−正官	4丁 3丙1−9+傷官	32乙 4丁1−0+比肩	3丙 5戊1−0+印綬	33丙 6己1−0+食神	4丁 7庚1−0+食神
7	34丁 2乙9+1−偏官	5戊 3丙1−9+比肩	33丙 4丁1−9+印綬	4丁 5戊1−9+偏印	34丁 6己1−0+傷官	5戊 7庚1−0+劫財
8	35戊 2乙9+1−正財	6己 3丙2−8+劫財	34丁 4丁1−9+偏印	5戊 5戊1−9+正官	35戊 6己1−9+比肩	6己 7庚1−0+比肩
9	36己 2乙8+1−偏財	7庚 3丙2−8+偏印	35戊 4丁1−9+正官	6己 5戊2−9+偏官	36己 6己1−9+劫財	7庚 7庚1−9+印綬
10	37庚 2乙8+2−傷官	8辛 3丙2−8+印綬	36己 4丁2−8+偏官	7庚 5戊2−8+正財	37庚 6己2−9+偏印	8辛 7庚2−9+偏印
11	38辛 2乙8+2−食神	9壬 3丙3−7+偏財	37庚 4丁2−8+正財	8辛 5戊2−8+偏財	38辛 6己2−8+劫財	9壬 7庚2−9+正官
12	39壬 2乙7+2−劫財	10癸 3丙3−7+正財	38辛 4丁2−8+偏財	9壬 5戊3−8+傷官	39壬 6己2−8+偏印	10癸 7庚2−8+偏官
13	40癸 2乙7+3−比肩	11甲 3丙3−7+食神	39壬 4丁3−7+傷官	10癸 5戊3−7+食神	40癸 6己3−8+印綬	11甲 7庚3−8+正財
14	41甲 2乙7+3−印綬	12乙 3丙4−6+傷官	40癸 4丁3−7+食神	11甲 5戊3−7+印綬	41甲 6己3−7+偏官	12乙 7庚3−8+偏財
15	42乙 2乙6+3−偏官	13丙 3丙4−6+比肩	41甲 4丁3−7+劫財	12乙 5戊4−7+偏印	42乙 6己3−7+正官	13丙 7庚3−7+傷官
16	43丙 2乙6+4−正財	14丁 3丙4−6+劫財	42乙 4丁4−6+比肩	13丙 5戊4−6+正官	43丙 6己4−7+偏財	14丁 7庚4−7+食神
17	44丁 2乙6+4−偏財	15戊 3丙5−5+偏印	43丙 4丁4−6+印綬	14丁 5戊4−6+傷官	44丁 6己4−6+正財	15戊 7庚4−7+劫財
18	45戊 2乙5+4−劫財	16己 3丙5−5+正官	44丁 4丁4−6+偏印	15戊 5戊5−6+比肩	45戊 6己4−6+食神	16己 7庚4−6+比肩
19	46己 2乙5+5−比肩	17庚 3丙5−5+偏財	45戊 4丁5−5+正官	16己 5戊5−5+劫財	46己 6己5−6+傷官	17庚 7庚5−6+印綬
20	47庚 2乙5+5−印綬	18辛 3丙6−4+正財	46己 4丁5−5+偏官	17庚 5戊5−5+偏印	47庚 6己5−5+傷官	18辛 7庚5−6+偏印
21	48辛 2乙4+5−偏印	19壬 3丙6−4+食神	47庚 4丁5−5+正財	18辛 5戊6−5+印綬	48辛 6己5−5+正官	19壬 7庚5−5+正官
22	49壬 2乙4+6−正官	20癸 3丙6−4+傷官	48辛 4丁6−4+偏財	19壬 5戊6−4+偏官	49壬 6己6−5+偏財	20癸 7庚6−5+偏官
23	50癸 2乙4+6−偏官	21甲 3丙7−3+比肩	49壬 4丁6−4+傷官	20癸 5戊6−4+正官	50癸 6己6−4+正財	21甲 7庚6−5+正財
24	51甲 2乙3+6−正財	22乙 3丙7−3+劫財	50癸 4丁6−4+食神	21甲 5戊7−4+偏財	51甲 6己6−4+食神	22乙 7庚6−4+偏財
25	52乙 2乙3+7−偏財	23丙 3丙7−3+偏印	51甲 4丁7−3+劫財	22乙 5戊7−3+正財	52乙 6己7−4+傷官	23丙 7庚7−4+劫財
26	53丙 2乙3+7−傷官	24丁 3丙8−2+印綬	52乙 4丁7−3+比肩	23丙 5戊7−3+食神	53丙 6己7−3+比肩	24丁 7庚7−4+比肩
27	54丁 2乙2+7−食神	25戊 3丙8−2+偏官	53丙 4丁7−3+印綬	24丁 5戊8−3+傷官	54丁 6己7−3+劫財	25戊 7庚7−3+印綬
28	55戊 2乙2+8−劫財	26己 3丙8−2+正官	54丁 4丁8−2+偏印	25戊 5戊8−2+比肩	55戊 6己8−3+偏印	26己 7庚8−3+偏印
29	56己 2乙2+8−比肩		55戊 4丁8−2+正官	26己 5戊8−2+劫財	56己 6己8−2+印綬	27庚 7庚8−3+正官
30	57庚 2乙1+8−印綬		56己 4丁8−2+偏官	27庚 5戊9−2+偏印	57庚 6己8−2+偏官	28辛 7庚8−2+偏官
31	58辛 2乙1+9−偏印		57庚 4丁9−1+正財		58辛 6己9−2+正官	

日	7月 日干 月干 立年男女 中心星	8月 日干 月干 立年男女 中心星	9月 日干 月干 立年男女 中心星	10月 日干 月干 立年男女 中心星	11月 日干 月干 立年男女 中心星	12月 日干 月干 立年男女 中心星
1	29壬 7庚9−2+正財	60癸 8辛8−2+偏官	31甲 9壬8−2+偏官	1甲10癸8−2+正官	32乙11甲8−2+正財	2乙12乙8−2+印綬
2	30癸 7庚9−2+偏財	1甲 8辛9−2+正財	32乙 9壬9−2+正官	2乙10癸8−2+偏官	33丙11甲8−2+食神	3丙12乙8−2+偏官
3	31甲 7庚9−1+傷官	2乙 8辛9−1+偏財	33丙 9壬9−1+偏財	3丙10癸9−2+正財	34丁11甲9−1+傷官	4丁12乙9−1+正官
4	32乙 7庚0−1+食神	3丙 8辛9−1+傷官	34丁 9壬9−1+正財	4丁10癸9−1+偏財	35戊11甲9−1+比肩	5戊12乙9−1+偏財
5	33丙 7庚0−1+劫財	4丁 8辛0−1+食神	35戊 9壬0−1+食神	5戊10癸9−1+傷官	36己11甲9−1+劫財	6己12乙9−1+正財
6	34丁 7庚0−1+比肩	5戊 8辛0−1+劫財	36己 9壬0−1+傷官	6己10癸0−1+食神	37庚11甲0−1+偏印	7庚12乙0−1+食神
7	35戊 8辛1−0+印綬	6己 9壬1−0+劫財	37庚10癸1−0+劫財	7庚10癸0−1+劫財	38辛12乙1−0+正財	8辛13丙1−0+食神
8	36己 8辛1−0+偏印	7庚 9壬1−0+偏印	38辛10癸1−0+比肩	8辛11甲1−0+比肩	39壬12乙1−0+食神	9壬13丙1−9+劫財
9	37庚 8辛1−0+正官	8辛 9壬1−0+印綬	39壬10癸1−0+印綬	9壬11甲1−0+印綬	40癸12乙1−9+傷官	10癸13丙1−9+比肩
10	38辛 8辛1−9+偏官	9壬 9壬1−9+偏官	40癸10癸1−9+偏印	10癸11甲1−9+偏印	41甲12乙1−9+比肩	11甲13丙1−9+印綬
11	39壬 8辛1−9+正財	10癸 9壬1−9+正官	41甲10癸1−9+正官	11甲11甲1−9+正官	42乙12乙1−9+劫財	12乙13丙1−8+偏印
12	40癸 8辛2−9+偏財	11甲 9壬2−9+偏財	42乙10癸2−9+偏官	12乙11甲1−9+偏官	43丙12乙2−8+偏印	13丙13丙2−8+正官
13	41甲 8辛2−8+傷官	12乙 9壬2−8+正財	43丙10癸2−8+正財	13丙11甲2−8+正財	44丁12乙2−8+印綬	14丁13丙2−8+偏官
14	42乙 8辛2−8+食神	13丙 9壬2−8+食神	44丁10癸2−8+偏財	14丁11甲2−8+偏財	45戊12乙2−8+偏官	15戊13丙2−7+正財
15	43丙 8辛3−8+劫財	14丁 9壬3−8+傷官	45戊10癸3−8+傷官	15戊11甲2−8+偏官	46己12乙3−7+正官	16己13丙3−7+偏財
16	44丁 8辛3−7+比肩	15戊 9壬3−7+比肩	46己10癸3−7+食神	16己11甲3−7+食神	47庚12乙3−7+偏財	17庚13丙3−7+傷官
17	45戊 8辛3−7+正官	16己 9壬3−7+劫財	47庚10癸3−7+劫財	17庚11甲3−7+劫財	48辛12乙3−7+正財	18辛13丙3−6+食神
18	46己 8辛4−7+偏官	17庚 9壬4−7+食神	48辛10癸4−7+比肩	18辛11甲3−7+偏官	49壬12乙4−6+食神	19壬13丙4−6+劫財
19	47庚 8辛4−6+正財	18辛 9壬4−6+傷官	49壬10癸4−6+印綬	19壬11甲4−6+正財	50癸12乙4−6+傷官	20癸13丙4−6+比肩
20	48辛 8辛4−6+偏印	19壬 9壬4−6+比肩	50癸10癸4−6+偏印	20癸11甲4−6+偏財	51甲12乙4−6+偏印	21甲13丙4−5+印綬
21	49壬 8辛5−6+正官	20癸 9壬5−6+印綬	51甲10癸5−6+正官	21甲11甲4−6+偏財	52乙12乙5−5+印綬	22乙13丙5−5+偏印
22	50癸 8辛5−5+偏官	21甲 9壬5−5+偏官	52乙10癸5−5+偏官	22乙11甲5−5+正財	53丙12乙5−5+偏官	23丙13丙5−5+正官
23	51甲 8辛5−5+正財	22乙 9壬5−5+正官	53丙10癸5−5+正財	23丙11甲5−5+食神	54丁12乙5−5+正官	24丁13丙5−4+偏官
24	52乙 8辛6−5+偏財	23丙 9壬6−5+偏財	54丁10癸6−5+偏財	24丁11甲5−5+傷官	55戊12乙6−4+偏財	25戊13丙6−4+正財
25	53丙 8辛6−4+傷官	24丁 9壬6−4+正財	55戊10癸6−4+傷官	25戊11甲6−4+比肩	56己12乙6−4+正財	26己13丙6−4+偏財
26	54丁 8辛6−4+食神	25戊 9壬6−4+食神	56己10癸6−4+食神	26己11甲6−4+劫財	57庚12乙6−4+食神	27庚13丙6−3+傷官
27	55戊 8辛7−4+劫財	26己 9壬7−4+傷官	57庚10癸7−4+劫財	27庚11甲6−4+偏印	58辛12乙7−3+傷官	28辛13丙7−3+食神
28	56己 8辛7−3+比肩	27庚 9壬7−3+比肩	58辛10癸7−3+比肩	28辛11甲7−3+印綬	59壬12乙7−3+比肩	29壬13丙7−3+劫財
29	57庚 8辛7−3+印綬	28辛 9壬7−3+劫財	59壬10癸7−3+印綬	29壬11甲7−3+偏官	60癸12乙7−3+劫財	30癸13丙7−2+比肩
30	58辛 8辛8−3+偏印	29壬 9壬8−3+偏印	60癸10癸8−3+偏印	30癸11甲7−3+正官	1甲12乙8−2+偏印	31甲13丙8−2+印綬
31	59壬 8辛8−2+正官	30癸 9壬8−2+印綬		31甲11甲8−2+偏財		32乙13丙8−2+偏印

2030年(令和12年)生まれ　年干：47庚（2/4～翌年2/3まで）

日	1月	2月	3月	4月	5月	6月	7月	8月	9月	10月	11月	12月
	日干 月干 立年 男 女 中心星	日干 月干 立年 男 女 中心星	日干 月干 立年 男 女 中心星	日干 月干 立年 男 女 中心星	日干 月干 立年 男 女 中心星	日干 月干 立年 男 女 中心星	日干 月干 立年 男 女 中心星	日干 月干 立年 男 女 中心星	日干 月干 立年 男 女 中心星	日干 月干 立年 男 女 中心星	日干 月干 立年 男 女 中心星	日干 月干 立年 男 女 中心星
1	33丙13丙8−1+正官	4丁14丁9−1+食神	32乙15戊1+8−劫財	3丙16己1+9−印綬	33丙17庚1+9−食神	4丁18辛1+9−劫財	34丁19壬2+9−比肩	5戊20癸2+8−劫財	36己21甲2+8−傷官	6己22乙2+8−食神	37庚23丙2+8−偏印	7庚24丁2+8−食神
2	34丁13丙9−1+偏官	5戊14丁9−1+劫財	33丙15戊1+9−偏印	4丁16己1+9−偏印	34丁17庚1+9−傷官	5戊18辛1+9−偏印	35戊19壬2+9−印綬	6己20癸2+9−比肩	37庚21甲2+9−比肩	7庚22乙2+8−劫財	38辛23丙2+8−印綬	8辛24丁2+8−傷官
3	35戊13丙9−1+正財	6己14丁0−1+比肩	34丁15戊1+9−印綬	5戊16己1+0−正官	35戊17庚1+9−比肩	6己18辛1+0−印綬	36己19壬1+9−偏印	7庚20癸1+9−印綬	38辛21甲1+9−劫財	8辛22乙2+9−比肩	39壬23丙1+9−偏官	9壬24丁1+9−比肩
4	36己13丙9−1+偏財	7庚15戊0+1−偏印	35戊15戊1+9−傷官	6己16己1+0−偏官	36己17庚1+0−劫財	7庚18辛1+0−偏官	37庚19壬1+0−正官	8辛20癸1+9−偏印	39壬21甲1+9−偏印	9壬22乙1+9−印綬	40癸23丙1+9−正官	10癸24丁1+9−劫財
5	37庚14丁1−0+傷官	8辛15戊9+1−印綬	36己16己0+1−偏官	7庚17庚0+1−正財	37庚18辛0+1−偏印	8辛19壬0+1−偏印	38辛19壬1+0−偏官	9壬20癸1+0−正官	40癸21甲1+0−印綬	10癸22乙1+9−偏印	41甲23丙1−9−偏財	11甲24丁1+9−偏印
6	38辛14丁1−0+食神	9壬15戊9+1−偏官	37庚16己0+1−正財	8辛17庚0+1−偏財	38辛18辛0+1−印綬	9壬19壬0+1−正官	39壬19壬1+0−正財	10癸20癸1+0−偏官	41甲21甲1+0−偏官	11甲22乙1+0−正官	42乙23丙1−0−正財	12乙24丁1+0−印綬
7	39壬14丁1−9+劫財	10癸15戊9+1−正官	38辛16己0+1−偏財	9壬17庚9+1−傷官	39壬18辛0+1−偏官	10癸19壬0+1−偏官	40癸20癸0+1−偏財	11甲21甲0+1−偏財	42乙22乙0+1−偏官	12乙22乙1+0−偏官	43丙24丁0−1−偏印	13丙25戊0+1−正官
8	40癸14丁1−9+比肩	11甲15戊8+1−偏財	39壬16己9+1−傷官	10癸17庚9+1−食神	40癸18辛9+1−正官	11甲19壬0+1−正財	41甲20癸0+1−傷官	12乙21甲0+1−正財	43丙22乙0+1−正財	13丙23丙0+1−正財	44丁24丁0+1−印綬	14丁25戊9+1−偏官
9	41甲14丁1−9+印綬	12乙15戊8+2−正財	40癸16己9+1−食神	11甲17庚9+1−劫財	41甲18辛9+1−偏財	12乙19壬9+1−偏財	42乙20癸0+1−食神	13丙21甲0+1−食神	44丁22乙0+1−偏財	14丁23丙0+1−正財	45戊24丁9+1−偏官	15戊25戊9+1−正財
10	42乙14丁2−8+偏印	13丙15戊8+2−食神	41甲16己9+2−劫財	12乙17庚8+2−比肩	42乙18辛9+2−正財	13丙19壬9+2−傷官	43丙20癸9+1−劫財	14丁21甲9+1−傷官	45戊22乙9+1−傷官	15戊23丙9+1−傷官	46己24丁9+1−正官	16己25戊9+1−偏財
11	43丙14丁2−8+正官	14丁15戊7+2−傷官	42乙16己8+2−比肩	13丙17庚8+2−印綬	43丙18辛8+2−偏財	14丁19壬9+2−食神	44丁20癸9+1−比肩	15戊21甲9+1−比肩	46己22乙9+1−食神	16己23丙9+1−食神	47庚24丁9+1−偏財	17庚25戊8+1−傷官
12	44丁14丁2−8+偏官	15戊15戊7+3−偏印	43丙16己8+2−印綬	14丁17庚8+2−偏印	44丁18辛8+2−正財	15戊19壬8+2−劫財	45戊20癸9+2−印綬	16己21甲9+2−劫財	47庚22乙9+2−劫財	17庚23丙9+1−劫財	48辛24丁8+2−正財	18辛25戊8+2−食神
13	45戊14丁3−7+正財	16己15戊7+3−印綬	44丁16己8+3−偏印	15戊17庚7+3−正官	45戊18辛8+3−食神	16己19壬8+3−比肩	46己20癸8+2−偏印	17庚21甲8+2−偏印	48辛22乙8+2−比肩	18辛23丙8+2−比肩	49壬24丁8+2−食神	19壬25戊8+2−劫財
14	46己14丁3−7+偏財	17庚15戊6+3−偏官	45戊16己7+3−正官	16己17庚7+3−偏官	46己18辛7+3−傷官	17庚19壬8+3−印綬	47庚20癸8+2−正官	18辛21甲8+2−印綬	49壬22乙8+2−印綬	19壬23丙8+2−印綬	50癸24丁8+2−傷官	20癸25戊7+2−比肩
15	47庚14丁3−7+劫財	18辛15戊6+4−正官	46己16己7+3−偏官	17庚17庚7+3−傷官	47庚18辛7+3−比肩	18辛19壬7+3−偏印	48辛20癸8+3−偏官	19壬21甲8+3−傷官	50癸22乙8+3−偏印	20癸23丙8+2−偏印	51甲24丁7+3−比肩	21甲25戊7+3−印綬
16	48辛14丁4−6+比肩	19壬15戊6+4−偏財	47庚16己7+4−正財	18辛17庚6+4−食神	48辛18辛7+4−劫財	19壬19壬7+4−正官	49壬20癸7+3−正財	20癸21甲7+3−正官	51甲22乙7+3−正官	21甲23丙7+3−正官	52乙24丁7−3−劫財	22乙25戊7+3−偏印
17	49壬14丁4−6+印綬	20癸15戊5+4−正財	48辛16己6+4−偏財	19壬17庚6+4−劫財	49壬18辛6+4−偏印	20癸19壬7+4−偏官	50癸20癸7+3−食神	21甲21甲7+3−偏財	52乙22乙7+3−偏官	22乙23丙7+3−偏官	53丙24丁7+3−偏印	23丙25戊6+3−正官
18	50癸14丁4−6+偏官	21甲15戊5+5−食神	49壬16己6+4−傷官	20癸17庚6+4−正官	50癸18辛6+4−印綬	21甲19壬6+4−正財	51甲20癸7+4−劫財	22乙21甲7+4−印綬	53丙22乙7+4−正財	23丙23丙7+3−劫財	54丁24丁6+4−印綬	24丁25戊6+4−偏官
19	51甲14丁5−5+正財	22乙15戊5+5−劫財	50癸16己6+5−食神	21甲17庚5+5−偏財	51甲18辛6+5−偏官	22乙19壬6+5−偏財	52乙20癸6+4−比肩	23丙21甲6+4−偏官	54丁22乙6+4−偏財	24丁23丙6+4−比肩	55戊24丁6+4−偏官	25戊25戊6+4−正財
20	52乙14丁5−5+偏財	23丙15戊4+5−偏印	51甲16己5+5−劫財	22乙17庚5+5−正財	52乙18辛5+5−傷官	23丙19壬6+5−傷官	53丙20癸6+4−傷官	24丁21甲6+4−正官	55戊22乙6+4−傷官	25戊23丙6+4−印綬	56己24丁6+4−正財	26己25戊5+4−偏財
21	53丙14丁5−5+傷官	24丁15戊4+6−印綬	52乙16己5+5−比肩	23丙17庚5+5−食神	53丙18辛5+5−比肩	24丁19壬5+5−食神	54丁20癸6+5−食神	25戊21甲6+5−偏印	56己22乙6+5−食神	26己23丙6+4−劫財	57庚24丁5+5−食神	27庚25戊5+5−傷官
22	54丁14丁6−4+食神	25戊15戊4+6−偏官	53丙16己5+6−印綬	24丁17庚4+6−傷官	54丁18辛5+6−劫財	25戊19壬5+6−劫財	55戊20癸5+5−劫財	26己21甲5+5−傷官	57庚22乙5+5−劫財	27庚23丙5+5−偏印	58辛24丁5+5−傷官	28辛25戊5+5−食神
23	55戊14丁6−4+劫財	26己15戊3+6−正官	54丁16己4+6−偏印	25戊17庚4+6−比肩	55戊18辛4+6−偏印	26己19壬5+6−比肩	56己20癸5+5−比肩	27庚21甲5+5−比肩	58辛22乙5+5−比肩	28辛23丙5+5−印綬	59壬24丁5+5−比肩	29壬25戊4+5−劫財
24	56己14丁6−4+比肩	27庚15戊3+7−偏財	55戊16己4+6−正官	26己17庚4+6−劫財	56己18辛4+6−印綬	27庚19壬4+6−印綬	57庚20癸5+6−印綬	28辛21甲5+6−劫財	59壬22乙5+6−印綬	29壬23丙5+5−偏官	60癸24丁4+6−劫財	30癸25戊4+6−比肩
25	57庚14丁7−3+印綬	28辛15戊3+7−正財	56己16己4+7−偏官	27庚17庚3+7−偏印	57庚18辛4+7−偏官	28辛19壬4+7−偏官	58辛20癸4+6−偏印	29壬21甲4+6−偏印	60癸22乙4+6−偏印	30癸23丙4+6−正官	1甲24丁4+6−偏印	31甲25戊4+6−印綬
26	58辛14丁7−3+偏印	29壬15戊2+7−食神	57庚16己3+7−正財	28辛17庚3+7−印綬	58辛18辛3+7−正官	29壬19壬4+7−正財	59壬20癸4+6−正官	30癸21甲4+6−印綬	1甲22乙4+6−正官	31甲23丙4+6−偏財	2乙24丁4+6−印綬	32乙25戊3+6−偏印
27	59壬14丁7−3+正官	30癸15戊2+8−傷官	58辛16己3+7−偏財	29壬17庚3+7−偏官	59壬18辛3+7−偏財	30癸19壬3+7−偏財	60癸20癸4+7−偏官	31甲21甲4+7−偏官	2乙22乙4+7−偏官	32乙23丙4+6−正財	3丙24丁3+7−偏官	33丙25戊3+7−正官
28	60癸14丁8−2+偏官	31甲15戊2+8−比肩	59壬16己3+8−傷官	30癸17庚2+8−正官	60癸18辛3+8−正財	31甲19壬3+8−傷官	1甲20癸3+7−正財	32乙21甲3+7−正官	3丙22乙3+7−正財	33丙23丙3+7−食神	4丁24丁3+7−正官	34丁25戊3+7−偏官
29	1甲14丁8−2+正財		60癸16己2+8−食神	31甲17庚2+8−偏財	1甲18辛2+8−食神	32乙19壬3+8−食神	2乙20癸3+7−偏財	33丙21甲3+7−偏財	4丁22乙3+7−偏財	34丁23丙3+7−傷官	5戊24丁3+7−偏財	35戊25戊2+7−正財
30	2乙14丁8−2+偏財		1甲16己2+8−劫財	32乙17庚2+8−正財	2乙18辛2+8−傷官	33丙19壬2+8−劫財	3丙20癸3+8−傷官	34丁21甲3+8−正財	5戊22乙3+8−傷官	35戊23丙3+7−比肩	6己24丁2+8−正財	36己25戊2+8−偏財
31	3丙14丁9−1+傷官		2乙16己2+9−比肩		3丙18辛2+9−比肩		4丁20癸2+8−食神	35戊21甲2+8−食神		36己23丙2+8−劫財		37庚25戊2+8−傷官

著者紹介

水晶玉子〈すいしょう たまこ〉

占術研究家。幼少期から、人の運命というものの不思議さに興味を持ち、東洋・西洋のさまざまな占いを独自の視点で探求。なかでも「四柱推命」をはじめとする東洋占術と、西洋占術に造詣が深く、雑誌やWEBで占いコンテンツを提供。その的中率の高さから、世代を問わず絶大な支持を得ている。シリーズ累計44万部を突破した『水晶玉子のオリエンタル占星術』ほか著書多数。

怖(こわ)いほど運(うん)が向(む)いてくる!
四柱推命(しちゅうすいめい)【決定版(けっていばん)】

2021年1月15日　第1刷
2024年5月20日　第18刷

著　者　水晶玉子(すいしょうたまこ)

発行者　小澤源太郎

責任編集　株式会社プライム涌光
電話　編集部　03(3203)2850

発行所　株式会社青春出版社
東京都新宿区若松町12番1号〒162-0056
振替番号　00190-7-98602
電話　営業部　03(3207)1916

印刷　大日本印刷　製本　大口製本

万一、落丁、乱丁がありました節は、お取りかえします。
ISBN978-4-413-11340-3 C0076